Defnyddio Agored™

Meddalwedd swyddfa dwyieithog

Awduron y gyfrol

Diarmuid Johnson
Mae Diarmuid yn awdur, yn ieithydd a chyfieithydd, ac yn gerddor. Ymhlith ei lyfrau eraill mae *Dafydd ap Gwilym: petite anthologie d'un grand barde* (Wodan, 1994) a *Súil Saoir* (cerddi Gwyddeleg) (CIC 2004). Bu'n olygydd *Cuisle*, misolyn materion cyfoes yn Iwerddon, a *Transcript*, gwegrawn teirieithog er hyrwyddo llên ieithoedd bychain Ewrop. Bu'n ddarlithydd astudiaethau Celtaidd gynt yn Rennes (Llydaw), Bonn (Yr Almaen), Dulyn (Iwerddon) ac Aberystwyth (Cymru) a chyflwyno traethawd PhD ym maes yr hen Wyddeleg. Byw ym mro ei fam ger Llanbedr Pont Steffan y mae ar hyn o bryd.

Lowri Jones
Derbyniodd Lowri ei haddysg yn Ysgol Gyfun Penweddig, Aberystwyth a Phrifysgol Cymru Bangor. Ar ôl graddio yn y Gymraeg yn 2001 dechreuodd ar yrfa yn y maes cyfieithu yng Ngholeg Addysg Bellach Llandrillo. Dychwelodd i'w hardal enedigol yn 2002 i weithio fel cyfieithydd yn datblygu gwefan Casglu'r Tlysau a gwefannau eraill Culturenet Cymru yn y Llyfrgell Genedlaethol cyn ymuno â phrosiect Agored. Mae'n aelod o Gymdeithas Cyfieithwyr Cymru.

Llinos Hallgarth
Mae gan Llinos dros bymtheng mlynedd o brofiad ym maes cyfrifiaduron. Fel darlithydd mewn Technoleg Gwybodaeth, Busnes a Thwristiaeth yng Ngholeg Ceredigion yn Aberystwyth bu'n gyfrifol am baratoi deunyddiau ar gyfer myfyrwyr ym maes meddalwedd swyddfa a chynnal cyfrifiaduron. Bu hefyd yn gyd-olygydd ar y cylchgrawn *Materion Dwyieithog*. Wedi treulio dwy flynedd gyda'i theulu yn San Antonio, Texas, dychwelodd i Gymru lle mae'n gysylltiedig â nifer o gynlluniau technoleg yn y gymuned ac yn cydweithio â'i gŵr wrth sefydlu busnes uwch-dechnoleg.

Aelodau eraill o gynllun Agored

David Chan
Mae David yn beiriannydd meddalwedd sy'n rhannu ei amser rhwng Cymru a Lloegr. Mae'n arbenigo mewn côd agored ac yn ymgyrchu dros safonau agored yn Ewrop. Dysgodd Gymraeg gan ffrind pan fu'n astudio ym Mhrifysgol Caergrawnt. Bellach mae'n rhugl yn yr iaith ac yn hybu lleoleiddio meddalwedd i'r Gymraeg yn broffesiynol ac yn ei amser hamdden.

Ned Thomas
Ned yw rheolwr prosiect Agored ac ef hefyd yw cyfarwyddwr academaidd Canolfan Mercator ym Mhrifysgol Cymru Aberystwyth. Cafodd yrfa amrywiol, yn newyddiadurwr gyda phapurau'r *Times*, yn gyfarwyddwr Gwasg Prifysgol Cymru ac yn academydd ym mhrifysgolion Salamanca (Sbaen), Mosgo ac Aberystwyth. Mae'n awdur a darlledwr ac yn gadeirydd Dyddiol Cyf, y cwmni a sefydlwyd i gyhoeddi'r papur dyddiol cyntaf yn y Gymraeg.

Defnyddio Agored™

Meddalwedd swyddfa dwyieithog

golygwyd gan

Diarmuid Johnson a Lowri Jones

agored
2006

ISBN-10 0-9554073-0-3
ISBN-13 978-0-9554073-0-7

BWRDD YR IAITH GYMRAEG · WELSH LANGUAGE BOARD

Noddir gan Lywodraeth Cynulliad Cymru Sponsored by Welsh Assembly Government

S4C

YR UNDEB EWROPEAIDD AMCAN 1 EUROPEAN UNION OBJECTIVE 1

Delwedd gorfforaethol Agored gan Elfen, Caerdydd.
Dyluniwyd y clawr gan S. P. McAllister.

Cysodwyd ac argraffwyd yng Nghymru gan Wasg Dinefwr, Llandybïe.

Rhagair

Ffrwyth Cynllun Agored yw'r llawlyfr hwn. Yr oedd i'r cynllun ddwy ran. Nod y rhan gyntaf oedd trosi meddalwedd swyddfa OpenOffice.org i'r Gymraeg. Wedi'i drosi, aethpwyd ati i'w osod gefn wrth gefn â'r fersiwn Saesneg, a'i addasu ar gyfer anghenion pawb yng Nghymru a thrwy'r byd sydd yn defnyddio'r Gymraeg ar eu cyfrifiadur boed hynny'n gyson neu'n achlysurol. Nod ail ran y prosiect oedd paratoi llawlyfr a'i anelu at ddefnyddwyr Cymraeg eu hiaith er mwyn eu harwain trwy'r rhaglenni a ddisgrifir ym mhenodau 1–7. Nid oedd angen paratoi llawlyfr Saesneg am fod cynifer o deitlau ar glawr eisoes i OpenOffice.org.

OpenOffice.org yw'r rhaglen gyfrifiadurol fwyaf ei maint a'i chymhlethdod a droswyd i'r Gymraeg erioed. Cyfieithwyd dros hanner miliwn o eiriau yn rhyngwyneb ac yn sgriniau cymorth. Yr oedd angen deg o gyfieithwyr a golygyddion allanol yn gweithio ar ran tri chwmni i gyfieithu'r sgriniau cymorth, ac mae'n braf cael cydnabod yn gyhoeddus gwaith trylwyr a phroffesiynol Ceri Wyn Davies, Melanie Davies a Rhodri Evans o Gwmni Trosol, Llinos Thomas, Heledd Williams a Siân Jones o Gwmni Cyfiaith, ac Aled Myrddin Jones, Manon Elis, Gruffydd Lovgreen a Carolyn Iorwerth o gwmni Cymen. Rhy anaml y mae cyfieithwyr yn cael y clod sy'n ddyledus iddynt.

Mae'n braf hefyd gael diolch i bawb o'r tîm mewnol fu'n cydweithio â mi dros y ddwy flynedd ddiwethaf; Diarmuid Johnson a Lowri Jones, ein cydlynwyr, golygyddion a chyfieithwyr; David Chan, ein peiriannydd meddalwedd; Llinos Hallgarth, gweinyddwraig y prosiect, ac Anne Reid a gymerodd le Llinos dros ei chyfnod mamolaeth. Yr oedd parodrwydd pawb i helpu ei gilydd wedi sicrhau profiad addysgol ac yn wir profiad difyr i bob un ohonom gan fod cwestiynau iaith a chwestiynau cyfrifiadurol fel ei gilydd yn cynnig cymhlethdod a difyrrwch di-ben-draw. Cawsom gymorth dau gyn-gydweithiwr i mi sef Richard Houdmont, a baratôdd ein cynllun marchnata, a Susan Jenkins a lywiodd y gyfrol hon drwy'r wasg. Yr oeddwn yn gwybod at bwy i droi am waith trylwyr a dibynadwy.

Canolfan ymchwil o fewn yr Adran Theatr, Ffilm a Theledu ym Mhrifysgol Cymru Aberystwyth yw Canolfan Mercator, ac yno y sefydlwyd Cynllun Agored sydd bellach, wrth i'r cynllun ddod i ben, wedi troi yn gwmni. Yno hefyd y paratowyd y cais am arian Ewropeaidd Amcan Un a'r arian cyfatebol yr oedd ei angen er mwyn ymgymryd â'r gwaith. Yr oedd ymchwilio a pharatoi'r cais yn brosiect chwe mis a mwy, a dyma gyfle i gydnabod cyfraniad pwysig Angharad Griffiths i'r broses gymhleth honno ac i gefnogaeth cyfarwyddwr Canolfan Mercator Elin Haf Gruffydd Jones a'n pennaeth adran Ioan Williams ar hyd y daith. Diolch hefyd i'r mwyafrif mawr o awdurdodau lleol ardaloedd Amcan Un a gefnogodd ein cais – Blaenau Gwent yn ogystal â Gwynedd, Abertawe yn ogystal â Cheredigion – ac i'r mudiadau a'r sefydliadau a wnaeth yr un peth.

Braf hefyd yw cael cydnabod cyfraniad nifer o unigolion yng Nghymru sy'n ymwneud â meysydd perthnasol i'n gwaith megis terminoleg, gwirio sillafu, rhaglenni côd agored, a strategaeth technoleg gwybodaeth ar gyfer y Gymraeg: Delyth Prys a Dewi Jones o Ganolfan Bedwyr ym Mhrifysgol Cymru Bangor, Maldwyn Pryse o Awdurdod Addysg Powys, Jeremy Evas o Fwrdd yr Iaith Gymraeg, ac yn arbennig Rhoslyn Prys o'r grŵp gwirfoddol Meddal.com am ei waith ymroddgar ac arloesol ar Open.Office.org Cymraeg. Mae pawb sy'n ymwneud â chôd agored yn barhaol ddyledus hefyd i'r gweithwyr gwirfoddol ym mhedwar ban byd, ac yn ein hachos ni, i'r Gymuned Open.Office.org. Diolch o galon hefyd i'n treialwyr oll.

Ni ellid cyflawni gwaith mor sylweddol â hwn heb nawdd sylweddol. Noddwyd Cynllun Agored gan Gronfa ERDF yr Undeb Ewropeaidd, Llywodraeth Cynulliad Cymru, Bwrdd yr Iaith Gymraeg a Sianel Pedwar Cymru. Mae'n naturiol ein bod yn ddiolchgar am eu nawdd ac yn ei weld yn ddefnydd teilwng o'r arian cyhoeddus ac o'r arian preifat. Mawr obeithiwn y byddwch chi ddefnyddwyr y rhaglen a darllenwyr y llawlyfr yn cytuno â ni yn hynny o beth.

Ned Thomas
Rheolwr Prosiect Agored

Cynnwys

Rhagymadrodd

Agored ac OpenOffice.org

Datblygiad o OpenOffice.org 2.0 ar gyfer Cymru yw **Agored**. Mae'n gasgliad o raglenni cyfrifiadurol safonol ar gyfer y swyddfa sydd yn eich galluogi i weithio yn gyfan gwbl yn Gymraeg, yn gyfan gwbl yn Saesneg, neu yn y ddwy iaith. Mae'n cynnwys:

- rhaglen prosesu geiriau (**Writer**)
- rhaglen trin taenlenni (**Calc**)
- rhaglen cronfeydd data (**Base**)
- rhaglen gyflwyno (**Impress**)
- rhaglen ddarlunio (**Draw**).

Mae **Math** yn caniatáu trin fformiwlâu mathemategol, a gellwch greu tudalennau **HTML** ar gyfer y we gan gychwyn yn unrhyw un o'r rhaglenni uchod.

Defnyddir OpenOffice.org ledled y byd gan unigolion, busnesau a sefydliadau. Cyfieithwyd OpenOffice.org i dros hanner cant o ieithoedd neu mae gwaith ar droed i'w gyfieithu. Yn yr Almaen mae 30 y cant o'r farchnad meddalwedd swyddfa yn nwylo OpenOffice.org.

Mae rhaglenni Agored yn gweithio ar bob fersiwn o Windows, o Windows 98 ymlaen; yr ydym hefyd yn rhannu ein gwaith â phrosiectau eraill sy'n creu fersiynau ar gyfer y Mac a Linux.

Os buoch yn defnyddio Microsoft Office, mater hawdd iawn fydd trosglwyddo'r un sgiliau i OpenOffice.org. Gellwch wneud bron popeth yr oeddech yn arfer ei wneud yn Microsoft Office ac ambell i beth ychwanegol. Os buoch yn defnyddio fersiynau cynt o OpenOffice.org, fe welch fod fersiwn 2.0 wedi cymryd camau mawr ymlaen. Rhestrir y nodweddion newydd dan *Documentation* yn yr *User Guide* sydd ar gael ar wefan www.openoffice.org.

Yn **Agored** yr ydym wedi gosod OpenOffice.org 2.0 Saesneg gefn-wrth-gefn â'r fersiwn Cymraeg. Mae modd newid iaith y sgrin rhwng y ddwy iaith heb ailosod y rhaglen. Mae gwirydd sillafu Cymraeg a gwirydd sillafu Saesneg ar gael pa iaith bynnag sydd ar y sgrin, peth cyfleus iawn wrth ysgrifennu dogfennau mewn cyd-destun dwyieithog.

Mae ochr Gymraeg **Agored** yn gyfieithiad o OpenOffice.org 2.0 Saesneg – y sgriniau cymorth yn ogystal â'r rhyngwyneb. Mae hyn yn creu amgylchedd trwyadl Gymraeg, yn wahanol i Microsoft Office sydd â'r rhyngwyneb yn unig wedi'i gyfieithu i'r Gymraeg. Yr ydym hefyd wedi paratoi'r llawlyfr Cymraeg hwn sydd yn arweiniad i'r rhaglenni. Mae'n werth ymweld o bryd i'w gilydd â gwefan www.openoffice.org er mwyn cael y wybodaeth ddiweddaraf.

Bydd rhai ohonoch yn gofyn sut y gall rhaglenni mor safonol a chynhwysfawr fod ar gael am ddim, tra bod rhaglenni tebyg yn costio cannoedd o bunnoedd. Yr esboniad byr yw mai rhaglenni côd agored yw'r rhain. I wybod mwy am gôd agored trowch at Atodiad 1. Fe ddichon nodi yn y fan hon fod rhaglenni côd agored wedi hen ennill eu plwyf ac yn prysur symud i'r brif ffrwd. Er 2002 mae'n bolisi gan Lywodraeth y Deyrnas Gyfunol ystyried rhaglenni côd agored ochr yn ochr â rhaglenni eraill wrth ddewis meddalwedd ar gyfer prosiectau yn y sector cyhoeddus.

Yn y llyfr hwn

Wrth ysgrifennu'r llawlyfr yr ydym wedi rhagdybio bod gan y darllenydd rywfaint o wybodaeth a phrofiad cyfrifiadurol. Yr ydym wedi ceisio esbonio prif nodweddion y rhaglenni mewn iaith hygyrch, ond nid yw pawb wedi arfer trin cyfrifiaduron yn Gymraeg: bydd rhai termau yn anghyfarwydd ar y cychwyn felly. Yn Atodiad 3, fe gewch esboniadau o rai termau ynghyd â chyfeiriad at ffynonellau terminoleg ehangach. Ond yn y pen draw yr hyn sy'n egluro ystyr y termau yw eu gweld ar waith yn y rhaglenni. Trwy arfer y daeth y termau Saesneg i ymddangos yn gwbl naturiol, a bydd yr un peth yn wir am y Gymraeg.

Mae OpenOffice.org yn rhaglen anferth, ac yn amlach na pheidio mae modd cyflawni'r un tasgau a chyrraedd yr un nod ar hyd gwahanol lwybrau. Buan iawn y daethom i'r casgliad nad oedd modd disgrifio pob dewis ac esbonio pob llwybr hyd yn oed mewn llawlyfr sylweddol. Os na chewch hyd i'r ateb i bob cwestiwn yn y llyfr, cofiwch hefyd am y sgriniau cymorth sydd i'w cael drwy glicio ar *Cymorth* o fewn pob rhaglen.

Yr ydym wedi neilltuo rhan helaeth o'r llyfr i'r rhaglen prosesu geiriau gan mai hon fydd yn cael ei defnyddio fwyaf gan drwch y darllenwyr. Ceir arweiniad hefyd i brif nodweddion y rhaglenni eraill. Ni allwn eich troi yn fathemategydd os nad ydych yn fathemategydd eisoes, ac felly ychydig a ddywedir am y darnau o Calc sydd gyda'r mwyaf technegol. Yn yr un modd, nid arweinlyfr i lunio tudalennau gwe yw hwn, a dim ond tynnu sylw at allu **Agored** i drin HTML y byddwn.

Anabledd

Mae pob math o gymorth ar gael i alluogi pobl sydd ag anabledd o wahanol fathau i ddefnyddio cyfrifiaduron. Nid yn unig y mae rhaglenni OpenOffice.org wedi eu cynllunio er mwyn cydweithio â'r cymhorthion allanol sydd ar gael, maent hefyd yn cynnwys nifer o nodweddion defnyddiol o fewn y rhaglenni eu hunain. Cliciwch ar *Cymorth* ac edrychwch yn y Mynegai o dan *Hygyrchedd*.

Sut i gael gafael ar Agored

Mae rhaglen Agored, fel pob rhaglen côd agored arall, ar gael yn rhad ac am ddim. Os bydd gennych gysylltiad band llydan â'r we, bydd yn hawdd ichi ddadlwytho'r rhaglen o'r cyfeiriad canlynol: www.agored.com. Mae'n bosib ei dadlwytho drwy systemau deialu hefyd, ond, oherwydd maint y rhaglen, byddai hynny yn araf ac yn llafurus, a bydd yn well gan rai dalu pris cymedrol iawn a'i chael trwy'r post ar gryno ddisg. Ewch i wefan **Agored** i gael manylion y cryno ddisg neu os dymunwch brynu rhagor o gopïau o'r llyfr hwn.

Defnyddio'r ddwy iaith wrth weithio

Wrth ichi osod y rhaglen ar eich cyfrifiadur, byddwch wedi dewis iaith y sgrin, ond mae modd newid hyn unrhyw adeg a gwneud rhai dewisiadau eraill parthed yr iaith. Cliciwch ar eicon *Writer* ac fe welwch dau fotwm ar y bar offer (Ffigur 1, gw. tud. xxii).

Os na welwch y botymau hyn ar y bar offer, y tebygrwydd yw mai lled eich sgrin sydd wrth wraidd y broblem. Os felly, pwyswch ar y saeth sy'n pwyntio i lawr ar ochr dde'r bar offer i gael gweld y botymau iaith. Yna pwyswch ar *Cymraeg* os dyna'r iaith y dymunwch ei defnyddio (Ffigur 2). Fel arall pwyswch ar *English*.

Wrth glicio ar y botymau hyn, mae blwch yn agor sydd yn caniatáu ichi wneud y dewisiadau a welir yn Ffigur 3 (gan weithio o'r top i'r gwaelod):

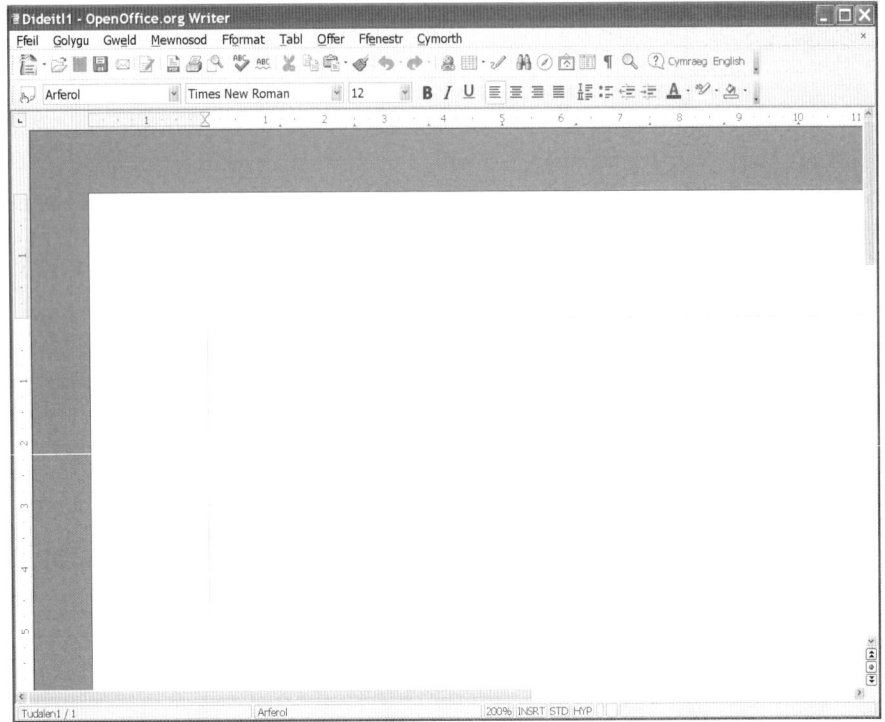

Ffigur 1
Y sgrin waith

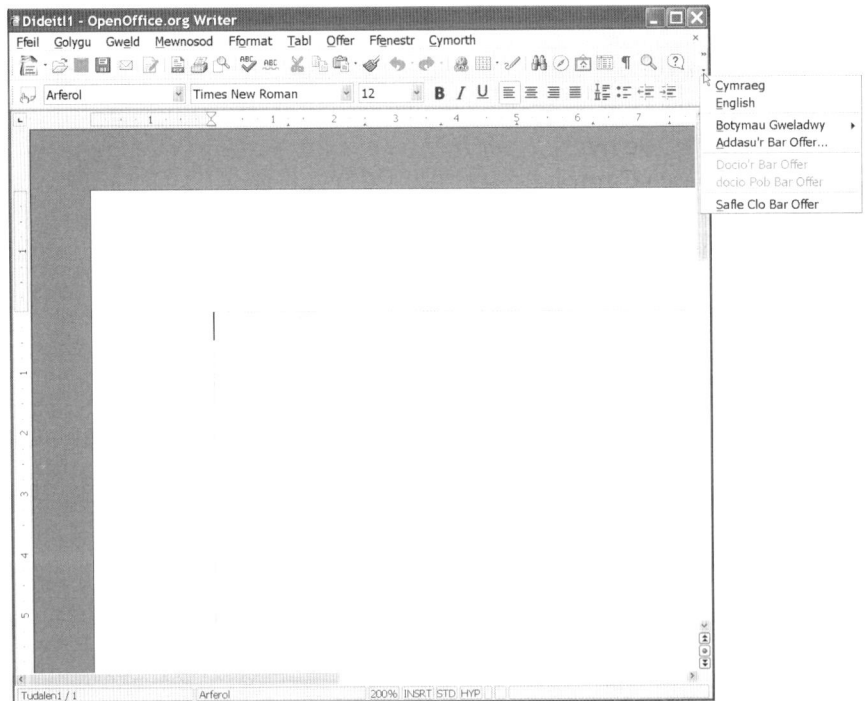

Ffigur 2
Gweld y botymau iaith

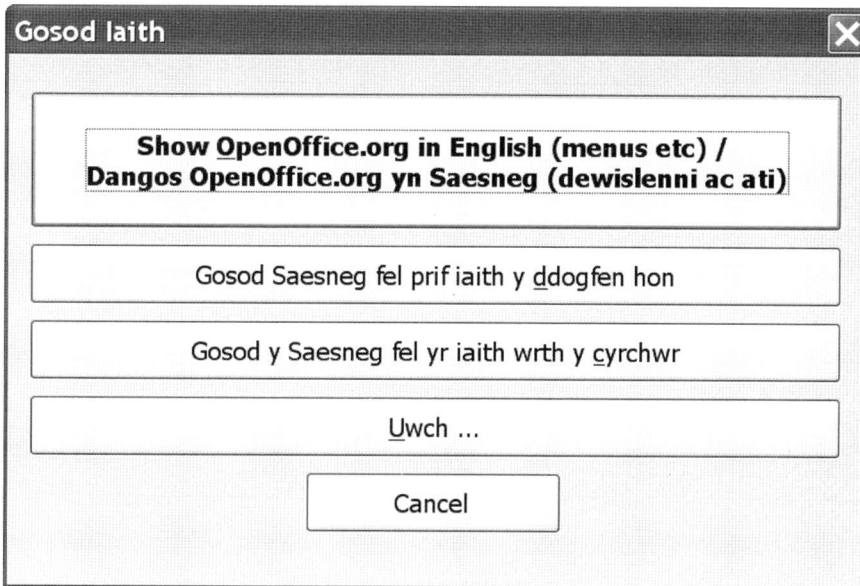

Ffigur 3
Gosod iaith

- Dewis iaith OpenOffice.org – iaith y dewislenni ac ati. Wedi ichi bwyso'r botwm i newid yr iaith bydd angen cau ac ailgychwyn y rhaglen cyn bod y newid yn weithredol.
- Gosod iaith eich dogfen gyfan ar gyfer gwirio sillafu. Felly mae modd gwirio testun Saesneg wrth weithio gyda'r Gymraeg fel iaith y rhaglen a'i chyfarwyddiadau, neu fel arall.
- Gosod darnau penodol o destun naill ai'n Gymraeg neu'n Saesneg. Mae hyn yn galluogi gwirio darn o destun Saesneg o fewn testun Cymraeg hirach, neu fel arall.
- Mae 'Uwch' yn rhoi cyfle ichi i drefnu gosodiadau cyffredinol OpenOffice.org, ac yn eu plith mae gosodiadau iaith eraill mwy cymhleth, gan gynnwys y gallu i deipio sgriptiau Asiaidd. Annhebyg y byddwch eisiau newid y gosodiadau cyffredinol sydd yno eisoes nes eich bod yn gyfarwydd â'r rhaglen; ond pan fyddwch yn barod gellwch fynd trwyddynt. Mae'r blychau yn esbonio eu hunain.

Yr ydych yn barod bellach i ddechrau defnyddio Agored.

Ned Thomas

WRITER

Diarmuid Johnson
Lowri Jones

Dechrau gweithio

Mae sawl ffordd i agor Writer. Dyma rai ohonynt:

Dewis 1

1   Yn Microsoft Windows, cliciwch ar **cychwyn** .

2   Symudwch y cyrchwr a chliciwch ar Rhaglen ▷ .

3   Symudwch y cyrchwr i OpenOffice.org 2.0, a chliciwch ar OpenOffice.org Writer.

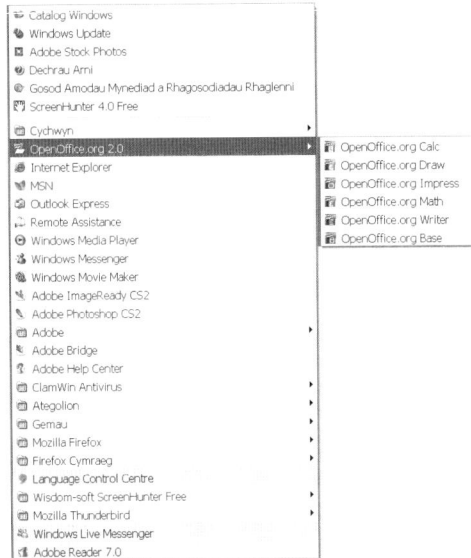

Ffigur W:1
Agor Writer yn
Microsoft Windows

Dewis 2

OpenOffi...
Writer

Dwbl-gliciwch ar yr eicon llwybr byr i OpenOffice.org Writer. (Ni welir hwn oni chrëwyd llwybr byr.)

Dewis 3

OpenOffice.
org Writer

1   Cliciwch ar yr eicon nes iddo droi'n las.

2   Pwyswch y fysell Enter ar eich bysellfwrdd.

Cyflwyno'r gosodiadau arferol

Rhaglen trin a phrosesu geiriau

Rhaglen trin geiriau yw Writer. Gelwir trin geiriau yn brosesu geiriau hefyd. Rhaglen prosesu geiriau yw Writer felly, neu brosesydd geiriau. Yn Writer gellwch ysgrifennu dogfennau a chyfansoddi llythyron, gan eu cynllunio a'u dylunio yn ôl eich chwaeth eich hun. Mae creu colofnau a chynnwys tablau yn nogfennau Writer yn rhan o'r hyn y gellwch ei wneud â'r rhaglen er mwyn trefnu gwybodaeth ar y dudalen. Gellwch ychwanegu troednodiadau yn ôl yr angen. Os dymunwch anfon dogfen benodol ar ffurf PDF, gellwch wneud hynny yn hawdd iawn trwy glicio ar yr eicon priodol ar y bar offer. Disgrifir hyn oll yn y tudalennau canlynol yn ogystal â sut i wneud gwaith argraffu, sut i greu llyfryddiaeth a mynegai, a sut i weithio ar ddogfen fawr iawn – megis y llawlyfr hwn, er enghraifft.

Gweithio gyda'r gosodiadau arferol

Pan fyddwch chi'n gweithio gyda Writer, gellwch naill ai gweithio gyda'r gosodiadau arferol neu gyfaddasu'r gosodiadau yn ôl eich anghenion a'ch arferion personol. Y gosodiadau arferol yw'r gosodiadau gwreiddiol sydd ar waith eisoes pan agorwch y rhaglen.

Dyma rai enghreifftiau o'r gosodiadau arferol, rhagosodedig. Pan agorwch chi Writer, fe welwch ddalen lân (Ffigur W:2). O amgylch y ddalen bydd yr ymyl – llinell fain lliw du. Rhwng yr ymyl a min y ddalen bydd border sydd ryw fodfedd ar led. Mae llain lwyd o amgylch y ddalen gyfan.

Uwchben y ddalen a'r llain lwyd mae pedair rhes sy'n cynnwys nifer o symbolau ac eiconau. Yn y rhes isaf, fe welwch y tabiau. Uwchben y tabiau mae rhes sy'n cynnwys nifer o flychau ac eiconau. Hwn yw'r bar fformatio. Yn y blwch chwith, fe welwch y gair *Arferol*. Wrth ei ochr mae'r blwch ffontiau. *Times New Roman* yw'r ffont arferol. Yn y blwch nesaf draw tua'r dde mae blwch maint y ffont. *12* yw'r maint arferol.

Uwchben y bar fformatio mae'r bar offer. Mae cyfres o eiconau'n dangos yr offer i chi. Defnyddir yr offer hyn i ddiwygio dogfennau Writer. Yn eu plith mae torri a gludo, er enghraifft.

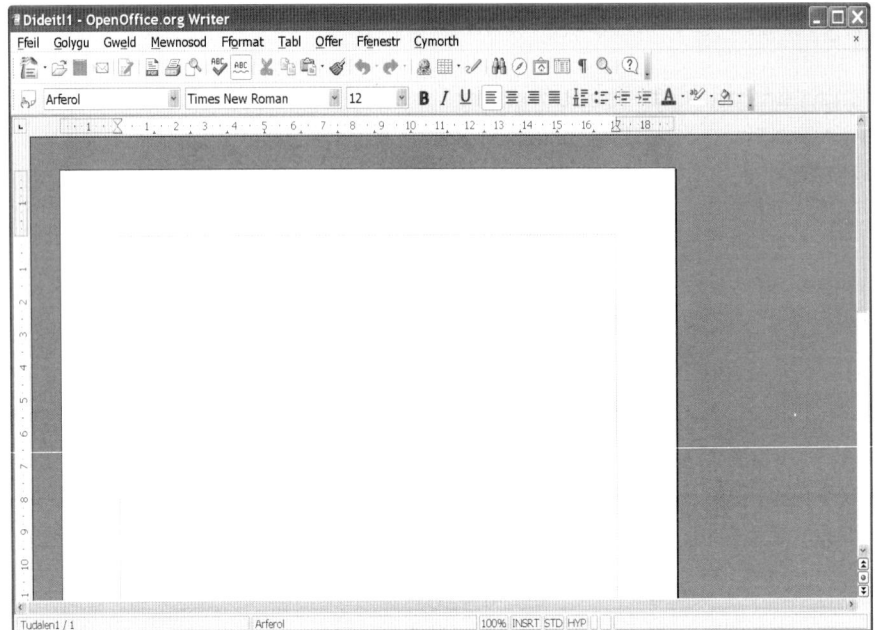

Ffigur W:2
Sgrin waith Writer

Uwchben y bar offer, fe welwch yr opsiynau offer. Geiriau unigol yw'r rhain – *Ffeil, Golygu, Fformat, Offer* a *Cymorth* er enghraifft. Pan gliciwch ar y rhain, fe welwch gwymplen ac arni restr o opsiynau ac offer.

Dychwelwn at y bar fformatio. Yn achos pob un o'r blychau a ddisgrifir uchod, mae saeth fach ar y dde. Os cliciwch ar y saeth honno, daw cwymplen i'r amlwg.

Cymerwn gwymplen maint y ffontiau er enghraifft. Ar y gwymplen hon, fe welwch restr o rifau: 13, 14, 15, 16 ac yn y blaen. I newid y maint ffont arferol, cliciwch ar un o'r rhifau – 14 er enghraifft. Dyma *14* yn disodli *12* yn y blwch. Pan ailddechreuwch deipio, bydd maint y ffont wedi cynyddu o 12 pwynt i 14 pwynt. Rydych wedi cyfaddasu un o'r gosodiadau arferol.

Os na ddymunwch gyfaddasu unrhyw osodiad arferol, fe gewch fwrw ymlaen â'ch gwaith gan ddefnyddio'r gosodiadau arferol oll. Ar y llaw arall, fe gewch gyfaddasu opsiynau Writer os dymunwch wneud hynny. Disgrifir nesaf sut i gyfaddasu'r opsiynau.

Cyfaddasu'r opsiynau

Os na ddymunwch gyfaddasu opsiynau Writer ar hyn o bryd,
fe gewch fwrw ymlaen at yr adran **Creu, cadw a dileu** ar dudalen 11
ar unwaith.

Cyfaddasu opsiynau Writer

Dyma sut mae cyfaddasu opsiynau Writer. Agorwch Writer a
chliciwch ar *Offer* ar y bar uchaf. Bydd cwymplen yn ymddangos.
Ar waelod y gwymplen, fe welwch *Dewisiadau*. Cliciwch arno.
Daw blwch i'r golwg (Ffigur W:3). Sylwch ar y rhestr yn yr isflwch ar
y chwith. O'r rhestr hon y mae dewis yr hyn yr hoffech ei gyfaddasu.

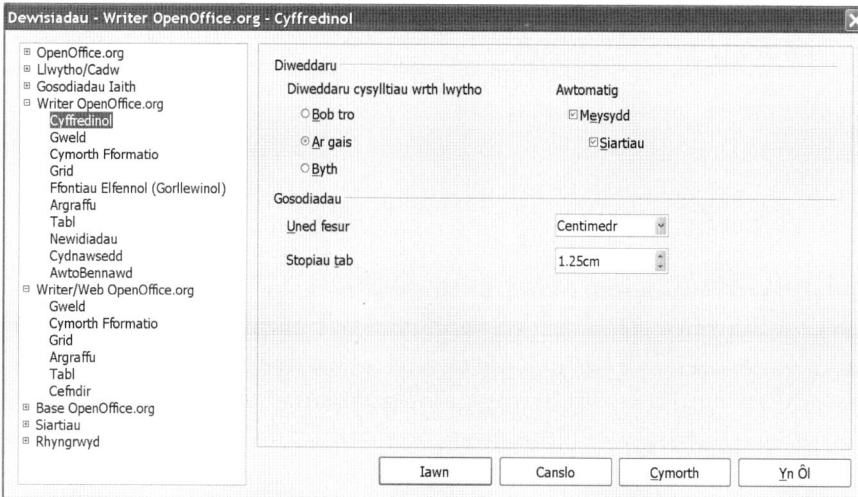

Ffigur W:3
Y blwch deialog
*Dewisiadau –
Cyffredinol*

Gosodiadau cyffredinol OpenOffice sydd gyntaf. A thua hanner ffordd
i lawr y rhestr, fe welwch Writer OpenOffice.org. Bydd croes fach wrth
ei ochr ar y chwith. Cliciwch ar y groes fach. Bydd yn troi'n arwydd
minws, a daw rhagor o opsiynau i'r golwg oddi tano. Ymhlith y rheiny
mae *Cyffredinol, Gweld, Argraffu* a *Tabl*, er enghraifft.

Cyfaddasu'r opsiynau cyffredinol

Dyma'r pethau y mae opsiynau cyffredinol Writer yn effeithio arnynt:
diweddaru cysylltiau a diweddaru meysydd; yr unedau a ddefnyddir
i wneud gwaith mesur; diffinio tabiau (Ffigur W:3).

Cyfaddasu'r opsiynau gweld

Yn y blwch hwn, fe welwch nifer o dermau â blwch ticio wrth eu

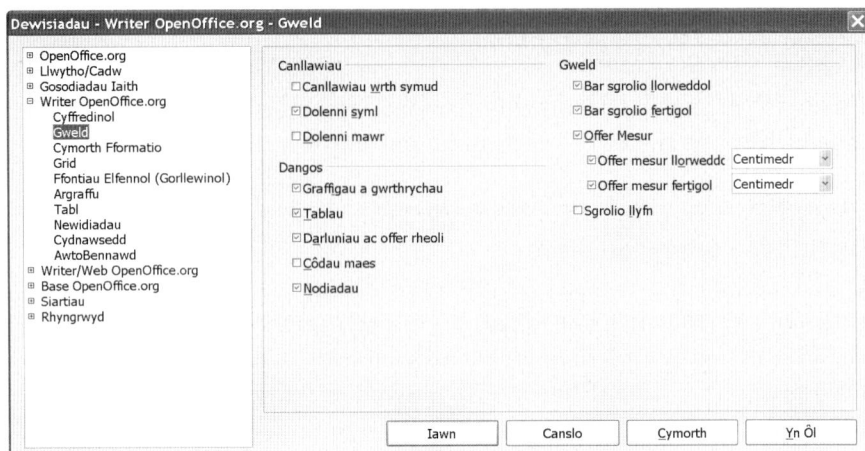

Ffigur W:4
Y blwch deialog
Dewisiadau – Writer
OpenOffice.org –
Gweld

hochr. Ymhlith y termau hynny mae *Tablau*, *Nodiadau* ac *Offer Mesur* (Ffigur W:4).

Mae'r dewis a wnewch chi yn y blwch hwn yn effeithio ar y ffordd y bydd graffigau'n ymddangos yn eich dogfennau Writer. Y ffordd orau i osod yr opsiynau yn y blwch hwn yw arbrofi ychydig bach gyda dogfen brawf.

Cyfaddasu'r opsiynau cymorth fformatio

Mae cymhorthion fformatio yn symbolau sy'n diffinio'r gwagle ar y dudalen. Yn ôl y symbolau y dewiswch eu harddangos, gellwch nodi diwedd paragraff, bwlch rhwng geiriau, tabiau ac yn y blaen.
Pan gliciwch ar *Offer → Dewisiadau → Writer OpenOffice.org → Cymorth Fformatio*, fe welwch restr gyfan o'r pethau hyn (Ffigur W:5).
Ticiwch yr hyn y dymunwch iddo gael ei arddangos yn eich dogfen.

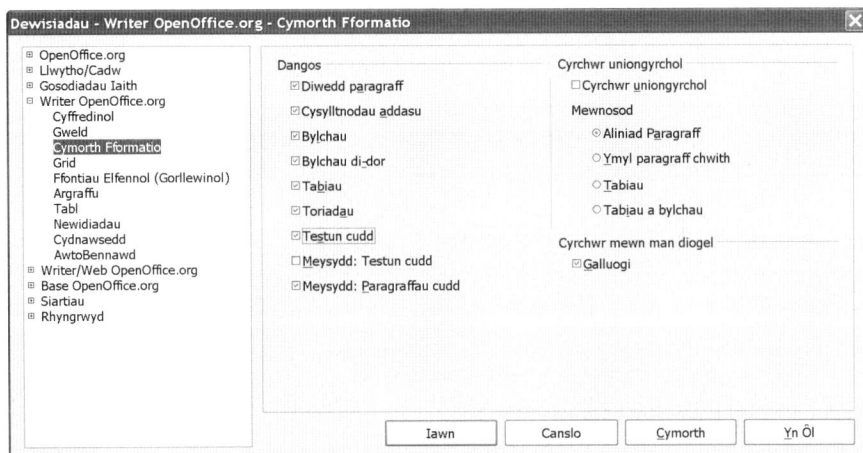

Ffigur W:5
Y blwch deialog
Dewisiadau – Writer
OpenOffice.org –
Cymorth Fformatio

Cyfaddasu'r opsiynau grid

Yn y blwch hwn, fe gewch reoli alinio graffigau a thablau. Yma y mae gosod lled ac uchder y bylchau rhwng y gwrthrychau hefyd (Ffigur W:6).

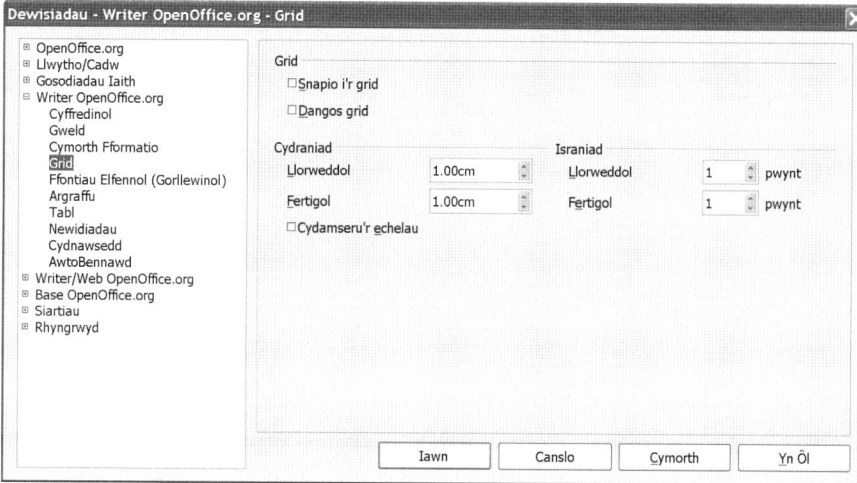

Ffigur W:6
Y blwch deialog
Dewisiadau – Writer OpenOffice.org – Grid

Cyfaddasu'r opsiynau ffont

Cliciwch ar *Ffontiau Elfennol* yn yr isddewislen oddi tan Writer OpenOffice.org. Fe welwch gyfres o flychau hirfain oddi tan ei gilydd (Ffigur W:7). Mae'r rhain yn cynnwys gosodiadau ffont arferol Writer. Os byddwch eisiau eu cyfaddasu, cliciwch ar y saeth fach a dewis y ffont priodol ar y rhestr.

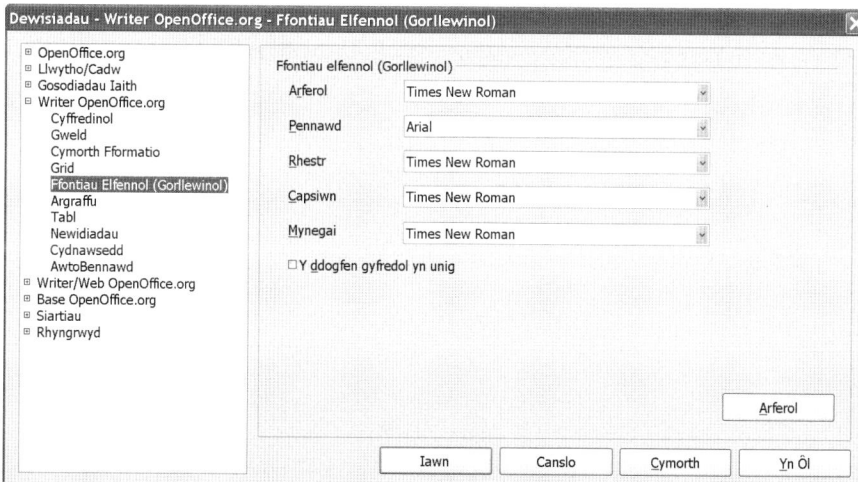

Ffigur W:7
Y blwch deialog
Dewisiadau – Writer OpenOffice.org – Ffontiau Elfennol

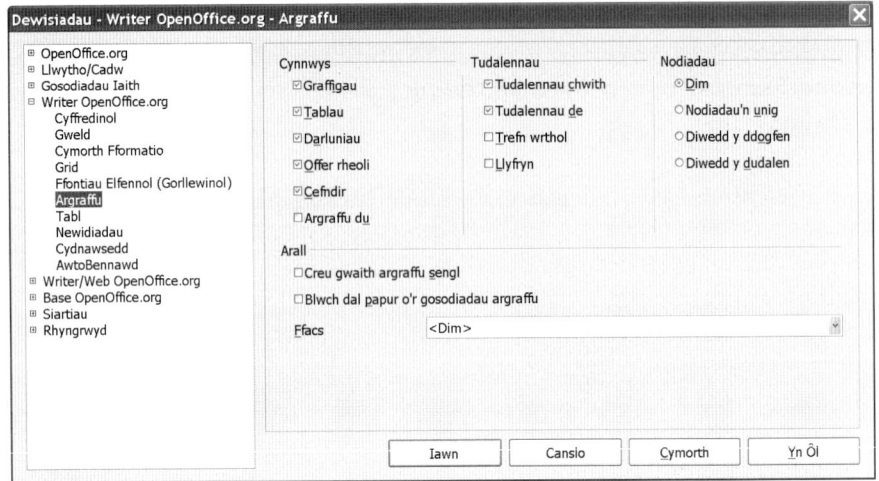

Ffigur W:8
Y blwch deialog
*Dewisiadau – Writer
OpenOffice.org –
Argraffu*

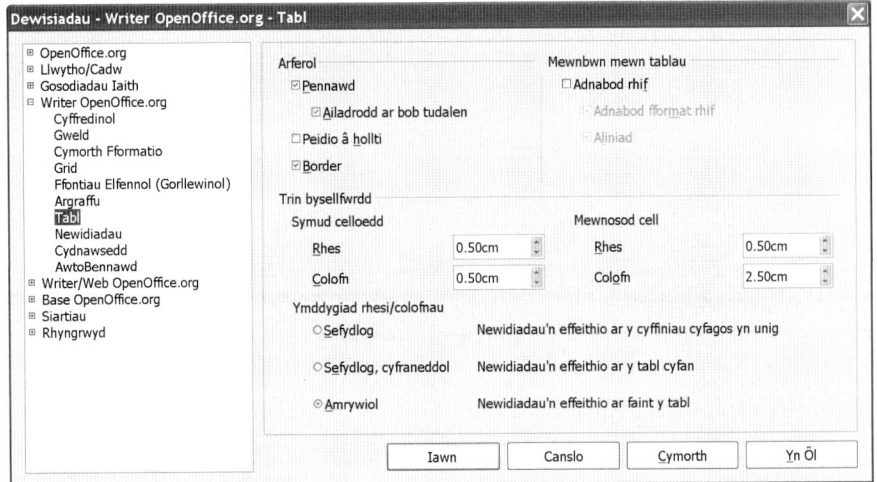

Ffigur W:9
Y blwch deialog
*Dewisiadau – Writer
OpenOffice.org – Tabl*

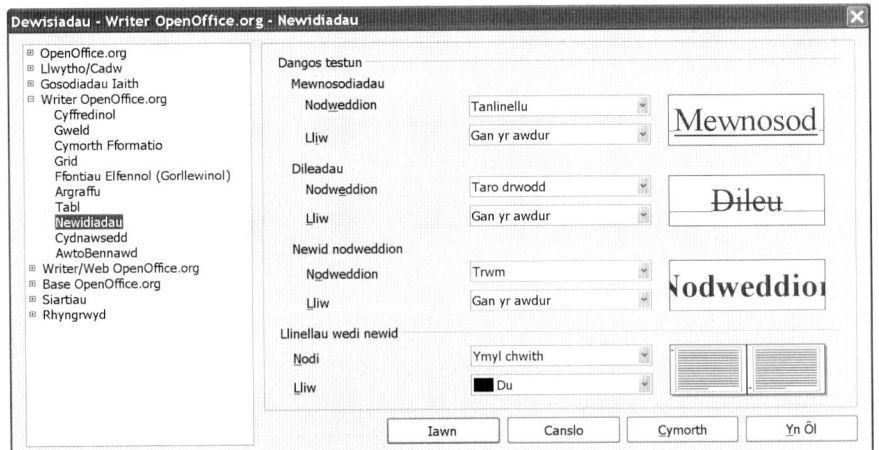

Ffigur W:10
Y blwch deialog
*Dewisiadau – Writer
OpenOffice.org –
Newidiadau*

Cyfaddasu'r opsiynau argraffu

Yn y blwch opsiynau argraffu, fe welwch gyfres o eitemau a blwch ticio wrth eu hochr (Ffigur W:8). Gan dicio neu ddad-dicio'r blychau hyn y mae dewis yr hyn fydd yn cael ei argraffu bob tro yr argraffwch ddogfen.

Gall fod yn fantais ichi ddad-dicio rhai o'r pethau hyn pan fyddwch yn gweithio ar ddogfen ddrafft am fod printio popeth ym mhob drafft yn draul ar inc. Os dewiswch dicio *Argraffu du*, bydd darnau o destun lliw yn cael eu hargraffu'n ddu ar argraffydd lliw. Ar argraffydd du a gwyn, os ticiwch *Argraffu du*, bydd darnau o destun lliw yn cael eu hargraffu'n ddu hefyd, yn lle eu hargraffu'n llwyd.

Cyfaddasu'r opsiynau tabl

Yn yr opsiynau tabl, fe sylwch ar nifer o flychau ticio eto (Ffigur W:9). Dylech ystyried a fydd eich tablau yn debyg o gael eu henwi gennych. Os bydd iddynt enw yn aml, ticio'r blwch *Pennawd* sydd orau. Os byddwch eisiau gosod border o amgylch eich tablau, cliciwch ar *Border*. Fel arall, cofiwch ei ddad-dicio.

Oddi tan y blychau ticio y disgrifir rhai ohonynt uchod, fe sylwch ar ddau bâr o flychau sy'n dynodi lled y rhesi a'r colofnau yn eich tablau, a lled y bwlch rhyngddynt pan fydd rhagor o resi a cholofnau yn cael eu mewnosod.

Ar waelod y blwch deialog hwn mae tri opsiwn arall, sef *Sefydlog*, *Cyfraneddol* ac *Amrywiol*. Gan arbrofi â'r rhain y mae dod i'w deall orau wrth ichi lunio tablau ar gyfer eich dogfennau.

Cyfaddasu'r opsiynau olrhain a nodi diwygiadau

Un o nodweddion Writer yw'r offer olrhain a nodi diwygiadau. (Pethau sydd wedi'u newid gennych wrth ichi wella dogfen yw'r diwygiadau neu'r newidiadau yn y cyswllt hwn.) Os dymunwch ddefnyddio'r nodwedd hon, cliciwch ar *Offer → Dewisiadau → Writer OpenOffice.org → Newidiadau* (Ffigur W:10). Mae saeth fach wrth ochr pob un o'r blychau hirfain yn ymddangos pan gliciwch ar *Newidiadau*. Cliciwch ar y saeth hon i weld sut i nodi newidiadau a diwygiadau yn eich testun. Caewch y blwch pan fyddwch wedi cwblhau eich dewis.

Cyfaddasu'r opsiynau cydnawsedd yn Writer

Oddi tan *Newidiadau* yn y blwch deialog *Dewisiadau*, fe welwch *Cydnawsedd*. Ymhlith yr opsiynau y cewch eu dewis neu eu

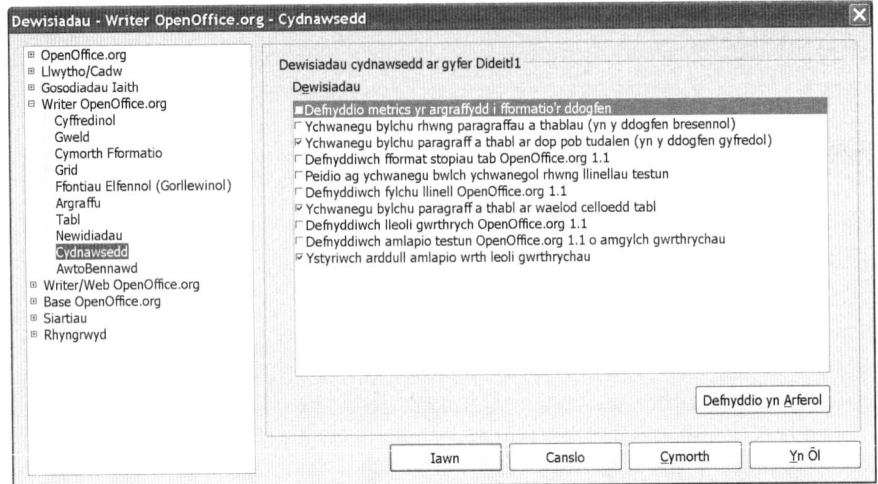

Ffigur W:11
Y blwch deialog
*Dewisiadau – Writer
OpenOffice.org –
Cydnawsedd*

hanwybyddu yn y fan hon, mae *Ychwanegu bylchu rhwng paragraffau a thablau* (Ffigur W:11). Efallai y byddwch eisiau ticio'r blwch hwn.

Cyfaddasu'r opsiynau AwtoBennawd

AwtoBennawd yw'r eitem olaf ar y rhestr oddi tan Writer OpenOffice.org yn y blwch deialog *Dewisiadau*. Mae hwn yn penodi'r gosodiadau i gapsiynau sy'n cael eu hychwanegu'n awtomatig at wrthrychau a fewnosodir gennych. Mewn blwch gwyn yng nghanol y blwch deialog hwn, fe welwch restr o eitemau megis *Tabl, Ffrâm, Llun* a *Siart* (Ffigur W:12). Pan gliciwch ar un o'r rhain er mwyn ei gyfaddasu, daw'r wybodaeth ar ochr dde'r blwch yn fyw. Yn y bylchau hirfain – *Categori, Safle* a *Lefel* er enghraifft – fe gewch ddiffinio'r penawdau fydd yn cael eu priodoli i'r gwrthrychau mewnosod.

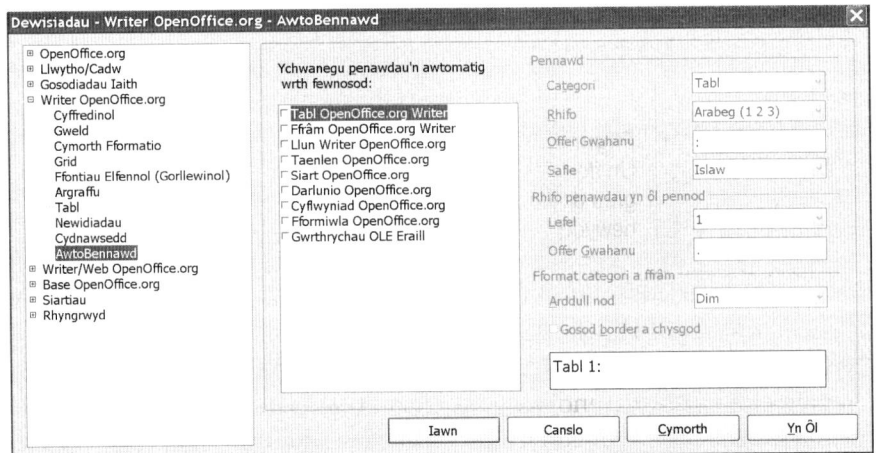

Ffigur W:12
Y blwch deialog
*Dewisiadau – Writer –
OpenOffice.org –
AwtoBennawd*

Golygu

Creu, cadw a dileu

Creu dogfen newydd

Cymerwn eich bod wedi agor Writer (gweler Ffigur W:2 ar dudalen 4) ac y dymunwch greu dogfen newydd. Mae tair ffordd i wneud hynny.

1   Edrychwch ar y bariau offer ar dop y sgrin sydd ar agor gennych. Yn y gornel chwith, fe welwch *Ffeil*. Oddi tano mae eicon bach. Eicon dogfen Writer yw hwn. Cliciwch arno â'r cyrchwr. Bydd dogfen newydd (dalen lân) yn agor. Dogfen destun fydd hwn.

2   Cliciwch ar *Ffeil* yng nghornel uchaf y sgrin ar y chwith. Bydd cwymplen yn ymddangos. Eicon (sef dalen lân) fydd yr eitem gyntaf ar y gwymplen honno a'r gair *Newydd* wrth ei ochr. Rhowch y cyrchwr ar ben y gair *Newydd*, ac fe welwch isddewislen (Ffigur W:13). Bydd nifer o eiconau ar yr isddewislen hon a bydd gair wrth ochr pob un – *Dogfen Destun, Taenlen* ac ati. Cliciwch ar y math o ddogfen y dymunwch ei chreu.

Ffigur W:13
Un ffordd i greu dogfen newydd

3   Mae ffordd arall eto o greu rhai dogfennau. Cliciwch ar *Ffeil* ac fe welwch *Dewiniaid* yn y gwymplen. Pan gliciwch ar *Dewiniaid*, ymddengys isddewislen ac arni nifer o eiconau y bydd gair wrth ymyl pob un – *Llythyr, Ffacs* ac *Agenda* er enghraifft (Ffigur W:14). Cliciwch ar y fath o ddogfen yr hoffech ei chreu.

Ffigur W:14
Defnyddio *Dewiniaid* i greu dogfen newydd

Nodyn: Arferid galw *Dewiniaid* yn *AwtoBeilot*. Mae'r ddau derm yn dal i gael eu defnyddio i raddau. Ystyr *AwtoBeilot*, a *Dewin*, yw modd, offer neu nodwedd sy'n hwyluso fformatio dogfennau arbennig. Cynnig elfennau sylfaenol safonol y mae dewin yn ei wneud, a hynny er mwyn arbed gwaith creu a gosod i'r defnyddiwr.

Cadw dogfen a'i chau

Mae sawl ffordd i gadw dogfen a'i chau. (Ystyr cadw yn y cyswllt hwn yw gwneud i'r rhaglen gofio popeth yr ydych chi wedi'i ysgrifennu yn eich dogfen. Ystyr cau'r ddogfen yw gorffen gweithio arni am y tro a'i storio at y dyfodol.)

Cyn cau dogfen, mae'n debyg y byddwch eisiau cadw'r wybodaeth sydd yn y ddogfen honno. Mae tair ffordd i wneud hynny.

1 Fel hyn y mae cadw dogfen am y tro cyntaf.
   Ar y bar offer, fe welwch yr eicon 🖫 .
   Dynodi disg meddal y mae'r eicon hwn. (Mae hyn yn adlewyrchu ffordd draddodiadol o gadw gwybodaeth gyfrifiadurol.) Cliciwch ar yr eicon. Fe welwch y blwch *Dewisiadau Cadw* ar eich sgrin (Ffigur W:15).

   Ar dop y blwch *Dewisiadau Cadw* mae blwch hirfain. Ar ochr chwith y blwch hwn, fe welwch y geiriau *Cadw yn*. Ar ochr dde'r blwch, fe welwch saeth fach. Cliciwch ar y saeth, ac fe welwch restr o

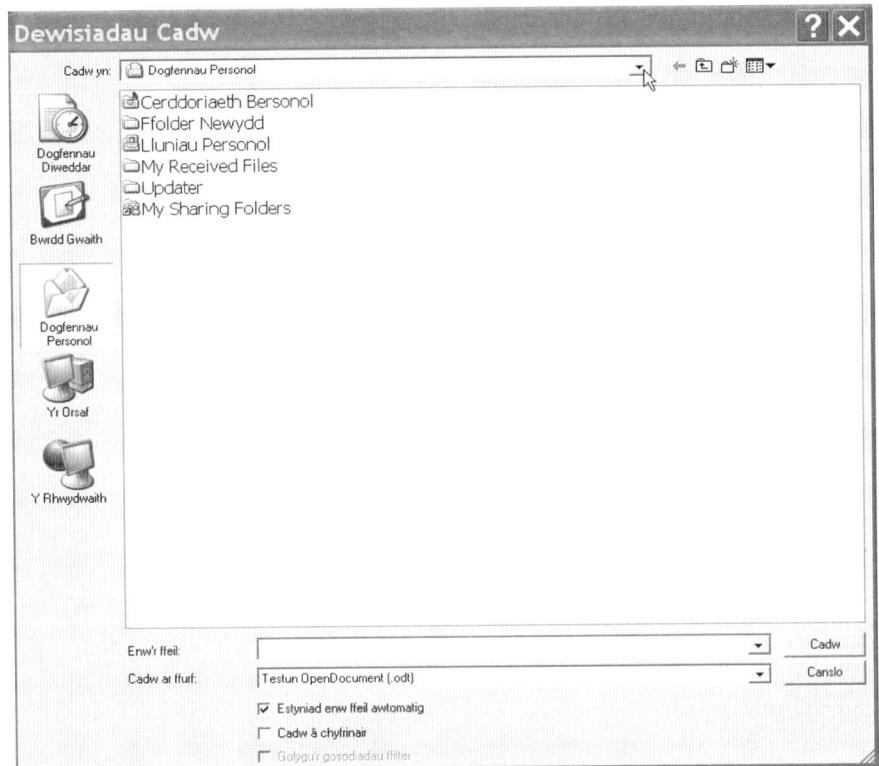

Ffigur W:15
Y blwch deialog
Dewisiadau Cadw

ffolderi. Fe gewch gadw eich dogfen yn un o'r rhain. Cliciwch ar eich dewis.

Symudwch i lawr i waelod y blwch *Dewisiadau Cadw* nesaf. Yn y fan honno, fe welwch ddau flwch hirfain. Ar ochr chwith y blwch uchaf, fe welwch y geiriau *Enw'r Ffeil*. Dewiswch enw i'ch ffeil a'i theipio yn y blwch hwn. *Nodyn at Siân* er enghraifft. Ar ochr chwith y blwch isaf, fe welwch y geiriau *Cadw ar ffurf*. Os cliciwch ar y saeth ar ochr dde'r blwch hwn, fe welwch restr o'r fformatau dogfen sydd ar gael i chi. *Testun OpenOffice* fydd y dewis arferol yn y blwch hwn. Mae'n bosib, fodd bynnag, y byddwch eisiau cadw dogfennau ar ffurf arall ambell waith. Dewiswch fformat o'r rhestr a chlicio arno. Wedyn cliciwch ar *Cadw*. Dyma'r ddogfen wedi'i chadw.

2   Yr hyn a ddisgrifir uchod yw'r ffordd i gadw pob dogfen am y tro cyntaf. Pan fyddwch yn ail-gadw dogfen – ar ôl ei diwygio efallai – ni fydd rhaid ichi wneud hyn oll eto oherwydd bydd y ddogfen wedi'i henwi ac wedi'i chadw mewn ffolder eisoes. I gadw dogfen wedyn, cliciwch ar yr eicon disg meddal. 🖫

Mae'r eicon hwn i'w weld mewn man arall hefyd. Cliciwch ar y gair *Ffeil* ar dop eich sgrin yn y gornel chwith. Fe welwch yr eicon ar y gwymplen â'r gair *Cadw*, a bydd yr eicon *Cadw Fel . . .* i'w weld hefyd.

3   Wrth ochr *Cadw*, fe welwch y geiriau Ctrl+S. Ystyr hynny yw ei bod yn bosib cadw dogfen fel y canlyn hefyd. Daliwch y fysell Ctrl i lawr ar y bysellfwrdd a chlicio ar S ar yr un pryd.

Disgrifiwyd uchod dair ffordd hawdd o gadw dogfen. Nawr, beth am gau'r ddogfen pan fyddwch wedi gorffen gweithio arni am y tro? Pan fyddwch wedi gorffen â'ch dogfen, ac ar ôl ei chadw'n iawn, cliciwch ar y groes wen yn y blwch coch ar dop eich sgrin ar y dde. Neu cliciwch ar *Ffeil → Cau*.

Tra bod sôn am y blwch coch a ddefnyddir i gau'r dogfennau, gwerth crybwyll y ddau eicon arall sydd ar bwys y blwch coch.

Dau sgwâr ar ben ei gilydd yw'r eicon nesaf at y blwch coch. Lleihau maint dogfen yw swyddogaeth hwn. Cliciwch arno, a bydd dogfen yn mynd yn llai o faint. Swyddogaeth y trydydd eicon yw minimeiddio dogfen. Ni fydd clicio ar yr eicon hwn yn cau'r ddogfen, ond bydd yn peri iddi fynd o'r golwg. Er mwyn adfer y ddogfen ar ôl ei minimeiddio, cliciwch ar enw'r ddogfen yn y blwch hirfain lliw glas tywyll ar waelod y sgrin.

cychwyn　　WRITER ISBE...

Dileu darn o destun

Cymerwn eich bod eisiau dileu darn o'ch testun. Rhowch y cyrchwr ar ddechrau neu ar ddiwedd y darn arbennig hwnnw. Cliciwch ar banel chwith y llygoden a daliwch eich bys arno. Llusgwch y cyrchwr naill ai i'r chwith neu i'r dde yn ôl eich dymuniad, gan symud y llygoden ar y mat llygod. Codwch eich bys oddi ar y llygoden – sef dad-glicio – pan gyrhaeddwch ben y darn yr hoffech ei ddileu.

Bydd y darn wedi troi'n llythrennau gwyn ar gefndir du.

Mae tair ffordd hawdd i ddileu'r darn dewisol bellach:

1   Cliciwch ar y bar bylchau.
2   Cliciwch ar y fysell Enter.
3   Cliciwch ar y fysell Delete.

Rhagor o gymorth

Copïo a gludo

Dewiswch ddarn o destun yn ôl y cyfarwyddiadau yn y paragraff uchod. Wedi dewis y darn, mae tair ffordd hawdd i'w gopïo.

1   Pwyswch Ctrl. Daliwch eich bys arno gan glicio unwaith ar C (Copïo).
2   Cliciwch ar *Golygu* ar y bar opsiynau ar dop y dudalen, a chliciwch ar *Copïo* ar y gwymplen.
3   Cliciwch ar yr eicon ar y bar offer.

Dyma dair ffordd hawdd i ludo'r darn yr ydych chi newydd ei gopïo.

1 Cliciwch ar Ctrl. Daliwch eich bys arno gan glicio unwaith ar V.
2 Cliciwch ar *Golygu* ar y bar opsiynau ar dop y dudalen, a chliciwch ar *Gludo*.
3 Cliciwch ar yr eicon ar y bar offer. 📋

Symud darn o destun

Mae'n bosib y byddwch eisiau symud y darn yr ydych chi'n ei gopïo. I wneud hynny:

1 Cliciwch ar Ctrl. Daliwch eich bys arno gan glicio unwaith ar X (Copïo gan ddileu)
2 Rhowch y cyrchwr yn y man yr hoffech i'ch darn gael ei symud iddo.
3 Gludwch y darn gan ddilyn y cyfarwyddiadau gludo uchod (Copïo a gludo).

Dadwneud gweithred olygu

Gellwch ddadwneud gweithred olygu os bydd y newid yn un anaddas. Mae tair ffordd o ddadwneud neu ddadolygu'r testun:

1 Pwyswch Ctrl+Z.
2 Cliciwch ar *Golygu* → *Dadwneud* ar y gwymplen.
3 Cliciwch ar yr eicon *Dadwneud*. ↩

Dewis sawl darn o destun ar y tro

Gellwch ddewis sawl darn o destun ar y tro, os dymunwch wneud hynny. Mae nifer o resymau posib dros wneud hyn. Gellwch ddewis geiriau yr hoffech eu hitaleiddio er enghraifft. Neu ymadrodd yr hoffech ei ddileu.

I ddewis sawl darn o destun ar y tro, dewiswch un darn gyntaf yn ôl y cyfarwyddiadau *Copïo* uchod. Wedi gwneud hynny, pwyswch Ctrl a'i ddal i lawr. Symudwch y cyrchwr at yr ymadrodd nesaf yr hoffech ei ddewis. Gwnewch yr un peth nes dewis pob darn priodol.

Gweld a chuddio nodau nad ydynt yn cael eu hargraffu

I weld y nodau a'r symbolau nad ydynt yn cael eu hargraffu, cliciwch ar ¶ ar y bar offer. (Clic hir sydd ei angen, sef dal eich bys ar banel chwith y llygoden am eiliad.) Wedi gwneud hynny, fe gewch weld diwedd pob llinell a phob paragraff yn glir.

Ystadegau am eich dogfen

Wrth ichi ysgrifennu dogfen, efallai y byddwch eisiau peth gwybodaeth am hyd y ddogfen wrth fod y gwaith yn mynd yn ei flaen. I gael gwybod felly sawl nod, sawl gair, sawl llinell a sawl tudalen sydd yn y ddogfen, gwnewch fel hyn.

Cliciwch ar *Ffeil* ar y bar opsiynau. Pan ymddengys y gwymplen, cliciwch ar *Priodweddau*. Daw blwch go fawr i'r golwg ar y sgrin a sawl tab pennawd ynddo gan gynnwys *Cyffredinol*, *Rhyngrwyd* ac *Ystadegau* (Ffigur W:16). Cliciwch ar *Ystadegau*. Cliciwch ar *Iawn* er mwyn cau'r blwch.

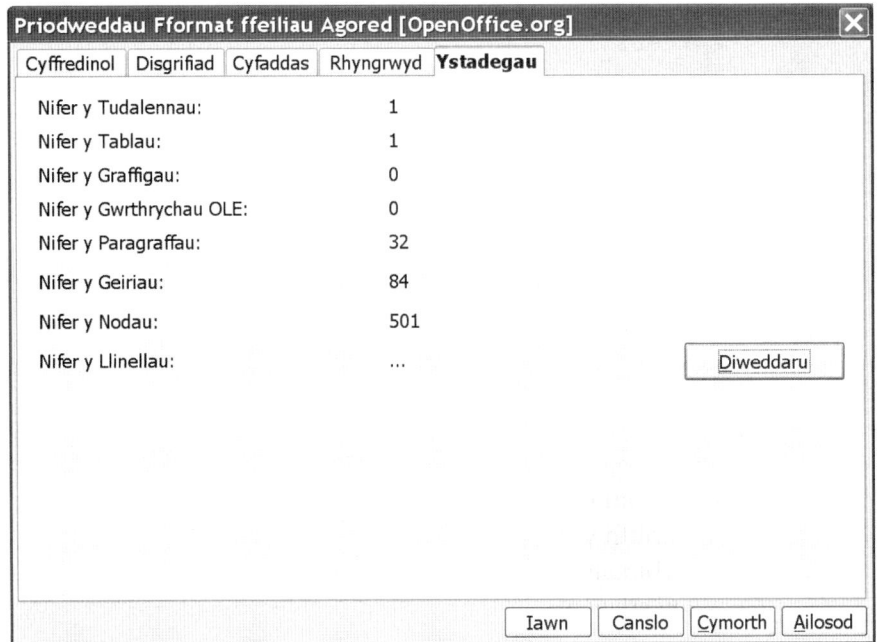

Priodweddau Fformat ffeiliau Agored [OpenOffice.org]				☒
Cyffredinol	Disgrifiad	Cyfaddas	Rhyngrwyd	**Ystadegau**

Nifer y Tudalennau:	1
Nifer y Tablau:	1
Nifer y Graffigau:	0
Nifer y Gwrthrychau OLE:	0
Nifer y Paragraffau:	32
Nifer y Geiriau:	84
Nifer y Nodau:	501
Nifer y Llinellau:	...

Diweddaru

| Iawn | Canslo | Cymorth | Ailosod |

Ffigur W:16
Gweld ystadegau am ddogfen

Templedi Writer

Creu templed

Mae templed yn fodel i ddogfennau. Mae creu templedi yn hwyluso gwaith ysgrifennu y byddwch yn ei wneud yn rheolaidd.
Er enghraifft, os byddwch yn ysgrifennu llythyron safonol, mae llunio templed yn ffordd i osgoi gwaith ail-lunio ac ailffurfio llythyron.
Er enghraifft, os byddwch yn anfon nodyn wythnosol at aelodau o'r staff yn eich gweithle, mae creu templed i'r nodyn yn eich galluogi i osgoi cyfansoddi'r nodyn o'r newydd bob tro.

I greu templed syml, dilynwch y cyfarwyddiadau isod. Cymerwn mai templed llythyr sydd ei angen.

1   Cliciwch ar *Ffeil → Newydd → Dogfen Destun* a phwyswch *Agor*. Neu cliciwch ar *Ffeil → Newydd → Templedi a Dogfennau → Dogfen Newydd → Dogfen Destun* (Ffigur W:17).

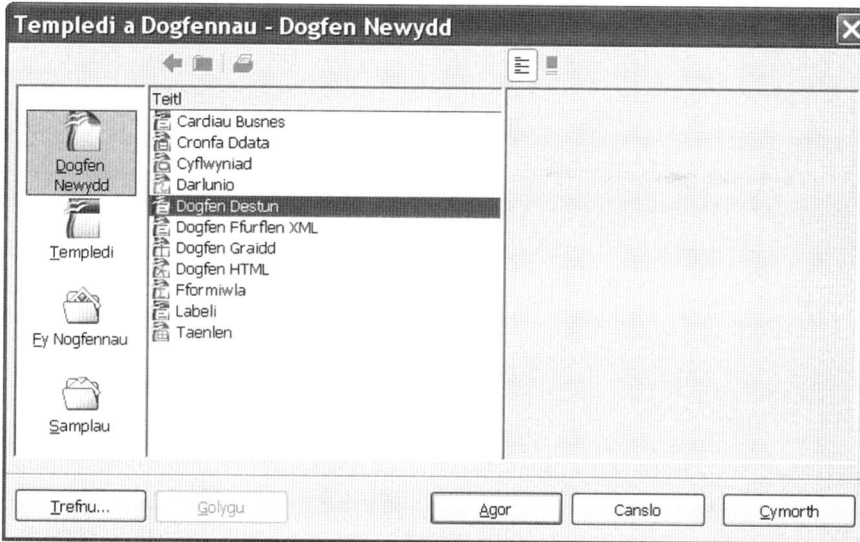

Ffigur W:17
Creu templed: *Ffeil → Newydd → Templedi a Dogfennau → Dogfen Newydd → Dogfen Destun*

2   Teipiwch yr hyn fydd yn ymddangos bob tro y byddwch yn llunio llythyr o'r math hwn. Rhowch fanylion cyswllt eich cwmni ar ben y ddalen (neu efallai y bydd yn well gennych ddefnyddio papur pen y cwmni). Ymhlith y pethau y byddwch yn eu cynnwys yn eich llythyr bydd *Annwyl ....., Amgaeaf anfoneb parthed gwaith mis .... Cysylltwch â ni erbyn y .... os byddwch eisiau trafod y gwaith. Yr eiddoch yn gywir....*

3   Cadwch y templed mewn man hygyrch ar eich cyfrifiadur. Cofiwch roi enw megis Templed Llythyr Anfonebu iddo. Y tro nesaf y byddwch yn anfon am dâl, bydd defnyddio'r templed hwn yn arbed amser i chi. Yn ogystal â hyn, bydd y templed yn sicrhau bod eich cwmni yn delio â'r cwsmeriaid mewn modd cyson a safonol.

Gweithio gyda thempled arferol

I gael gweld pa dempledi parod sy'n rhan o'r rhaglen, cliciwch ar *Ffeil → Newydd → Templedi a Dogfennau*. Bydd y blwch *Templedi a Dogfennau*

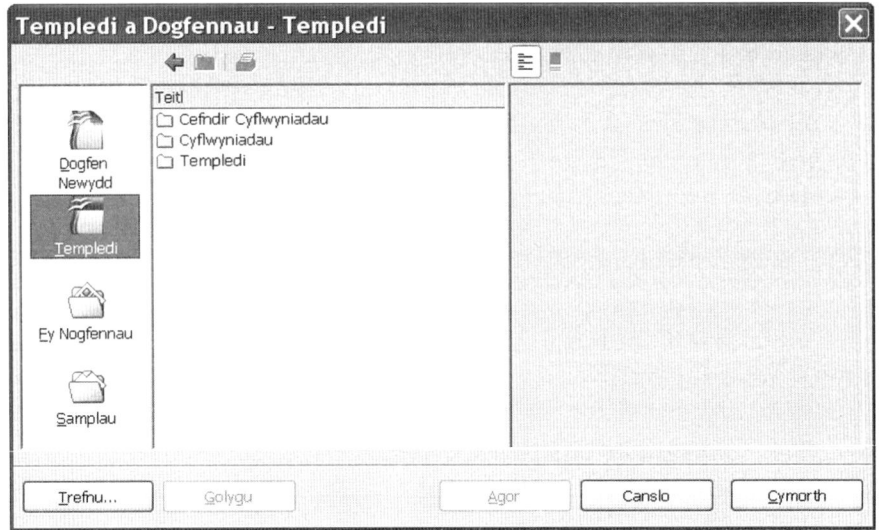

Ffigur W:18
Y blwch deialog
*Templedi a Dogfennau
– Templedi*

yn ymddangos ar eich sgrin (Ffigur W:18). Cliciwch ar yr eicon *Templedi* ar ochr chwith y sgrin: fe gewch fewnforio templedi newydd i'r fan hon a'u cadw yno er mwyn eu defnyddio yn y dyfodol.

Cyrchu'r templedi trwy ddewislen y Dewiniaid

Er mwyn gweld rhagor o dempledi nad ydynt wedi ymddangos yn y blwch *Templedi a Dogfennau*, cliciwch ar *Ffeil → Dewiniaid.* (Dewiniaid yw'r hyn yr arferid eu galw'n *Awtobeilot.*) Pan fydd y cyrchwr ar ben *Dewiniaid* yn y gwymplen, bydd isddewislen yn ymddangos. Mae sawl adran yn yr isddewislen hon. Yn yr adran gyntaf, fe welwch nifer o eiriau/eiconau. Ymhlith y rheini bydd *Llythyr* a *Ffacs.* Cliciwch ar un, *Llythyr* er enghraifft, er mwyn agor y templed arferol (Ffigur W:19).

📷 Llythyr...

📷 Ffacs...

📷 Agenda...

📷 Cyflwyniad...

📷 Tudalen We

📷 Offer Trosi Dogfennau...

📷 Offer Trosi Ewro...

📷 Ffynhonnell Ddata Cyfeiriadau...

📷 Gosod geiriaduron newydd...

📷 Gosod ffontiau o'r we...

Ffigur W:19
Defnyddio *Dewiniaid* i
greu templed

Cyfaddasu templed llythyr

Wedi clicio ar *Ffeil → Dewiniaid → Llythyr* i agor templed arferol eich llythyr, gellwch gyfaddasu fformat y llythyr trwy ddilyn y camau yn y blwch a chlicio ar *Nesaf/Gorffen* yn ôl y galw.

Rheoli templedi

Cliciwch ar *Ffeil* → *Templedi*, ac fe welwch nifer o eitemau mewn isddewislen. Ymhlith y rheini bydd *Cadw, Golygu* a *Threfnu*. Pan gliciwch ar *Cadw* ar yr isddewislen hon, daw blwch o'r enw *Templedi* i'r golwg (Ffigur W:20). Yn y fan hon y cewch ddewis templedi er mwyn eu golygu. Yma y cewch ychwanegu templedi at restr eich templedi arferol hefyd.

Os cliciwch ar *Ffeil* → *Templedi* → *Trefnu*, bydd y blwch *Rheoli Templedi* yn ymddangos (Ffigur W:21). Ymhlith yr opsiynau mae dileu templedi a mewnforio templedi. (Symud templed o rywle arall i mewn i'r rhestr dempledi yw ystyr mewnforio yn y cyswllt hwn.) Dyma sut mae dileu neu fewnforio templed. Cliciwch ar *Ffeil* → *Templedi* → *Trefnu* → *Templedi (Ffolder Melyn)* → *Dewis Templed* ar y gwymplen → *Gorchmynion* → *Dileu/Mewnforio Templed.*

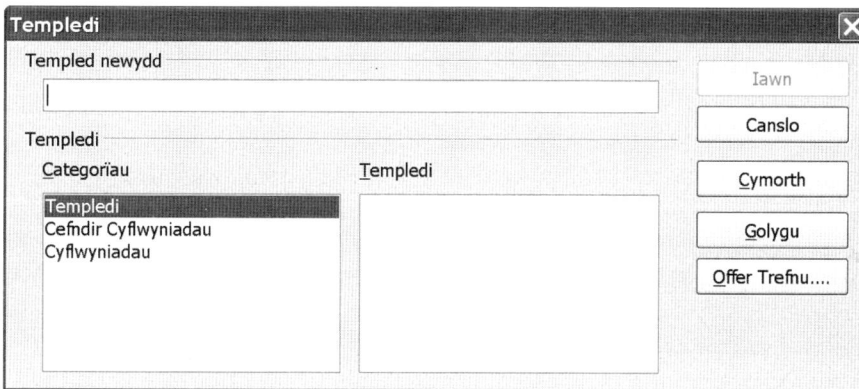

Ffigur W:20
Y blwch deialog
Templedi

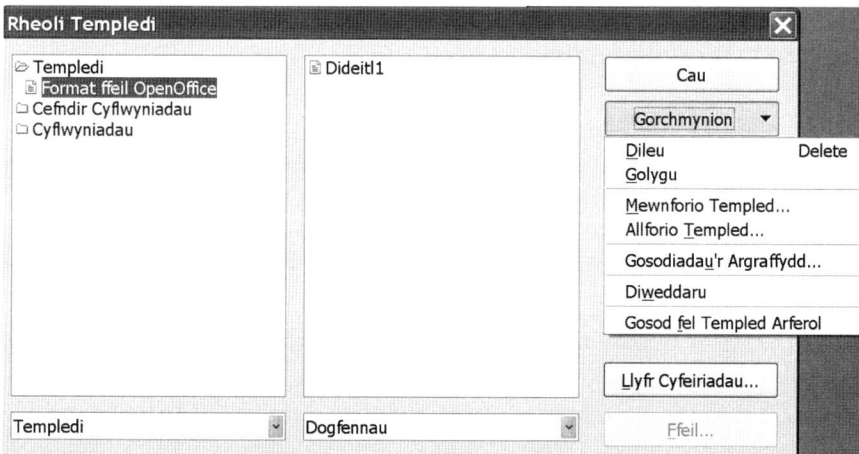

Ffigur W:21
Y blwch deialog *Rheoli Templedi*

Offer golygu

Yn yr adrannau nesaf, disgrifir y swyddogaethau a'r offer a geir ar y bariau offer. (Nid ymhelaethir am swyddogaeth pob eicon, fodd bynnag. Gwneir hynny i wahanol raddau mewn adrannau arbennig eraill o'r llyfr. Gweler y rhestr gynnwys ar ddechrau'r llyfr neu'r mynegai ar y diwedd.)

Y bariau offer

Cyflwyniad

Cyfres o eiconau ac o symbolau yw prif gynnwys y bariau offer. Mae'r eiconau hyn yn cynnig ffordd hawdd ac uniongyrchol o roi nifer o swyddogaethau ar waith.

Gellir rhoi'r swyddogaethau ar waith hefyd gan ddefnyddio'r cwymplenni sydd yn disgyn o'r opsiynau uwchben y bariau offer. Cliciwch ar *Ffeil*, ac fe welwch fod rhai o'r eiconau sydd ar y bar safonol yn rhan o'r gwymplen hefyd (Ffigur W:22).

Cliciwch ar *Fformat* hefyd. Fe welwch fod rhai o'r eiconau sydd ar y bar fformatio yn rhan o'r gwymplen hon (Ffigur W:23).

Cliciwch ar *Golygu* ar y bar opsiynau, ac fe welwch fod rhagor o'r swyddogaethau a gynrychiolir ar y bar offer ac ar y bar fformatio i'w gweld ar y gwymplen honno.

Dangos a chuddio'r mesurydd

Mae'r mesurydd i'w weld oddi tan y bar offer fformatio. Mesur lled ac uchder y tudalen y mae hwn. Fe gewch gudio'r mesurydd neu ei arddangos. I wneud hynny, cliciwch ar *Gweld* → *Offer Mesur*. Pan fo tic wrth ymyl y gair *Offer Mesur* yn y gwymplen, bydd y mesurydd i'w weld uwchben eich testun (Ffigur W:24). Cliciwch ar *Offer Mesur* eto er mwyn ei ddad-dicio, a bydd y mesurydd yn diflannu.

Dewis yr offer sydd i ymddangos ar y bariau offer

Cliciwch ar *Gweld* → *Bariau Offer*. Daw rhestr helaeth i'r golwg (Ffigur W:25). Yn y rhestr hon mae dewis yr offer yr hoffech iddynt ymddangos ar y bariau offer. Cliciwch ar yr offer yr ydych chi'n debyg

Ffigur W:22 Cwymplen *Ffeil*

Ffigur W:23 Cwymplen *Fformat*

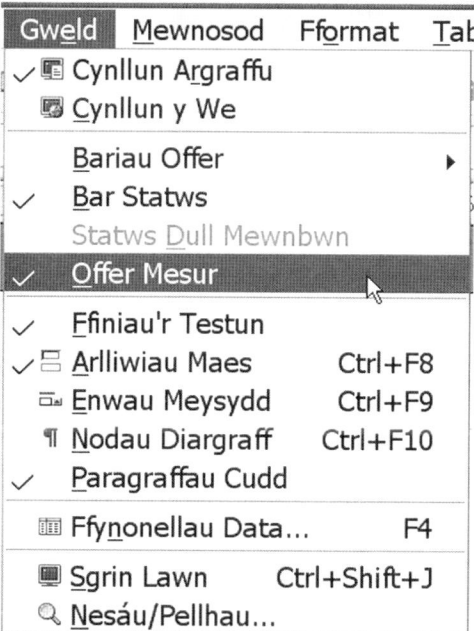

Ffigur W:24 Gweld y mesurydd

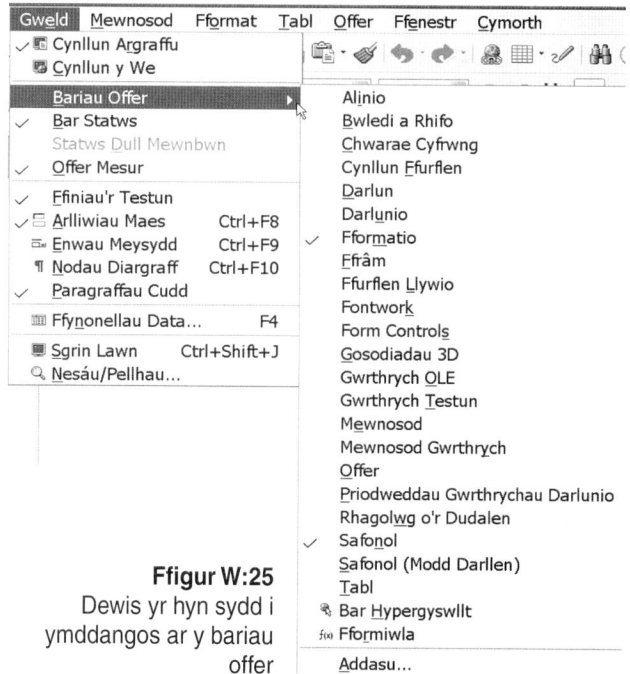

Ffigur W:25
Dewis yr hyn sydd i ymddangos ar y bariau offer

o'u defnyddio. Er mwyn ymgyfarwyddo â'r bariau offer, gallech glicio ar bob un. Fe gewch eu dad-dicio wedyn yn ôl yr hyn na fydd mo'i eisiau arnoch.

Er mwyn dewis a dethol y botymau yr hoffech iddynt ymddangos ar eich bariau offer, cliciwch ar *Gweld → Bariau Offer → Addasu*. Bydd y blwch deialog *Addasu* yn ymddangos (Ffigur W:26). Yna, cliciwch ar y botwm *Newydd* a bydd y blwch deialog *Enw* yn ymddangos (Ffigur W:27). Yma y mae enwi eich bar offer newydd. Ar ôl gwneud hynny, cliciwch ar *Iawn*.

Yn y blwch deialog *Addasu*, cliciwch ar y botwm *Ychwanegu*. Ymddengys y blwch deialog *Ychwanegu Gorchmynion* (Ffigur W:28). Yn y blwch ar y chwith y mae dewis *Categori*, ac yn y blwch ar y dde y mae dewis *Gorchymyn*. Cliciwch ar *Ychwanegu* ar ôl dewis pob *Gorchymyn*. Gwnewch hyn gynifer o weithiau ag y dymunwch. Wedi ichi orffen dewis eich *Gorchmynion*, cliciwch ar *Cau*. Cliciwch ar *Iawn* i gau'r blwch deialog *Addasu*. Bydd eich bar offer cyfaddas naill ai'n disodli'r bariau offer arferol neu oddi tanodd iddynt, yn dibynnu ar eich gosodiadau.

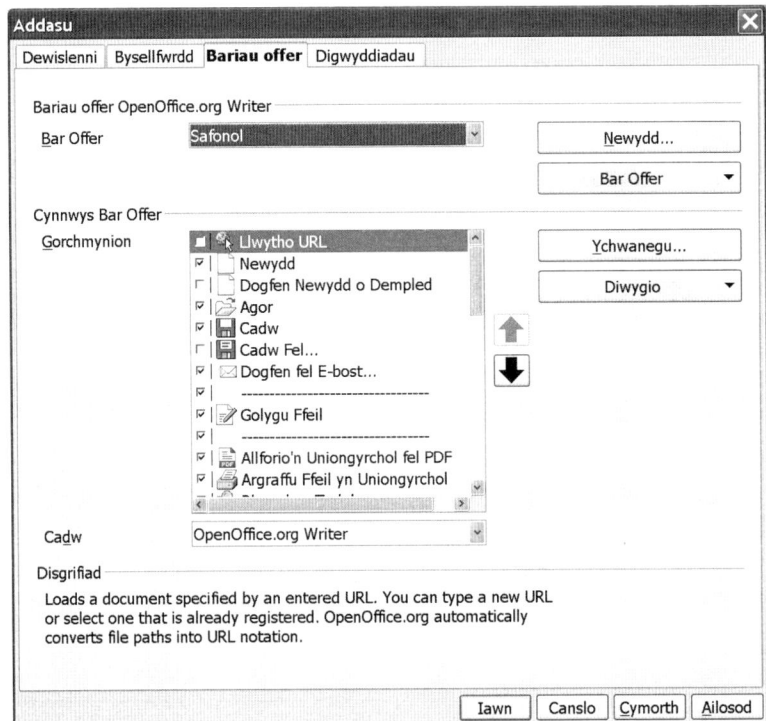

Ffigur W:26
Y blwch deialog
Addasu

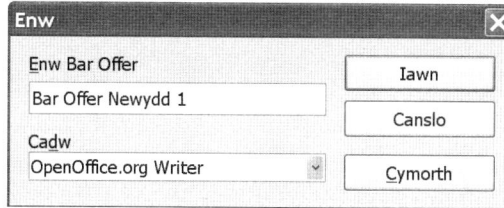

Ffigur W:27
Y blwch deialog *Enw*

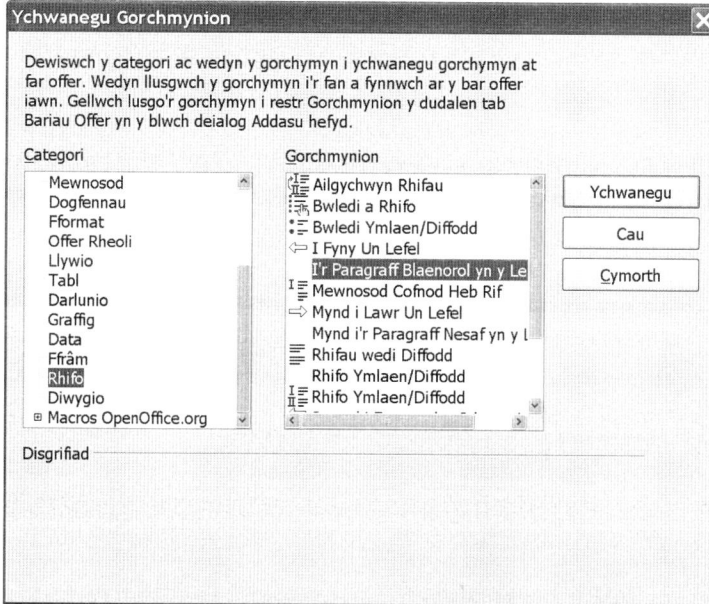

Ffigur W:28
Y blwch deialog
Ychwanegu
Gorchmynion

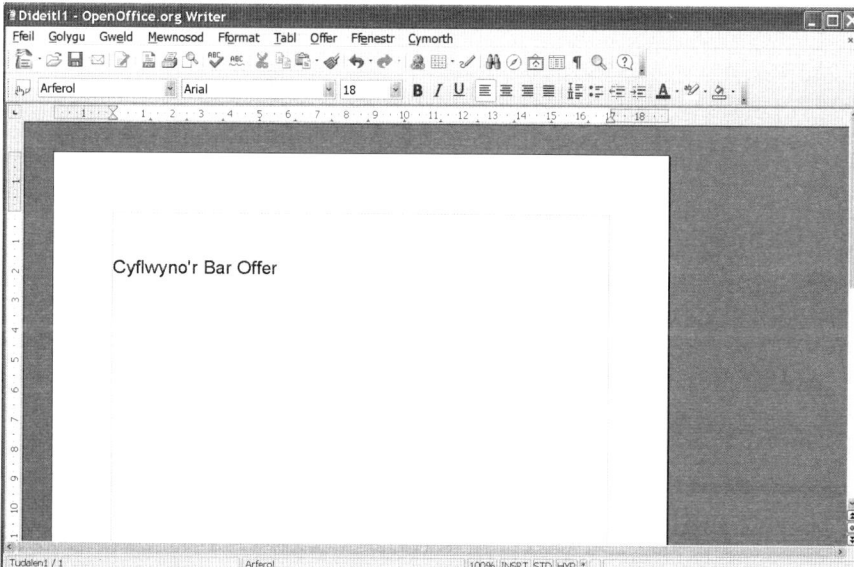

Ffigur W:29
Bar offer Writer

Cyflwyno'r bar offer

Dangosir bar offer Writer tua thop y sgrin yn Ffigur W:29. Dyma rai o'r eiconau a disgrifiad o'r hyn y maent yn ei wneud.

Gan glicio ar yr eicon hwn y mae creu dogfen newydd arferol ei ffurf. Cliciwch ar y saeth fach ar bwys yr eicon i weld y gwymplen fydd yn eich galluogi i greu dogfen newydd o fath arall, boed honno'n daenlen, yn gronfa ddata neu'n ddogfen HTML er enghraifft.

Rhowch y cyrchwr ar ben yr eicon hwn. Daw'r gair *Agor* i'r golwg mewn blwch bach melyn. Cliciwch ar yr eicon. Ymddengys y blwch *Agor*. Gellwch chwilio am y ffeil y dymunwch ei hagor lle bynnag y bo ar eich cyfrifiadur. I wneud hynny, cliciwch ar y saeth fach ar ochr dde *Edrych yn:* ym mhen uchaf y blwch.
Daw cwymplen i'r golwg (Ffigur W:30). Yn hon y mae canfod union leoliad y ffeil yr ydych chi eisiau ei hagor.

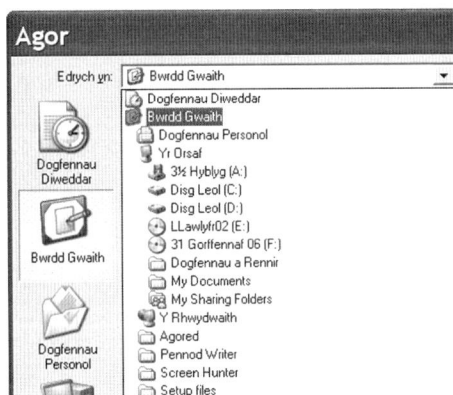

Ffigur W:30
Agor ffeil

Cliciwch ar yr eicon hwn er mwyn cadw eich gwaith.

Cliciwch ar yr eicon hwn os byddwch eisiau anfon y ddogfen ar ffurf e-bost. Caiff neges e-bost ei chreu ar unwaith. Bydd eich dogfen yn atodiad i'r neges.

Pan fyddwch yn golygu testun, cliciwch ar yr eicon *Golygu Ffeil* er mwyn cuddio'r bar offer dros dro. Pwrpas hyn yw cael gweld mwy o'r testun ar y pryd. Ailgliciwch ar *Golygu Ffeil* i adfer y bariau offer.

Mae hwn yn fodd ichi gadw dogfen ar ffurf PDF. Mae PDF yn ffordd dda iawn o anfon dogfennau dan glo at bobl, oherwydd gellir eu darllen ond ni ellir eu diwygio. Mae cadw dogfennau ar ffurf PDF yn diogelu eich gwaith felly ac yn gwneud yn siŵr na fydd yr hyn a ysgrifennwyd gennych yn cael ei newid yn groes i'ch ewyllys.

Bydd clicio ar yr eicon hwn yn argraffu dogfen heb fynd i'r blwch argraffu (*Ffeil → Argraffu*). Argraffu'r ddogfen yn ôl y gosodiadau arferol y bydd y rhaglen pan argraffwch dogfen yn y dull hwn.

Cynrychioli'r offer gwirio sillafu y mae'r ddau eicon hyn. Gweler tudalen 43.

Defnyddiwch yr eicon hwn i dorri darn o destun dewisol.

Cliciwch ar yr eicon clipfwrdd er mwyn gludo darn o destun. Fe gewch ddewis fformat y darn gan glicio ar y saeth fach ar ochr dde'r eicon.

Rhowch y cyrchwr ar ben yr eicon hwn a daw'r geiriau *Fformatio Paintbrush* i'r golwg. Cliciwch ar yr eicon a symudwch y cyrchwr oddi ar y bar offer i lawr i'r tudalen. Fe welwch fod y cyrchwr wedi troi'n bot inc bach a hwnnw'n arllwys peth o'i gynnwys.

Dyma'r arwydd fod y *Fformatio* ar waith. Pan fydd ar waith, fe gewch symud o un man i'r llall tu fewn i'ch dogfen heb glicio ar y llygoden. Symudwch hyd at y darn o'ch testun y dymunwch ei fformatio. Dewiswch y darn hwnnw gan glicio a dadglicio gyda'r llygoden yn y modd arferol. Pan fydd y testun dewisol wedi troi'n wyn ar ddu, gellwch ei fformatio yn ôl yr opsiynau sydd ar gael ar y bar fformatio. Gweler tudalen 27.

Cliciwch ar yr eicon hwn i ddadwneud yr hyn a wnaethoch chi ddiwethaf. Cliciwch ar y saeth fach ar ochr dde'r eicon er mwyn gweld cynnwys y gwymplen ddadwneud. Fe gewch ddewis yr union beth yr hoffech ei ddadwneud o blith yr opsiynau yn y gwymplen.

Wrth ochr y saeth ddadwneud, fe welwch y saeth adfer neu ail-wneud. Llwyd fydd lliw hon heblaw pan fo'r saeth ddadwneud newydd ei chlicio. Adfer neu ail-wneud yr hyn a ddadwneir yw swyddogaeth y saeth ail-wneud.

Dyma'r eicon hyperddolen neu hypergyswllt. Pwrpas y swyddogaeth hon yw gosod dolen neu gyswllt allanol yn eich dogfen. Cyfeirio at fan arbennig ar y we y bydd yr hyperddolen er enghraifft. Neu at berson yr hoffech gynnwys ei gyfeiriad e-bost mewn man arbennig yn eich dogfen. Cliciwch ar yr eicon er mwyn gweld y blwch opsiynau.

Fe gewch greu tabl a'i fewnosod yn eich dogfen gan glicio ar yr eicon hwn. Mae gosod tabl mewn dogfen yn ffordd i wahaniaethu rhwng gwahanol fathau o wybodaeth, ac mae'n ffordd i ddosbarthu gwybodaeth yn glir ac yn effeithiol. Cliciwch ar y saeth fach wrth ochr yr eicon er mwyn dewis nifer y rhesi a'r colofnau yr ydych chi eu hangen yn eich dogfen. Â'r cyrchwr y mae dynodi nifer y rhesi a'r colofnau. Rhowch y cyrchwr ar ben y sgwariau bach fydd wedi ymddangos yn y gwymplen. Fe welwch rifau megis 2x3, 3x4 ac yn y blaen. Dewiswch y siâp tabl sydd yn gweddu i'ch bwriad.

Rhowch y cyrchwr ar ben yr eicon hwn. Daw'r geiriau *Dangos Swyddogaethau Darlunio* i'r golwg. Cliciwch ar yr eicon. Ymddengys bar darlunio ar waelod y sgrin. Fe welwch gyfres o symbolau ar y bar darlunio:

Yn eu plith y mae petryal, er enghraifft. Ystyr gweld petryal yn y fan hon yw y gellwch gynnwys petryal yn eich dogfen os dymunwch wneud hynny. Cliciwch ar y petryal. Pan symudwch y cyrchwr i fyny'r dudalen, bydd yn troi yn groes fach (+) a phetryal bach wrth ei ochr. Sylwch ar y bar fformatio ar dop eich tudalen. Ers ichi ddechrau'r broses mewnosod petryal, mae'r bar fformatio darlunio wedi newid.

Erbyn hyn, y mae'n cynnwys manylion am y petryal yr hoffech ei fewnosod – ei liw, ei faint a phriodweddau eraill.

Cliciwch ar yr eicon hwn er mwyn chwilio am ddarn arbennig o destun. Daw'r blwch *Ffeindio a disodli* i'r golwg. Fe gewch newid pob enghraifft o air neu o ymadrodd ar unwaith gan ddefnyddio'r swyddogaeth hon.

Cymraeg English   Cliciwch ar yr eicon hwn i ddewis yr iaith Gymraeg neu'r iaith Saesneg.

Cyn gorffen, dylem sôn am y saeth fach ar diwedd y rhes. Os rhowch y cyrchwr uwchben y saeth hon, bydd blwch yn ymddangos. Ymhlith yr opsiynau yn y blwch, bydd *Addasu'r Bar Offer*. Os cliciwch ar hwnnw, daw'r blwch addasu i'r golwg (gweler Ffigur W:26 ar dudalen 22). Yn y fan hon y cewch ddiwygio'r bar offer neu adfer y gosodiadau arferol.

Fformatio

Cyflwyno'r bar fformatio
Dangosir bar fformatio Writer rhwng y bar offer a'r mesurydd yn Ffigur W:29 ar dudalen 23. Nesaf, fe gewch gyfle i wybod am rai o'r eiconau a'r blychau sydd ar y bar fformatio.

Y blychau ffont a fformatio
Mewn blwch bach hirfain ar ochr chwith y sgrin, fe welwch ddisgrifiad o fformat cyfredol eich dogfen. Cliciwch ar y saeth fach i weld yr opsiynau fformatio eraill sydd ar gael. Ymhlith y rheini bydd *Corff Testun* a *Pennawd 1, 2, 3* er enghraifft. Ar waelod y gwymplen, fe welwch *Mwy*. Os cliciwch ar hyn, bydd y blwch *Arddulliau a Fformatio* yn agor.

Mae ffordd fwy uniongyrchol o agor y blwch hwn hefyd, sef clicio ar yr eicon ar y bar fformatio.

Mewn blwch hirfain cymharol fawr, fe welwch enw'r ffont sydd ar waith yn y ddogfen. Cliciwch ar y saeth fach i weld y gwymplen opsiynau ffontiau. Yna, cliciwch ar y ffont y dymunwch ei ddefnyddio.

Mewn blwch bach ar y bar fformatio, fe welwch rif sy'n dynodi maint y ffont yr ydych yn ei ddefnyddio. Agorwch y gwymplen yn y dull arferol er mwyn gweld yr opsiynau maint ffont. Dewiswch ffont fwy o faint neu lai o faint yn ôl anghenion eich gwaith.

Priodweddau arbennig ffont

Ochr yn ochr ar y bar fformatio, fe welwch dair llythyren, sef **B** (Trwm), *I (Italig)* ac U̲ (Tanlinellu). Cliciwch ar **B** er mwyn gosod **ffont trwm** neu ffont **bras**. Cliciwch ar *I* er mwyn gosod ffont *italig*. Cliciwch ar U̲ er mwyn tanlinellu darn o waith.

Alinio, canoli ac unioni

Fe welwch gyfres o bedwar eicon ar y bar fformatio:

Dyma'r eiconau *Alinio, Canoli* ac *Unioni*. Fe'u defnyddir i leoli testun ar y dudalen.

Bylchu

Mae cyfres arall o dri eicon ar y bar fformatio hefyd:

Pennu maint y bwlch rhwng y llinellau mewn testun y mae'r rhain.

Rhifo a bwledi

Pan fydd dogfen yn cynnwys rhestr, efallai y byddwch eisiau gwahanu'r eitemau oddi wrth ei gilydd. Fe gewch wneud hyn â rhifau neu â bwledi, er enghraifft:

Mewnoli testun

Defnyddir yr opsiynau hyn er mwyn gosod darn o destun yn nes at ymyl y dudalen, neu yn nes at ei chanol:

Lliwio ac amlygu

Ar ochr dde'r bar fformatio, fe welwch dri eicon lliwio ac amlygu. Cliciwch ar y saeth fach ar bwys yr eicon **A̲** . Fe welwch flwch ac ynddo ddewis helaeth o liwiau. Cliciwch ar un o'r rhain er mwyn dewis lliw'r ffont. Bydd y cyrchwr yn troi yn bot inc bach a hwnnw'n arllwys peth o'i gynnwys (gweler hefyd dudalen 25). Dewiswch y darn o destun y dymunwch ei ail-liwio. Amlygwch y darn hwnnw gan glicio a dadglicio â'r llygoden yn y modd arferol.

Symud o un man i'r llall

Llywio, sgrolio a symud

Offer llywio

Yn aml iawn, bydd hyd dogfen yn fwy nag un dudalen. I symud o un man i'r llall tu fewn i ddogfen felly, byddwch eisiau defnyddio'r offer llywio. Hwyluso gweld cynnwys dogfennau hir y mae'r offer llywio, ac arbed rhag sgrolio'n ddi-baid rhwng tudalennau.

Y bar sgrolio

Mae'r offer llywio i'w cael ar ochr dde'r sgrin. Ymhlith y rhain mae'r bar sgrolio. Mae saeth fach ddu ar gefndir glas golau ar ddeupen y bar sgrolio. Rhaid clicio ar y saethau hyn er mwyn sgrolio i fyny ac i lawr. Ffordd arall o sgrolio yw cydio yn y botwm sgrolio gan ddal eich bys ar y llygoden a thynnu'r botwm i fyny neu i lawr yn ôl eich dymuniad. Ewch at Ffigur W:29 ar dudalen 23 ac fe welwch y bar sgrolio ar ochr dde'r sgrin.

Y blwch symud

Ar waelod y bar sgrolio, fe welwch dri eicon y naill ar ben y llall.

Botwm crwn yw'r eicon canol. Cliciwch ar hwnnw er mwyn i'r blwch symud ymddangos. Yn y blwch symud, fe welwch nifer o eiconau sy'n cynrychioli'r gwahanol elfennau sy'n rhan o ddogfennau Writer. Rhowch y cyrchwr ar ben pob un yn ei dro i weld disgrifiad o swyddogaeth yr eicon yn y blwch bach melyn (Ffigur W:31). Cliciwch ar *Tabl* er enghraifft, a rhowch y cyrchwr uwchben un o'r saethau dwbl. Os dewiswch y pâr uchaf, fe welwch y geiriau *Tabl blaenorol* (Ffigur W:32). *Tabl nesaf* a welwch, os dewiswch y pâr isaf.

Ffigur W:31 Offer *Llywio – Tudalen*

Ffigur W:32 Offer *Llywio – Tabl*

Pan gliciwch ar y saethau dwbl, fe gewch eich arwain i'r tabl blaenorol neu'r tabl nesaf yn y ddogfen. Fe gewch wneud hyn gyda phob elfen mewn dogfen – tablau, graffigau, penawdau – gan ddewis yr hyn y dymunwch ei weld yn y blwch symud.

Y llywiwr

Swyddogaethau'r llywiwr

Agor y llywiwr

Mae sawl ffordd i agor *Llywiwr*. Cliciwch ar *Golygu* ac wedyn ar *Llywiwr* ar y gwymplen. Neu defnyddiwch y llwybr byr, sef F5. Bydd y blwch llywiwr yn ymddangos (Ffigur W:33).

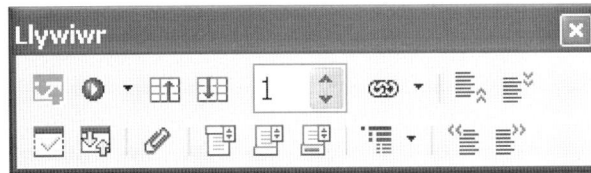

Ffigur W:33
Y llywiwr

Teclyn tebyg iawn i'r blwch symud yw'r llywiwr. Yn wir, mae'r blwch symud yn rhan ohono. Er mwyn agor y blwch symud tu fewn i'r llywiwr, cliciwch ar yr eicon.

Gweld crynodeb o ddogfen yn y llywiwr

Mae priodweddau ychwanegol gan y llywiwr na cheir mohonynt yn y blwch symud. Mae gweld crynodeb o holl gynnwys y ddogfen yn un o'r priodweddau hynny. Er mwyn gweld crynodeb o holl gynnwys y ddogfen, cliciwch ar *Blwch Rhestrau*.

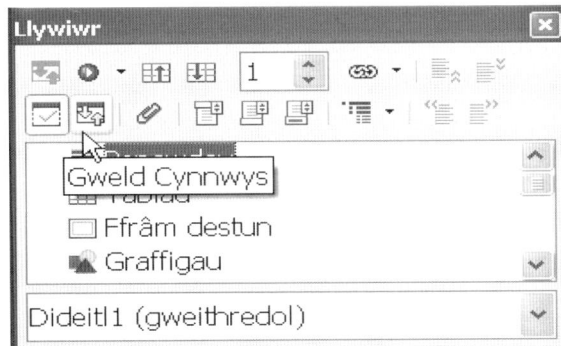

Ffigur W:34
Y blwch deialog
Llywiwr → Gweld Cynnwys

Bydd corlan yn agor yng ngwaelod y blwch. Pan fydd y gorlan hon ar agor, cliciwch ar yr eicon *Gweld Cynnwys* (Ffigur W:34).

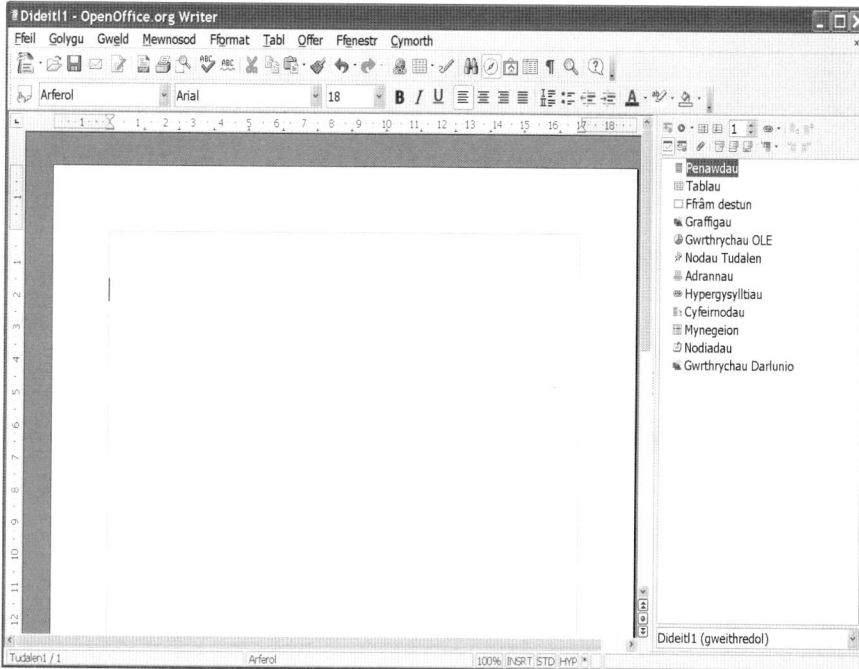

Ffigur W:35
Elfennau dogfen hir

Ymddengys rhestr o elfennau dogfen (Ffigur W:35). Bydd croes fach
(+) wrth ochr pob elfen – penawdau, tablau, graffigau ac ati – y mae
enghraifft ohoni'n rhan o'r ddogfen.

Defnyddio'r llywiwr gyda dogfennau hir

Dylid nodi na welwch groes fach ar bwys yr elfennau hyn mewn
dogfen newydd na mewn dogfen fach, syml am na fydd dim
enghreifftiau ohonynt yn rhan o'r ddogfen. Rhaid arbrofi â
phriodweddau'r llywiwr mewn dogfen gynhwysfawr wedi'i
fformatio'n weddol drylwyr felly.

Cymerwn fod gennych ddogfen gynhwysfawr. Agorwch hi ac
agorwch y llywiwr wedyn. Efallai y bydd croes fach wrth ymyl
Penawdau. Cliciwch ar y groes, ac fe welwch restr o'r penawdau sydd
yn rhan o'ch dogfen hir.

Docio'r llywiwr

Blwch bach di-angor fydd y llywiwr pan agorwch ef gyntaf.
Mae'n bosib ei angori os dymunwch wneud hynny. Llusgwch y blwch
llywiwr hyd at y man angori dewisol. Daliwch eich bys ar y llygoden
nes i'r llywiwr ddocio.

Gweld cynnwys dogfennau eraill

Helpu ichi weld cynnwys y ddogfen sydd ar waith gennych y mae'r llywiwr yn ei wneud fel arfer. Ond gellwch ei ddefnyddio i edrych ar gynnwys dogfennau eraill hefyd. Cymerwn fod tair dogfen ar agor gennych ac yr hoffech wybod a oes pennod am bwnc arbennig yn rhan o un ohonynt.

Agorwch y llywiwr, a chliciwch ar y saeth fach yn y blwch ar waelod y llywiwr. Fe welwch restr o'r holl ddogfennau sydd ar agor.

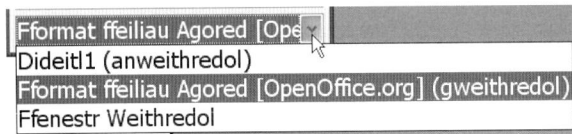

Fformat ffeiliau Agored [Ope
Dideitl1 (anweithredol)
Fformat ffeiliau Agored [OpenOffice.org] (gweithredol)
Ffenestr Weithredol

Cliciwch ar un ohonynt. Daw crynodeb o'i chynnwys i'r amlwg yn y modd arferol. Gellwch olygu un ddogfen tra bo cynnwys y llall yn hysbys i chi.

Adolygu

Chwilio am air arbennig

Ffeindio a disodli

Swyddogaethau pwysig y byddwch chi eisiau manteisio arnynt yw'r swyddogaethau chwilio a disodli. Mae'r rhain yn rhan hanfodol o'r offer golygu sylfaenol fydd yn gymorth i chi pan fyddwch wrth eich gwaith.

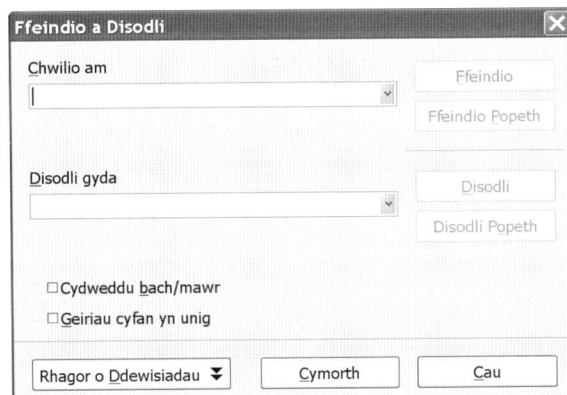

Ffigur W:36
Y blwch deialog
Ffeindio a disodli

Er mwyn dod o hyd i ymadrodd neu i air arbennig yn eich testun, cliciwch ar *Golygu → Ffeindio a Disodli*. (Ffordd arall o agor yr opsiwn hwn yw pwyso Ctrl+F.) Bydd y blwch *Ffeindio a Disodli* yn ymddangos.

Tu fewn i'r blwch mawr, yn y blwch bach hirfain uchaf, teipiwch yr hyn y dymunwch i'r rhaglen ddod o hyd iddo. Cliciwch naill ai ar y botwm *Ffeindio* neu ar y botwm oddi tano yn ôl eich dymuniad.

Os penderfynwch ddisodli gair neu ymadrodd arbennig yn eich testun, teipiwch y gair neu'r ymadrodd hwnnw yn y blwch bach uchaf, ac wedyn, yn y blwch hirfain isaf, teipiwch yr hyn yr hoffech ei weld yn y testun. Gan glicio ar *Disodli* neu ar *Disodli Popeth*, fe gewch olygu'r ddogfen yn ôl eich dymuniad.

Un o fanteision y blwch *Ffeindio a Disodli* yw'r ffaith y gellwch barhau gyda'r gwaith ysgrifennu tra bod y blwch ar agor.

Os ydych chi'n ddefnyddiwr profiadol sydd eisiau gwneud gwaith manwl iawn, fe gewch ddarganfod rhai o nodweddion ychwanegol yr offer chwilio a disodli. Cliciwch ar y botymau *Rhagor o Ddewisiadau* ac yna *Nodweddion* i weld hyd a lled y posibiliadau.

Cardiau gwyllt

Mae defnyddio cardiau gwyllt yn ffordd i ehangu'r rhwyd pan fyddwch yn chwilio am ymadroddion arbennig mewn testun. Yn lle chwilio am air cyfan, gellwch chwilio am sawl gair tebyg i'w gilydd. I roi'r opsiwn hwn ar waith, rhaid clicio ar *Golygu* → *Ffeindio a Disodli* → *Rhagor o Ddewisiadau* a thicio'r blwch *Ymadroddion Rheolaidd* wedyn (Ffigur W:37). Yna, teipiwch yr hyn yr ydych chi'n chwilio amdano yn y blwch *Chwilio am*.

Mae Tabl 1 ar y dudalen nesaf yn cynnig esboniad ar ffurf enghreifftiau o'r ffordd y mae cardiau gwyllt yn gweithio. Mae sawl côd arbennig yn rhan o

Ffigur W:37
Cardiau gwyllt

feddalwedd chwilio Writer. Os byddwch yn ei chael hi'n anodd cofio'r côdau, gellwch fwrw golwg ar y dudalen hon o bryd i'w gilydd er mwyn atgoffa eich hunan.

Cofiwch hyn unwaith eto: er mwyn rhoi'r opsiwn chwilio â chardiau gwyllt ar waith, rhaid clicio ar *Rhagor o Ddewisiadau* a thicio'r blwch *Ymadroddion Rheolaidd* wedyn.

Diffinio hwn	Â'r côd isod	Enghreifftiau a chanlyniadau
Un llythyren	.	m.n → man, min, mynci
Cyfres o lythrennau	.*	c.*c → crwca, clacwydd, clwc
Y naill neu'r llall	[]	ll[aw]ch → llachar, llwch
Eithrio llythyren arbennig	[^]	gl[^i]n → glan, glyn, glân ond <u>nid</u> → glin
Rhychwant	[-]	[c-t]arw → carw, garw, marw tarw
Dechrau gair	\<	\<dar → darfod, darn, darllen ond <u>nid</u> → clochdar
Diwedd gair	\>	ach\> → crach, pethach, elwach ond <u>nid</u> → achau, achlysur

Tabl 1 Côdau cardiau gwyllt

Cofnodi eich sylwadau

Weithiau, wrth ichi ddiwygio a golygu dogfen, bydd gofyn ichi ysgrifennu nodyn i esbonio pam y newidiwyd rhywbeth. I wneud hynny, rhowch y cyrchwr ar y gair neu'r ymadrodd newydd, ac yna cliciwch ar *Golygu* → *Newidiadau* → *Sylw*. Bydd blwch deialog yn ymddangos (Ffigur W:38).

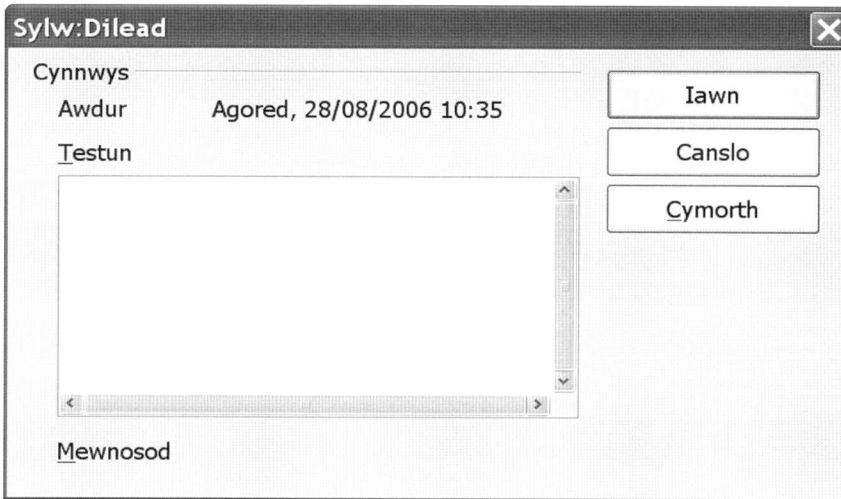

Ffigur W:38
Y blwch deialog *Sylw:*
Dilead

Oddi tano, fe welwch enw'r awdur, y dyddiad a'r amser y gwnaethpwyd y newid, ac yn nes lawr bydd blwch lle y gellwch gofnodi eich sylwadau. Ar ôl gorffen ysgrifennu'r sylwadau pwyswch *Iawn*. Bydd y sylwadau yn ymddangos yn y tabl *Derbyn neu Wrthod Newidiadau*.

Gwneud newidiadau

Nodi ac olrhain newidiadau

Wrth ichi olygu dogfennau, yn enwedig dogfennau a gyfansoddwyd gan awdur arall, byddwch chi eisiau cofnodi'r newidiadau. O wneud hynny, bydd modd i'r awdur ddewis a fydd yn derbyn y newidiadau ai peidio.

I gofnodi'r newidiadau, ewch i *Golygu* → *Newidiadau*. Bydd isddewislen yn ymddangos (Ffigur W:39). Cliciwch ar *Cofnod*. Bydd pob newid a wnewch yn y ddogfen yn cael ei gofnodi a'i arddangos o hyn ymlaen.

Pan ddechreuwch olygu, bydd llinell daro – un goch neu un las yn ôl gosodiadau'r rhaglen – ar draws popeth y byddwch yn ei ddileu. A bydd popeth y byddwch yn ei ychwanegu at y testun â lliw coch neu liw glas arno hefyd.

Ffigur W:39
Dangos newidiadau

Derbyn a gwrthod newidiadau

Dyweder i'ch dogfen wreiddiol gael ei newid gan rywun arall. Gellwch ddarllen yr holl ddogfen i adolygu'r newidiadau a wnaethpwyd. O glicio ar *Golygu → Newidiadau → Derbyn neu Wrthod Newidiadau*, bydd blwch deialog yn ymddangos (Ffigur W:40).

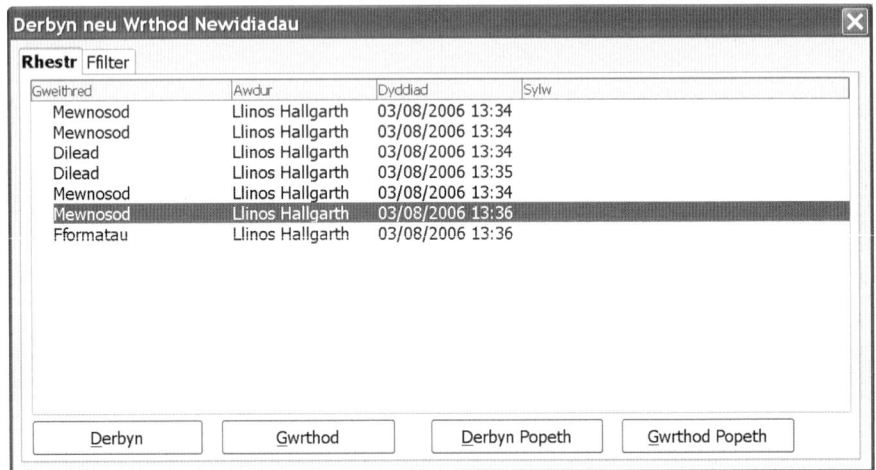

Ffigur W:40
Y blwch deialog
Derbyn neu Wrthod
Newidiadau

Cliciwch ar y tab *Rhestr*, a bydd rhestr o'r holl newidiadau i'w gweld mewn tabl. Cliciwch ar y tab *Ffilter*, ac fe welwch fanylion y newidiadau o dan y penawdau *Gweithred, Awdur, Dyddiad*, a *Sylw*.

Ar waelod y blwch mae'r botymau *Derbyn, Gwrthod, Derbyn Popeth, Gwrthod Popeth*. Mae'n bosib derbyn neu wrthod y newidiadau fesul un drwy glicio ar y botymau perthnasol, neu dderbyn neu wrthod y cyfan os yw'n well gennych.

Diogelu'r newidiadau

Gellir diogelu'r newidiadau y byddwch yn eu gwneud wrth olygu drwy ddewis *Golygu → Newidiadau → Diogelu Cofnodion*. Bydd y blwch deialog *Rhowch Gyfrinair* yn ymddangos (Ffigur W:41).

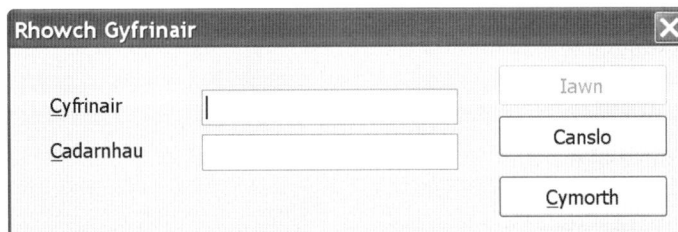

Ffigur W:41
Y blwch deialog
Rhowch Gyfrinair

Teipiwch gyfrinair o'ch dewis. Rhaid i'r cyfrinair gynnwys o leiaf 5 nod. Cadarnhewch y cyfrinair hwnnw a phwyso *Iawn*. O hyn ymlaen, bydd rhaid defnyddio'r cyfrinair hwn i ddiffodd y swyddogaeth nodi newidiadau neu i dderbyn a gwrthod y newidiadau.

Sillafu

Cymorth awtomatig

AwtoGwblhau

Mae'r offer awtogwblhau y mae Writer yn eu cynnig yn fodd ichi arbed gwaith teipio i'ch hunan. Mae'r syniad yn syml: wrth ichi deipio mae Writer yn cofio'r geiriau y byddwch yn eu defnyddio. Pan deipiwch chi'r un geiriau drachefn, bydd y rhaglen yn eu cwblhau'n awtomatig.

Dyma enghraifft. Cymerwn eich bod wedi defnyddio'r gair *geiriaduron* o'r blaen. Dyma chi yn teipio *gei-* unwaith eto. O adnabod y gair, bydd Writer yn cynnig *geiriaduron*. Bydd yr hyn sy'n cael ei awgrymu wedi'i amlygu â lliw glas: geiaduron .

Os dymunwch dderbyn cynnig yr offer awtogwblhau, pwyswch Enter. Os na ddymunwch dderbyn y cynnig, anwybyddwch ef gan bwyso unrhyw fysell arall.

Os yw'n well gennych beidio â defnyddio'r offer awtogwblhau, gellwch eu diffodd. Fel hyn y mae gwneud hynny. Ewch i *Offer →* *AwtoGywiro → Cwblhau Geiriau*. Yn y blwch hwn, dad-diciwch *Galluogi cwblhau geiriau* ar y chwith (Ffigur W:42).

Awtogywiro

Heb ei fai heb ei eni: gwir hyn lle bo teipio a defnyddio'r bysellfwrdd yn y cwestiwn. Mae'r offer awtogywiro y mae Writer yn eu cynnig yn gymorth felly i bawb sy'n creu testunau.

Rhaid gwahaniaethu yn y cyswllt hwn rhwng y rhaglen OpenOffice 2.0 Saesneg a'r rhaglen Gymraeg y mae Agored yn eu cynnig. Mae'r hyn a ddisgrifir isod yn berthnasol i'r Saesneg yn bennaf am nad oes offer awtogywiro soffistigedig ar gael yn y Gymraeg ar

AwtoGywiro

Pethau newydd ac eithriadau ar gyfer iaith: Cymraeg

| Disodli | Eithriadau | Dewisiadau | Dyfyniadau Addasu | **Cwblhau Geiriau** |

☑Galluogi cwblhau geiriau

 ☐Gadael bwlch

 ☐Dangos fel cyngor

☑Casglu geiriau

 ☑Wrth gau dogfen, cadw'r rhestr at ddefnydd pellach mewn dogfennau eraill.

Derbyn gyda

Enter

Hyd gair lleiaf posib

5

Mwyafswm y cofnodion

500

Agored
arferol
chadw
Company
ddogfennau
Defnyddiwyd
Dogfen
dogfennau
esboniad
Estyniad
estyniadau
Extensible
Ffeil
ffeiliau
Fformat
FirstName
format
Impress
Language

Dileu Cofnod

| Iawn | Canslo | Cymorth | Ailosod |

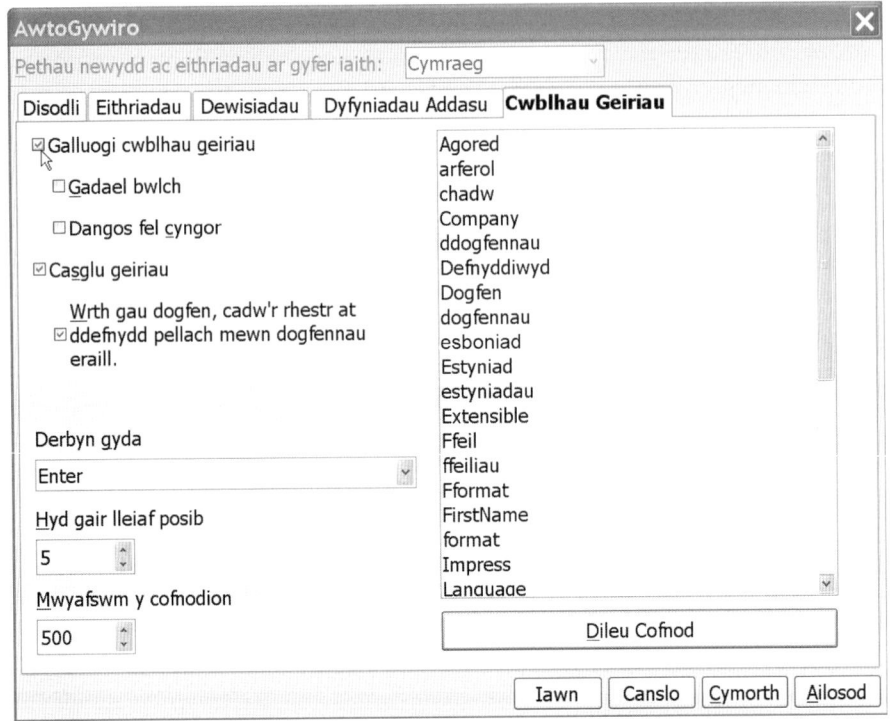

Ffigur W:42
Y blwch deialog
AwtoGywiro

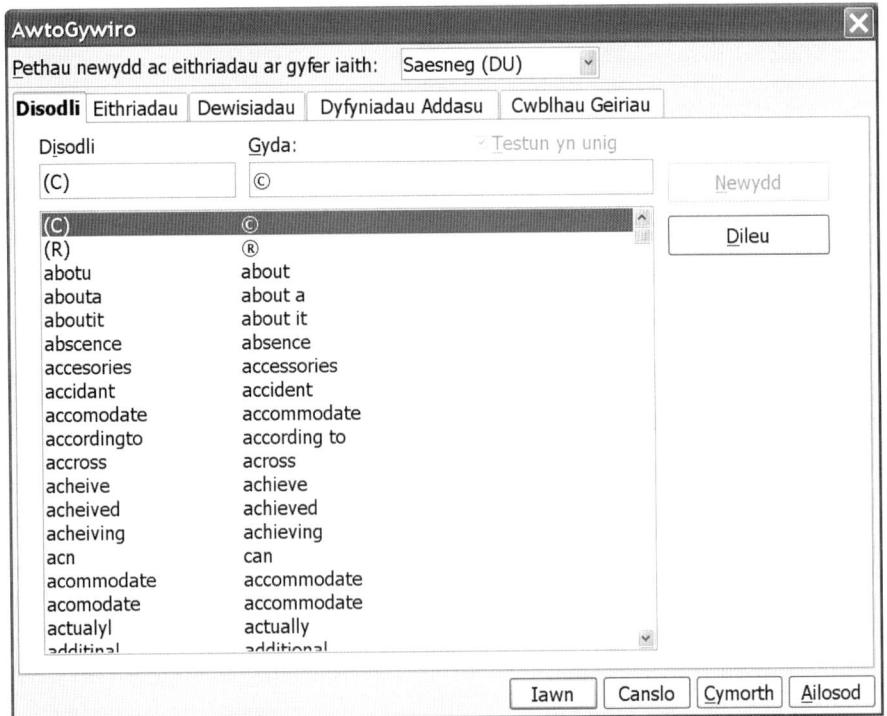

AwtoGywiro

Pethau newydd ac eithriadau ar gyfer iaith: Saesneg (DU)

| **Disodli** | Eithriadau | Dewisiadau | Dyfyniadau Addasu | Cwblhau Geiriau |

Disodli   Gyda: ✓ Testun yn unig

(C)   ©   Newydd

(C)	©
(R)	®
abotu	about
abouta	about a
aboutit	about it
abscence	absence
accesories	accessories
accidant	accident
accomodate	accommodate
accordingto	according to
accross	across
acheive	achieve
acheived	achieved
acheiving	achieving
acn	can
acommodate	accommodate
acomodate	accommodate
actualyl	actually
additinal	additional

Dileu

| Iawn | Canslo | Cymorth | Ailosod |

Ffigur W:43
Cywiriadau awtomatig
AwtoGywiro

hyn o bryd (gweler **Cyflwyno'r gwirydd sillafu awtomatig** ar dudalen 42). Sylwer y gall Agored awtogywiro darn o destun yn yr iaith Saesneg er i'r Gymraeg gael ei osod fel iaith y defnyddiwr.

Fel hyn y mae awtogywiro'n gweithio. Pan fyddwch yn camsillafu gair wrth ichi deipio, gall Writer gywiro'r gwall yn awtomatig. Mae hyn yn dibynnu a yw'r gair a gamsillafwyd yn rhan o gof awtogywiro'r rhaglen. Er mwyn archwilio cynnwys y cof awtogywiro ewch i *Offer → AwtoGywiro*. Ymddengys blwch (Ffigur W:42). Yn hwn y mae cyfaddasu'r opsiynau awtogywiro. Fe gewch agor yr isflychau priodol trwy glicio ar y pum tab yn rhan uchaf y blwch.

1   Cliciwch ar y tab *Disodli*. Fe welwch restr o'r pethau y mae'r rhaglen yn eu cywiro'n awtomatig (Ffigur W:43). Fe gewch ychwanegu at y rhestr hon yn ôl yr angen. Mae dau flwch, sef *Disodli* a *Gyda* ar ben y rhestr at y diben hwnnw.
2   Cliciwch ar y tab *Eithriadau*. Fe welwch ddau isflwch, sef *Byrfoddau* a *Geiriau gyda DWy BRif LYthyren* (Ffigur W:44). Dyma ddau gategori sy'n cael eu heithrio gan yr offer awtogywiro. (Gallech lunio rhestr o eiriau Cymraeg yn gynnwys i'r blychau awtogywiro hyn pe bai hynny'n werth yr ymdrech i chi.)

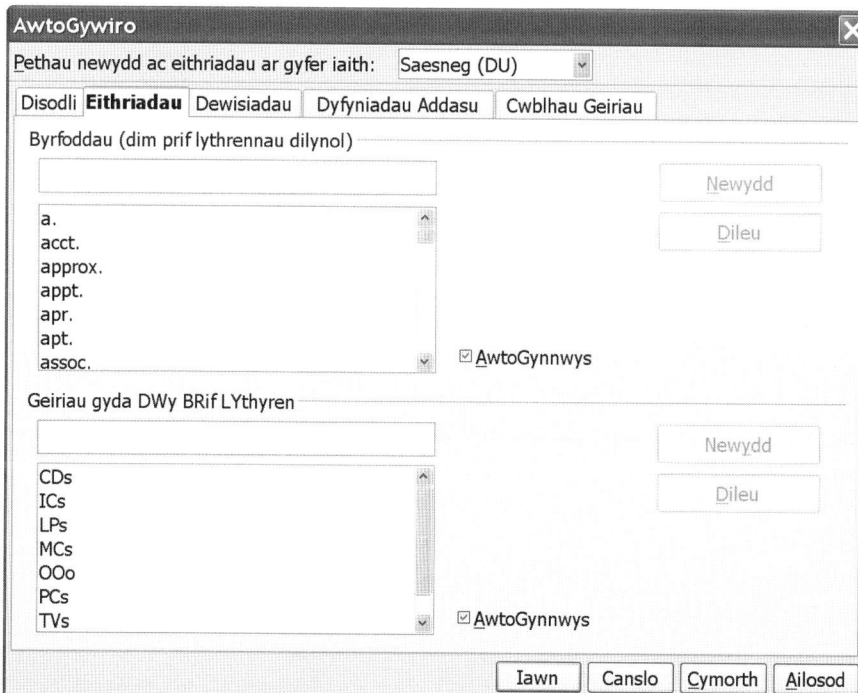

Ffigur W:44
Eithrio geiriau rhag *AwtoGywiro*

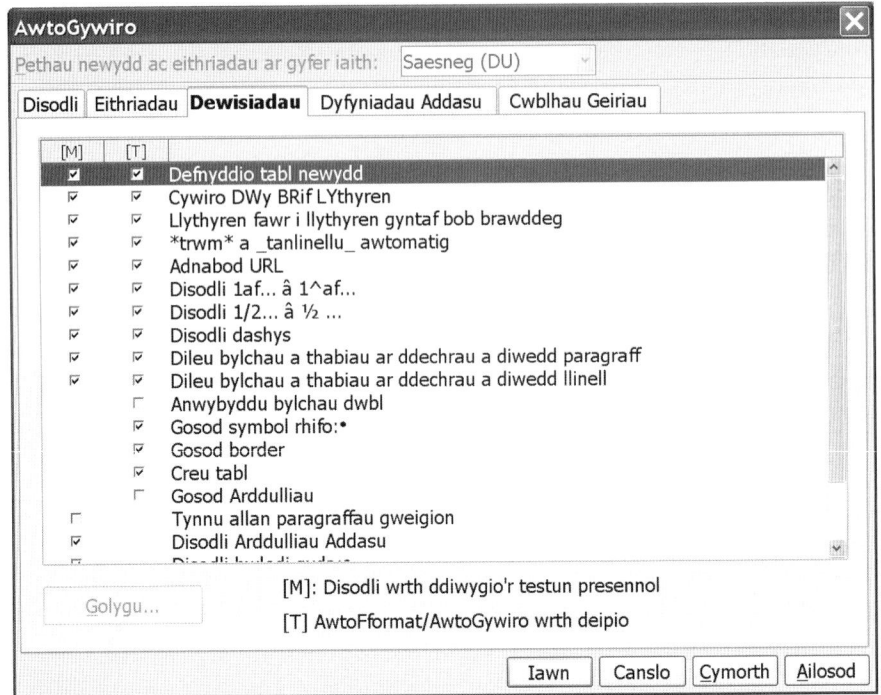

Ffigur W:45
Dewisiadau
AwtoGywiro

3   Cliciwch ar y tab *Dewisiadau*. Bydd blwch yn ymddangos (Ffigur W:45). Ticiwch a dad-diciwch yr hyn yr hoffech ei roi ar waith a'r hyn yr hoffech ei ddiysgogi.

4   Cliciwch ar y tab *Dyfyniadau Addasu*. Yn y fan hon y mae dewis y dyfynodau (', ") y dymunwch eu defnyddio.

5   Cliciwch ar y tab *Cwblhau Geiriau*. Disgrifir swyddogaethau cynnwys y blwch hwn yn **AwtoGwblhau** ar dudalen 37.

Geiriaduron

Geiriaduron addasu

Mae'n bosib creu geiriaduron addasu ar gyfer prosiectau sy'n defnyddio geiriau arbenigol – ysgrifennu llawlyfr cyfrifiadurol er enghraifft. O wneud hynny, ni fydd y rhaglen yn tynnu sylw at orgraff rhai o'r geiriau technegol wrth iddi wirio sillafu'r llawlyfr. Er mwyn i'r rhaglen anwybyddu'r geiriau hyn felly, gellir creu geiriadur addasu.

I greu geiriadur addasu, cliciwch ar *Offer → Dewisiadau → Gosodiadau Iaith → Cymorth Ysgrifennu* (Ffigur W:46). Ar bwys y geiriaduron diffiniedig, fe welwch y botwm *Newydd*. Cliciwch arno. Ymddengys blwch arall: *Geiriadur Newydd* (Ffigur W:47). Wedi clicio ar *Newydd*, fe welwch flwch ticio ar y chwith. Peidiwch â thicio hwnnw pan fyddwch yn creu geiriadur addasu (gweler **Geiriaduron eithriadau** isod).

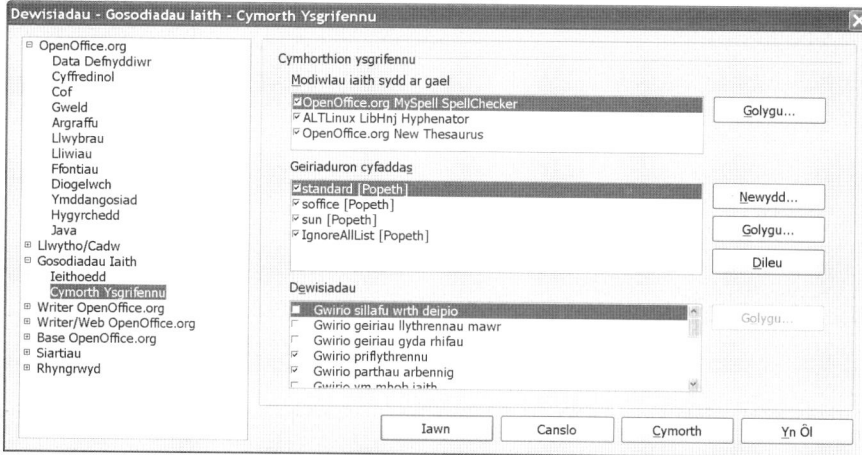

Ffigur W:46
Creu geiriadur newydd

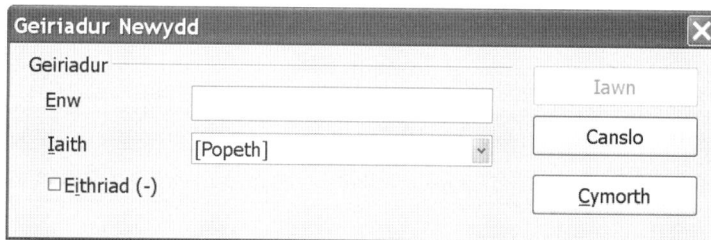

Ffigur W:47
Rhoi enw i eiriadur newydd

Geiriaduron eithriadau

Mae swyddogaeth geiriadur eithriadau yn lled debyg i swyddogaeth geiriadur addasu. Ystyr eithriadau yn y cyswllt hwn yw nifer o bethau penodol na fydd y gwirydd sillafu yn cymryd sylw ohonynt.

I greu geiriadur eithriadau, cliciwch ar *Offer* → *Dewisiadau* → *Gosodiadau Iaith* → *Cymorth Ysgrifennu* (Ffigur W:46). Yna, cliciwch ar *Newydd*. Rhowch enw teilwng i'r geiriadur: *Eithrio (prosiect 1)*. Sylwch ar y blwch ticio *Eithriad (-)* yng ngwaelod y blwch *Geiriadur Newydd* (Ffigur W:47). Ticiwch hwnnw.

Agorwch y blwch *Cymorth Ysgrifennu* unwaith eto. Ticiwch y blwch ar bwys *Eithrio (prosiect 1)* a phwyswch *Iawn* er mwyn rhoi'r geiriadur eithriadau newydd ar waith.

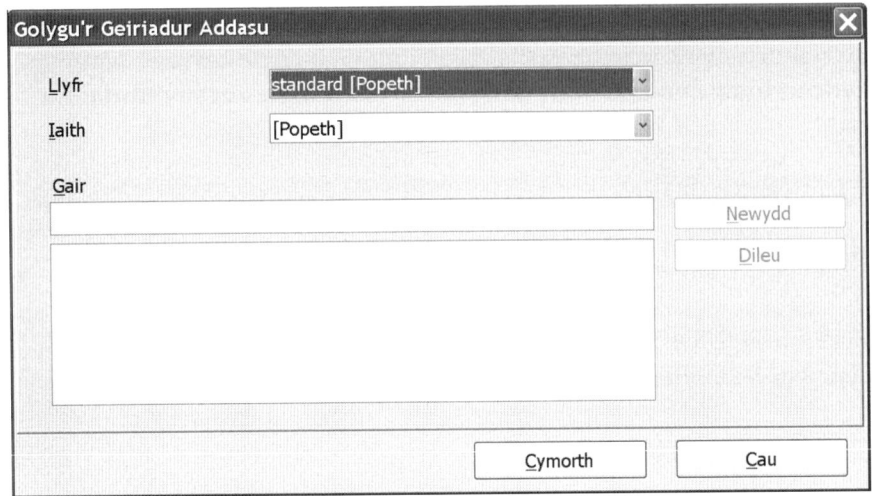

Cliciwch ar *Golygu* nesaf heb gau'r blwch. Bydd y blwch *Golygu Geiriadur Addasu* yn ymddangos (Ffigur W:48). Ond, sylwer y bydd ynddo faes ychwanegol y tro hwn a hynny am ichi dicio'r blwch *Eithriad (-)*. *Disodli gyda* yw enw'r blwch ychwanegol. Yn y blwch *Gair* y mae nodi'r geiriau yr hoffech iddynt gael eu heithrio gan yr offer gwirio sillafu. Ni raid llenwi blwch *Disodli gyda* os yw'n well gennych beidio. Bydd hynny yn dibynnu ar yr enghreifftiau ac ar y cyd-destun.

Gwirio sillafu

Cyflwyno'r gwirydd sillafu awtomatig

Mae offer gwirio sillafu'n rhan o'r pecyn dwyieithog OpenOffice 2.0 a gynigir gan Agored. Ceir y gwirydd sillafu Saesneg fel y mae yn yr OpenOffice 2.0 gwreiddiol (sef rhaglen Sun Microsystems), ac yn ogystal ceir gwirydd sillafu Cymraeg ac iddo eirfa helaeth iawn. Mae defnyddio pecyn Agored felly yn ffordd rad ac effeithiol o gywiro orgraff y Gymraeg y byddwch yn ei hysgrifennu. (Sylwer, fodd bynnag, mai *orgraff* y mae Agored yn ei gwirio: ni chywirir gramadeg y Gymraeg er y bydd y pecyn yn delio â'r treigladau i raddau.)

Rhaglen ddwyieithog yw Agored. Ystyr hynny yw bod rhaglen meddalwedd OpenOffice 2.0 ar gael yn ei chrynswth yn Saesneg ac yn Gymraeg fel ei gilydd. Dewis ei iaith ei hun y bydd pob defnyddiwr. Pan fyddwch chi'n defnyddio'r cyfrifiadur, gellwch weithio trwy gyfrwng y Gymraeg felly. A phan fydd aelodau eraill o'ch staff – neu o'ch teulu – yn gweithio, gallant droi at y Saesneg, os dymunant wneud hynny.

Gan glicio ar yr eicon *Cymraeg/Saesneg* ar y bar offer y mae dewis iaith. Rhoddir y gwirydd sillafu priodol ar waith yn ôl y dewis a wneir: yr un Gymraeg ar gyfer y Gymraeg, a'r un Saesneg ar gyfer y Saesneg. Disgrifir priodweddau'r offer gwirio sillafu isod.

Defnyddio'r gwirydd sillafu

Fe welwch ddau eicon gwirio sillafu ar y bar offer.

ABC Mae hwn yn llwybr byr i'r blwch *Gwirio Sillafu*.

ABC Mae hwn yn rhoi *AwtoWirio* ar waith.

Cliciwch ar yr eicon *AwtoWirio*. Pan wnewch chi hynny, bydd sgwigyls coch yn ymddangos oddi tan y geiriau nad yw'r rhaglen yn gyfarwydd â hwy. Fel hyn y bydd y **geiri hiun** neu'r geiriau hyn! De-gliciwch ar y gair os dymunwch gywiro'r gwall sillafu, ac fe welwch flwch disodli sy'n awgrymu nifer o eiriau. Fel arfer bydd y gair cywir yn eu plith. Cliciwch ar y gair cywir i ddisodli'r gair anghywir.

Cliciwch ar *Offer → Offer Gwirio Sillafu* a bydd y blwch *Gwirio Sillafu* yn ymddangos (Ffigur W:49). Gofynnir a fynnwch i'r rhaglen wirio gychwyn neu beidio. Cliciwch ar *Iawn*. Pan ddaw'r rhaglen ar draws

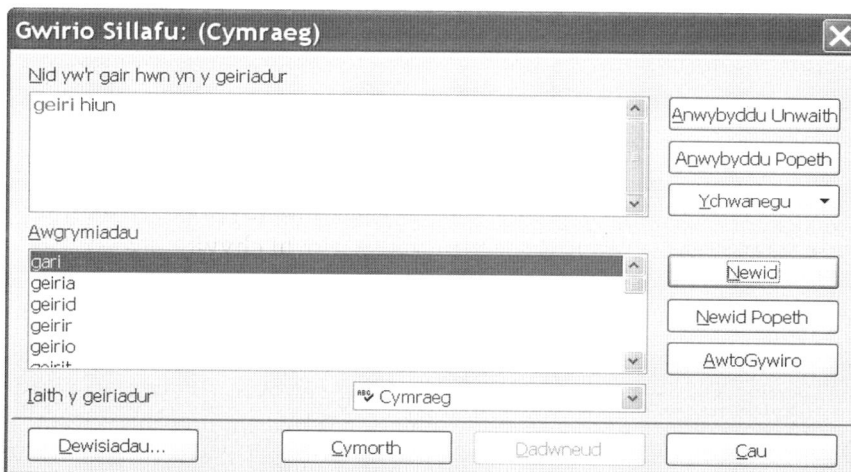

Ffigur W:49
Y blwch deialog *Gwirio Sillafu*

gair anghyfarwydd, sef gair wedi'i gamsillafu, efallai, caiff y gair hwnnw ei arddangos yn y blwch *Gair*, a chaiff rhestr o eiriau cywir posib ei harddangos yn y blwch *Awgrymiadau* (Ffigur W:49). Dewiswch y gair cywir â'r cyrchwr er mwyn disodli'r gair gwallus. Cliciwch ar y botwm *Disodli* wedyn. Os yw'r gair sydd wedi'i neilltuo yn un cywir, fe gewch anwybyddu argymhellion y rhaglen. Cliciwch ar y botwm *Anwybyddu Unwaith*. Neu cliciwch ar y botwm *Anwybyddu Popeth* os yw hynny'n well gennych.

Rhagor o briodweddau'r offer gwirio sillafu

Yn yr adran flaenorol, disgrifiwyd rhai o briodweddau craidd yr offer gwirio sillafu. Yn yr adrannau canlynol, ymhelaethir arnynt gan fwrw golwg ar rai o'r priodweddau eraill y mae'r rhaglen yn eu cynnig.

Ychwanegu gair at y geiriadur eithriadau

Mae'n bosib y bydd y rhaglen yn tynnu sylw'n gyson at air arbennig na fynnwch mo'i ail-sillafu. Er enghraifft, os ydych chi'n ysgrifennu *sgwennu* o bryd i'w gilydd, a hynny yn unswydd, hwyrach na fyddwch chi eisiau 'cywiro' hynny. Cliciwch ar *Ychwanegu* yn y blwch gwirio sillafu (*Offer → Offer Gwirio Sillafu*) er mwyn ychwanegu *sgwennu* at y pethau y mae'r rhaglen yn eu derbyn.

Diffinio'r paramedrau gwirio

Yn y blwch gwirio (*Offer → Offer Gwirio Sillafu*) yn y gornel chwith isaf, fe welwch y botwm *Dewisiadau*. Cliciwch ar y botwm er mwyn

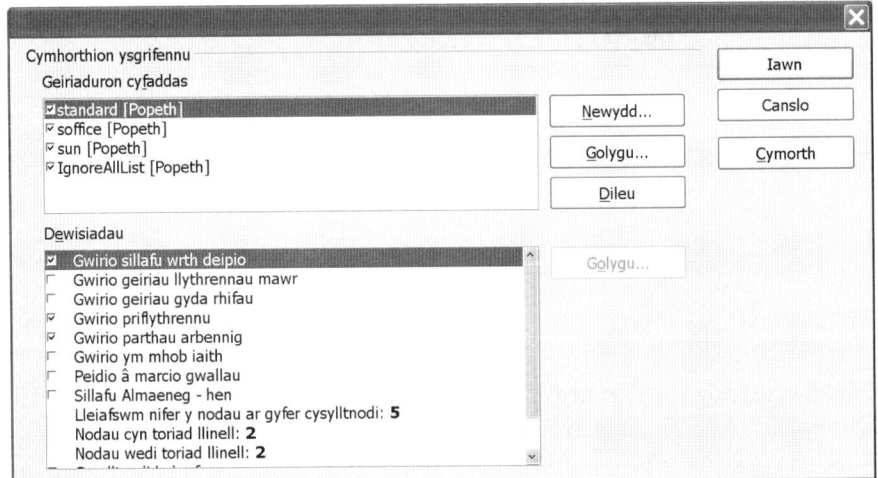

Ffigur W:50
Diffinio'r paramedrau gwirio

gweld y paramedrau gwirio sydd mewn grym. Fe welwch flwch ticio wrth ymyl nifer o eitemau ar y rhestr fydd yn ymddangos (Ffigur W:50). Ticiwch neu dad-diciwch bob blwch yn ôl eich dewis. Efallai y penderfynwch dicio *Gwirio sillafu wrth deipio*, er enghraifft. Ar y llaw arall, mae'n bosib na fyddwch eisiau i'r rhaglen gysylltnodi neu heiffeneiddio geiriau'n awtomatig.

Thesawrws Agored

Mae thesawrws yn rhan o raglen OpenOffice 2.0. Cliciwch ar *Offer* → *Iaith* → *Thesawrws* i'w gyrraedd (Ffigur W:51). (Mae llwybr byr ar gael hefyd, sef Ctrl+F7.) Yn OpenOffice 2.0 Agored, bydd y thesawrws arferol Saesneg ar waith yn y fersiwn Saesneg. Ar hyn o bryd, nid oes rhaglen thesawrws cyfrifiadurol yn yr iaith Gymraeg.

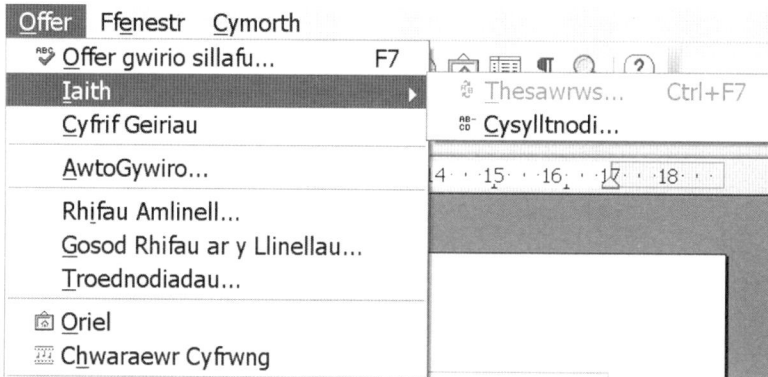

Ffigur W:51
Cael hyd i'r *Thesawrws*

Anfon gwaith at bobl eraill

Argraffu

Argraffu dogfen

Ar ôl creu dogfen, mae'n bosib y byddwch eisiau ei hargraffu.Y ffordd symlaf o wneud hynny yw clicio ar y botwm argraffu 🖨 ar y bar offer. Dyna y byddwch yn ei wneud mae'n debyg pan fyddwch yn argraffu dogfen fer. Boed y ddogfen yn un fer neu beidio, os na ddymunwch addasu'r nodweddion argraffu, na gwneud dim dewisiadau penodol yn y ddogfen yr ydych ar fin ei hargraffu, clicio ar y botwm argraffu fydd fwyaf didrafferth i chi.

Ar y llaw arall, cyn argraffu sawl tudalen ar y tro, gall fod o fudd cael rhagolwg ar y ddogfen i sicrhau bod popeth yn ei le. Gall hyn arbed papur ac inc yn un peth, ac yn y pen draw fe all arbed amser.

Gair i gall: cofiwch gadw dogfen cyn ei hargraffu. O wneud hynny, bydd y cyfan yn ddiogel os aiff rhywbeth o'i le wrth i'r ddogfen gael ei hargraffu.

Rhagolwg tudalen

Cyn argraffu dogfen, gellwch weld rhagolwg o'r dudalen er mwyn sicrhau ei bod wedi'i fformatio'n gywir. Ewch i *Ffeil → Rhagolwg Tudalen*. Pan agorwch y rhagolwg tudalen, bydd y dudalen gyfan i'w gweld, ond mân iawn fydd y testun (Ffigur W:52). Os byddwch eisiau nesáu at y teip (neu bellhau oddi wrtho), defnyddiwch y botymau canlynol ar y bar offer. Neu fe gewch ddefnyddio'r gwymplen sydd rhyngddynt a dewis 50% neu 100% yn hytrach na'r 34% arferol.

Cau'r rhagolwg

Os dymunwch addasu neu ddiwygio rhywbeth yn y ddogfen yn sgil gweld y rhagolwg, bydd rhaid cau'r rhagolwg. Gwnewch hynny drwy

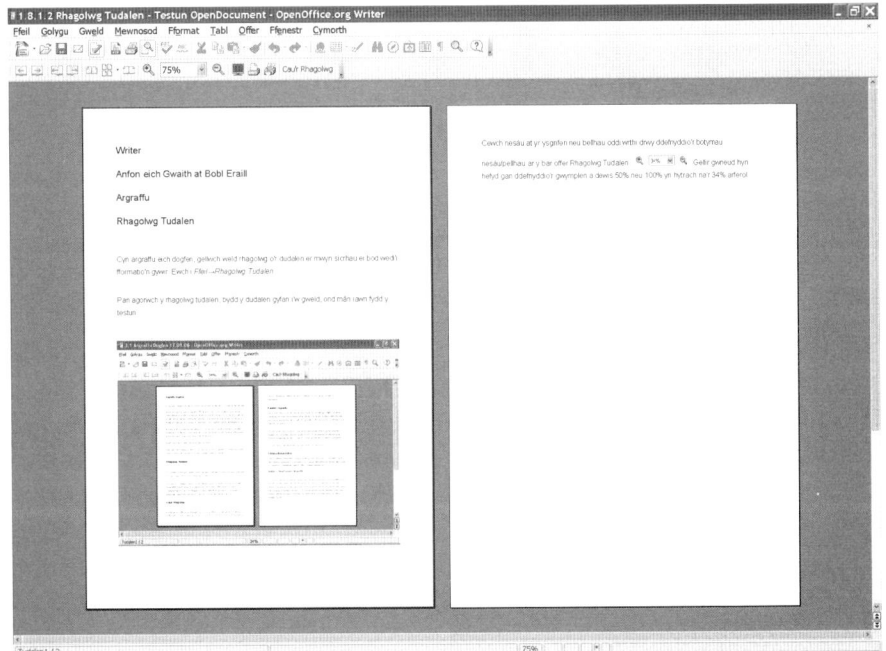

Ffigur W:52
Gweld rhagolwg o'r dudalen

glicio ar y botwm *Cau'r Rhagolwg* ar y bar offer yn *Rhagolwg Tudalen*. Diwygiwch y ddogfen yn ôl yr angen a chadwch y newidiadau.

Paratoi i argraffu

Ewch i *Ffeil* → *Argraffu*. Bydd y blwch deialog *Argraffu* yn ymddangos (Ffigur W:53). Yn yr adran *Argraffydd*, wrth ymyl *Enw*, fe gewch ddewis pa argraffydd y dymunwch ei ddefnyddio. Os bydd mwy nag un argraffydd wedi'u cysylltu â'r cyfrifiadur, bydd cwymplen yn ymddangos pan gliciwch ar y saeth.

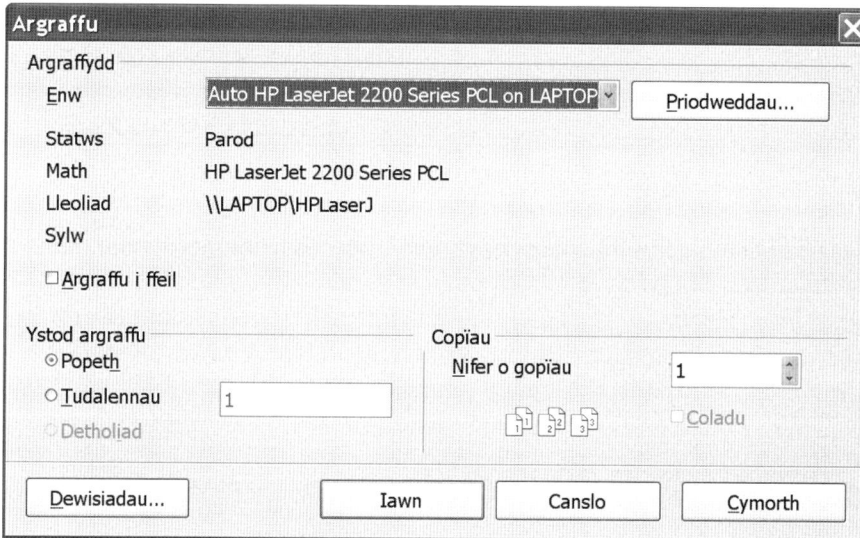

Ffigur W:53
Y blwch deialog
Argraffu

Yn hanner isaf y blwch deialog y mae gwneud dewisiadau pellach ynghylch argraffu'r ddogfen. Ar yr ochr chwith, dewiswch pa un a ydych chi eisiau argraffu'r ddogfen gyfan (*Popeth*), tudalennau penodol (*Tudalennau*) neu ran benodol o'r ddogfen (*Detholiad*). Ar yr ochr dde y mae dewis sawl copi y dymunwch eu hargraffu.

Addasu priodweddau'r argraffydd

Gellwch addasu priodweddau'r argraffydd drwy glicio ar y botwm *Priodweddau*. Bydd y blwch deialog yn amrywio yn ôl yr argraffydd sydd wedi'i ddewis. Ar ôl gwneud eich newidiadau, caewch y blwch deialog.

Addasu'r dewisiadau argraffu

Cliciwch ar y botwm *Dewisiadau* i weld y blwch deialog *Dewisiadau Argraffu* (Ffigur W:54).

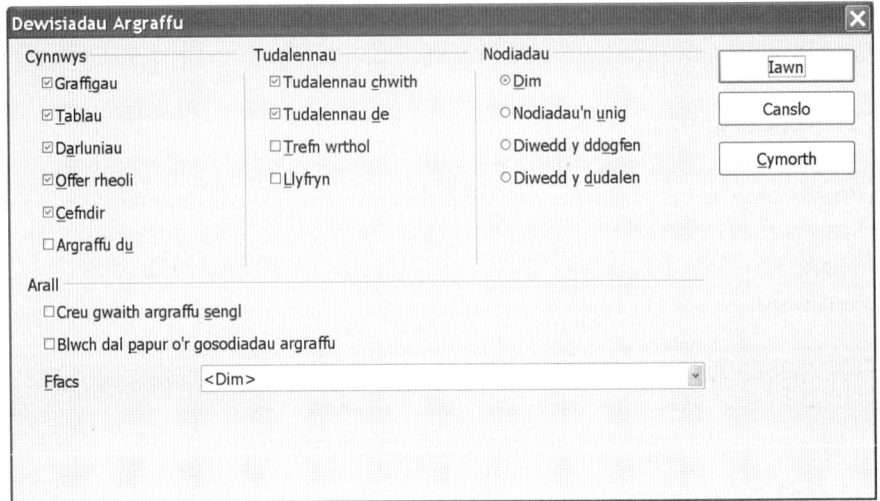

Fe gewch wneud dewisiadau o dan dri phennawd, sef *Cynnwys,
Tudalennau* a *Nodiadau*. Ticiwch y blychau perthnasol i gyd-fynd â'ch
dewisiadau. Cliciwch ar y botwm *Iawn* i gau'r blwch deialog
Dewisiadau Argraffu. Ar ôl ichi wneud eich holl ddewisiadau, fe gewch
fwrw ymlaen i argraffu eich dogfen. Gwnewch hyn drwy bwyso'r
botwm *Iawn* yn y blwch deialog *Argraffu*.

Cylchlythyron amlgolofn

Creu cylchlythyr amlgolofn

Os ydych chi eisiau anfon newyddion at nifer o bobl, a hynny ar ffurf
ddeniadol, bydd creu cylchlythyr amlgolofn yn opsiwn posib.
Mae colofnau'n rhywbeth y mae pobl yn eu cysylltu â phapurau
newydd, ac mae hynny yn wahanol i ddarllen dogfennau eraill y
byddant yn eu derbyn drwy'r e-bost.

Teipio'r ddogfen

Gellwch ddefnyddio eich arddulliau a'ch fformatau arferol i deipio'r
testun cyn codi unrhyw golofnau. (Mae'n bosib creu'r colofnau gyntaf
ac ychwanegu'r testun wedyn hefyd. Fel y gwelwch isod, yr un yw'r
broses creu colofnau yn y ddau achos.)

Rhannu'r testun yn golofnau

Dewiswch bob darn o'r testun y dymunwch ei gyflwyno ar ffurf
amlgolofn. Drwy oleuo'r testun y mae gwneud hynny. Yna, ewch i

Mewnosod → Darn ar y bar offer a chliciwch ar y tab *Colofnau* yn y blwch deialog (Ffigur W:55).

Rhaid dewis nifer y colofnau nesaf. Mae dwy ffordd i wneud hyn. Un ffordd yw clicio ar y rhif yn y gwymplen o dan *Colofnau.* Y ffordd arall yw clicio ar y bawdlun sy'n cyfateb i'r arddull ddewisol. (Bydd y dewisiadau o dan *Gosodiadau* yn eich galluogi i gyfaddasu lled pob colofn. Ond bydd y lled arferol a gynigir gan Writer yn gwneud y tro fel rheol.)

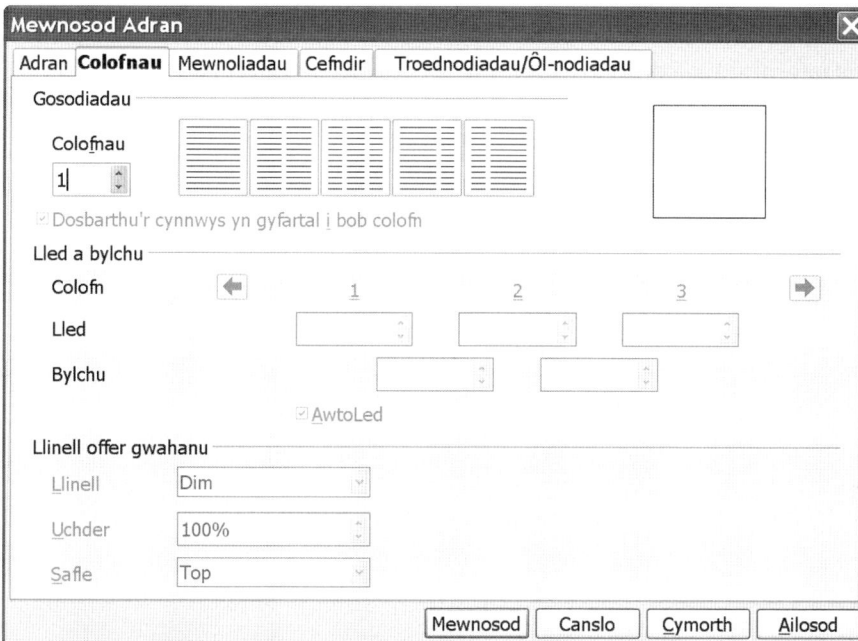

Ffigur W:55
Rhannu'r testun yn golofnau

Llinell ffin
Fe gewch ddewis pa un a ydych chi eisiau llinell ffin rhwng y colofnau neu beidio. Gwnewch hynny drwy glicio ar y gwymplen *Llinell.* Gellwch ddewis o blith gwahanol opsiynau yn y fan hon. Mae amrywiaeth ar gael, rhai'n denau iawn a rhai'n drwchus. Hefyd mae'n bosib dewis a ddymunwch i'r llinell ffin redeg o waelod y golofn hyd y pen uchaf neu beidio.

Golygu'n derfynol
Wedi rhoi'r testun yn golofnau, mae cyfle ichi wneud unrhyw fân newidiadau terfynol. Weithiau, yn sgil unioni'r testun, bydd gormod o fylchau rhwng y geiriau. Fel arfer, colofnau wedi'u hunioni tua'r

chwith sydd fwyaf gweddus. Mae'n bosib hefyd y bydd isbenawdau a fformatiwyd cyn trosi'r testun yn rhy fawr i'r colofnau. Lleihau ffont yr isbenawdau er mwyn iddynt ffitio yw'r ffordd orau i ddatrys y broblem hon. Ar ôl cyflawni'r camau uchod, bydd eich cylchlythyr amlgolofn yn barod, a chewch ei anfon at y darllenwyr.

PDF

Cadw'r ddogfen ar ffurf PDF

Mae PDF yn fformat a ddefnyddir i gloi dogfen. Ystyr hyn yn ymarferol yw na all neb arall newid cynnwys y ddogfen ar ôl ei derbyn. Y rheswm am hyn yw mai dogfen darllen-yn-unig yw dogfen ar ffurf PDF.

Mae Writer yn cynnig yr opsiwn cadw ar ffurf PDF. Ar ôl ichi orffen gweithio ar ddogfen Writer, a phan fyddwch yn fodlon arni, fe gewch fwrw ymlaen i'w throsi i fformat PDF drwy glicio ar yr eicon PDF ar y bar offer.

Mae ffordd arall o wneud hefyd. Os ewch i *Ffeil → Allforio fel PDF*, ymddengys y blwch deialog *Allforio* (Ffigur W:56). Tebyg iawn yw hwn i'r blwch *Cadw fel*. Yn y blwch *Cadw yn*, dewiswch fan cadw'r ffeil PDF. Nesaf, rhowch enw i'r ffeil yn y blwch *Enw'r Ffeil*. Gwnewch yn siŵr mai *PDF – Portable Document Format (.pdf)* sydd yn y blwch *Fformat Ffeil* a gwiriwch fod y tic yn y blwch *Estyniad awtomatig enw ffeil*. Cliciwch ar *Cadw*, a bydd blwch deialog arall yn ymddangos, sef *Dewisiadau PDF* (Ffigur W:57).

Yn y blwch hwn, fe gewch ddewis pa un a ydych chi eisiau trosi'r ffeil gyfan (*Popeth*), tudalennau penodol (*Tudalennau*) neu ran ohoni (*Detholiad*). mae'n bosib addasu gweddill y dewisiadau yn ôl eich dymuniad. Sicrhewch fod PDF wedi'i ddewis yn y gwymplen *Cyflwyno ffurflenni ar ffurf*.

Ar ôl gwneud eich dewisiadau, cliciwch ar *Allforio*. Bydd y ddogfen wedi'i throsi'n ffeil PDF erbyn hyn. I weld y ddogfen ar ffurf PDF rhaid cau'r ddogfen gyfredol a mynd i fan cadw'r ffeil PDF. Fe gewch ddosbarthu'r ddogfen yn dawel eich meddwl bellach gan wybod na all neb ymyrryd â hi.

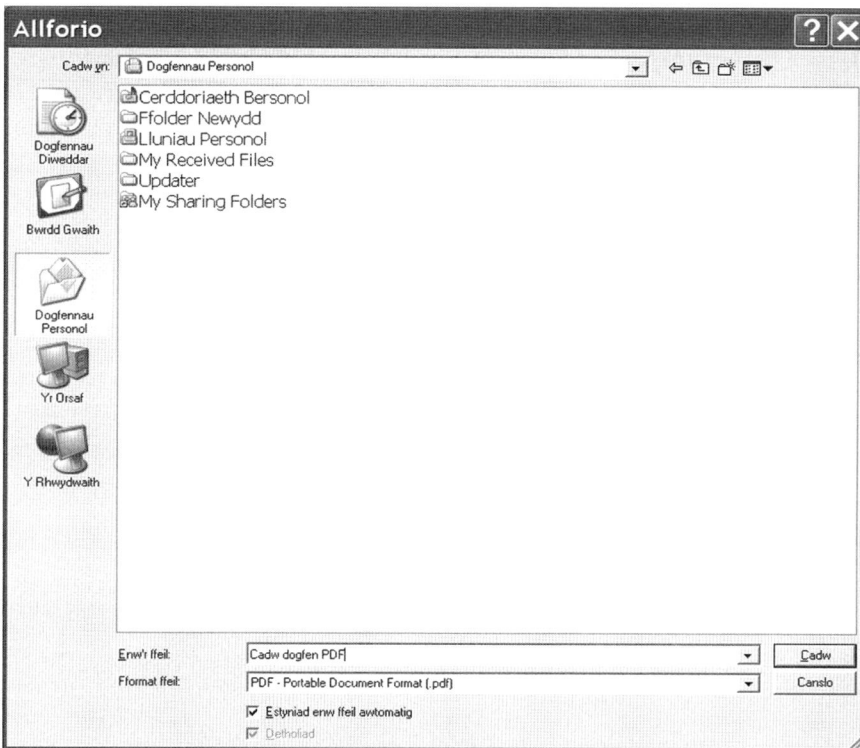

Ffigur W:56
Y blwch deialog *Allforio*

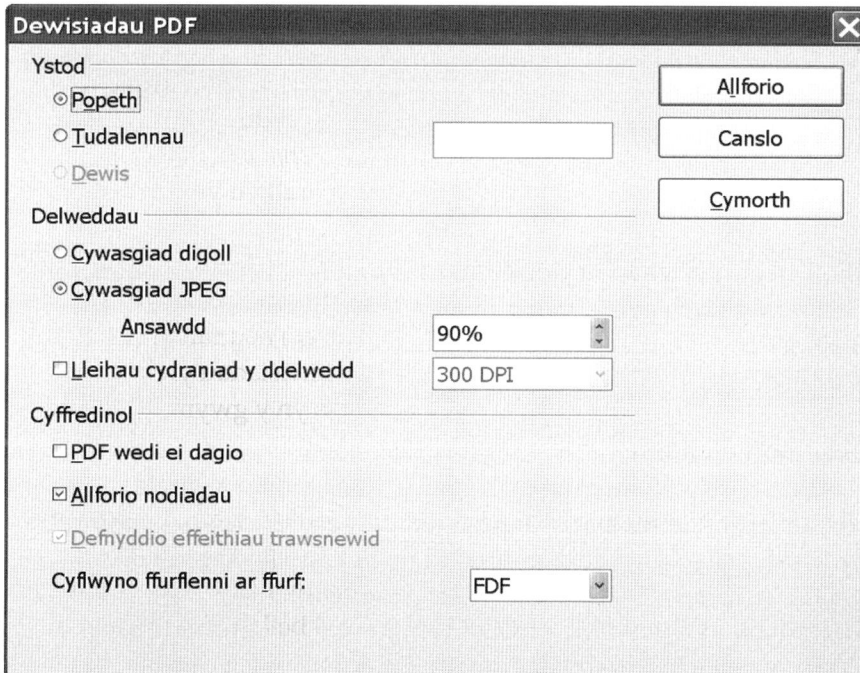

Ffigur W:57
Y blwch deialog
Dewisiadau PDF

Defnyddio'r ffontiau a'r nodau arbennig

Amlygu a dileu

Amlygu darn o destun

Bydd gofyn ichi amlygu darnau o'ch testun o bryd i'w gilydd er mwyn eu trafod yn effeithiol. Amlygir darn o destun er mwyn ei gopïo, er mwyn ei symud, er mwyn ei ddileu ac er mwyn ei ailadrodd, er enghraifft. Gair arall am amlygu testun yw goleuo. (Gelwir hyn yn ddewis neu'n ddethol darn o destun ambell waith hefyd.)

Cymerwn eich bod eisiau amlygu'r frawddeg isod:

Mae Clawdd Offa'n ddwfn iawn ond nid yw'n uchel ysywaeth.

Rhowch eich cyrchwr ar ddechrau'r frawddeg. Cliciwch dair gwaith arno. Fe amlygir y frawddeg.

Cymerwn eich bod eisiau amlygu'r darn isod:

Mae mwy o bysgod a sglodion yn cael eu bwyta yng Nghymru nag yn Affrica at ei gilydd. Ar y llaw arall, mae mwy o bobl yn Affrica yn arfer darllen y Beibl erbyn hyn. Anodd gwybod pam, ond mae ymchwilwyr ym Mhrifysgol Caerbwt yn credu eu bod ar fin darganfod yr ateb.

Rhowch eich cyrchwr ar ddechrau'r frawddeg. Cliciwch dair gwaith. Caiff y frawddeg gyntaf ei hamlygu. Cliciwch eto bedair gwaith a chaiff gweddill y paragraff ei amlygu. Os dymunwch hynny, fe gewch ei ddileu.

Dileu nod diangen

O bryd i'w gilydd, rhaid dileu nod(au) diangen mewn dogfen wrth weithio arni. Camdeipio sy'n peri nod diangen weithiau. Bryd arall, byddwch eisiau disodli gair gan nad yw'n taro deuddeg.

Mae'n hawdd iawn dileu'r hyn y dymunwch gael gwared ag ef. Cymerwn eich bod wedi ysgrifennu: *Da gennyf mo'ch pregethu,*

Mr Jones. Fe welwch fod y frawddeg hon ychydig bach yn swta a hoffech ei diwygio.

I wneud hynny, rhowch y cyrchwr ar ddechrau'r gair *gennyf* a phwyswch y fysell Delete unwaith i bob llythyren. Yna, dilëwch y geiriau *mo'ch pregethu* yn yr un ffordd. Beth am roi'r gair *iawn* yn eu lle: *Da iawn, Mr Jones.*

Mae ffordd arall o ddileu gair fesul llythyren. Gosodwch y cyrchwr ar ddiwedd yr hyn y dymunwch ei ddileu. Pwyswch y botwm mawr oddi tan F11 ac F12 unwaith i bob llythyren.

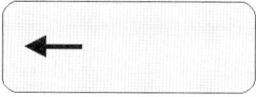

Ffontiau

Dewis ffont

Ffont yw'r math o lythrennau y byddwch yn ei ddefnyddio. Mae dewis eang o ffontiau yn y blwch ffontiau ar y bar offer. Times New Roman yw'r ffont arferol y mae Writer yn ei gynnig. Cliciwch ar y saeth fach yn y blwch ffontiau er mwyn i'r rhestr gyflawn o ffontiau ymddangos (Ffigur W:58).

Ymhlith y ffontiau y cewch ddewis o'u plith mae Tahoma, Courier New a Harlow Solid Italic. Cliciwch ar y ffont y dymunwch ei ddefnyddio. Ymddengys y ffont dewisol yn y blwch ffontiau yn lle'r ffont arferol.

Ffigur W:58
Dewis ffont

Maint y ffont

Wrth ymyl y blwch ffontiau ar y bar offer, fe welwch flwch bach sy'n dynodi maint y ffont sy'n cael ei ddefnyddio. Cliciwch ar y saeth fach er mwyn i'r gwymplen ymddangos.

Ffigur W:59
Dewis maint ffont

Ar y gwymplen hon, fe welwch holl ystod y meintiau ffont y gellwch eu defnyddio (Ffigur W:59).

Arferir maint ffont rhwng 11 a 14 mewn dogfennau swyddfa. Ffont ychydig yn llai na hynny sydd mewn llyfrau argraffedig weithiau. Arferir ffont llawer mwy o faint i ysgrifennu teitlau penawdau ac yn y blaen. Fe gewch arbrofi gyda'r gwahanol opsiynau yn ôl anghenion eich gwaith.

Nodweddion ffont

Wrth ymyl y blwch bach meintiau ffont, fe welwch yr eiconau **B**, *I* ac U. Mae pob un o'r llythrennau hyn yn wahanol o ran ei golwg. Mae'r un gyntaf yn frasach na'r lleill: ffont **trwm** sydd ymlaen. Ffont *italig* sydd ymlaen yn achos yr ail eicon. A thanlinellu yn achos y drydedd. Gan glicio ac wedyn ail-glicio ar yr eiconau hyn y mae troi'r priodweddau hyn ymlaen ac yna eu diffodd.

Defnyddio'r nodau arbennig

Y blwch deialog nodau

Gellwch osod y priodweddau a ddisgrifir uchod – ffont, maint, nodweddion – gan fynd i *Fformat* → *Nod*. Bydd y blwch *Nod* yn ymddangos (Ffigur W:60). Yn y blwch fe welwch dair dewislen,

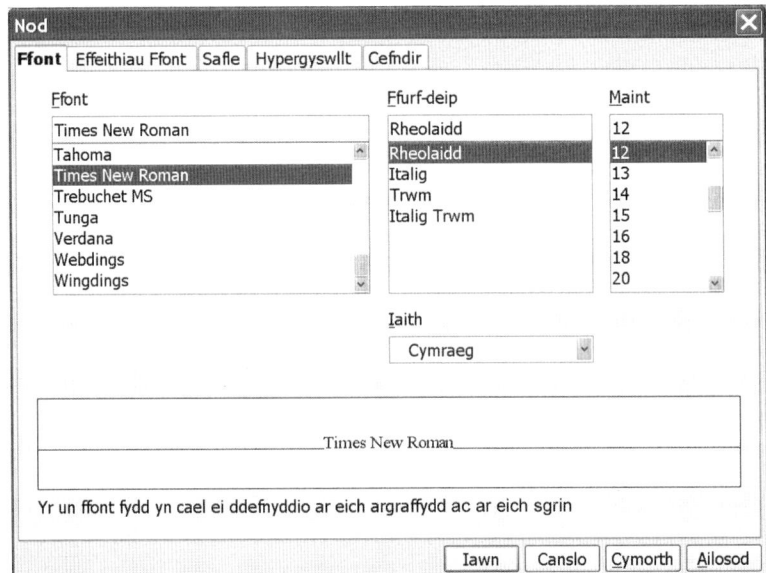

Ffigur W:60
Y blwch deialog *Nod*

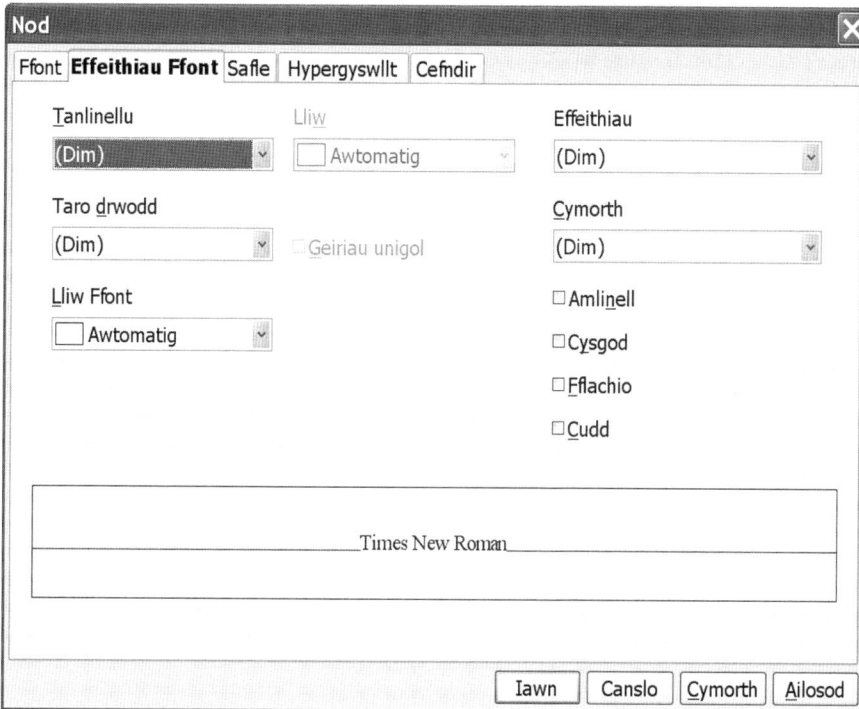

Ffigur W:61
Y blwch *Effeithiau Ffont*

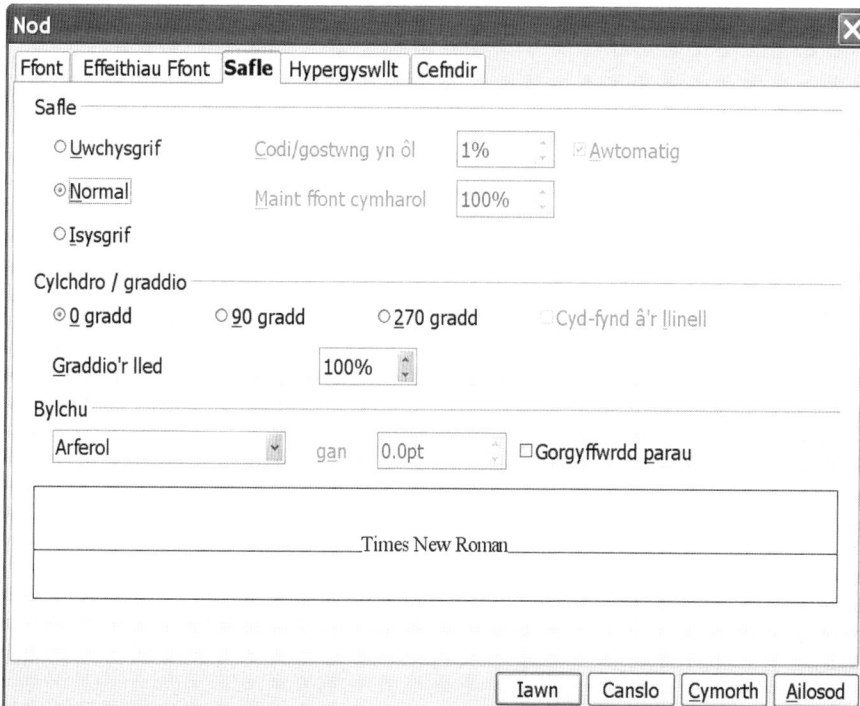

Ffigur W:62
Y blwch *Safle*

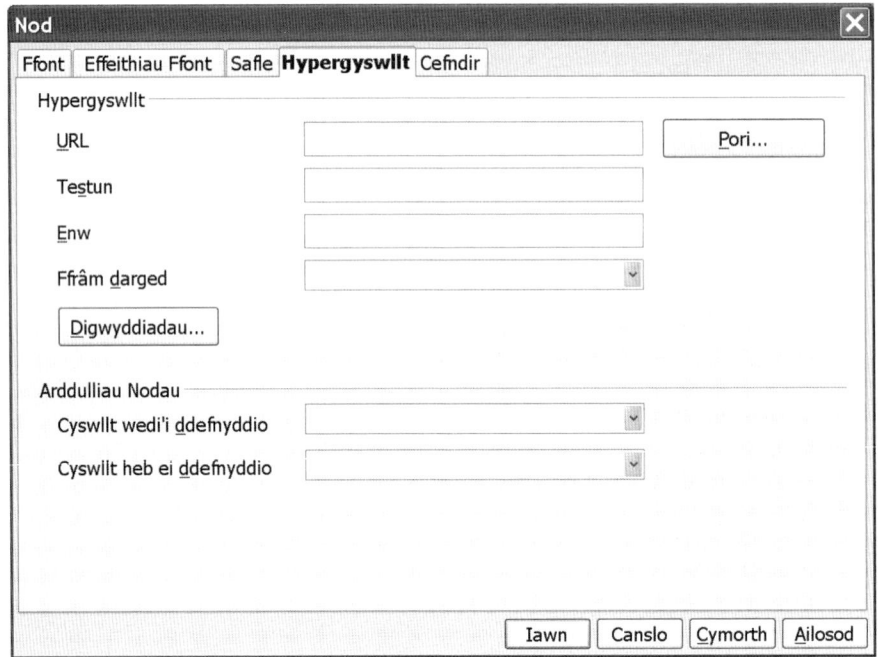

Ffigur W:63
Y blwch *Hypergyswllt*

sef *Ffont*, *Ffurf-deip* a *Maint* sy'n cyfateb i'r hyn a ddisgrifiwyd uchod. Yn ogystal â'r tair dewislen, fe welwch gyfres o dabiau ar draws pen uchaf y blwch: *Effeithiau Ffont*, *Safle*, *Hypergyswllt* a *Cefndir*. Cliciwch ar *Effeithiau Ffont* a daw'r blwch effeithiau i'r golwg (Ffigur W:61).

Fe gewch arbrofi â'r effeithiau a gynigir yn y blwch hwn. Er enghraifft, yn yr isflwch *Tanlinellu*, erbyn clicio ar y saeth fach, fe welwch nifer helaeth o wahanol fathau o danlinellu. Ymhlith y rhain mae sengl, dwbl, ton ac yn y blaen.

Cliciwch ar *Safle*. Ymddengys blwch arall (Ffigur W:62). Diben pennaf y blwch hwn yw cynnig yr opsiynau uwchysgrif ac isysgrif. Cliciwch yn y cylch ticio i roi naill ai'r opsiwn uwchysgrif neu'r opsiwn isysgrif ar waith. Clicio ar uwchysgrif: dyma'r canlyniad. Clicio ar isysgrif: dyma'r canlyniad.

Cliciwch ar *Hypergyswllt*. Yn y blwch hwn (Ffigur W:63) y mae creu hypergyswllt rhwng cymal yn eich dogfen a man arall. (Cyswllt â thudalen we yw hypergyswllt.)

Cliciwch ar *Cefndir*. Fe welwch nifer o liwiau y gellir eu dethol yn lliw cefndir i ddogfen (Ffigur W:64). Dewiswch un ohonynt. Pan ddechreuwch deipio drachefn, dyna'r lliw fydd yn gefndir i'r hyn y byddwch yn ei deipio.

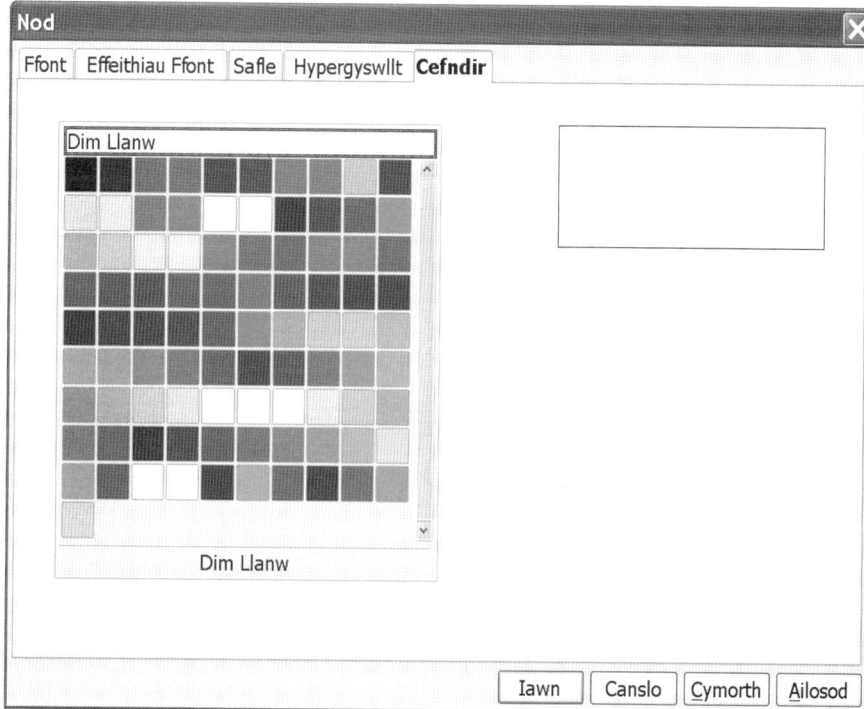

Ffigur W:64
Y blwch *Cefndir*

Modd mewnosod a modd trosysgrifo

O bryd i'w gilydd, byddwch eisiau ychwanegu rhywbeth yng nghanol dogfen yr ydych wedi bod yn gweithio arni. I wneud hynny, rhaid sicrhau bod y modd mewnosod wedi'i droi ymlaen a'r modd trosysgrifo wedi'i ddiffodd. Â'r fysell Insert (ar ochr dde'r bysellfwrdd ar bwys Enter) ar fysellfwrdd eich cyfrifiadur y mae gwneud hynny. Pwyswch arno unwaith i gyfnewid y modd.

Cyn pwyso Insert, fe gewch weld ai'r modd mewnosod neu'r modd trosysgrifo sy'n weithredol gan edrych ar waelod eich sgrin. Yn y fan honno fe welwch fotwm a'r llythrennau *INSRT* (Mewnosod) neu *OVER* (Trosysgrifo) wedi'u hysgrifennu arno. Dengys yr arwydd hwn pa fodd sy'n weithredol. Arbrofwch gyda'r ddau opsiwn i weld y gwahaniaeth rhyngddynt.

Nodau arbennig

Llythrennau'r wyddor Saesneg sy'n sail i'r bysellfwrdd y mae pobl yn ei ddefnyddio yng ngwledydd Prydain. Yn ogystal â'r llythrennau hyn, ceir nifer o symbolau eraill ar y bysellfwrdd safonol: £, %, \, @, ~ ac yn y blaen.

Mae nifer helaeth o nodau neu o symbolau eraill ar gael yn Writer nad ydynt yn rhan o'r bysellfwrdd. Nodau arbennig yw enw'r nodau hyn. Maen nhw i'w gweld ar ffurf tabl dim ond ichi glicio ar *Mewnosod* → *Nod Arbennig* (Ffigur W:65).

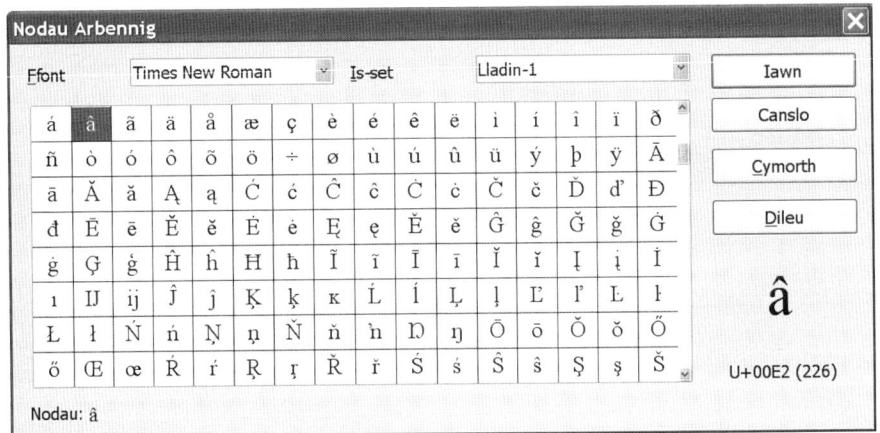

Ffigur W:65
Y blwch deialog *Nodau arbennig*

Mae'r tabl nodau arbennig yn ddefnyddiol pan fyddwch angen nod a arferir mewn cyd-destun anghyffredin. Os byddwch yn dyfynnu geiriau Ffrangeg er enghraifft, mae'n debyg y bydd angen y llythrennau *è* neu *ç* arnoch.

Bydd y sawl sy'n ysgrifennu Cymraeg angen y llythrennau *Ŵ ŵ Ŷ* ac *ŷ*. Llythrennau cyffredin yw'r rhain yn y Gymraeg fodd bynnag, a ffordd ffwdanus a llafurus yw agor y tabl nodau arbennig bob tro y byddwch eisiau un o'r nodau hyn.

Yn achos pob nod yn y tabl nodau arbennig, dylid nodi bod llwybr byr ar gael. Yn y gornel isaf ar y dde y gwelwch y llwybr byr. Yn achos *ŷ* er enghraifft, U+0177 yw'r llwybr byr. Ond anodd cofio'r llwybrau byr. Y ffordd hwylusaf i ysgrifennu *ŵ, ŷ* ac yn y blaen yw dadlwytho pecyn To Bach Cwmni Draig ar y wefan www.draig.co.uk

Llinellau a pharagraffau newydd

Gorffen paragraff a chreu paragraff newydd

Pwyswch y fysell Enter ar y bysellfwrdd er mwyn gorffen paragraff a chreu paragraff newydd. Pan unionir y testun gennych, ni fydd Writer yn unioni'r llinellau a gafodd eu torri, sef llinell olaf pob paragraff.

Torri llinell

Er mwyn torri llinell, rhaid clicio ar *Mewnosod* → *Toriad â Llaw*. Ymddengys y blwch *Mewnosod Toriad*. Fe welwch dri chylch ticio yn y blwch (Ffigur W:66). Ticiwch *Llinell* i dorri'r llinell gyfredol a chreu llinell newydd.

(Rhaid clicio ar *Mewnosod* → *Toriad â Llaw* → *Toriad Llinell* i dorri'r llinell. Bydd pwyso Enter yn peri i baragraff newydd gael ei chreu. Y gwahaniaeth ymarferol rhwng creu llinell newydd a chreu paragraff newydd yw maint y bwlch sy'n cael ei chreu. Gwnewch doriad llinell a thoriad paragraff mewn dogfen brawf er mwyn gweld y gwahaniaeth.)

Torri tudalennau

Pan fyddwch eisiau dechrau tudalen newydd, cliciwch ar *Mewnosod* → *Toriad â Llaw*. Ymddengys y blwch *Mewnosod Toriad* (Ffigur W:66). Fe welwch dri chylch ticio yn y blwch hwn. Ticiwch *Toriad tudalen*. Pan ailddechreuwch deipio, caiff y testun ei osod ar dudalen newydd.

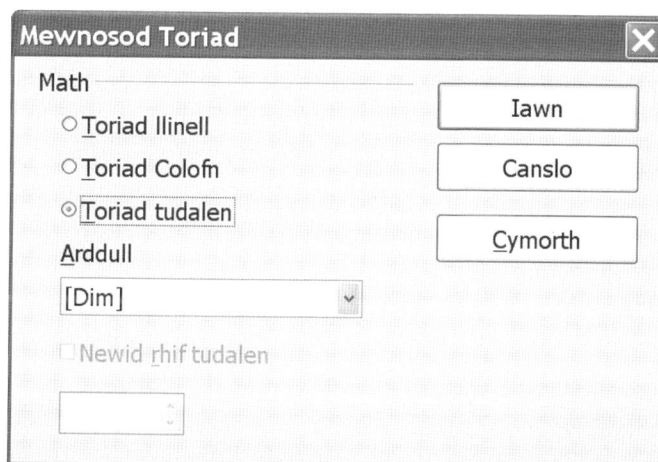

Ffigur W:66
Y blwch deialog *Mewnosod Toriad*

Fformatio tudalennau a pharagraffau

Fformatio tudalennau

Yn yr adran hon, trafodir fformatio tudalennau a pharagraffau.
Yn y blwch deialog *Arddull Tudalen* y mae tudalen yn cael ei fformatio.
Cliciwch ar *Fformat → Tudalen* i agor y blwch hwnnw. Cliciwch ar
Fformat → Paragraff er mwyn gweld y blwch deialog *Paragraff*. Erbyn
agor y blwch *Arddull Tudalen* a'r blwch *Paragraff* fe welwch gyfres o
dabiau. Yn yr isadrannau canlynol, disgrifir rhai o'r opsiynau ac o'r
prif swyddogaethau a gynigir gan Writer oddi tan y gwahanol dabiau.

Borderi

Agorwch y blwch *Arddull Tudalen* gan glicio ar *Fformat → Tudalen →
Borderi* er mwyn gweld yr opsiynau amrywiol y mae Writer yn eu
cynnig lle bo borderi'r dudalen yn y cwestiwn. Mae tair colofn i ran
uchaf y blwch.

Ar y chwith fe welwch bump o flychau. Mae pob un yn cynrychioli un
arddull. Dewiswch un o'u plith.

Yn yr ail golofn fe welwch ddewis trwch y borderi. Fe gewch osod
border main neu un trwchus yn ôl eich dymuniad. Yn y golofn hon y
mae dewis lliw eich border hefyd os ydych yn bwriadu argraffu
dogfen ac arni fwy nag un lliw.

Yn y golofn ar y dde fe welwch bedwar isflwch. Yn yr isflychau hyn y
mae nodi faint o fwlch yr hoffech iddo ymddangos rhwng min eich
tudalen a'i chynnwys. Yn rhan isaf y blwch *Arddull Tudalen* y mae
opsiynau borderi cysgod. Mae'r eiconau bach yn adlewyrchu'r arddull
ym mhob achos. Dewiswch arddull border cysgod os gwelwch
hynny'n briodol i'r gwaith yr ydych yn ei wneud. Fe welwch flwch
lliwiau cysgod ar y dde. Fe gewch liwio'r borderi cysgod er mwyn
creu argraff arbennig ar y sawl fydd yn darllen eich dogfen.

Arddull tudalen

Cliciwch ar *Fformat → Tudalen* er mwyn i'r blwch *Arddull Tudalen*
ymddangos. Fe welwch gyfres o dabiau ar draws y blwch. Yn eu plith
bydd y tab *Tudalen*. Cliciwch ar hwnnw (Ffigur W:67).

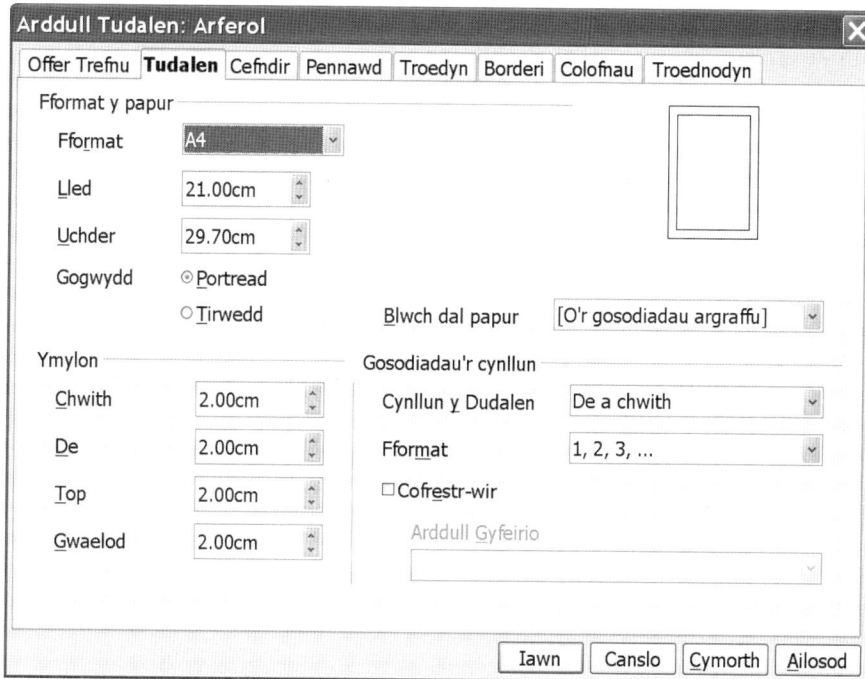

Ffigur W:67
Y blwch *Tudalen*

Mae'r opsiynau fformat papur i'w gweld ar y chwith. Gosodwch eich fformat gan ddefnyddio'r cwymplenni. Mae sgrin sampl ar ochr dde'r blwch arddull tudalen sy'n adlewyrchu'r dewis y byddwch yn ei wneud. Fe gewch ddewis fformat A3, A4 neu A5 er enghraifft. (Os bwriadwch argraffu dogfennau A3 neu A5, cofiwch fod eisiau papur o'r maint cyfatebol yn yr argraffydd.)

Fformat fertigol a fformat llorweddol

Oddi tan y blychau *Lled* ac *Uchder* yn y blwch *Tudalen* mae dau gylch clicio gyferbyn â'r geiriau *Portread* a *Tirwedd*. Cyfeirio at siâp y dudalen y mae darlun a thirwedd. Y fformat darlun yw'r fformat arferol. Yr un fformat yw hwn â fformat llyfr arferol. Cliciwch ar *Tirwedd* er mwyn newid fformat y dudalen. Fformat lletraws yw hwn. Ystyr hynny yw bod yr ysgrifen yn dilyn border hiraf y dudalen. Dynodir hyn gan yr eicon yn y blwch *Arddull Tudalen*.

Gosod a diffinio'r ymylon

Yn y blwch *Arddull Tudalen* y mae gosod a diffinio'r ymylon. Cliciwch ar *Fformat → Tudalen*. Ar ochr chwith y blwch *Arddull Tudalen*, fe welwch bedwar isflwch, sef chwith, de, top a gwaelod. Gan ddefnyddio'r ddwy saeth fach ym mhob blwch y mae penodi'r ymylon dewisol.

Lliwiau cefndir

Lliw gwyn sy'n gefndir i dudalen fel arfer, ond o bryd i'w gilydd mae creu cefndir lliw gwahanol yn beth pwrpasol i'w wneud.

Cliciwch ar *Fformat* → *Tudalen* → *Cefndir*. Ymddengys y clytwaith lliwiau (Ffigur W:68). Dewiswch un o'u plith. Cymerwn eich bod chi eisiau llunio gwahoddiad i barti pen blwydd plentyn ifanc.
Byddai lliw melyn yn ddeniadol.

Y mae pethau amgenach na lliw y gellwch eu gosod yn gefndir i'ch tudalen. Fel hyn y mae gwneud hynny. Fe sylwch yn y blwch *Arddull Tudalen* oddi tan y tab *Cefndir* fod isflwch hirfain yn rhan uchaf y blwch. Fe welwch saeth fach yn y blwch. Arwain at y dewis *Lliw* neu *Graffig* y mae'r saeth. Cliciwch arni er mwyn dewis *Graffig*. Ymddengys blwch arall (Ffigur W:69).

Cliciwch ar y botwm *Pori* er mwyn dewis llun neu ddelwedd yn gefndir i'ch tudalen. Cymerwn eich bod yn dewis llun o'r oriel a hwnnw'n llun afal. I weld y llun, ticiwch y blwch ticio oddi tan y blwch mawr rhagolwg gyntaf. Fe welwch yr afal yn y blwch rhagolwg.

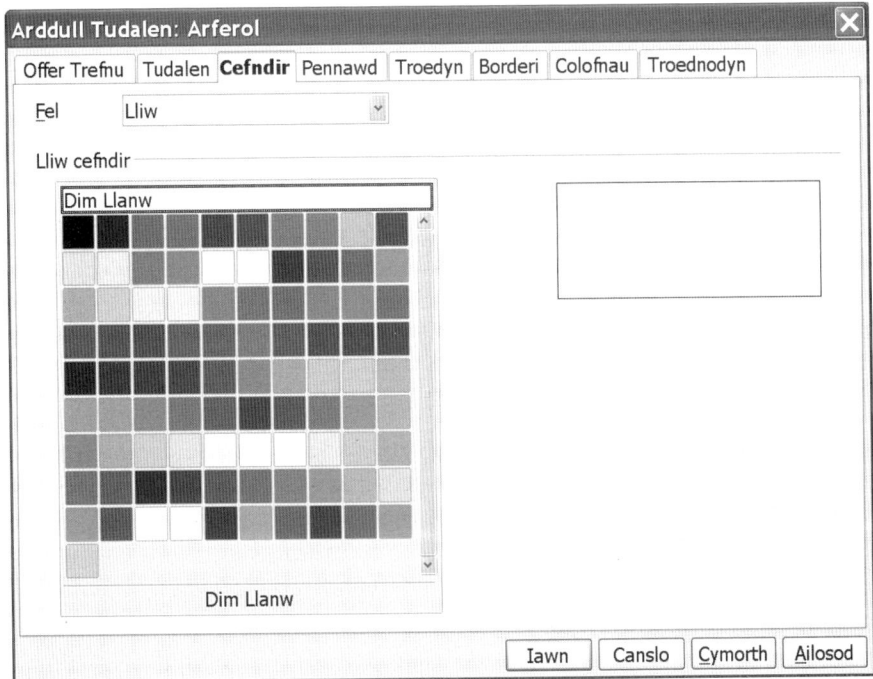

Ffigur W:68
Newid lliw cefndir tudalen

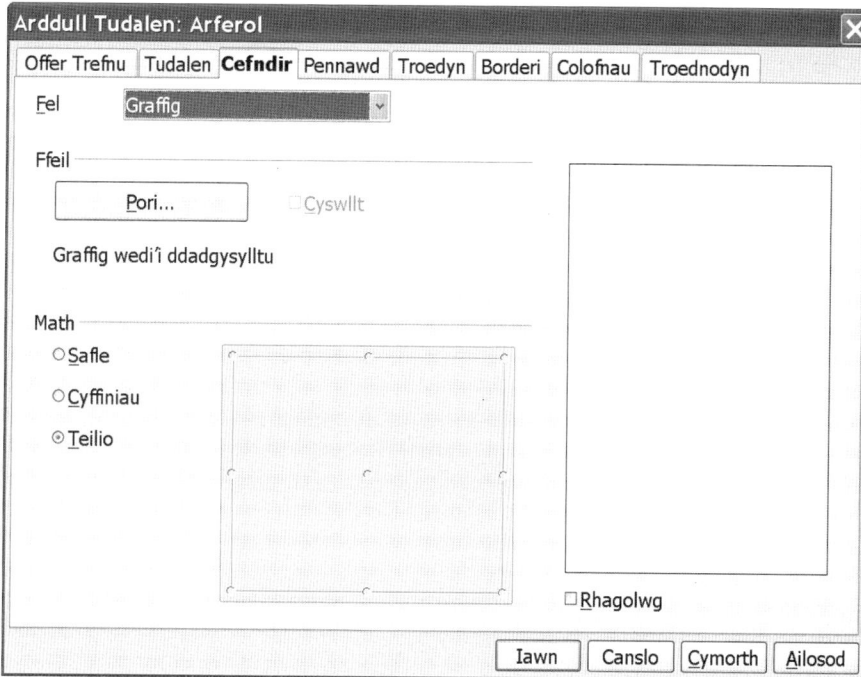

Ffigur W:69
Defnyddio llun neu ddelwedd yn gefndir i dudalen

Fel hyn y mae dewis y man y bydd y llun yn cael ei fewnosod. Yn rhan isaf y blwch *Cefndir* ar y chwith, fe welwch dri opsiwn oddi tan *Math*. *Safle*, *Cyffiniau* a *Teilio* yw'r opsiynau hynny.

- Cliciwch ar *Safle*. Ymddengys naw man mewnosod yn bwyntiau dewis. Cliciwch ar y safle dewisol → *Iawn*. Yn y man dewisol y caiff y llun ei mewnosod.
- Cliciwch ar *Cyffiniau* → *Iawn*, a bydd y llun yn llenwi'r dudalen gyfan.
- Cliciwch ar *Teilio* → *Iawn*. Bydd y llun yn llenwi'r dudalen gyfan ar batrwm teils bach.

Troednodiadau

Creu troednodiadau

Mae creu troednodiadau'n sgil hanfodol i rai mathau o waith. Os ydych yn gwneud gwaith academaidd er enghraifft, bydd yr adran hon yn ddefnyddiol i chi.

Cliciwch ar *Fformat* → *Tudalen* → *Troednodyn* er mwyn i'r blwch troednodiadau ymddangos (Ffigur W:70). (Tab arall yw *Troedyn*:

Arddull Tudalen: Arferol

Offer Trefnu | Tudalen | Cefndir | Pennawd | Troedyn | Borderi | Colofnau | **Troednodyn**

Cyffiniau'r troednodyn

- ◉ Dim mwy na chyffiniau'r dudalen
- ○ Uchder mwyaf posib y troednodyn   2.00cm

Bwlch hyd at y testun   0.10cm

Llinell offer gwahanu

Safle   Chwith

Pwysau   ——— 0.50 pt

Hyd   25%

Bylchu hyd at gynnwys y troednodyn   0.10cm

Iawn | Canslo | Cymorth | Ailosod

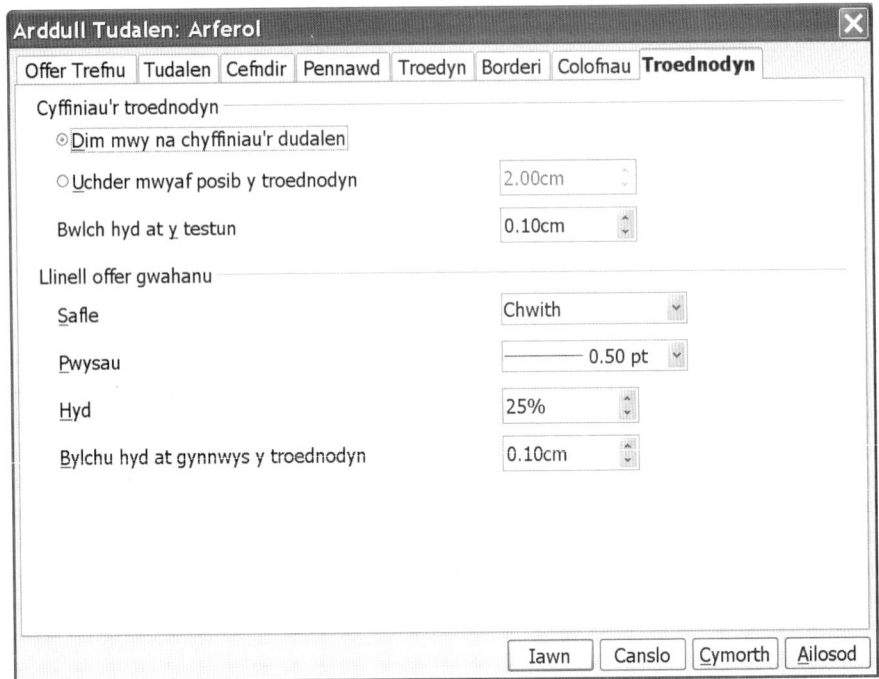

Ffigur W:70
Y blwch *Troednodyn*

maes cynnwys ar waelod tudalen yw hwnnw.) Fe gewch gyfaddasu gosodiadau'r troednodiadau yn y blwch hwn.

Ym mhen y blwch fe welwch ddau gylch ticio. Diffinio hyd a lled man cynnwys y troednodiadau y mae'r un cyntaf. Diffinio uchder y troednodiadau y mae'r ail gylch ticio a'r gwymplen gyfatebol gyferbyn ag ef. Gwnewch yn siŵr fod y troednodiadau yn ddigon mawr i'w darllen. Dylai fod digon o wahaniaeth rhwng maint ffont y prif destun a maint ffont y troednodiadau.

Yn rhan isaf y blwch *Troednodyn*, fe gewch ddiffinio priodweddau'r llinell wahanu gan benodi faint fydd ei thrwch, ei hyd, a faint o fwlch fydd rhyngddi hi a'r troednodyn. Cliciwch ar *Iawn* pan fyddwch wedi gorffen.

Mewnosod troednodiadau

Disgrifiwyd fformatio troednodiadau uchod. Er mwyn mewnosod troednodyn, cliciwch ar *Mewnosod → Troednodyn*. Ymddengys bwlch (Ffigur W:71).

Ticiwch *Awtomatig* os dymunwch i'r troednodiadau gael eu rhifo gan ddechrau ag un (1). Ticiwch *Nod* os dymunwch iddynt gael eu rhagflaenu â rhywbeth amgenach na rhif safonol – seren, rhif rhufeinig, neu lythyren er enghraifft.

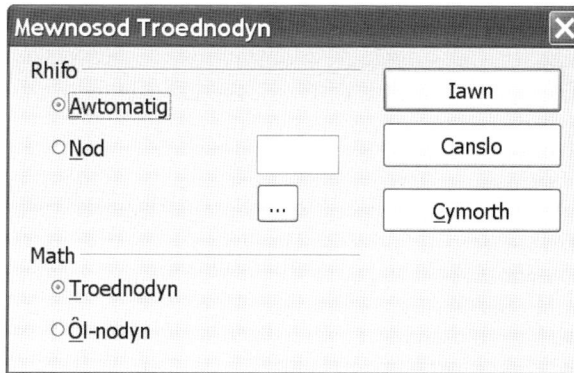

Ffigur W:71
Y bwlch *Mewnosod Troednodyn*

Yng ngwaelod y blwch *Mewnosod Troednodyn*, fe gewch benderfynu ai troednodyn neu ôl-nodyn yr hoffech ei gynnwys. Nodyn a ategir at ddiwedd y ddogfen yw ôl-nodyn. Nodyn gwaelod tudalen yw troednodyn. Cliciwch ar *Iawn* pan fyddwch wedi nodi pob dewis.

Fformatio paragraffau

Alinio paragraffau
Cliciwch ar *Fformat* → *Paragraff* → *Aliniad*. Ymddengys blwch deialog (Ffigur W:72).

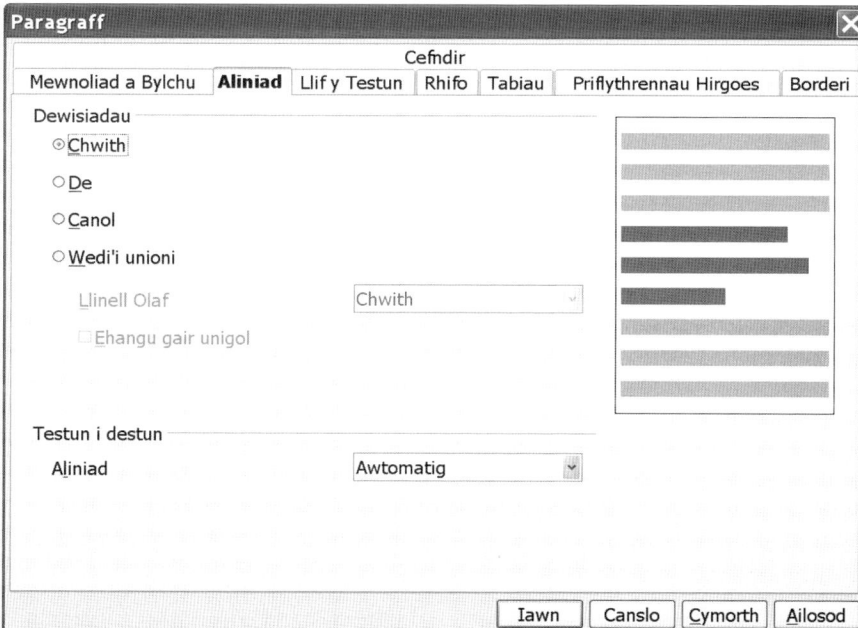

Ffigur W:72
Y blwch *Aliniad*

Ar y chwith fe welwch bedwar gair ac wrth bob un gylch bach ticio. *Chwith, De, Canol, Wedi'i unioni* yw'r geiriau hynny. Cyfatebant i'r sgrin sampl ar ochr dde'r blwch. Dewiswch siâp y testun fel y dymunwch iddo ymddangos yn eich dogfen.

Os dewiswch *Wedi'i unioni*, fe welwch fod opsiynau pellach ar gael yn yr isflwch hirfain yng nghanol y dudalen. Agorwch y gwymplen er mwyn eu gweld: *chwith, canoli, unioni*. Fe gewch arbrofi â'r opsiynau hyn gan edrych ar y sgrin sampl.

Yng ngwaelod y blwch alinio paragraffau, fe welwch *Aliniad Testun i Destun*. Pwrpas hwn yw rhoi rhai opsiynau i alinio ysgrifen llai o faint neu fwy o faint na'r hyn sydd yng ngweddill y paragraff.

Mewnoli a bylchu paragraffau

Cliciwch ar *Fformat → Paragraff → Mewnoliad a Bylchu*. Ymddengys blwch deialog (Ffigur W:73). Yn rhan uchaf y blwch mae tri isflwch hirfain. Yma y mae penodi faint o wagle fydd rhwng ymyl y dudalen a chynnwys y ddogfen. Ticiwch y blwch ticio *Awtomatig* os dymunwch i'r rhaglen osod y mesuriadau safonol.

Yng nghanol y dudalen, fe welwch yr adran *Bylchu*. Yn yr adran hon y mae penodi faint o fwlch fydd rhwng paragraffau dogfen. Yn yr isflwch hirfain *Bylchu Llinellau*, fe gewch ddefnyddio'r gwymplen i ddynodi faint o fwlch yr hoffech iddo ymddangos rhwng llinellau eich dogfen. Cliciwch ar *Iawn* ar ôl gwneud eich dewis.

Llif y testun

Cliciwch ar *Fformat → Paragraff → Llif y Testun*. Ymddengys blwch deialog (Ffigur W:74). Mae i'r blwch hwn dair rhan.

1   Ymdrinnir â chysylltnodi yn rhan uchaf y blwch. Os dymunwch i'r rhaglen ddefnyddio cysylltnodau, rhowch yr opsiwn hwn ar waith gan dicio'r blwch *Awtomatig*. (Nid oes rhaid ei droi ymlaen: fe gewch anwybyddu'r cysylltnodi awtomatig a gwneud â llaw eich hunan.) Wedi troi'r cysylltnodi awtomatig ymlaen, fe gewch ddynodi nifer y nodau ar ddiwedd llinell neu ar ddechrau llinell. Ystyr hyn yn blaen yw dweud wrth y rhaglen pryd i ddefnyddio cysylltnodau. Dylid nodi yn y fan hon mai yn achos fersiwn Saesneg pecyn Agored y mae'r cyfarwyddiadau hyn am

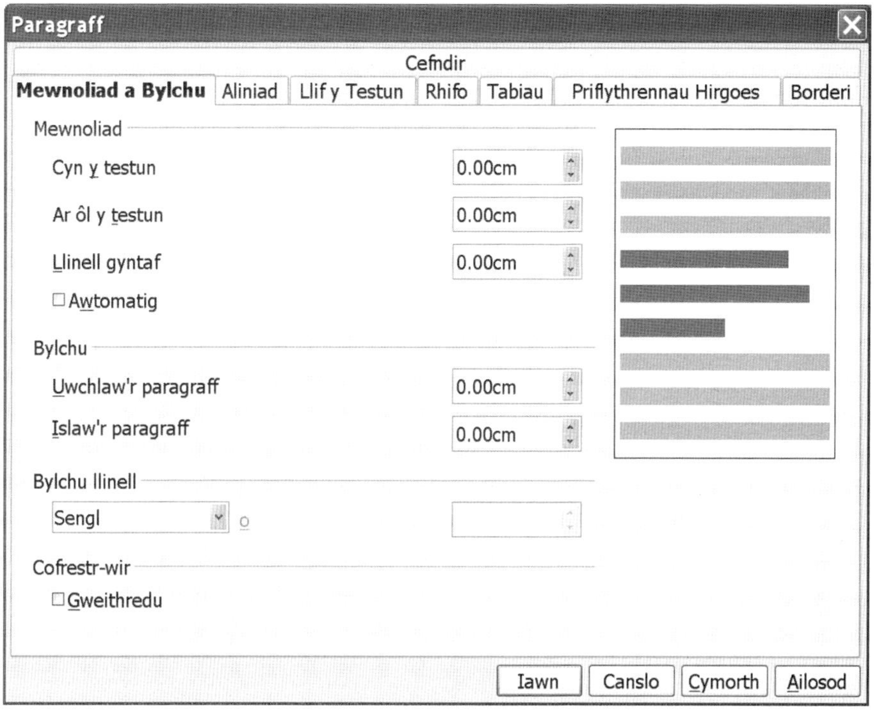

Ffigur W:73
Y blwch deialog
Mewnoliad a Bylchu

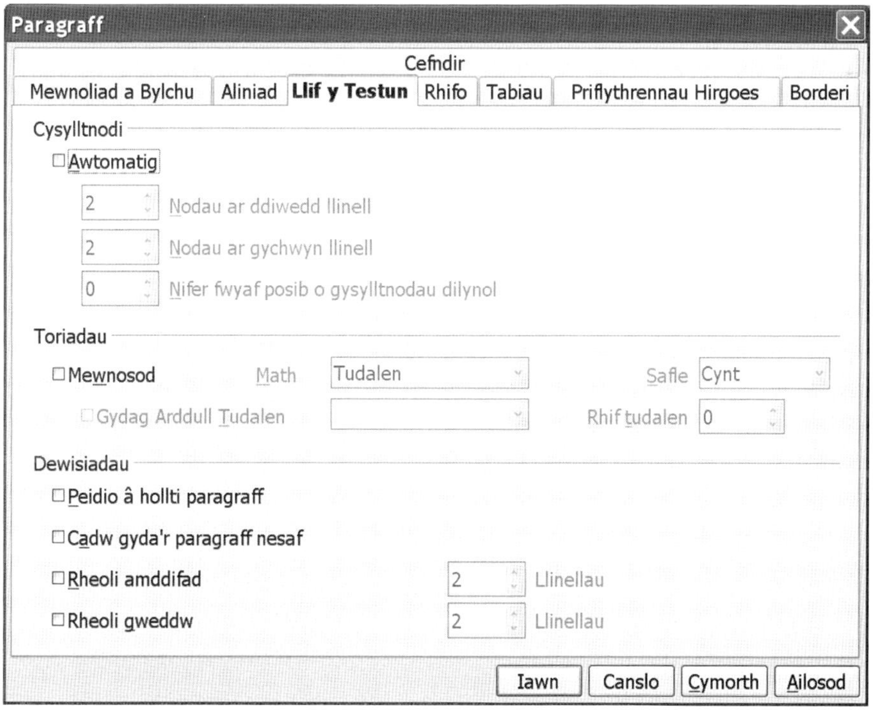

Ffigur W:74
Blwch *Llif y Testun*

gysylltnodi'n berthnasol. Nid yw'r rhaglen gysylltnodi Gymraeg yr un mor gyflawn.

2 Yng nghanol y blwch mae'r opsiynau *Toriadau*, sef torri a gwahanu paragraffau. Defnyddir yr adran hon fwyaf er mwyn adolygu testun. Ticiwch y blychau *Mewnosod* a *Gydag Arddull Tudalen* i weld hyd a lled yr opsiynau.

3 Yn y drydedd adran yn y blwch hwn, sef *Dewisiadau*, fe welwch opsiynau sydd yn ymwneud â'r hyn sy'n digwydd i baragraff neu i linellau sy'n pontio dwy dudalen. Er enghraifft, os yw'n well gennych beidio â hollti paragraff gwaelod tudalen, ticiwch y blwch er mwyn i'r rhaglen osod y paragraff hwnnw ar ben y dudalen nesaf.

Cyfeirir at eiriau amddifad ac at eiriau gweddw yng ngwaelod y blwch *Llif Testun*. Ystyr amddifad a gweddw yn y cyswllt hwn yw ymadroddion sy'n cael eu gwahanu oddi wrth weddill y paragraff, a hynny oherwydd toriad tudalen. Gan dicio'r blychau rheoli amddifaid a gweddwon, fe gewch drefnu na fydd geiriau'n cael eu hamddifadu.

Rhifo paragraffau

Cliciwch ar *Fformat* → *Paragraff* → *Rhifo*. Ymddengys blwch deialog (Ffigur W:75).

Dewiswch arddull rhifau ymhlith yr opsiynau yn yr adran *Arddull Rhifau*. (Dylid nodi bod 'rhifo' yn y cyswllt hwn yn enw cyffredinol am bob arddull a gynigir er nad rhifau yw pob un):

- Arddull 1

→ Arddull 2

✔ Arddull 3

➢ Arddull 4

✗ Arddull 5

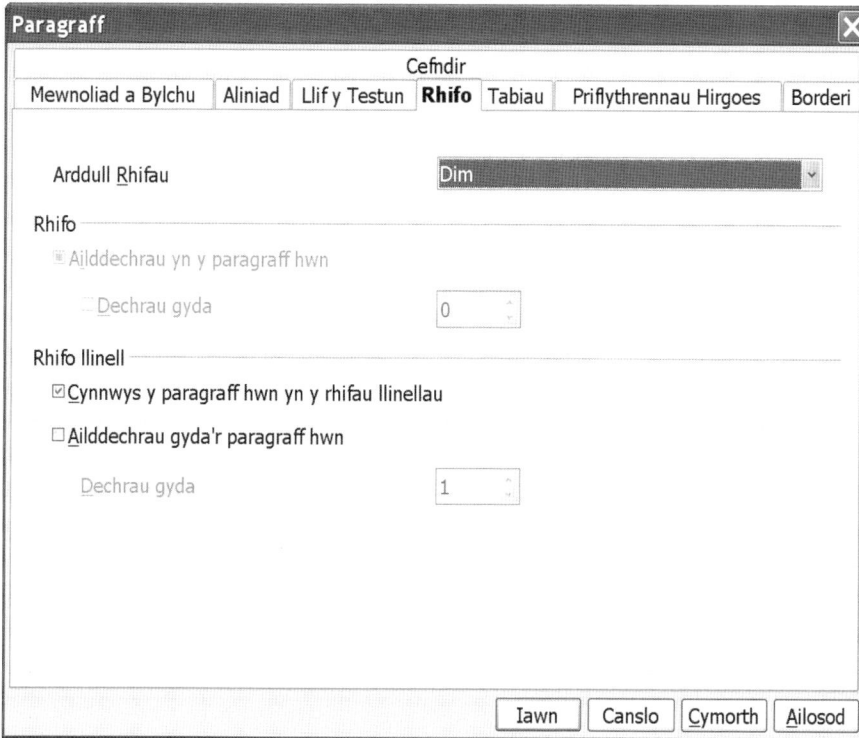

Ffigur W:75
Rhifo paragraffau

Os dewiswch yr opsiynau olaf yn y gwymplen, sef 'Rhifo 1–5', rhoddir rhagor o opsiynau ar waith oddi tan *Rhifo* yng nghanol y dudalen. Ymwneud â man cychwyn a rhif cyntaf y rhestr y mae'r opsiynau hyn.

Yng ngwaelod y blwch rhifo paragraffau mae'r adran rhifo llinellau. Gofynnir i chi yn y fan hon a fynnwch gyfrif nifer y llinellau yn y paragraff cyfredol wrth i gyfanswm y llinellau yn y ddogfen gael eu cyfrif.

Yn yr adran rhifo llinellau yng ngwaelod y blwch deialog *Rhifo Paragraffau*, fe gewch ddweud wrth y rhaglen am ddechrau rhifo gyda'r paragraff cyfredol gan benodi rhif arbennig i'r paragraff os na fynnwch ei alw'n rhif 1.

Tabiau
Cliciwch ar *Fformatio → Paragraff → Tabiau* er mwyn gweld y blwch deialog *Tabiau* (Ffigur W:76). Ar y chwith y mae colofn lle bydd y rhaglen yn cofnodi'r gosodiadau a benodir gennych.

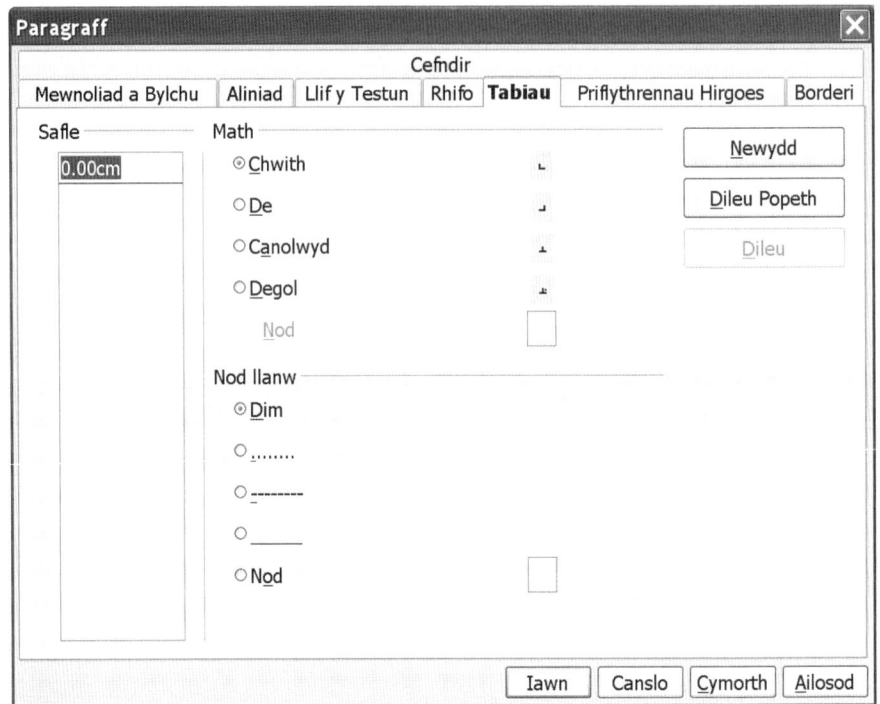

Ffigur W:76
Y blwch *Tabiau*

Yng nghanol y blwch oddi tan y pennawd *Math* y mae cyfres o gylchau clicio: *Chwith, De, Canolwyd* a *Degol.*

I bennu gosodiadau'r tabiau, cliciwch ar *Chwith* er enghraifft. Rhowch y gosodiad priodol i mewn yn y golofn gosodiadau. Cliciwch ar *Newydd* er mwyn i'r gosodiad hwnnw ddod i rym. Bydd y gosodiad blaenorol yn cael ei ddiddymu.

Alinio ymyl chwith y testun â'r tab y mae'r tab chwith. Ymestyn tua'r dde y bydd y testun. Alinio ymyl dde'r testun â'r tab y mae'r tab de. Ymestyn tua'r chwith y bydd y testun. Mae canoli yn alinio canol y testun â'r tab.

Fe gewch ragor o wybodaeth am ystyr 'degol' yng nghyd-destun tabiau gan y sgriniau cymorth priodol.

Sylwer y gellir gosod y tabiau gan ddefnyddio'r mesurydd ar ben y ddogfen oddi tan y bariau offer hefyd.

Darlunio, graffigau, rhestrau a thablau

Darlunio gyda Writer

Mae Writer yn cynnig amrywiaeth o offer darlunio ichi gynnwys gwahanol siapiau yn eich dogfennau ac i wneud gwaith darlunio syml. Gall hyn fod yn ddefnyddiol wrth baratoi dosbarthiadau mathemateg neu wyddoniaeth yn yr ysgol. Mae'r offer darlunio yn dda hefyd i wneud cynlluniau sylfaenol ar gyfer gwahanol dasgau ym myd adeiladu, er enghraifft. Disgrifir nifer o'r opsiynau darlunio isod.

Agor y bar swyddogaethau darlunio

Rhaid agor y bar offer swyddogaethau darlunio er mwyn llunio siapiau yn Writer. Gwnewch hynny drwy glicio'n hir ar yr eicon *Dangos Swyddogaethau Darlunio* ar y bar offer safonol.

Ymddengys y bar offer swyddogaethau darlunio ar waelod y dudalen, ac fe welwch gyfres o'r pethau sy'n rhan o'r rhaglen ddarlunio (Ffigur W:77).

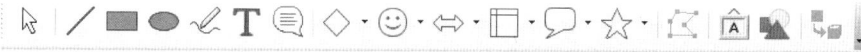

Ffigur W:77
Y bar offer swyddogaethau darlunio

Llunio siapiau

Cliciwch ar un o fotymau'r bar offer swyddogaethau darlunio – y botwm petryal, er enghraifft.

Bydd y cyrchwr yn troi yn siâp plws (+) a bydd petryal bach wrth ei ymyl. Er mwyn tynnu llun petryal, rhowch y cyrchwr yn y man lle yr hoffech i'r petryal gael ei greu. Llusgwch y cyrchwr i'r cyfeiriad iawn. Daliwch eich bys ar y llygoden. Ar ôl ichi dynnu llun y petryal, tynnwch eich bys oddi ar y llygoden. Bydd y petryal wedi'i greu. Fe welwch ddolenni ail-feintioli o amgylch y siâp. Fe gewch newid siâp a maint y petryal gan dynnu ar y dolenni hyn.

Gellwch symud y siâp hefyd. I wneud hynny, cliciwch arni gyntaf. Bydd y cyrchwr yn troi yn siâp plws ac arno nifer o saethau bach sy'n pwyntio at bedwar ban y cwmpas. Llusgwch y siâp hyd at y man gosod.

Fe gewch dynnu lluniau eraill o fewn yr un ddogfen gan glicio ar y botwm perthnasol ar y bar offer swyddogaethau darlunio.

Tynnu llun yn llawrydd

Nid siapiau pendant yn unig y gellir eu darlunio â'r swyddogaethau darlunio. Cliciwch ar y botwm llunio ffurfrydd. ✎

Bydd y cyrchwr yn troi yn siâp plws (+) â sgwigyl wrth ei ymyl. Daliwch eich bys ar y llygoden. Wrth ichi dynnu'r llygoden ar draws y sgrin, bydd llwybr y llygoden yn cael ei nodi. Fe gewch greu siapiau rhydd eu ffurf:

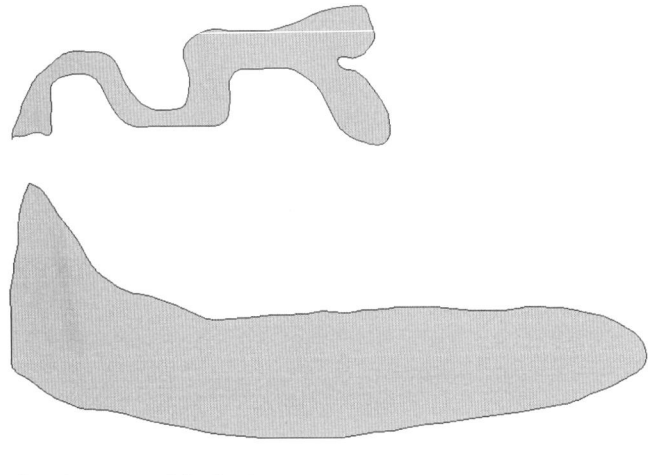

Cael gwared â darlun

Er mwyn dileu llun neu siâp anaddas neu ddiangen, cliciwch ar y llun a phwyswch *Dileu*. Ffordd arall o ddileu llun yw rhoi'r cyrchwr ar ddechrau'r llinell uwchben y llun a phwyso *Dileu*. Os yw dileu'r llun yn edifar gennych, cliciwch ar *Golygu* → *Dadwneud* er mwyn adfer y llun.

Bloeddflychau

Mae'r bloeddflychau yn ddefnyddiol i ychwanegu testun at eich darlun i ddynodi bod rhywun yn siarad neu er mwyn labelu un o'ch darluniau. Bydd clicio ar y saeth wrth y botwm bloeddflwch yn rhoi dewis o floeddflychau i chi (Ffigur W:78).

Ffigur W:78
Y bloeddflychau sydd ar gael

Bydd pwyso ar y botwm hwn yn creu'r bloeddflwch hwn:

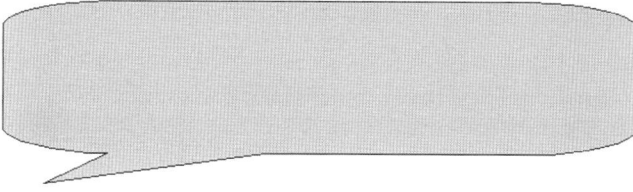

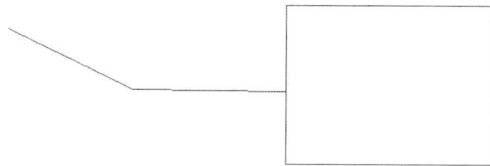

Bydd pwyso ar y botwm hwn yn creu'r bloeddflwch hwn:

Wedi ichi greu eich bloeddflychau, bydd modd eu hailfeintioli a'u symud yr un peth â'r darluniau eraill.

Ysgrifennu mewn bloeddflwch

Cliciwch o fewn y bloeddflwch i deipio testun o'ch dewis. Bydd yr offer fformatio arferol yn gweithio ar destun o fewn y bloeddflwch megis italig a thrwm:

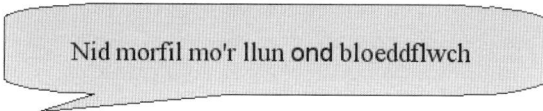

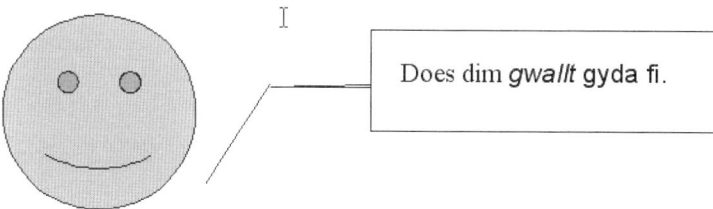

Nid morfil mo'r llun **ond bloeddflwch**

Does dim *gwallt* gyda fi.

Creu blwch testun

Mae modd creu blwch testun gan bwyso ar y botwm hwn.

T

Fe gewch lunio blwch ac yna teipio testun tu fewn iddo. Ni welir amlinell y blwch ar ôl gorffen ysgrifennu. Ond gellwch gydio yn y dolenni ailfeintioli a symud testun y blwch i fan arall yn y ddogfen. Y prif wahaniaeth rhwng blwch testun a bloeddflwch yw bod gan floeddflwch linell yn pwyntio at eitem arall.

Nid bloeddflwch mo'r blwch hwn ond blwch testun

Pan fyddwch wedi gorffen â'r bar offer, cliciwch ar yr eicon darlunio ar y bar offer safonol i guddio'r bar offer darlunio.

Mewnosod graffigau

Nid geiriau'n unig y byddwch eisiau eu cynnwys yn eich dogfennau Writer bob amser. O bryd i'w gilydd, fe welwch yn dda gynnwys graffigau hefyd. Mae cynnwys siart er enghraifft yn elfen bwysig o'r gwaith sy'n cael ei wneud wrth lunio adroddiadau. Mae ychwanegu dogfennau wedi'u sganio yn ddefnyddiol os byddwch eisiau dangos clawr llyfr neu CD. Ac mae cynnwys delweddau yn gwella gwedd dogfennau lawer. Yn yr adran hon felly, disgrifir sut i gynnwys graffigau mewn dogfen Writer.

Pa fath o graffigau?
Dyma'r mathau o graffigau y gall Writer eu trafod:

- Delweddau graffig o ffeil
- Delweddau graffig o Oriel OpenOffice.org
- Delweddau graffig wedi'u sganio i'ch dogfen
- Delweddau graffig a gynhyrchwyd yn rhaglenni eraill OpenOffice.org
- Siart Calc.

Ymofyn darlun
Os dymunwch ychwanegu delwedd graffig o ffeil arbennig, cliciwch yn y man lle y dymunwch fewnosod y ddelwedd. Ewch i *Mewnosod → Darlun → O'r Ffeil.* Ymddengys y blwch deialog *Mewnosod Darlun* (Ffigur W:79).

Dewiswch y ffeil y dymunwch ei mewnosod a phwyswch ar y botwm *Agor.* Gellir sganio delwedd yn uniongyrchol i ddogfen Writer drwy ddewis *Mewnosod → Darlun → Sganio* (Ffigur W:80). Rhaid defnyddio sganiwr sy'n gydnaws â *TWAIN.* (Mae sganwyr yn gydnaws â *TWAIN* ran fwyaf).

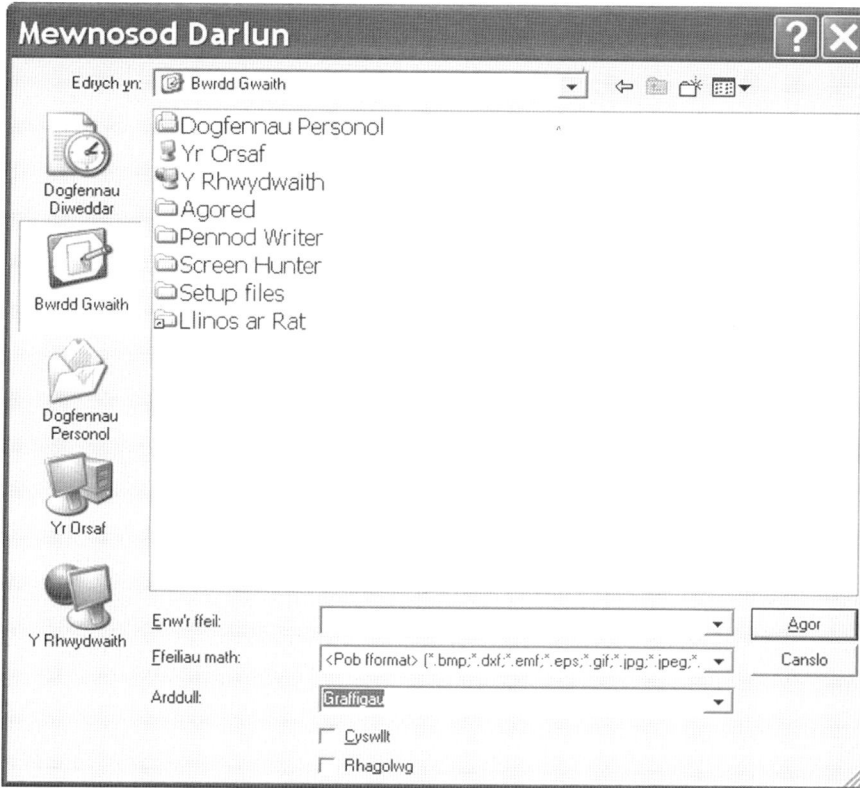

Ffigur W:79
Y blwch deialog
Mewnosod Darlun

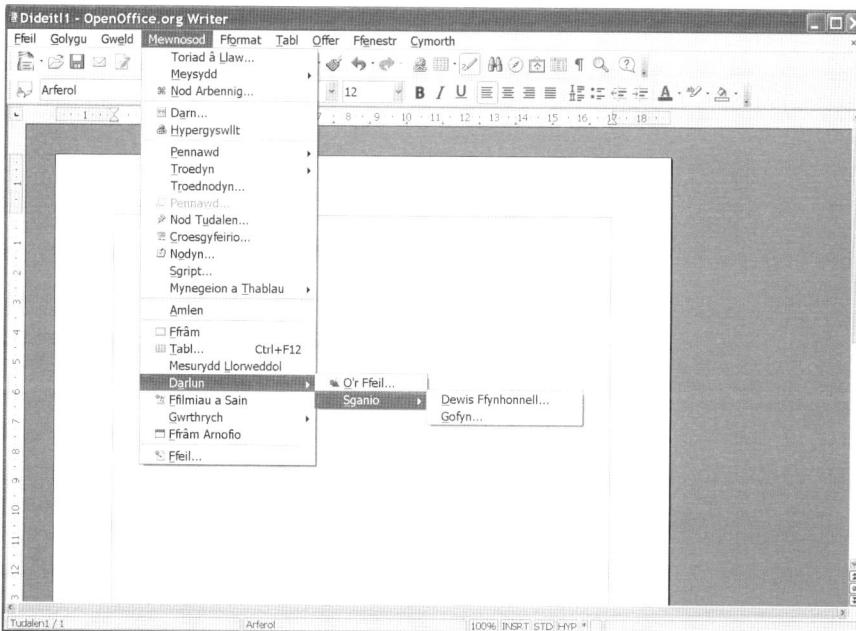

Ffigur W:80
Sganio delwedd i
ddogfen Writer

Newid maint darlun

Yng nghanol y dudalen y bydd Writer yn gosod y ddelwedd graffig fel rheol. Bydd y ddelwedd yn rhy fawr neu'n rhy fach weithiau, a bydd rhaid ei hailfeintioli.

Cliciwch ar *Mewnosod → Darlun → O'r Ffeil*. Dewiswch ddelwedd a gwnewch ei mewnosod:

Pan fydd y ddelwedd newydd wedi'i chynnwys, fe sylwch fod wyth sgwâr bach o'i hamgylch. Dolenni ailfeintioli yw'r rhain. Gan gydio yn y dolenni â'r cyrchwr a'u llusgo y mae newid siâp a maint y ddelwedd. Arbrofwch gyda'r dolenni ailfeintioli er mwyn ymgynefino â'r gwaith. Bydd y dolenni hyn yn ailymddangos, dim ond ichi glicio ar y ddelwedd.

Amlapio'r testun

Gellwch fewnosod darlun yng nghanol testun ac amlapio'r testun o'i amgylch. Dyma enghraifft:

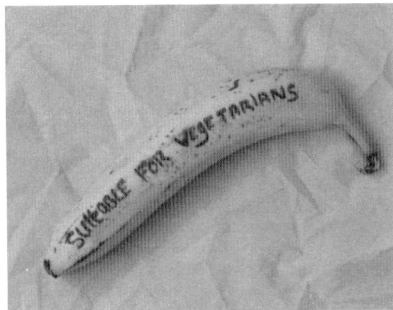

Cliciwch unwaith ar y ddelwedd. De-gliciwch wedyn. Nesaf, dewiswch *Fformat Amlapio → Amlapio Tudalen* (Ffigur W:81).

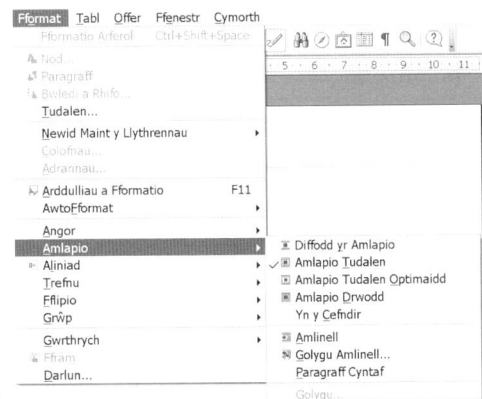

Ffigur W:81 Amlapio'r testun

Dyma'r canlyniad:

'Llun newydd yw hwn. Cafodd ei dynnu gan fyfyriwr uwchradd yn Ysgol Gelf Manceinion.

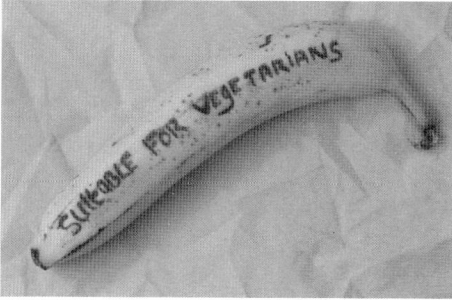

Mae'n un o'r lluniau gafodd eu cymeradwyo gan y beirniaid yn y gystadleuaeth eleni.'

Ar ôl amlapio'r llun, fe gewch symud y ddelwedd i fan arall ar y dudalen. Os gwnewch hynny, bydd Writer yn amlapio'r testun o amgylch y ddelwedd ar ôl ichi ei symud. Nid oes rhaid cadw'r ddelwedd yng nghanol y dudalen. Fe gewch ei osod wrth yr ymyl chwith neu'r ymyl dde. Cliciwch ar y ddelwedd, de-gliciwch wedyn a dewiswch *Aliniad* olaf. Dewiswch naill ai *Chwith, Canol* neu *De*. Fel y gwelwch o gymharu'r ddwy enghraifft yma, gall fod yn haws darllen y testun os bydd wedi'i amlapio ar un ochr:

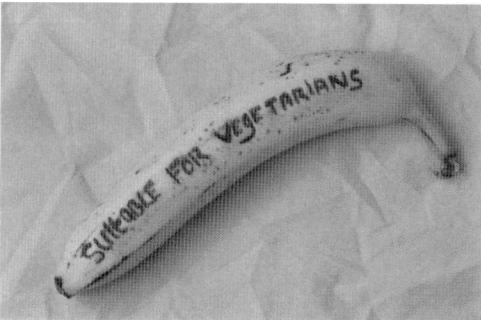

Ar ôl ichi fewnosod delwedd graffig, bydd Writer yn gosod *angor* yn y lleoliad hwnnw. Pan ddymunwch symud y ddelwedd i lawr neu i fyny, symudwch yr *angor* yn hytrach na symud y ddelwedd ei hun.

Cynnwys eitem o'r oriel

Mae Oriel OpenOffice yn cynnwys oriel o elfennau y gellwch eu hychwanegu at eich dogfen.

Ewch i *Offer → Oriel* i weld yr oriel a'i chynnwys. Ymddengys yr oriel ym mhen uchaf eich sgrin. Gwelir yr elfennau oddi tan y categorïau canlynol: *Cefndiroedd, Bwledi, Hafan, Fy Thema i, Offer Mesur* a *Seiniau* (Ffigur W:82). Yn lle clicio ar *Offer → Oriel*, mae'n bosib agor yr oriel hefyd gan bwyso ar y botwm *Oriel* ar y bar offer.

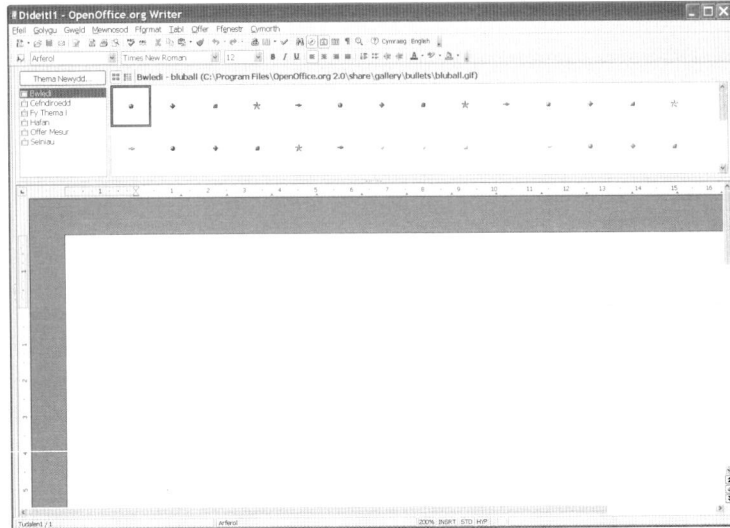

Ffigur W:82
Categorïau'r oriel

Os dymunwch ychwanegu delwedd o'r oriel at eich dogfen, cliciwch arni a'i lusgo i'r man dewisol yn eich dogfen.

Mae modd ail-feintioli'r eitem yn yr un modd ag y gwnaethpwyd uchod gyda delwedd graffig. Mae'n bosib alinio ac amlapio graffigau oriel hefyd. I gau'r oriel, ewch i *Offer* → *Oriel* neu cliciwch ar yr eicon ar y bar offer.

Cynnwys gwrthrych arall

Gellwch fewnosod gwrthrychau eraill drwy bwyso *Mewnosod* → *Gwrthrych*. Wedyn fe gewch ddewis o blith y canlynol *Gwrthrych OLE, Ategyn, Sain, Fideo, Applet, Fformiwla* a *Siart*.

Rhestrau

Yn yr adran hon disgrifir sut i greu rhestrau gyda Writer. Mae creu rhestrau yn beth syml i'w wneud, ac mae'n berthnasol i ysgrifennu dogfennau o bob math, boed yn y gweithle, yn yr ysgol neu yn y cartref.

Rhestrau bwledi

Bwled yw'r symbol •. Rhestr fwledi yw rhestr lle mae pob eitem yn cael ei ragflaenu â bwled. Dyma enghraifft o restr fwledi – rhai ardaloedd yng Nghymru sy'n dechrau â *m-* :

- Meirionnydd
- Môn
- Mynwy

Creu rhestr fwledi

Dyma ddwy ffordd i greu rhestr fwledi.

1 Y ffordd symlaf o greu rhestr fwledi yw clicio ar yr eicon bwledi ar y bar offer fformatio. ⠿

2 Ffordd arall yw teipio naill ai seren (*) neu gysylltnod (-), gadael bwlch a theipio'r eitem gyntaf yn y rhestr. Pwyswch Enter nesaf. Bydd Writer yn sylweddoli eich bod yn creu rhestr a bydd dwy fwled yn ymddangos yn awtomatig, un o flaen yr eitem gyntaf yn y rhestr, ac un o flaen yr eitem arfaethedig. Pwyswch Enter ddwywaith i gwblhau'r rhestr.

Creu is-restr fwledi

Mae'n bosib y byddwch eisiau creu is-restr o dan un o'r bwledi yn y brif restr. Gwnewch hyn drwy bwyso'r fysell Tab ar y bysellfwrdd ar ôl y bwled. (Tab yw'r botwm mawr uchaf ond un ar ochr chwith y bysellfwrdd. Mae arno lun dwy saeth.) Fel hyn mae is-restr yn edrych:

- Caerfyrddin
  - Llanarthne
  - Llanelli
  - Llandeilo
  - Llanfihangel
- Ceredigion
- Sir Benfro

Bydd Writer yn mewnoli'r eitem i greu is-restr. Bob tro y byddwch yn pwyso Enter, bydd Writer yn mewnoli'r fwled. Pwyswch Shift + Tab pan ddymunwch gau'r is-restr a dychwelyd at y rhestr wreiddiol.

Dod â'r rhestr i ben

Pan fyddwch yn dymuno dod â'r rhestr i ben, pwyswch Enter ddwywaith. Erbyn gwneud hyn, ni fydd Writer yn gosod rhagor o fwledi, a bydd yn symud y cyrchwr i'r llinell nesaf gan adael llinell wag rhwng llinell olaf y rhestr a'r llinell destun nesaf.

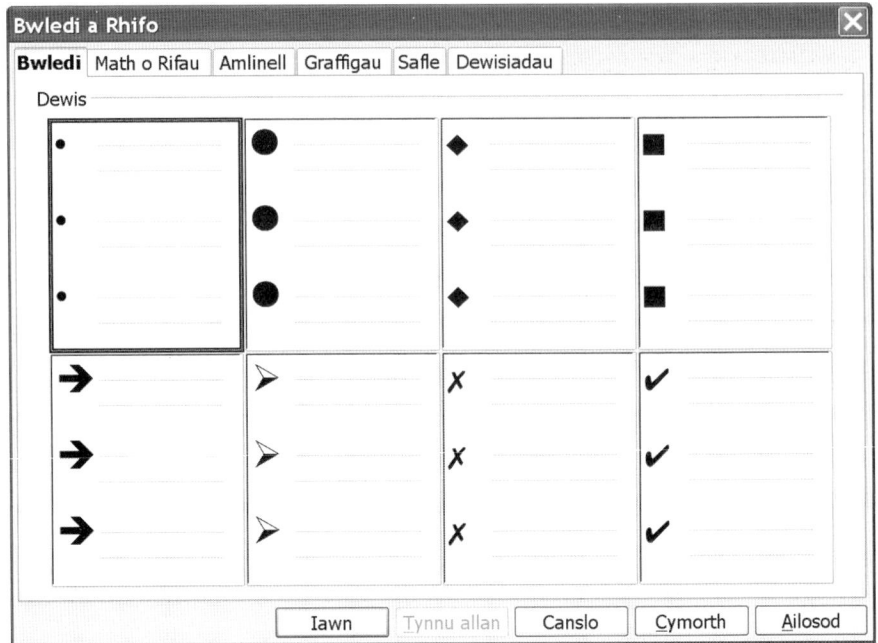

Newid fformat y bwledi

Mae modd newid y symbol bwled arferol y mae Writer yn ei ddefnyddio. Amlygwch eich rhestr fwledi. Ewch i *Fformat → Bwledi a Rhifo*. Bydd y blwch *Bwledi a Rhifo* yn ymddangos (Ffigur W:83). Cliciwch ar y tab *Bwledi*. Dewiswch fformat. Pwyswch *Iawn* er mwyn i Writer drosi'r rhestr i'ch fformat dewisol.

Rhestrau wedi'u rhifo

Mae creu rhestr wedi'i rhifo yn broses debyg iawn i greu rhestr fwledi. Gellwch greu is-restr wedi'i rhifo hefyd. Bydd yr is-restr yn cael ei rhifo ar wahân i'r brif restr. Y ffordd symlaf o ddechrau rhestr wedi'i rhifo yw clicio ar yr eicon rhifau ar y bar offer fformatio.

Ffordd arall o ddechrau rhestr wedi'i rhifo yw teipio naill ai 1., i. neu I. Gadewch fwlch ar ôl y rhif, a theipiwch yr eitem gyntaf yn eich rhestr wedyn. Er mwyn dysgu mwy am greu rhestr wedi'i rhifo, dilynwch y cyfarwyddiadau yn **Creu rhestr fwledi** a **Creu is-restr fwledi** uchod.

Newid fformat y rhifau

Mae modd newid y fformat rhifo arferol y mae Writer yn ei gynnig. I wneud hynny, amlygwch y rhestr. Ewch i *Fformat → Bwledi a Rhifo* . Bydd y blwch deialog *Bwledi a Rhifo* yn ymddangos (Ffigur W:84).

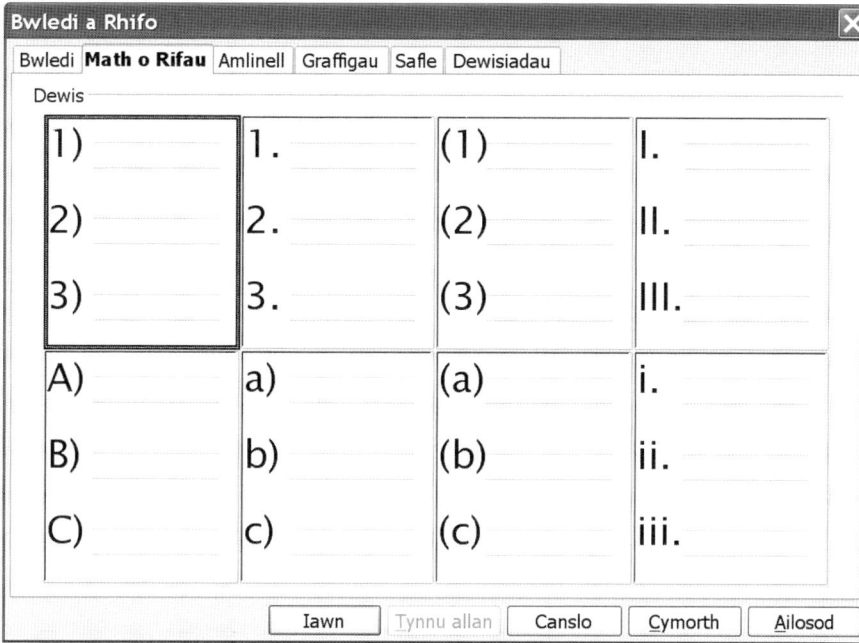

Ffigur W:84
Y blwch deialog *Bwledi a Rhifo*

Cliciwch ar y tab *Math o Rifau*. Bydd gwahanol fformatau rhifau a fformatau llythrennau i'w gweld. Dewiswch y fformat o'ch dewis. Bydd Writer yn trosi'r rhestr wedi'i rhifo i'r fformat o'ch dewis pan bwyswch *Iawn*.

Tablau

Mae tablau yn ffordd glir a chyfleus ichi drefnu gwybodaeth y byddwch eisiau cyfeirio ati o bryd i'w gilydd. Fe gewch ddefnyddio Writer i greu tabl amserlen ar gyfer yr wythnos yn yr ysgol, neu dabl manylion cyswllt rhai cwsmeriaid os oes busnes gennych.

Creu tabl
Disgrifir isod dair ffordd i greu tabl.

1 Ewch i *Tabl* → *Mewnosod* → *Tabl*. Bydd y blwch deialog *Mewnosod Tabl* yn ymddangos (Ffigur W:85). Yn *Mewnosod Tabl*, fe gewch ddewis enw i'r tabl ynghyd â nifer y colofnau a nifer y rhesi y dymunwch eu cynnwys yn y tabl. Ticiwch y blwch *Pennawd* os dymunwch i res gynta'r tabl gael ei gwahanu oddi wrth weddill y tabl â llinell fras.

Ffigur W:85
Y blwch deialog
Mewnosod Tabl

Ticiwch y blwch *Ailadrodd pennawd* os dymunwch i'r rhes gyntaf gael ei hailosod ar bob tudalen. (Ni fydd pob tabl yn pontio dwy dudalen wrth gwrs.) Os tabl cymharol fyr sydd gennych, peidiwch â hollti eich tabl ar draws dwy dudalen. Ticiwch y blwch *Peidio â hollti'r tabl*. Ystyr hyn yw na fydd Writer yn creu tabl ar waelod unrhyw dudalen. Yn lle gwneud hynny, bydd yn symud i dop y dudalen nesaf. Pwyswch *Iawn* ar ôl pennu eich opsiynau.

2   Ffordd arall o greu tabl yw clicio ar y saeth ger yr eicon *Tabl* ar y bar offer safonol. Gellwch oleuo nifer y colofnau a'r rhesi y dymunwch eu cynnwys yn eich tabl.

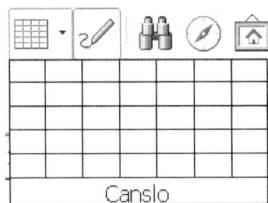

3   Gellwch greu tabl hefyd drwy deipio'r symbolau canlynol yn y man lle y dymunwch greu eich tabl:

+———————+———————+———————+———————+

Rhaid dechrau'r patrwm â'r arwydd plws a chynnwys 10 cysylltnod cyn ychwanegu plws arall. Rhaid gorffen y patrwm ag arwydd plws hefyd. Bydd pob set o 10 cysylltnod yn cynrychioli un gell yn y tabl. Ar ôl cynnwys yr arwydd plws olaf, pwyswch Enter a bydd rhes gyntaf y tabl yn ymddangos.

Ychwanegu data

Wedi i Writer greu eich tabl, bydd yn gosod y cyrchwr yn y gell bellaf i'r chwith. Nawr, fe gewch ddechrau mewnosod data. Cofiwch roi penawdau yn y rhes gyntaf os rhoddwyd tic yn y blwch *Pennawd* gennych wrth ichi greu'r tabl.

Wedi ichi orffen yn y gell gyntaf, pwyswch y botwm *Tab* i symud hyd at y gell nesaf. Bydd pwyso Shift+Tab yn gwneud i'r cyrchwr symud yn ôl i'r gell flaenorol. Ar ôl ichi orffen y rhes, bydd pwyso Tab yn peri symud ymlaen hyd at y rhes nesaf. Os nad oes rhes arall i gael, bydd Writer yn creu rhes arall yn awtomatig ar ôl ichi bwyso Tab. Pwyswch Enter pan fydd hi'n bryd dod â'r tabl i ben.

Fformatio tabl

Ar ôl creu tabl, mae'n bosib y byddwch yn dymuno cyfaddasu'r fformat. Er mwyn gwneud hynny, goleuwch eich tabl (neu ran ohono) ac ewch i *Tabl → Priodweddau Tabl*. (Dim ond wedi i'r tabl gael ei greu y bydd *Priodweddau* yn agor.) Bydd y blwch deialog *Fformat Tabl* yn ymddangos (Ffigur W:86).

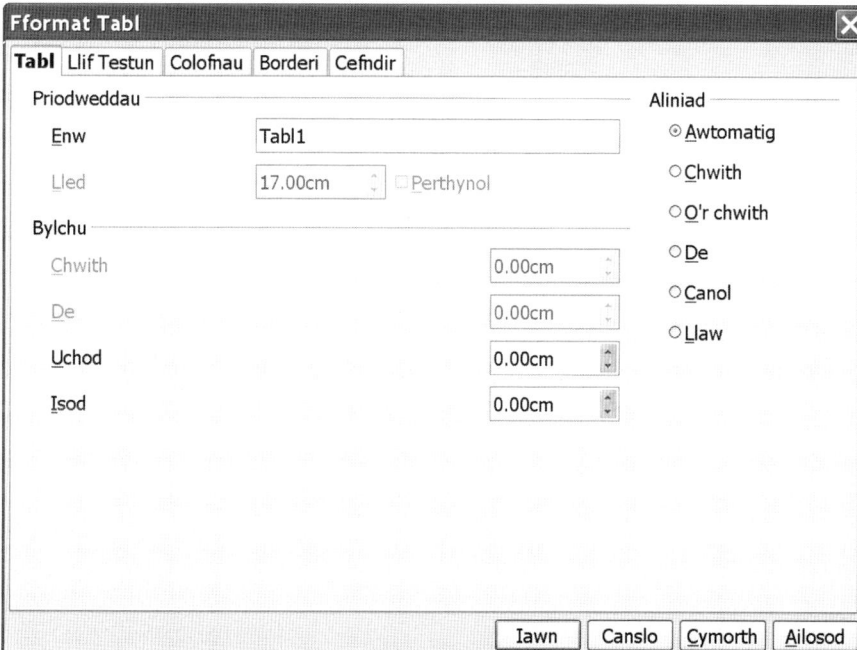

Ffigur W:86
Y blwch deialog
Fformat Tabl

Mae'r blwch hwn yn cynnwys pum tudalen o dan y penawdau *Tabl*, *Llif Testun*, *Colofnau*, *Borderi* a *Cefndir*. Fe gewch ddewis eich fformat gan bwyso ar y tabiau priodol. Dyma rai enghreifftiau:

- Cliciwch ar y tab *Tabl* i alinio eich testun.
- Cliciwch ar y tab *Llif Testun* i fformatio'r torri llinellau.
- Cliciwch ar *Colofnau* i gyfaddasu'r colofnau yn eich tabl.
- Cliciwch ar *Borderi* i ddewis *Arddull* a *Lled* y border.
- Cliciwch ar *Cefndir* i ddewis *Lliw Cefndir* i gell unigol, i res benodol neu i'r tabl cyfan.

Wedi gwneud eich holl ddewisiadau, pwyswch *Iawn*.

AwtoFformatio tabl

Ar ôl ychwanegu eich data i gelloedd y tabl, mae'n bosib y byddwch yn dymuno cyfnewid cynllun *AwtoFformat* eich tabl. Ewch i *Tabl* → *AwtoFformat*. Ymddengys y blwch deialog *AwtoFformat* (Ffigur W:87).

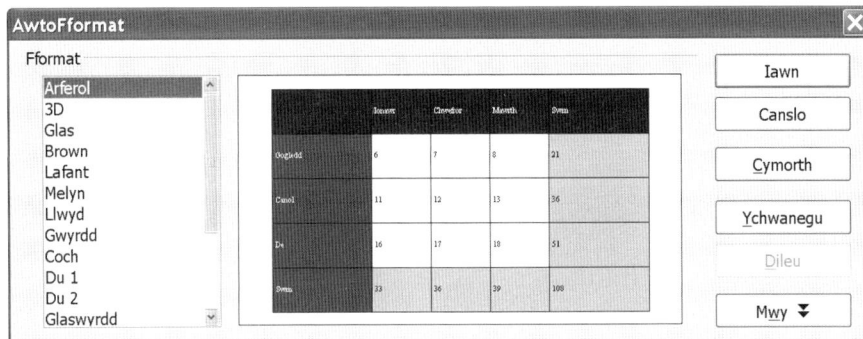

Ffigur W:87
Y blwch deialog
Awtofformat

Fe gewch ddewis fformat arall o'r rhestr ar y chwith. Bydd y tabl yn y ffenestr ragolwg yn arddangos y gwahanol fformatiau wrth ichi glicio arnynt.

Bydd clicio ar y botwm *Mwy* yn rhoi dewisiadau fformatio ychwanegol i chi. Fe gewch dicio neu ddad-dicio'r blychau yn ôl eich dewis. Wrth wneud hyn bydd y tabl yn y ffenestr ragolwg yn adlewyrchu'r dewisiadau. Pan fyddwch chi'n fodlon ar eich holl ddewisiadau, pwyswch *Iawn*.

Ni fydd Writer yn cadw'r dewisiadau a wnaethoch yn y blwch deialog *AwtoFformat*. Felly y tro nesaf y byddwch eisiau creu tabl tebyg mewn dogfen arall, mae'n debyg y bydd rhaid dewis *AwtoFformat* eto.

Arddulliau, cyfuno llythyron ac ychwanegu siart neu daenlen

Arddulliau

Mae arddull yn derm cyffredinol sy'n disgrifio gosodiad fformatio neu gyfuniad o nifer o osodiadau fformatio. Dyma rai arddulliau a gynhelir gan Writer:

- Arddull dudalen (ymylon, penawdau a throedynnau, borderi a chefndiroedd)
- Arddull baragraff (aliniad, tabiau, bylchu llinellau)
- Arddull nodau (ffont)
- Arddull ffrâm (amlapio, borderi, cefndiroedd a cholofnau)
- Arddull rhifo (ffontiau rhifo a bwledi).

Arddulliau a thempledi

Mae templed yn ddogfen sy'n cynnwys arddulliau fformatio, graffigau a thablau. Defnyddir templed yn sylfaen i ddogfennau eraill. Seilir pob dogfen newydd ar y templed arferol oni nodir templed arbennig arall.

Mae modd copïo arddulliau o un ddogfen i'r llall drwy ddefnyddio'r blwch deialog *Rheoli Templedi*. Ewch i *Ffeil* → *Templedi* → *Trefnu* i agor y blwch (Ffigur W:88). Dewiswch yr arddull y dymunwch ei chopïo a gollyngwch hi ar dempled neu ar ddogfen arall.

Nodyn: Yn rhai o'r adrannau isod sonnir am restr dempledi ac am fewnforio arddull o restr dempledi. Rhestr yw hon y bydd y defnyddiwr yn ei chreu. Templedi gwneud yn hytrach na thempledi gwreiddiol a ddisgrifir isod. Oni chrëir templed ni ellir ei fewnforio.

Agor y blwch arddulliau

Mae tair ffordd i agor y blwch deialog *Arddulliau a Fformatio:*

1 Pwyswch y botwm F11.
2 Cliciwch ar yr eicon ar y bar offer fformatio.
3 Ewch i *Fformat* → *Arddulliau a Fformatio.*

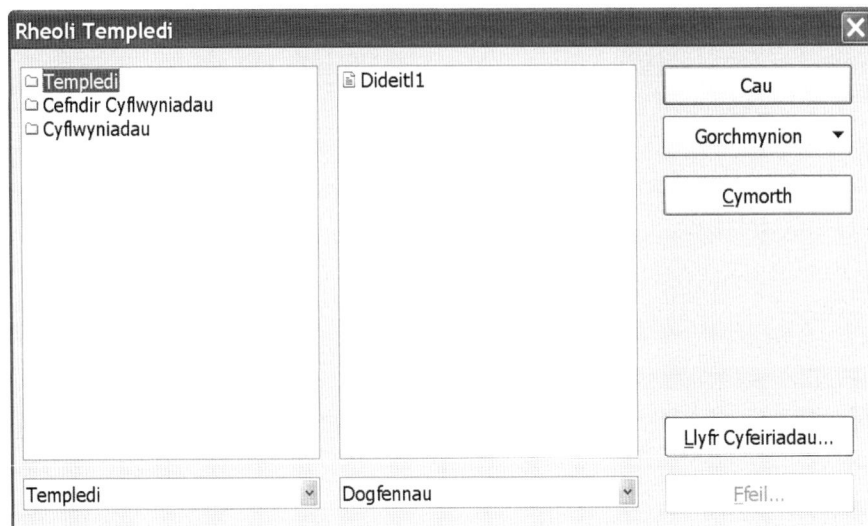

Ffigur W:88
Y blwch deialog *Rheoli Templedi*

Rhoi arddull ar waith mewn dogfen

Ar ôl ichi agor y blwch *Arddulliau a Fformatio*, fe welwch bump o eiconau ym mhen uchaf y blwch ar y chwith. Mae pob eicon yn cynrychioli arddull benodol, sef paragraff, nod, ffrâm, tudalen a rhestr.

Cymerwn mai fformatio paragraff sydd ei angen. Dyma'r eicon fydd yn eich galluogi i wneud hynny.

Cliciwch arno ac wedyn goleuwch y paragraff(au) yr hoffech osod arddull newydd arnynt.

Ers clicio ar yr eicon arddulliau paragraff bydd rhestr o'r arddulliau sydd ar gael ar gyfer paragraffau wedi ymddangos. Cliciwch ddwywaith ar yr arddull y dymunwch ei rhoi ar waith. Dwbwl-gliciwch ar sawl un er mwyn eu gweld cyn dewis un.

Defnyddio'r modd llanw fformat

Mae'r dull hwn yn ddefnyddiol os bydd angen fformatio nifer o baragraffau sydd ar wasgar. Dewiswch eich arddull o'r blwch deialog *Arddulliau a Fformatio*, ac yna cliciwch ar yr eicon *Modd Llanw Fformat*.

Bydd y cyrchwr yn newid yn siâp pot paent bach a hwnnw'n arllwys peth o'i gynnwys.

Gollyngwch y pot bach ar y paragraff y dymunwch ei fformatio a chliciwch ar y llygoden. Daliwch eich bys ar fotwm y llygoden wrth ddewis y nodau i wneud yn siŵr bod yr arddull yn cydio. Os gollyngwch y modd llanw ar baragraff yn ddifwriad, bydd de-glicio'r llygoden yn dadwneud y weithred.

Ar ôl gorffen dewis y paragraffau y dymunwch eu fformatio, cliciwch ar yr eicon *Modd Llanw Fformat* unwaith eto i ddadysgogi'r modd hwnnw. Ffordd arall o ymadael â'r modd sydd ar waith yw pwyso'r fysell Esc.

Catalog arddulliau

Pwyswch ar Ctrl + F11 i agor y blwch deialog *Catalog Arddull* (Ffigur W:89). (Sylwer mai dyma'r un blwch deialog â *Fformat → Arddulliau a Fformatio* (= F11), ond ymddengys yr opsiynau ar ffurf arall.)

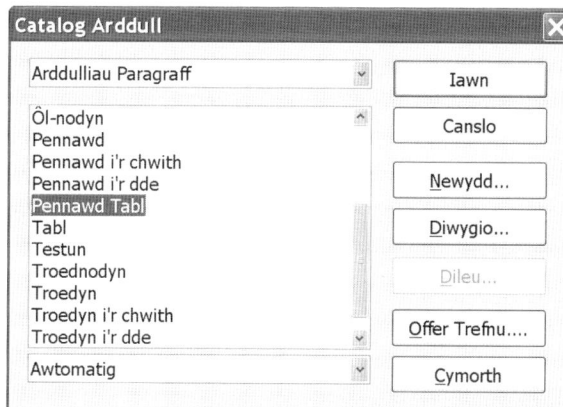

Ffigur W:89
Y blwch deialog *Catalog Arddull*

Yn y gwymplen gyntaf (Ffigur W:90) y mae dewis ai arddull paragraff, nod, ffrâm, tudalen neu restr yr ydych chi ei heisiau. Cliciwch ar yr un o'ch dewis, a bydd rhestr o arddulliau

Ffigur W:90
Y gwymplen *Arddulliau Paragraff* yn *Catalog Arddull*

yn ymddangos yn y blwch oddi tanodd. Os ydych chi'n gwybod pa arddull y dymunwch ei gosod, cliciwch ar yr arddull honno → *Iawn*.

Creu arddull tudalen ar sail y dudalen gyfredol

Mae modd cyfansoddi tudalen a chreu arddull dudalen ar sail hynny. Agorwch ddogfen destun newydd ac ewch i *Fformat → Arddulliau a Fformatio*. Bydd blwch deialog yn ymddangos. Ar y bar offer, cliciwch ar yr eicon *Arddulliau Tudalen* ac wedyn ar yr eicon *Arddull Newydd ar sail y Dewis*. Rhowch enw ar y dudalen yn y blwch *Enw Arddull* yn y blwch deialog *Creu Arddull* a chliciwch ar *Iawn* (Ffigur W:91).
(D.S. Bydd clicio ddwywaith ar yr enw yn y rhestr yn rhoi'r arddull ar waith yn y dudalen gyfredol.)

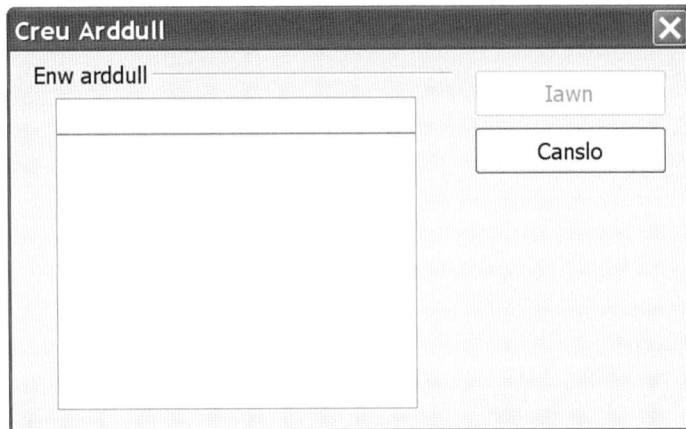

Ffigur W:91
Y blwch deialog *Creu Arddull*

Dewiswch *Mewnosod → Pennawd → Arddull tudalen newydd* o'r rhestr. Ysgrifennwch y pennawd. Gosodwch y cyrchwr ar y ddalen islaw'r pennawd. Dewiswch *Mewnosod → Toriad â Llaw → Math → Toriad Tudalen → Arferol* yn y blwch *Arddull*. Bydd ailadrodd y camau uchod yn creu ail *Arddull Tudalen* cyfaddas oddi tan bennawd arall.

Mewnforio arddulliau

Gellir mewnforio arddulliau o ddogfen neu o dempled arall i ddogfen Writer. Ewch i *Fformat → Arddulliau a Fformatio* a chliciwch ar y saeth wrth ymyl yr eicon *Arddull Newydd ar sail y Dewis → Llwytho Arddulliau* o'r isddewislen. Bydd y blwch deialog *Llwytho'r Arddulliau* yn agor (Ffigur W:92).

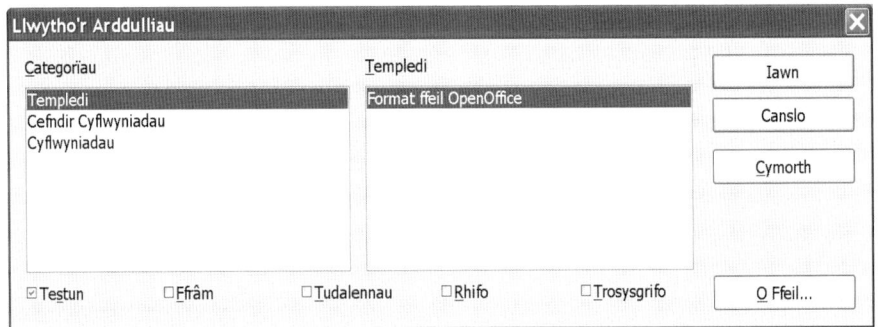

Ffigur W:92
Y blwch deialog *Llwytho'r Arddulliau*

Defnyddiwch y blychau ticio ar waelod y blwch deialog i ddewis y mathau o arddulliau y dymunwch eu mewnforio. Dewiswch *Trosysgrifo* i ddisodli arddulliau yn y ddogfen gyfredol sydd â'r un enw â'r rhai yr ydych wrthi yn eu mewnforio.

Mae dwy ffordd i fewnforio arddull:

1 Cliciwch ar gofnod yn y rhestr *Categorïau* ac wedyn ar y templed yn y rhestr sy'n cynnwys yr arddull enwedig hon. Cliciwch ar *Iawn*.
2 Cliciwch ar *O Ffeil*. Bydd y blwch deialog *Agor* yn ymddangos. Chwiliwch am y ffeil sy'n cynnwys yr arddull y dymunwch ei defnyddio. Cliciwch ar enw'r arddull → *Agor*.

Arddull ddeuol i dudalennau odrif (1, 3, 5) ac i dudalennau eilrif (2, 4, 6)

Gall Writer osod arddull wahanol ar bob yn ail dudalen. Gelwir y tudalennau hyn yn odrif (1, 3, 5, 7 . . .) ac eilrif (2, 4, 6, 8 . . .). Weithiau fe'u gelwir yn dudalen chwith (1, 3) ac yn dudalen dde (2, 4) hefyd.

Defnyddir yr arddull ddeuol hon fel arfer er mwyn llunio penawdau annhebyg i'w gilydd a ymddengys gyferbyn â'i gilydd pan argreffir y ddogfen.

Mae'n werth nodi yn y fan hon y gellir darllen enw'r arddull sydd ar waith yn yr arwydd fach ar waelod y sgrin.

Arferol

Rhoi'r arddull ddeuol ar waith

1 Dewiswch *Fformat* → *Arddulliau a Fformatio* → eicon *Arddulliau Tudalen*. Yn y rhestr arddulliau tudalen, de-gliciwch ar *Tudalen Chwith* a dewiswch *Diwygio*. Bydd y blwch deialog *Arddull Tudalen: Tudalen Chwith* yn ymddangos. Cliciwch ar y tab *Offer Trefnu*. Dewiswch *Tudalen Dde* yn y blwch *Arddull Nesaf*. Pwyswch *Iawn* (Ffigur W:93).
2 Dewiswch *Tudalen Dde* o'r rhestr arddulliau tudalen a dewiswch *Diwygio* wedyn. Yn y blwch deialog *Arddull Tudalen: Tudalen Chwith*, dewiswch *Tudalen Chwith* yn y blwch *Arddull Nesaf*. Pwyswch *Iawn*.
3 Ewch i'r dudalen gyntaf yn eich dogfen, a chliciwch ddwywaith ar *Tudalen Dde* yn y rhestr arddulliau tudalen yn y ffenestr *Arddulliau a Fformatio*.
4 Dewiswch *Mewnosod* → *Pennawd* a dewiswch yr arddull dudalen y dymunwch ychwanegu'r pennawd ati. Teipiwch destun eich pennawd yn y benawdfa.
5 Dewiswch *Mewnosod* → *Troedyn* a dewiswch yr arddull dudalen y dymunwch ychwanegu'r troedyn ati. Teipiwch destun eich troedyn yn y droedynfa.

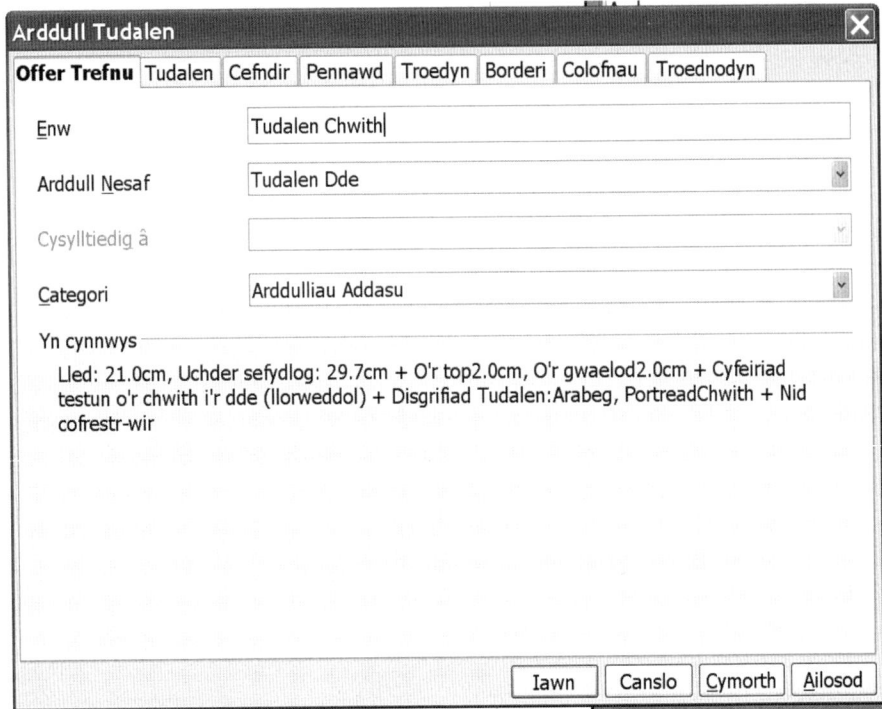

Ffigur W:93
Un o flychau deialog
Arddull Tudalen

Cyfuno llythyron

Y Dewin cyfuno post

Defnyddir yr offer cyfuno llythyron a negeseuon gan gwmnïau sy'n anfon llythyron safonol at nifer o gwsmeriaid a hynny'n rheolaidd. Ystyr a phwrpas cyfuno llythyron a negeseuon yw gweithio ar sail templed er mwyn arbed gwaith.

Mae anfonebau a derbynebau'n ddwy enghraifft o lythyron safonol. Mae'r syniad yn un syml: ailddefnyddir yr un testun sylfaenol yn achos pob llythyr, ond mae'r manylion arbennig yn cael eu cyfaddasu. Cynhwysir prif destun y llythyr safonol yng nghorff y testun, a chynhwysir y manylion arbennig mewn cyfres o feysydd priodol. Gan ddefnyddio'r un templed felly, fe gewch anfonebu Jones a Jones am £1,000 ac wedyn anfonebu Morgan ac Evans am £2,500.

Ffigur W:94
Y Dewin cyfuno post

Dau beth sydd eisiau i greu llythyr cyfun: dogfen destun y bydd ynddo faes ar gyfer cyfeiriad eich cwsmer, a chronfa gyfeiriadau. Bydd y Dewin cyfuno post yn cyfuno'r ddogfen a'r gronfa. Cliciwch ar *Offer → Dewin E-bost* i agor y dewin (Ffigur W:94).

Yn y golofn chwith, fe welwch nifer o gamau. Cliciwch ar *Nesaf* neu ar rif 2, sef *Dewis y math o ddogfen*. Dewis rhwng llythyr ac e-bost sydd. Cliciwch ar *Nesaf* neu ar rif 3, sef *Mewnosod y Bloc Cyfeiriad* (Ffigur W:95). Yna cliciwch ar *Dewis Rhestr Gyfeiriadau*. Yn y fan hon (Ffigur W:96) y byddwch chi'n llunio rhestr gyfeiriadau yn ôl gofynion eich gwaith.

Dychwelwch at Ffigur W:94 er mwyn dewis eich templed, boed hwnnw'n un sy'n bodoli eisoes neu'n un y dymunwch ei greu. Fe gewch lunio eich testun safonol yn y templed.

Ceir rhagor o fanylion am gyfuno llythyron yn y sgriniau cymorth.

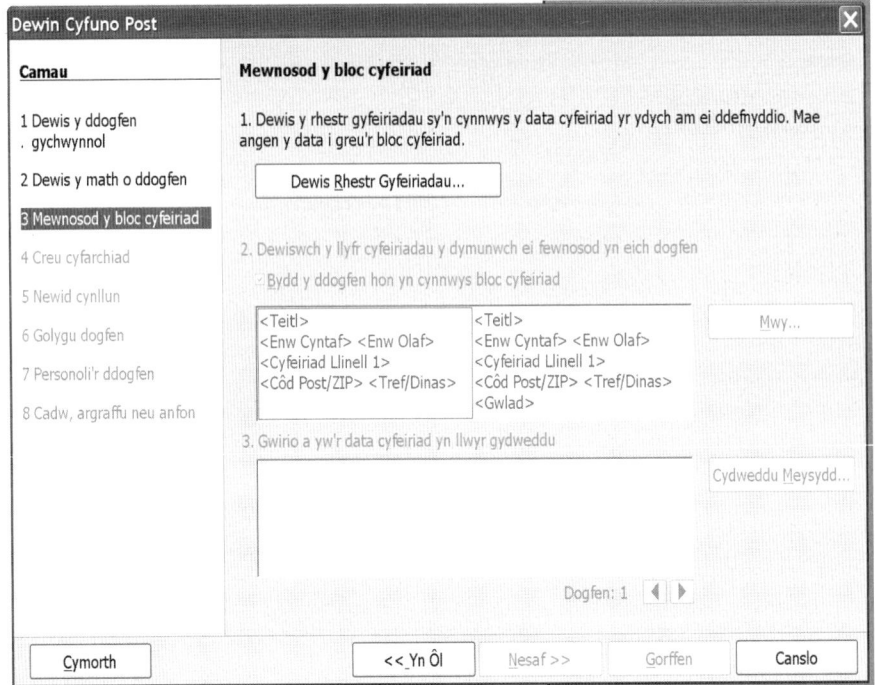

Ffigur W:95
*Mewnosod y Bloc
Cyfeiriad*

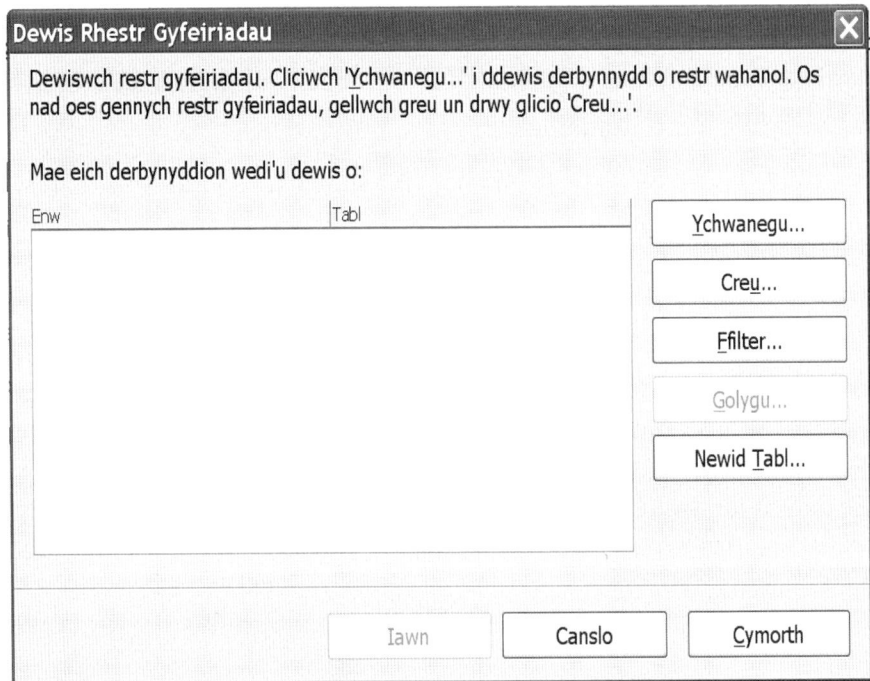

Ffigur W:96
*Dewis Rhestr
Gyfeiriadau*

Ychwanegu siart neu daenlen

Dewis siart Calc a'i chopïo i'r clipfwrdd

Ar ôl ichi greu siart yn Calc, gellwch ei gopïo a'i ychwanegu at ddogfen Writer. Agorwch y ddogfen Calc y cadwyd eich siart ynddi yn wreiddiol. Cliciwch ar y siart. Dylai dolenni ailfeintioli ymddangos o amgylch y siart. Blychau bach gwyrdd yw'r rhain (Ffigur W:97).

Ffigur W:97
Dolenni ailfeintioli

Yn gyntaf, rhaid copïo'r siart i'r clipfwrdd, pwyswch Ctrl+C neu cliciwch ar y botwm *Copïo* ar y bar offer. Wedyn, er mwyn gludo'r siart yn y ddogfen, agorwch y ddogfen Writer y dymunwch ychwanegu'r siart ati. Cliciwch yn y man lle y dymunwch ychwanegu'r siart. Gadewch ddigon o le i'r siart. Pwyswch Ctrl+V neu'r botwm *Gludo* ar y bar offer.

Ambell waith, bydd y siart yn rhy llydan i'r ddogfen Writer. Ond mae'n bosib cyfaddasu maint siart ar ôl ei gopïo i ddogfen Writer. Gwnewch hyn drwy lusgo dolenni ailfeintioli'r siart fel bo'r angen (Ffigur W:98).

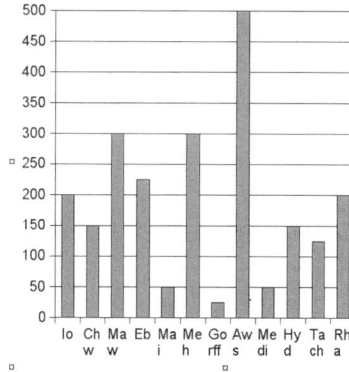

Er mwyn gludo taenlen i mewn i ddogfen Writer, dychwelwch at y ddogfen Writer. Cliciwch yn y man lle y dymunwch i'r daenlen ymddangos. Pwyswch Ctrl+V neu cliciwch ar y botwm *Gludo* ar y bar offer. Bydd y daenlen yn ymddangos yn eich dogfen destun. Gellwch ailfeintioli'r daenlen yn yr un modd â'r siart.

Ffigur W:98
Cyfaddasu maint siart

Cyfansoddi dogfennau helaeth

Dogfennau craidd

Mae dogfen graidd yn ddogfen arbennig sy'n eich galluogi i reoli dogfennau mawr iawn mewn ffordd syml ac effeithiol. Gan ddefnyddio'r swyddogaeth hon gellwch drin a thrafod llyfr cyfan gan rannu'r testun yn benodau. Mae creu dogfen graidd yn ffordd dda iawn hefyd o reoli adroddiadau sydd â llawer iawn o adrannau ynddynt. Mantais arall yw'r ffaith y gall mwy nag un person weithio ar sawl isddogfen ar yr un pryd.

Creu dogfen graidd ac isddogfennau ar sail yr un templed

Wrth ichi ddechrau cynllunio dogfen faith, mae creu templed i bob dogfen yn syniad da iawn. Y templed hwnnw fydd yn sail i bob isddogfen ac i'r ddogfen graidd hefyd. Fe gewch ddiwygio'r templed wrth i'r gwaith fynd yn ei flaen, felly ni fydd y penderfyniadau arddull a fformatio a wnewch chi ar y dechrau yn benderfyniadau amhosib eu gwrthdroi. Ni raid creu pob isddogfen ar y cychwyn cyntaf ychwaith. Fe gewch ychwanegu rhagor o isddogfennau yn ôl yr angen. Gan glicio ar *Ffeil* → *Templedi* → *Cadw* y mae creu templed.

Cynllunio dogfen faith

Erbyn ichi gael tipyn bach o brofiad, gellwch gynllunio prosiect mawr a rhag-weld pa elfennau fydd yn rhan o'r ddogfen faith sydd ar y gweill gennych, boed hwnnw'n llyfr, yn adroddiad, neu'n ddrama er enghraifft.

Mae Tabl 2 yn dangos enghraifft o'r hyn y gellir ei gynllunio wrth ddechrau ysgrifennu dogfen faith.

Bydd rhan o'r hyn a nodir uchod yn cael ei gynnwys yn y ddogfen graidd, a bydd y gweddill yn rhan o gynnwys yr isddogfennau. Yn Nhabl 3, fe gewch arweiniad am ble i gynnwys y gwahanol elfennau a restrir yn Nhabl 2.

Pennod/Rhan	*Nifer y tudalennau*	*Arddull rhifo*
Tudalen flaen	1 dudalen	Dim rhif
Tudalen hawlfraint	1 dudalen	Dim rhif
Tabl cynnwys	1–2 dudalen fel arfer	Rhif i–ii (rhufeinig)
Rhagymadrodd	Pennod fer	Rhif iii–vii er enghraifft
Penodau 1–6	X tudalen	Rhif 1–X
Atodiadau	X tudalen	Rhif X ymlaen
Mynegai	X tudalen	Rhif X ymlaen

Tabl 2 Cynllunio dogfen faith

Tudalen flaen	Dogfen graidd
Tudalen hawlfraint	Dogfen graidd
Tabl cynnwys	Dogfen graidd
Rhagymadrodd	Isddogfen
Penodau 1–6	Isddogfen
Atodiadau	Isddogfen
Mynegai	Dogfen graidd

Tabl 3 Dogfennau craidd ac isddogfennau

Creu dogfen graidd

Mae tair ffordd i greu dogfen graidd. Fe'u disgrifir yn yr adrannau isod a'u galw yn opsiynau 1, 2 a 3. Dyma'n fras egwyddor pob un:

1 Rhannu dogfen helaeth sy'n bodoli eisoes yn nifer o isddogfennau.
2 Cyfuno nifer o ddogfennau bach.
3 Creu nifer o isddogfennau newydd a'u rheoli gyda dogfen graidd.

Rhannu dogfen helaeth sy'n bodoli eisoes yn nifer o isddogfennau

I roi opsiwn 1 ar waith, agorwch y ddogfen y dymunwch ei rhannu'n nifer o isddogfennau. Rhaid rhifo'r tudalennau cyn eu rhannu'n isddogfennau (gweler **Rhifo tudalennau** ar dudalen 107).

Rhaid sicrhau hefyd fod pennawd pob isddogfen arfaethedig â'r fformat *Pennawd 1*.

Pennawd 1	∨

Fe gewch fwrw ymlaen bellach i greu dogfen graidd (prif ddogfen). Ewch i *Ffeil* → *Anfon* → *Creu Prif Ddogfen*. Bydd y blwch deialog *Enw a Llwybr y Ddogfen Graidd* yn ymddangos (Ffigur W:99).

Dewiswch y lleoliad lle y dymunwch gadw'r brif ddogfen a rhowch enw iddi, wedyn pwyswch *Cadw*. Bydd blwch deialog arall yn ymddangos yn gofyn *Diweddaru pob cyswllt?* Pwyswch *Iawn*

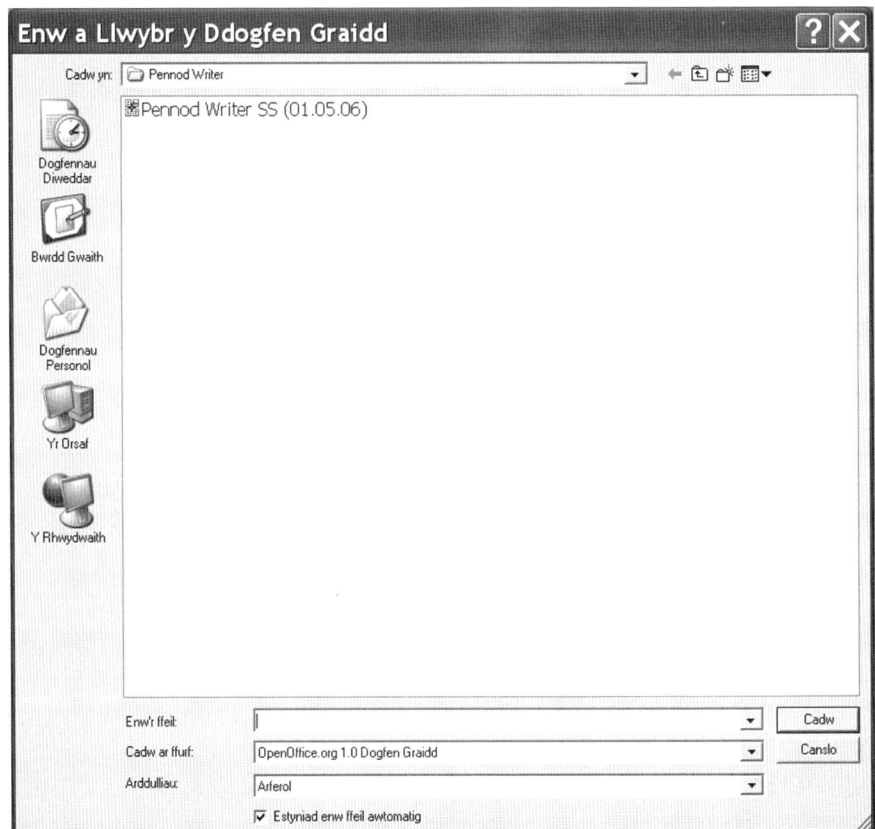

Ffigur W:99
Y blwch deialog *Enw a Llwybr y Ddogfen Graidd*

(Ffigur W:100). (Fe sylwch nad oes modd golygu'r isddogfennau bellach – dogfen darllen-yn-unig yw hi.)

Ffigur W:100
Diweddaru pob cyswllt?

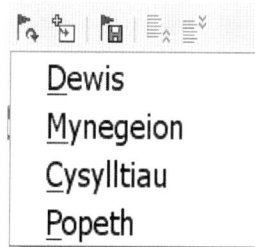

Cadwch y brif ddogfen a'i chau. Ewch i'r ffolder lle y cadwyd y brif ddogfen gennych. Bydd yr holl isddogfennau newydd wedi'u cadw yn y fan honno. O hyn ymlaen bydd rhaid agor yr isddogfennau unigol er mwyn eu golygu. Wedi ichi wneud eich newidiadau yn y ffeiliau unigol a'u cadw, rhaid diweddaru'r brif ddogfen.

Agorwch y brif ddogfen a bydd y blwch *Diweddaru pob cyswllt?* yn ymddangos eto. Pwyswch *Iawn*. Gellwch ddiweddaru'r brif ddogfen hefyd drwy alw am y llywiwr (*Golygu → Llywiwr)*. Cliciwch ar y botwm *Diweddaru* a'i ddal. Bydd cwymplen yn ymddangos. Cliciwch ar *Popeth* (Ffigur W:101).

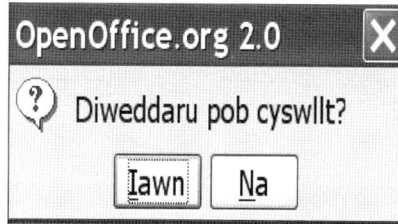

Ffigur W:101
Diweddaru dogfen

Cliciwch ar *Dewis* os na olygwyd ond un isbennod gennych. A chliciwch ar *Mynegeion* neu *Cysylltiau* i ddiweddaru cysylltiau, troednodiadau, cofnodion neu fynegai.

Cyfuno nifer o ddogfennau bach

I roi opsiwn 2 ar waith, ewch i *Ffeil → Newydd → Dogfen graidd* er mwyn creu dogfen newydd. Bydd Writer yn creu dalen lân, ac yn ogystal â hynny, bydd yn agor y llywiwr (Ffigur W:102).

Drwy ddefnyddio y blwch deialog *Llywiwr* y mae rheoli'r isddogfennau. Gellwch ychwanegu dogfennau Writer sy'n bodoli eisoes at y brif ddogfen graidd yr ydych yn ei chreu.

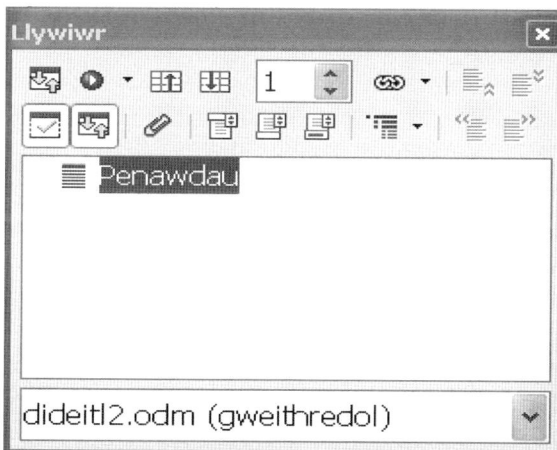

Gyntaf i gyd, rhaid teipio gair neu ddau

Ffigur W:102
Defnyddio'r llywiwr i reoli isddogfennau

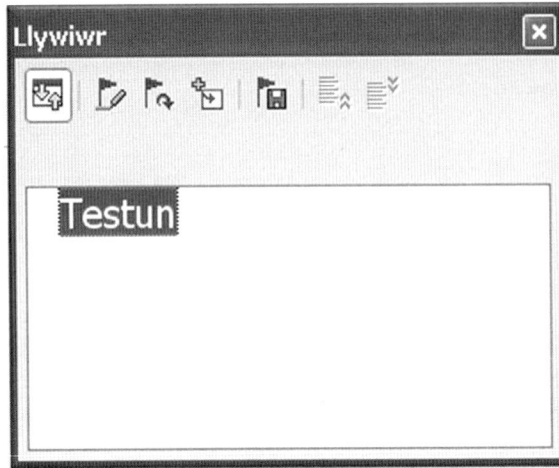

Ffigur W:103

yn y ddogfen graidd. Yn y blwch deialog lle'r ymddengys y gair 'testun' cliciwch ddwywaith ar 'testun' (Ffigur W:103). Teipiwch rywbeth ar y ddalen lân.

Ffigur W:104

Er mwyn ychwanegu dogfen, cliciwch y botwm *Mewnosod* ym mlwch deialog y llywiwr a'i ddal i lawr. Ymddengys dewislen (Ffigur W:104).

I ychwanegu dogfen sy'n bodoli, cliciwch ar *Ffeil*. Bydd y blwch deialog *Mewnosod* yn ymddangos, ac fe gewch ddewis y ffeiliau y dymunwch eu hychwanegu. Wedyn cliciwch ar y botwm *Mewnosod*. Bydd yr holl isddogfennau wedi'u cysylltu â'r brif ddogfen. Os nad yw'r isddogfennau'n ymddangos yn y drefn gywir, gellwch eu had-drefnu drwy glicio ar yr isddogfen berthnasol yn y blwch deialog *Llywiwr* ac wedyn clicio ar *Symud i Fyny* neu *Symud i Lawr*.

O hyn ymlaen gellwch drin y ddogfen fel un ddogfen enfawr. Pan fyddwch yn argraffu'r ddogfen bydd yr holl isddogfennau yn cael eu hargraffu yn eu trefn.

Rhaid diweddaru'r brif ddogfen wedi gwneud y newidiadau yn y ffeiliau gwreiddiol. Dychwelwch at y brif ddogfen a galwch am flwch deialog y *Llywiwr (Golygu → Llywiwr)*. Cliciwch ar y botwm *Diweddaru* a'i ddal. Bydd cwymplen yn ymddangos (gweler Ffigur W:101). Cliciwch ar *Popeth* os dymunwch ddiweddaru cynnwys pob isddogfen o fewn y ddogfen graidd.

Creu nifer o isddogfennau newydd a'u rheoli gyda dogfen graidd
Mae opsiwn 3 yn debyg iawn i opsiwn 2. Ewch i *Ffeil → Newydd → Prif Ddogfen*. Er mwyn ychwanegu isddogfen, cliciwch ar y botwm

Mewnosod ym mlwch y llywiwr a dewis *Dogfen Newydd* (gweler Ffigur W:104).

Bydd y blwch deialog *Dewisiadau Cadw* yn ymddangos. Dewiswch y man yr hoffech gadw eich dogfen a rhowch enw iddi cyn pwyso *Cadw*. Gellwch wneud hyn cynifer o weithiau ag y dymunwch, hyd nes eich bod wedi creu'r holl isddogfennau sydd eu hangen arnoch.

Dychwelwch at y ddogfen graidd. Bydd enw'r isddogfen(nau) newydd yn ymddangos yn y blwch deialog *Llywiwr*. Ni fydd modd ichi ysgrifennu cynnwys yr isddogfennau gan ddefnyddio'r ddogfen graidd. Rhaid agor yr isddogfennau unigol i wneud hynny.

Mae'r brif ddogfen – sef y ddogfen graidd – yn ddogfen darllen-yn-unig. Wedi ichi ysgrifennu cynnwys yr isddogfennau, bydd rhaid diweddaru'r brif ddogfen.

Gwnewch hynny drwy glicio ar y botwm *Diweddaru* a'i ddal i lawr. Bydd cwymplen yn ymddangos. Cliciwch ar *Popeth* os dymunwch ddiweddaru cynnwys isddogfen o fewn y ddogfen graidd.

Yn achos pob un o opsiynau 1–3 uchod, bydd rhifau tudalen, troednodiadau, mynegeion a thabl cynnwys yn cael eu rhifo yng nghyd-destun y ddogfen graidd gyfan. (Pe na ddefnyddid dogfen graidd, byddai'r troednodiadau yn dechrau gydag 1 ym mhob dogfen newydd.)

Meysydd

Gellwch greu meysydd yn eich dogfennau er mwyn cadw gwybodaeth ddefnyddiol am hanes y dogfennau. Cedwir dyddiad creu, enw'r awdur, nifer a rhif y tudalennau, a manylion teitl a phwnc yn y meysydd.

Cadw gwybodaeth yn y blwch priodweddau

Er mwyn dechrau defnyddio meysydd, cliciwch ar *Ffeil → Priodweddau*. Ymddengys y blwch *Meysydd Priodweddau* ac enw'r ddogfen gyfredol. Mae nifer o dabiau dros dop y blwch. Cliciwch ar y tab *Disgrifiad* (Ffigur W:105).

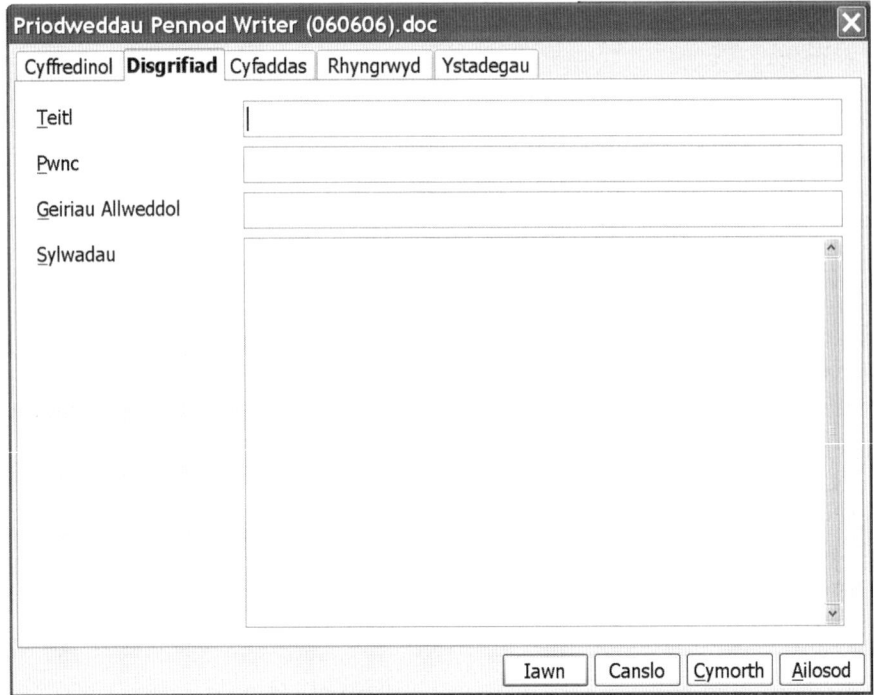

Ffigur W:105
Y blwch *Disgrifiad*

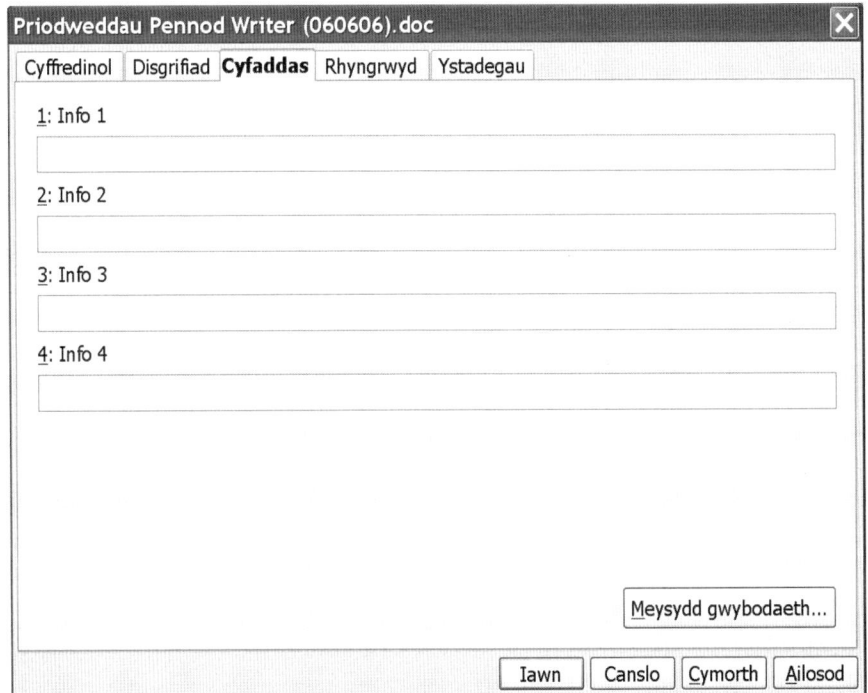

Ffigur W:106
Y blwch *Cyfaddas*

Yn y fan hon, fe gewch gadw crynodeb o gynnwys y ddogfen yn y blychau priodol a welwch. Mae hyn yn gyfleus pan fyddwch eisiau atgoffa eich hunan, ar ôl peth amser efallai, am yr hyn sydd yn y ddogfen. Cyfleus hefyd yw defnyddio meysydd y blwch priodweddau i ddiweddaru'r crynodeb am gynnwys y ddogfen.

Cliciwch ar y tab *Cyfaddas*. Fe welwch bedwar maes hirfain, un ar ben y llall. Er mwyn diwygio'r wybodaeth yn y meysydd hyn, cliciwch ar *Meysydd Gwybodaeth* yng nghornel dde isaf y blwch (Ffigur W:106). Ymddengys isflwch ac ynddo bedwar maes. Yn y rhain y mae diwygio'r wybodaeth.

Cadw gwybodaeth mewn meysydd newydd

Meysydd wedi'u creu yn barod yw'r meysydd yn y blwch priodweddau y buom yn edrych arnynt yn yr adran flaenorol. Mae rhagor o feysydd yn Writer y gellwch eu creu yn ôl eich dymuniad. Er mwyn gweld y meysydd newydd hynny, cliciwch ar *Mewnosod → Meysydd* (Ffigur W:107).

I arbrofi gyda'r meysydd hyn a'u cynnwys, gallech weithio gyda dalen lân. Cliciwch ar y meysydd (rhif tudalen, teitl, awdur) yr hoffech eu cynnwys. Ymddengys meysydd bach llwyd ar y ddalen wrth y man lle mae'r cyrchwr. Anweladwy fydd cynnwys y meysydd. Er mwyn darllen y cynnwys, gallech glicio ar yr eicon *Rhagolwg Tudalen* ar y bar offer.

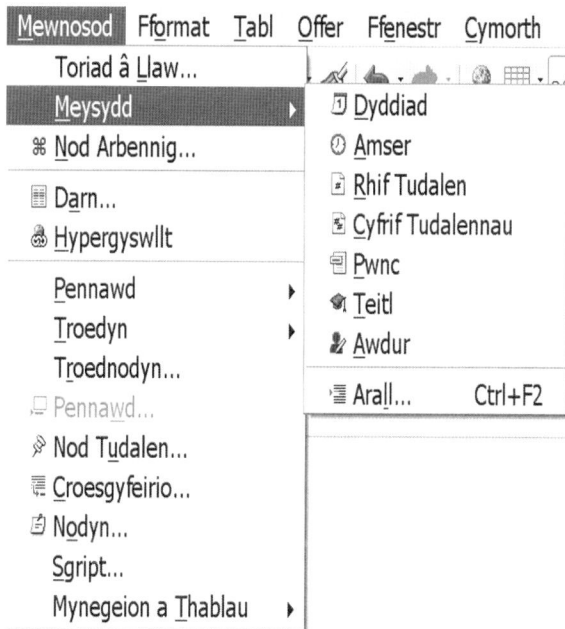

Ffigur W:107
Mewnosod → Meysydd

Yr hyn a welwch yn y rhagolwg yw'r hyn a welwch pan argraffwch y dudalen.

Meysydd eraill

Cliciwch ar *Mewnosod* → *Meysydd* → *Arall*. Ymddengys y blwch deialog *Meysydd*. Fe welwch gyfres o dabiau ar draws top y blwch (Ffigur W:108).

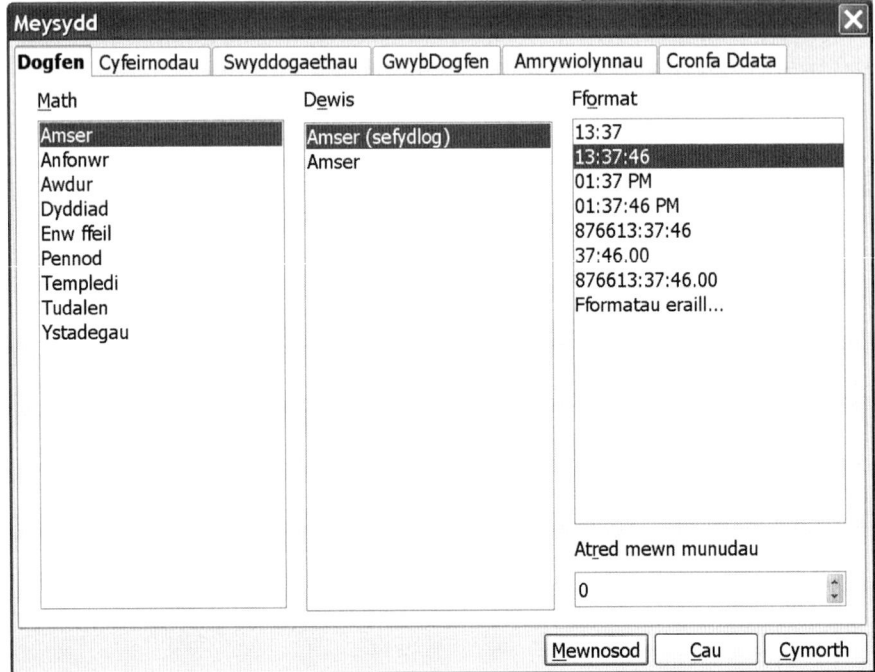

Ffigur W:108
Y blwch deialog
Meysydd

Cliciwch ar y tab *Dogfen* er enghraifft. Dywedwn eich bod chi eisiau dewis fformat y dyddiad. Cliciwch ar *Dyddiad*, dewiswch y fformat yn y golofn fformatio a chliciwch ar *Mewnosod*. Mae llawer o opsiynau oddi tan y tabiau eraill yn y blwch deialog *Meysydd*, ond ni ellir ymdrin â hwy yn fanwl yn y fan hon. Gan arbrofi yn ôl eich profiad a'ch dymuniad y byddwch yn dod yn gyfarwydd â gweithio gyda'r opsiynau hyn.

Defnyddio AwtoDestun i fewnosod yr un meysydd yn aml

Wrth ichi weithio ar ddogfennau arbennig, mae'n bosib y byddwch eisiau mewnosod yr un meysydd yn aml. Weithiau bydd angen teitl y ddogfen ac enw'r awdur ar bob tudalen, er enghraifft. Er mwyn gwneud hynny'n ddiffwdan, fe gewch greu llwybr byr gan ddefnyddio'r opsiwn AwtoDestun. Dyma sut mae gwneud hynny:

1   Crëwch faes. Amlygwch y maes.
2   Cliciwch ar *Golygu* → *AwtoDestun* (neu cliciwch Ctrl+F3).
    Ymddengys y blwch deialog *AwtoDestun* (Ffigur W:109).
3   Dewiswch *AwtoDestun*. Rhowch enw yn y blwch *Enw*, a rhowch
    dalfyriad yn y blwch *Llwybr Byr*.
4   Cliciwch ar y botwm *Awtodestun* ar ochr dde'r blwch mawr.
    Cliciwch ar *Mewnosod* wedyn.
5   Pan fyddwch eisiau mewnosod cynnwys y maes hwn nesaf,
    teipiwch y llwybr byr wrth y man lle bydd y cyrchwr yn eich
    dogfen, a chliciwch ar F3.

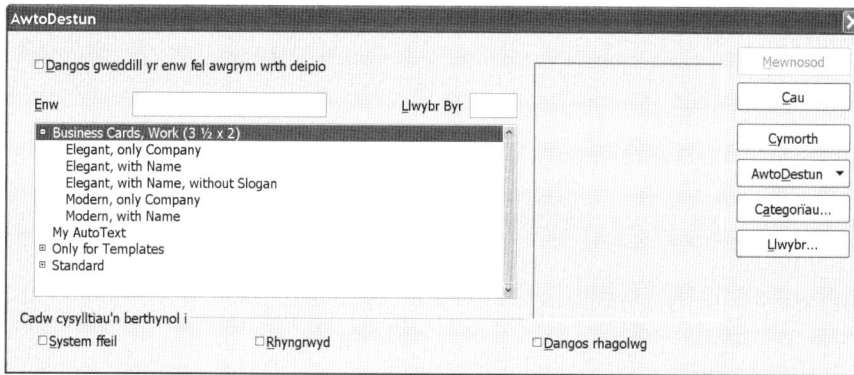

Ffigur W:109
Y blwch deialog
AwtoDestun

Croesgyfeirio

Mae croesgyfeirio'n rhan bwysig o ysgrifennu dogfen gynhwysfawr.
Wrth ichi ychwanegu at y ddogfen a'i diwygio fodd bynnag, gall y
cyfeiriadau droi'n annilys. Gall hyn ddigwydd wrth newid rhifau'r
tudalennau, er enghraifft, ac wrth newid pennawd neu deitl adran.
Mae Writer yn cynnig ffordd ichi ddiweddaru'r croesgyfeiriadau sydd
yn eich dogfen. Rhaid nodi'r hyn yr ydych chi eisiau ei groesgyfeirio.
Mae dwy ffordd i wneud hynny. Fe gewch naill ai defnyddio'r nodau
tudalen neu ragosod y cyfeiriadau.

Croesgyfeirio gan ddefnyddio nodau tudalen

Cliciwch ar *Mewnosod* → *Nod Tudalen*. Ymddengys y blwch *Mewnosod
Nod Tudalen* (Ffigur W:110). Yn y blwch uchaf, nodwch yr hyn y
byddwch eisiau croesgyfeirio ato – enw person, neu air allweddol
efallai. Cliciwch ar *Iawn.* Ychwanegwch at y rhestr yn yr un modd yn
ôl yr angen.

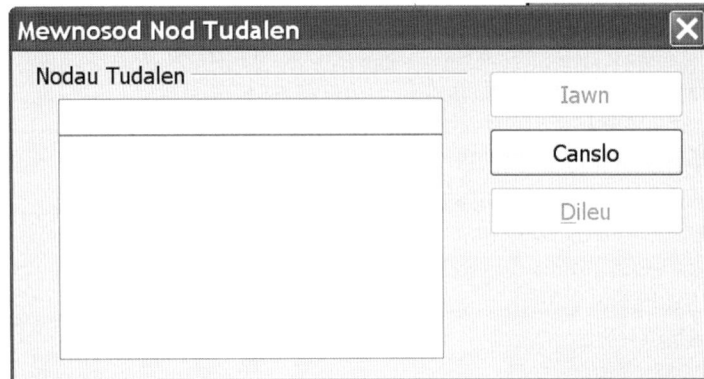

Ffigur W:110
Y blwch deialog
Mewnosod Nod
Tudalen

Er mwyn gweld rhestr o'r nodau tudalen a grëwyd gennych, cliciwch ar *Golygu* → *Llywiwr*. Yna, cliciwch ar y botwm *Gweld cynnwys.*

Sgroliwch i lawr ym mlwch gwybodaeth y llywiwr nes gweld *Nodau Tudalen* a chliciwch wedyn ar y groes fach wrth ymyl yr eicon. Fe welwch restr y nodau tudalen.

Rhagosod yr hyn y byddwch yn croesgyfeirio ato

Fel hyn y mae rhagosod testun croesgyfeirio.

1 Cliciwch ar *Mewnosod* → *Croesgyfeirio*.
2 Cliciwch ar y tab *Cyfeirnodau*. Dewiswch *Gosod Cyfeiriad* yn y golofn chwith.
3 Yn y ddogfen, copïwch yr hyn y byddwch yn croesgyfeirio ato.
4 Cliciwch yn y blwch *Meysydd*. Bydd yr hyn a gopïwyd yn ymddangos yn y blwch *Gwerth*. Rhowch enw iddo yn y blwch *Enw*.
5 Cliciwch *Mewnosod*: fe welwch eich dewis yn y golofn ganol.
6 Rhowch ddewisiadau eraill yn y golofn ganol yn yr un modd.

Mewnosod croesgyfeiriadau

Disgrifiwyd uchod sut i nodi cyfeiriadau. Disgrifir isod sut i'w mewnosod. Cymerwn eich bod eisiau mewnosod croesgyfeiriad yn y man lle mae'r cyrchwr yn y ddogfen yr ydych chi'n gweithio arni ar hyn o bryd. Dilynwch y camau isod yn awr er mwyn mewnosod y croesgyfeiriad:

1 Cliciwch ar *Mewnosod* → *Croesgyfeiriad* → *Cyfeirnodau*
2 Dewiswch *Mewnosod Cyfeirnod* yn y golofn chwith (Ffigur W:111).

3 Yn y golofn dde, nodwch pa fath o gyfeiriad y dymunwch ei
   fewnosod – rhif y dudalen, neu destun cyflawn y croesgyfeiriad,
   er enghraifft.

Meysydd

Dogfen **Cyfeirnodau** Swyddogaethau GwybDogfen Amrywiolynnau Cronfa Ddata

Math

Gosod Cyfeirnod
Mewnosod Cyfeirnod
Nodau Tudalen

Dewis

Fformat

Tudalen
Pennod
Cyfeirnod
Uchod/Isod
Fel Arddull Tudalen

Enw

Gwerth

Mewnosod   Cau   Cymorth

Ffigur W:111
Y blwch *Cyfeirnodau*

Defnyddio meysydd mewn penawdau a throedynnau

Ffordd daclus o gynnwys gwybodaeth berthnasol am ddogfen yw
creu troedyn neu bennawd a mewnosod y wybodaeth yn y fan honno.
Cliciwch *Mewnosod → Troedyn* er mwyn creu'r troedyn. Cliciwch tu
fewn i'r troedyn i osod y cyrchwr tu fewn iddo. Wedyn, cliciwch ar
Mewnosod → Meysydd, a dewiswch yr hyn yr hoffech ei gynnwys yn y
troedyn.

Croesgyfeirio rhwng dogfen graidd a'r isddogfennau

Mae eisiau tipyn bach o gynllunio, o ofal ac o amynedd i osod
croesgyfeiriadau rhwng yr isddogfennau mewn dogfen graidd. Ar y
llaw arall, unwaith y bydd y system yn gweithio, mae'n un effeithiol
iawn. Dyma, fesul cam, y ffordd i gyflawni croesgyfeirio rhwng
isddogfennau.

1 Gosodwch y croesgyfeiriadau yn eich isddogfennau yn yr un modd
  ag y byddech yn ei wneud mewn dogfen arall (*Mewnosod →
  Croesgyfeirio*).

2   Nodwch enwau eich croesgyfeiriadau, a gwnewch yn siŵr bod pob un yn unigryw. Er mwyn cofio nifer y croesgyfeiriadau, a'u henwau, gallech eu cadw mewn dogfen arbennig, neu eu cynnwys mewn taenlen, er enghraifft. Fe gewch weld enw'r croesgyfeiriad gan roi'r cyrchwr ar ben y maes croesgyfeirio (sef y man yn y ddogfen lle mae'r croesgyfeiriad yn digwydd bod).

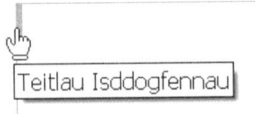

Teitlau Isddogfennau

3   Y peth nesaf y mae rhaid ei wneud er mwyn gosod croesgyfeiriad rhwng isddogfennau yw agor y ddogfen graidd. Wedi agor hwnnw, dewiswch isddogfen o'r rhestr, a chliciwch ar yr eicon golygu.

4   Yn yr isddogfen, rhowch y cyrchwr yn y man lle y mae'n fwriad gennych fewnosod y croesgyfeiriad. Cliciwch *Mewnosod* → *Croesgyfeirio*. Fe welwch y blwch meysydd, ac fe ddylech glicio ar y tab *Cyfeiriadau*. Fe welwch dair colofn, sef *Math*, *Dewis* a *Fformat*. Yn *Math*, dewiswch *Mewnosod Cyfeirnod*. (Anwybyddwch y golofn ganol am y tro: rhestru croesgyfeiriadau mewnol yr isddogfen y mae hon, nid cyfeiriadau isddogfennau eraill.) Yn y golofn dde, dewiswch *Cyfeirnod*.

5   Yn y blwch meysydd, ar waelod y golofn dde, yn y blwch bach *Enw*, nodwch enw'r croesgyfeiriad sy'n hanfod o isddogfen arall yr hoffech ei fewnosod yn yr isddogfen hon. Cliciwch ar *Mewnosod*. Ni welwch ddim yn yr isddogfen ac eithrio bar llwyd sy'n dynodi maes. I weld cynnwys y maes, sef enw'r croesgyfeiriad a ddewiswyd gennych gynnau, rhowch y cyrchwr ar ben y maes.

6   Erbyn hyn, rydych chi wedi croesgyfeirio rhwng dwy isddogfen. Eisiau gweld y croesgyfeiriad yn y ddogfen graidd sydd nesaf. Caewch yr isddogfen felly, ac ewch yn ôl at y ddogfen graidd. Ewch at y dudalen sy'n rhan o'r isddogfen yr ydych chi newydd osod y croesgyfeiriad ynddi. Er mawr foddhad, fe welwch eich croesgyfeiriad yn gyflawn yn y man iawn. Digwydd hyn oherwydd, yn wahanol i'r isddogfen, nid enw'r croesgyfeiriad y mae'r ddogfen graidd yn ei ddangos, ond y testun ei hun.

Llwybrau byr y meysydd

Dyma rai llwybrau byr y gellwch eu defnyddio i drin meysydd:

● Ctrl+F2: mae hwn yn agor y blwch meysydd.
● Ctrl+F9: mae hwn yn dangos ac yn cuddio'r meysydd.

- Ctrl+F8: mae hwn yn rhoi graddliwio'r meysydd ar waith ac yn ei ddiffodd.
- F9: mae'r gorchymyn hwn yn diweddaru'r meysydd.

Rhifo tudalennau

Wrth ichi weithio ar ddogfen sy'n cynnwys sawl tudalen, efallai y byddwch eisiau cael rhif ar bob tudalen. Fel y gwelwch nesaf, mae sawl ffordd o wneud hyn.

Creu troedyn a phennawd

Naill ai ar waelod y dudalen yn y man a elwir yn droedyn neu ar dop y dudalen yn y man a elwir yn bennawd y mae rhifau tudalennau'n cael eu cynnwys gan Writer. I gynnwys y rhifau felly, rhaid creu troedyn neu bennawd.

Dewiswch ble y dymunwch i'r rhifau ymddangos. Dyweder eich bod eisiau gosod rhifau ar dop y dudalen. Ewch i *Mewnosod → Pennawd* (Ffigur W:112). Yn y fan hon, cliciwch ar *Arferol*. Fe welwch flychau hirfain gwag ar draws top pob tudalen yn eich dogfen.

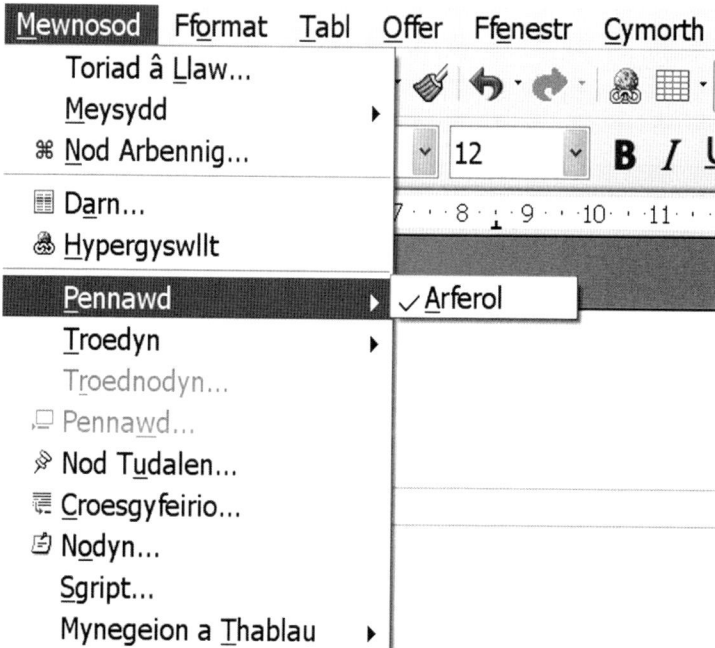

Ffigur W:112
Gosod pennawd i dudalen

Mewnosod y rhifau

Lleolwch y cyrchwr tu fewn i'r blwch pennawd. Wedyn ewch i *Mewnosod → Meysydd → Rhif Tudalen* (Ffigur W:113). Bydd y rhifau priodol yn ymddangos ym mhob pennawd tudalen yn y drefn gywir.

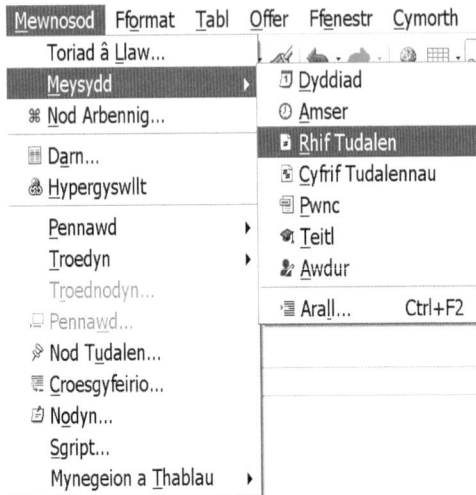

Ffigur W:113
Gosod rhif mewn pennawd tudalen

Newid union leoliad y rhif

Fel arfer, ar ochr chwith y dudalen bydd y rhif yn ymddangos. Mae modd newid hyn. Amlygwch un o'r rhifau. Wedyn dewiswch yr aliniad o'ch dewis ar y bar offer (alinio i'r chwith, canoli neu alinio i'r dde). Wrth ichi ychwanegu tudalennau at eich dogfen, caiff y tudalennau hynny eu rhifo'n awtomatig.

Gellir gosod rhif ar yr ochr chwith ar dudalen chwith ac ar yr ochr dde ar dudalen dde. I wneud hynny cliciwch ar *Fformat → Tudalen*. Ymddengys y blwch deialog *Arddull Tudalen* (Ffigur W:114). Cliciwch ar *Cynllun y Dudalen* ac yna ar *Fel Mewn Drych*.

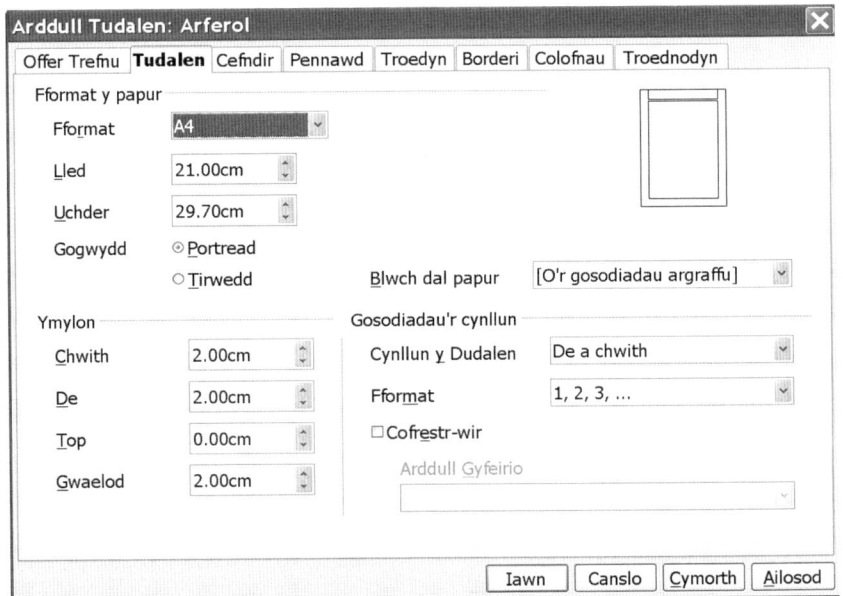

Ffigur W:114
Y blwch deialog *Arddull Tudalen*

Mynegeio

Dewis cofnodion y mynegai

Dewiswch y geiriau y dymunwch eu cynnwys yn y mynegai. (Gan oleuo neu amlygu'r gair â'r cyrchwr y mae ei ddewis.) Fe gewch ddewis mwy nag un ar y tro gan ddal eich bys ar Ctrl wrth ddewis y geiriau. Wedi gwneud hynny, dewiswch *Mewnosod → Mynegeion a Thablau → Cofnod*. Bydd y blwch deialog *Mewnosod Cofnod Mynegai* yn ymddangos. Yn y gwymplen ger y gair *Mynegai* dewiswch *Mynegai yn Nhrefn y Wyddor* onid yw wedi'i ddewis yn barod (Ffigur W:115).

Ffigur W:115
Y blwch deialog
Mewnosod Cofnod Mynegai

Mae modd mewnosod isgofnod yn ogystal â phrif gofnod. Teipiwch y prif gofnod yn y blwch *Allwedd Gyntaf*, ac wedyn teipiwch yr isgofnod yn y blwch *Ail Allwedd*. Cliciwch ar y botwm *Mewnosod*, ac wedyn ar *Cau* er mwyn cau'r blwch deialog. Fe gewch wneud hyn gynifer o weithiau ag y dymunwch.

Fe gewch olygu cofnod ar ôl ei amlygu drwy osod y cyrchwr o flaen cofnod a dewis *Golygu → Cofnod Mynegai*. Bydd y blwch deialog *Golygu Cofnod Mynegai* yn ymddangos. Gwnewch eich newidiadau a chliciwch ar *Iawn*.

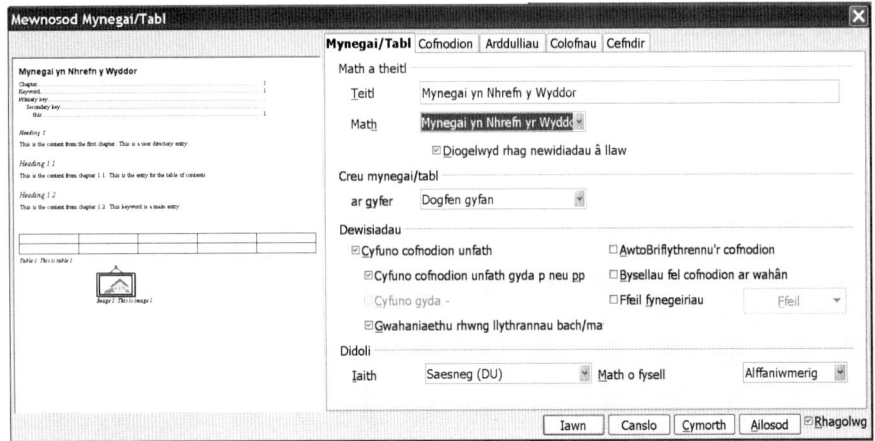

Ffigur W:116
Y blwch deialog
Mewnosod
Mynegai/Tabl

Creu'r mynegai

Ar ôl ichi ddewis eich cofnodion mynegai, gellwch gynnwys y
Mynegai yn eich dogfen.

1   Dewiswch ym mha le y dymunwch fewnosod y mynegai. Fel arfer,
    ar ddiwedd y ddogfen y caiff y mynegai ei fewnosod.
2   Ewch i *Mewnosod → Mynegai/Tabl → Mynegai/Tabl* (Ffigwr W:116).
3   Ar y tab *Mynegai/Tabl*, rhowch deitl i'r mynegai.
4   Yn y gwymplen *Math* dewiswch *Mynegai yn Nhrefn y Wyddor*.
5   Fe gewch ddewis pa un a ydych eisiau creu mynegai ar gyfer y
    ddogfen gyfan neu ar gyfer un bennod yn unig.
6   Gosodwch y dewisiadau y dymunwch eu defnyddio yn yr adran
    Dewisiadau.
7   Pwyswch *Iawn* ar ôl gwneud eich dewis.

Ffigur W:117
Yr opsiynau golygu a
diweddaru mynegai

Bydd y mynegai yn ymddangos
yn y man y dewiswch ei osod.
De-gliciwch yn y mynegai er
mwyn gweld yr opsiynau golygu
a diweddaru mynegai
(Ffigur W:117).

Nodiadau

Troednodiadau ac ôl-nodiadau

Mae Writer yn caniatáu cynnwys troednodiadau ac ôl-nodiadau mewn dogfennau. Bydd y troednodiadau yn ymddangos ar waelod y dudalen. Ar ddiwedd y ddogfen y bydd yr ôl-nodiadau yn ymddangos. Wedi ichi gynnwys y troednodiadau a'r ôl-nodiadau, bydd Writer yn eu gweinyddu i chi. (Ystyr gweinyddu yn yr achos hwn yw rhifo'r troednodiadau yn y drefn gywir a'u hail rifo pan fo troednodiadau yn cael eu hychwanegu neu eu dileu.) Cyn mewnosod troednodyn, rhaid diffinio arddull tudalen y troednodiadau gyntaf. I wneud hynny, ewch i *Fformat → Tudalen*. Bydd y blwch deialog *Arddull Tudalen: Arferol* yn ymddangos. Dewiswch y tab *Troednodyn* (Ffigur W:118).

Cyfaddaswch y gosodiadau yn ôl yr angen. Wedyn pwyswch *Ailosod* ac *Iawn*. Bydd rhaid diffinio *Gosodiadau'r Troednodiadau* hefyd. Ewch i *Offer → Troednodiadau*. Yma (Ffigur W:119) y mae dewis a ydych chi eisiau defnyddio rhifau, llythrennau neu rifau rhufeinig i labelu'r troednodiadau. Bydd dewisiadau tebyg ar gael ar gyfer ôl-nodiadau

Ffigur W:118
Y blwch *Troednodyn*

hefyd. Gwnewch unrhyw addasiadau eraill y dymunwch eu gwneud a phwyswch *Iawn*.

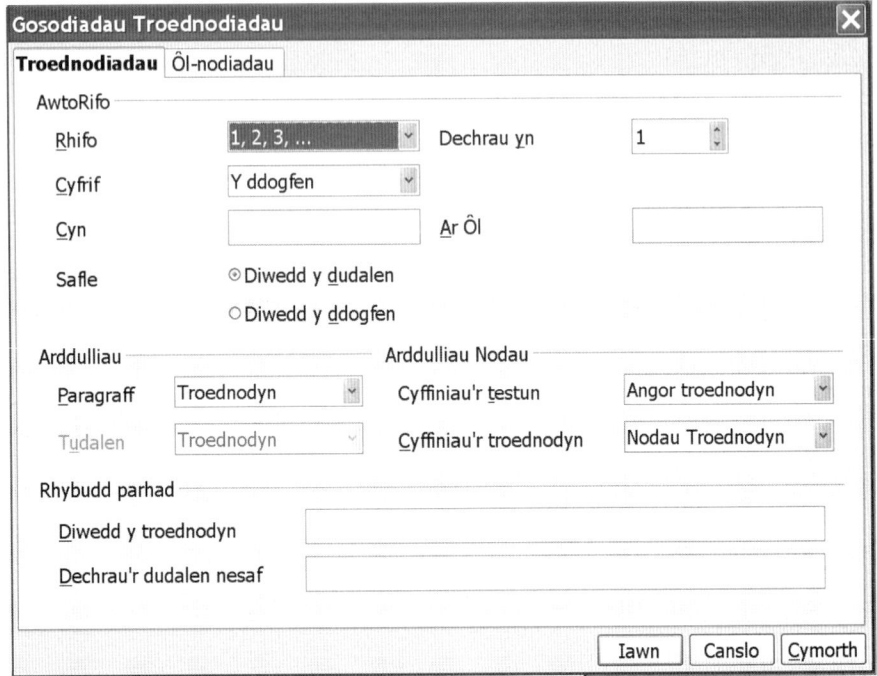

Ffigur W:119
Y blwch deialog
Gosodiadau
Troednodiadau

Ar ôl cwblhau eich holl ddewisiadau, dilynwch y camau isod i fewnosod troednodiadau:

1   Cliciwch yn eich dogfen yn y man y dymunwch fewnosod y troednodyn.
2   Ewch i *Mewnosod → Troednodyn*. Bydd y blwch deialog *Mewnosod Troednodyn* yn ymddangos (Ffigur W:120). Yma y mae dewis pa un ai troednodyn neu ôl-nodyn y dymunwch ei lunio. Cliciwch *Iawn* i gau'r blwch deialog.

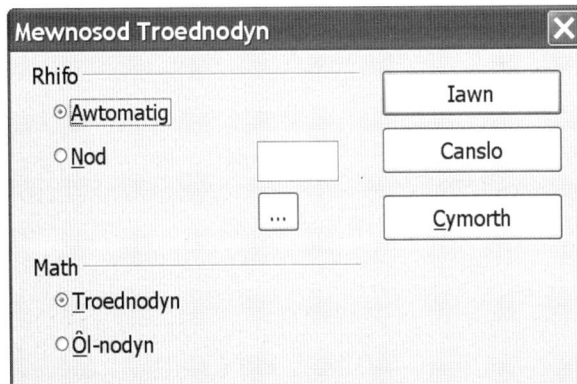

Ffigur W:120
Y blwch deialog
Mewnosod Troednodyn

3   Bydd Writer yn mewnosod y rhif angor, a bydd y rhif hwnnw yn disgyn i

waelod y dudalen (neu i ddiwedd y ddogfen os ôl-nodyn a ddewiswyd gennych) er mwyn ichi deipio testun y troednodyn. Fe gewch fformatio'r testun yn ôl yr arfer, gan gynnwys defnyddio italig a gwahanol ffontiau. Gwnewch yr un peth eto i ffurfio troednodiadau ac ôl-nodiadau eraill yn eu tro.

Llyfryddiaeth ac atodiadau eraill

Creu tabl cynnwys

Mae tabl cynnwys yn cynorthwyo'r defnyddiwr wrth iddo bori drwy'r ddogfen, neu wrth iddo chwilio am bennod arbennig neu am bwnc penodol. Y ffordd orau i ddewis testun i'w gynnwys yn y tabl cynnwys yw gosod fformat Pennawd 1, Pennawd 2 ac yn y blaen iddynt. Er enghraifft, ar gyfer teitlau'r prif benodau, gosodwch fformat Pennawd 1 iddynt. Ar gyfer teitlau'r isbenodau, rhowch arddull Pennawd 2. Gellwch wneud hyn hyd at Bennawd 10 os dymunwch hynny. Yn y gwymplen gyntaf ar y bar fformatio y mae dewis Pennawd 1, Pennawd 2, Pennawd 3 ac yn y blaen (Ffigur W:121).

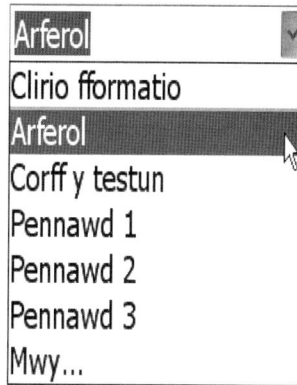

Ffigur W:121
Gosod fformat tabl cynnwys

Wedi ichi sicrhau bod yr holl destun sydd i'w gynnwys yn y tabl cynnwys wedi'i fformatio'n gywir, rhowch y cyrchwr yn y man lle y dymunwch greu'r tabl cynnwys. Ewch i *Mewnosod → Mynegeion a Thablau → Mynegeion a Thablau* (Ffigur W:122).

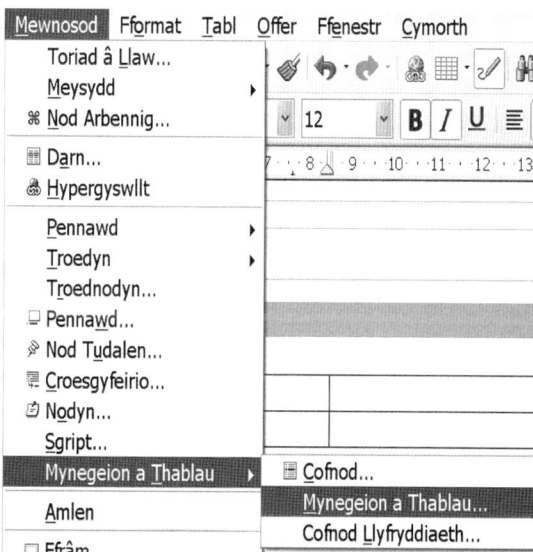

Bydd y blwch deialog *Mewnosod Mynegai/Tabl* yn ymddangos (Ffigur W:123). Dewiswch y tab *Mynegai/Tabl*. Yn y blwch *Teitl* rhowch enw i'r *Tabl*, e.e. Tabl Cynnwys. Yn y gwymplen *Math* dewiswch *Tabl Cynnwys*.

Ffigur W:122
Mewnosod *Mynegeion a Thablau*

Yn yr adran *Creu mynegai/tabl* dewiswch pa un a ydych eisiau creu *Tabl Cynnwys* ar gyfer y ddogfen gyfan neu ar gyfer y bennod gyfredol yn unig.

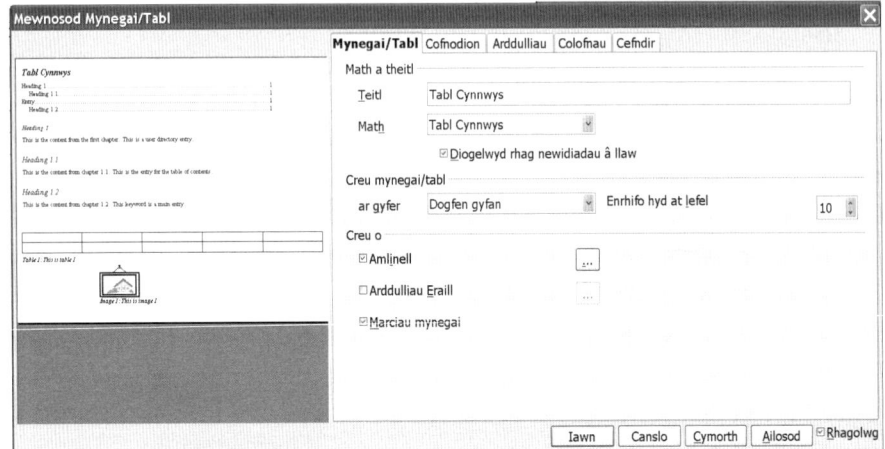

Ffigur W:123
Creu tabl cynnwys

Yn y gwymplen *Enrifo hyd at lefel* y mae nodi sawl lefel yr ydych eisiau ei chynnwys yn y tabl cynnwys – hyd at 10 o lefelau. Pwyswch *Iawn* ar ôl gorffen.

Mae'n bosib gwneud newidiadau i'ch dogfen ar ôl llunio'r tabl cynnwys. I ddiweddaru'r tabl ar ôl gwneud newidiadau, de-gliciwch yn y tabl cynnwys a dewis *Diweddaru Mynegai/Diweddaru*. Yn yr un modd y mae golygu'r tabl cynnwys neu ei ddileu.

Creu cofnodion ar ffurf cronfa ddata

Gellwch greu cronfa ddata o'r llyfrau y cyfeiriwyd atynt yn eich dogfen. Bydd pob cofnod y byddwch yn ei gadw yn y gronfa ar gael i chi ei ddefnyddio mewn dogfennau eraill yn y dyfodol.

Dewiswch *Offer → Cronfa Ddata Llyfryddiaeth*. Bydd cronfa ddata yn agor sy'n cynnwys enwau rhai llyfrau'n barod (Ffigur W:124). (Enghreifftiau yw'r rhain, a gellwch eu dileu os na ddymunwch eu cadw.)

Ewch i *Mewnosod → Cofnod* i ychwanegu cofnod. Rhowch enw i'r cofnod yn y blwch *Enw byr* a'r wybodaeth ychwanegol yn y blychau eraill. Gwnewch hyn gynifer o weithiau ag y dymunwch. Cedwir y cofnod yn awtomatig. Caewch y *Gronfa Ddata Llyfryddiaeth* wedi ichi greu eich cofnodion.

Ffigur W:124
Y blwch deialog *Cronfa Ddata Llyfryddiaeth*

Ar ôl ichi fewnosod y cofnodion yn eich dogfen, fe gewch greu'r llyfryddiaeth. Cliciwch yn y man lle yr hoffech gynnwys y llyfryddiaeth yn eich dogfen.

Ewch i *Mewnosod → Mynegeion a Thablau → Mynegeion a Thablau*. Bydd y blwch deialog *Mewnosod Mynegai/Tabl* yn ymddangos (gweler Ffigur W:123). Yn y blwch *Teitl*, rhowch enw i'r *Llyfryddiaeth*. Yna yn y blwch *Math*, dewiswch *Llyfryddiaeth*.

Dewiswch pa un a ydych eisiau rhifo'r cofnodion ai peidio drwy dicio neu ddad-dicio'r blwch *Rhifo Cofnodion* oddi tan *Fformatio'r Cofnodion*. Os na ddewisir y blwch hwn, defnyddir yr enwau byrion sydd yn y cofnodion yn y gronfa ddata. Ceir dewisiadau pellach ynghylch fformatio'r cofnodion o dan y tab *Cofnodion*.

Cliciwch ar *Iawn* wedi ichi wneud eich dewisiadau. Dylai'r rhestr *Llyfryddiaeth* ymddangos yn y man a ddewiswyd gennych. Bydd modd golygu, diweddaru neu ddileu'r llyfryddiaeth wedi hynny drwy dde-glicio yn y llyfryddiaeth ei hun a gwneud y dewis priodol yn y neidlen.

Mewnosod cofnodion o'r gronfa ddata llyfryddiaeth

Cliciwch yn y ddogfen yn y man lle yr hoffech ychwanegu cofnod o'r llyfryddiaeth. Dewiswch *Mewnosod → Mynegeion a Thablau → Cofnod*

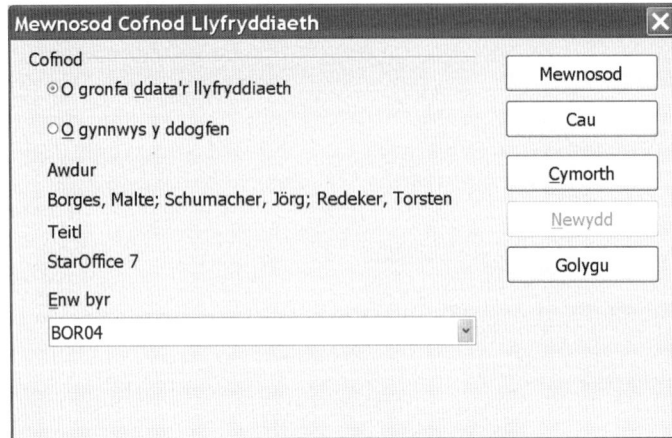

Ffigur W:125
Y blwch deialog
Mewnosod Cofnod
Llyfryddiaeth

Llyfryddiaeth. Bydd y blwch *Mewnosod Cofnod Llyfryddiaeth* yn agor. Dewiswch *O gronfa ddata'r llyfryddiaeth* (Ffigur W:125).

Yn y gwymplen *Enw byr* ar waelod y blwch, dewiswch enw'r cofnod llyfryddiaeth y dymunwch ei fewnosod. Cliciwch ar *Mewnosod* wedyn *Cau*.

Creu'r llyfryddiaeth

Wedi ichi fewnosod y cofnodion yn eich dogfen, fe gewch greu'r llyfryddiaeth. Cliciwch yn y man lle yr hoffech gynnwys y llyfryddiaeth yn eich dogfen.

Ewch i *Mewnosod → Mynegeion a Thablau → Mynegeion a Thablau*. Bydd y blwch deialog *Mewnosod Mynegai/Tabl* yn ymddangos (gweler Ffigur W:123). Yn y blwch *Teitl*, rhowch enw i'r *Llyfryddiaeth*. Yna yn y blwch *Math*, dewiswch *Llyfryddiaeth*.

Dewiswch pa un a ydych eisiau rhifo'r cofnodion ai peidio drwy dicio neu ddad-dicio'r blwch *Rhifo Cofnodion* o dan *Fformatio Cofnodion*. Os na ddewisir y blwch hwn, defnyddir yr enwau byrion sydd yn y cofnodion yn y gronfa ddata. Ceir dewisiadau pellach ynghylch fformatio'r cofnodion o dan y tab *Cofnodion*.

Pwyswch *Iawn* ar ôl gwneud eich dewisiadau. Dylai'r rhestr *Llyfryddiaeth* ymddangos yn y man a ddewiswyd gennych. Bydd modd golygu, diweddaru neu ddileu'r llyfryddiaeth wedi hynny drwy dde-glicio yn y llyfryddiaeth ei hun a gwneud y dewis priodol yn y neidlen.

IMPRESS

Diarmuid Johnson
Lowri Jones

Cyflwyno Impress

Beth yw Impress?

Mae Impress yn rhaglen gyflwyno sy'n debyg i Power Point Microsoft. Fe'i defnyddir ran amlaf gan y sawl sydd eisiau trosglwyddo syniadau a gwybodaeth i grŵp o gydweithwyr neu fyfyrwyr. Gwneir hyn drwy ddefnyddio'r cyfrifiadur i ddangos cyfres o sgriniau unigol ar sgrin fawr. Bydd y sgriniau hyn yn defnyddio cyfuniad o luniau a thestun i gyflwyno'r wybodaeth a'r syniadau i'r gynulleidfa fesul pwynt. Yn y bennod hon, disgrifir sut i greu cyflwyniad Impress, sut i'w gyflwyno, a sut i roi graen a threfn arno er mwyn argyhoeddi eich gwrandawyr ac er mwyn eu cymell i arddel eich neges.

Y sgrin waith

Cliciwch ar *OpenOffice.org Impress* → *Creu* er mwyn agor sgrin waith Impress. Bydd eich sleidiau gorffenedig yn tarddu o'r opsiynau sydd ar y sgrin hon.

Ar draws pen uchaf y sgrin waith (Ffigur I:1) fe welwch dri bar:

- y bar opsiynau
- y bar offer
- y bar fformatio.

Ac eithrio cwymplen *Sioe Sleidiau*, mae'r bar opsiynau yn debyg i far opsiynau Writer. Fodd bynnag, mae gan far offer a bar fformatio Impress rai nodweddion sy'n wahanol i'r hyn sydd yn Writer a byddwn yn edrych ar y rheiny nesaf.

Y bar offer

Ar yr ochr dde ar far offer Impress, fe welwch dri gair (neu bâr o eiriau) a thri eicon. (Os na fydd yr eiconau hyn yn ymddangos, addaswch eich bar offer gan glicio ar y saeth fach ar y dde.)

Swyddogaeth yr eicon hwn yw rhoi rhagolwg o'r sleid nesaf yn y gyfres.

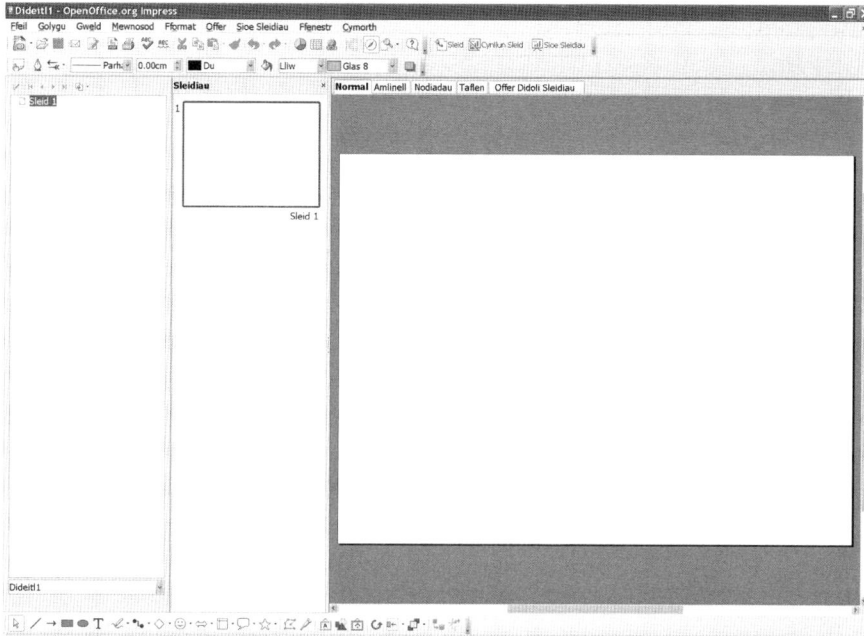

Ffigur I:1
Sgrin waith Impress

![Cynllun Sleid] Cynllun Sleid   Mae clicio ar yr eicon hwn yn agor y ffenestr *Cynllun Sleidiau* (Ffigur I:2).

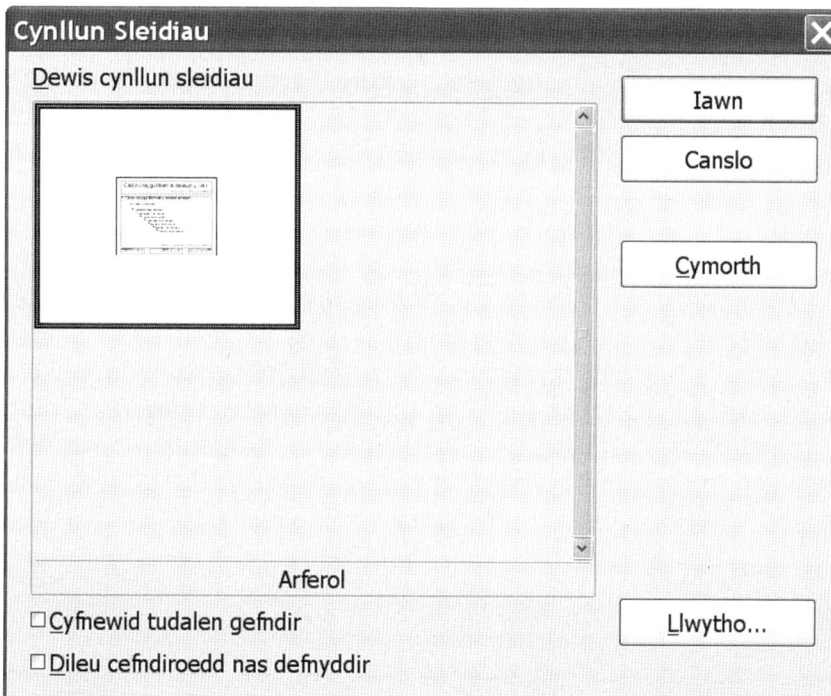

Ffigur I:2
Y ffenestr *Cynllun Sleidiau*

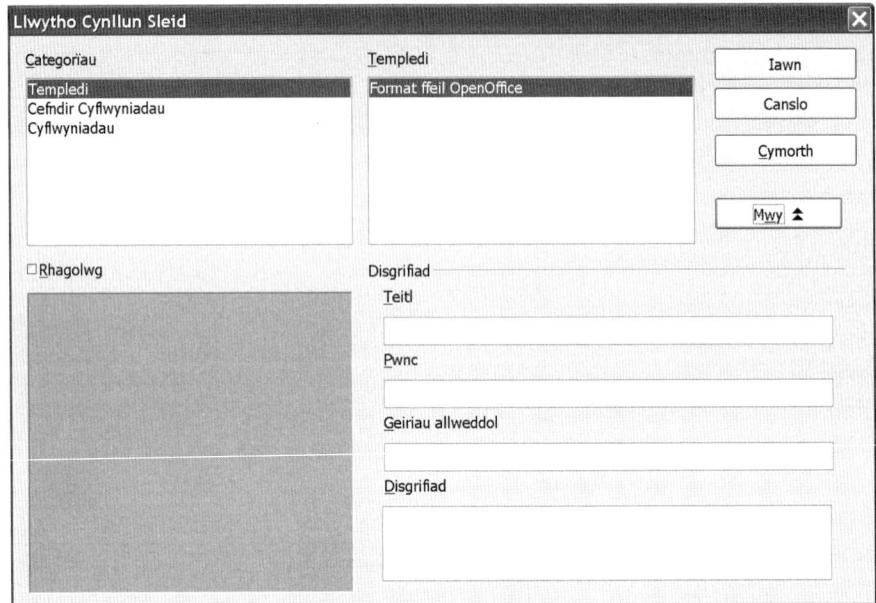

Ffigur I:3
Y ffenestr *Llwytho Cynllun Sleid*

Mae clicio ar *Llwytho* yn y ffenestr *Cynllun Sleidiau* yn agor y ffenestr *Llwytho Cynllun Sleid* (Ffigur I:3). Yn y ffenestr hon y mae gosod templed i'ch sleid. Yn ogystal â hynny, yn y blychau *Teitl, Pwnc, Geiriau Allweddol* a *Disgrifiad*, fe gewch nodi rhai manylion a fydd yn gymorth i chi wrth gyfeirio at y sleid arbennig hon. (Bydd angen clicio ar *Mwy* yn y ffenestr *Llwytho Cynllun Sleid* i weld y blychau hyn.)

Mae clicio ar yr eicon hwn yn peri i'r sioe sleidiau gael ei lansio. (Pwyswch Esc ar y bysellfwrdd er mwyn dychwelyd i'r sgrin waith.)

Ar y bar offer, ar ochr chwith y tri eicon y disgrifir eu swyddogaethau uchod, fe welwch saeth fach yn pwyntio i lawr. Os cliciwch ar y saeth hon, bydd cwymplen fer yn ymddangos. Gellwch ddefnyddio'r opsiynau sydd ar y gwymplen hon i addasu eich bar offer. Yn eu plith, er enghraifft, mae *Botymau Gweladwy*. Ymhlith y botymau ychwanegol y gellwch eu gwneud yn weladwy yn y fan hon mae *Sleid Ddyblyg* ac *Ehangu'r Sleid*.

Y bar fformatio

Edrychwch eto ar sgrin waith Impress (Ffigur I:1). Oddi tan y bar fformatio, fe welwch nifer o dabiau: *Normal, Amlinell, Nodiadau, Taflen,* ac *Offer Didoli Sleidiau.*

Mae'r opsiynau fydd yn ymddangos ar y bar fformatio'n amrywio yn ôl y tab sydd ar waith. Byddwch yn ymgyfarwyddo â'r opsiynau fformatio wrth ichi brofi'r rhaglen a chreu cyfresi o sleidiau at eich gwaith. Yn Ffigurau I:1, I:4 ac I:5, tynnir eich sylw at leoliad y gwahanol opsiynau ar y bariau fformatio.

Pan fo tab *Normal, Nodiadau,* neu *Taflen* ar waith, fe welwch y bar fformatio sy'n ymddangos yn Ffigur I:1.

Pan fo'r tab *Amlinell* ar waith, mae'r bar fformatio a ddaw i'r golwg yn debyg i far fformatio Writer, ar wahân i'r pedair saeth tua chanol y bar (Ffigur I:4). Swyddogaeth y saethau hyn yw symud y sleid, neu newid ei safle yn y gyfres.

Pan fo'r tab *Offer Didoli Sleidiau* ar waith, fe welwch far fformatio arall eto (Ffigur I:5).

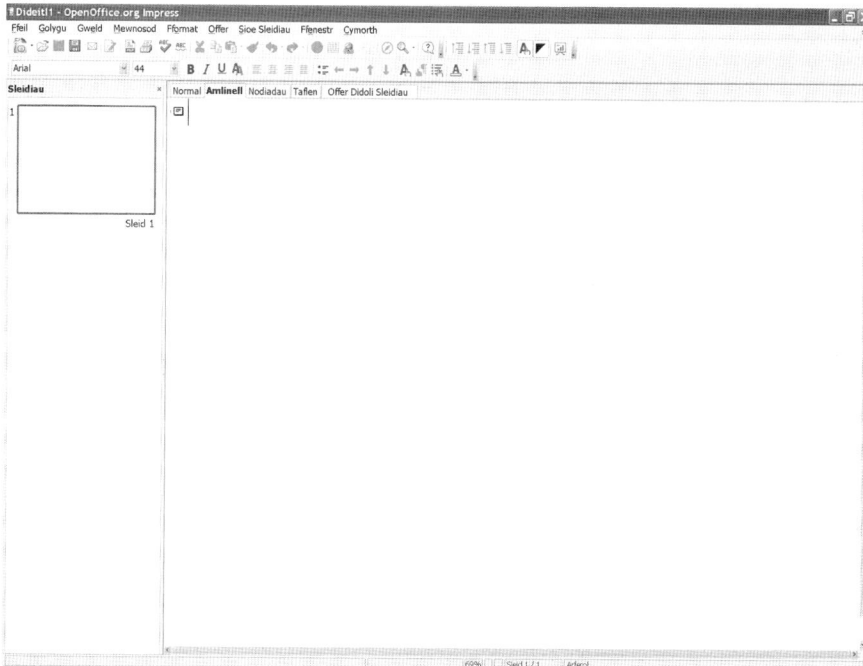

Ffigur I:4
Bar fformatio Impress pan fo'r tab *Amlinell* ar waith

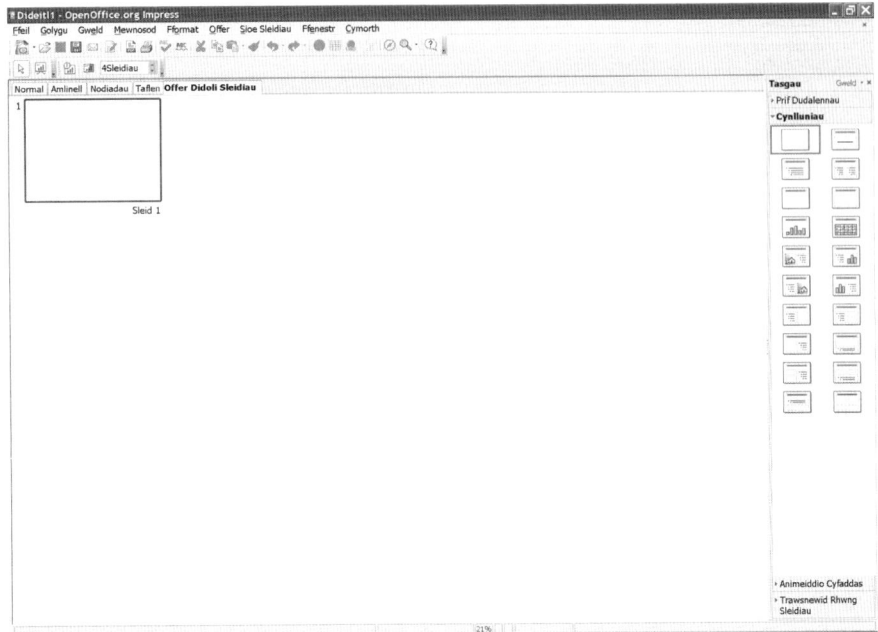

Ffigur I:5
Bar fformatio Impress
pan fo'r tab *Offer Didoli
Sleidiau* ar waith

Dewis gosodiadau Impress

Cliciwch ar *OpenOffice.org Impress → Creu → Offer → Dewisiadau*.
Ymddengys y blwch *Dewisiadau – Impress OpenOffice.org* (Ffigur I:6).
Yn y blwch hwn, cliciwch ar y groes fach wrth ymyl *Impress
OpenOffice.org* yn y rhestr ar y chwith. Bydd y groes yn newid yn
arwydd minws, ac fe welwch ddewislen sy'n cynnwys pedwar eitem,
sef *Cyffredinol*, *Gweld*, *Grid*, ac *Argraffu*.

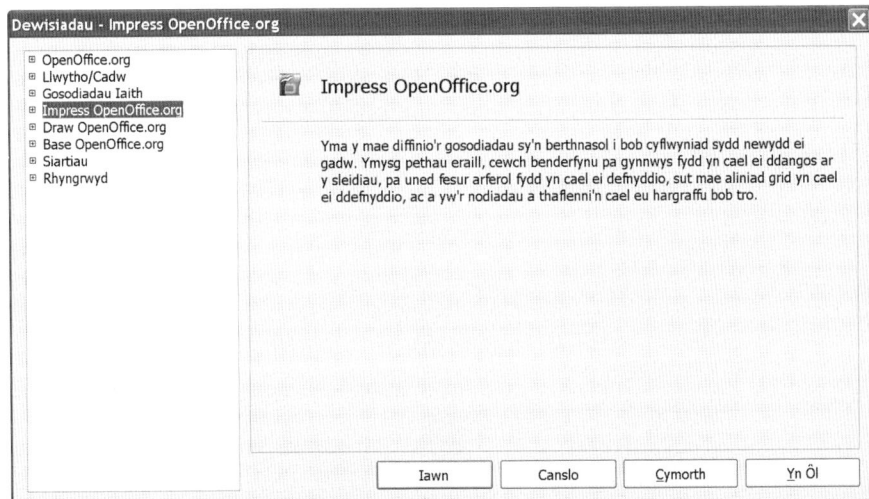

Ffigur I:6
Y blwch deialog
*Dewisiadau – Impress
OpenOffice.org*

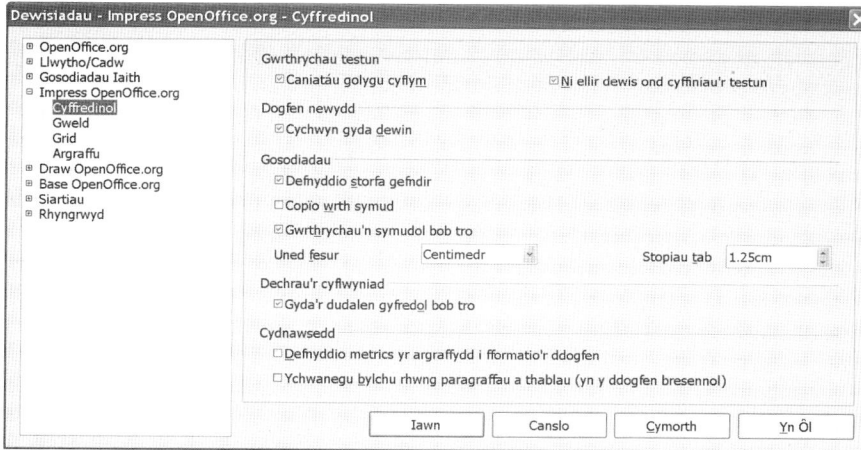

Ffigur I:7
Y blwch deialog
Dewisiadau – Impress
OpenOffice.org –
Cyffredinol

Gosodiadau *Cyffredinol* Impress (Ffigur I:7)
Ar y bar fformatio, cliciwch ar *Offer → Dewisiadau → Impress*
OpenOffice.org → Cyffredinol. Fe welwch y ffenestr *Dewisiadau – Impress*
OpenOffice.org – Cyffredinol. Ticiwch *Caniatáu golygu cyflym* i arbed
amser. Ticiwch *Cychwyn gyda dewin* os nad ydych eisiau creu eich
sleidiau â llaw. Ticiwch y blychau eraill yn ôl yr angen.

Gosodiadau *Gweld* Impress (Ffigur I:8)
Cliciwch ar *Offer → Dewisiadau → Impress OpenOffice.org → Gweld*.
Fe welwch y blwch *Dewisiadau – Impress OpenOffice.org – Gweld*.
Oddi tan *Dangosydd amgen*, cliciwch ar *Dalfannau delweddau* er mwyn
cuddio'r lluniau dros dro i'r rhaglen gael gwneud y gwaith golygu'n
gynt. Am yr un rheswm gwnewch yr un peth gyda *Dalfannau testun*,
os dymunwch hynny. Oddi tan *Dangos*, dewiswch yr offer mesur a
llywio yr hoffech eu gweld wrth ichi weithio.

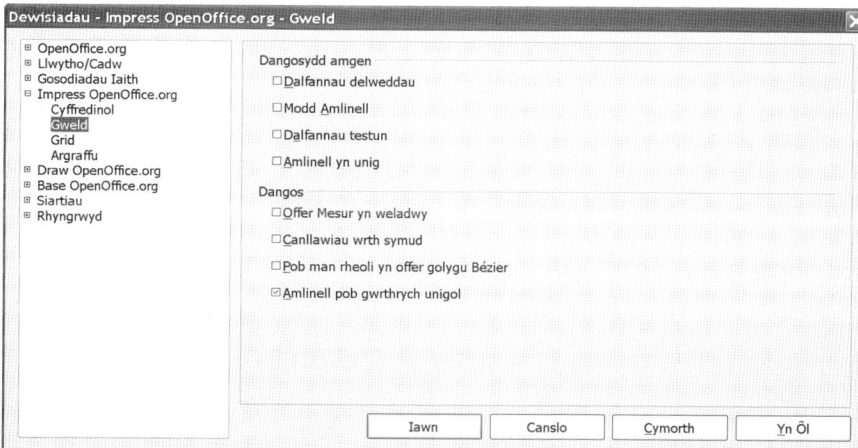

Ffigur I:8
Y blwch deialog
Dewisiadau – Impress
OpenOffice.org –
Gweld

Gosodiadau *Grid* Impress (Ffigur 1:9)

Cliciwch ar *Offer* → *Dewisiadau* → *Impress OpenOffice.org* → *Grid*.

Fe welwch y blwch *Dewisiadau – Impress OpenOffice.org – Grid*. Yn yr adran *Cydraniad* y mae rheoli ansawdd eich lluniau. Defnyddiwch y saethau yn y blychau gyferbyn â'r geiriau *Llorweddol* a *Fertigol*. Mae'r mesuriadau (1.00cm ac yn y blaen) yn nodi faint o le sydd rhwng pob deupwynt. Diffinio'r ffordd y mae gwrthrychau'n cael eu halinio y mae'r adran *Snapio*.

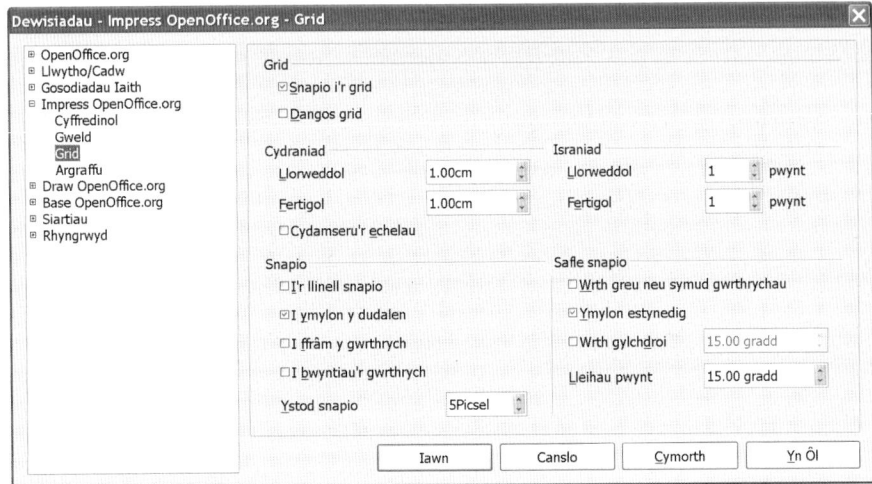

Ffigur I:9
Y blwch *Dewisiadau –*
Impress
OpenOffice.org – Grid

Gosodiadau *Argraffu* Impress (Ffigur I:10)

Cliciwch ar *Offer* → *Dewisiadau* → *Impress OpenOffice.org* → *Argraffu*.

Fe welwch y blwch *Dewisiadau – Impress OpenOffice.org – Argraffu*.

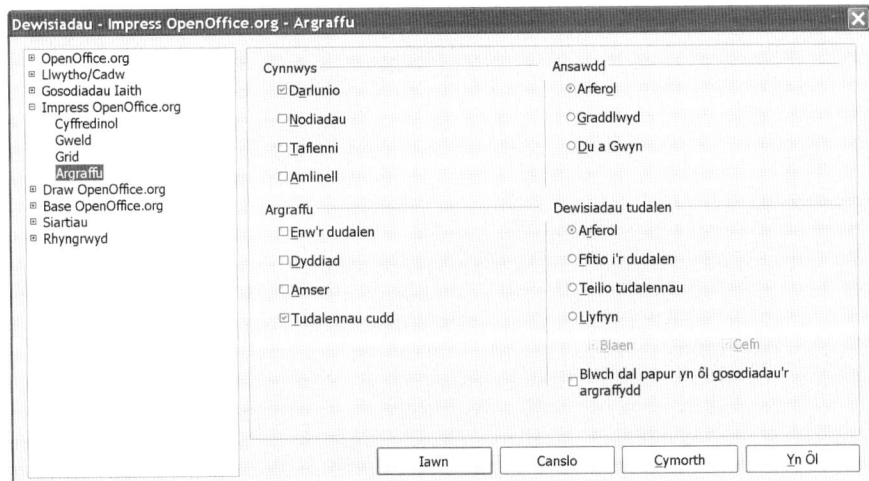

Ffigur I:10
Y blwch deialog
Dewisiadau – Impress
OpenOffice.org –
Argraffu

Mae pedair adran yn y blwch hwn. Oddi tan *Ansawdd*, fe gewch ddewis ai'r lliwiau arferol (sef pob lliw sydd yn eich sleid ar y sgrin) yr hoffech eu hargraffu neu beidio. (Bydd dewis *Graddlwyd* neu *Du a Gwyn* yn debyg o arbed peth inc i chi yn y pen draw.) Oddi tan *Argraffu*, fe welwch ei bod yn bosib dewis argraffu neu hepgor y meysydd sy'n cynnwys y dyddiad a'r amser cyfansoddi, er enghraifft. Oddi tan *Dewisiadau tudalen*, mae ticio *Ffitio i'r dudalen* neu beidio yn dylanwadu ar faint eich sleid ar y ddalen a argreffir.

Creu cyflwyniad

Mae dwy ffordd o greu cyflwyniad:

1 Agorwch y *Dewin Cyflwyno 1* (Ffigur I:11). Ticiwch *Cyflwyniad gwag*. Cliciwch ar *Creu* yn y gornel isaf ar y dde. Ar y sgrin, fe welwch gyflwyniad gwag y cewch ychwanegu ato yn ôl eich dymuniad.

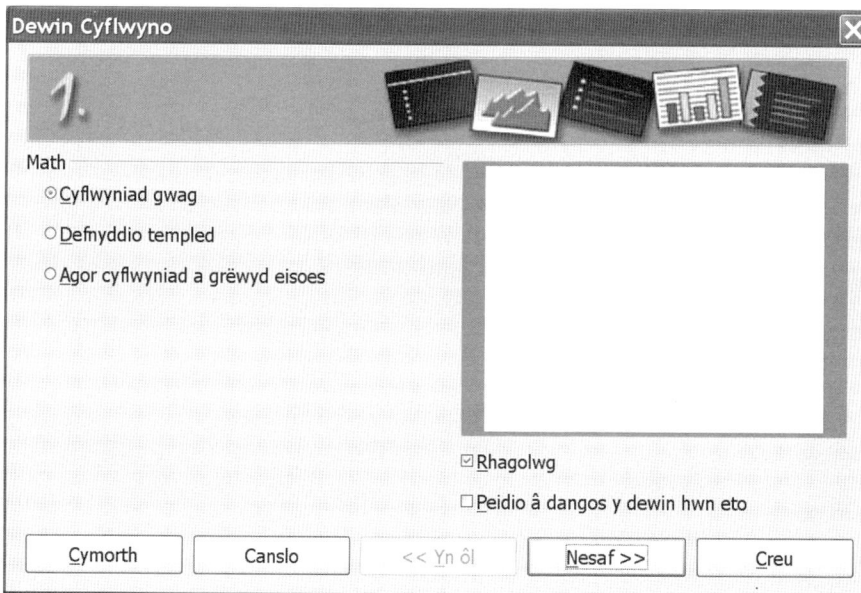

Ffigur I:11
Defnyddio'r Dewin
Cyflwyno i greu
cyflwyniad

2 Gellwch greu cyflwyniad hefyd drwy glicio ar *Ffeil* → *Newydd* → *Cyflwyniad* (Ffigur I:12). I ddiffodd y Dewin ticiwch *Peidio â dangos y dewin hwn eto* sydd i'w weld oddi tan *Rhagolwg* yn Ffigur I:11.

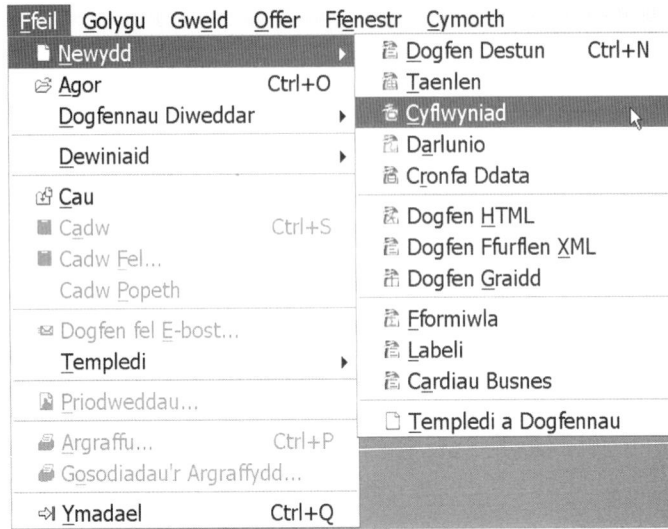

Ffigur I:12
Creu cyflwyniad: *Ffeil*
→ *Newydd* →
Cyflwyniad

Agor cyflwyniad a grëwyd eisoes

Mae gan Impress ddwy ffordd o agor cyflwyniad sy'n bodoli eisoes:

1 Ewch i *Ffeil* → *Agor*. Bydd y blwch deialog *Agor* yn ymddangos. Cliciwch ar y ffeil y dymunwch ei hagor. Cliciwch ar *Agor* yn y blwch deialog.

2 Agorwch raglen Impress. Yn y ffenestr *Dewin Cyflwyno* dewiswch *Agor cyflwyniad a grëwyd eisoes* (Ffigur I:13). Bydd blwch yn ymddangos gyda rhestr o'r cyflwyniadau sy'n bodoli eisoes. Cliciwch ar y cyflwyniad y dymunwch ei agor ac yna cliciwch ar

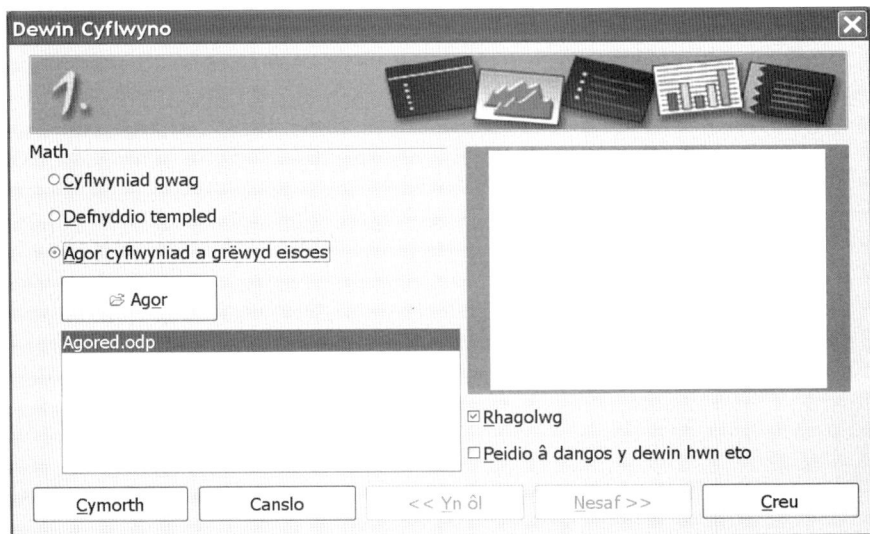

Ffigur I:13
Y Dewin Cyflwyno:
sgrin 1

Agor. Bydd y blwch deialog *Agor* yn ymddangos. Cliciwch ar y ffeil y dymunwch ei hagor unwaith eto ac wedyn cliciwch ar y botwm *Agor*.

Defnyddio'r Dewin Cyflwyno i greu cyflwyniad

Pan agorwch Impress, bydd y Dewin yn cael ei roi ar waith. Mae gennych dri dewis bellach:

- creu eich cyflwyniad gwreiddiol eich hun
- defnyddio templed
- agor cyflwyniad sy'n bodoli eisoes.

Mae gan Impress ddau wahanol fath o dempledi, sef *Cefndiroedd Cyflwyniad* a *Cyflwyniadau*. Cefndiroedd yn unig y mae *Cefndiroedd Cyflwyniad* yn eu cynnwys. Mae *Cyflwyniadau* yn cynnig syniadau am gynnwys y testun yn ogystal â darparu cefndir.

Mae defnyddio'r Dewin i greu cyflwyniad yn broses pum cam.

Cam 1 (Ffigur I:14)
Cymerwn eich bod eisiau defnyddio templed i greu eich cyflwyniad. Rhaid sicrhau bod tic wrth *Defnyddio templed* o dan *Math*. O wneud hyn, bydd dwy gwymplen yn ymddangos. Yn y gwymplen gyntaf, dewiswch *Cefndir Cyflwyniadau*. Yna, yn yr ail gwymplen, defnyddiwch y cyrchwr i ddewis y cefndir. Os oes tic ger y blwch *Rhagolwg* ar yr ochr dde, fe welwch ragolwg. Wedi ichi ddewis, pwyswch *Nesaf* i symud ymlaen i'r blwch deialog nesaf.

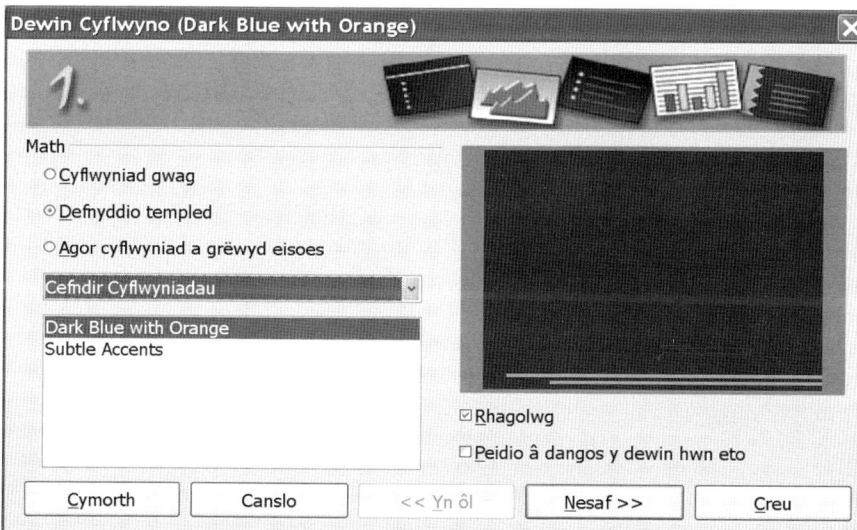

Ffigur I:14
Creu cyflwyniad: cam 1

Cam 2 (Ffigur I:15)
Ar sgrin 2 y mae cadarnhau'r dewisiadau a wnaethoch ar sgrin 1.
Yn hanner isaf y sgrin hon hefyd y mae dewis y cyfrwng allbwn y
dymunwch ei greu. Er enghraifft, dewiswch *Sgrin* os ydych yn
bwriadu defnyddio taflunydd i wneud eich cyflwyniad neu *Sleid* os
dymunwch argraffu'r sleidiau bob yn un.

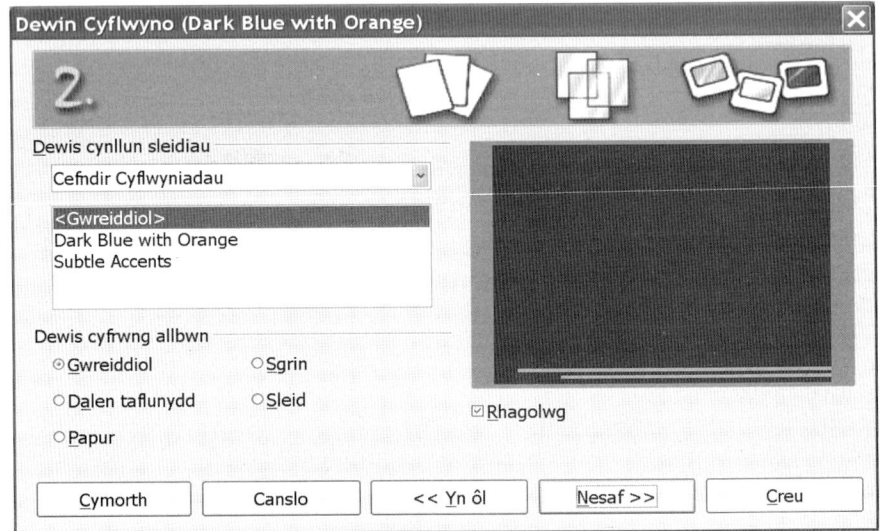

Ffigur I:15
Creu cyflwyniad: cam 2

Cam 3 (Ffigur I:16)
Pwyswch *Nesaf* i symud i sgrin 3. Yma y mae pennu'r cyflymder
trawsnewid, a diffinio agweddau eraill ar y broses drawsnewid o un
sleid i'r llall.

Yn y gwymplen *Cyflymder*, fe gewch ddewis sut yr hoffech i'r gyfres
sleidiau gael ei dangos: yn gyflym, yn gymhedrol neu'n araf.

Cliciwch ar y blwch *Awtomatig* os dymunwch i Impress symud ymlaen
o un sleid i'r llall yn awtomatig. Bydd rhaid nodi:

● am ba hyd y caiff pob sleid ei gweld
● hyd y saib rhwng un sleid a'r nesaf.

Cam 4 (Ffigur I:17)
Ar sgrin 4 fe gewch ychwanegu eich enw chi neu enw eich cwmni,
eich pwnc a nodyn am syniadau eraill yr hoffech eu cyflwyno.
Bydd y rhain yn ymddangos ar sleid deitl y cyflwyniad.

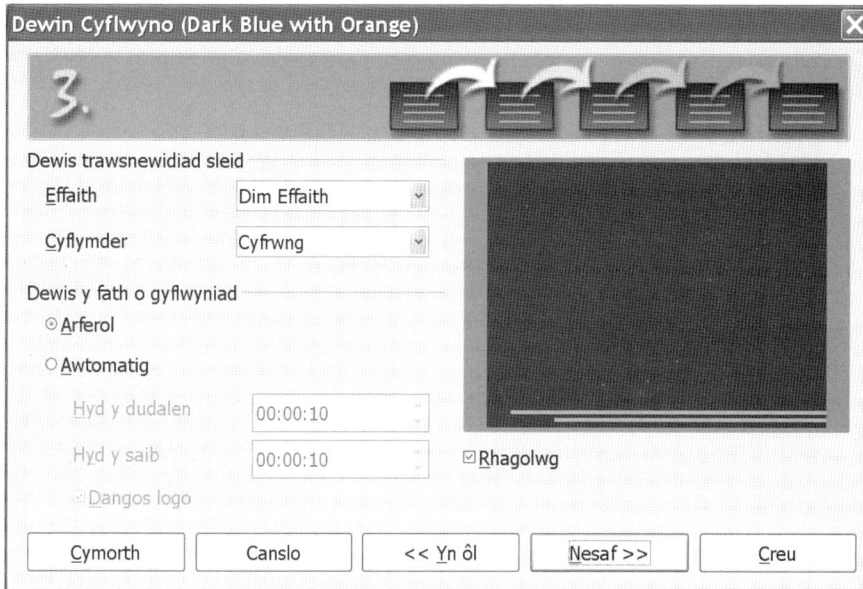

Ffigur I:16
Creu cyflwyniad: cam 3

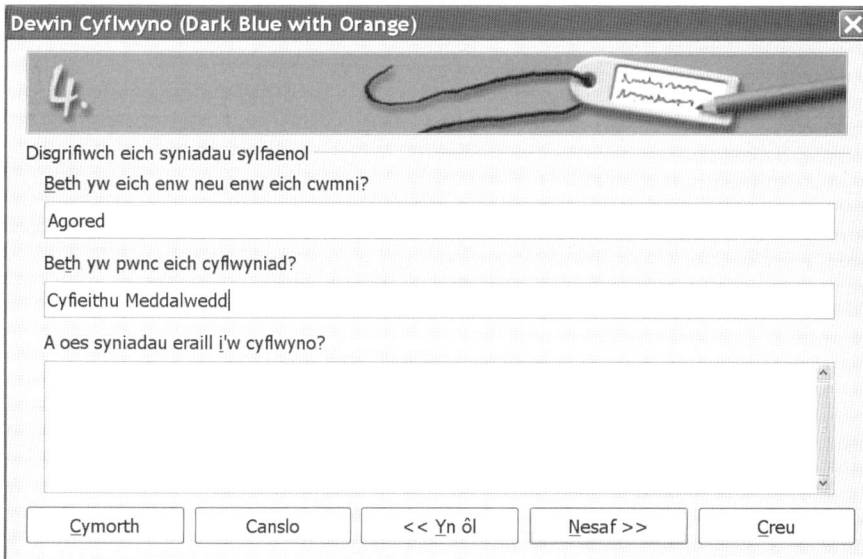

Ffigur 1:17
Creu cyflwyniad: cam 4

Cam 5 (Ffigur 1:18)

Ar sgrin 5 y mae dewis eich tudalennau. (Ni fydd y sgrin hon yn ymddangos os nad ydych wedi ticio *Defnyddio templed* yng Ngham 1.) Ticiwch neu dad-diciwch yr eitemau ar y rhestr yn ôl yr angen. Ar ôl dewis eich tudalennau, cliciwch ar y botwm *Creu*. Bydd sioe sleidiau yn cael ei chreu ar sail yr holl ddewisiadau a wnaethoch uchod.

A gellwch olygu cynnwys eich sioe unrhyw bryd yn ôl yr angen.

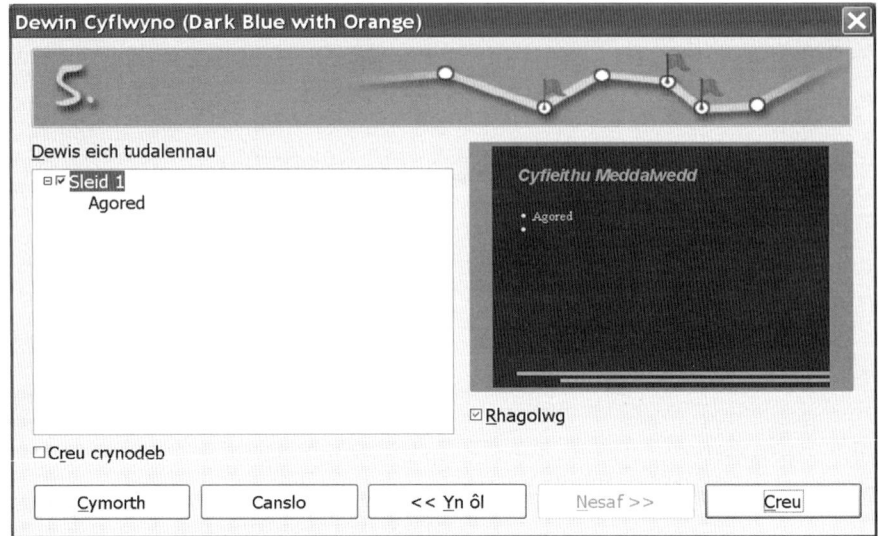

Gweld eich cyflwyniadau

Golygfeydd Impress
Wedi ichi greu cyfres fer o sleidiau syml, mae'n debyg y byddwch eisiau gweld y sleidiau er mwyn eu hadolygu a'u trefnu cyn eu cyflwyno i gynulleidfa.

Mae pum ffordd i weld eich gwaith er mwyn ei adolygu. Gelwir pob un o'r ffyrdd hyn yn olygfa. I ddewis un o'r golygfeydd rhaid clicio ar y tabiau oddi tan y bar fformatio. Enwau'r tabiau a'r golygfeydd yw *Normal, Amlinell, Nodiadau, Taflen*, ac *Offer Didoli Sleidiau*. Yn Ffigurau I:19–I:22, dangosir cyfres fer o sleidiau. Cyflwynir y gyfres fel yr ymddangosai ym mhob un o'r golygfeydd. Pedair sleid sydd yn y gyfres hon a geiriau diddorol Cymraeg yw'r testun.

Golygfa 1: *Normal* (Ffigur 1:19)
Yn yr olygfa hon, dangosir y sleidiau fesul un. Yn y golofn chwith, fe welwch weddill y sleidiau yn y gyfres. Defnyddier y bariau sgrolio yn ôl yr angen. Mae'n hawdd cyfnewid sleidiau er mwyn eu golygu: cliciwch ar y sleid briodol yn y golofn chwith.

Golygfa 2: *Amlinell* (Ffigur I:20)
Yn yr olygfa hon, mae teitl a thestun pob sleid yn cael eu rhestru y naill ar ôl y llall. Yn y golofn chwith, fe welwch y gyfres yn ôl y drefn bresennol.

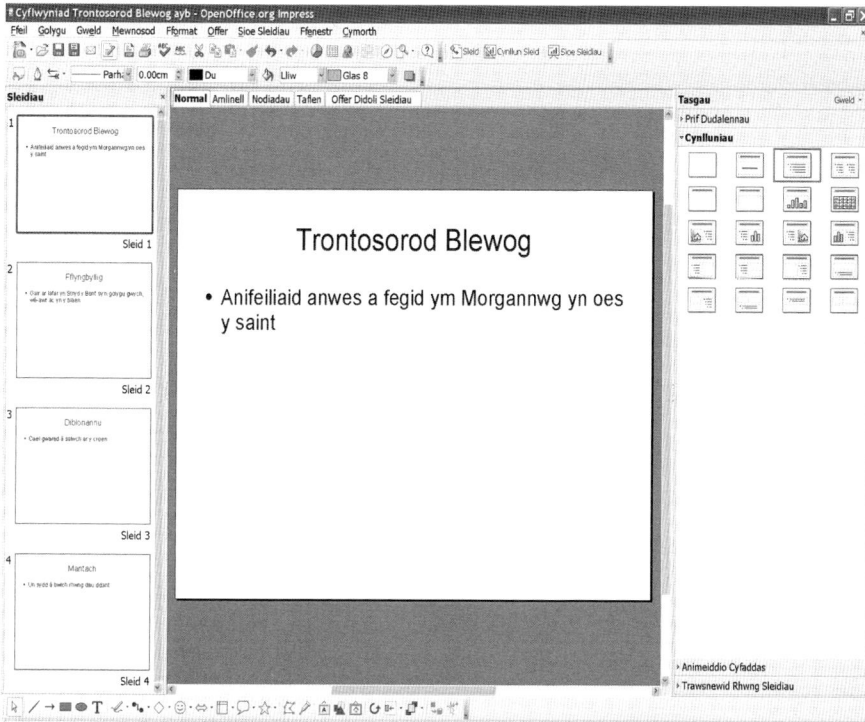

Ffigur I:19
Golygfa 1: *Normal*

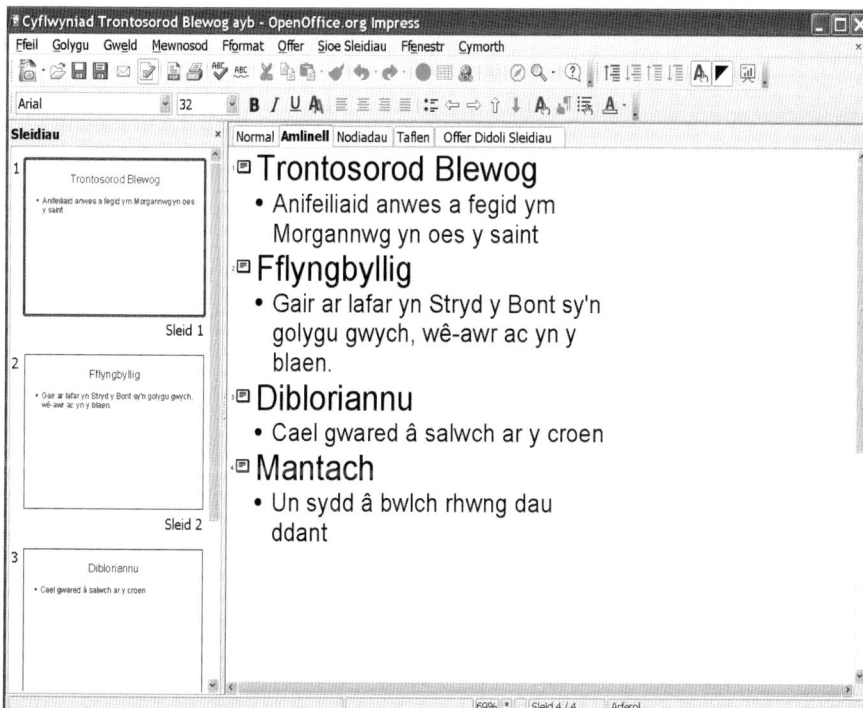

Ffigur I:20
Golygfa 2: *Amlinell*

Golygfa 3: *Nodiadau* (Ffigur I:21)
Yn yr olygfa hon, gwelir y sleidiau fesul un unwaith eto. Yn ogystal â chynnwys mewnol y sleid, fe welwch nodiadau ychwanegol oddi tan y sleid. Dyma nodiadau atgoffa y bydd y cyflwynydd yn eu defnyddio wrth iddo siarad â'r gynulleidfa.

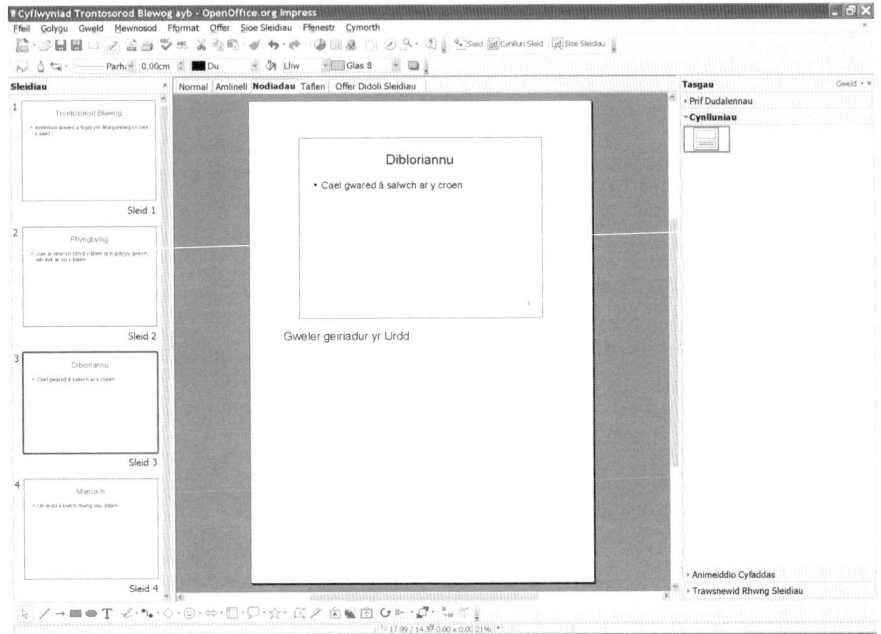

Ffigur I:21
Golygfa 3: *Nodiadau*

Golygfa 4: *Taflen* (Ffigur I:22)
Yn yr olygfa hon, fe welir y gyfres ar ffurf dalen wedi'i hargraffu.
Os dymunwch roi copi ar bapur o'ch cyflwyniad i'r gynulleidfa, yn yr olygfa hon y mae gweld y ddalen ymlaen llaw.

Golygfa 5: *Offer Didoli Sleidiau* (Ffigur I:23)
Yn yr olygfa hon y mae newid trefn y sleidiau. Gwneir hynny drwy lusgo a gollwng pob un yn ei dro. Fe gewch ddisodli un sleid gan un arall a'u hailddidoli. Bydd y rhaglen yn ailrifo'r sleidiau yn awtomatig wrth ichi eu hailddidoli.

Llywio drwy gyflwyniad
Wrth ichi baratoi eich sleidiau, mae'n haws os gellwch symud yn hwylus o un i'r llall er mwyn eu cymharu a'u diwygio. Mae'r llywiwr ar gael at y diben hwn. Cliciwch ar *Normal* yn y sgrin waith, ac wedyn cliciwch ar eicon y *Llywiwr* ar y bar offer. ⟟

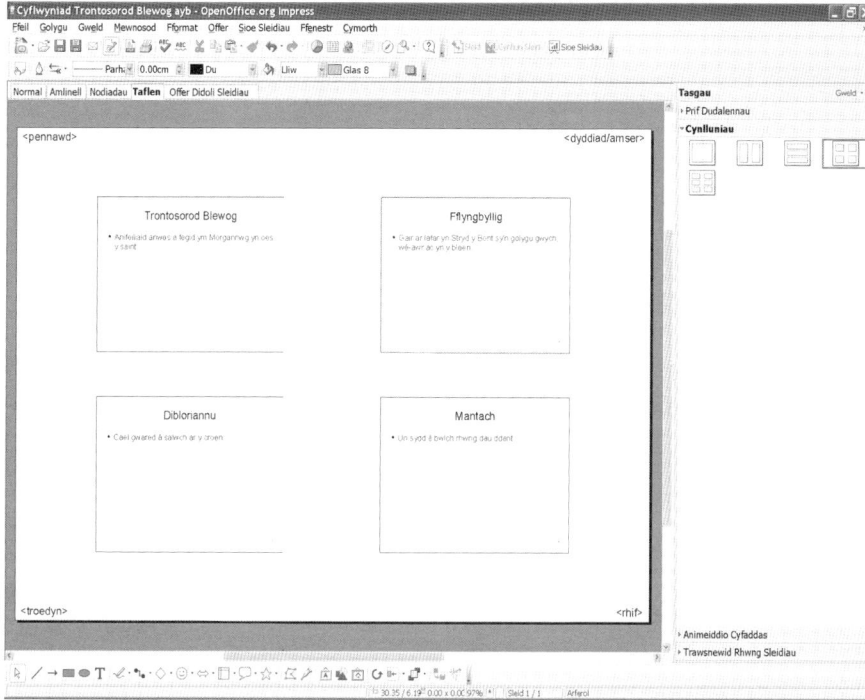

Ffigur I:22
Golygfa 4: *Taflen*

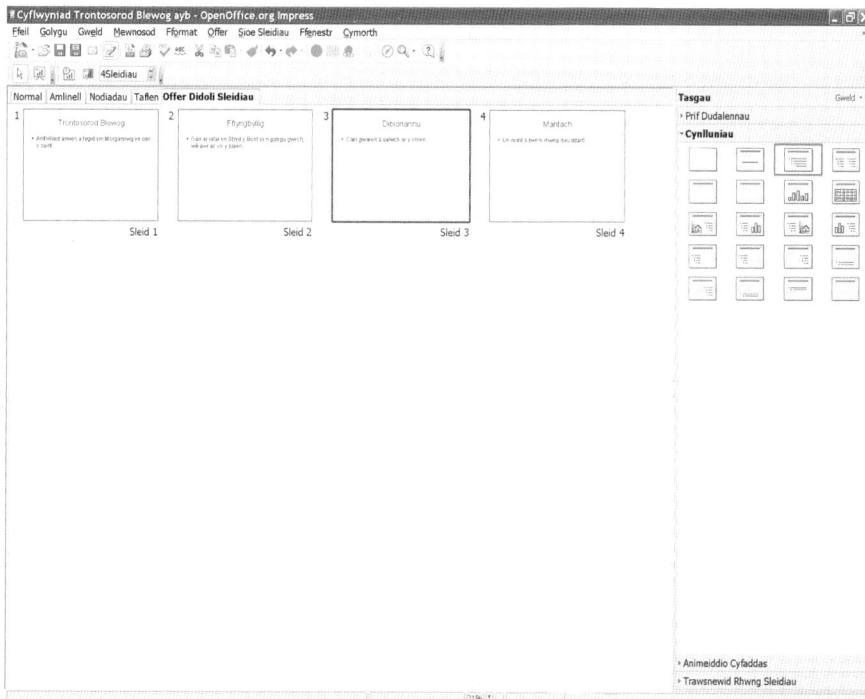

Ffigur I:23
Golygfa 5: *Offer Didoli Sleidiau*

Bydd y llywiwr yn ymddangos ar ochr chwith y sgrin (Ffigur I:24). Mae pedwar botwm yng nghanol bar offer y llywiwr, a'r rhain sy'n eich galluogi i lywio'r cyflwyniad. Bydd clicio ddwywaith ar unrhyw un o'r sleidiau yn y llywiwr yn peri i'r sleid honno gael ei dangos yng nghanol eich sgrin.

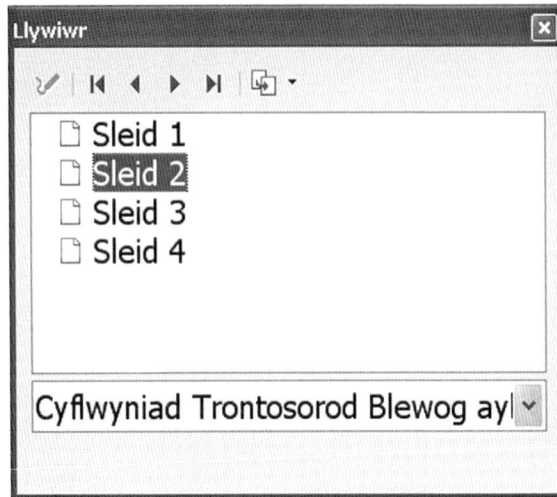

Ffigur I:24
Y llywiwr fel yr
ymddengys yn Impress

Creu amlinell

Creu amlinell yn Impress

Fesul sleid y mae adeiladu cyflwyniad. Felly, ar ôl gorffen un sleid bydd angen ychwanegu un arall. Ewch i *Mewnosod → Sleid* (Ffigur I:25). Bydd sleid yn cael ei hychwanegu at y gyfres. Gwnewch hyn gynifer o weithiau ag y dymunwch er mwyn creu cynifer o sleidiau ag y mae eu hangen arnoch. Rydych newydd greu nifer o sleidiau gwag. Nawr, rhaid cynnwys peth gwybodaeth sylfaenol ynddynt. Defnyddio golygfa *Amlinell* yw'r ffordd orau o wneud hyn. Bydd yr amlinell yn sylfaen i'ch cyfres. (Ystyr amlinell yn y cyswllt hwn yw teitlau'r sleidiau, ac ychydig o wybodaeth am bob un ar ffurf testun. Gelwir hyn yn isdeitl.)

Mae dwy ffordd o agor *Amlinell*.

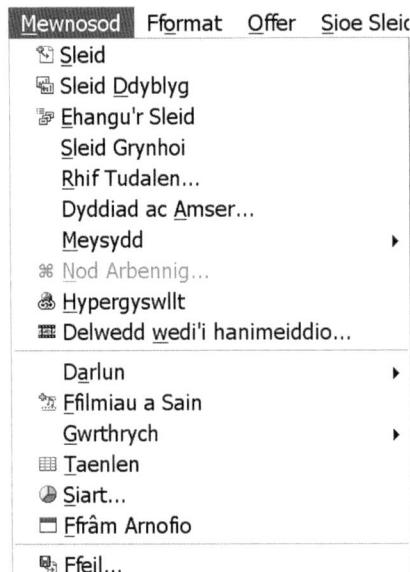

Ffigur I:25
Ychwanegu sleid:
Mewnosod → Sleid

1 Ewch i *Gweld* → *Amlinell* (Ffigur I:26).
2 Cliciwch ar y tab *Amlinell* yn sgrin
waith Impress (gw. Ffigur I:20).

Bydd y ddwy ffordd yn agor sgrin *Amlinell*
Impress (Ffigur I:27).

Gellwch amrywio maint yr adran amlinell
drwy glicio ar y botymau docio sydd ar y
naill ochr a'r llall i'r golofn amlinell.

Bydd angen rhoi teitl i'ch sleid. Wrth ochr
yr eicon y mae teipio teitl y sleid (Ffigur
I:28).

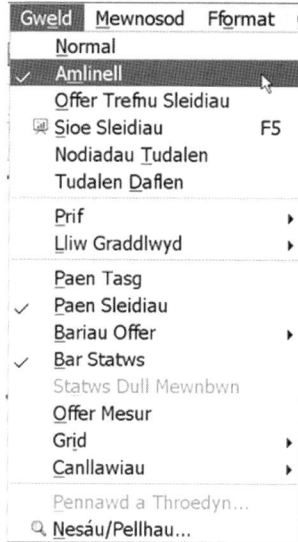

Ffigur I:26
Un ffordd o agor
Amlinell

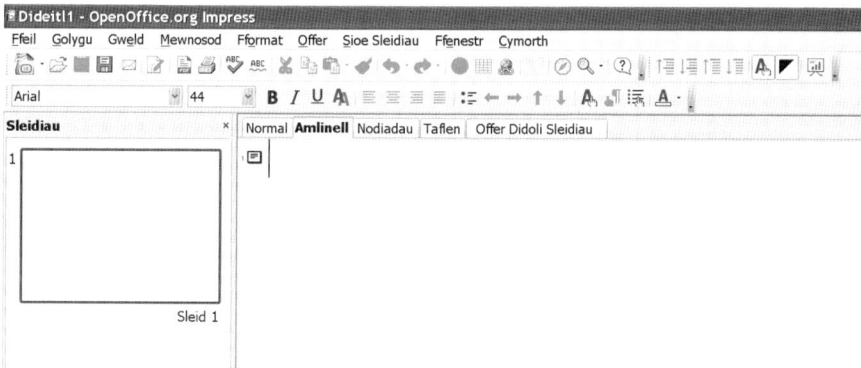

Ffigur I:27
Sgrin *Amlinell* Impress

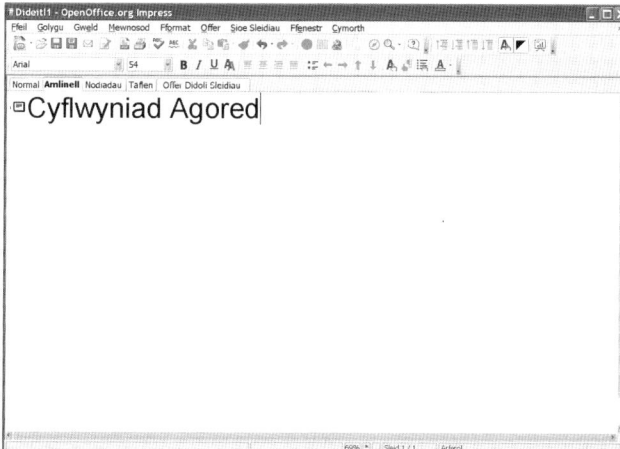

Ffigur I:28
Teipio teitl y sleid yn yr
olygfa *Amlinell*

I roi ychydig mwy o wybodaeth am eich sleid, gellwch lunio isdeitl.
Pwyswch Enter ar eich bysellfwrdd. Bydd lle i isdeitl yn cael ei greu
oddi tan y teitl. Dynodir yr isdeitl gan fwled (Ffigur I:29). Os byddwch
am ychwanegu sleid arall, pwyswch Enter unwaith eto.

Creu amlinell â Writer

Hefyd, gellwch greu amlinell o'ch cyflwyniad Impress yn rhaglen
Writer a'i anfon i Impress wedyn. I wneud hynny, rhaid ichi lunio
teitlau ac isdeitlau eich sleidiau arfaethedig mewn dogfen Writer
newydd. Gweler yr enghraifft yn Ffigur I:30.

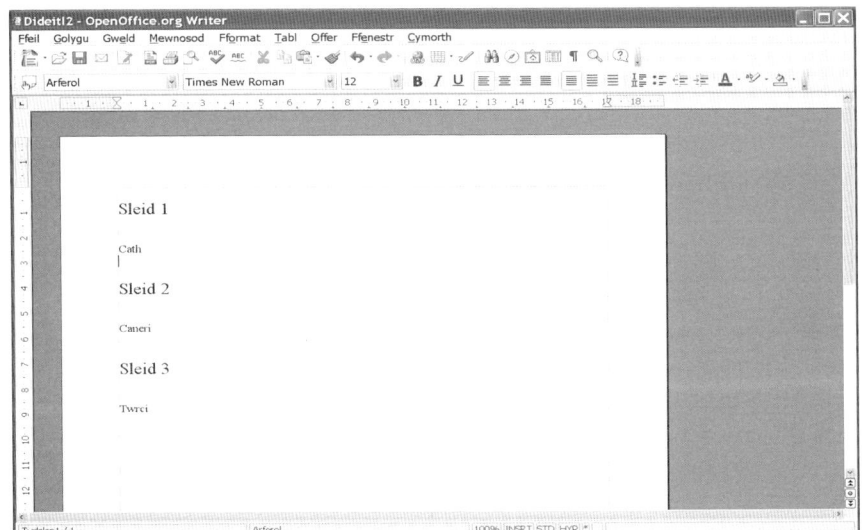

Ffigur I:30
Creu cyfres am
anifeiliaid anwes

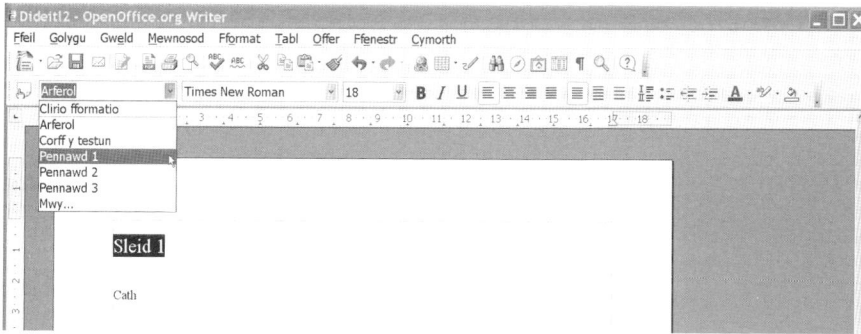

Ffigur I:31
Gosod fformat teitl y
sleid yn Writer

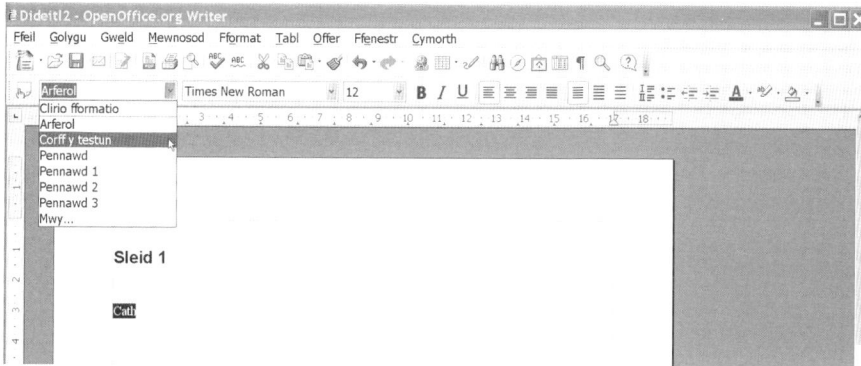

Ffigur I:32
Gosod *Corff y Testun*
yn fformat ar yr isdeitl

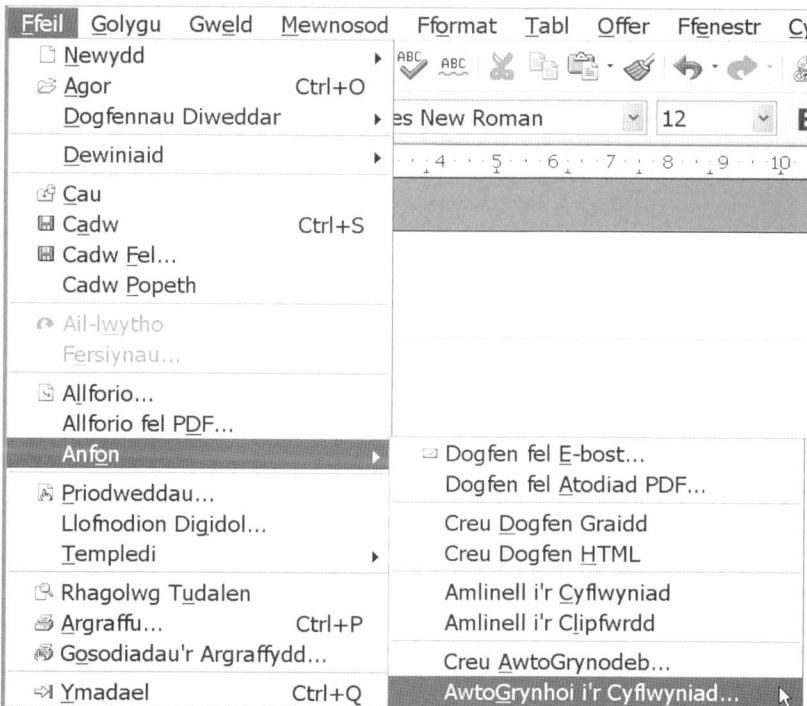

Ffigur I:33
*Ffeil → Anfon →
AwtoGrynhoi i'r
Cyflwyniad*

Er mwyn allforio amlinell i Impress, rhaid fformatio'r cynnwys fel hyn:

1 Gosodwch fformat *Pennawd 1* ar y geiriau fydd yn deitl i'ch sleid, sef Sleid 1, Sleid 2 a Sleid 3 yn yr achos hwn (Ffigur I:31).
2 Gosodwch fformat *Corff y Testun* ar y geiriau fydd yn isdeitl i'ch sleid, sef Cath, Caneri a Thwrci yn yr achos hwn (Ffigur I:32).
3 Ewch i *Ffeil* → *Anfon* → *AwtoGrynhoi i'r Cyflwyniad* (Ffigur I.33).
4 Ymddengys y blwch deialog *Creu AwtoGrynhoi*. Dewiswch nifer y teitlau a nifer yr isdeitlau yn ôl yr angen (Ffigur I:34).
5 Cliciwch ar *Iawn* yn *Creu AwtoGrynhoi*. Caiff eich rhestr fformatiedig ei hallforio i Impress. Gweler Ffigur I:35.

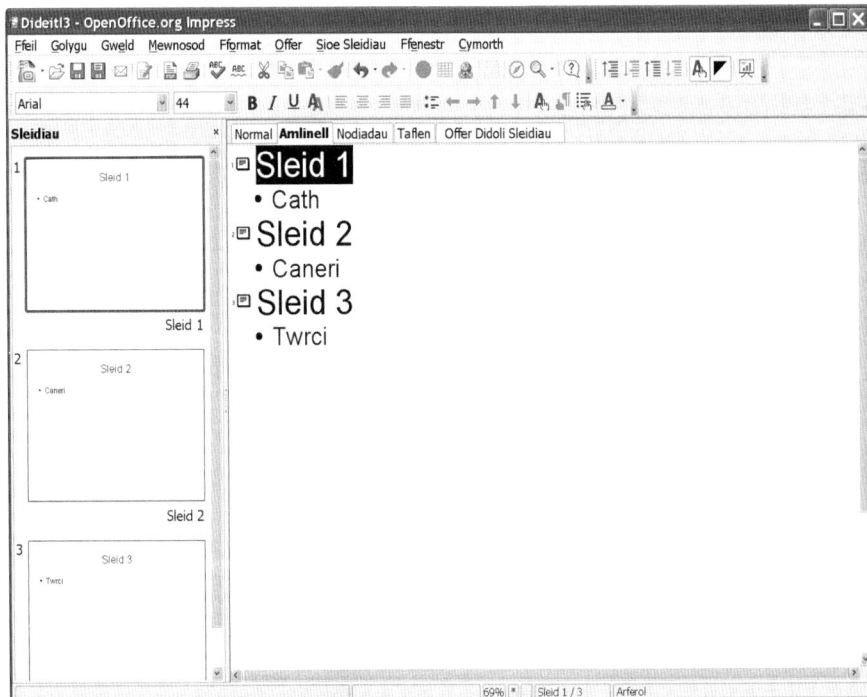

Ffigur I:34
Creu Awtogrynhoi

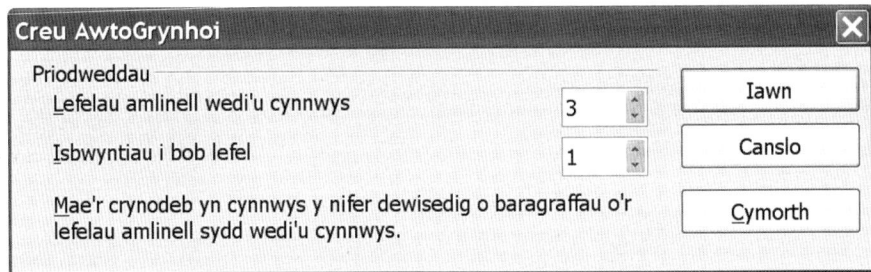

Ffigur I:35
Y rhestr wedi'i hallforio

Cadw eich cyflwyniad

Cadw ar ffurf OpenOffice.org

Ar ôl ichi greu eich sleid gyntaf, mae'n syniad da cadw eich cyflwyniad. Dyma sut mae cadw cyflwyniad am y tro cyntaf:

1 Ewch i *Ffeil → Cadw.* Bydd y blwch deialog *Dewisiadau Cadw* yn ymddangos.
2 Yn y gwymplen *Cadw yn*, dewiswch y man lle y dymunwch gadw'r cyflwyniad.
3 Rhowch enw i'r cyflwyniad yn y blwch *Enw'r ffeil.*
4 Cliciwch ar *Iawn.*

Ar ôl cadw'r cyflwyniad am y tro cyntaf, mae'n bwysig ei ailgadw bob hyn a hyn wrth ichi weithio arno rhag ofn i unrhyw beth fynd i golli er eich gwaethaf. Mae tair ffordd syml o gadw eich gwaith:

1 *Ffeil → Cadw.*
2 Cliciwch ar y botwm 🖫 .
3 Pwyswch Ctrl+S ar yr un pryd.

Gellwch gadw eich cyflwyniad ar nifer o wahanol ffurfiau cyflwyno eraill hefyd.

Cadw ar ffurfiau eraill

Mae'n bosib y byddwch eisiau anfon eich cyflwyniad at bobl nad ydynt yn defnyddio OpenOffice.org. O ganlyniad, gellwch ddewis cadw'r cyflwyniad ar ffurf gyflwyno arall (Ffigur I:36).

Er mwyn cadw'r cyflwyniad ar un o'r ffurfiau hyn, cliciwch ar *Ffeil → Cadw Fel* i agor *Dewisiadau Cadw*, ac yna cliciwch ar y fformat priodol yn y gwymplen *Cadw ar ffurf.* Cliciwch ar *Cadw* i gwblhau'r broses. Bydd Impress yn creu copi o'ch cyflwyniad ar y ffurf a ddewiswyd gennych.

Allforio i fformat HTML

Ar ôl ichi greu cyflwyniad, mae'n bosib y byddwch eisiau ei roi ar y we i bawb gael ei weld. Er mwyn gwneud hynny, rhaid allforio'r cyflwyniad ar fformat HTML. (Ystyr allforio yn yr achos hwn yw ailgadw'r cyflwyniad ar ffurf HTML, sef fformat dogfennau gwe.)

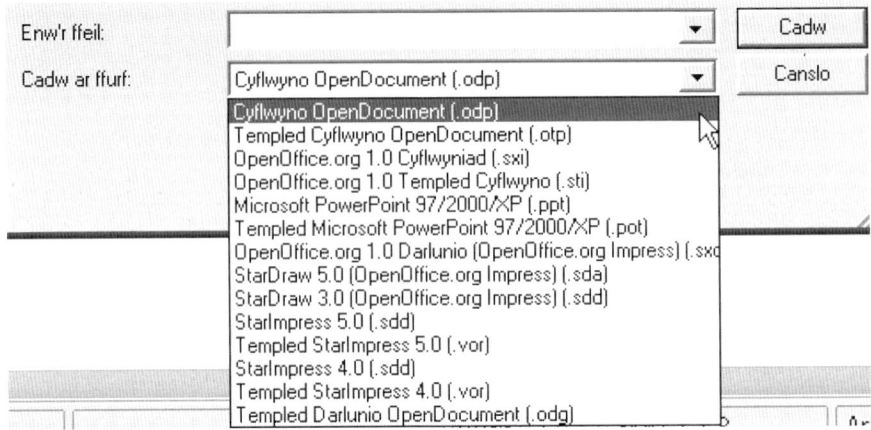

Ffigur I:36
Dewisiadau cadw
cyflwyniad

Agorwch y cyflwyniad yr ydych eisiau ei gyhoeddi. Ewch i *Ffeil →*
Allforio. Daw'r blwch Allforio i'r golwg (Ffigur I:37). Yn y gwymplen
Cadw yn ym mhen uchaf y blwch, dewiswch y man lle y dymunwch
gadw'r ffeil HTML. Syniad da yw creu ffolder arbennig ar gyfer y
cyflwyniad a chadw'r holl ffeiliau yn y ffolder hwnnw. Rhowch enw
i'r ffeil yn y blwch *Enw'r ffeil.* Dewiswch *Dogfen HTML (OpenOffice.org
Impress)(html;.htm)* yn y gwymplen *Fformat Ffeil.* Cliciwch ar *Cadw* a
bydd y *Dewin Allforio HTML* yn ymddangos. Dilynwch y camau nesaf:

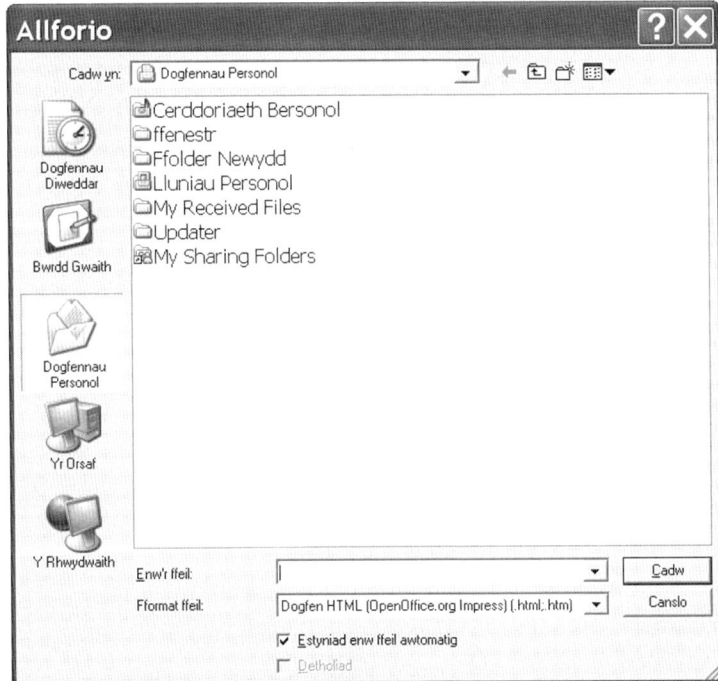

Ffigur I:37
Y blwch *Allforio*

1 Ar y sgrin gyntaf dewiswch *Cynllun newydd*. Wedyn cliciwch ar *Nesaf* (Ffigur I:38).

2 Ar yr ail sgrin y mae dewis y *Math o gyhoeddiad*, sef *Fformat HTML safonol*. Cliciwch ar *Nesaf* (Ffigur I:39).

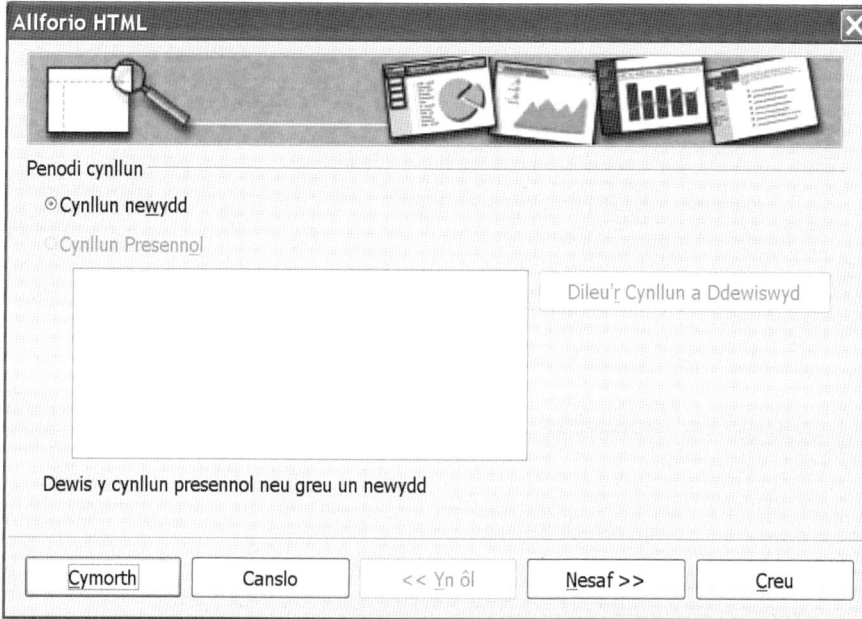

Ffigur I:38
Allforio HTML Sgrin 1

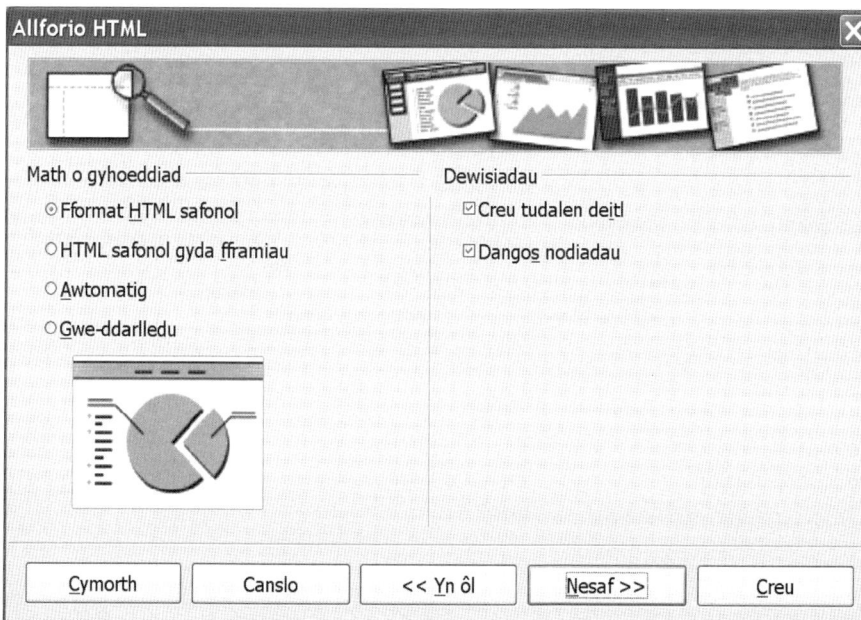

Ffigur I:39
Allforio HTML Sgrin 2

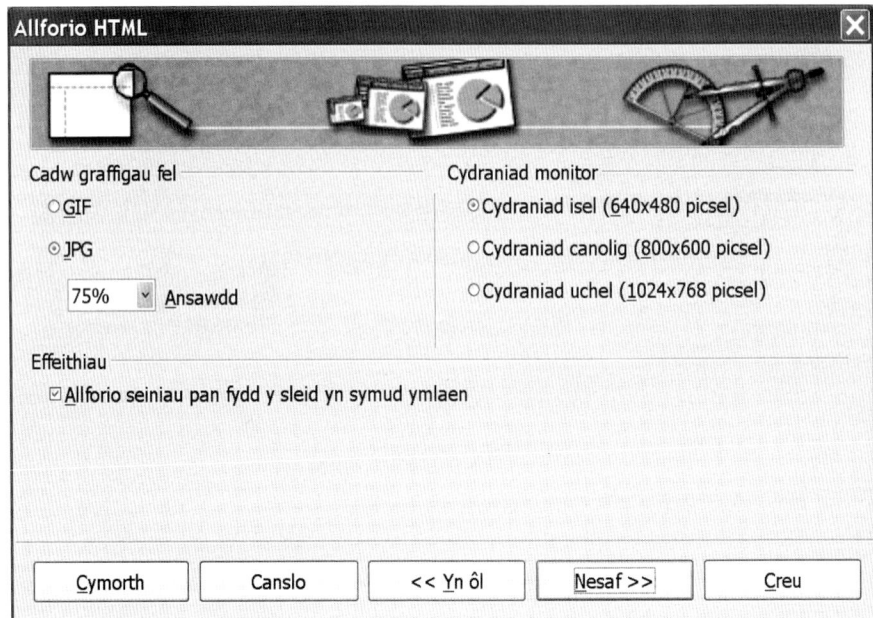

Ffigur I:40
Allforio HTML Sgrin 3

3   Ar y drydedd sgrin y mae dewis y math o fformat graffigau: GIF
    neu JPG. Dewiswch y *Cydraniad monitor* priodol ac yna cliciwch ar
    Nesaf (Ffigur I:40).

4   Ar y bedwaredd sgrin fe gewch gynnwys y wybodaeth y
    dymunwch ei rhoi ar y dudalen deitl (Ffigur I:41).

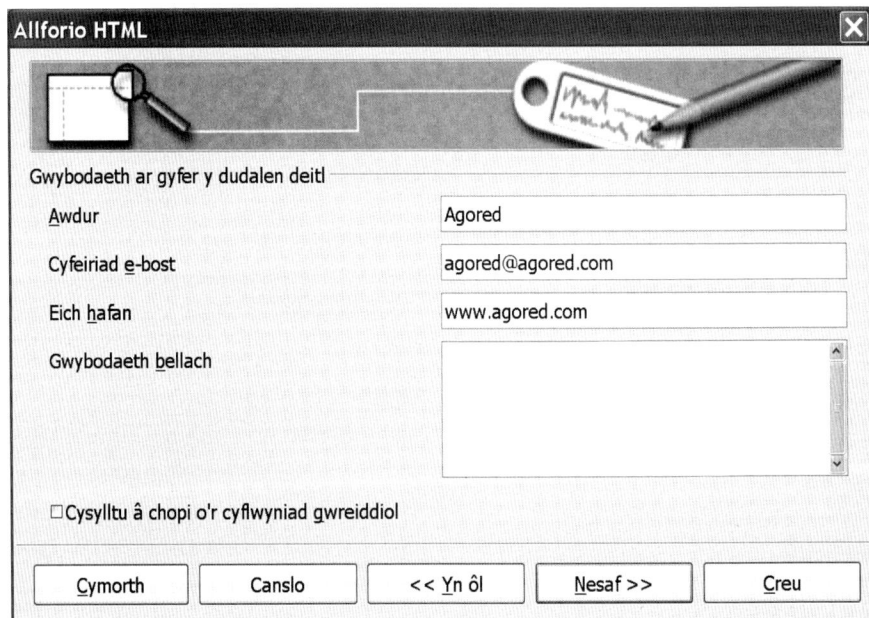

Ffigur I:41
Allforio HTML Sgrin 4

5 Ar y bumed sgrin fe gewch ddewis arddull y botymau y
   dymunwch eu defnyddio yn eich cyflwyniad. Ar ôl dewis, cliciwch
   Nesaf (Ffigur I:42).

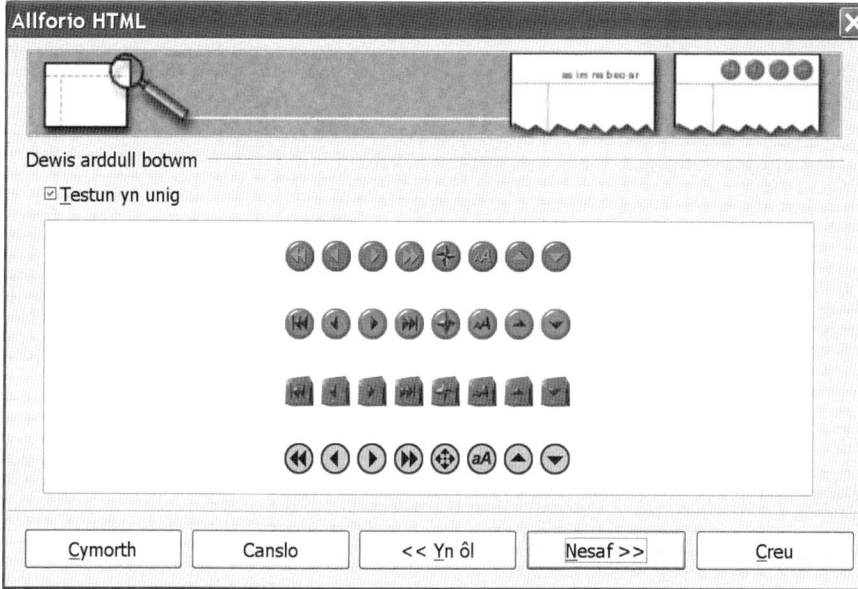

Ffigur I:42
Allforio HTML Sgrin 5

6 Ar y chweched sgrin fe gewch ddewis lliw eich testun, lliw yr
   hypergysylltiau a manion eraill. Wedi gwneud hynny, byddwch yn
   barod i allforio'r cyflwyniad. Cliciwch ar *Creu* (Ffigur I:43).

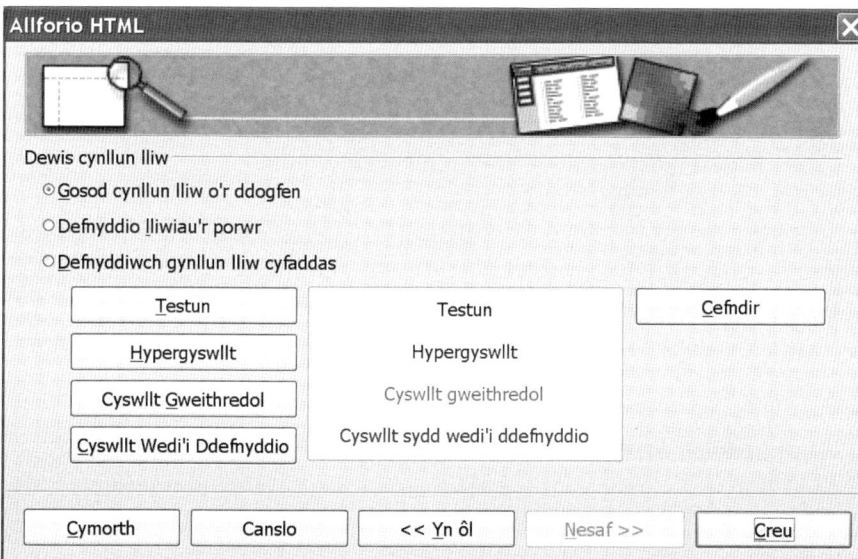

Ffigur I:43
Allforio HTML Sgrin 6

Ffigur I:44
Y blwch deialog *Enw
Cynllun HTML*

Bydd y blwch deialog *Enw Cynllun HTML* yn agor (Ffigur I:44).

Os dymunwch gadw'r dewisiadau a wnaethoch yn y cyflwyniad hwn er mwyn eu defnyddio yn y dyfodol, cliciwch ar *Cadw.* Fel arall, cliciwch ar *Peidio â Chadw.*

Ewch i'r ffolder y cadwyd y ffeil wreiddiol ynddo i weld y cyflwyniad. Mae'n barod bellach i'w uwchlwytho i'r we. (Ni ddisgrifir y broses uwchlwytho yn y llyfr hwn oherwydd nad yw'n broses sydd yn perthyn i swyddogaethau OpenOffice 2.0.)

Golygu testun

Mae golygu testun yn Impress yn debyg iawn i olygu testun yn Writer. Rhaid dewis darn o destun cyn ei olygu. (Defnyddir y geiriau goleuo ac amlygu wrth gyfeirio at ddewis testun hefyd.)

Dewis (goleuo) darn o destun
Er mwyn dewis darn o destun, defnyddiwch yr un technegau â'r rhai y byddwch yn eu defnyddio yn Writer, sef:

- Llusgo'r cyrchwr ar draws y testun
- Clicio dwywaith ar air i'w ddewis
- Clicio teirgwaith ar linell i oleuo pob gair.

Ar ôl dewis y darn, mae sawl ffordd o'i newid: er enghraifft teipio dros y testun i'w ddisodli; clicio rhwng geiriau neu lythrennau i fewnosod testun. Yn yr olygfa *Amlinell*, fe gewch ddefnyddio techneg llusgo a gollwng hefyd. Mae'n bosib defnyddio'r dechneg copïo a gludo yn *Amlinell* ac yn *Normal* ill dau.

Rhoi arddull ar waith
Mae ffont yn elfen o'r hyn a elwir yn arddull. Yma, fe welwch sut i ddewis ffont a'i roi ar waith yn eich sleidiau Impress.

Gair i gall: gwell peidio â defnyddio gormod o wahanol ffontiau yn yr un cyflwyniad gan y gall hyn beri i'ch cyflwyniad edrych yn anhrefnus. Wrth ddewis eich ffontiau, sicrhewch eu bod yn gweddu i'w gilydd. Eglurder yw'r ystyriaeth bwysicaf wrth lunio cyflwyniad!

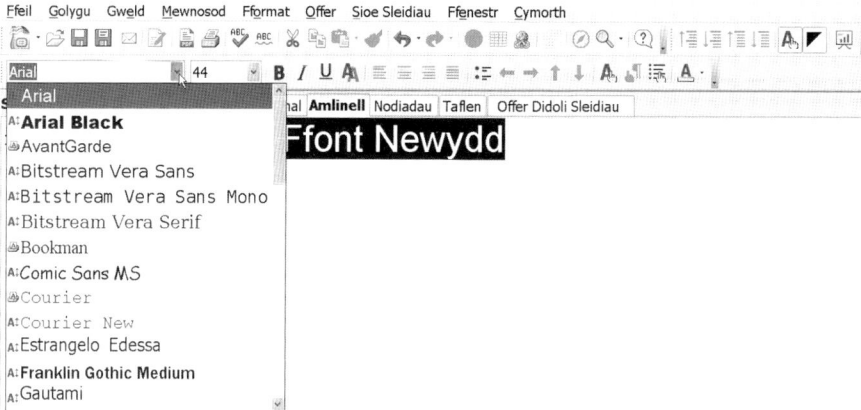

Ffigur I:45
Y gwymplen ffontiau

Fel hyn y mae gosod ffont arbennig.

- Agorwch *Amlinell*.
- Dewiswch y darn o destun y dymunwch newid ei ffont.
- Cliciwch ar y blwch ffontiau ar y bar fformatio.
- Dewiswch ffont o'r gwymplen ffontiau (Ffigur I:45).

I gyfaddasu maint y ffont, defnyddiwch y gwymplen maint ffontiau (Ffigur I:46).

Mae ffyrdd eraill o fformatio eich testun hefyd:

- Defnyddio'r botymau **B** (trwm), *I* (italig) ac <u>U</u> (tanlinellu)
- Newid lliw'r testun neu liw cefndir y testun â'r botymau priodol ar y bar fformatio.

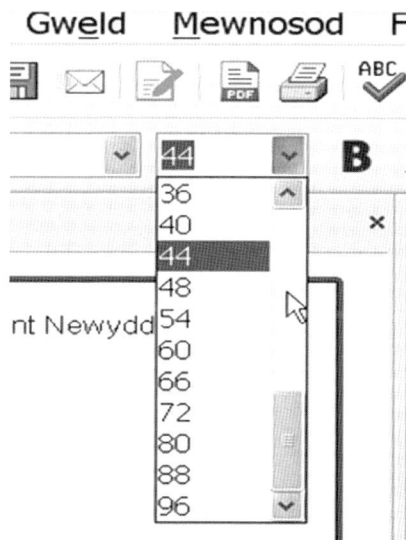

Ffigur I:46
Y gwymplen maint ffontiau

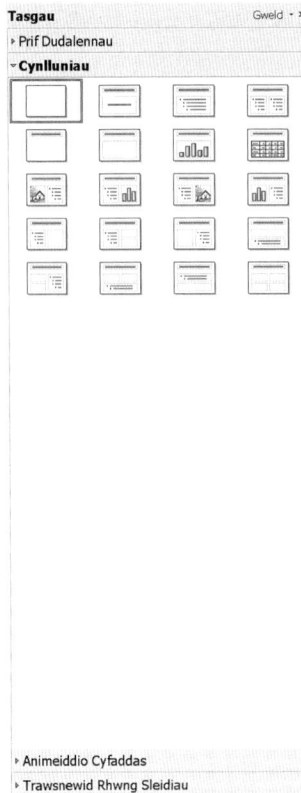

Creu rhestrau

Creu rhestr fwledi

Rhaid creu sleid cyn y gellwch greu rhestr fwledi. Felly, agorwch *Impress* ac yna cliciwch ar yr eicon *Sleid* ar y bar offer. (Cofiwch y gellir hefyd greu sleid newydd drwy glicio ar *Mewnosod* → *Sleid*.)

Dewiswch gynllun i'ch sleid o blith y dewis ar ochr dde'r sgrin waith (Ffigur I:47). Mae bwledi yn rhan o'r cynllun gwreiddiol yn achos rhai o'r opsiynau.

Cliciwch ar eich cynllun dewisol, a bydd sleid wag newydd yn ymddangos (Ffigur I:48).

Nawr bydd angen ichi roi teitl i'ch sleid. Gwnewch hyn yn y blwch *Clicio i ychwanegu teitl*. Bwriwn yr hoffech drafod cestyll Cymru. Ar ôl ichi ychwanegu'r teitl,

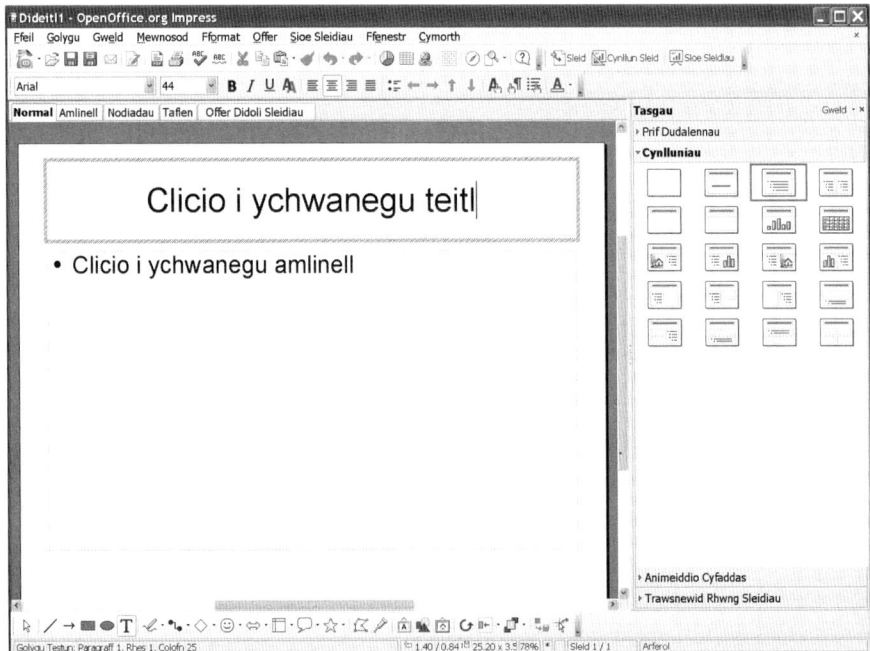

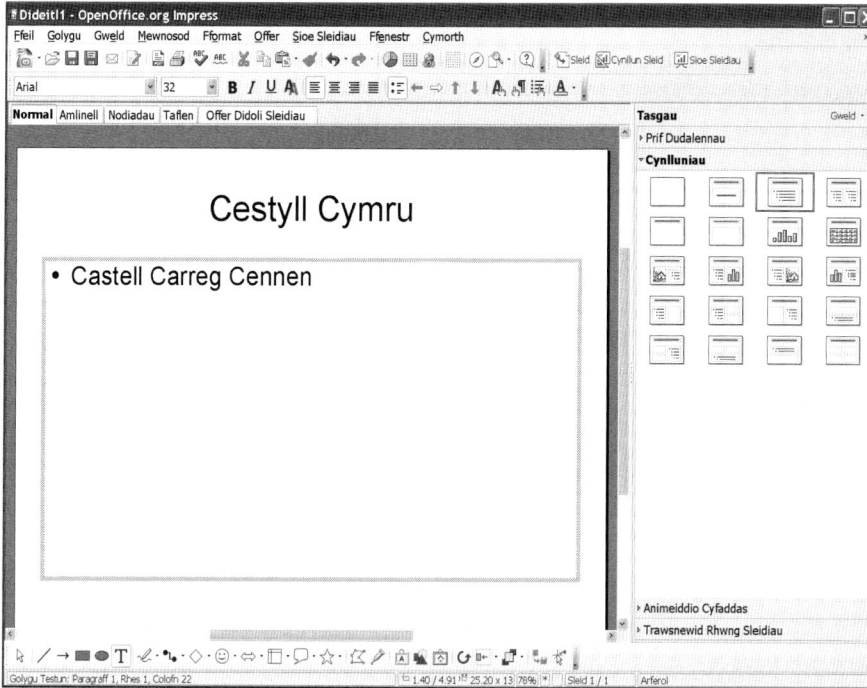

Ffigur I:49
Ychwanegu teitl a'r eitem gyntaf yn y rhestr

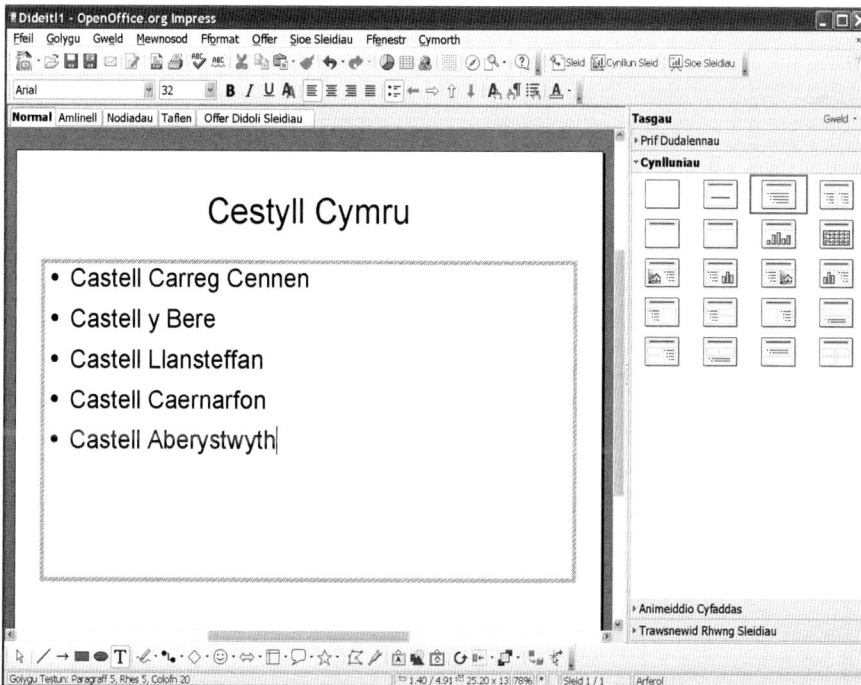

Ffigur I:50
Ychwanegu eitemau at y rhestr

sef *Cestyll Cymru*, symudwch y cyrchwr i'r blwch testun a chlicio ar *Clicio i ychwanegu amlinell*. Rhowch enw castell i mewn: Castell Carreg Cennen. Oherwydd y cynllun a ddewiswyd gennych, bydd bwled wrth y geiriau hyn. Mae Ffigur I:49 yn dangos yr eitem gyntaf yn eich rhestr.

Pwyswch Enter ar eich bysellfwrdd i ychwanegu eitemau at y rhestr (Ffigur I:50).

Os byddwch eisiau cyfaddasu'r math o fwledi yn eich sleid, dewiswch (goleuwch) y rhestr yn eich sleid. Wedyn cliciwch ar *Fformat* → *Bwledi*. Daw'r blwch *Bwledi a Rhifo* i'r golwg (Ffigur I:51). Mae sawl math o fwledi yn y blwch hwn. Gellwch newid y bwledi oedd yn y cynllun gwreiddiol drwy glicio ar un o'r paneli Dewis. Cliciwch ar *Iawn* wedyn. Daw eich rhestr newydd i'r golwg (Ffigur I:52). Sylwch ar siâp y bwledi.

Edrychwch ar y blwch *Bwledi a Rhifo* (Ffigur I:51) unwaith eto. Sylwch ar y gyfres o dabiau ar draws pen uchaf y blwch (*Bwledi, Math o rifau, Graffigau, Safle, Addasu*). Fe gewch glicio ar y tabiau hyn fesul un er mwyn darganfod rhagor o opsiynau. Cliciwch ar y tab *Addasu* yn y blwch *Bwledi a Rhifo* er enghraifft (Ffigur I:53). Yn y blwch hirfain *Maint cymharol*, fe gewch addasu maint eich bwledi. I gyflawni hynny, cofiwch y bydd rhaid amlygu cynnwys eich sleid yn gyntaf.

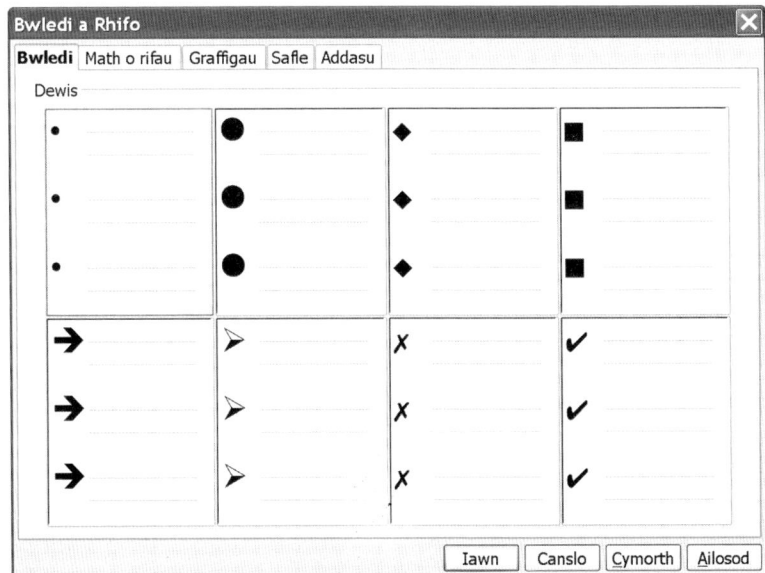

Ffigur I:51
Y blwch *Bwledi a Rhifo*

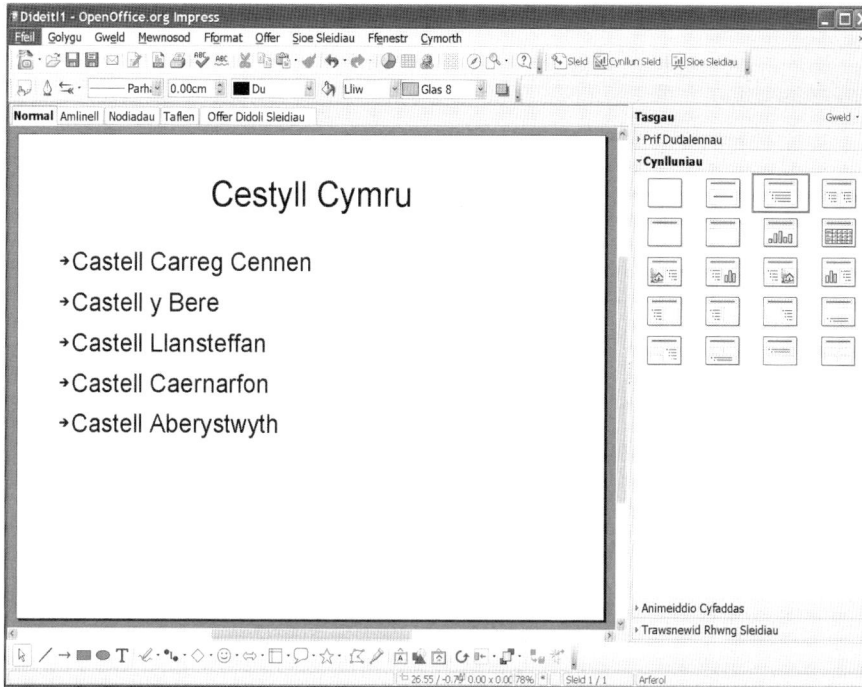

Ffigur I:52
Disodli'r bwledi
gwreiddiol

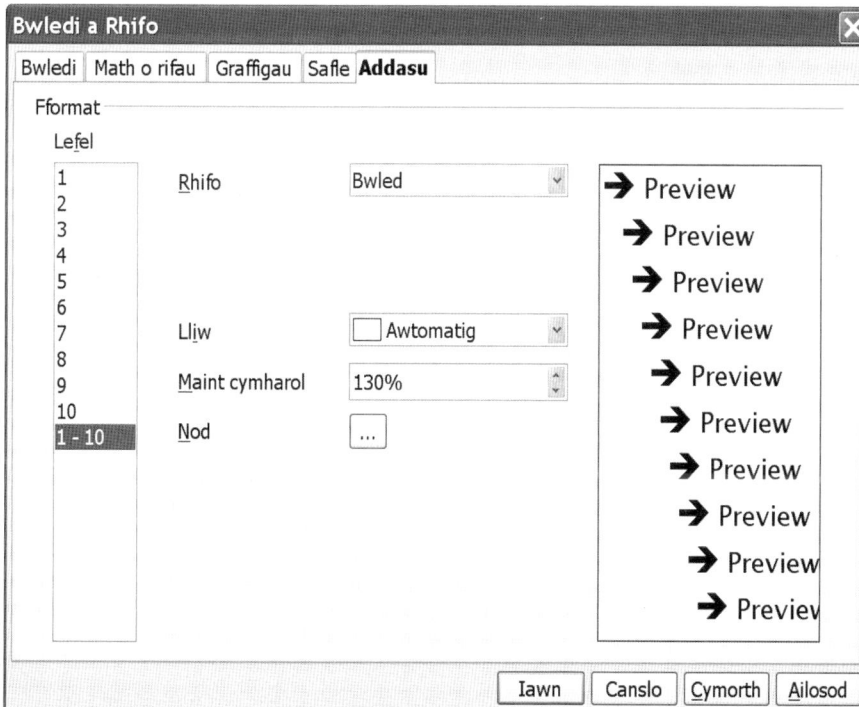

Ffigur I:53
Addasu maint y bwledi

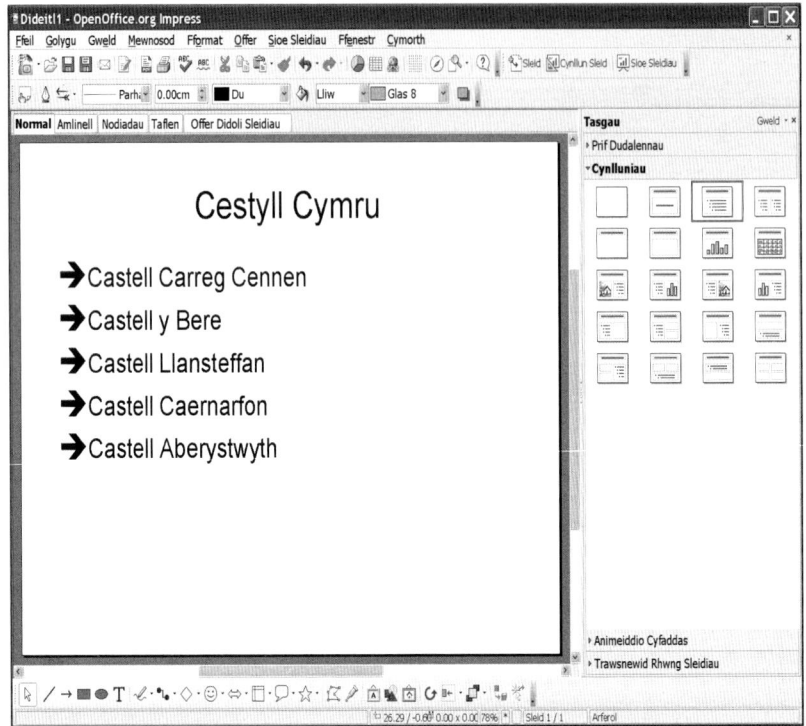

Ffigur I:54
Maint y bwledi wedi
iddynt gael eu haddasu

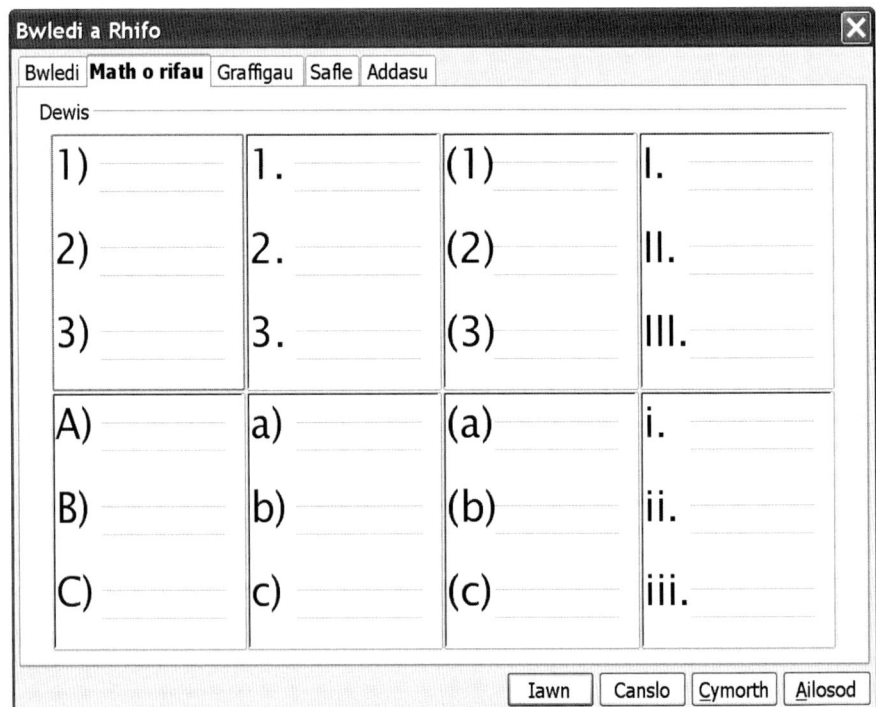

Ffigur I:55
Y blwch *Bwledi a Rhifo,*
Math o rifau

Yn Ffigur I:54, fe welwch y rhestr ar ei newydd wedd wedi addasu maint y bwledi.

Creu rhestr wedi'i rhifo

Mae defnyddio Impress i greu rhestr wedi'i rhifo yn debyg iawn i greu rhestr fwledi. Dilynwch y cyfarwyddiadau uchod felly (tt. 146-51). Yn y blwch *Bwledi a Rhifo*, cliciwch ar y tab *Math o rifau* a dewiswch arddull rhifau o blith yr opsiynau a gynigir (Ffigur I:55).

Fformatio paragraffau

Trafod y testun gan ddefnyddio'r dalfannau

Yma fe gewch wybod sut i aildrefnu cynnwys sleid. Ystyr aildrefnu yn yr achos hwn yw newid siâp y testun neu symud y testun o un man i'r llall tu fewn i'r sleid er enghraifft. Rhaid defnyddio'r dalfannau i wneud hyn. Wyth dalfan sydd i bob blwch testun. Wyth sgwâr gwyrdd o amgylch y blwch yw'r dalfannau. Fe'u dangosir yn Ffigur I:56.

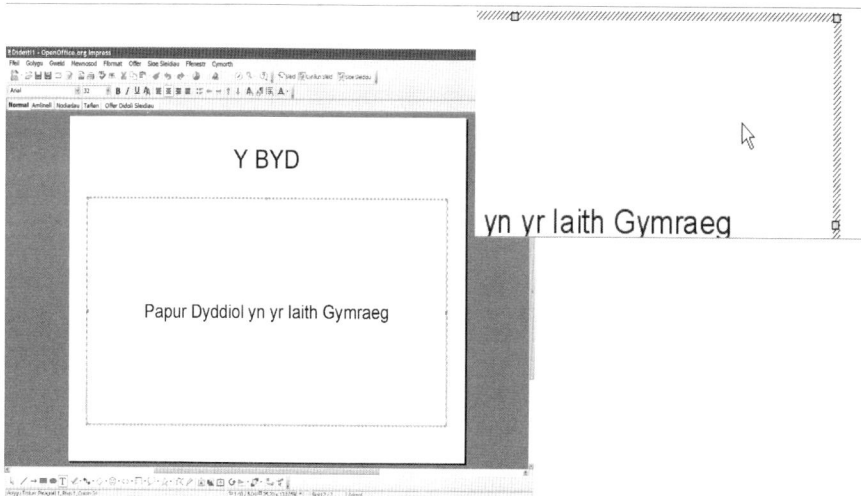

Ffigur I:56
Y dalfannau

I aildrefnu cynnwys sleid, cliciwch ar un o'r dalfannau â'r cyrchwr gan ddal eich bys arno. Bydd y cyrchwr yn troi yn saeth ddeupen (↔). Tynnwch ffrâm y blwch testun i'r dde neu i'r chwith, i fyny neu i lawr yn ôl y siâp y dymunwch ei chreu. Cymharer Ffigur I:57 â Ffigur I:56 i weld enghraifft o destun sydd wedi ei aildrefnu.

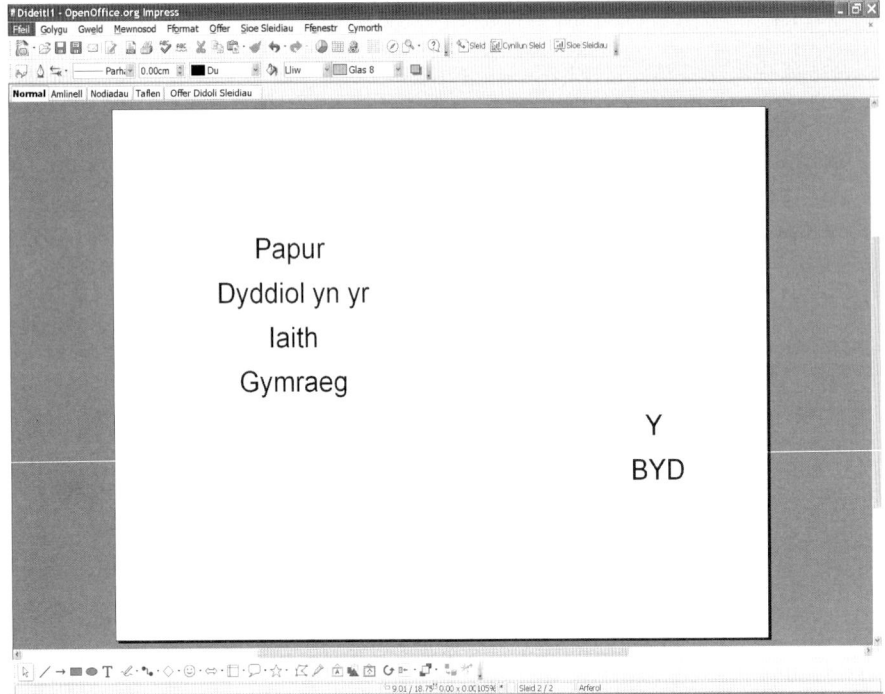

Canoli, unioni ac alinio

Yma, fe ddysgwch sut mae canoli, unioni ac alinio'r testun sydd mewn sleid. Yr un yw'r broses ag yn Writer, sef defnyddio'r botymau ar y bar fformatio. Yn wir, i bob pwrpas, yr un opsiynau fformatio sydd yn Writer ac Impress.

Y cam cyntaf yw dod o hyd i'r botymau drwy glicio ar dab *Normal* sgrin waith Impress. Yna, cliciwch unwaith yn y blwch testun. Daw'r dalfannau i'r golwg, a bydd y bar fformatio'n newid o'r hyn ydyw yn Ffigur I:58 i'r hyn ydyw yn Ffigur I:59.

Gellwch glicio ar y botymau canoli, unioni ac alinio ar y bar fformatio i aildrefnu'r cynnwys. Yn Ffigur I:60 fe welwch y testun wedi'i ganoli. (Byddai dewis un o'r botymau eraill yn creu effaith wahanol. Er enghraifft byddai clicio ar y botwm olaf yn unioni'r testun ar y ddwy ochr.)

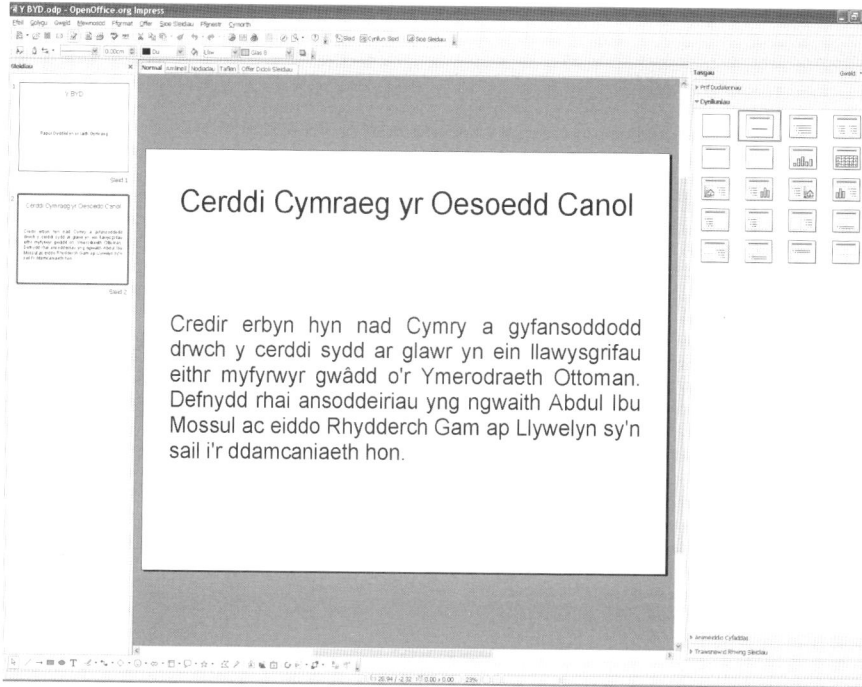

Ffigur I:58
Y bar fformatio *Normal*
cyn clicio yn y blwch
testun

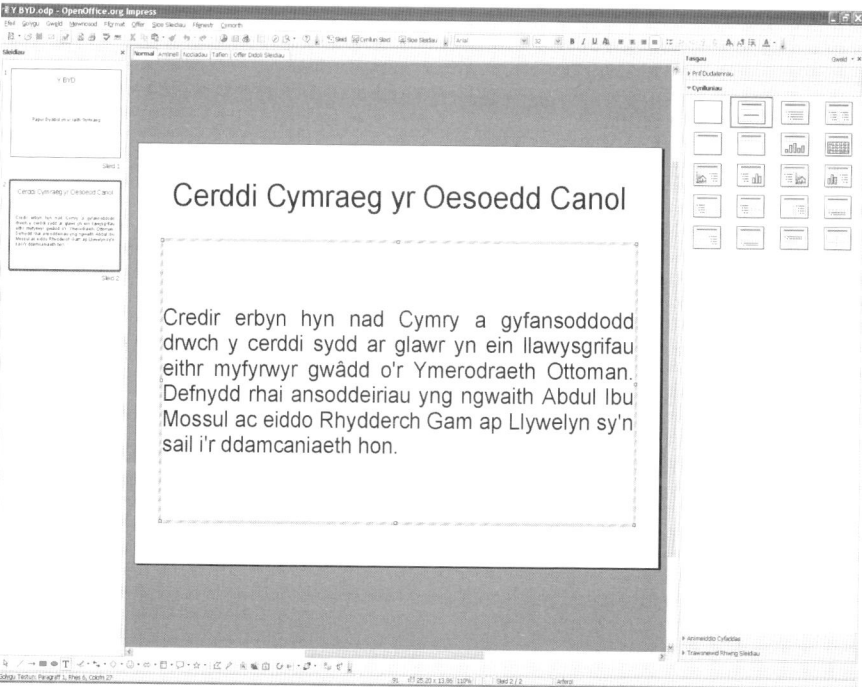

Ffigur I:59
Y bar fformatio *Normal*
wedi clicio yn y blwch
testun

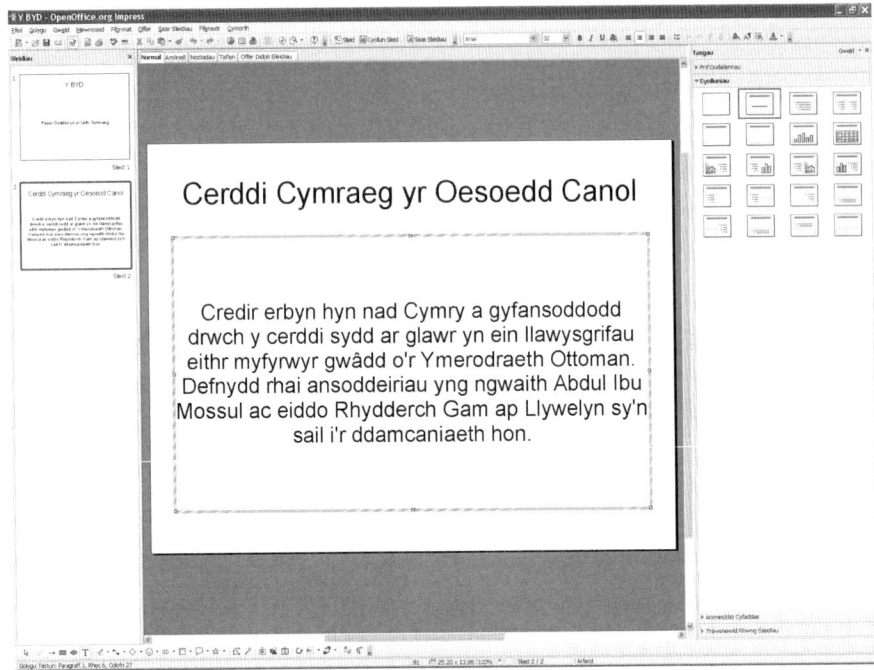

Ffigur I:60
Y testun wedi'i ganoli

Creu prif sleid a'i defnyddio

Mae creu prif sleid wrth ddechrau gweithio ar gyfres o sleidiau yn ffordd o safoni cyfansoddiad a fformat pob sleid yn y gyfres.

O wneud hyn ni fydd rhaid trafferthu gyda fformat pob sleid unigol. I greu prif sleid, ewch i sgrin waith Impress ac yna cliciwch ar *Gweld* → *Prif* → *Prif Sleid* (Ffigur I:61). Daw'r brif sleid gysefin i'r golwg (Ffigur I:62).

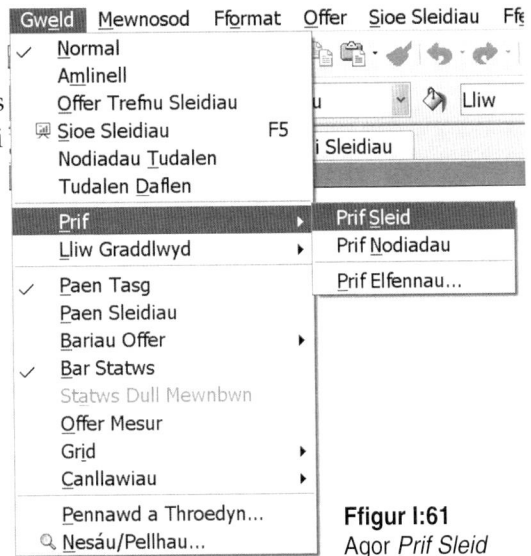

Ffigur I:61
Agor *Prif Sleid*

Yn Ffigur I:63, fe welwch y brif sleid wedi'i fformatio. Y cwestiwn yw: sut mae creu Ffigur I:63 ar sail yr hyn a welir yn Ffigur I:62?

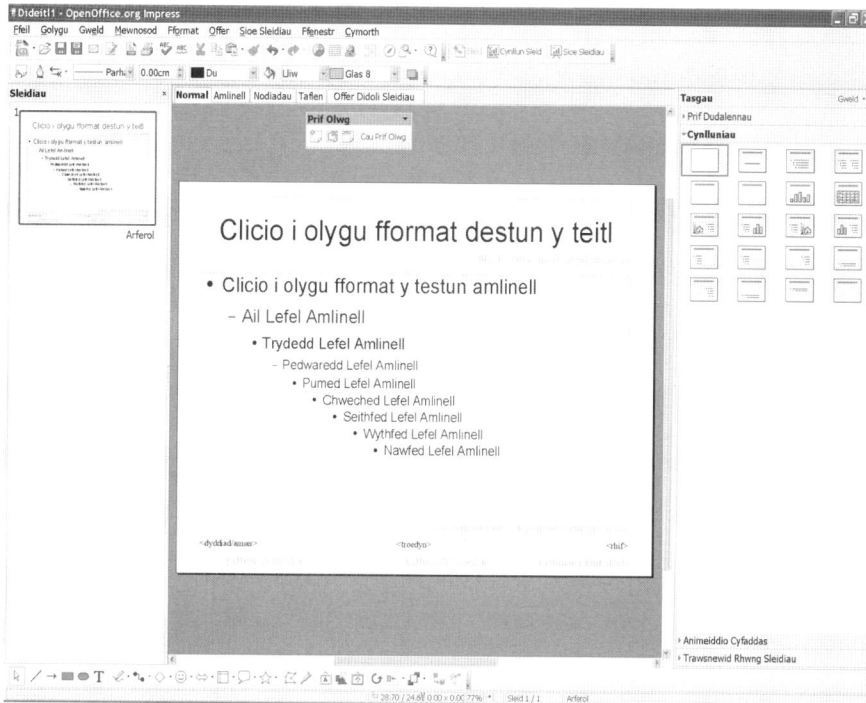

Ffigur I:62
Y brif sleid gysefin

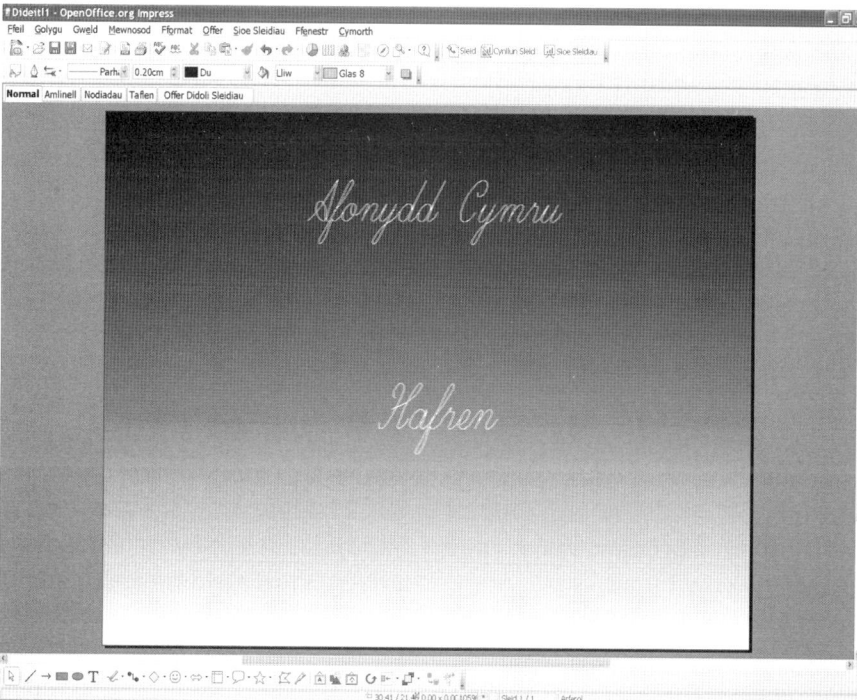

Ffigur I:63
Y brif sleid gysefin
wedi'i fformatio

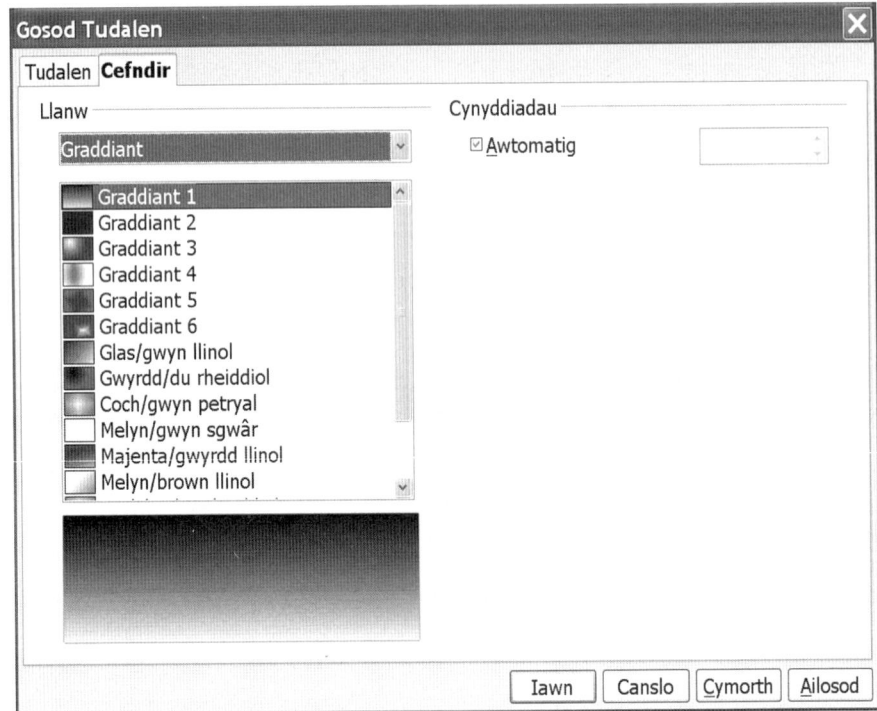

Dilynwch y pedwar cam hyn.

1 Gosod y cefndir (Ffigur I:64)
   Cliciwch ar *Fformat* → *Tudalen*, ac fe welwch y blwch *Gosod Tudalen*.
   Yna, cliciwch ar *Cefndir* → *Graddiant* → *Graddiant 1* → *Iawn*.

2 Gosod y ffont
   Cliciwch ar *Fformat* → *Nod* → *Ffont*. Bydd y blwch *Nod* yn
   ymddangos. Dewiswch *Brush Script MT*, *Italig* a 44 yn y tair
   dewislen. Cliciwch ar *Iawn*. Gosodwch y ffont yn yr un modd yn y
   blwch testun oddi tan y blwch teitl.

3 Gosod lliw i'r ffont (Ffigur I:65)
   Cliciwch yn y blwch teitl er mwyn dewis (goleuo) y testun.
   Cliciwch ar y saeth fach wrth ochr yr eicon lliw ffont ar y bar
   fformatio. Dewiswch wyn yn lliw cefndir o blith yr opsiynau lliw
   niferus yn y blwch *Lliw Ffont*. Cadwch eich prif sleid fformatiedig
   yn y dull arferol (*Ffeil* → *Cadw Fel . . .*).

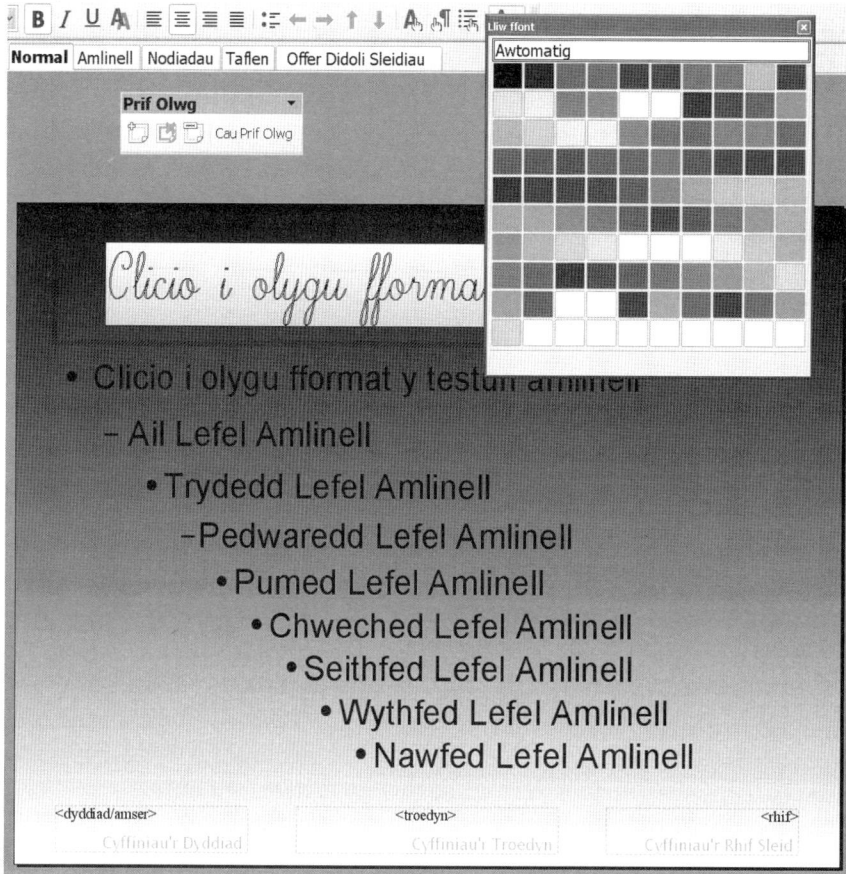

Ffigur I:65
Gosod lliw i'r ffont

4   Y brif sleid

Agorwch y brif sleid wedi'i chadw. Bydd pob sleid a fewnosodir yn y gyfres newydd gennych yn epil i'r brif sleid.

Ychwanegu lluniau

Clip Art

Yma fe ddysgwch sut i gynnwys lluniau yn eich sleidiau er mwyn eu gwneud yn fwy deniadol ac effeithiol. Mae diwyg gweledol yn hanfodol i rai cyflwyniadau, yn enwedig wrth hyrwyddo cynnyrch neu gyflwyno syniadau cymhleth. Wrth lunio cyflwyniad felly, meddyliwch pa fath o graffigau, ffotograffau, a lluniau a all ei gyfoethogi.

Casgliad o waith celf parod yw Clip Art. Nid yw Clip Art yn rhan o becyn OpenOffice.org: felly rhaid cael gafael ar gasgliadau Clip Art tu allan i'r rhaglen hon. Gellwch wneud hynny ar y we: mae modd prynu Clip Art yn y fan honno, ac weithiau mae ar gael am ddim. Mae Clip Art ar gael ar CD-ROM a DVD hefyd. Os penderfynwch ddefnyddio Clip Art yn eich cyflwyniad, cofiwch barchu amodau hawlfraint y deunyddiau.

Mae mewnosod graffig yn Impress yr un peth ag yn Writer. Agorwch yr olygfa *Normal*, ac yna ewch i *Mewnosod → Darlun → O'r Ffeil* (Ffigur I:66).

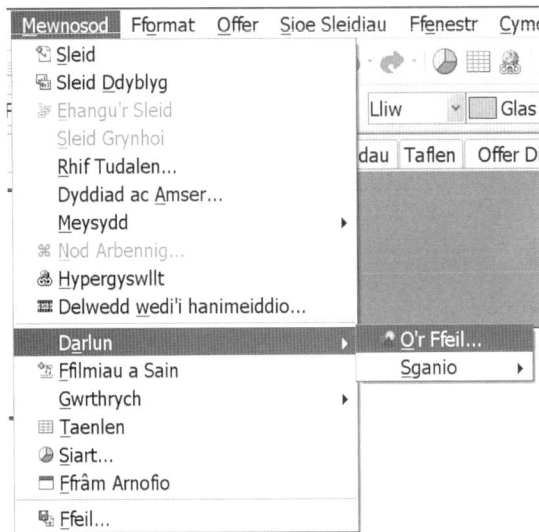

Ffigur I:66
Mewnosod graffig

Bydd y blwch *Mewnosod Graffigau* yn ymddangos. Dewiswch y ffeil y dymunwch ei mewnosod, ac yna cliciwch ar *Agor*. Bydd y graffig yn ymddangos yng nghanol eich sleid. Gellwch lusgo'r graffig i leoliad newydd a'i ailfeintioli drwy ddefnyddio'r wyth ddolen ailfeintioli sydd o'i amgylch. Os byddwch eisiau sganio delwedd yn uniongyrchol i sleid Impress, defnyddiwch *Mewnosod → Darlun → Sganio*.

Gwrthrychau darlunio

Yn yr un modd â Writer, mae Impress yn cynnig amrywiaeth o offer darlunio a fydd yn eich galluogi i gynnwys gwahanol siapiau yn eich cyflwyniadau ac i ymgymryd â gwaith darlunio syml. fe welwch y bar offer darlunio ar waelod sgrin waith Impress yn yr olygfa *Normal* (Ffigur I:67).

Ffigur I:67
Bar offer darlunio

Ewch i dudalen 71 yn Writer i weld swyddogaethau'r gwahanol eiconau ar y bar offer darlunio.

Ychwanegu siart

Os byddwch yn defnyddio ystadegau yn eich cyflwyniad, mae defnyddio siart yn ffordd effeithiol o gyflwyno crynodeb o'r ystadegau hynny. Mae gan Impress ei fersiwn fach ei hunan o Calc y gellir ei ddefnyddio i greu siartiau ar gyfer eich cyflwyniad.

Ewch i *Mewnosod → Siart*. Bydd siart sampl yn cael ei gosod yng nghanol eich sleid (gellwch symud y siart i'r man lle y dymunwch ei osod). Er nad dyma'r union siart y byddwch yn ei defnyddio yn eich cyflwyniad, mae'n well ei gosod yn y man cywir a'i hailfeintioli. Gwnewch hynny drwy ddefnyddio'r wyth ddolen ailfeintioli.

Mae'n debyg y byddwch eisiau cyfaddasu'r siart i gyd-fynd â'ch cyflwyniad. De-gliciwch ar y siart, a bydd dewislen yn ymddangos (Ffigur I:68). Yn y ddewislen hon y mae dewis yr elfennau y dymunwch eu cyfaddasu. Efallai y byddwch eisiau newid data'r siart er enghraifft. Cliciwch ar *Data Siart* a bydd taenlen fechan yn ymddangos (Ffigur I:69).

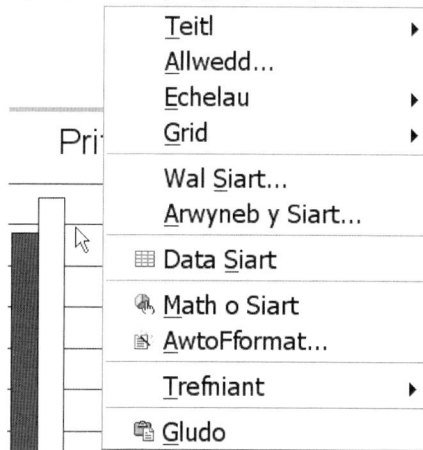

Ffigur I:68

Ffigur I:69
Newid data siart

Gellwch roi eich data eich hunan yn y meysydd a newid teitlau'r colofnau a'r rhesi drwy ddefnyddio'r botymau canlynol.

Os byddwch eisiau ychwanegu rhesi a cholofnau i gyd-fynd â'ch data, defnyddiwch y ddau fotwm cyntaf ar ochr chwith y bar offer.

Yn yr un modd, fe gewch ddileu rhes neu golofn trwy ddefnyddio'r botymau hyn.

Os dymunwch i'r data ymddangos yn nhrefn yr wyddor, mae'n bosib didoli'r rhesi neu'r colofnau. Defnyddiwch y botymau hyn i wneud hynny.

Ar ôl ichi fewnbynnu eich data, gellwch osod y data yn y siart. Cliciwch ar y botwm *Gosod i'r Siart*.

Os cliciwch ar y groes fach yng nghornel dde uchaf y blwch *Data Siart*, bydd y blwch yn cau ac fe welwch eich siart ar ei newydd wedd.

Ar ôl gosod y data yn y siart, mae'n hawdd golygu'r data hynny. De-gliciwch ar y siart a dewis *Data Siart*. Gellwch olygu'r data yn yr un modd â'r tro blaenorol. Cofiwch ddefnyddio *Gosod i'r Siart* i roi eich newidiadau ar waith yn y siart.

Os hoffech newid y math o siart, de-gliciwch ar y siart. Cliciwch ar *AwtoFfformat*, a bydd y blwch deialog *Siart AwtoFfformat* yn ymddangos (Ffigur I:70).

Sgrin 1 (Ffigur I:70)
Ar y sgrin gyntaf y mae dewis y math o siart. Pan gliciwch ar siart wahanol, fe welwch ragolwg ohoni yn y blwch ar yr ochr chwith. Wedi gwneud eich dewis, cliciwch ar *Nesaf*.

Sgrin 2 (Ffigur I:71)
Gwnewch eich dewis eto a chliciwch ar *Nesaf* yn ôl yr arfer.

Sgrin 3 (Ffigur I:72)
Ar y drydedd sgrin y mae nodi teitl y siart ynghyd â theitlau'r echelau. Wedi gwneud hynny fe gewch fwrw ymlaen i greu'r siart drwy glicio ar *Creu*.

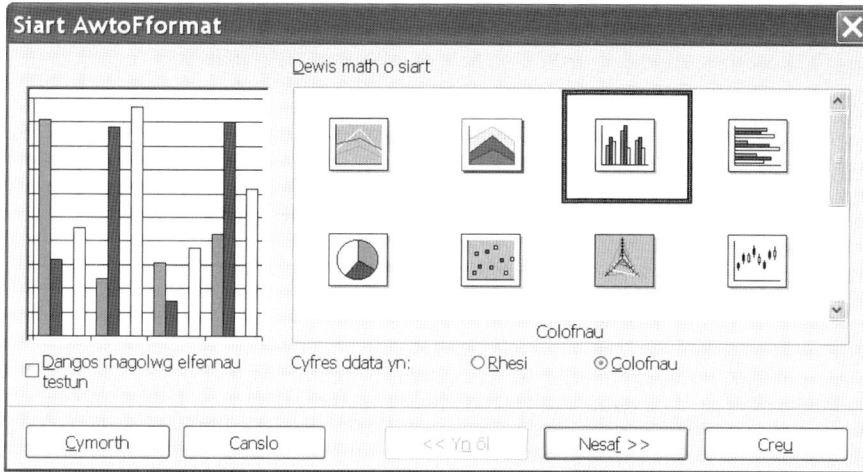

Ffigur I:70
Siart AwtoFformat:
sgrin 1

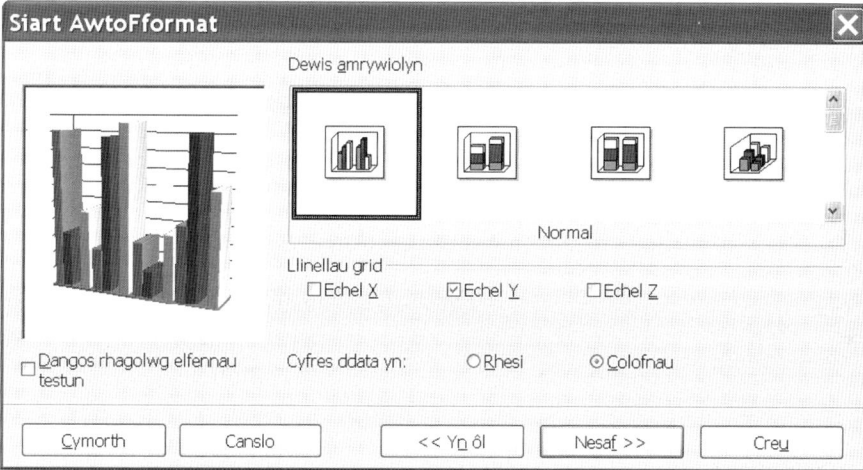

Ffigur I:71
Siart AwtoFformat:
sgrin 2

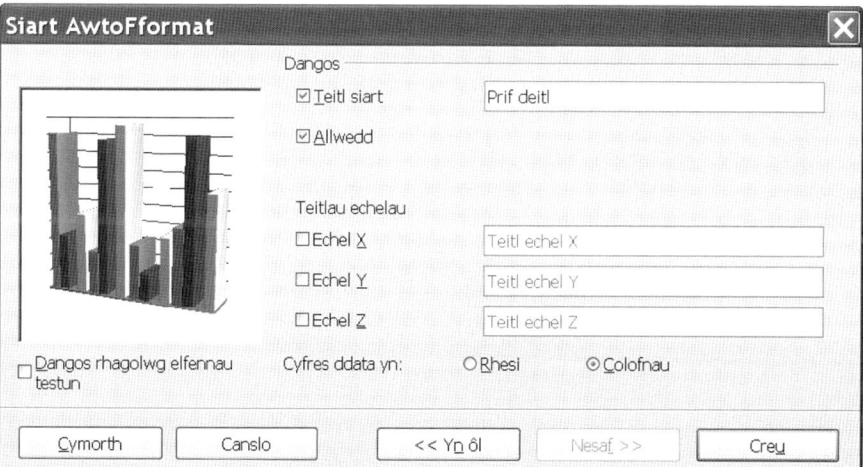

Ffigur I:72
Siart AwtoFformat:
sgrin 3

Cefndir lliw

Dewis cefndir lliw neu gefndir patrymog

Yn hytrach na chyflwyno sleidiau plaen bob amser, gellwch ddefnyddio'r opsiynau cefndir i amrywio golwg eich sleidiau. Dyma sut mae gosod cefndir deniadol i'r sleidiau yn eich cyflwyniad.

Agorwch OpenOffice.org Impress. Pan welwch y *Dewin Cyflwyno* sgrin 1, cliciwch ar *Creu* i agor sgrin waith Impress. Cliciwch ar *Fformat →* *Tudalen* i agor y blwch *Gosod Tudalen*. Mae dau dab yn y blwch hwn, sef *Tudalen* a *Cefndir*. Cliciwch ar *Cefndir*. Fe welwch *Llanw* a blwch hirfain oddi tano. Cliciwch ar y saeth fach yn y blwch hwnnw a bydd cwymplen yn ymddangos. Yn y gwymplen mae pedwar opsiwn: *Lliw*, *Graddiant, Croeslinellau, Didmap* (Ffigur I:73).

1   Cliciwch ar *Lliw* i ddewis lliw yn gefndir i'ch sleid (Ffigur I:74).
2   Cliciwch ar *Graddiant* i ddewis cefndir graddliw i'ch sleid (Ffigur I:75).
3 a 4   Cliciwch ar *Croeslinellau* a *Didfap* yn eu tro i weld yr opsiynau a gynigir yn y dewislenni cyfatebol hynny. Gosodwch eich hoff gefndir gan glicio ar *Iawn* yn y blwch *Gosod Tudalen*.

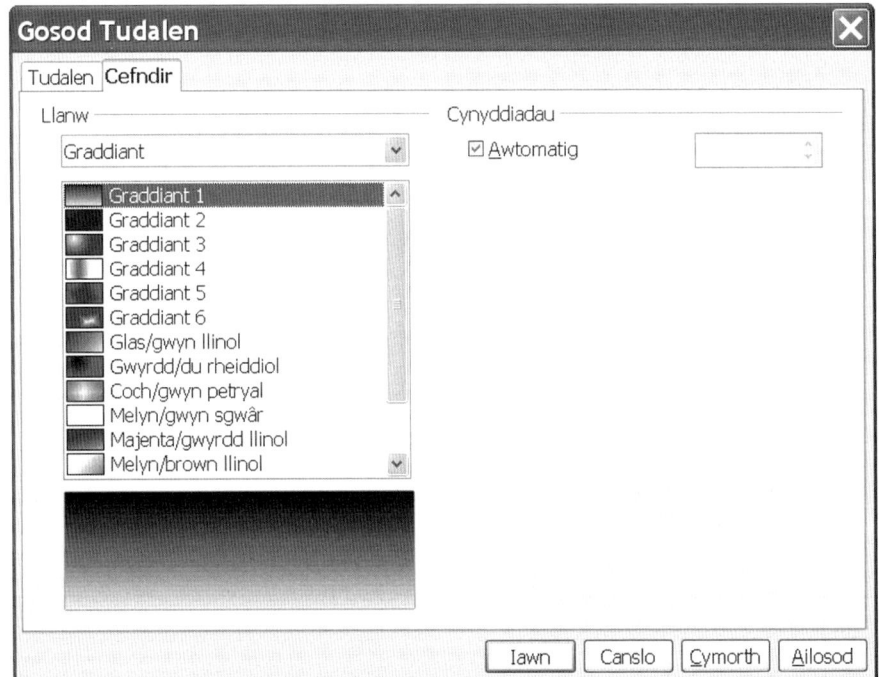

Ffigur I:73
Opsiynau'r blwch
Gosod Tudalen

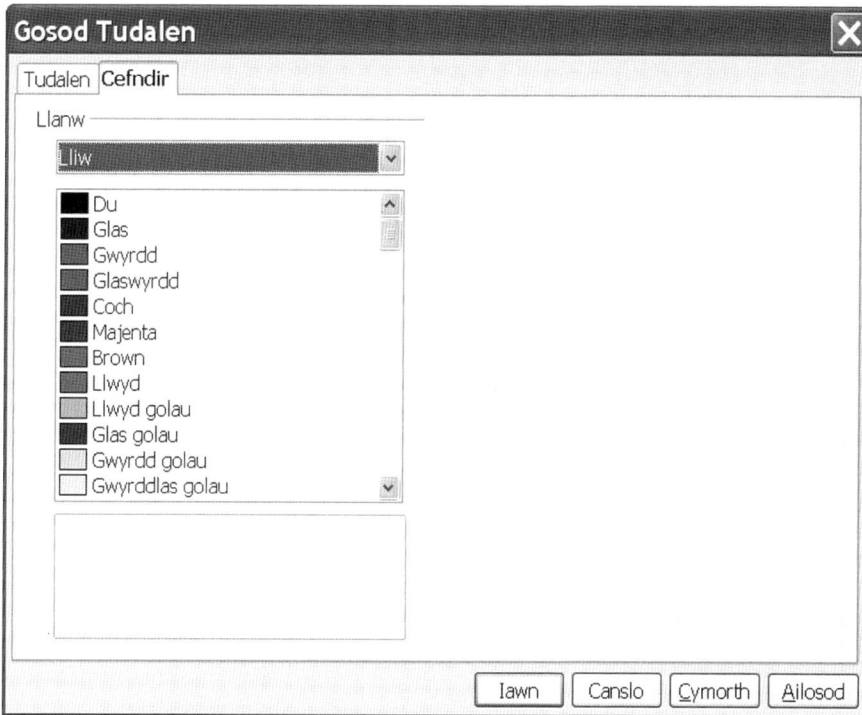

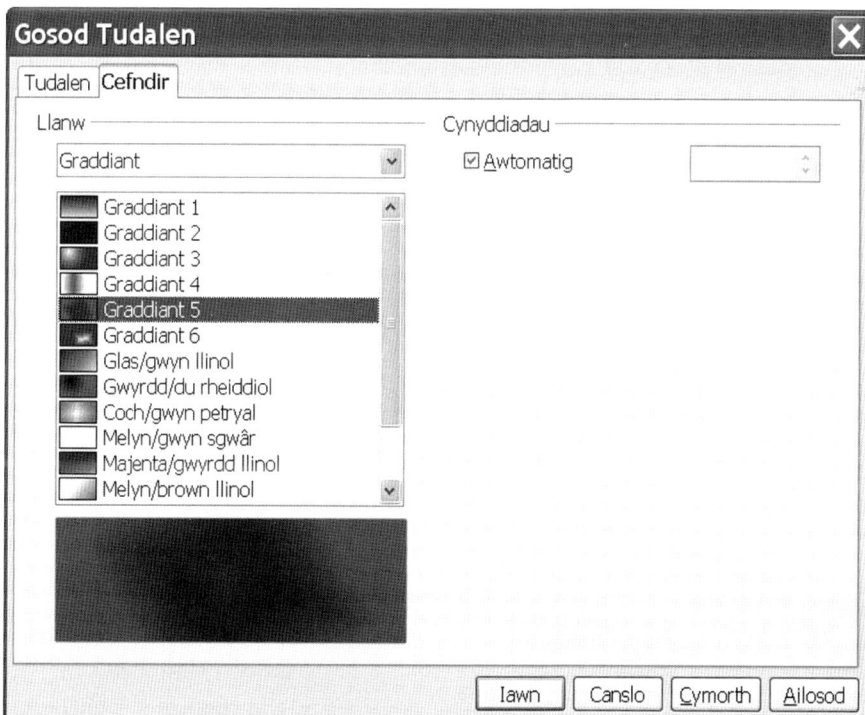

Ffigur I:75
Dewis cefndir graddliw
i'ch sleid

Priodweddau 3D

Ychwanegu gwrthrychau 3D

Yn ogystal â delweddau a gwaith celf 2D, mae Impress yn cynnig gwrthrychau ac effeithiau 3D. Mae'r gwrthrychau 3D hynny yn rhan o'r offer darlunio ar y bar offer darlunio ar waelod sgrin waith Impress (gw. Ffigur I:67).

I sicrhau bod yr offer 3D ar waith:

1 Cliciwch ar y saeth fach nesaf at y dde ar y bar offer darlunio.
2 Pan ddaw'r neidlen i'r golwg, dewiswch *Botymau Gweladwy.*
3 Cliciwch ar *Gwrthrychau 3D* yn y neidlen helaeth (Ffigur I:76).

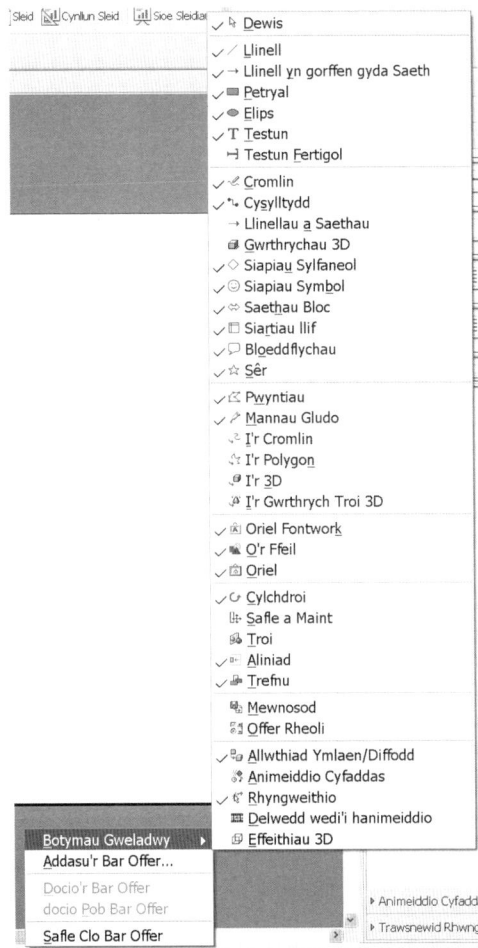

Ar ôl rhoi'r gwrthrychau 3D ar waith yn y bar darlunio, agorwch y dewisflwch *Gwrthrychau 3D* er mwyn gweld hyd a lled y dewis a gynigir gan y rhaglen (Ffigur I:76). Fel hyn y mae agor y dewisflwch hwnnw:

1 Cliciwch ar *Gweld → Bariau Offer → Gwrthrychau 3D* (Ffigur I:77).
2 Ymddengys y dewisflwch *Gwrthrychau 3D* dim ond ichi glicio ar y saeth fach fel y dangosir yn Ffigur I:78.

Dilynwch y camau hyn i ychwanegu siâp 3D at eich sleid (Ffigur I:79):

1 Cliciwch unwaith ar y siâp – sffêr, er enghraifft.
2 Cliciwch unwaith ym mlwch testun y sleid.

Ffigur I:76
Rhoi *Gwrthrychau 3D* ar waith

3 Darluniwch y siâp gan symud y cyrchwr yn ôl ac ymlaen.

4 Tynnwch eich bys oddi ar y llygoden.

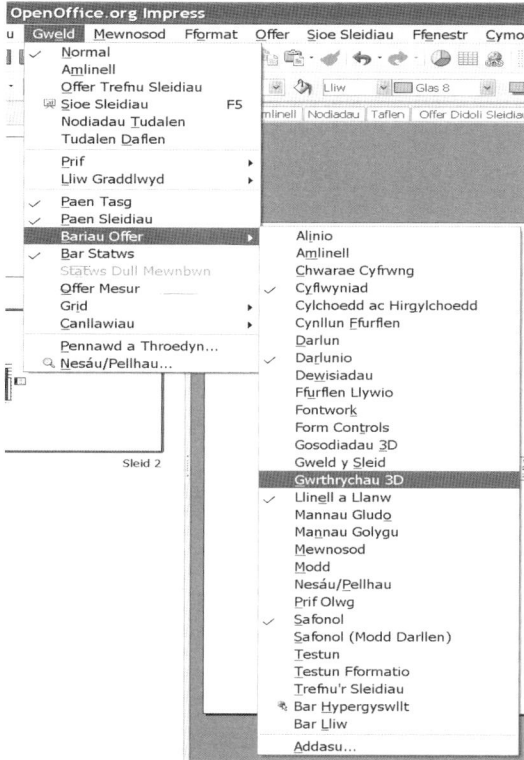

Ffigur I:77
Rhoi'r gwrthrychau
3D ar waith

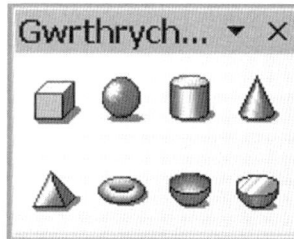

Ffigur I:78
Y dewisflwch
gwrthrychau 3D

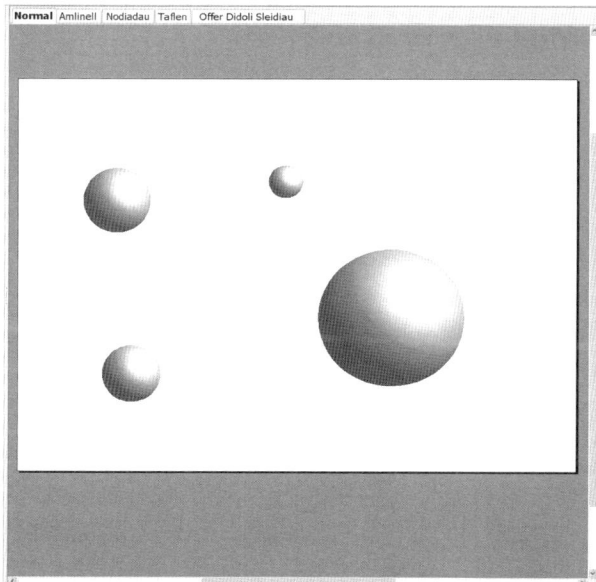

Ffigur I:79
Enghraifft o effaith 3D:
y bydysawd

Creu effeithiau testun

Mae nifer o effeithiau arbennig ar gael yn Impress a all fywiogi eich sleidiau a'u gwneud yn fwy trawiadol.

Sgrolio

Fel hyn y mae rhoi effeithiau sgrolio ar waith. Crëwch sleid. (Yn y sampl isod, *Sgrolio* yw teitl y sleid, a'r testun yw *Mae sgrolio yn hwyl fawr. Hwyl fawr ydy sgrolio.*) Cliciwch ar y testun er mwyn i'r wyth dolen ailfeintioli ymddangos. Sylwer na ellir rhoi'r effeithiau testun ar waith oni bai bod y dolenni hyn yn fyw. Cliciwch ar *Fformat → Testun* (Ffigur I:80).

Daw'r blwch deialog *Testun* i'r golwg (Ffigur I:81). Cliciwch ar y tab *Animeiddio Testun*, ac yna cliciwch ar y saeth fach yn y blwch *Effeithiau*. Yn y gornel uchaf ar y dde, fe welwch bedair saeth. Cliciwch ar un o'r saethau hyn er mwyn dynodi cyfeiriad y sgrolio (Ffigur I:81). (Yn y sampl isod, dewiswyd sgrolio tua'r ochr chwith.) Cliciwch *Iawn*.

Yn sgil dilyn y cyfarwyddiadau hyn, fe welwch fod testun eich sleid yn symud. Caiff hyn ei gynrychioli yn Ffigurau I:82–84. Yn yr enghraifft hon, dewiswyd sgrolio tua'r chwith.

Gellwch arbrofi â'r effeithiau sgrolio eraill yn y blwch *Testun*. Fe sylwch fod effaith fflachio ar gael hefyd. Yn hanner isaf y blwch *Testun* mae priodweddau eraill y gellwch eu defnyddio at ddibenion eich gwaith.

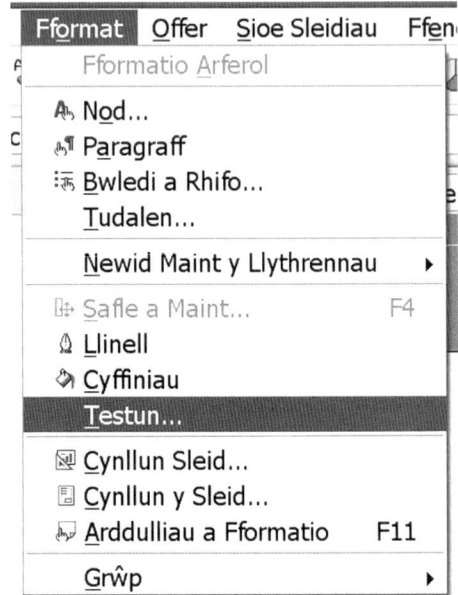

Ffigur I:80

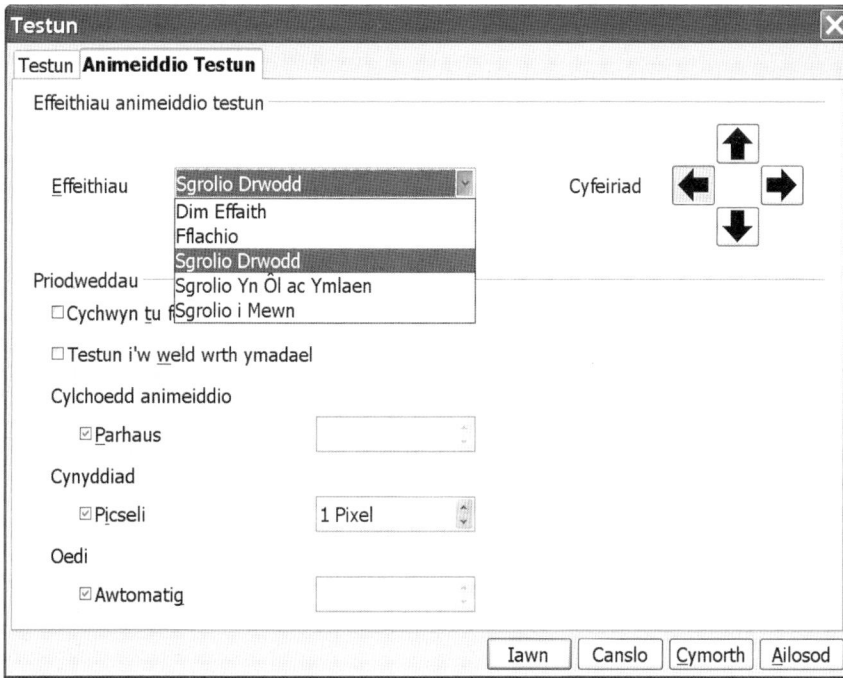

Ffigur I:81
Dewis cyfeiriad y
sgrolio

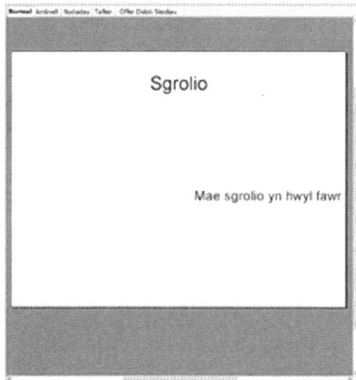

Ffigur I:82
Effeithiau sgrolio A

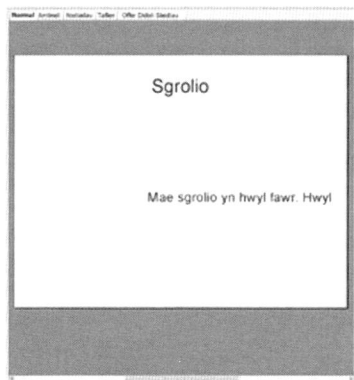

Ffigur I:83
Effeithiau sgrolio B

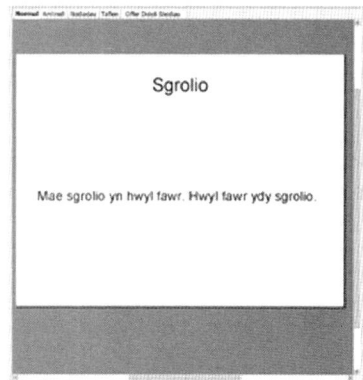

Ffigur I:84
Effeithiau sgrolio C

Effeithiau animeiddio

Mae gan Impress gronfa adnoddau animeiddio y gellwch ei defnyddio i animeiddio sleidiau. Ystyr animeiddio yn yr achos hwn yw peri i'r geiriau ddod i'r golwg mewn ffordd annisgwyl a chreadigol er mwyn ennyn diddordeb y gynulleidfa. Fel hyn y mae animeiddio sleid.
Yn gyntaf, cliciwch ar y blwch testun er mwyn i'r wyth dolen

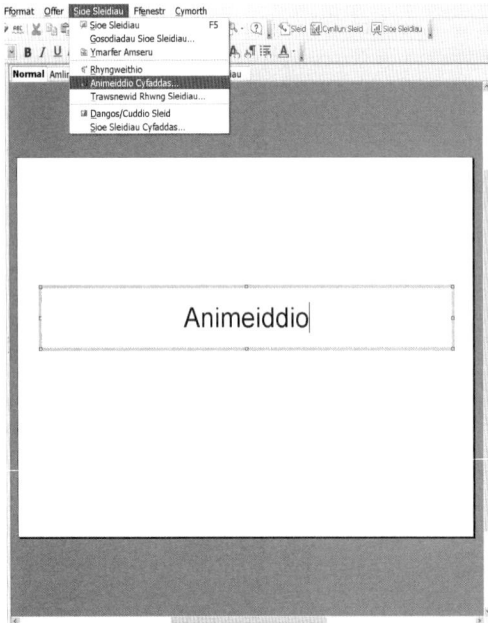

Ffigur I:85
Sioe Sleidiau →
Animeiddio Cyfaddas

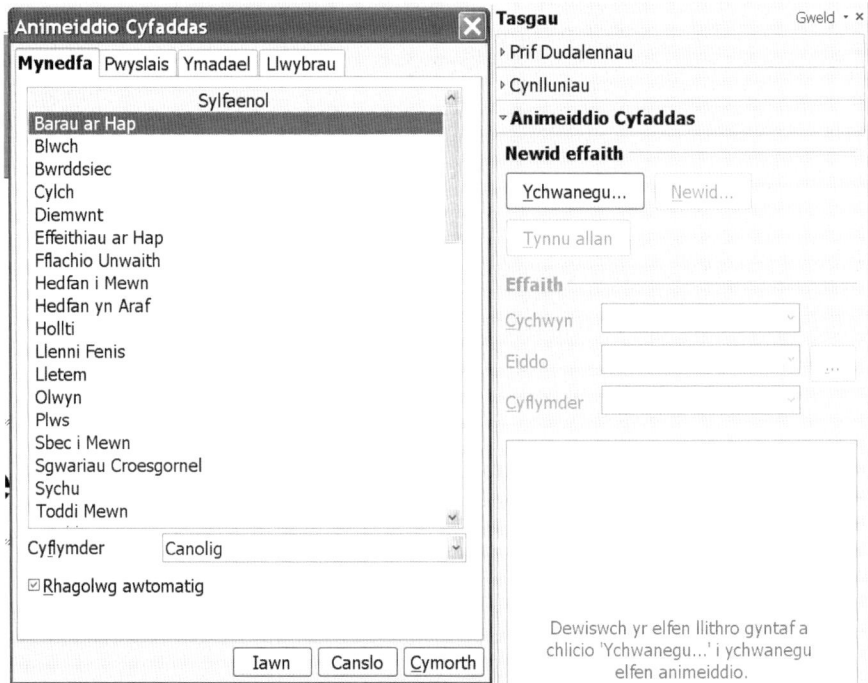

Ffigur I:86
Ychwanegu →
Animeiddio Cyfaddas

Ffigur I:87

Ffigur I:88
Cael hyd i'r botwm *Chwarae*

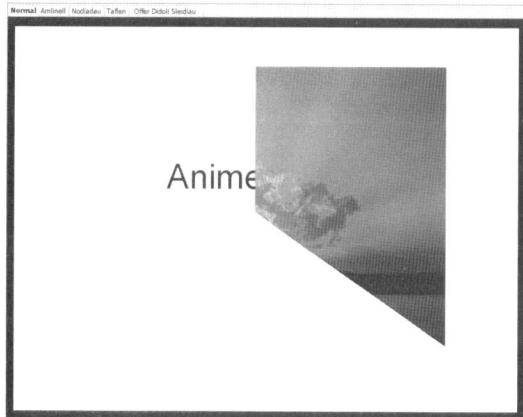

Ffigur I:89 Effaith olwyn A

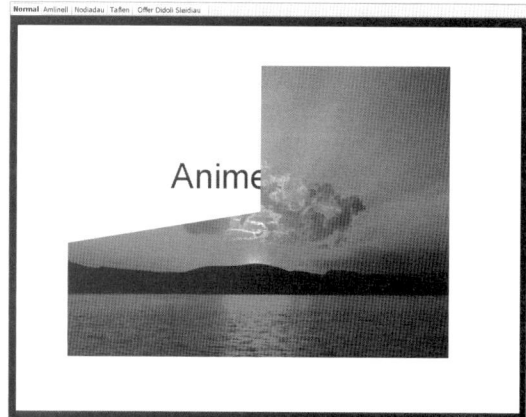

Ffigur I:90 Effaith olwyn B

ailfeintioli ymddangos. Yn ail, cliciwch ar *Sioe Sleidiau → Animeiddio Cyfaddas* (Ffigur I:85).

Yn sgil ysgogi'r blwch testun a chlicio ar *Sioe Sleidiau → Animeiddio Cyfaddas*, daw'r botwm *Ychwanegu* yn fyw yn y golofn dde yn y sgrin waith. Os cliciwch ar *Ychwanegu* dyma'r blwch *Animeiddio Cyfaddas* yn ymddangos (Ffigur I:86).

At ddibenion yr esboniad hwn, cymerwn yn enghraifft y llun a welir yn Ffigur I:87. Gellwch ddewis sut yr hoffech animeiddio'r llun o'r rhestr opsiynau yn y blwch *Animeiddio Cyfaddas*. Cymerwn *Olwyn* yn enghraifft yma. Felly:

1   Cliciwch ar *Olwyn* yn y rhestr opsiynau.
2   Cliciwch *Iawn* ar waelod y blwch *Animeiddio Cyfaddas.*
3   Sgroliwch lawr ar y dde nes gweld *Chwarae* (Ffigur I:88), ac yno cliciwch arno.

Yn Ffigur I:89 a Ffigur I:90, fe welwch yr effaith olwyn ar waith. Fe gewch arbrofi â'r gronfa adnoddau animeiddio nes dod yn feistr arnynt!

Ychwanegu effeithiau trawsnewid rhwng sleidiau

Ystyr trawsnewid yw'r hyn sy'n digwydd wrth i Impress symud o un sleid i'r llall. Mae ychwanegu effeithiau trawsnewid rhwng sleidiau yn debyg iawn i ychwanegu graffigau a gwrthrychau eraill at eich sleidiau. Er enghraifft, bydd trawsnewid rhwng sleidiau gan ddefnyddio sleidiau sy'n rholio i'r chwith yn dod ag un sleid i'r golwg ar un ochr y sgrin wrth i'r llall ddiflannu yr ochr arall. Gall defnydd priodol o'r effeithiau hyn wella cyflwyniad, ond cofiwch mai cynnwys eich sioe sleidiau yn hytrach na'r effeithiau arbennig sydd bwysicaf. Y peth pwysig wrth osod effeithiau trawsnewid rhwng sleidiau yw peidio â gorwneud yr effeithiau.

Rhaid bod yn yr olygfa *Normal* i osod effeithiau trawsnewid. Pan fyddwch yn yr olygfa *Normal*, bydd y paen *Tasgau* yn ymddangos naill ai yng nghanol y sgrin neu ar y dde yn dibynnu ar y gosodiadau a ddewiswyd. (Os na ddaw i'r golwg yn awtomatig, cliciwch ar *Gweld → Paen Tasg* yn sgrin waith Impress.) Yna, cliciwch ar *Trawsnewid Rhwng Sleidiau*.

Yn y gwymplen oddi tan *Gosod ar sleidiau dewisol* y mae dewis yr effeithiau trawsnewid. Yn y golofn ar y dde (Ffigur I:91), pwyswch gyntaf ar y sleid y dymunwch osod effaith drawsnewid iddi. Yna sgroliwch drwy'r gwymplen gan ddewis un ohonynt. Wrth ichi glicio ar y gwahanol effeithiau, bydd rhagolwg o'r effaith honno yn cael ei dangos yn y golofn chwith.

Nesaf gellwch ddiwygio'r trawsnewidiadau fel y gwelwch chi orau, trwy newid cyflymder y trawsnewid ac/neu ychwanegu sain. Edrychwch ar ochr chwith Ffigur 91 oddi tan *Diwygio'r trawsnewidiad*, a dewis pa mor gyflym yr ydych chi eisiau i'r trawsnewidiad ddigwydd. Tri dewis sydd yn hyn o beth, sef *Araf*, *Cymhedrol*, *Cyflym*.

Ar ben yr effeithiau gweledol, gellwch ychwanegu sain at eich sleidiau. Cliciwch ar y saeth i lawr sydd ar ochr dde'r blwch hirfain ac fe welwch gwymplen. Dewiswch y sain. Cliciwch ar *Sain Arall*, pan fo

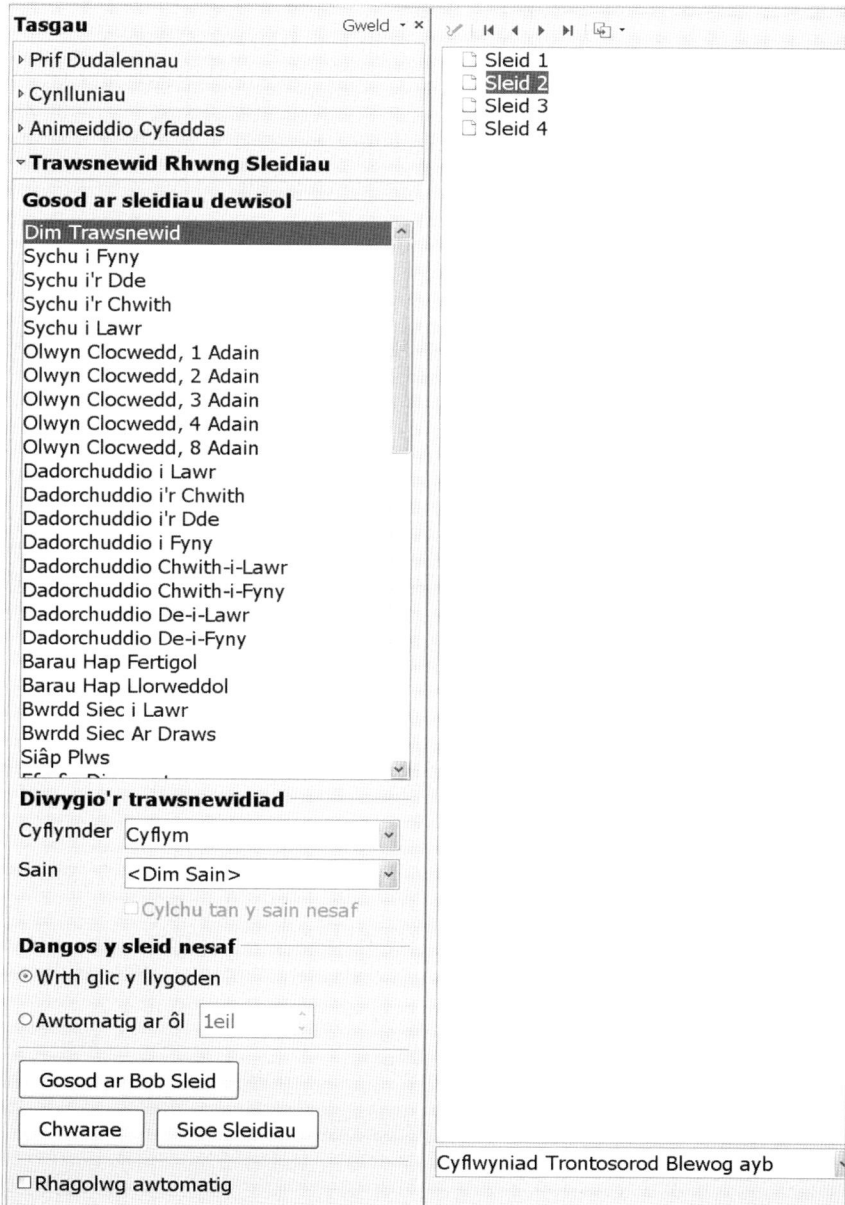

Ffigur I:91
Y paen *Tasgau*

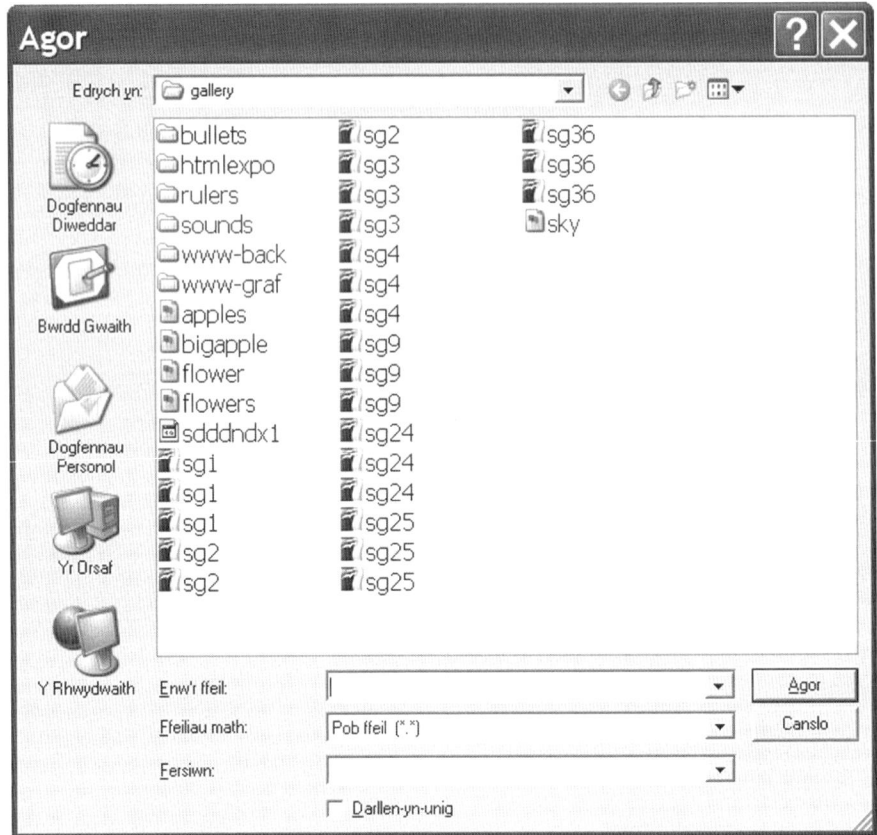

Ffigur I:92
Ychwanegu sain

sain ar gof a chadw eisoes ar eich cyfrifiadur. Bydd y blwch deialog *Agor* (Ffigur I:92) yn ymddangos.

Ar ôl cael hyd i'r sain, cliciwch ar *Agor*. Bydd y sain i'w gweld yn y gwymplen. Os nad ydych eisiau sain wrth drawsnewid rhwng sleidiau cliciwch ar *<Dim Sain>*.

Symudwch ymlaen eto i ddewis ai â llaw neu yn awtomatig y dymunwch symud y sleidiau. Os bydd y cyflwyno'n awtomatig, rhaid nodi yn y gwymplen gyfagos sawl eiliad yr ydych eisiau i bob sleid.

Ar waelod yr adran *Trawsnewid Rhwng Sleidiau*, mae tri botwm.

Bydd dewis y botwm *Gosod ar Bob Sleid* yn rhoi eich dewisiadau ar waith rhwng pob sleid yn eich cyflwyniad. Bydd dewis *Chwarae* yn peri i'ch dewisiadau gael eu chwarae yn y golofn rhagolwg ar yr ochr chwith. Bydd pwyso *Sioe Sleidiau* yn chwarae'r cyflwyniad.

Ychwanegu sain wrth ddangos eich sleidiau

Mae ychwanegu sain at eich sleidiau yn un o opsiynau rhaglen Impress. Dyma'r fformatau sain sy'n cael eu cynnal gan Impress:

- ffeiliau AU a SND (SUN/NeXT)
- WAV (Microsoft Windows)
- VOC (Creative Labs Soundblaster)
- Aiff (SGI/Apple)
- IFF (Amiga).

Fel hyn y mae ychwanegu sain at un o'r sleidiau mewn cyflwyniad:

1 Cliciwch ar y gwrthrych yr hoffech ychwanegu sain ato. (Delwedd neu flwch testun fydd hwn ran amlaf.)
2 Cliciwch ar *Mewnosod → Gwrthrych → Sain* (Ffigur I:93).

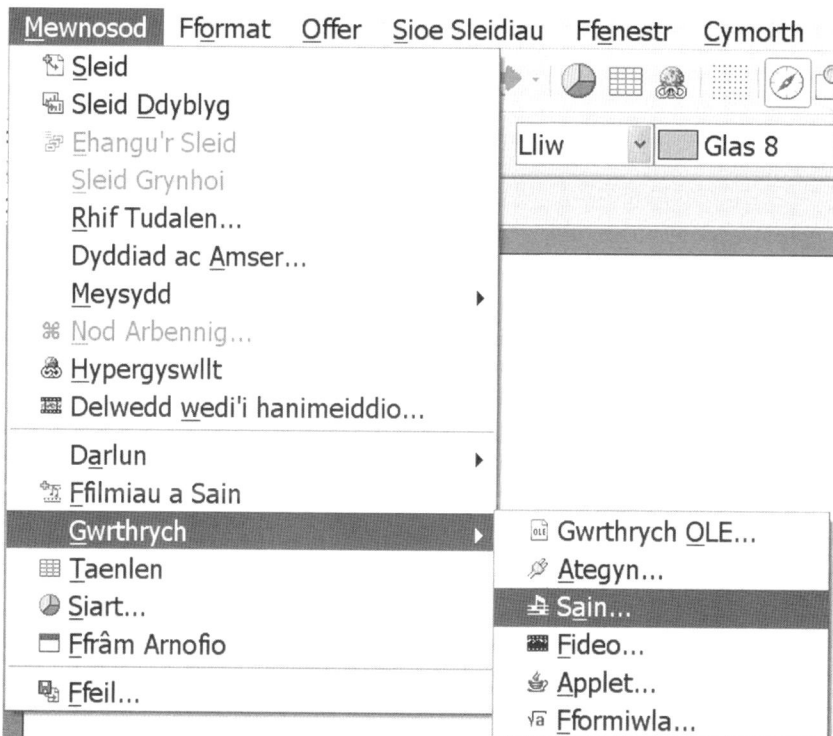

Ffigur I:93
Mewnosod →
Gwrthrych → Sain

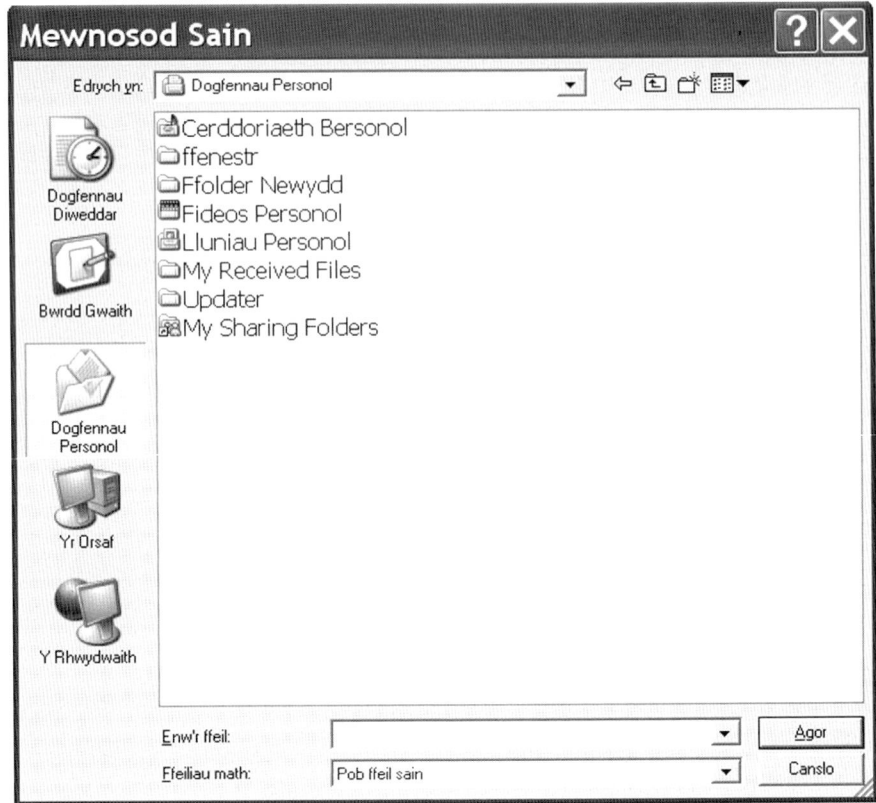

3   Wedi clicio ar *Mewnosod → Gwrthrych → Sain*, ymddengys y blwch
    Mewnosod Sain (Ffigur I:94). Yn y fan hon y mae ceisio'r sain y
    dymunwch ei chynnwys yn y cyflwyniad.

4   Cliciwch ar *Mewnosod*, ac fe welwch eicon sain ar y gwrthrych yn y
    sleid.

Dyma ffordd arall o ychwanegu sain at sleid:

1   Cliciwch ar y gwrthrych yr
    hoffech ychwanegu sain ato.

2   Cliciwch ar *Sioe Sleidiau →
    Rhyngweithio* (Ffigur I:95).

3   Daw'r blwch *Rhyngweithiad* i'r
    golwg. Dewiswch *Chwarae
    Sain* yn y gwymplen (Ffigur
    I:96).

4   Cliciwch ar y botwm *Pori* i
    edrych drwy eich ffeiliau.

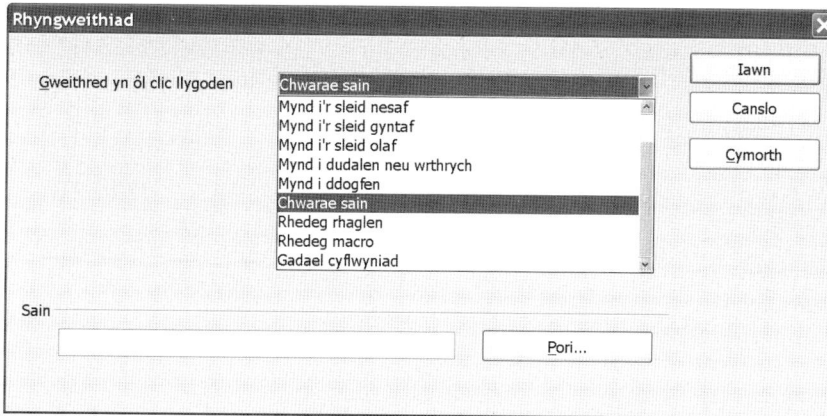

Ffigur I:96
Y blwch *Rhyngweithiad*

5   Cliciwch ar *Iawn*, a bydd Impress yn chwarae eich dewis sain wrth ddangos y sleid benodol.

Paratoi ar gyfer rhoi cyflwyniad

Gosod amseru'r sleidiau

Yma, fe gewch ddysgu sut i gyflwyno eich gwaith yn Impress. Cliciwch gyntaf oll ar *Sioe Sleidiau* ar far offer sgrin waith Impress (gw. Ffigur I:1 a thudalen 120), neu ar *Sioe Sleidiau → Sioe Sleidiau*. Bydd sgrin arddangos Impress yn ymddangos. Sylwer nad oes i'r sgrin hon na bar offer na bar fformatio (Ffigur I:97).

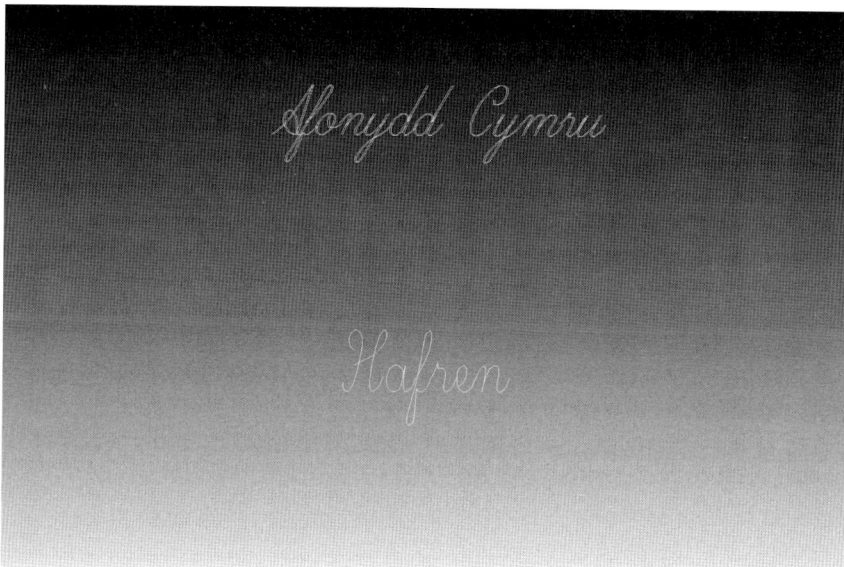

Ffigur I:97
Sgrin arddangos
Impress

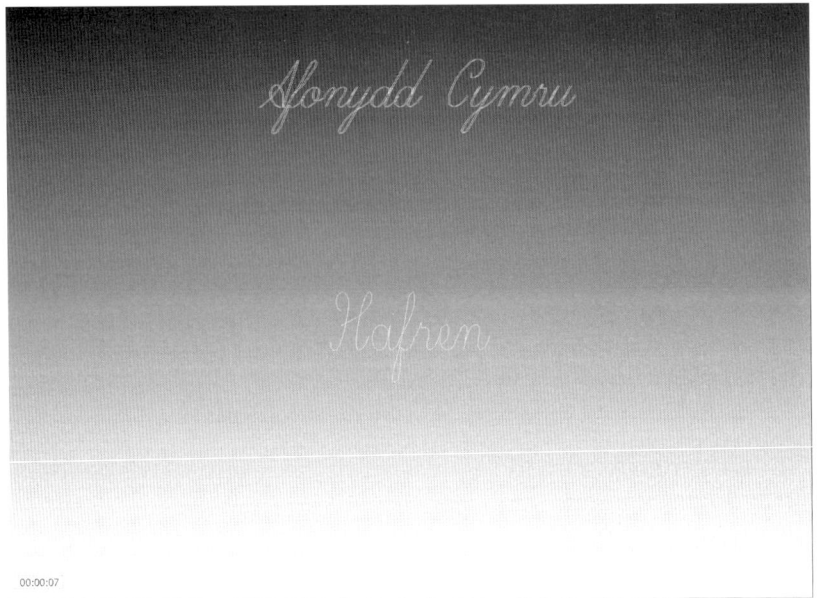

Ffigur I:98
Yr amserydd ar y sgrin
Ymarfer amseru

Os dymunwch i Impress ddangos y gyfres yn awtomatig, gwell gosod amser i bob sleid. Nid oes angen gosod amser i bob sleid os ydych yn bwriadu newid y sleidiau â llaw (gw. tudalen 178).

I gael penderfynu faint o amser sydd eisiau i bob sleid, cliciwch ar *Normal → Sioe Sleidiau → Ymarfer Amseru*. Bydd yr amserydd i'w weld yn y gornel isaf ar y chwith (Ffigur I:98).

Cyfarchwch eich cynulleidfa ddychmygol. Cliciwch ar yr amserydd pan ddaw yn amser cyflwyno'r sleid nesaf. Bydd y rhaglen yn nodi am sawl eiliad y cafodd y sleid ei dangos. Yna daw'r sleid nesaf i'r golwg. Ymarferwch gyflwyno'r sleid hon yn yr un modd. Bydd y rhaglen yn cofio hyd pob saib i chi.

Cofiwch y gellwch symud o un sleid i'r llall fel y mynnwch yn ystod eich cyflwyniad gan ddefnyddio'r opsiynau llaw. Disgrifir yr opsiynau hynny ar dudalen 178.

Nodi gosodiadau'r sioe sleidiau

Gellwch bennu nifer o osodiadau a fydd yn effeithio ar sut y cyflwynir eich sioe sleidiau. Yn y blwch *Sioe Sleidiau* y mae gwneud hynny. Cliciwch ar *Sioe Sleidiau → Gosodiadau Sioe Sleidiau* (Ffigur I:99) er mwyn gweld y blwch hwnnw.

Ffigur I:99
Y blwch deialog *Sioe Sleidiau*

Ffigur I:100
Dewis man cychwyn cyflwyno

Mae'n bosib y bydd gennych reswm dros beidio â defnyddio'r sleid gyntaf yn y gyfres ar ddechrau cyflwyniad. Gall hyn ddigwydd, er enghraifft, pan fo sleidiau agoriadol y cyflwyniad yn rhai cyffredinol y gellir eu hepgor os bydd amser yn brin. Er mwyn dewis eich man cychwyn, cliciwch ar y cylch *Oddi wrth* yn y blwch *Sioe Sleidiau* (Ffigur I:100). Yn yr enghraifft hon dewisir Sleid 3 yn fan cychwyn.

Mae tri dewis yn y blwch *Sioe Sleidiau* oddi tan *Math*, sef *Arferol*, *Ffenestr* ac *Awto*. Dewiswch *Arferol* i ddangos eich sioe ar sgrin lawn. Dewiswch *Ffenestr* i weld y sleidiau ar y sgrin waith. *Awto* yw'r dewis i ddangos y cyflwyniad yn ddidor nifer o weithiau o'r bron.
Os byddwch eisiau saib cyn ailchwarae'r cyflwyniad, nodwch hyd y saib yn y blwch amser.

Yn y panel *Dewisiadau*, mae'r gosodiadau canlynol ar gael hefyd:

- *Newid sleidiau â llaw* – Dewiswch hwn os ydych eisiau i OpenOffice.org anwybyddu eich gosodiadau amser. Rhaid clicio ar y llygoden neu'r bysellfwrdd i symud drwy'r sleidiau wedyn.
- *Pwyntydd yn weladwy* – Hwn yw'r dewis arferol. Dad-diciwch y blwch hwn os nad ydych chi eisiau gweld y pwyntydd yn ystod y cyflwyniad.
- *Pwyntydd fel ysgrifbin* – Os dewiswch weld y pwyntydd, fe gewch ei arddangos ar ffurf ysgrifbin.
- *Llywiwr yn amlwg* – Gwelir y llywiwr wrth ddechrau'r sioe sleidiau.
- *Caniatáu animeiddio* – Bydd hwn yn chwarae'r animeiddiadau yr ydych chi wedi'u creu.
- *Newid sleidiau drwy glicio ar y cefndir* – Dyma'r dewis arferol.
- *Cyflwyniad ar y top* – Bydd hwn yn rhwystro ffenestri eraill rhag ymddangos o flaen eich cyflwyniad.

Ar ôl gwneud eich dewisiadau, cliciwch ar *Iawn*. Cyflwyno sydd nesaf!

Cyflwyno sioe sleidiau

Defnyddio'r llygoden a'r bysellfwrdd i redeg sioe sleidiau

Ar ôl ichi ddilyn y cyfarwyddiadau uchod, byddwch yn barod i ddangos eich sioe sleidiau i'r byd. I lansio'r sioe, naill ai cliciwch ar yr eicon *Sioe Sleidiau* ar far offer sgrin waith Impress, neu ar *Sioe Sleidiau* → *Sioe Sleidiau*. Daw sgrin gyflwyno Impress i'r golwg. Gellwch guddio'r sleid gyntaf dros dro trwy bwyso B ar eich bysellfwrdd.
I ddatgelu'r sleid unwaith eto ailbwyswch B (neu unrhyw fysell arall). Cliciwch y llygoden er mwyn symud i'r sleid nesaf. De-gliciwch i symud yn ôl. Yn y tabl ar y tudalen nesaf, rhestrir y llwybrau byr y gellwch ddefnyddio wrth ddangos cyflwyniad.

Gweithred	Llwybr byr
Dechrau Sioe Sleidiau	F9, F5
Dod â'r Sioe Sleidiau i ben	Esc, y botwm Dileu am yn Ôl, y fysell minws
Symud i'r sleid nesaf	Enter, saethau i lawr neu i'r dde, Ctrl+Page Down, neu N
Dychwelyd i'r sleid flaenorol	Saethau i'r chwith neu i fyny, Ctrl+Page Up, neu P
Dychwelyd i'r sleid gyntaf	Home
Mynd i'r sleid olaf	End
Troi'r sgrin yn ddu	B (ac ailbwyso i adfer y sgrin)
Troi'r sgrin yn wyn	W (ac ailbwyso i adfer y sgrin)

Argraffu cyflwyniadau a sleidiau

Mae argraffu cyflwyniad yn syniad da ambell waith er mwyn i'ch cynulleidfa gael taflenni i bori drostynt. Hefyd nid oes rhaglen gyflwyno gan bawb ar eu cyfrifiadur, ac felly bydd cyflwyniad papur yn angenrheidiol o bryd i'w gilydd. Rhinwedd arall sydd i daflenni yw'r ffaith y gall y cyflwynydd gynnwys nodiadau ynddynt a'u darllen wrth iddo siarad.

Dyma sut mae mynd ati i argraffu cyflwyniad Impress. Gellwch argraffu pob sleid neu ddetholiad ohonynt.

1 Ewch i *Ffeil* → *Argraffu*. Bydd y blwch deialog *Argraffu* (Ffigur I:101) yn ymddangos. Oni ddewisir *Tudalennau* oddi tan *Ystod Argraffu*, bydd OpenOffice.org yn argraffu pob sleid (*Popeth*). Os dymunwch argraffu rhai sleidiau penodol, cliciwch ar *Tudalennau* gan nodi rhifau'r union dudalennau yn y blwch. Cliciwch ar *Iawn*.
2 Cliciwch ar *Dewisiadau* i agor y blwch deialog *Dewisiadau Argraffu* Ffigur I:102).
3 Yn y panel *Cynnwys,* fe welwch sawl dewis:

> *Darlunio* – argraffu'r sleidiau
> *Nodiadau* – argraffu'r cyflwyniad fel ag y mae
> > yn y modd *Nodiadau*

Taflenni – argraffu un/sawl taflen
Amlinell – argraffu'r testun yn unig.

Gwnewch eich dewisiadau, wedyn cliciwch ar *Iawn*. Daw'r blwch deialog *Argraffu* i'r golwg unwaith eto. Os ydych yn fodlon ar y dewisiadau, cliciwch ar *Iawn*.

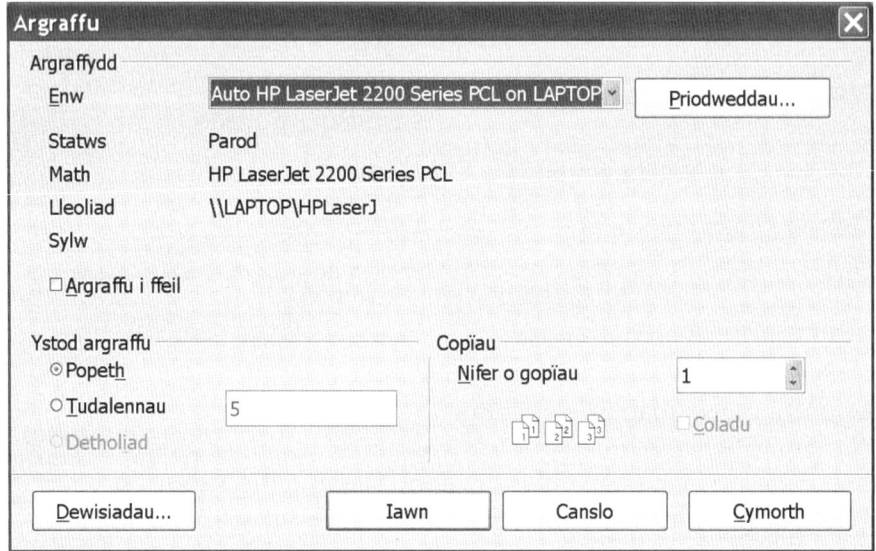

Ffigur I:101
Y blwch *Argraffu* yn
Impress

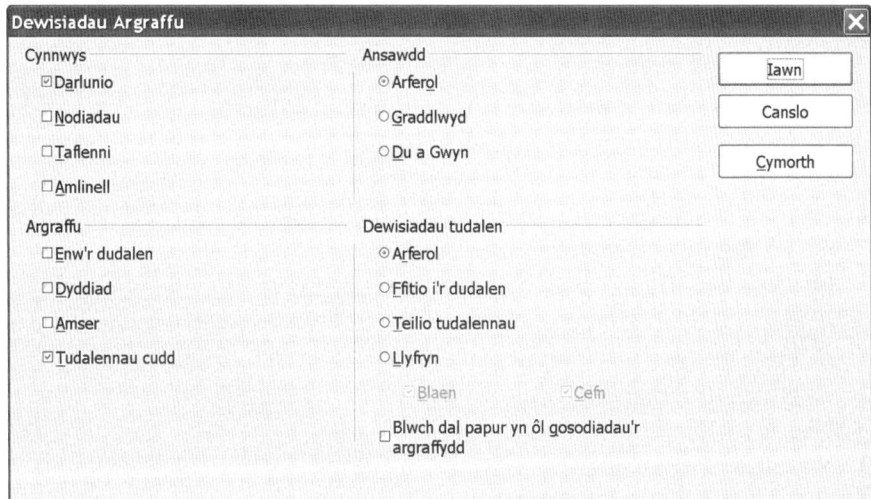

Ffigur I:102
Dewisiadau Argraffu
Impress

DRAW

Lowri Jones

Dechrau arni

Darlunio gyda Draw

Rhaglen ddarlunio yw Draw. Mae'n rhaglen sy'n addas i'r artist o fri ac i'r defnyddiwr cyffredin fel ei gilydd. Gyda Draw, mae'n bosib creu pob math o ddarluniau a graffigau, yn rhai syml iawn ac yn rhai cymhleth ac uchelgeisiol.

Pan fyddwch yn gweithio gyda Draw, gellwch greu eich siapiau llawrydd eich hunan neu ddefnyddio siapiau Draw. Gellwch ddewis o blith y delweddau parod yng nghasgliad yr oriel; sganio darluniau a'u hychwanegu at Draw; a mewnosod graffigau a grëwyd mewn man arall.

Mae modd defnyddio Draw i greu posteri, cylchlythyron a gwahoddiadau, i wneud lluniau ar gyfer gwaith cwrs, a hyd yn oed i gynllunio estyniad i'r tŷ. Yn y bennod hon, fe ddysgwch sut i greu siapiau a llinellau, sut i drin gwrthrychau, a sut i ddefnyddio offer golygu.

Gosod dewisiadau Draw

Cliciwch ar OpenOffice.org Draw. Bydd sgrin waith Draw yn ymddangos (Ffigur D:1). Mae'r sgrin waith hon yn debyg i sgrin waith Impress. Ar draws y pen uchaf, ceir yr un tri bar offer, sef:

- y bar opsiynau
- y bar offer
- y bar fformatio.

Mae'r opsiynau yn debyg i rai Writer ac Impress (gweler penodau Writer ac Impress, tudalennau 5, 20 a 118 am ragor o wybodaeth).

Ar waelod y sgrin waith, ceir y bar offer darlunio. Mae'r bar offer darlunio yn cynnwys amrywiaeth o offer darlunio a fydd yn gymorth ichi greu darlun o'ch dewis.

Cyn cychwyn darlunio, dylech osod y gosodiadau sy'n gweddu orau i chi. I wneud hyn, ewch i *Offer* → *Dewisiadau*. Daw'r blwch *Dewisiadau – OpenOffice.org* i'r golwg. Dewiswch *Draw OpenOffice.org*

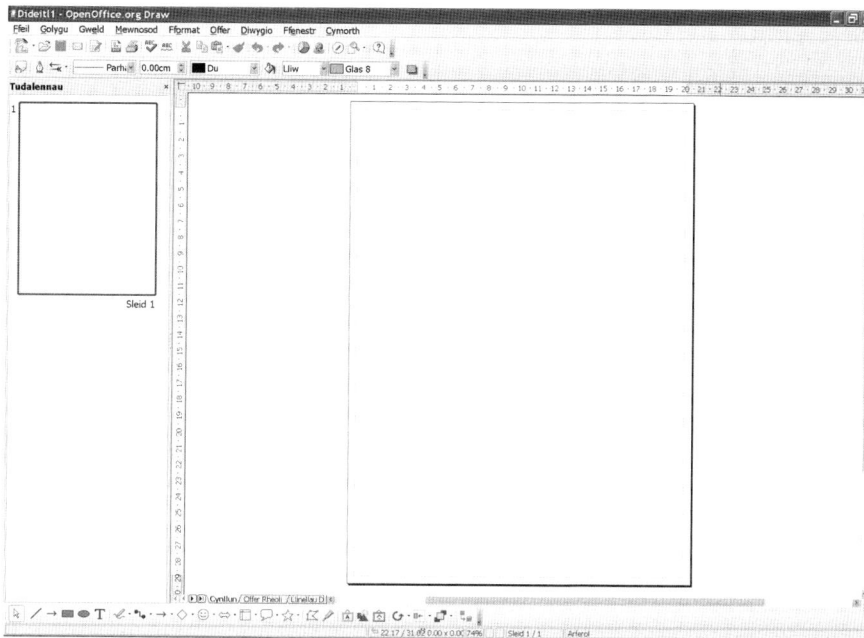

Ffigur D:1
Sgrin waith Draw

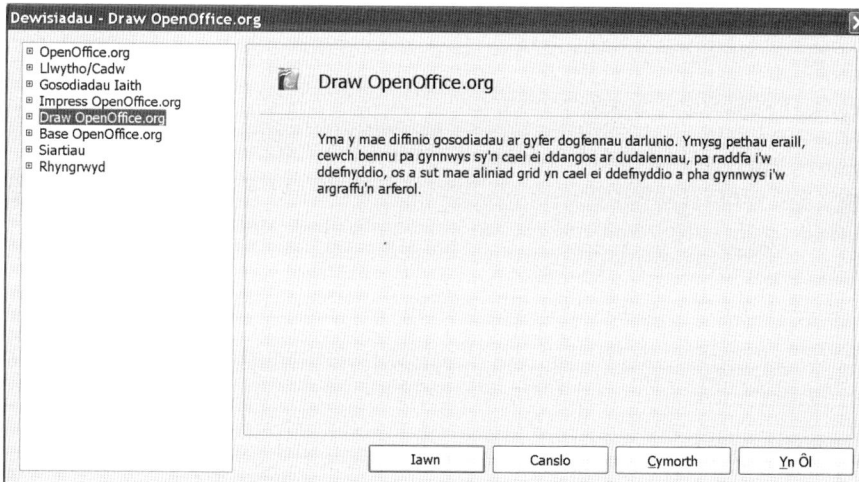

Ffigur D:2
Y blwch deialog
Dewisiadau
OpenOffice.org

(Ffigur D:2), a chliciwch ar y groes fach wrth ymyl *Draw OpenOffice.org* yn y rhestr ar y chwith. Bydd y groes yn newid yn arwydd minws ac fe welwch gwymplen sy'n cynnwys pedwar eitem, sef *Cyffredinol, Gweld, Grid*, ac *Argraffu*.

1 Cyffredinol (Ffigur D:3)
Yn yr adran *Gwrthrychau testun* y mae dewis sut y mynnwch olygu eich testun. Bydd rhoi tic yn y blwch *Caniatáu golygu cyflym* yn arbed amser i chi.

Dewisiadau - Draw OpenOffice.org - Cyffredinol

⊞ OpenOffice.org
⊞ Llwytho/Cadw
⊞ Gosodiadau Iaith
⊞ Impress OpenOffice.org
⊟ Draw OpenOffice.org
   Cyffredinol
   Gweld
   Grid
   Argraffu
⊞ Base OpenOffice.org
⊞ Siartiau
⊞ Rhyngrwyd

Gwrthrychau testun
☐ Caniatáu golygu cyflym
☑ Ni ellir dewis ond cyffiniau'r testun

Gosodiadau
☑ Defnyddio storfa gefndir
☐ Copïo wrth symud
☑ Gwrthrychau'n symudol bob tro
☐ Peidio ag aflunio gwrthrychau mewn cromlin
Uned fesur   Centimedr ▾   Stopiau tab 1.25cm ▴▾

Graddfa
Graddfa ddarlunio   1:1 ▾

Cydnawsedd
☐ Defnyddio metrics yr argraffydd i fformatio'r ddogfen

[Iawn]   [Canslo]   [Cymorth]   [Yn Ôl]

Ffigur D:3
Y blwch deialog
*Dewisiadau – Draw
OpenOffice.org –
Cyffredinol*

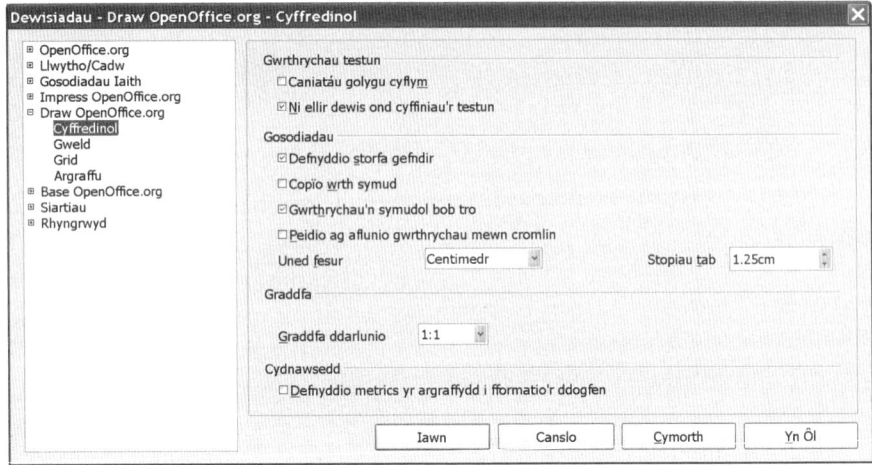

Dewisiadau - Draw OpenOffice.org - Gweld

⊞ OpenOffice.org
⊞ Llwytho/Cadw
⊞ Gosodiadau Iaith
⊞ Impress OpenOffice.org
⊟ Draw OpenOffice.org
   Cyffredinol
   Gweld
   Grid
   Argraffu
⊞ Base OpenOffice.org
⊞ Siartiau
⊞ Rhyngrwyd

Dangosydd amgen
☐ Dalfannau delweddau
☐ Modd Amlinell
☐ Dalfannau testun
☐ Amlinell yn unig

Dangos
☑ Offer Mesur yn weladwy
☐ Canllawiau wrth symud
☐ Pob man rheoli yn offer golygu Bézier
☑ Amlinell pob gwrthrych unigol

[Iawn]   [Canslo]   [Cymorth]   [Yn Ôl]

Ffigur D:4
Y blwch deialog
*Dewisiadau – Draw
OpenOffice.org –
Gweld*

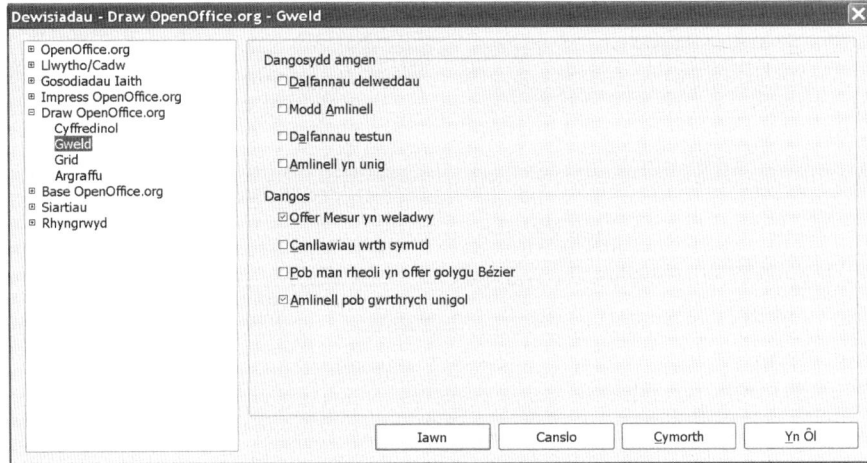

Dewisiadau - Draw OpenOffice.org - Grid

⊞ OpenOffice.org
⊞ Llwytho/Cadw
⊞ Gosodiadau Iaith
⊞ Impress OpenOffice.org
⊟ Draw OpenOffice.org
   Cyffredinol
   Gweld
   Grid
   Argraffu
⊞ Base OpenOffice.org
⊞ Siartiau
⊞ Rhyngrwyd

Grid
☑ Snapio i'r grid
☐ Dangos grid

Cydraniad
Llorweddol   1.00cm ▴▾
Fertigol   1.00cm ▴▾
☐ Cydamseru'r echelau

Israniad
Llorweddol   1 ▴▾ pwynt
Fertigol   1 ▴▾ pwynt

Snapio
☐ I'r llinell snapio
☑ I ymylon y dudalen
☐ I ffrâm y gwrthrych
☐ I bwyntiau'r gwrthrych
Ystod snapio   5Picsel ▴▾

Safle snapio
☐ Wrth greu neu symud gwrthrychau
☑ Ymylon estynedig
☐ Wrth gylchdroi   15.00 gradd
Lleihau pwynt   15.00 gradd ▴▾

[Iawn]   [Canslo]   [Cymorth]   [Yn Ôl]

Ffigur D:5
Y blwch deialog
*Dewisiadau – Draw
OpenOffice.org – Grid*

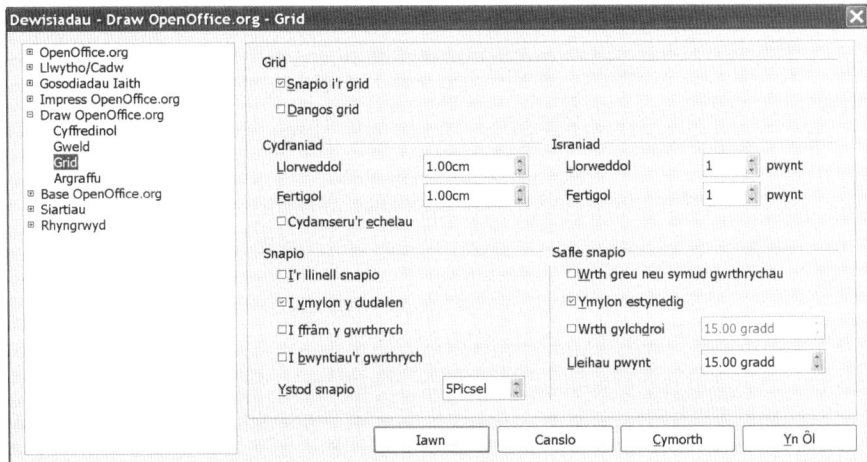

Yn yr adran *Gosodiadau* y mae nodi sut y dymunwch i Draw ddefnyddio'r storfa gefndir, sut i gopïo a symud eich gwrthrychau, yn ogystal â nodi pa uned fesur i'w defnyddio.

Yn yr adran *Graddfa*, fe gewch nodi'r gymhareb ddarlunio ar fesuryddion y sgrin o'i chymharu â'r darlun wedi iddo gael ei argraffu.

2 Gweld (Ffigur D:4)
Os cliciwch ar *Gweld* yn y golofn ar y chwith, bydd dewisiadau gwahanol yn ymddangos ar yr ochr dde.

Yn yr adran *Dangosydd amgen* y mae nodi sut a phryd y bydd Draw yn dangos elfennau megis testun a delweddau. Er enghraifft, o ddewis *Dalfannau delweddau*, ni fydd Draw yn dangos y graffigau eu hunain eithr y dalfannau yn unig. Wrth olygu dogfen fawr, bydd hyn yn cyflymu'r broses olygu. (Wrth gwrs, bydd y graffigau i'w gweld adeg argraffu'r ffeil.)

Yn yr adran *Dangos* y mae pennu sut i ddangos elfennau megis yr offer mesur wrth ichi weithio.

3 Grid (Ffigur D:5)
Os cliciwch ar *Grid*, bydd y blwch *Dewisiadau* yn newid eto. Yn yr adrannau *Cydraniad* ac *Israniad*, fe gewch nodi'r lled rhwng pob pwynt grid. Bydd ticio'r blwch *Cydamseru'r echelau* yn newid echel Y ac echel X yn gydamserol.

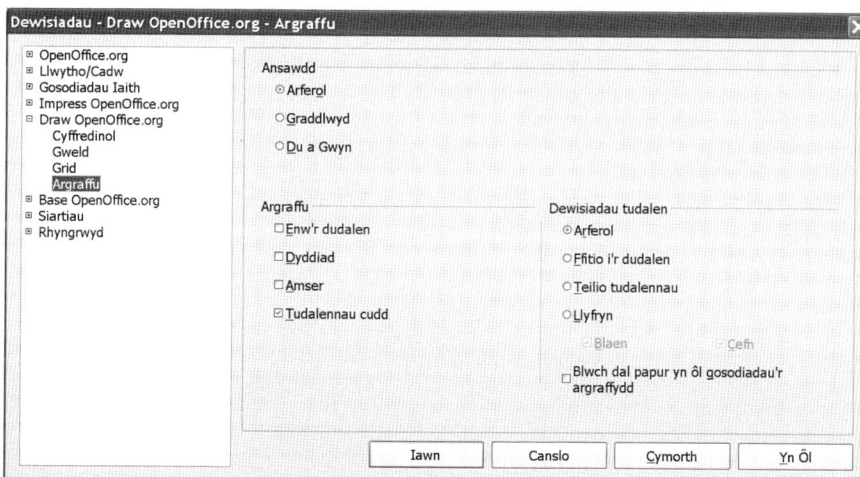

Ffigur D:6
Y blwch deialog
Dewisiadau – Draw OpenOffice.org – Argraffu

Yn yr adran *Snapio* y mae diffinio sut i alinio gwrthrychau.
Wedi gwneud hyn oll, cliciwch ar *Argraffu* er mwyn symud ymlaen.

4 Argraffu (Ffigur D:6)
Tair adran sydd yn y blwch hwn. Oddi tan *Ansawdd*, dewiswch pa
liwiau y dymunwch eu hargraffu. Bydd dewis *Arferol* yn argraffu'r
lliwiau fel ag y maent ar y sgrin (ar yr amod bod gennych argraffydd
lliw).

Yn yr adran *Argraffu*, fe gewch ddewis argraffu rhai meysydd penodol
neu'u hepgor.

Bydd y dewisiadau a wnewch yn *Dewisiadau tudalen* yn dylanwadu ar
faint y darlun ar y dudalen sy'n cael ei hargraffu.

Creu darlun

Creu darlun newydd
Gan nad yw Draw yn cynnig templedi parod, rhaid cynhyrchu
darluniau gwreiddiol. Noder, fodd bynnag, y cewch greu eich
templedi eich hunan. Estyniad templedi Draw yw .otg. I greu templed,
cadwch eich darlun trwy glicio ar *Ffeil* → *Cadw Fel* → *Templed Darlunio
OpenDocument.otg* yn y gwymplen *Cadw ar ffurf*.

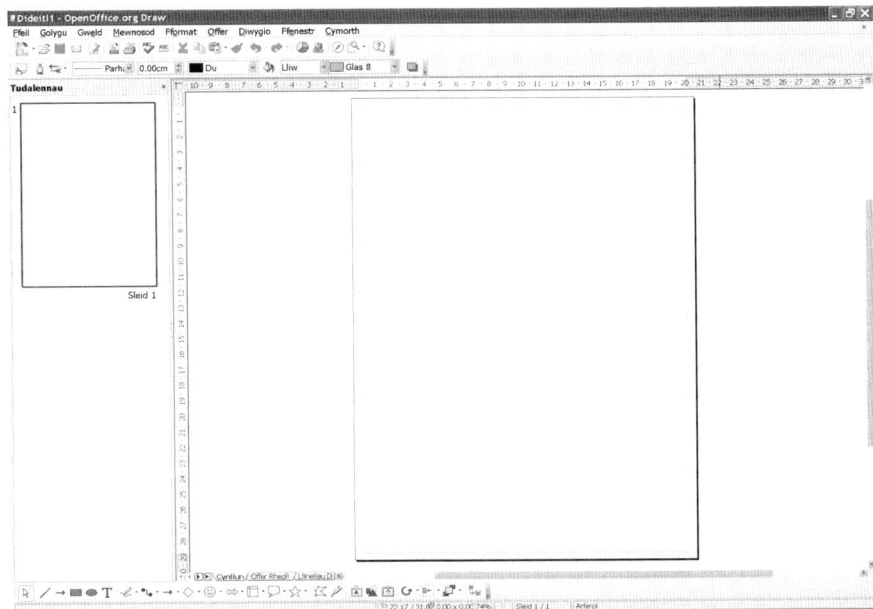

Ffigur D:7
Sgrin waith Draw

Cliciwch ar *OpenOffice.org Draw* i greu darlun newydd. Ymddengys
sgrin waith wag (Ffigur D:7). Yn hon y mae dechrau darlunio.

Cadw darlun

Cyn mynd ati i greu darlun, bydd o fudd dysgu sut mae cadw ac
argraffu darlun.

Cofiwch gadw eich darlun yn fuan ar ôl ei greu gyntaf oll. I wneud
hyn, ewch i *Ffeil → Cadw fel*. Ymddengys y blwch deialog *Dewisiadau
Cadw* (Ffigur D:8). Yn y blwch deialog hwn y mae enwi eich darlun a
dewis lle i'w gadw. Cliciwch ar *Cadw* i gadw'r ffeil. O bryd i'w
gilydd yn ystod y sesiwn ddarlunio, cliciwch ar yr eicon *Cadw* ar y bar
offer. 💾

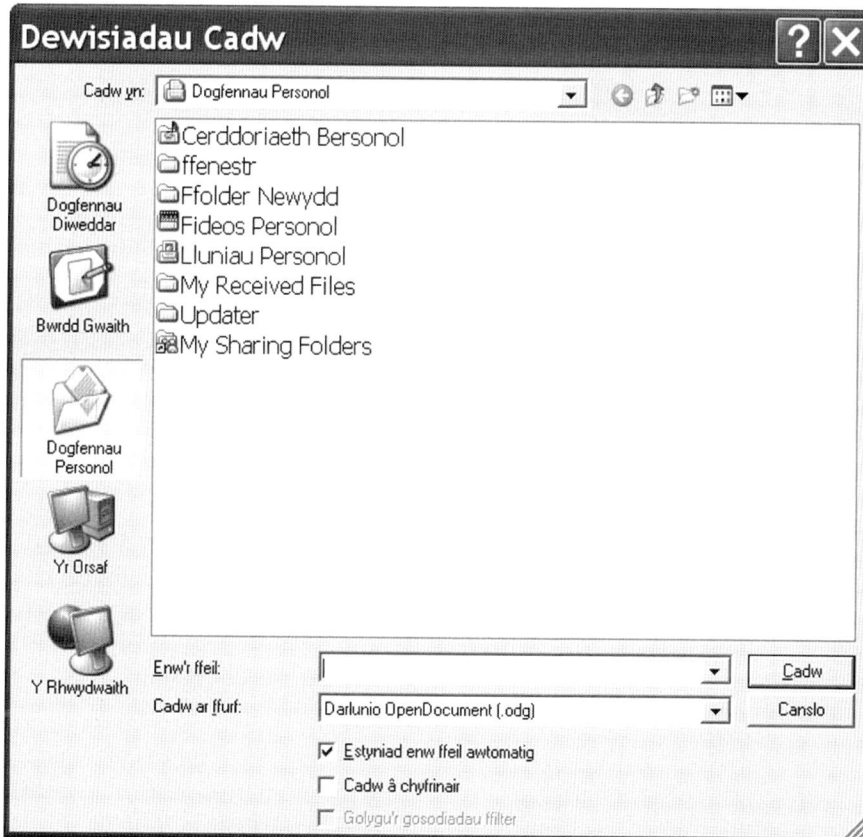

Ffigur D:8
Cadw darlun

Agor darlun a grëwyd eisoes

Ewch i *Ffeil → Agor* er mwyn agor ffeil Draw. Ymddengys y blwch
deialog *Agor* (Ffigur D:9).

Ffigur D:9
Y blwch deialog *Agor*

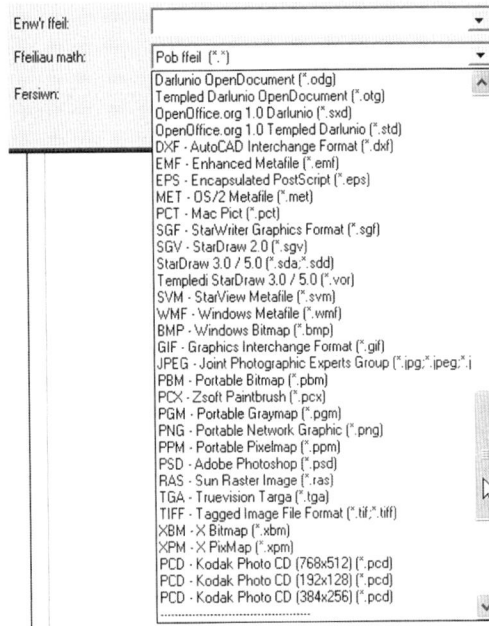

Ffigur D:10
Rhai o'r fformatau y
gall Draw eu defnyddio

Gall Draw agor darluniau sydd wedi eu creu mewn fformatau eraill (Ffigur D:10), a gall allforio darluniau i'r fformatau hynny hefyd. Ar ôl dod o hyd i'r ffeil y dymunwch ei hagor cliciwch ar *Agor*.

Bydd Draw yn agor y darlun yn y sgrin waith. Gellwch ei weld, ei olygu neu ei argraffu felly. Pan fyddwch yn gweithio ar ddarlun mawr, mae'n bosib y byddwch yn dymuno nesáu ato i'w weld yn fwy manwl. Ewch i *Gweld → Nesáu/Pellhau* a bydd y blwch deialog *Nesáu/Pellhau* yn ymddangos (Ffigur D:11). I weld y darlun yn agos, dewiswch ganran uchel neu ddewiswch ganran isel i ymbellhau oddi wrtho.

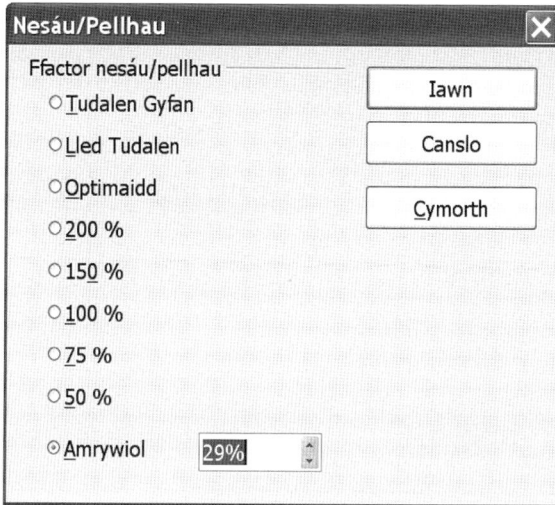

Ffigur D:11
Y blwch *Nesáu/Pellhau*

Argraffu darlun

Pan fyddwch wedi cwblhau darlun, mae'n bosib y byddwch eisiau ei argraffu. Os ydych wedi defnyddio lliwiau yn y darlun, bydd rhaid defnyddio argraffydd lliw i weld y lliwiau hynny ar bapur. Os nad oes gennych argraffydd lliw, bydd y darnau lliw yn cael eu hargraffu'n gysgodion du a llwyd.

- Ewch i *Ffeil → Argraffu*.
- Ymddengys y blwch deialog *Argraffu* (Ffigur D:12).
- Os nad yw'n fwriad gennych argraffu pob tudalen, cliciwch yn y cylch wrth ymyl *Tudalennau*, a nodwch rifau'r tudalennau y dymunwch eu hargraffu.
- Cliciwch ar *Detholiad* os na ddymunwch argraffu ond yr hyn sydd wedi'i oleuo.
- Cliciwch ar y botwm *Dewisiadau* i gyfaddasu'r dewisiadau argraffu: ymddengys y blwch deialog *Dewisiadau Argraffu* (Ffigur D:13).

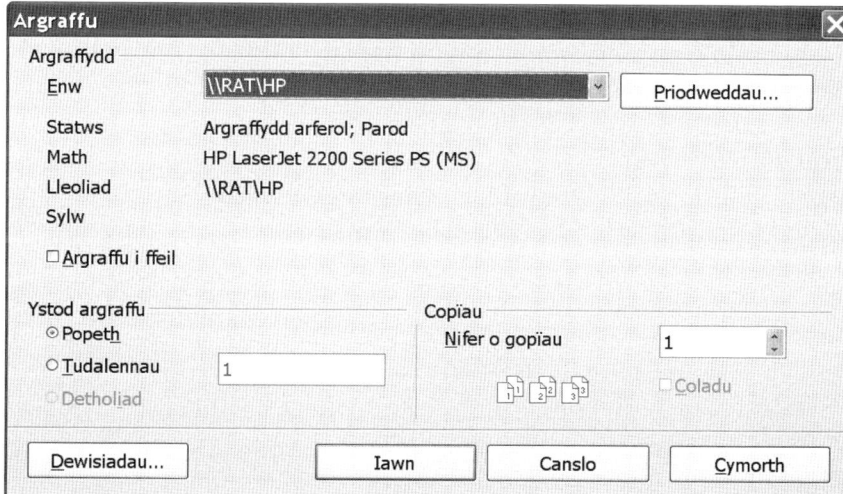

Ffigur D:12
Y blwch deialog
Argraffu

Ffigur D:13
Y blwch deialog
Dewisiadau Argraffu

Fe gewch wneud y canlynol yn y blwch *Dewisiadau Argraffu*:

- Dewis ansawdd eich argraffiad
- Dewis yr elfennau y dymunwch eu hargraffu
- Dewis y math o argraffiad sydd fwyaf addas.

Ar ôl gwneud eich dewisiadau, pwyswch *Iawn*. Daw'r blwch deialog *Argraffu* i'r golwg unwaith eto. Pwyswch *Iawn* i gyflawni'r argraffu.

Defnyddio siapiau

Yn yr adran hon, fe gewch ddysgu sut mae creu siapiau llawrydd yn ogystal â defnyddio'r siapiau parod ar y bar offer darlunio.
Mae'n bosib creu amrywiaeth fawr o siapiau, yn rhai syml iawn ac yn rhai cymhleth hefyd.

Creu siâp newydd
Agorwch sgrin waith Draw. Mae'r bar offer darlunio i'w weld ar waelod y sgrin (Ffigur D:14). Ar y bar y mae amryw offer darlunio.

Ffigur D:14
Y bar offer darlunio

✐ Cliciwch ar yr eicon llawrydd i ddechrau creu eich siapiau.
Pan wnewch chi hynny, bydd y cyrchwr yn newid ei siâp. Dyma ffurf ddarlunio'r cyrchwr: ⊹

Pwyswch fotwm y llygoden a'i ddal i lawr. Tynnwch y cyrchwr ar draws y dudalen, ac fe welwch linell yn cael ei ffurfio. Daw'r darlunio i ben pan godwch eich bys oddi ar fotwm y llygoden. Os dymunwch greu dau siâp, rhaid pwyso ar yr eicon llawrydd unwaith eto.

Gair i gall: Dim ond unwaith y cewch greu siâp yn y man darlunio cyn i'r cyrchwr adfer ei siâp arferol. Os dymunwch greu'r un siâp mwy nag unwaith, cliciwch ddwywaith ar eicon y siâp o'ch dewis cyn dechrau darlunio.

Ar ôl creu darlun, mae'n bosib newid trwch y llinellau. Cliciwch ar y darlun, neu pan fo gennych fwy nag un darlun llawrydd ar y ddalen, cliciwch Ctrl+A i ddewis pob darlun llawrydd. Bydd y pwyntiau golygu gwyrdd yn ymddangos o amgylch eich darluniau.

Ar y bar offer llinell a llanw (Ffigur D:15) y mae addasu trwch y llinell, neu newid nodweddion eraill y llinell. Defnyddiwch yr offer hyn i addasu'r darluniau llawrydd.

Ffigur D:15
Y bar offer llinell a llanw

Yn Ffigur D:16 mae darluniau llawrydd a luniwyd gan ddefnyddio'r gosodiadau arferol. Yn Ffigur D:17 fe welwch yr un darluniau

Ffigur D:16
Darluniau llawrydd

Ffigur D:17
Darluniau llawrydd ar ôl newid y fformatio

llawrydd gyda thrwch y llinellau wedi'i newid i 0.50cm a chysgod wedi'i ychwanegu atynt gan ddefnyddio'r eicon ■ ar y bar offer *Llinell a Llanw*.

Ffigur D:18

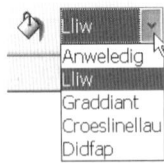

Os crëwch ddarlun caeedig, mae modd ichi ei lanw â lliw. Cliciwch ar y darlun a bydd y dolenni gwyrdd yn ymddangos. Gan ddefnyddio'r ddwy gwymplen yn Ffigur D:18 a Ffigur D:19 y mae llanw'r darlun â lliw neu â phatrwm.

Ffigur D:19

Gosod siapiau yn y man darlunio

Yn yr adran hon, disgrifir sut mae defnyddio'r siapiau parod y mae Draw yn eu cynnig. Gellwch greu siapiau hirgrwn, petryal, polygon a 3D trwy ddefnyddio'r gwahanol eiconau ar y bar offer.

Gadewch inni greu petryal er enghraifft:

1 Cliciwch ar yr eicon ■.
   Bydd y cyrchwr yn troi'n siâp croes â llun petryal bach wrth ei ochr ┼□.
2 I osod y petryal yn y man darlunio, cliciwch y llygoden a'i ddal yn y man lle y dymunwch osod cornel y petryal.
3 Llusgwch y cyrchwr i'r gornel bellaf. Fe welwch linell yn cael ei ffurfio.
4 Codwch eich bys oddi ar y llygoden i angori'r siâp.
5 Bydd modd ailfeintioli'r siâp yn y man gan ddefnyddio'r dolenni ailfeintioli.

Yn Ffigur D:20, fe welwch betryal yn y man darlunio. Yn ôl y drefn arferol, bydd y siâp newydd yn un lliw. Fe gewch newid ei liw gan ddefnyddio'r cwymplenni priodol ar y bar offer llinell a llanw.

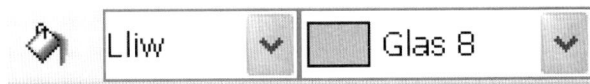

Yn yr un modd â'r hyn a ddisgrifir yn achos y petryal uchod y mae creu siapiau eraill â Draw. Cliciwch ar yr eicon perthnasol ar y bar offer darlunio ac wedyn llusgo'r llygoden i lunio'r siâp.

Mae rhaglen Draw yn rhoi rhwydd hynt ichi gyfuno'r siapiau penodol hyn â siapiau llawrydd. Dyweder, er enghraifft, eich bod eisiau llunio

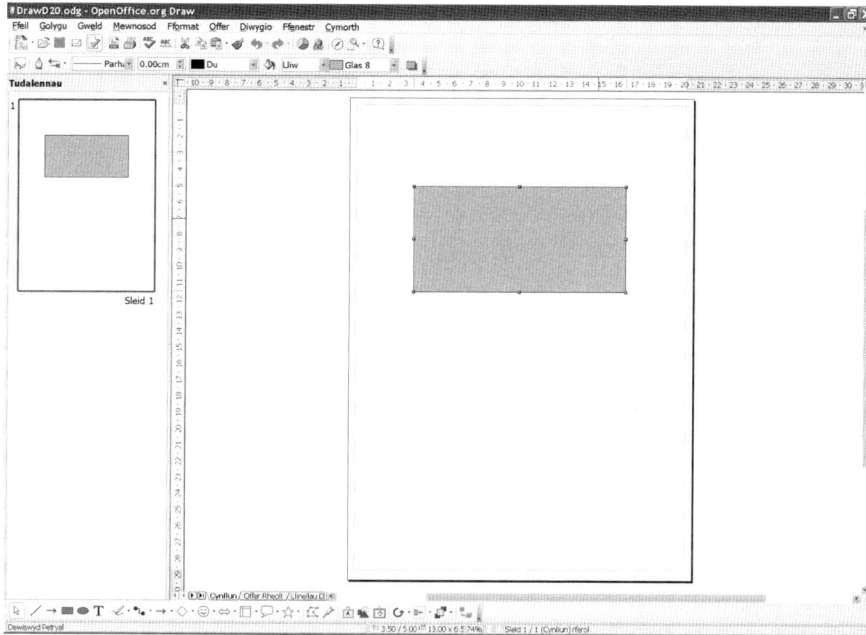

Ffigur D:20
Petryal ym man
darlunio Draw

balŵn i fynd ar wahoddiad parti. Gellwch ddefnyddio'r siapiau cylch i
greu'r balŵn (Ffigur D:21) trwy glicio ar yr eicon ⬭ .

Ac i ychwanegu llinyn at y balŵn,
defnyddiwch y botwm darlunio
llawrydd (Ffigur D:22).

Ffigur D:22

Ychwanegu testun at ddarlun
Weithiau, nid yw lluniau a darluniau yn
ddigon i drosglwyddo neges. Efallai y
byddwch eisiau ychwanegu rhywfaint o
destun. Mae tair ffordd o wneud hynny:

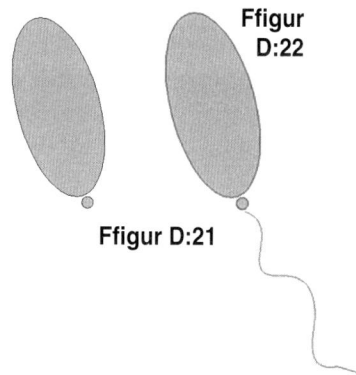

Ffigur D:21

- Gosod testun y tu fewn i flwch testun.
- Gosod testun o fewn ffrâm. Wrth ailfeintioli'r ffrâm bydd y
  testun yn ailfeintioli hefyd.
- Gosod testun mewn bloeddflychau, sef blwch â llinell yn arwain
  o'r eitem a ddisgrifir i'r testun.

1   Gosod testun y tu fewn i flwch testun
    Y cwbl y mae'n rhaid ei wneud yw clicio ar y botwm *Testun* ar y bar
    offer darlunio. T

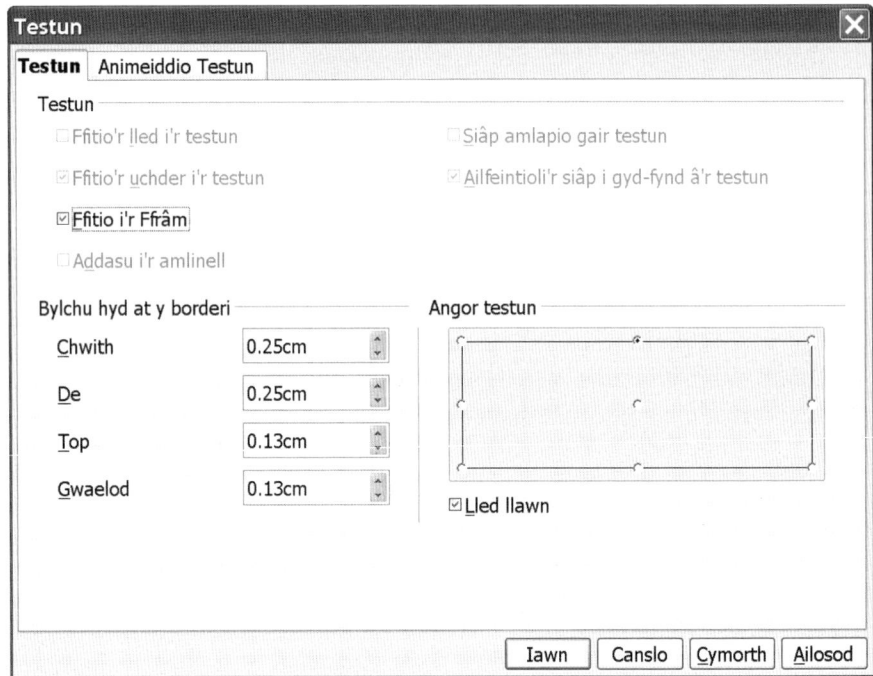

Ffigur D:23
Y blwch deialog *Testun*

Bydd y cyrchwr yn newid i'r siâp hwn ⊣ᵢ.
Nesaf, cliciwch ar y llygoden a dal eich bys i lawr wrth ei lusgo i greu'r blwch testun (yn yr un ffordd ag y byddech yn llunio hirsgwar). Wedi ichi lunio'r blwch testun i'r maint priodol, tynnwch eich bys oddi ar y llygoden. Bydd cyrchwr ar ffurf llinell ddu yn fflachio yng nghornel chwith uchaf y blwch. Nawr fe gewch deipio'r testun. Gellwch fformatio'r testun yn yr un modd ag yn Writer.

2   Gosod testun o fewn ffrâm
Ewch i *Fformat* → *Testun* (Ffigur D:23). Ticiwch y blwch *Ffitio i'r Ffrâm*, ac yna cliciwch ar *Iawn*. Bydd y blwch deialog yn cau. Nesaf cliciwch ar T . Fel yng ngham 1 tynnwch siâp petryal. Yn wahanol i gam 1, bydd y cyrchwr sy'n fflachio y tu mewn i'r ffrâm yn ffitio union hyd y blwch a grëwyd gennych. Teipiwch eich testun.

Ffigur D:24
Ffrâm destun â thestun
yn ffitio i'r ffrâm

Os dymunwch ailfeintioli'r ffrâm yn ddiweddarach, fe gewch wneud hynny gan ddefnyddio'r dolenni ailfeintioli. Bydd y testun yn newid i gyd-fynd â maint y ffrâm (Ffigur D:24).

3 Mae Draw yn cynnig amrywiaeth o wahanol floeddflychau (Ffigur D:25). Fe'u gwelwch drwy glicio ar y saeth wrth ymyl yr eicon bloeddflwch. ▢ ▾

Wedyn cliciwch ar y bloeddflwch o'ch dewis. Bydd y cyrchwr yn newid i ⊹ₓ.

Yn yr un modd â llunio unrhyw siâp, cliciwch ar y llygoden a'i dal wrth lusgo i'r gornel gyferbyn. Codwch eich bys oddi ar y llygoden. Yn ôl yr arfer, fe gewch ailfeintioli'r bloeddflwch yn ddiweddarach. Fe gewch roi eich testun yn y bloeddflwch ar unwaith. Os bydd *Ffitio i'r Ffrâm* wedi'i dicio gennych yn y blwch deialog *Testun* (Ffigur D:23), bydd y cyrchwr yr un hyd â'r bloeddflwch.

Yn Ffigur D:26 fe welwch floeddflwch gyda'r testun wedi'i ffitio i'r ffrâm.

Ffigur D:25
Y bloeddflychau sydd ar gael

Ffigur D:26
Testun yn ffitio i ffrâm bloeddflwch

Llinellau, saethau a chysylltyddion

Mae Draw yn rhoi rhwydd hynt ichi lunio pob math o linellau neu saethau. Gellwch bennu union drwch, lliw a hyd pob llinell, a dewis llinell ddotiog, linell barhaus neu linell â strociau mân. Hefyd fe gewch ddefnyddio cysylltyddion sy'n eich galluogi i lunio siartiau llif a'u tebyg.

Llinellau a saethau

Â'r eiconau canlynol ar y bar offer darlunio y mae creu llinellau a saethau:

╱ →

Bydd pwyso ar y cyntaf yn peri i linell gael ei chreu. Saeth a grëir â'r llall. O glicio ar un o'r ddau eicon, bydd y cyrchwr yn newid i'r siâp hwn. ⊹╱

Daliwch eich bys ar y llygoden a thynnwch y cyrchwr ar draws y sgrin. Fe welwch linell neu saeth yn cael ei ffurfio (Ffigur D:27). Bydd maint a safle eich llinell i'w gweld ar y bar statws ar waelod y ddogfen Draw (Ffigur D:28).

Ar ôl llunio eich llinell/saeth, fe gewch ei fformatio gan ddefnyddio'r eiconau a'r cwymplenni ar y bar offer llinell a llanw (Ffigur D:29).

Ffigur D:27

Dewiswyd llinell lorweddol · 2.50 / 10.00 · 15.00 x 0.00 · 26% · Sleid 1 / 1 (Cynllun) · Arferol

Ffigur D:28 Bar statws Draw yn dangos gwybodaeth am y llinell

Pai · 0.00cm · Du · Lliw · Glas 8

Ffigur D:29 Y bar offer llinell a llanw

Er enghraifft, os dewiswch lunio saeth, dyma a welwch yn y man darlunio:

Ffigur D:30
Saeth arferol Draw

Fe gewch ddefnyddio'r bar offer llinell a llanw i fformatio'r saeth, neu fe gewch glicio ar yr eicon ⬦ ar y bar hwnnw. Gwnewch yn siŵr fod y saeth/llinell wedi'i dewis a'r dolenni gwyrdd ailfeintioli i'w gweld o'i hamgylch cyn fformatio. Bydd y blwch deialog *Llinell* yn ymddangos (Ffigur D:31). Cliciwch ar y tab *Llinell*.

Yn y gwymplen arddull ar yr ochr chwith y mae dewis arddull y llinell. Ymhlith y dewisiadau mae llinell barhaus a llinell ddotiog mân, er enghraifft. Yn y gwymplen lliw y mae dewis lliw eich llinell a saeth. Fe gewch ddewis lled eich llinell a'i thryloywder. Ar ochr dde'r blwch deialog y mae gosod arddull y saeth. Fe gewch ddewis siâp y pen a'r lled. Wrth amrywio'r dewisiadau, bydd rhagolwg i'w gweld yn y blwch ar y gwaelod.

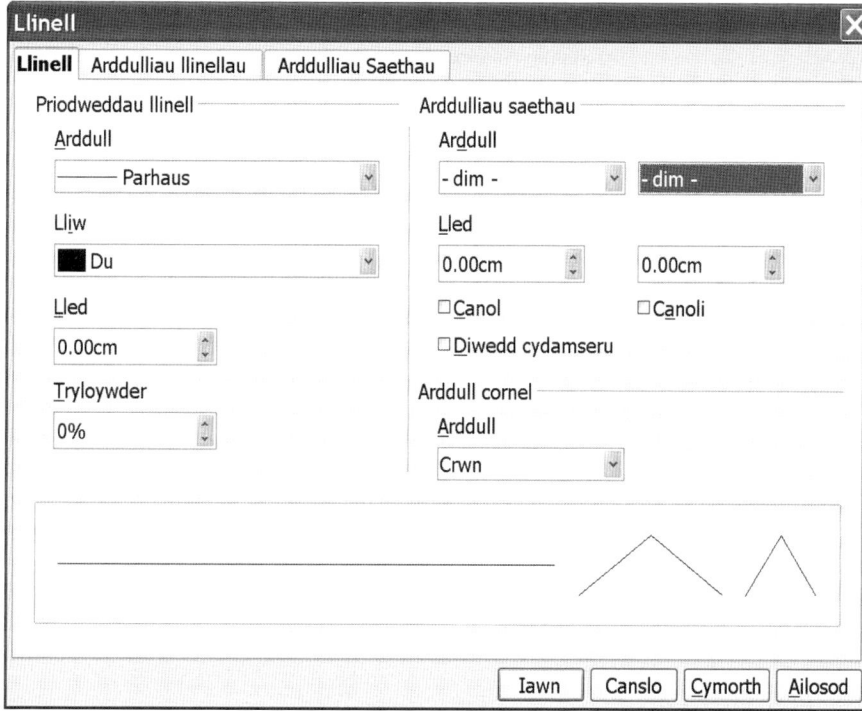

Ffigur D:31
Y blwch deialog *Llinell*

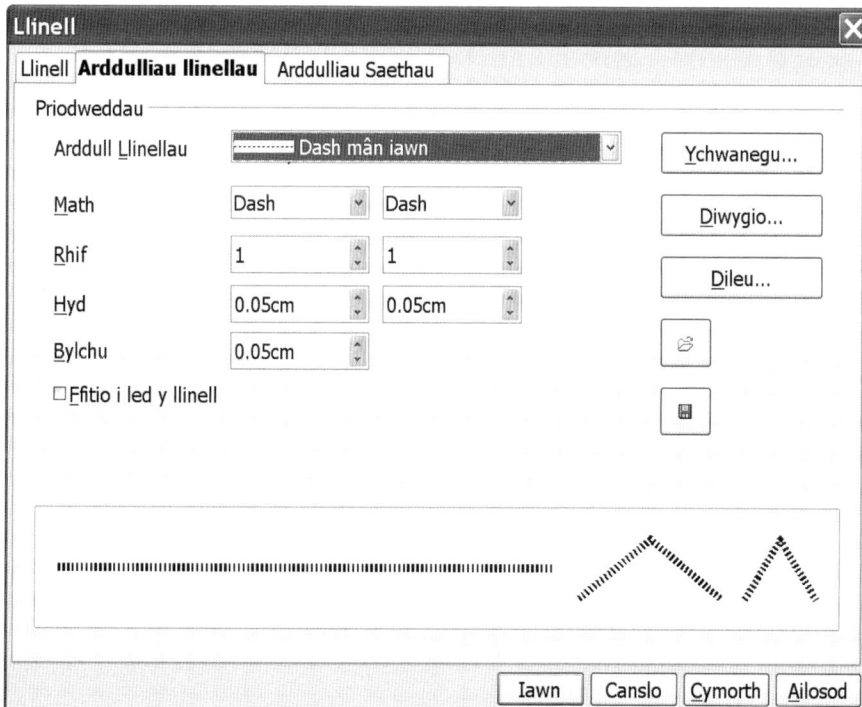

Ffigur D:32
Tab *Arddulliau llinellau*

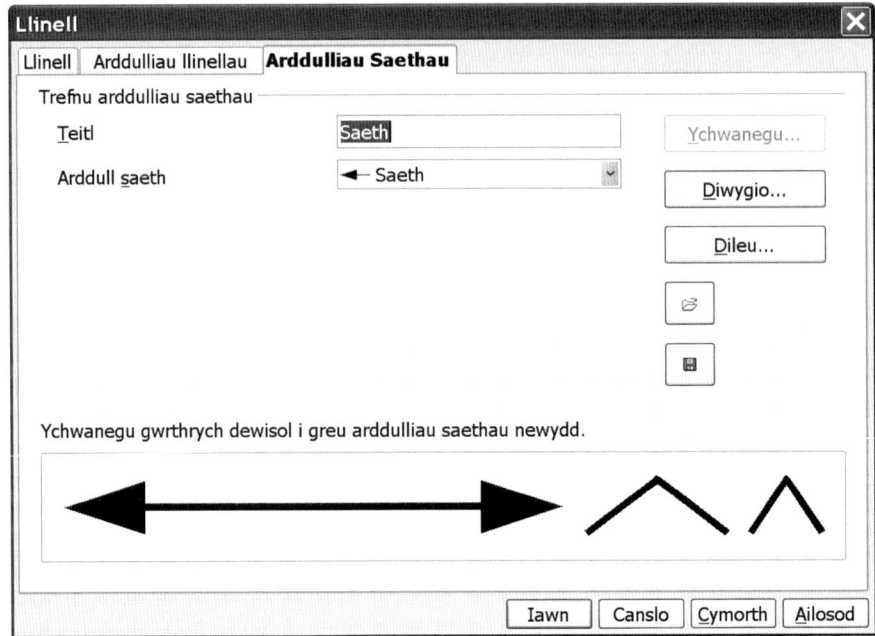

Ffigur D:33
Tab *Arddulliau Saethau*

I wneud dewisiadau pellach cliciwch ar y tab *Arddulliau Llinellau* (Ffigur D:32). Unwaith eto, bydd rhagolwg o'ch dewisiadau yn ymddangos yn y blwch rhagolwg. Fe gewch wneud dewisiadau pellach i'r arddull saethau drwy glicio ar y tab *Arddulliau Saethau* (Ffigur D:33). Wedi gwneud eich holl ddewisiadau cliciwch ar *Iawn*. Rhoddir y dewisiadau ar waith.

Cysylltyddion

Gellir rhannu cysylltyddion Draw yn bedwar categori:

Cysylltyddion safonol â chorneli 90 gradd.

Cysylltyddion llinell y cewch addasu eu pwyntiau canol.

Cysylltyddion syth sy'n llunio un llinell syth rhwng y naill gwrthrych a'r llall.

Cysylltyddion crwm sy'n llunio llinellau crwm rhwng y naill gwrthrych a'r llall.

Cliciwch ar y saeth wrth ymyl yr eicon cysylltyddion ar y bar offer darlunio i weld y detholiad o gysylltyddion sydd ar gael (Ffigur D:34).

Cliciwch ar y cysylltydd er mwyn ei roi ar waith. Bydd y cyrchwr yn newid ei siâp. Pwyswch fotwm y llygoden a dal eich bys i lawr wrth lusgo'r cysylltydd i'r maint priodol. Tynnwch eich bys oddi ar y llygoden i weld y cysylltydd. Os byddwch eisiau ei ailfeintioli, defnyddiwch y dolenni ailfeintioli.

Ffigur D:34
Dewis cysylltydd

Os dewiswyd cysylltydd sydd â sgwâr ar y llinell ganol fertigol, gellwch newid lleoliad y llinell honno, h.y. ei llusgo yn agosach at y linell dop neu'r llinell waelod.

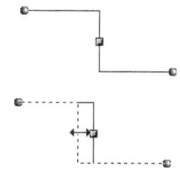

Cliciwch ar y ddolen sgwâr a'i llusgo i'r cyfeiriad o'ch dewis.

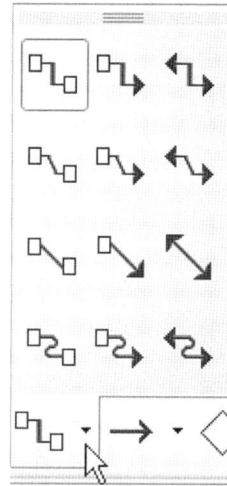

Addasu siapiau

Nid oes rhaid bod yn artist i gynhyrchu darluniau yn Draw: rheoli'r gwrthrychau a chadw trefn arnynt ar y sgrin sydd eisiau. Ond **sylwer** bod torri a gludo siapiau, testun a gwrthrychau yn Draw yn wahanol i'r rhaglenni eraill yn OpenOffice.org.

Symud a chopïo siapiau yn Draw
I symud siâp, cliciwch ar y gwrthrych. Yna, daliwch eich bys i lawr ar y llygoden wrth ichi lusgo'r gwrthrych i fan arall. Gellir copïo gwrthrychau heb ddefnyddio'r ddewislen olygu gan ddilyn y camau hyn:

- Cliciwch ar fin y gwrthrych. Fe welwch y dolenni ailfeintioli (Ffigur D:35).
- Pwyswch Ctrl. Daliwch Ctrl i lawr a llusgwch eich llygoden i'r man lle y dymunwch osod y copi. Tynnwch eich bys oddi ar Ctrl ac oddi ar y llygoden. Ymddengys y siâp yn y safle iawn.

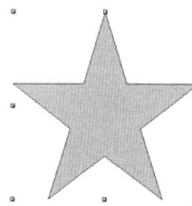

Ffigur D:35

Golygu	Gwe_ld	Mewnosod	Ff_ormat
↶ Dadwneud:Symud S_iâp			Ctrl+Z
↷ A_il-wneud:Symud Siâp			Ctrl+Y
✂ _Torri			Ctrl+X
📋 _Copïo			Ctrl+C
📋 _Gludo			Ctrl+V
Gludo Ar_bennig...			Ctrl+Shift+V
📄 _Dewis Popeth			Ctrl+A

Ffigur D:36
Defnyddio'r gwymplen *Golygu* i dorri, copïo a gludo

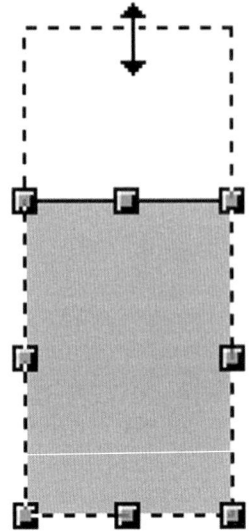

Ffigur D:37
Ailfeintioli siâp

Gair i gall: os dymunwch gopïo neu ludo gwrthrych o un ddalen Draw i'r llall, rhaid defnyddio Clipfwrdd Windows. Defnyddiwch y gwymplen *Golygu* i wneud hynny, a dewiswch *Torri*, *Copïo* a *Gludo* yn ôl yr angen (Ffigur D:36). Ar ôl clicio ar y gwrthrych a pheri i'r dolenni ailfeintioli ddod i'r golwg, fe gewch dynnu un o'r dolenni i ailfeintioli'r siâp (Ffigur D:37).

Llanw gwrthrychau
Ar dudalen 192, bu sôn am lanw siapiau gan ddefnyddio'r bar offer darlunio. Yma, fe gewch wybod sut i lanw gwrthrychau gan ddefnyddio'r blwch deialog *Cyffiniau*.

Ewch i *Fformat* → *Cyffiniau* (neu de-gliciwch ar y siâp → *Cyffiniau).* Ymddengys y blwch deialog *Cyffiniau* (Ffigur D:38). Mae saith tab i'w gweld ar draws y blwch. Mae pob tab yn cynnwys nifer o opsiynau llanw. Ar dudalen gyntaf y blwch deialog, sef *Cyffiniau*, fe gewch ddewis lliw, er enghraifft. Pwyswch *Iawn* wedi gwneud eich dewis, neu cliciwch ar dab arall cyn cau'r blwch.

Os dymunwch ddefnyddio cysgod yn eich darlun, cliciwch ar y tab *Cysgod* (Ffigur D:39), a rhowch dic yn y blwch ger *Defnyddio Cysgod*. Gellwch ddewis safle eich cysgod, dim ond ichi glicio yn y cylchoedd bach gyferbyn â *Safle.*

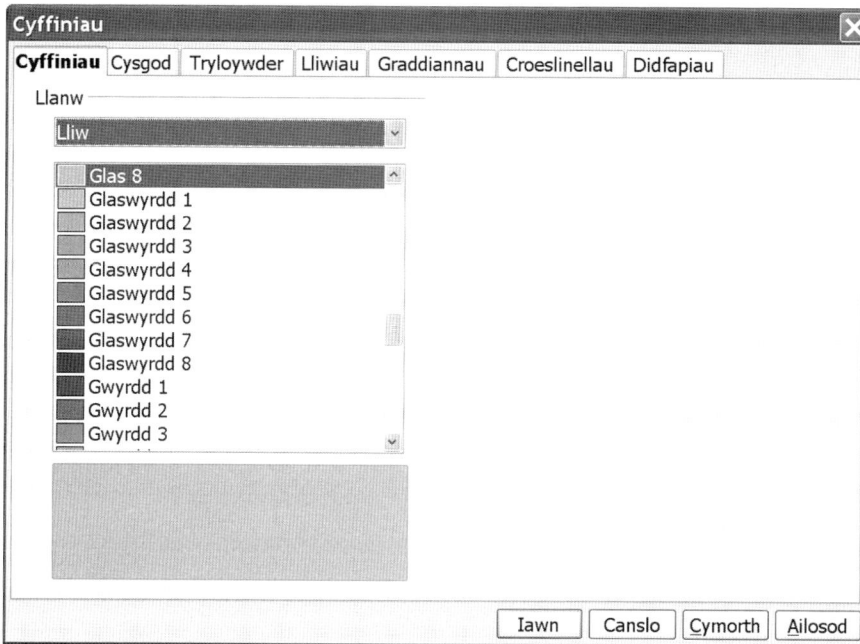

Ffigur D:38
Y blwch deialog
Cyffiniau

Cliciwch ar bob un o'r tabiau yn ei dro er mwyn arbrofi gyda'r opsiynau llanw y mae'r rhaglen yn eu cynnig. Yr un yw'r broses ym mhob achos: clicio ar *Iawn* wedi nodi eich dewis.

Grwpio gwrthrychau

Mae Draw yn caniatáu ichi ddarlunio un gwrthrych ar ben y llall yn y man darlunio. Wrth ichi wneud hyn, bydd Draw yn cofio ym mha drefn y darluniwyd y gwrthrychau.

Yn Ffigur D:40, mae cyfres o wrthrychau ar ben ei gilydd yn y drefn y cawsant eu creu. Er mwyn dod ag un o'r siapiau yn nes at wyneb y pentwr, de-gliciwch arni. Yna cliciwch ar *Trefnu → Dwyn i'r Blaen* (Ffigur D:41). Mae modd anfon y gwrthrych i lawr y pentwr hefyd, naill ai drwy ddewis *Anfon Yn ôl* neu *Anfon i'r Cefn* i anfon y gwrthrych i waelod y pentwr.

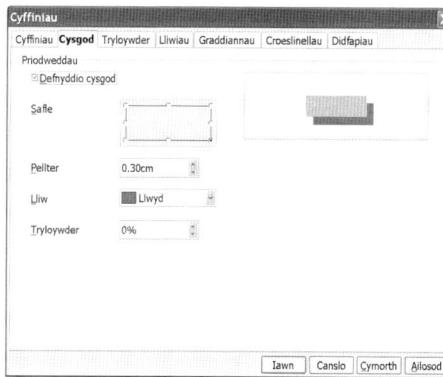

Ffigur D:39
Y blwch deialog
Cysgod

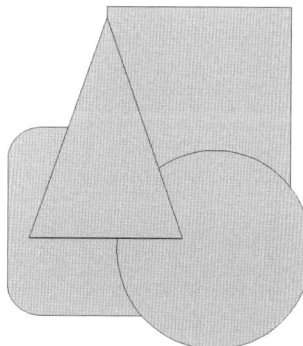

Ffigur D:40
Cyfres o siapiau ar ben
ei gilydd

Ffigur D:41
Newid trefn cyfres o
siapiau sydd ar ben ei
gilydd

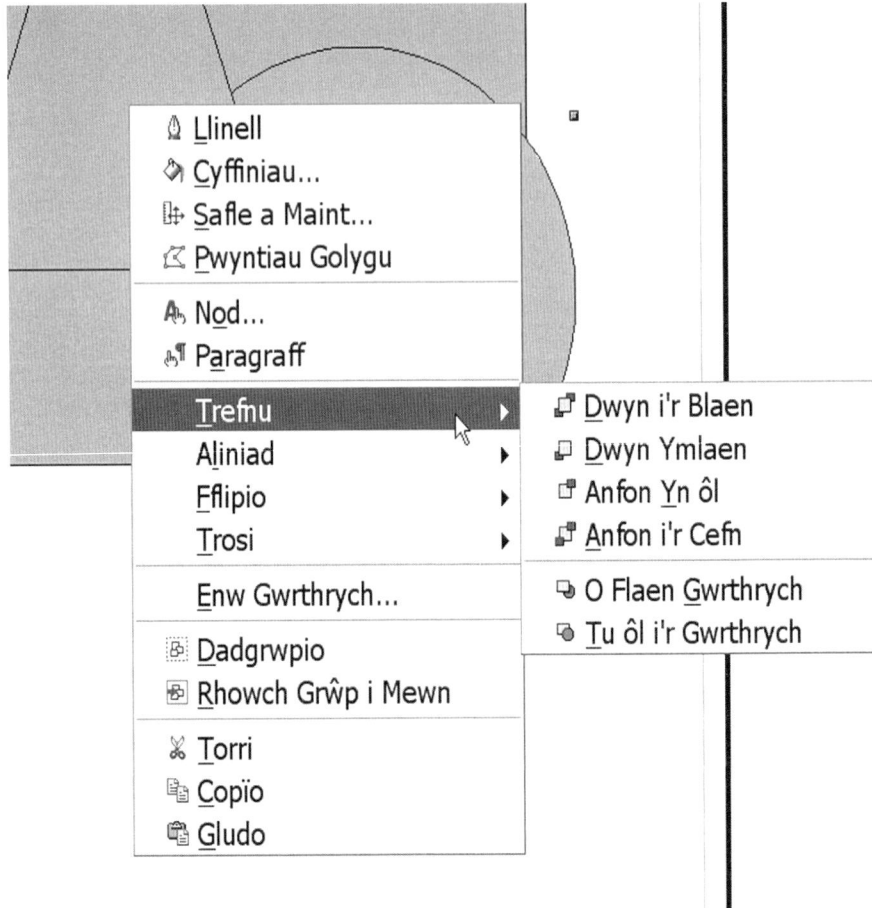

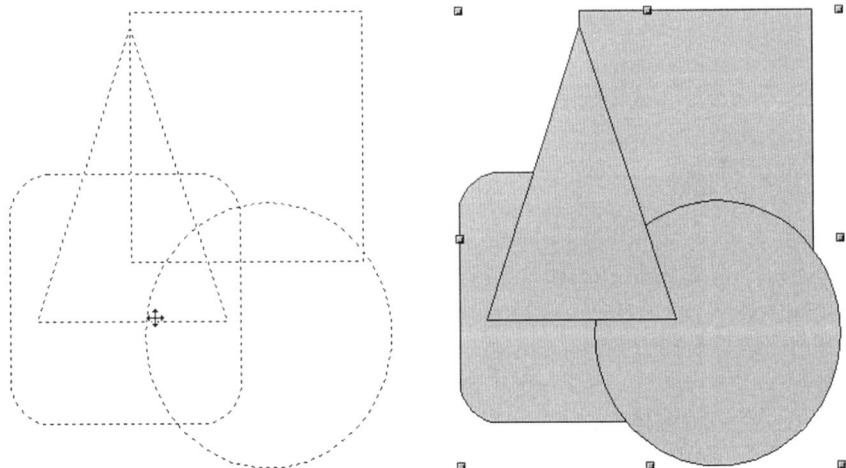

Ffigur D:41
Newid trefn cyfres o
siapiau sydd ar ben ei
gilydd

- ◌ Llinell
- ◌ Cyffiniau...
- ◌ Safle a Maint...
- ◌ Pwyntiau Golygu
- ◌ Nod...
- ◌ Paragraff
- Trefnu ▸
  - ◌ Dwyn i'r Blaen
  - ◌ Dwyn Ymlaen
  - ◌ Anfon Yn ôl
  - ◌ Anfon i'r Cefn
  - ◌ O Flaen Gwrthrych
  - ◌ Tu ôl i'r Gwrthrych
- Aliniad ▸
- Fflipio ▸
- Trosi ▸
- Enw Gwrthrych...
- ◌ Dadgrwpio
- ◌ Rhowch Grŵp i Mewn
- ◌ Torri
- ◌ Copïo
- ◌ Gludo

Ffigur D:42

I gyfuno'r gwrthrychau, pwyswch Ctrl+A. Bydd hyn yn peri dewis y gwrthrychau i gyd. Ewch i *Diwygio* → *Grŵp*. Yn Ffigur D:42, mae'r pedwar siâp yn cael eu bwrw'n un.

Mae'n hawdd ailhollti'r siâp i adfer y pedwar gwrthrych gwreiddiol. Wedi dewis y gwrthrych, ewch i *Diwygio* → *Dadgrwpio*.

Mewnosod delweddau

Er mwyn mewnosod delwedd, ewch i *Mewnosod* → *Darlun* → *O'r Ffeil*. Ymddengys y blwch deialog *Mewnosod Llun*. Dewiswch y llun/graffig y dymunwch ei agor a chliciwch ar *Agor*. Gosodir y graffig ym man darlunio Draw (Ffigur D:43). Cliciwch ar y ddelwedd a bydd y bar offer yn ymddangos (Ffigur D:44).

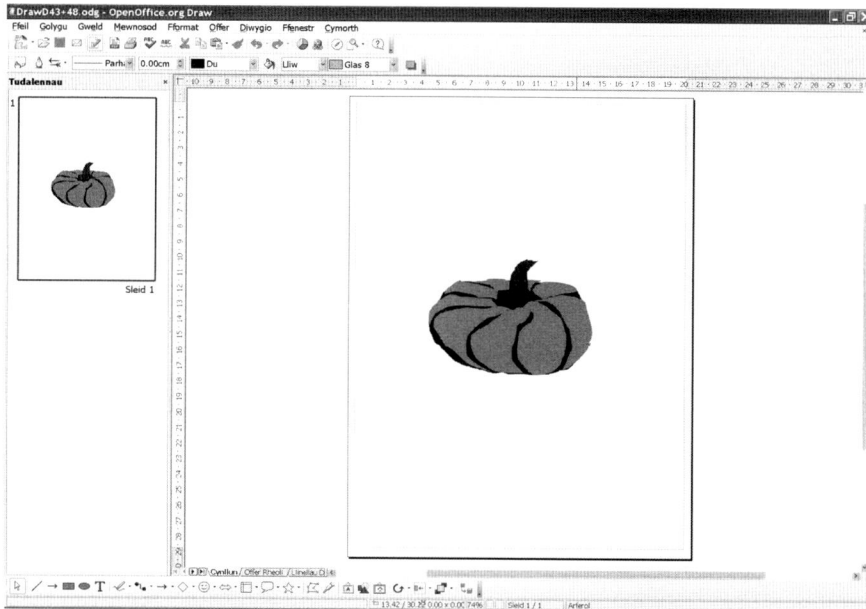

Ffigur D:43

Ffigur D:44

Gan ddefnyddio'r botymau ar y bar offer hwn y cewch addasu'r graffig. Cliciwch ar y botwm *Tocio* ⚅ , ac ymddengys y blwch deialog *Tocio* (Ffigur D:45).

Yn y fan hon y cewch newid maint a graddfa'r graffig. Os digwydd ichi docio'r graffig yn ormodol, na phoenwch dim: cliciwch ar y

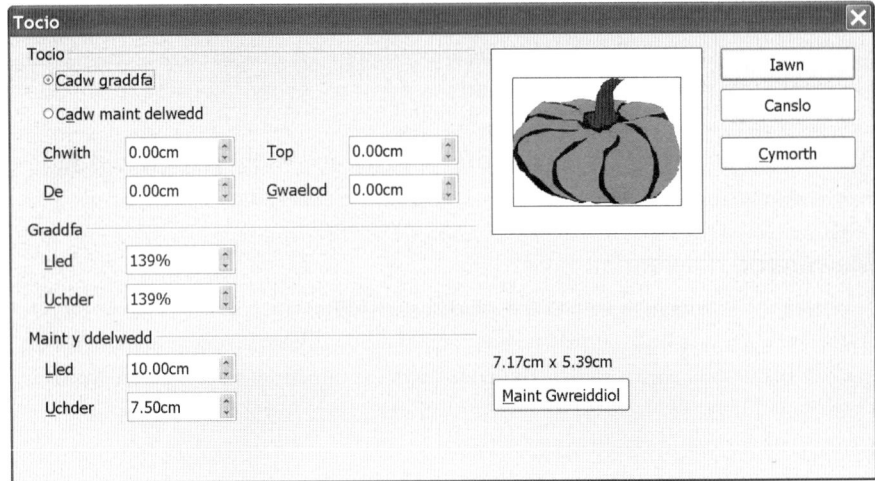

Ffigur D:45
Y blwch deialog *Tocio*

botwm *Maint Gwreiddiol* i adfer y graffig gwreiddiol. Pwyswch *Iawn* wedi ichi orffen tocio'r graffig.

Cliciwch ar yr eicon lliw ▨, ac ymddengys blwch lle cewch osod canran y lliw coch, gwyrdd a glas sydd yn y graffig (Ffigur D:46). Yn y blwch hwn y mae gosod y lefel llacharedd a'r lefel gama hefyd, er enghraifft.

Ffigur D:46   **Ffigur D:47**   **Ffigur D:48**

Cliciwch ar y saeth wrth ymyl yr eicon *Ffilter* ✎ ▾, ac ymddengys cwymplen y ffilteri (Ffigur D:47). Rhowch gynnig ar rai o'r eiconau hyn i weld sut y byddant yn effeithio ar eich graffig gwreiddiol (Ffigur D:48). Er enghraifft:

✎ *Braslun Siarcol* (Ffigur D:49).

◩ *Gwrth-droi* (Ffigur D:50).

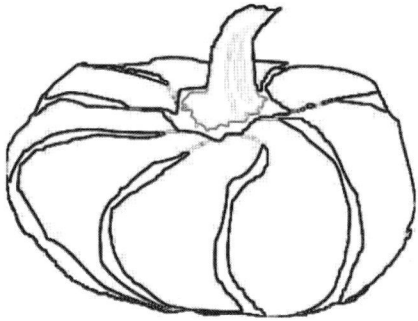

Ffigur D:49

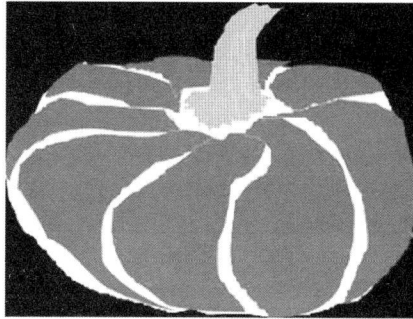

Ffigur D:50

Sganio llun i mewn i Draw

Gellwch sganio llun a'i ychwanegu at eich gwaith yn Draw (ar yr amod bod eich sganiwr yn gydnaws â TWAIN). Pan fyddwch yn defnyddio'r sganiwr, bydd rhaid dilyn cyfarwyddiadau'r sganiwr. Dyma'r camau arferol:

1 Agorwch Draw.
2 Ewch i *Mewnosod → Darlun → Sganio → Dewis Ffynhonnell* (Ffigur D:51).
3 Bydd rhai sganwyr yn cynnig rhagolwg o'r sgan. Pan ddigwydd hynny, fe gewch addasu nifer o briodweddau'r sgan.
4 Bydd Draw yn gosod y llun yn y man darlunio. Fe gewch ei symud a'i ailfeintioli gan ddefnyddio'r dolenni ailfeintioli yn y modd arferol.

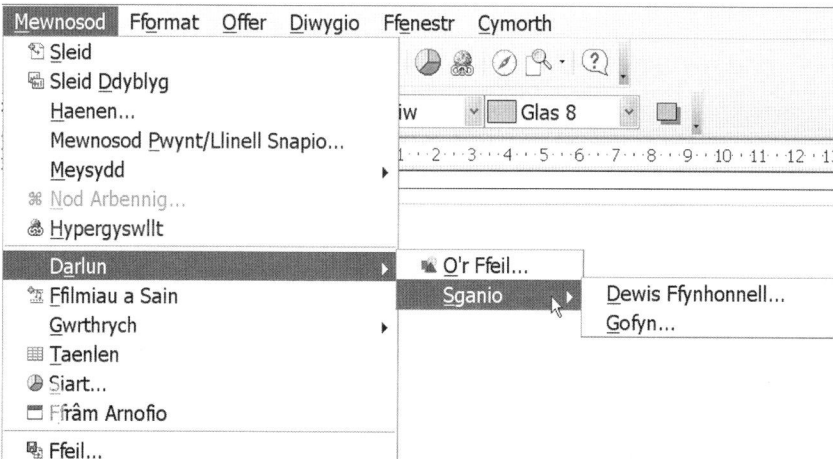

Ffigur D:51
Mewnosod → Darlun → Sganio → Dewis Ffynhonnell

Cyfuno gwrthrychau

Mae cyfuno, tynnu a chroestorri siapiau yn ffordd hawdd o greu siapiau cymhleth gan ddefnyddio'r siapiau arferol y mae Draw yn eu cynnig. Bydd cyfuno siapiau yn diddymu amlinell y siapiau yn y mannau croestorri. Ar ôl cyfuno'r siapiau, bydd y siâp cyfun yn defnyddio lliw a graddiant y siâp gwaelod.

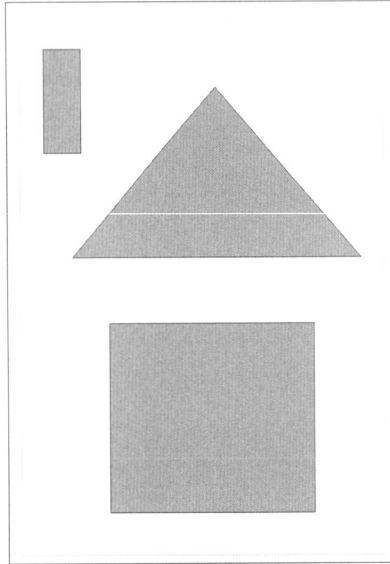

Ffigur D:52

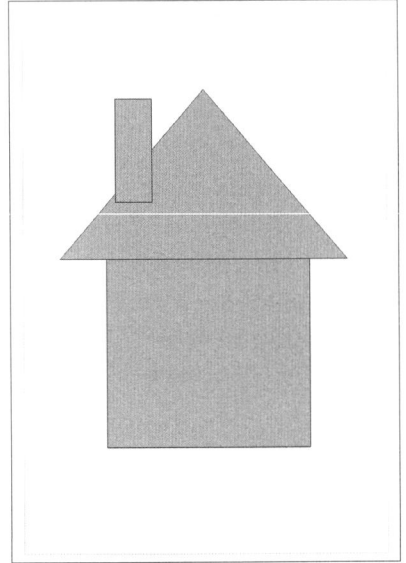

Ffigur D:53

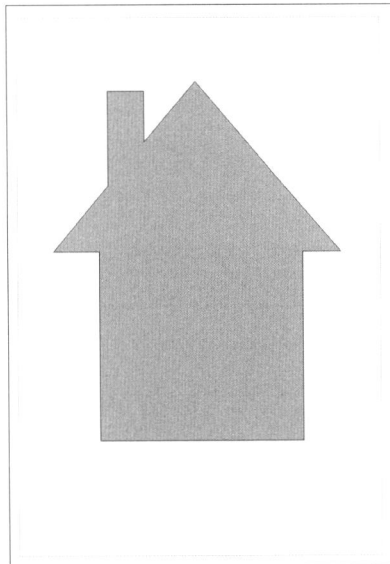

Ffigur D:54

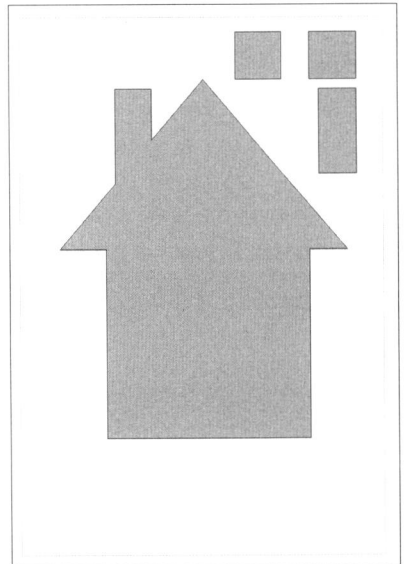

Ffigur D:55

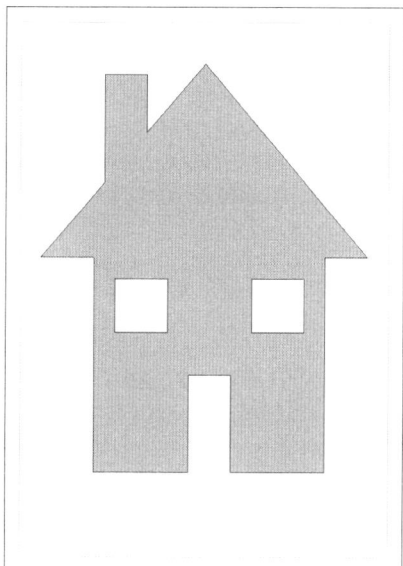

Gallech gyfuno tri siâp i dynnu llun tŷ, er enghraifft. Darluniwch y tri siâp (Ffigur D:52). Llusgwch bob siâp i'w briod le (Ffigur D:53). Pwyswch Ctrl+A i ddewis y tri siâp i'w cyfuno. Ewch i *Diwygio → Siapiau → Cyfuno*. Bydd y tri siâp yn un erbyn hyn (Ffigur D:54).

Tynnu a dileu

Nid yw Draw yn cynnwys offer dileu. Drwy osod siapiau ar ben ei gilydd y mae dileu'r hyn nad ydych eisiau ei gadw. Er enghraifft, ar ôl darlunio siâp y tŷ, efallai yr hoffech osod ffenestr a drws ynddo. I wneud hynny, rhaid tynnu dau sgwâr bach ac un siâp hirsgwâr (Ffigur D:55). Llusgwch y siapiau i'w mannau priod yn y tŷ. Wedyn cliciwch ar Ctrl+A, ac ewch i *Diwygio → Siapiau → Tynnu*. Ffigur D:56 fydd y canlyniad.

Ffigur D:56

Croestorri

Mae croestorri yn caniatáu ichi greu siapiau newydd. Dyweder eich bod eisiau creu blodyn. Nid yw Draw yn cynnig siâp addas i greu'r petalau. Ond mae'n hawdd creu'r siâp fel a ganlyn. Tynnwch lun dau gylch. Sut? Tynnwch un cylch a'i gopïo. Nesaf rhowch un cylch ar ben y llall nes eu bod yn gorgyffwrdd (Ffigur D:57)

I greu'r croestoriad o'r ddau siâp, pwyswch Ctrl+A, ac ewch i *Diwygio → Siapiau → Croestorri*. Ymddengys y siâp newydd (Ffigur D:58).

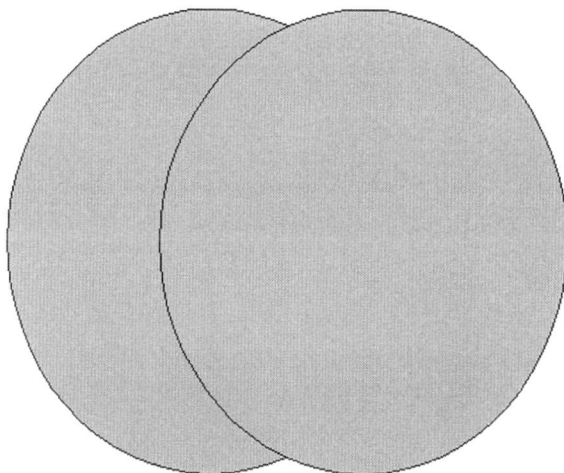

Ffigur D:57

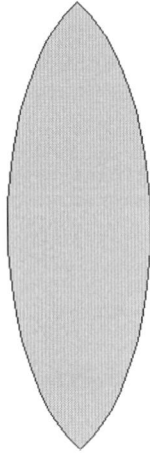

Ffigur D:58

Ffigur D:59

Gellwch gopïo'r siâp hwn a defnyddio'r botwm cylchdroi (gweler t. 210) i greu blodyn (Ffigur D:59).

Defnyddio'r pwyntiau golygu

Mae modd addasu eich siapiau gan ddefnyddio'r pwyntiau golygu. Mae pwyntiau golygu yn eich galluogi i olygu ac i fireinio amlinellau eich gwrthrychau. Lliw glas sydd i'r pwyntiau golygu, a chyda lluniau llawrydd y byddant fwyaf defnyddiol i chi.

Os byddwch eisiau addasu darlun llawrydd wedi ichi ei lunio, cliciwch ar y botwm *Pwyntiau golygu* ar y bar offer.

Ni fydd y pwyntiau golygu yn ymddangos nes ichi greu blwch dashys mân â'r cyrchwr. Crëwch y blwch hwnnw gan dynnu'r cyrchwr ar draws y man darlunio (Ffigur D:60).

Ar ôl tynnu eich bys oddi ar y llygoden, bydd y pwyntiau golygu yn ymddangos ar eich darlun llawrydd (Ffigur D:61).

Gan dynnu a llusgo'r pwyntiau golygu y cewch newid siâp eich darlun. Cliciwch ar un o'r pwyntiau a daliwch eich bys ar y llygoden. Llusgwch y sgwâr bach i'r cyfeiriad priodol. Yn Ffigur D:62, er enghraifft, fe welwch y pwynt golygu yn cael ei dynnu tuag i lawr.

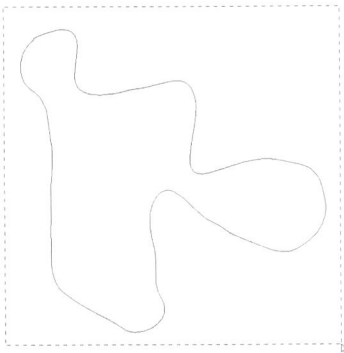

Ffigur D:60

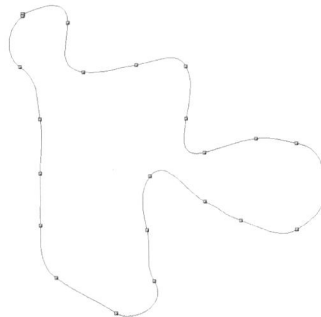

Ffigur D:61

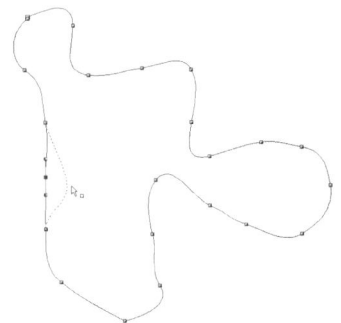

Ffigur D:62

Wedi clicio ar yr eicon pwyntiau golygu gynnau, ymddangosodd y bar offer pwyntiau golygu naill ai fel blwch arnofio neu fel bar offer wedi'i angori (Ffigur D:63).

Rhowch gyrchwr y llygoden ar ben yr eiconau i weld swyddogaeth pob un.

Er enghraifft, pan fyddwch wedi tynnu darlun llawrydd penagored, bydd clicio ar yr eicon *Cau'r Bezier* ◁ yn tynnu llinell gyswllt rhwng y naill ben a'r llall.

Ffigur D:63
Y bar offer pwyntiau golygu

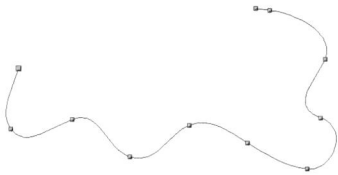

Ffigur D:64
Darlun llawrydd agored

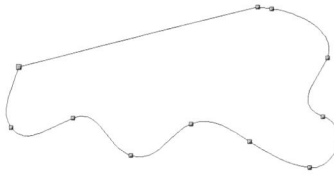

Ffigur D:65
Darlun llawrydd caeedig

Y gamp lawn

Fflipio

Ar ôl creu siâp, mae'n bosib y byddwch eisiau ei fflipio naill ai yn fertigol neu'n llorweddol. Cliciwch ar y siâp i'w ddewis, ac ewch i *Diwygio* → *Fflipio*. Nesaf, dewiswch naill ai *Yn Fertigol* neu *Yn Llorweddol*.

Dyma enghraifft o siâp gwreiddiol (Ffigur D:66), siâp wedi'i fflipio'n fertigol (Ffigur D:67) a siâp wedi'i fflipio'n llorweddol (Ffigur D:68).

Ffigur D:66
Gwreiddiol

Ffigur D:67
Wedi'i fflipio'n fertigol

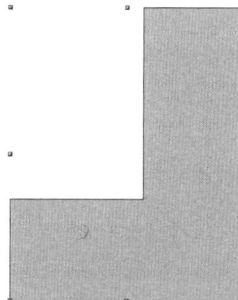

Ffigur D:68
Wedi'i fflipio'n llorweddol

Cylchdroi

Er mwyn cylchdroi siâp, cliciwch ar yr eicon *Cylchdroi* ar y bar offer darlunio. Bydd y dolenni ailfeintioli yn troi yn gylchoedd bach coch (Ffigur D:69). Wrth ddal y cyrchwr dros un o'r cylchoedd, bydd ei siâp yn troi.

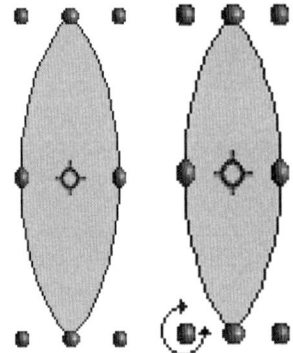

Pan ymddengys y saeth (Ffigur D:70), cliciwch ar y llygoden a daliwch eich bys i lawr wrth gylchdroi'r siâp. Yn Ffigur D:71, mae enghraifft o siâp yn cael ei gylchdroi. Dengys yr amlinell â dashys leoliad newydd y siâp.

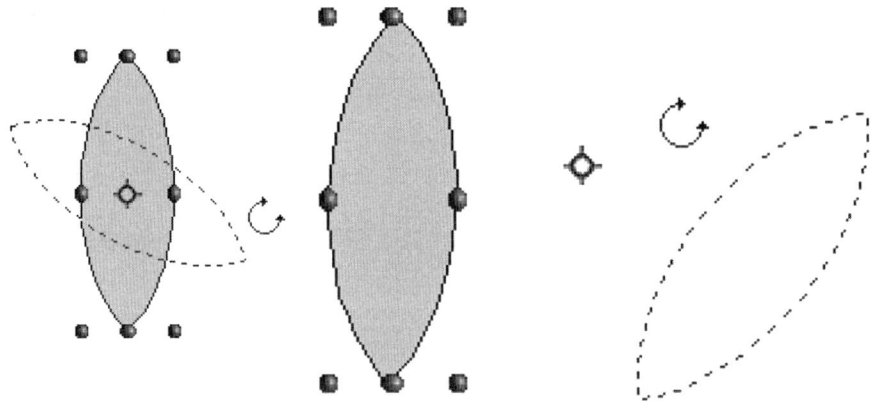

Ffigur D:69   **Ffigur D:70**

Ffigur D:71   **Ffigur D:72**

Weithiau byddwch eisiau cylchdroi eich siâp o amgylch echel neu drobwynt allanol. I wneud hynny, rhaid symud y groes Geltaidd yng nghanol y sgwâr hwn.

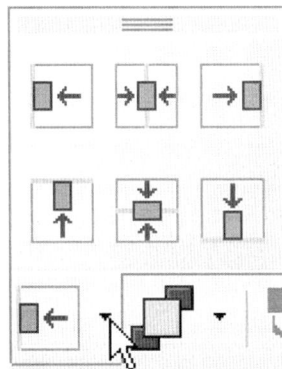

Pa le bynnag y gosodir y groes, dyna drobwynt y siâp bellach (Ffigur D:72).

Alinio

Er mwyn alinio, cliciwch ar siâp, ac yna cliciwch ar y saeth wrth yr eicon alinio.

Ffigur D:73
Alinio

Ymddengys dewis o eiconau (Ffigur D:73).

Ffigur D:74   **Ffigur D:75**

Dyma'r opsiynau alinio: i'r chwith; i'r dde; i'r top; i'r gwaelod; dau opsiwn canoli. Bydd clicio ar un o'r eiconau hyn yn peri symud y siâp i'r lleoliad a nodir ar yr eicon. Er enghraifft, os oes gennych siâp yng nghornel uchaf eich man darlunio (Ffigur D:74), bydd clicio ar yr eicon yn ei symud i'r safle a ddangosir yn Ffigur D:75.

Os nad yw'r opsiynau yn Ffigur D:73 yn rhoi digon o gyfle ichi symud y siâp, agorwch flwch deialog *Safle a Maint* (Ffigur D:76) (*Fformat* → *Safle a Maint*). Yn y fan honno fe gewch nodi union leoliad y siâp. Cliciwch ar *Iawn* ar ôl gwneud eich dewisiadau.

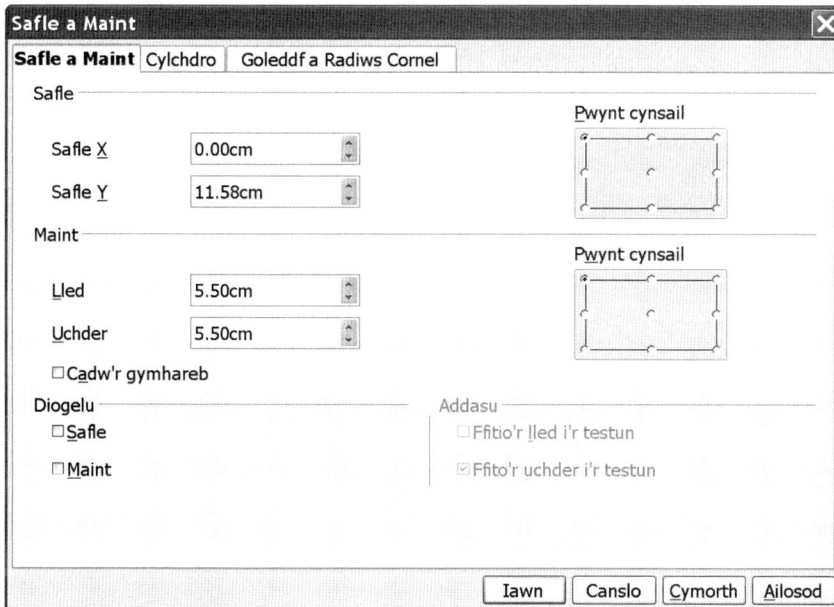

Ffigur D:76
Y blwch deialog *Safle a Maint*

Dyblygu

Bu sôn eisoes am gopïo, gludo a chylchdroi (tudalennau 199–200, 210). Yma cawn sôn am ddyblygu, sef cyfuno'r tair gweithred hyn. Mae'r offeryn dyblygu yn cylchdroi'r siâp o amgylch ei ganol. Nid oes modd newid y pwynt cylchdro.

Dyma sut mae mynd ati i ddyblygu:

1 Crëwch y siâp(iau) y dymunwch ei/eu dyblygu.
2 Ewch i *Golygu* → *Dyblygu*. Ymddengys y blwch deialog *Dyblyg* (Ffigur D:77).
3 Yn y blwch *Nifer y Copïau* nodwch sawl gwaith y dymunwch gopïo'r siâp gwreiddiol.
4 Oddi tan *Lleoliad* nodwch y pellter y dymunwch i'r echelau X a Y symud ar ôl pob dyblygiad. Nodwch ongl y cylchdro hefyd. Weithiau bydd rhoi gwerthoedd amgenach na 0 yn creu delwedd droellog.
5 Yn y blychau oddi tan *Ehangu*, nodwch faint yr hoffech newid lled ac uchder y siâp fesul dyblygiad olynol.
6 Oddi tan *Lliwiau* dewiswch y lliwiau yr hoffech eu defnyddio. Fe gewch raddio'r lliw o'r siâp gwreiddiol hyd at y dyblygiad olaf. Ni raid amrywio'r lliw.
7 Cliciwch ar *Iawn* ar ôl gorffen gosod eich dewisiadau. Bydd eich siâp newydd i'w weld yn y man darlunio.

Gweler blwch deialog *Dyblyg* (Ffigur D:77) i weld y dewisiadau a wnaed gennym. Mae Ffigurau D:78 a D:79 yn enghreifftiau o'r hyn y gellir ei greu.

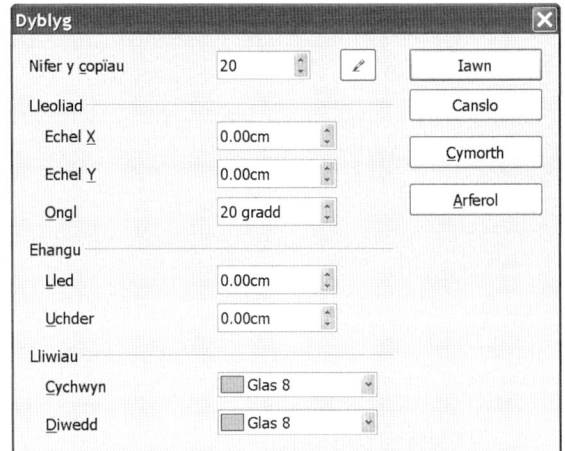

Ffigur D:77 Y blwch deialog *Dyblyg*

Pwyswch Ctrl+Z i ddadwneud y dyblygiad. Agorwch y blwch deialog *Dyblyg* (Ffigur D:77) eto i ailosod y dewisiadau. Wrth chwarae â'r dewisiadau a'u hamrywio y byddwch yn dod yn gyfarwydd â hwy ac yn perffeithio eich gwaith.

Ffigur D:78

Ffigur D:79

Ail-lunio siapiau

Mae *Aflunio*, *Cylchosod*, a *Goleddfu* yn ffyrdd o addasu siapiau arferol
Draw. Os nad ydych chi'n hoff iawn o siapiau cymesur, mae
defnyddio'r offer hyn yn fodd i amrywio'r siapiau. Dilynwch y camau
isod.

1 Cliciwch ar y siâp y dymunwch ei ail-lunio.
2 Cliciwch ar y saeth i agor y dewisflwch (Ffigur D:80).
3 Dewiswch: *Aflunio* ⬜
          Cylchosod (Persbectif) ⬜
          neu *Goleddfu* ⬜ .
4 Pan ymddengys blwch deialog (Ffigur D:81), dewiswch *Iawn* neu
   Na.
5 Cliciwch ar un o ddolenni'r siâp a chydio ynddo er mwyn ail-
   lunio'r siâp. Pan gliciwch arni, daw grid dros eich siâp (Ffigur
   D:82). Tynnu'r grid sy'n ail-lunio'r siâp. Pan godwch eich bys oddi
   ar y llygoden, bydd y siâp newydd yn cyfateb i siâp y grid.

Ffigur D:80
Dewisflwch *Aflunio*,
Cylchosod, Goleddfu

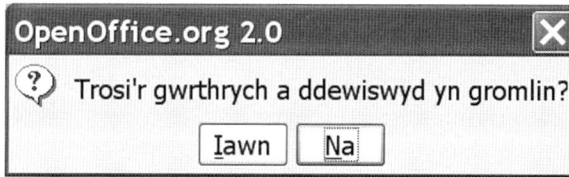

Ffigur D:81

Mae Ffigurau D:83 hyd at D:86 yn dangos y
math o siapiau y gellid eu creu. Yn yr un modd
â nifer o offer Draw, rhaid profi'r offer i
ymgyfarwyddo â hwy.
Pan fyddwch eisiau dadwneud
eich gwaith ail-lunio ac adfer y
siâp gwreiddiol, ewch i

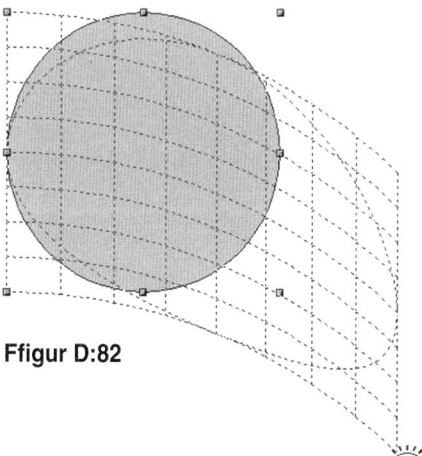

Ffigur D:82

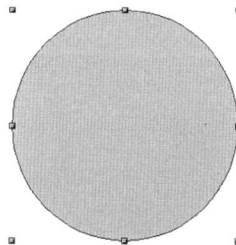

Ffigur D:83

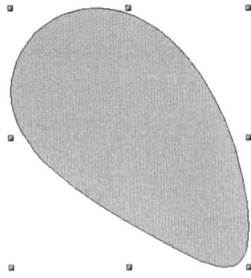

Ffigur D:84

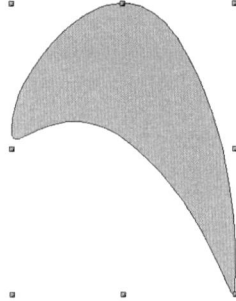

Ffigur D:85

Golygu → *Dadwneud*, neu cliciwch ar yr eicon *Dadwneud* ar y bar offer safonol. ↩

Croes-bylu

Offeryn yw croes-bylu sy'n creu cyfres o siapiau sy'n newid yn raddol. Mae'n ddefnyddiol yn animeiddiadau Impress, a gellir ei ddefnyddio ar wefannau hefyd. Fel hyn y mae ei gyflawni:

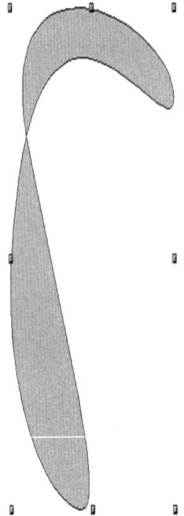

Ffigur D:86

1 Creu dau siâp yn y man gwaith (Ffigur D:87).
2 Dewis y siapiau hynny (Ctrl+A).
3 Mynd i *Golygu* → *Croes-bylu*. Ymddengys y blwch deialog *Croes-bylu* (Ffigur D:88).
4 Yn y blwch *Cynyddiadau* nodwch sawl siâp (10) y dymunwch eu creu yn y gyfres.
5 Bydd tic yn y blwch *Nodweddion Croes-bylu* yn caniatáu i nodweddion

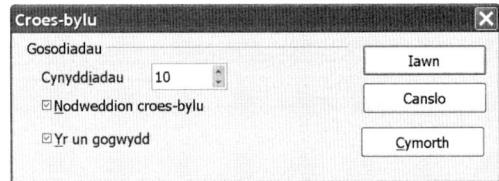

Ffigur D:88

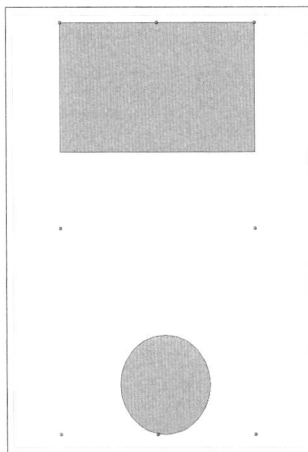

Ffigur D:87

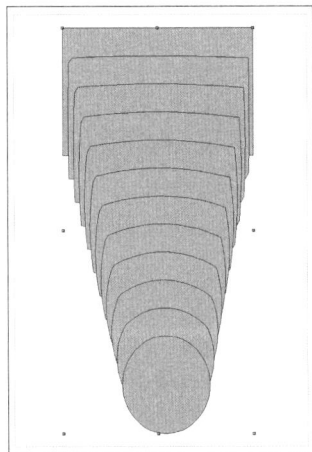

Ffigur D:89

megis lled llinellau a lliwiau groes-bylu'n gywir. Bydd tic yn y blwch *Yr un gogwydd* yn sicrhau bod y siâp yn newid yn raddol, ac yn atal iddo rhag troelli.

6 Ar ôl gwneud eich dewisiadau, cliciwch ar *Iawn*. Bydd Draw yn rhoi'r croes-bylu ar waith. Gwelir y canlyniad yn Ffigur D:89.

7 Gellir dadgrwpio'r siapiau: de-gliciwch ar y casgliad a chliciwch ar *Dadgrwpio*. Cliciwch wedyn ar y siâp y dymunwch ei symud.

Gwrthrychau'r oriel a 3D

Oriel Draw

Casgliad cynhwysfawr o wrthrychau, graffigau a seiniau yw Oriel Draw (Ffigur D:90). Dyma'r themâu:

- Bwledi: bwledi y gellir eu defnyddio wrth greu rhestr fwledi.
- Cefndiroedd: casgliad o batrymau y gellir eu defnyddio yn gefndir i ddarluniau.
- Fy Thema i: eich casgliad personol o graffigau yr ydych chi wedi'u cadw.
- Hafan: casgliad o fotymau y gellir eu defnyddio wrth greu tudalennau gwe.
- Offer mesur: darnau hir o gynlluniau lliw y gellir eu defnyddio fel borderi.
- Seiniau: seiniau y gellir eu defnyddio yn eich ffeiliau.

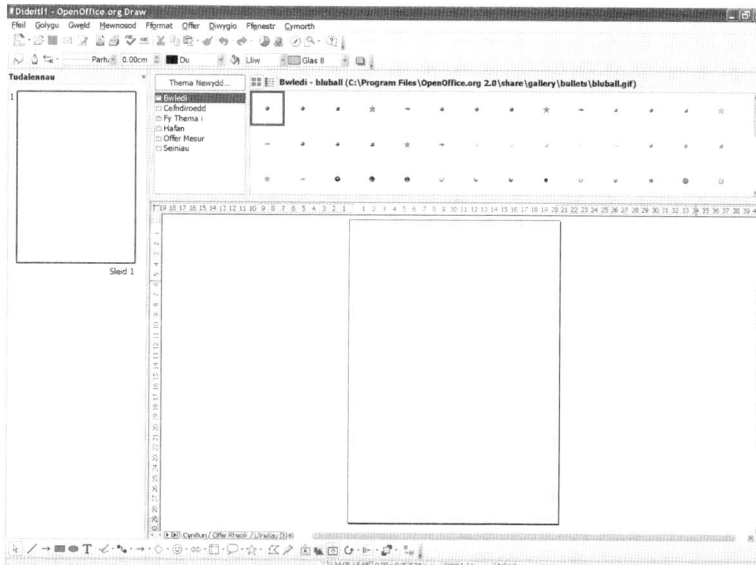

Ffigur D:90
Yr oriel

I weld yr oriel, cliciwch ar yr eicon *Oriel* 🖼 ar y bar offer darlunio. Pan fo'r oriel ar waith, fe gewch ei ddangos a'i guddio drachefn drwy glicio ar y botwm hwn ⚊⚊ sydd uwchben y mesurydd. Cliciwch ar unrhyw un o'r themâu ar ochr chwith yr oriel a bydd y graffigau sydd ar gael yn y thema honno yn ymddangos ar ochr dde'r oriel.

Mewnosod gwrthrychau o'r oriel

Mae'n ddigon hawdd gosod eitem o'r oriel yn y man darlunio. Agorwch yr oriel, cliciwch ar y thema, ac wedyn cliciwch ar yr eitem y dymunwch ei mewnosod. De-gliciwch ar yr eitem honno: ymddengys dewislen (Ffigur D:91). Cliciwch ar *Mewnosod*, a dewiswch naill ai *Copïo* neu *Cyswllt*.

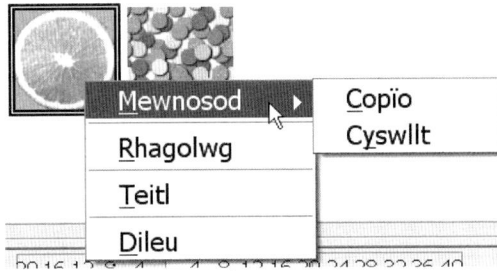

Ffigur D:91

Bydd clicio ar *Copïo* yn creu copi newydd o'r eitem a'i fewnosod yn y man darlunio. Bydd clicio ar *Cyswllt* yn creu copi o'r eitem a'i fewnosod yn y man darlunio, ond bydd cyswllt yn parhau rhwng yr eitem hwnnw a'r eitem yn yr oriel. Pan gaiff yr eitem gwreiddiol ei addasu yn yr oriel, bydd yr eitem yn eich darlun wedi newid pan fyddwch yn agor y ffeil y tro nesaf. Ar ôl gosod yr eitem yn y man darlunio, mae'n debyg y bydd rhaid ei ailfeintioli.

Er mwyn ychwanegu cefndir o'r oriel at eich darlun, de-gliciwch arno a chliciwch ar *Mewnosod* → *Copïo*. (Gallech glicio ar yr eitem hefyd a'i lusgo i'r man darlunio.) Bydd rhaid defnyddio'r dolenni ailfeintioli i ymestyn y cefndir dros y ddalen gyfan. Os bydd eitemau eraill gennych yn y man darlunio yn barod, bydd y cefndir estynedig yn eu cuddio. Er mwyn eu datguddio, de-gliciwch ar y cefndir ac ewch i *Trefnu* → *Anfon i'r Cefn* (Ffigur D:92).

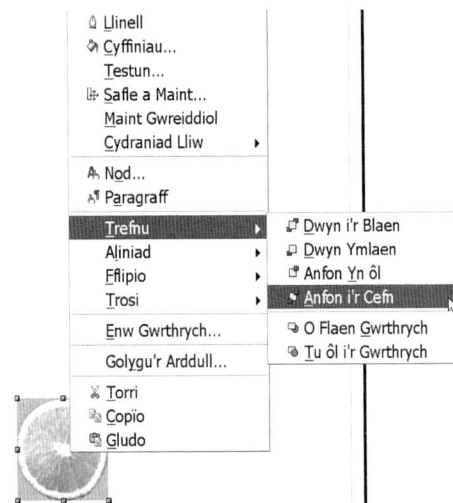

Ffigur D:92 *Trefnu* → *Anfon i'r Cefn*

Creu thema newydd

Grwpio gwrthrychau tebyg y mae themâu'n ei wneud. Fe gewch greu themâu newydd fel hyn:

1   Cliciwch ar y botwm *Thema Newydd* yn yr oriel. Ymddengys y blwch deialog *Priodweddau Thema Newydd* (Ffigur D:93).
2   Ar y tab *Cyffredinol* yn y blwch hirfain *Thema Newydd* y mae nodi enw'r thema newydd.
3   Cliciwch ar y tab *Ffeiliau* i ychwanegu graffigau at eich thema newydd (Ffigur D:94).

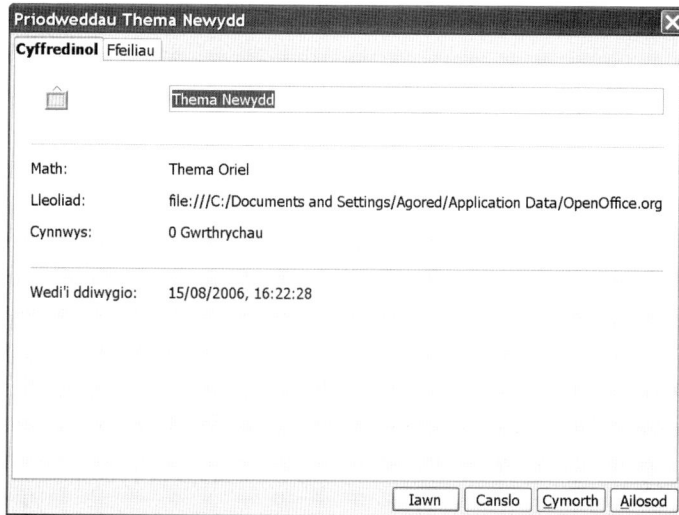

Ffigur D:93
Y blwch deialog
*Priodweddau
Thema Newydd*

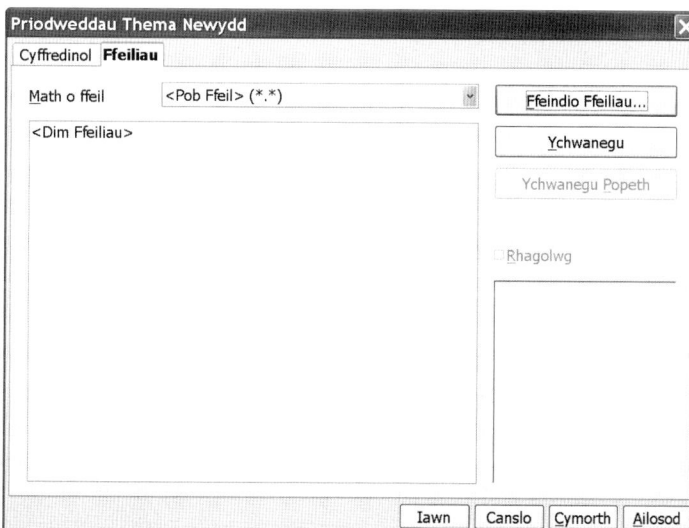

Ffigur D:94
Sut i
ychwanegu
graffigau at
eich thema
newydd

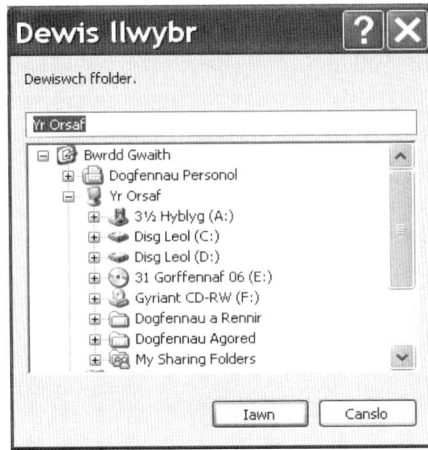

Ffigur D:95
Dewis llwybr

4 Cliciwch ar y botwm *Ffeindio Ffeiliau* ar ochr dde'r blwch. Ymddengys y blwch deialog *Dewis llwybr* (Ffigur D:95). Cliciwch ar y ffolder sy'n cynnwys eich gwrthrych(au), a phwyswch *Iawn*.

5 Ymddengys enwau'r ffeiliau dewisol yn y blwch ar y dudalen *Ffeiliau* (Ffigur D:94).

6 Rhowch dic yn y blwch wrth ymyl *Rhagolwg* i weld rhagolwg o'r gwrthrych.

7 Os dymunwch ychwanegu'r holl ffeiliau sydd wedi'u rhestru at y thema, cliciwch ar *Ychwanegu Popeth*, fel arall cliciwch ar enw'r ffeil y dymunwch ei hychwanegu ac yna cliciwch ar *Ychwanegu*.

8 Pwyswch *Iawn* ar ôl gorffen ychwanegu'r graffigau.

9 Rhestrir eich thema newydd ymhlith y themâu eraill. Mae'n hawdd ychwanegu gwrthrychau eraill hefyd: de-gliciwch ar enw'r thema a chliciwch ar *Priodweddau*.

10 Os byddwch eisiau ychwanegu gwrthrych sydd yn y man darlunio at thema sydd yn bodoli eisoes, llusgwch wrthrych o'r man darlunio i fan gwag yn oriel y thema.

Troi 2D yn 3D
Dyma sut mae troi siâp 2D yn un 3D.

1 Cliciwch ar y siâp. Ewch i *Diwygio* → *Trosi*.

2 Ymddengys dewislen (Ffigur D:96). Fe welwch fod dau ddewis trosi i'w cael. Beth am inni newid y blodyn yn Ffigur D:97 yn un 3D? Yn Ffigur D:98 y gwelir yr hyn sy'n digwydd o glicio ar *I'r 3D*.

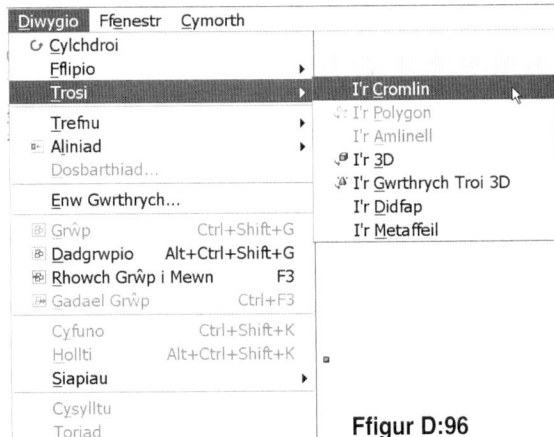

Ffigur D:96

Ffigur D:97

Ffigur D:98

Bydd clicio ar *I'r Gwrthrych Troi 3D* yn peri'r hyn sydd i'w weld yn Ffigur D:98.

Wedi i'ch siâp 2D gael ei droi'n siâp 3D (Ffigur D:99), mae rhwydd hynt gennych i

gylchdroi'r siâp (Ffigur D:100). Gwnewch hynny drwy glicio ar y siâp 3D ac yna ar yr eicon *Cylchdroi* ar y bar offer darlunio.

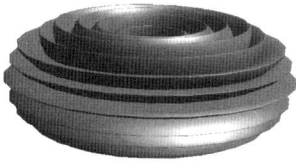
Ffigur D:99

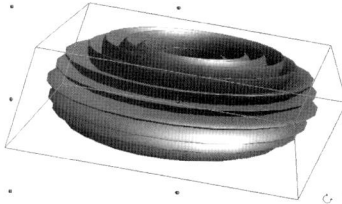
Ffigur D:100
Cylchdroi'r blodyn troi 3D

Defnyddiwch y dolenni coch i gylchdroi'r siâp i'r lleoliad o'ch dewis. Ar ôl lleoli'r siâp, fe gewch osod dewisiadau eraill i'ch siâp hefyd. De-gliciwch y siâp, a chliciwch ar *Effeithiau 3D* ar y ddewislen. Ymddengys y blwch deialog *Effeithiau 3D* (Ffigur D:101).

Fel y canlyn y mae defnyddio'r

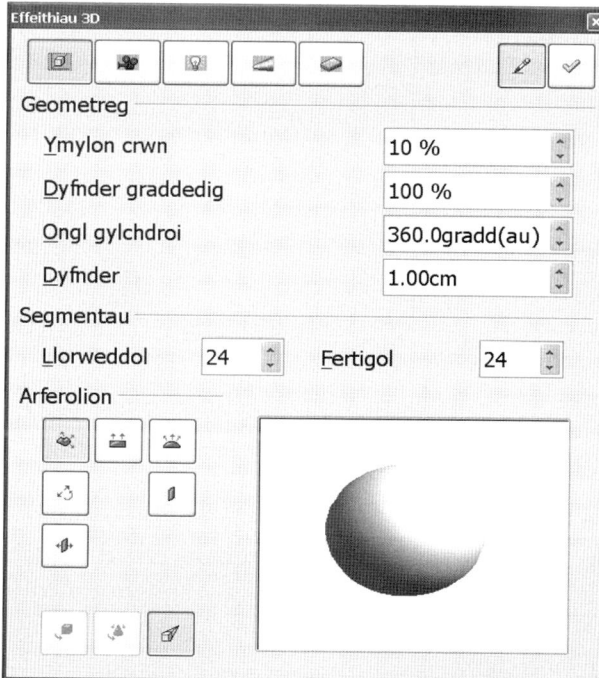
Ffigur D:101 Y blwch deialog *Effeithiau 3D*

Effeithiau 3D i gylchdroi siapiau. Cliciwch ar y gwahanol fotymau ar dop y blwch deialog i wneud eich dewisiadau.

I addasu geometreg y darlun 3D

I addasu graddlliw'r darlun 3D

I addasu golau'r darlun 3D

I addasu gwead y darlun 3D (dim ond pan fo'r siâp wedi'i lanw â didfap y bydd y dewisiadau ar y ddalen hon yn weithredol).

I addasu defnydd y darlun 3D

Bydd clicio ar unrhyw fotwm yn newid y dewisiadau sydd i'w gweld yn y blwch deialog. Er enghraifft, yn Ffigur 102 fe welwch y dewisiadau fydd ar gael o glicio ar y botwm *Goleuo*.

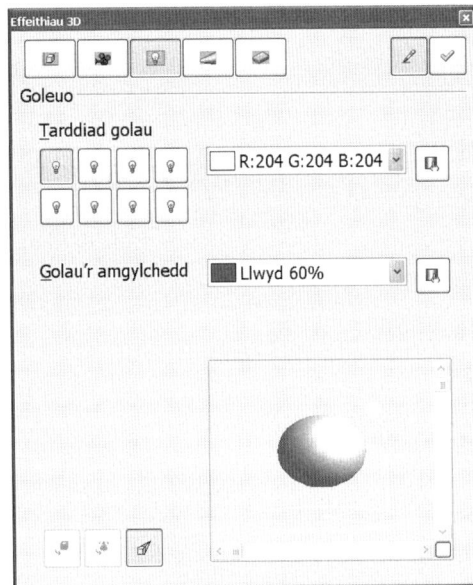

Ffigur D:102

Yn Ffigur D:102, fe gewch ddewis o ba gyfeiriad y bydd y golau yn bwrw eich siâp a dewis lliw'r golau. Bydd rhagolwg o'ch dewisiadau i'w gweld yn y blwch rhagolwg yng nghornel dde gwaelod y blwch deialog. Bydd clicio ar y botwm yn rhoi eich dewisiadau ar waith yn eich siâp.

CALC

Diarmuid Johnson

Cyflwyno Calc

Yr egwyddorion sylfaenol

Beth yw Calc ac i bwy y mae ef?

Mae Calc yn rhaglen daenlenni sy'n debyg iawn i Excel Microsoft. Pwrpas y rhaglen a'i thaenlenni yw storio gwybodaeth. Ar ffurf rhestrau y mae gwybodaeth yn cael ei storio yn Calc ran amlaf. Lle bo rhestr o eiriau yn y cwestiwn felly, gellir rhestru'r geiriau yn nhrefn y wyddor. O wneud hynny, mae'n hawdd dod o hyd i air arbennig.

Nid storio geiriau yw prif bwrpas Calc fodd bynnag, ond storio rhifau, trafod rhifau, a gwneud gwaith cyfrifo. Gall Calc wneud gwaith cyfrifo cymhleth iawn a gall ei wneud yn gyflym dros ben. Pan fydd angen trafod rhestr faith o rifau sy'n perthyn i'ch busnes, i'ch ysgol neu'n wir i'ch cartref, gall Calc eich helpu yn fawr. Ar ôl darllen y bennod hon, byddwch wedi dysgu sgil newydd all hwyluso eich gwaith yn sylweddol.

Fformiwlâu a swyddogaethau

Mae Calc yn defnyddio fformiwlâu i wneud ei waith cyfrifo. Fformiwlâu mathemategol yw fformiwlâu Calc. Ystyr fformiwla yng nghyswllt y rhaglen hon yw cyfres o werthoedd sy'n cael eu dynodi fynychaf naill ai gan rifau (23, 678 a.y.b.) neu gan gyfeiriad y celloedd (A1, B4, G78 a.y.b.). Rhaid teipio'r fformiwla ym mar fformiwlâu'r daenlen er mwyn rhoi fformiwla ar waith. Dyma enghraifft o fformiwla gyffredin:

D2 =A2 + B2 + C2

Cyfeiriad cell yw D2, A2, B2 ac C2 uchod (gweler **Cyfeirio at y celloedd** ar dudalen 226). Ystyr y fformiwla uchod yw hyn: bydd cynnwys D2 yn hafal i gyfanswm cynnwys A2, B2 ac C2.

Dengys Ffigur C:1 sut mae'r fformiwla yn ymddangos yn y bar fformiwlâu. Sylwer bod y fformiwla yn dechrau â'r symbol =. Gwir hyn am bob un o fformiwlâu Calc. Mae Tabl 1 yn dangos mwy o fformiwlâu Calc.

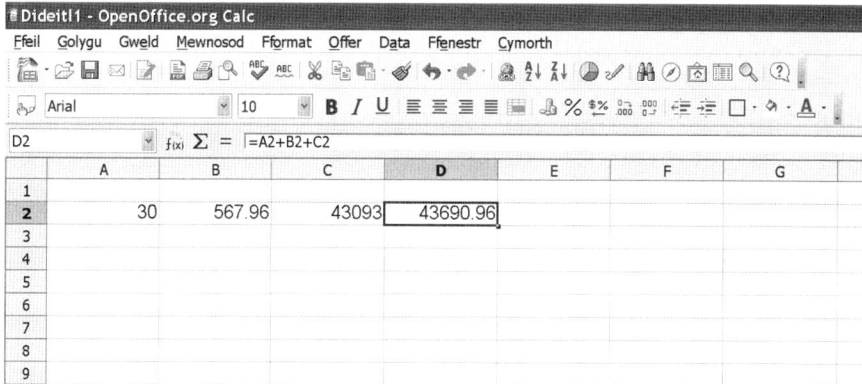

Ffigur C:1
Fformiwla yn y bar
fformiwlâu

Symbol	Enghraifft	Symbol mathemategol arferol
^	=7^3	7^3
/	=4/2	÷
*	=3*5	×
+	=4+6	+
–	=8–3	–

Tabl 1 Ystyr rhai o symbolau Calc

Ni fyddwn yn esbonio egwyddor fformiwlâu yn y bennod hon.
Fe gewch ragor o wybodaeth am fformiwlâu ymhlith sgriniau
cymorth Agored. Cliciwch ar y balŵn marc cwestiwn ar far offer Calc
a theipiwch yn y blwch *Chwilio term* dan y tab *Mynegai* neu *Ffeindio*
(Ffigur C:2).

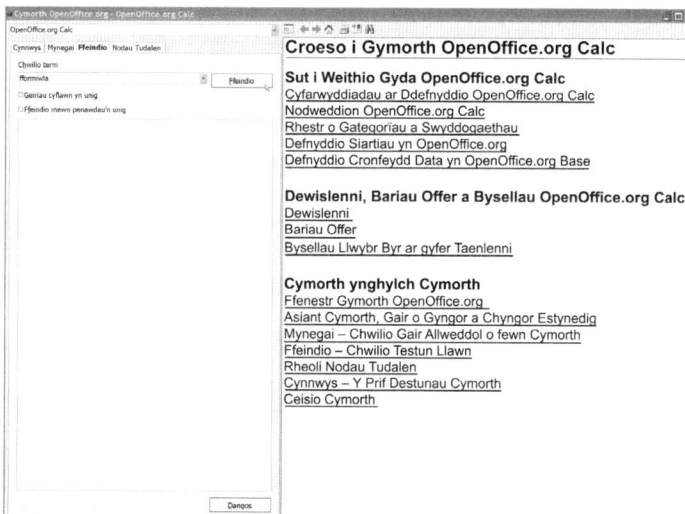

Ffigur C:2
Sgrin gymorth Agored

Daeth yn bryd cyflwyno'r swyddogaethau. (Gelwir y rhain yn ffwythiannau weithiau.) Â siarad yn syml, mae defnyddio swyddogaeth neu ffwythiant yn ffordd hawdd o ddefnyddio fformiwla. Cwtogi fformiwla y mae swyddogaeth, sef ei ysgrifennu ar ffurf haws ei thrin heb newid dim ar y ffordd y mae'r cyfrifiadur yn ei dadansoddi. Er enghraifft, dyweder eich bod eisiau cyfrif cyfanswm cant o gelloedd, byddai'n llafurus ac aneffeithiol teipio'r canlynol yn y bar fformiwlâu:

A100 =A1 + A2 + A3 + A4 + A5.....+ A99.

Gwell o lawer teipio hyn:

A100 =SUM(A1:A99).

Fformiwla yw'r enghraifft gyntaf, a swyddogaeth yw'r ail. Ymdrinnir â'r swyddogaethau yn drylwyr yn **Cyflwyno'r swyddogaethau** ar dudalennau 246-51.

Y bariau offer a'r celloedd

Y bar offer
Tebyg iawn i far offer Writer yw bar offer Calc. Eto i gyd, mae rhai eiconau arbennig ar far offer Calc nas ceir yn Writer. Dyma nhw:

Mae dau eicon didoli ar far offer Calc. Didoli A→Z, sef *tua'r pen uchaf*, a didoli Z→A, sef *am i lawr*, yw'r ddwy swyddogaeth y mae'r eiconau hyn yn eu cynrychioli.

Dyma'r eicon mewnosod siart. Fe'i gwelir wrth ymyl yr eiconau didoli.

Y bar fformatio
Go debyg i far fformatio Writer yw bar fformatio Calc. (Gelwir y bar fformatio yn far gwrthrychau weithiau.) Serch hynny, mae rhai eiconau arbennig ar far fformatio Calc nas ceir yn Writer. Mae Ffigur C:3 yn dangos yr eiconau hynny gan esbonio eu swyddogaethau yn gryno.

Ffigur C:3
Eiconau fformatio
arbennig Calc

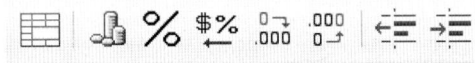

Dyma'r eicon cyfuno celloedd. Cyfunir celloedd er mwyn rhoi mwy o le i ysgrifennu cynnwys y gell. Gwneir hyn gyda chelloedd teitl er enghraifft.

Dyma'r eicon arian. Cliciwch ar hwn er mwyn rhoi'r symbol £ o flaen y rhifau yn y daenlen.

Dyma'r eicon canran. Cliciwch ar hwn er mwyn troi 0.175 yn 17.5% er enghraifft.

Dyma'r eiconau ychwanegu a dileu pwynt degol. Cliciwch ar y rhain er mwyn troi 23.3 yn 23.30 neu'n 23.

Y bar fformiwlâu

Mae'r bar fformiwlâu yn rhan hanfodol o'r daenlen. Fe'i gwelir oddi tan y bar fformatio (Ffigur C:4). Ystyr sigma (Σ) yw cyfanswm. Mae'r eicon *f(x)* yn llwybr byr i'r Dewin swyddogaethau (gweler **Y Dewin swyddogaethau** ar dudalennau 251–6).

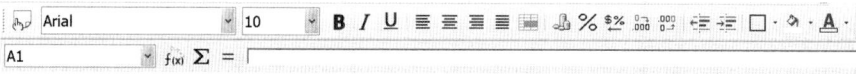

Ffigur C:4
Y bar fformiwlâu oddi tan y bar fformatio

Yn Ffigur C:5, mae enghraifft o'r hyn a gynhwysir yn y bar fformiwlâu. Cyfrifo cyfartaledd cynnwys pedair cell y mae'r swyddogaeth yn yr enghraifft hon. (Yn y gell E5 y mae'r ateb.)

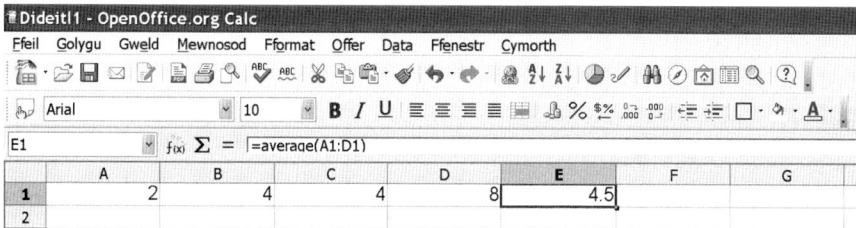

Ffigur C:5
Cyfrifo cyfartaledd yn y bar fformiwlâu

Dangosir cynnwys Ffigur C5 ar ffurf arall yn Ffigur C:6. Sylwch ar y groes goch ac ar y symbol ticio gwyrdd ar eich sgrin. Defnyddir yr eiconau hyn i ddilysu neu i ddiddymu fformiwlâu.

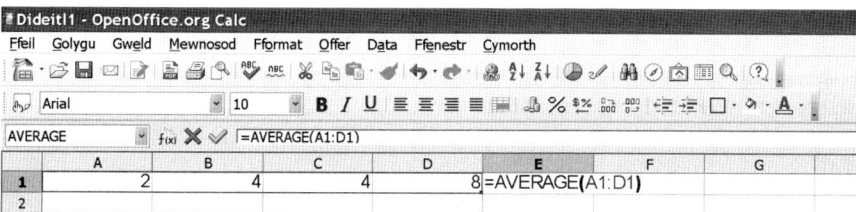

Ffigur C:6

Cyfeirio at y celloedd

Mae i bob cell yn y daenlen gyfeiriad. Elfennau'r cyfeiriad hwnnw yw'r llythyren sy'n dynodi'r golofn a'r rhif sy'n dynodi'r rhes.

Yn Ffigur C:7, C8 yw cyfeiriad y gell y mae amlinell fras o'i chwmpas.

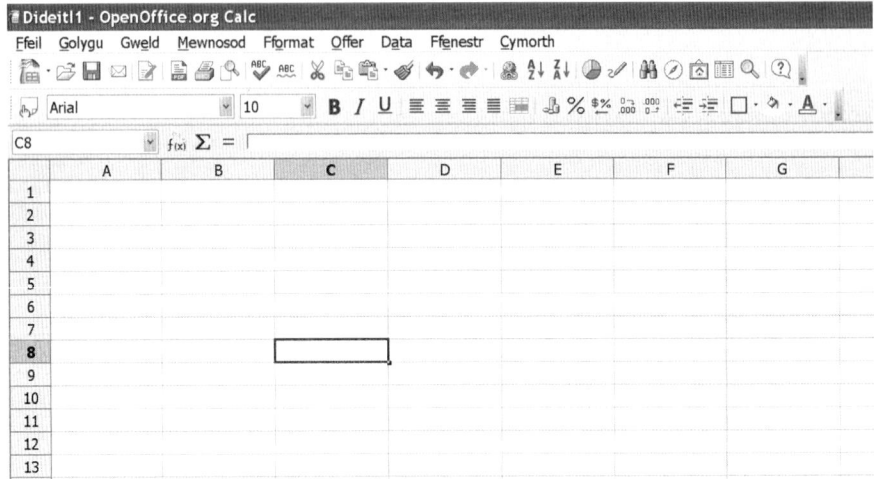

Ffigur C:7

Sgroliwch tua'r dde ar eich cyfrifiadur i weld holl golofnau'r daenlen. Maent yn nhrefn y wyddor Saesneg: A–Z. Dynodir y 27ain colofn gan y cyflythrennau AA. Gwelwch Ffigur C:8. Sgroliwch draw eto i weld trefn enwi'r colofnau eraill: AB, AC, AD, ac yn nes ymlaen, BA, BB, BC. Cyfeiriad y golofn bellaf draw yw IV. Er mwyn arbed gwaith sgrolio i'ch hunan, cliciwch ar Ctrl + → i gyrraedd colofn IV.

Edrychwch ar Ffigur C:8 unwaith eto. Fe welwch rifau'r deg rhes gyntaf. Gellwch sgrolio i lawr i weld nifer y rhesi, sef 65536. Ond gwell o lawer clicio ar Ctrl + ↓.

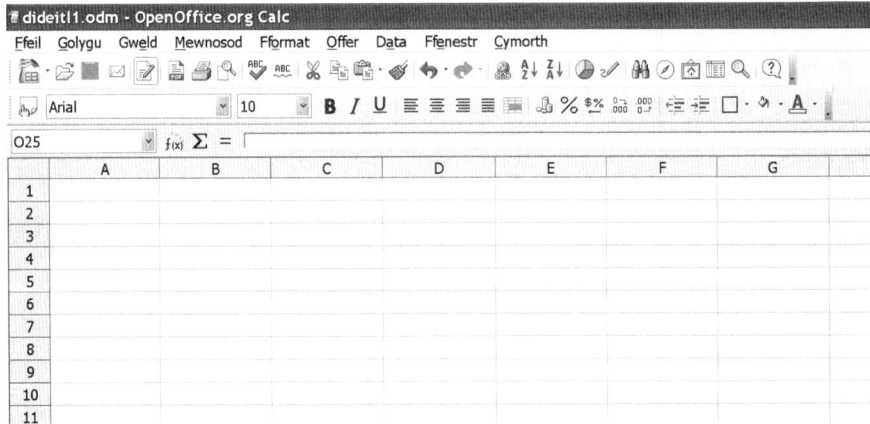

Ffigur C:8

Nodwch y canlynol:

- Rhaid clicio ar gell i'w gwneud yn fyw. Pan fo cell yn fyw, bydd amlinell fras o'i chwmpas.
- Ymddengys cyfeiriad y gell fyw gyfredol yn y blwch cyfeirio ar ochr chwith y bar fformiwlâu. Yn Ffigur C:7 felly, fe welwch C8 yn y blwch.
- Pan ddewisir cell, bydd elfennau'r cyfeiriad yn troi'n fras hefyd. Gwelwch golofn C a rhes 8 yn Ffigur C:8.

Wrth weithio gyda thaenlenni, bydd eisiau cyfeirio at grŵp o gelloedd o bryd i'w gilydd. Petasech eisiau gweithio gyda'r celloedd D3, E3, F3. G3, H3 ac I3 er enghraifft, trwsgl a llafurus fyddai eu henwi pob un. Fel hyn y mae cyfeirio at y grŵp hwn felly – D3:I3. Ystyr y colon (:) yw *hyd at.*

Dewis nifer o gelloedd gyda'i gilydd
Ar ddiwedd yr adran flaenorol, eglurwyd sut i gyfeirio at grŵp o gelloedd gan ddefnyddio'r colon. Yma, fe welwch sut i ddewis grŵp o gelloedd.

1 Cliciwch ar y gell gyntaf yn y grŵp.
2 Llusgwch y cyrchwr ar draws gweddill y celloedd gan ddal botwm y llygoden i lawr.
3 Tynnwch eich bys oddi ar fotwm y llygoden.
4 Daw'r grŵp yn fyw.

Mae'n hawdd iawn dewis colofn gyfan hefyd. I wneud hynny, cliciwch ar y llythyren ar ben y golofn. Daw'r golofn yn fyw ar ei hyd.

Er mwyn dewis nifer o golofnau, cliciwch ar y golofn gyntaf, a chan ddal botwm y llygoden i lawr, llusgwch y cyrchwr ar draws y llythrennau ar ben y colofnau targed eraill. Tynnwch eich bys oddi ar y llygoden a goleuir y colofnau dewisol. Yn yr un modd y mae dewis nifer o resi.

I ddewis dalen gyfan, cliciwch ar y blwch di-enw uwchben rhes 1 ar ochr chwith colofn A (Ffigur C:9)

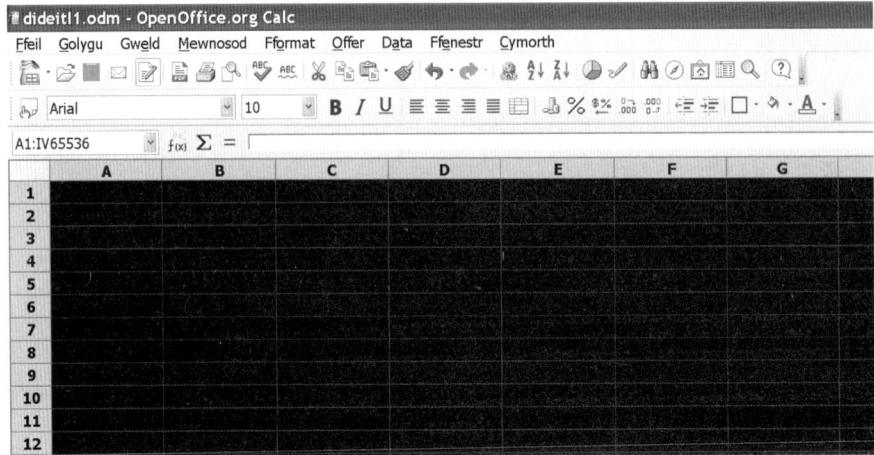

Ffigur C:9
Dewis dalen gyfan

Strwythur y daenlen

Yn yr adran hon, disgrifir agweddau o strwythur y taenlenni nas crybwyllwyd eto. Bydd yn werth ichi ymgynefino â'r agweddau hyn i weld hyd a lled y posibiliadau y mae Calc yn eu cynnig.

Y dalennau

Gelwir dogfen Calc yn daenlen. Mae i bob taenlen un enw. Ac i bob taenlen mae tair dalen gysefin. (Gellir ychwanegu at y nifer hon: *Mewnosod → Dalen*.) Yn Ffigur C:10, ar bwys y bar sgrolio lletraws, ac uwchben y bar statws, fe welwch y tabiau dangos dalennau.

Yn y Ffigur, mae **Dalen 1** yn brint trwm. Ystyr hyn yw bod Dalen 1 yn fyw. Cadarnheir hyn yn y bar statws: *Dalen 1/3*. Gan glicio ar y tabiau dangos y mae dewis y dalennau.

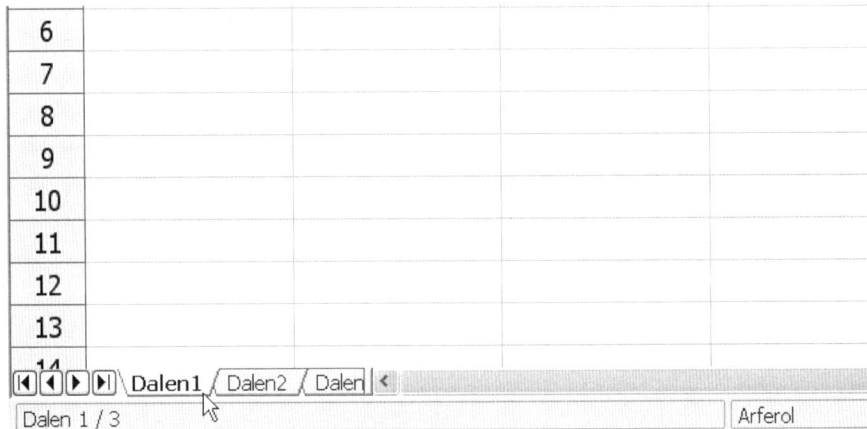

Ffigur C:10
Y tabiau dangos
dalennau

Gellwch enwi'r dalennau. Mae hynny'n hwyluso'r gwaith pan fydd taenlen yn un gynhwysfawr iawn. Fel hyn y mae ailenwi dalen:

1   De-gliciwch ar dab dangos y ddalen a daw blwch deialog i'r amlwg. Cliciwch ar *Ailenwi'r Ddalen* a bydd y blwch ailenwi'n ymddangos (Ffigur C:11).
2   Teipiwch enw i'r ddalen a chliciwch ar *Iawn*.

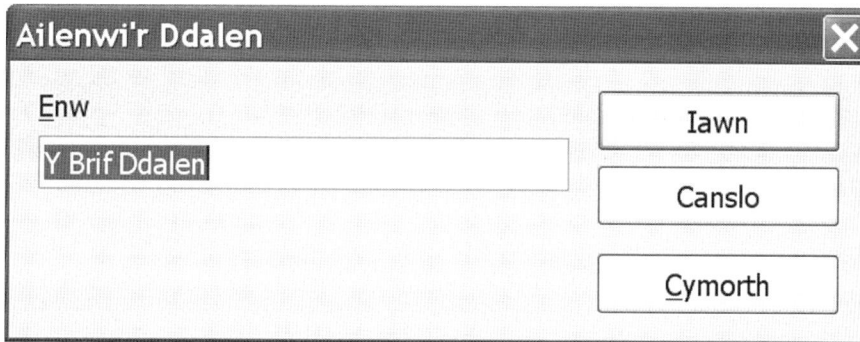

Ffigur C:11
Y bwlch *Ailenwi'r Ddalen*

Rhannu dalen yn gyfadrannau bychain

Oherwydd bod dalen taenlen yn ddogfen helaeth iawn, ni ellir ei dangos yn ei chyfanrwydd ar sgrin y cyfrifiadur. *Rhan* o'r ddalen y byddwch yn ei gweld bob amser felly. O bryd i'w gilydd fodd bynnag, byddwch eisiau gweld celloedd sydd ymhell oddi wrth ei gilydd. Petasai rhif bwysig yng nghell L54 er enghraifft y mynnid ei gweld ar yr un pryd â rhif yng nghell C5, byddai rhaid rhannu'r ddalen yn gyfadrannau bychain. Dyma sut mae gwneud hynny:

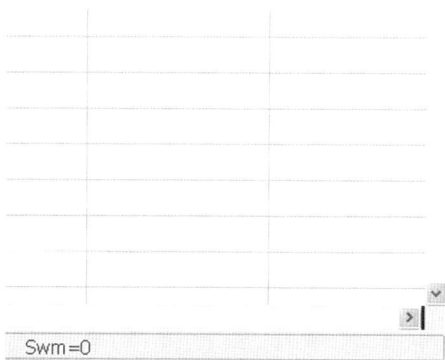

Ffigur C:12

1   Rhowch y cyrchwr ar ben y sglodyn bach du yng nghornel dde isaf y ddalen (Ffigur C:12).
2   Bydd y cyrchwr yn troi'n saeth ddeupen. Gan glicio ar eich llygoden, cydiwch yn y sglodyn bach a'i lusgo tua'r chwith.
3   Cydiwch yn yr un modd yn y sglodyn bach du yng

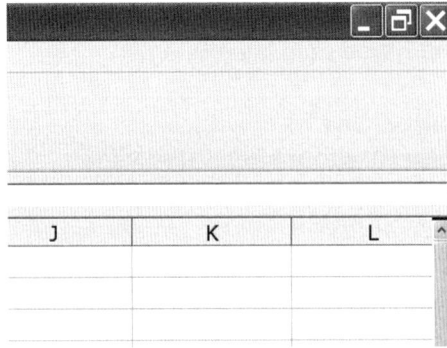

nghornel dde uchaf y daenlen a'i lusgo am i lawr (Ffigur C:13).

Fe gewch weld canlyniad camau 1–3 uchod yn Ffigur C:14. Sylwch ar drefn y colofnau, sef A, B, F, G, ac ar drefn y rhesi, sef 12, 13, 2, 3.

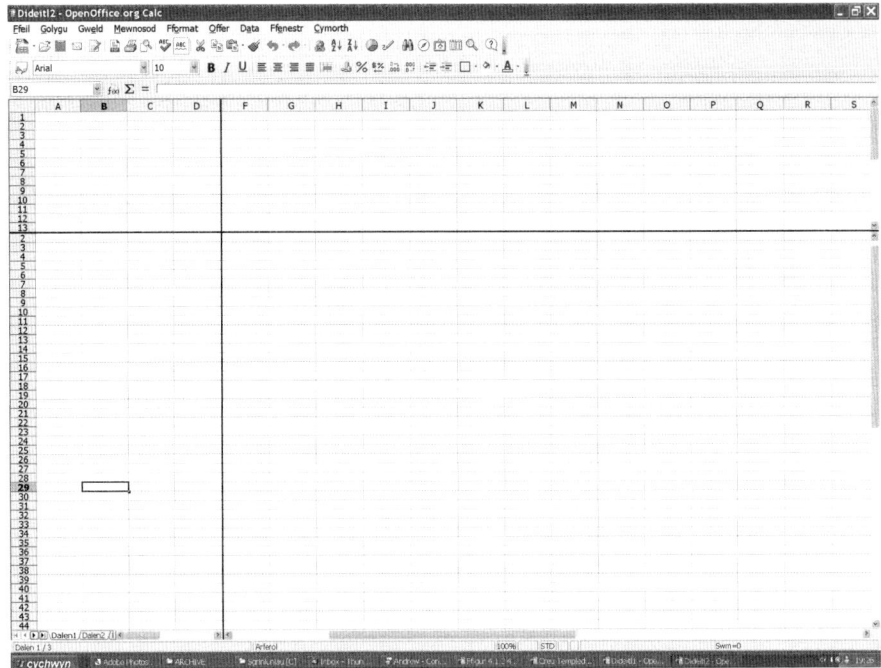

Ffigur C:13

Ffigur C:14
Rhannu'r ddalen yn gyfadrannau

Defnyddio'r opsiwn nesáu/pellhau

Yn yr adran flaenorol, trafodwyd rhannu dalen taenlen yn gyfadrannau. Nod hynny oedd gweld celloedd gwasgaredig ochr yn ochr er mwyn cymharu eu cynnwys. Ffordd arall o weld mwy o arwyneb y ddalen yw defnyddio'r offer nesáu/pellhau. Dwy ffordd syml sydd i roi hwnnw ar waith. Fe gewch naill ai clicio ar yr eicon chwyddwydr ar y bar offer neu glicio ar *Gweld → Nesáu/Pellhau*.

Pan ddaw'r blwch deialog *Nesáu/Pellhau* (Ffigur C:15) i'r golwg, dewiswch 50% → *Iawn* er enghraifft. Gwelwch Ffigur C:16. Mae colofnau A–X yn y golwg.

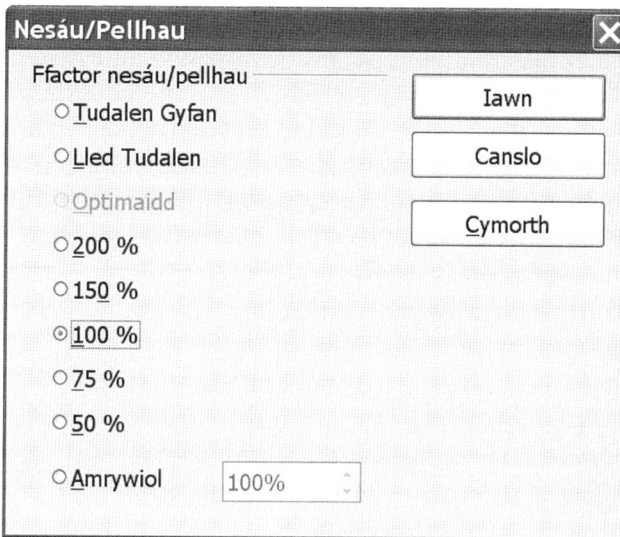

Ffigur C:15
Y blwch deialog
Nesáu/Pellhau

Ffigur C:16
Effaith *Nesáu*

Cuddio'r grid

Bob tro y byddwch yn creu taenlen, bydd y grid sy'n dangos y celloedd yn rhan o'r hyn a ddangosir ar y sgrin. Fe gewch guddio'r grid os dymunwch wneud hynny. Mae cuddio'r grid yn rhoi gwedd arall ar y ddalen ac yn ei gwneud yn fwy cartrefol ei golwg. Fel y canlyn y mae cuddio'r grid: cliciwch ar *Offer* → *Dewisiadau* → *Calc* → *Gweld* a dad-diciwch y blwch *Llinellau Grid*. Gweler Ffigur C:17.

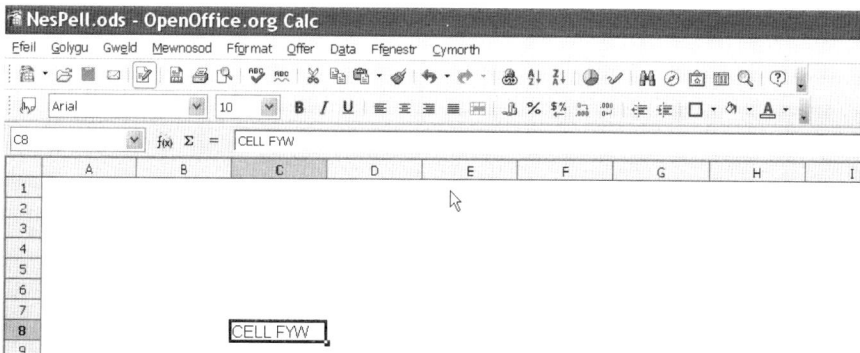

Ffigur C:17
Effaith cuddio'r grid

Y modd sgrin lawn

Yn yr adrannau uchod, trafodwyd sut i amrywio dulliau arddangos dalen taenlen. Nawr, edrychwn ar y modd sgrin lawn. Cuddio rhai o'r bariau offer y mae'r modd sgrin lawn. Cliciwch ar *Gweld → Sgrin Lawn* er mwyn ei roi ar waith. I adfer y bariau offer, cliciwch ar yr eicon *Sgrin Lawn* a ddaw i'r golwg yng nghornel chwith uchaf y sgrin (Ffigur C:18).

Ffigur C:18

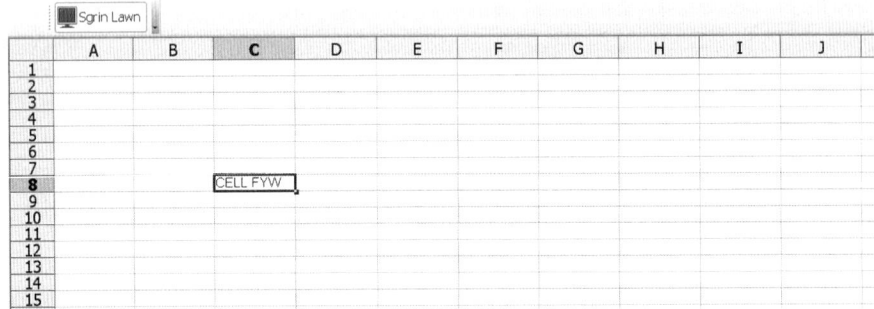

Tabl opsiynau

Er mwyn gweld opsiynau Calc a'u diwygio, agorwch daenlen, a chliciwch ar *Offer → Dewisiadau → Calc*. Rhestr yr adrannau oddi tan *Calc OpenOffice.org* yw *Cyffredinol, Gweld, Cyfrifo, Didoli Rhestrau, Newidiadau, Grid* ac *Argraffu* (Ffigur C:19). Mae i bob un o'r rhain flwch opsiynau ar wahân. Fe gewch eu hagor fesul un a dewis y gosodiadau sy'n gweddu i'r ffordd rydych chi'n gweithio. Disgrifir gosod opsiynau yn fanwl yn **Gweithio gyda'r gosodiadau arferol** ar dudalennau 3-4 ym Mhennod 1 Writer.

Ffigur C:19
Dewisiadau – Calc
OpenOffice.org

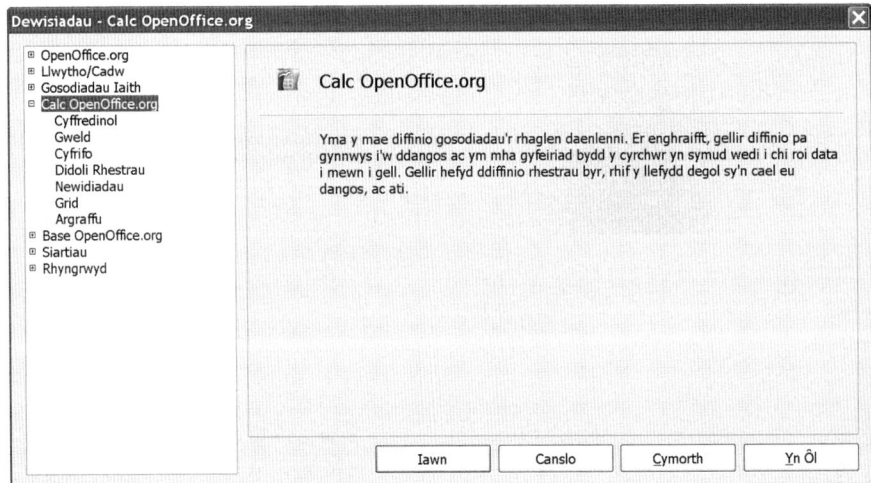

Creu taenlen

Y camau cyntaf

Yn yr adrannau canlynol, fe gewch ddysgu sut i greu taenlen. Anelu at ddefnyddwyr dibrofiad y mae'r cyfarwyddiadau. Oherwydd hynny, y maent yn fanwl ac yn gyflawn, ac o'u dilyn fesul cam ar eich cyfrifiadur eich hun gellwch ddod yn feistr.

Os oes gennych brofiad o raglen Excel (Microsoft), buan y sylweddolwch mai ychydig iawn o wahaniaeth sydd rhwng Calc ac Excel. Ni chymherir y ddwy raglen â'i gilydd yn uniongyrchol, ond bydd dilyn y cyfarwyddiadau yn y bennod hon yn amlygu'r tebygrwydd i chi.

Cipolwg ar daenlen sampl

Mae Ffigur C:20 yn dangos y daenlen sampl y byddwn yn gweithio tuag ati yn yr adrannau nesaf. Taenlen go syml yw hi o ran y wybodaeth a gynhwysir ynddi, ond er mwyn creu'r daenlen fel ag y mae, rhaid dysgu nifer o bethau sylfaenol bwysig. Testun y daenlen yw'r rhagolygon busnes yn ystod cyfnod penodol i dair o siopau ym Mhen y Bont, Paris a Phlymouth.

Ffigur C:20
Taenlen sampl

Dechrau llanw celloedd

Er mwyn dechrau cyfansoddi taenlen a llanw'r celloedd, agorwch raglen OpenOffice.org Calc. Ymddengys taenlen newydd sbon (Ffigur C:21).

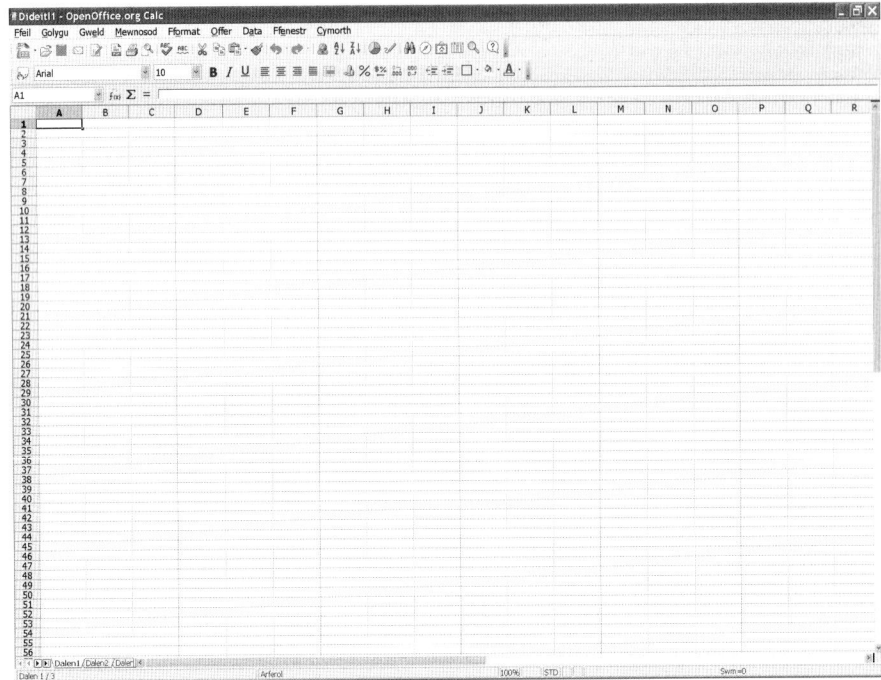

Ffigur C:21
Taenlen wag

Dilynwch y camau isod nesaf er mwyn llanw cell:

1 Dewiswch gell gan glicio arni.
2 Teipiwch air neu ddau yn y gell ddewisol.
3 Cadarnhewch y cynnwys fel y canlyn:

- Clicio ar gell arall
- Pwyso Enter
- Pwyso unrhyw fysell saeth
- Clicio ar yr eicon gwyrdd √ (= *Iawn*) ar y bar fformiwlâu.

Nesaf, rhaid rhoi teitl i'r daenlen newydd. Fel hyn y mae gwneud hynny:

1 Cliciwch ar y gell A1 er mwyn ei dewis. Ymddengys amlinell fras o'i chwmpas. (Dylid nodi bod cyfeiriad at gell weithredol yn y blwch chwith ar y bar fformiwlâu.)
2 Gan ddefnyddio'r ffont arferol am y tro, teipiwch y teitl: *Rhagolygon Busnes 4ydd Tymor 2006.*
3 Nodwch y bydd y teitl yn ymddangos yn y blwch de ar y bar fformiwlâu wrth ichi ei deipio yn y gell (Ffigur C:22).

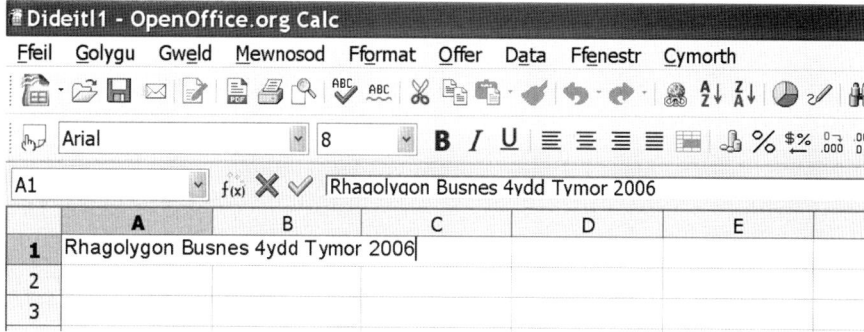

Ffigur C:22
Rhoi teitl i daenlen
newydd

4 Nodwch hefyd fod y teitl hwn, oherwydd ei hyd, yn ymestyn dros nifer o gelloedd.
5 Cadarnhewch y newidiadau yr ydych chi newydd eu gwneud (gweler oddi tan cam 3 yn y rhestr flaenorol).

Mae eich taenlen gyntaf yn dechrau dod yn ei blaen! Eisiau rhagor o wybodaeth sydd nesaf. Dilynwch y camau isod felly:

1 Teipiwch y gair *Siop* yn y gell A2.
2 Teipiwch *Pen-y-bont* yn A3.
3 Teipiwch *Paris* yn A4.
4 Teipiwch *Plymouth* yn A5.
5 Teipiwch *Hydref* yn B2.
6 Teipiwch *Tachwedd* yn C2.
7 Teipiwch *Rhagfyr* yn D2.
8 Teipiwch *1000* yn B3 (gweler Ffigur C:23).

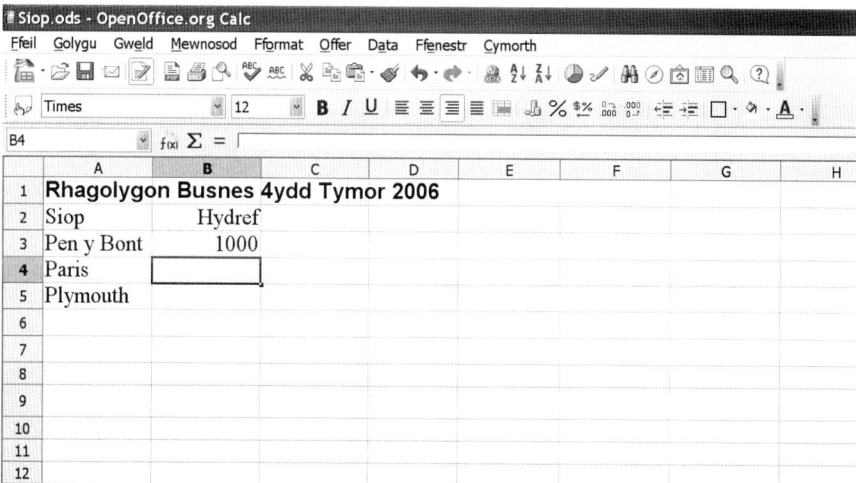

Ffigur C:23

Peidiwch ag ychwanegu dim at y celloedd eraill yn eich taenlen newydd am y tro: rhaid eu gadael yn wag er mwyn gallu dilyn y cyfarwyddiadau yn yr adrannau nesaf.

Os mynnwch ddileu'r hyn a deipiwyd mewn cell gennych, cliciwch ar y groes goch ar y bar fformiwlâu. Cyn cadarnhau'r newidiadau y mae rhaid gwneud hyn. Os dymunwch ddiwygio cynnwys y gell ar ôl cadarnhau'r newidiadau, rhaid ailddewis y gell ac ailysgrifennu ei chynnwys. Os camdeipiwch rywbeth, fe gewch ei ddiwygio yn yr un modd ag y diwygir camgymeriadau yn Writer.

Diwygio cynnwys cell
Mae dwy ffordd i ddiwygio cynnwys cell.

1   Dwbl-gliciwch yn y gell yn y man priodol. O wneud hynny, fe gewch ddiwygio cynnwys y gell yn yr un modd ag y diwygir cynnwys testun Writer. Pan fyddwch wedi diwygio cynnwys y gell, cliciwch ar yr eicon gwyrdd *Iawn* ar y bar fformiwlâu, neu cliciwch ar gell arall. (Mae pwyso Enter yn ffordd arall o ymadael â'r gell hefyd.)
2   Yr ail ffordd o ddiwygio cynnwys y gell yw clicio yn y gell er mwyn ei dewis a diwygio'r cynnwys wedyn yn y bar fformiwlâu. Cadarnhewch y newidiadau yn y dull arferol.

Creu cyfres yn awtomatig
Un o rinweddau Calc yw'r ffordd y mae'n arbed gwaith i'r defnyddiwr. Ac un o'r pethau hwylus y mae'r rhaglen yn ei wneud yw creu cyfres yn awtomatig. Dilynwch y cyfarwyddiadau isod er mwyn dysgu sut mae'r rhaglen yn creu cyfres ac yn ysgrifennu enwau'r misoedd i chi.

Mae i bob cell ddolen fach gopïo. Yng nghornel isaf y gell ar y dde y mae hon. Gan gydio yn y ddolen gopïo y byddwch yn creu eich cyfres. Cliciwch ar gell B2 (Ffigur C:24). Y gair *Hydref* sy'n gynnwys i hon (fe gewch arbrofi ag *October* hefyd). Rhowch y cyrchwr ar ben y ddolen gopïo. Troi yn groes fach (+) fydd ei hanes.

Daliwch eich bys ar y llygoden a llusgwch y groes fach ar hyd celloedd C2 a D2. Wrth basio C2 a D2, fe welwch flwch melyn ar y sgrin. Dangos yr hyn y mae'r rhaglen yn bwriadu ei gynnwys yn y celloedd dewisol yw swyddogaeth y blwch melyn.

Ffigur C:24
Cam cyntaf creu cyfres

Ffigur C:25
Creu cyfres

Tynnwch eich bys oddi ar y llygoden. Bydd Calc yn gollwng cynnwys y blwch melyn yn y gell gan greu cyfres i chi ar sail enwau'r misoedd (Ffigur C:25).

Gweithio gyda fformiwlâu syml

Cyfrifo gyda fformiwla syml

Yn ôl eich rhagolygon busnes ar hyn o bryd, bydd gwerthiant siop Pen-y-bont yn cynyddu o ddeg y cant (10%) rhwng mis Hydref a mis Tachwedd. Gan mai 1000 (mil o bunnoedd, neu fil o eitemau, er enghraifft) yw'r gwerthiant presennol, gwelwn mai 1100 fydd y gwerthiant wedi'r cynnydd. Gellid teipio 1100 yng nghell C3 felly, ond, wrth gwrs, rhifau sampl afrealistig o syml yw'r rhain! Yn y byd go iawn, cymhleth fydd y rhifau, a bydd rhaid defnyddio fformiwlâu Calc. Byddwch yn dysgu gwneud hynny nesaf.

Â siarad yn fathemategol, yr hyn y byddwn yn gofyn i'r rhaglen ei wneud yw cyfrifo 1000 × 110% neu 1000 × 1.1. Ond â dweud y gwir, nid cyfeirio at gynnwys y gell y byddwn, ond at ei chyfeiriad. I'r rhaglen, y fformiwla yw: cynnwys B3 × 1.1.

Fel hyn y mae cyflawni'r broses gyfrifo:

1   Cliciwch ar C3 a honno'n wag er mwyn ei dewis.
2   Gwasgwch yr eicon '=' ar y bar fformiwlâu neu ar y bysellfwrdd. Bydd hyn yn dweud wrth y rhaglen fod gwaith cyfrifo i'w wneud.
3   Cliciwch ar B3 nesaf. Ymddengys '=B3' yn y gell C3 ac ar y bar fformiwlâu (Ffigur C:26).
4   Teipiwch y canlynol naill ai yn C3 neu yn y bar fformiwlâu: *1.1.
5   Cadarnhewch y weithred gan bwyso Enter neu'r eicon *Iawn* ar y bar fformiwlâu (Ffigur C:27). Fe welwch yr ateb yn C3, sef 1100.

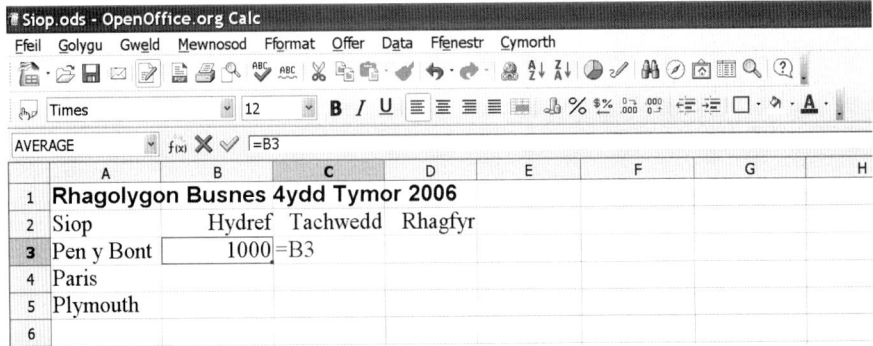

Ffigur C:26

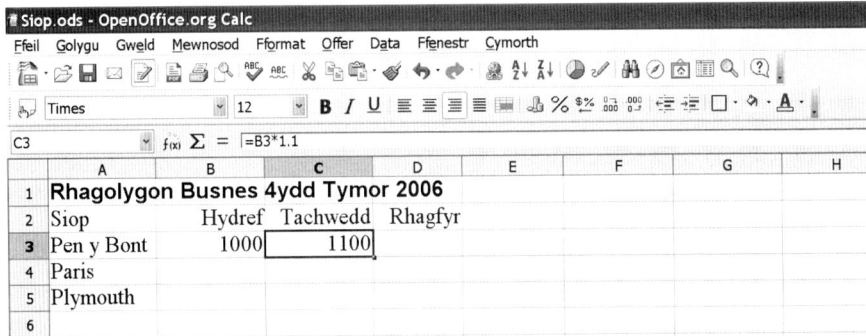

Ffigur C:27

Copïo fformiwla gyfrifo

Yn yr adran flaenorol, buom yn dysgu defnyddio fformiwla syml. Yn yr adran hon, dysgwn gopïo fformiwlâu er mwyn eu hailddefnyddio. Â siarad yn ymarferol yng nghyd-destun y daenlen sampl (Ffigur C:20), codi elw siop Pen-y-bont o ddeg y cant unwaith eto y byddwn o fis Tachwedd i fis Rhagfyr.

Pa fformiwla a roddir yn D3 felly? Ai: =C3*1.1? Nage: =B3*1.1 sy'n iawn unwaith eto! Pam felly? Oherwydd ystyr 'B3' yn iaith y cyfrifiadur yn y fformiwla wreiddiol (gweler **Cyfrifo gyda fformiwla syml** uchod) yw 'cynnwys y gell flaenorol'. O gopïo'r fformiwla i D3 felly (sef elw Rhagfyr yn siop Pen-y-bont), C3 fydd y gell flaenorol. Dilynwch y camau canlynol felly i gopïo'r fformiwla:

1 Cliciwch yn C3. Fe welwch y ddolen gopïo yn y gornel isaf ar y dde.
2 Rhowch y cyrchwr uwchben y ddolen gopïo. Bydd yn troi'n groes (+).
3 Gwasgwch y llygoden a chadwch eich bys i lawr wrth lusgo'r cyrchwr hyd at gell D3.
4 Tynnwch eich bys oddi ar y llygoden. Ymddengys C3 + 10% yn D3.
5 Edrychwch ar y bar fformiwlâu i weld y fformiwla a ddefnyddiwyd gan y cyfrifiadur: =C3*1.1 (Ffigur C:28)

Ffigur C:28

Creu fformiwla arall

Cyfrifwyd elw siop Pen-y-bont Tachwedd–Rhagfyr ar sail y rhagdybiaeth mai 10% fyddai'r cynnydd. Yn achos siop Paris (B4), rhagdybir am fis Hydref mai 90% o elw Pen-y-bont fydd y canlyniad. Hawdd gweld mai 900 yw hynny. Ond yn hytrach na theipio'r rhif 900 yn B4, mae'n bwysig iawn creu fformiwla arall er mwyn galluogi'r rhaglen i wneud cyfrifon cymhleth eraill i chi yn y man pan fo angen hynny. Dyma'r fformiwla i B4 felly: =B3*0.9. Gan ddilyn y camau nesaf y rhoddir y fformiwla ar waith:

1 Cliciwch ar B4.
2 Pwyswch '=' naill ai ar y bar fformiwlâu neu ar y bysellfwrdd.
3 Cliciwch ar y gell dardd, sef B3.
4 Teipiwch *0.9 yn y bar fformiwlâu.
5 Cadarnhewch y weithred gan bwyso Enter, er enghraifft, neu'r eicon *Iawn* ar y bar fformiwlâu.
6 Ymddengys y canlyniad yn B4 (Ffigur C:29).

Ffigur C:29

Copïo'r fformiwla i ddwy gell

Cymhariaeth ag elw Pen-y-bont yw elw Paris yn y bôn yng nghyd-destun ein taenlen a'n busnes sampl, sef 90% bob mis. Rhag-weld a chyfrifo elw siop Paris o fis Tachwedd hyd fis Rhagfyr yw'r nod nesaf.

Y tro hwn, cawn gyfrifo cynnwys dwy gell, sef C4 a D4, ar yr un pryd. Yr oedd B4 yn 90% o B3. Felly bydd C4 yn 90% o C3 a bydd D4 yn 90% o D3.

Cofiwch: B4 = B3*0.9. Ac yn y fformiwla hon, yn iaith y cyfrifiadur, B3 = y gell flaenorol. Gan gopïo'r fformiwla, daw C3 a D3 yn gelloedd blaenorol pob un yn ei thro.

Gan ddilyn y camau canlynol y mae copïo'r fformiwla i'r ddwy gell felly:

1 Cliciwch ar B4.
2 Rhowch y cyrchwr ar ben y ddolen gopïo nes iddo droi'n groes (+).
3 Llusgwch y cyrchwr ar hyd C4 a D4 gan ddal eich bys i lawr.
4 Tynnwch eich bys i ffwrdd: bydd y rhaglen wedi llanw C4 a D4 â'r ateb priodol (Ffigur C:30).

Ffigur C:30
Copïo fformiwla i ddwy gell

Cyfrifo'r cyfansymiau

Y cam nesaf fydd cyfrifo cyfansymiau pob rhes a phob colofn unigol. Mae symbol arbennig yn dynodi *cyfanswm* yn iaith mathemateg. $\sum$ (sigma) yw'r symbol hwnnw. Fe'i gwelwch ar y bar fformiwlâu ar bwys y symbol cyfartal ('=').

Isod mae enghraifft o'r ffordd y mae sigma ($\sum$) yn cael ei ddefnyddio. Cyfrifo elw siop Pen-y-bont Hydref–Rhagfyr yn y daenlen sampl sydd i fod. Dilynwch y camau canlynol er mwyn gwneud hynny:

1 Cliciwch yn E3, sef y gell lle y bydd y cyfanswm yn ymddangos.
2 Cliciwch sigma ($\sum$) ar y bar fformiwlâu.
3 Teipiwch y fformiwla hwn yn y bar fformiwlâu: =SUM(B3:D3).
4 Pwyswch Enter.
5 Fe gewch ateb gan y rhaglen.
6 Dilynwch yr un broses i gyfrifo elw Hydref–Rhagfyr siopau Paris a Phlymouth.
7 Y fformiwlâu priodol fydd: =SUM(B4:D4) ac =SUM(C5:D5) (gweler Ffigur C:31).

Ffigur C:31
Cyfrifo cyfansymiau llinell/rhes

	A	B	C	D	E	F	G
1		**Rhagolygon Busnes 4ydd Tymor 2006**					
2	Siop	Hydref	Tachwedd	Rhagfyr			
3	Pen y Bont	1200.00	1080	2280.00	4560.00		
4	Paris	1001.00	1101.1	2102.10	4204.20		
5	Plymouth	1002.00	1102.20	2104.20	4208.40		
6	Cyfanswm yr Holl Siopau	3203.00	3283.30	6486.30	12972.60		
7							
8							
9							
10							

Ffigur C:32
Cyfrifo cyfansymiau colofn

Cyfrifir cyfanswm pob colofn mewn modd cyffelyb. Cymerwn golofn Tachwedd er enghraifft. Faint fu elw'r cwmni yn y tair siop y mis hwnnw? Cawn ateb parod oddi wrth Calc gan ddilyn y camau hyn:

1   Cliciwch yn C6.
2   Cliciwch ar sigma ($\sum$).
3   Teipiwch y fformiwla hon yn y bar fformiwlâu: =SUM(C3:C5).
4   Pwyswch Enter.
5   Bydd Calc yn rhoi ateb (gweler Ffigur C:32).

Cryfder y rhaglen
Hyd yma, daethom i ben â thaenlen sampl syml, a rhoi rhai fformiwlâu ar waith. Cawn ddiwygio'r daenlen bellach er mwyn dangos gwir gryfder y rhaglen.

Yn y daenlen sampl, y rhagdybiaeth oedd mai cynyddu o ddeg y cant (10%) fyddai'r elw o fis i fis yn ystod y cyfnod Hydref–Rhagfyr. Ond wrth gwrs, ni fydd y rhagdybiaeth honno'n taro deuddeg bob amser.

Cymerwn felly fod rhaid ail-wneud y cyfrifon ar sail cynydd o 9% yn siop Pen-y-bont o fis Hydref hyd at fis Rhagfyr. Fel hyn y mae ailgyfrifo:

1   Cliciwch ar C3.
2   Cliciwch ar y symbol '=' ar y bar fformiwlâu.
3   Teipiwch y fformiwla hon yn y bar fformiwlâu: =B3*0.9.

Ffigur C:33
Ailgyfrifo

4   Pwyswch Enter.
5   Bydd y rhaglen yn ailgyfrifo POB swm yn y daenlen y mae'r newid
    yn effeithio arno (gweler Ffigur C:33).

Fe welwch felly mai holl bwysig er mwyn i'r rhaglen weithio'n
effeithiol yw llanw'r celloedd gan ddefnyddio fformiwlâu yn hytrach
na'u llanw â rhifau noeth. Po gymhlethaf y daenlen, po bwysicaf i'r
rhaglen gael gweithio o'ch plaid ac arbed pentwr o waith ailgyfrifo i
chi. Mantais fawr i'ch busnes fydd meistrioli taenlenni felly.

Gloywi'r daenlen

Newid y pwynt degol

Yn sgil eich cyfrifiadau, fe sylwch fod pwyntiau degol yn rhan o'r
rhifau yn eich taenlen. Yn ôl eich dymuniad, fe gewch ychwanegu
pwynt degol neu ei ddileu. Â'r eiconau priodol ar far offer y daenlen y
mae gwneud hynny.

Os ychwanegir pwynt degol gennych, mae'n bosib y bydd y symbolau
yn ymddangos yn rhai o'r celloedd. Peidiwch â phoeni! Ystyr hyn
yw bod y gell yn rhy fach. Gweler **Newid maint celloedd** ar dudalen
244 er mwyn datrys y broblem.

Dangos y rhifau ar ffurf punnoedd

Buom yn gweithio yn y daenlen sampl gyda rhifau enghreifftiol heb
werth penodol. Pan fyddwch yn gweithio gyda rhifau go iawn,
ac iddynt werth go iawn, efallai y dymunwch nodi gwerth go iawn y

rhifau. Ar ffurf punnoedd y byddwch yn nodi'r gwerth hwnnw fel arfer. Dilynwch y camau canlynol:

1   Dewiswch y rhifau.
2   Cliciwch ar yr eicon *Fformat Rhif: Arian* ar y bar fformatio (gweler Ffigur C:34).
3   Ymddengys y symbol £ o flaen pob rhif (Ffigur C:35).
4   Noder hyn: yn ôl y drefn arferol, dangosir dau bwynt degol ar ôl y rhif. Cofiwch y gellir dileu'r pwyntiau degol (gweler yr adran flaenorol).

Ffigur C:34
Yr eicon *Fformat Rhif: Arian*

Ffigur C:35   Gweld y symbol £

Newid maint celloedd

Yn aml iawn, bydd angen cell lydan arnoch ar gyfer eich cofnodion. Dilynwch y camau hyn er mwyn i'r gell ymhelaethu:

1   Rhowch y cyrchwr ar ben y llinell fach fertigol rhwng dwy golofn. Yn Ffigur C:36, fe welwch y llinell honno rhwng colofnau A a B.

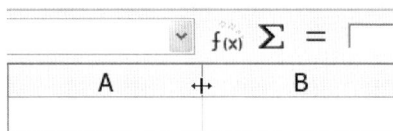

Ffigur C:36
Newid maint cell

2   Bydd y cyrchwr yn troi yn saeth ddeupen ↔.
3   Llusgwch y cyrchwr tua'r dde neu tua'r chwith nes creu cell lydan.

Dewis nodweddion arbennig

Erbyn hyn daethom i ben â chreu'r daenlen sampl, ond cyn gorffen byddwn yn trafod rhai manylion, a disgrifio rhai o'r nodweddion all roi gwell raen ar y gwaith.

1   Gyntaf oll dewiswch y daenlen yn ei chyfanrwydd.
2   Cliciwch ar *Fformat* → *AwtoFformat.* Ymddengys y blwch *AwtoFformat* (Ffigur C:37).
3   Yn y golofn chwith, fe welwch restr o'r opsiynau fformatio. Fe gewch ddewis un neu arbrofi cyn dewis un.

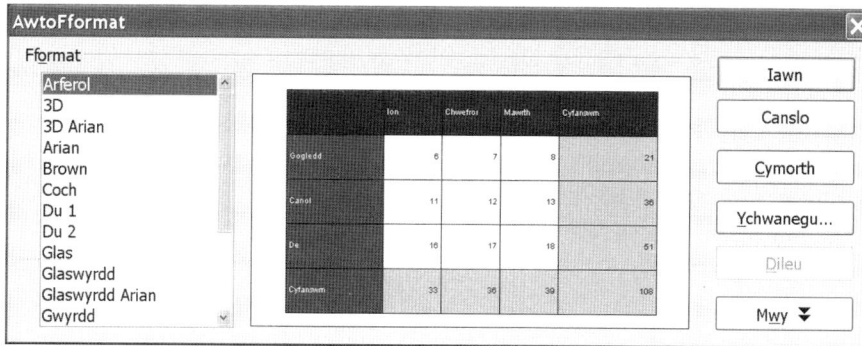

Ffigur C:37
Y blwch deialog
AwtoFformat

4 Dychwelwch at *Arferol* ar ben y rhestr er mwyn dadwneud eich dewis os dyna y dymunwch.

Fformatio'r teitl a'i ganoli

Mae'n debyg iawn y byddwch eisiau gwneud teitl eich taenlen yn fwy o faint er mwyn iddo fod yn hawdd ei ddarllen. Gellwch ganoli'r teitl hefyd. Gyntaf oll, mae angen cyfuno'r celloedd fel hyn.

1 Dewiswch y celloedd A1 – E1.
2 Cliciwch ar *Fformat* → *Cyfuno Celloedd* neu cliciwch ar yr eicon cyfuno celloedd ar y bar fformiwlâu.
3 Dyna gell gyfun wedi'i chreu.

Pan fyddwch wedi teipio eich teitl, ewch ati i'w ganoli:

1 Dewiswch y teitl.
2 Cliciwch ar yr eicon canoli ar y bar fformatio.
3 Dad-gliciwch y gell deitl (h.y. dewiswch gell arall) er mwyn gweld canlyniad y weithred.

Tra eich bod yn cymhennu teitl eich taenlen, beth am ddewis ffont gwahanol neu newid maint y ffont? Gwneir hyn fel yn Writer, sef defnyddio'r blychau ffont ar y bar fformatio (gweler tudalen 27).

Argraffu'r daenlen

Argraffwn daenlen fel y byddem yn argraffu dogfen Writer. Cliciwch ar yr eicon argraffu ar y bar offer i argraffu'r daenlen heb weld rhagolwg ohoni. I weld rhagolwg, cliciwch ar yr eicon rhagolwg ar y bar offer.

Efallai yr hoffech weld terfyn pob tudalen cyn argraffu'r daenlen. Dynodir y terfyn gan linell las. Sgroliwch i lawr er mwyn gweld y llinell. Fe gewch symud y llinell os dymunwch ailosod terfyn y dudalen. Er mwyn gwneud hynny, rhowch y cyrchwr ar ben y llinell las. Ymddengys saeth ddeupen ar ei hyd: ↕. Wedi i'r saeth ymddangos, cydiwch yn y llinell las a'i thynnu naill ai i fyny neu i lawr yn ôl eich dymuniad.

Mae llinell las arall yn dynodi ymyl dde'r dudalen. Sgroliwch i'r dde er mwyn gweld y llinell. Mae'n bosib ei llusgo tua'r chwith neu'r dde i symud ymyl y dudalen.

Argraffwch y daenlen, neu ystod o dudalennau, ar ôl gwirio ac ailosod terfyn y tudalennau.

Y swyddogaethau

Cyflwyno'r swyddogaethau

Ystyr swyddogaeth

Daethoch ar draws y swyddogaethau eisoes yn **Fformiwlâu a swyddogaethau** ar dudalen 222. Adolygwn yr hyn a ddysgoch yno drwy ystyried yr enghraifft ganlynol. Fformiwla yw'r enghraifft gyntaf, a swyddogaeth yw'r ail un.

A100 =A1 + A2 + A3 + A4 + A5.....+ A99.
A100 =SUM(A1:A99).

Cwtogi fformiwla y mae swyddogaeth felly, a'i ysgrifennu ar ffurf hydrin heb newid dim ar y ffordd y mae'r cyfrifiadur yn dadansoddi'r data.

Rhai swyddogaethau hanfodol

Yn Ffigur C:38 fe welwch daenlen sy'n cynrychioli gwerthiant llyfrau Cymraeg yn ystod blwyddyn. (Dychmygol yw'r rhifau oll.) Rhestrir nifer y llyfrau Cymraeg a werthwyd bob mis a hynny ym mhob un o'r pum prif ardal. (Yn y daenlen, *Dros y Ffin* yw'r chweched prif ardal.) Yng ngholofn H mae rhai sylwadau. Nod y daenlen hon

Ffigur C:38

yw dangos y swyddogaethau ar waith. Sylwch ar y rhifau yn rhes 15 felly. Cawn ddadansoddi'r rhain nesaf. Edrychwch ar y chwech o eitemau nesaf a Ffigurau C:39–C:44.

Ffigur C:39
Cyfrifo cyfartaledd

1 Cyfrifo cyfartaledd gwerthoedd ystod o gelloedd
Yn Ffigur C:39, sylwch ar gell B15, ac ar y swyddogaeth yn y bar fformiwlâu: =AVERAGE(B3:B14), sef cyfrifo cyfartaledd cynnwys celloedd B3 hyd at B14. Ar gyfartaledd felly, yn ôl y ffigurau dychmygol yn y daenlen hon, gwerthwyd 10576.83 o lyfrau Cymraeg y mis ym Morgannwg yn ystod y flwyddyn 2006.

2 Dangos y gwerth lleiaf mewn ystod o gelloedd
Yn Ffigur C:40, sylwch ar gell C15 ac ar y fformiwla yn y bar fformiwlâu, sef =MIN(C3:C14). MIN yw'r isafswm yn yr ystod

Ffigur C:40
Dangos y gwerth lleiaf

celloedd C3 hyd at C14. Felly 4768 oedd y nifer isaf o lyfrau a werthwyd mewn mis yn Nyfed yn 2006. Mis Tachwedd oedd y mis hwnnw.

3 Dangos y gwerth mwyaf mewn ystod o gelloedd

Yn Ffigur C:41, sylwch ar gynnwys cell D15 ac ar y fformiwla =MAX(D3:D14) yn y bar fformiwlâu. Ystyr hyn yw mai 8254 oedd y nifer uchaf o lyfrau a werthwyd mewn mis yng Ngwynedd yn 2006. (Hwyrach y sylwch ar y saeth hir las yng ngholofn D ar eich sgrin. Saeth olrhain celloedd yw hon. Dangos y mae pa gelloedd y mae'r swyddogaeth yn eu dadansoddi, sef D3 hyd at D14 yn yr achos hwn.

Ffigur C:41
Dangos y gwerth mwyaf

Ffigur C:42
Cyfrif nifer yr eitemau rhifol

4 Cyfrif nifer yr eitemau rhifol mewn ystod o gelloedd
Yn Ffigur C:42 mae cell E15 yn fyw. Mae'n cynnwys y rhif 12. Yn y bar fformiwlâu, =COUNT(E3:E14) yw'r fformiwla. Ystyr hyn yw fod 12 o eitemau rhifol yn yr ystod E3 hyd at E14. Dyna gadarnhau fod deuddeg mis y flwyddyn wedi'u cynnwys yn y daenlen.

5 Cyfrifo cyfanswm gwerthoedd ystod o gelloedd
Yn Ffigur C:43, mae colofn F wedi'i dewis. Cynnwys F15 yw 37625. Beth yw ystyr hyn? Nid oes fformiwla yn y bar fformiwlâu! Wedi

Ffigur C:43
Cyfrif cyfanswm ystod o gelloedd

Ffigur C:44
Cyfrif nifer yr eitemau

ystyried cynnwys colofn F am eiliad, daw'n amlwg mai cyfanswm celloedd F3 hyd at F14 yw'r 37625. Dyma'r fformiwla briodol: =SUM(F3:F14). Crëwch daenlen ar eich cyfrifiadur, a rhowch y fformiwla hon yn y bar fformiwlâu er mwyn cyfrifo cyfanswm rhai colofnau.

6 Cyfrif nifer yr eitemau oll mewn ystod o gelloedd
Yn Ffigur C:42, esboniwyd cyfrif nifer yr eitemau rhifol mewn ystod o gelloedd. Y fformiwla oedd =COUNT(XX:YY). Gellir cyfrif pob eitem mewn ystod o gelloedd hefyd, boed yn rhifol neu beidio. Y fformiwlâu yw =COUNTA(XX:YY). (Daw'r A o'r gair Saesneg 'all'). Gwelwch Ffigur C:44. Mae saith eitem yng ngholofn H.

Rhoi'r swyddogaethau ar waith
Yn yr adran flaenorol, **Rhai swyddogaethau hanfodol**, gwelwyd rhai swyddogaethau hanfodol ar waith mewn taenlen sampl. Yma, fe ddysgwch roi'r swyddogaethau hynny ar waith. Gorchwyl syml iawn ydyw. Er enghraifft, yn Ffigur C:45, dymunwn gyfrifo cyfanswm

Ffigur C:45

gwerthoedd A1, B1 a C1 a nodi'r wybodaeth honno yn D1. Dilynwch y camau hyn felly:

1 Cliciwch ar D1.
2 Cliciwch yn y bar fformiwlâu.
3 Teipiwch =SUM(A1:C1) yn y bar fformiwlâu.
4 Cliciwch ar y saeth werdd: ymddengys yr ateb yn D1, sef 732.

Y Dewin swyddogaethau

Gallwn ddefnyddio'r Dewin swyddogaethau pan fo angen rhoi swyddogaeth anghyffredin ar waith. Yn yr adran hon felly, disgrifir cynnwys a dibenion y Dewin swyddogaethau. Cyn mentro i'r maes, gwell darllen yr esboniadau isod am rai geiriau allweddol y byddwch yn dod ar eu traws: *Dewin* ac *Awtobeilot*, *swyddogaeth* a *ffwythiant*, a *paramedrau*.

Rhai geiriau allweddol
Dewin ac awtobeilot
Dylid nodi bod *Dewin* yn gyfystyr ag *Awtobeilot*. Bydd y Dewin swyddogaethau – sef yr hyn a elwid yn *Awtobeilot* gynt – yn gymorth ichi ddefnyddio Calc (gweler **Agor y Dewin swyddogaethau** a **Cyfansoddiad a chynnwys y Dewin swyddogaethau** isod).

Swyddogaeth a ffwythiant
Cawn nodi yn y fan hon fod *swyddogaeth* yn gyfystyr â *ffwythiant* lle bo rhai o agweddau Calc yn y cwestiwn, dim ond bod *ffwythiant* yn fwy mathemategol benodol na *swyddogaeth*.

Paramedrau
Ymhlith y swyddogaethau cymhleth y mae'r Dewin yn eu cynnig, mae swyddogaethau llog ac elw. Er mwyn cyfrifo cyfraddau llog ac elw, rhaid wrth nifer o baramedrau. Ystyr *paramedrau* yn y cyswllt hwn yw math o wybodaeth. Gwnaiff y Dewin eich helpu gyda'r paramedrau.

Agor y Dewin swyddogaethau
Cyflwynwyd nifer o swyddogaethau hanfodol Calc eisoes. Yn ogystal â'r swyddogaethau arbennig hynny, dylid nodi bod lliaws o swyddogaethau penodol eraill yn rhan o'r rhaglen. I weld rhestr ohonynt, agorwch y Dewin swyddogaethau gan ddefnyddio un o'r dulliau hyn:

- Clicio ar yr eicon *f(x)* ar far fformiwlâu'r daenlen
- Clicio ar Ctrl + F2
- Neu glicio ar *Mewnosod → Swyddogaeth.*

Daw y blwch *Dewin Swyddogaethau* i'r amlwg (Ffigur C:46).

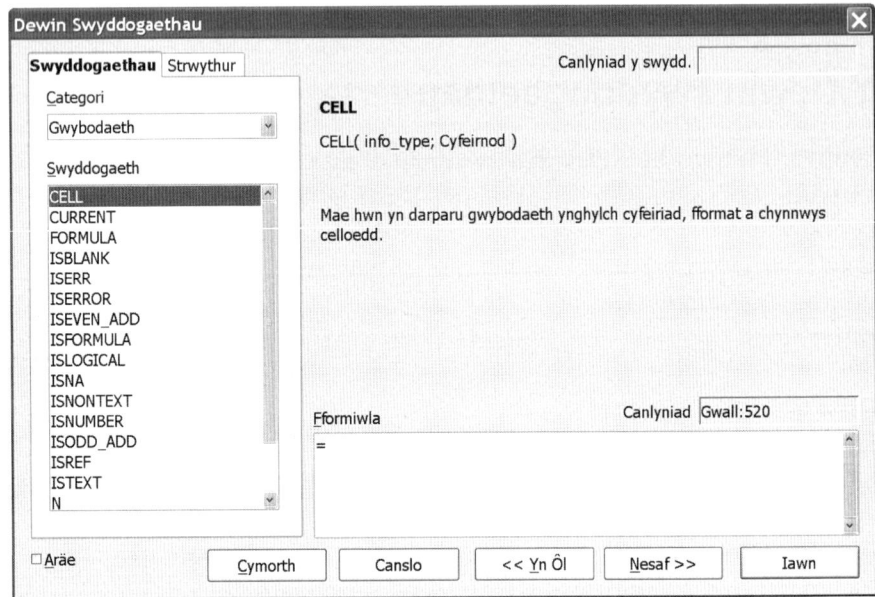

Ffigur C:46
Y blwch *Dewin Swyddogaethau*

Cyfansoddiad a chynnwys y Dewin swyddogaethau

Mae cynnwys y Dewin swyddogaethau i'w weld oddi tan y tab *Swyddogaethau* ac oddi tan y tab *Strwythur* yng nghornel chwith uchaf y blwch.

Yn Ffigur C:47, mae'r tab *Swyddogaethau* yn weithredol. Y categori *Cyllidol* sydd wedi'i ddewis. Fe welwch restr o'r holl gategorïau eraill yn y gwymplen hefyd: *Cronfa Ddata, Dyddiad ac Amser, Mathemategol* ac yn y blaen.

Gan glicio ar bob un o'r categorïau yn ei dro y mae codi rhestr o'r swyddogaethau ym mhob categori unigol. Yn Ffigur C:48, er enghraifft, fe welwch y swyddogaethau sydd yn perthyn i'r categori *Cronfa Ddata*. Fe gewch weld gweddill y cynnwys ar eich cyfrifiadur eich hun.

Edrychwch ar Ffigur C:46 unwaith eto. Fe welwch nifer o elfennau strwythurol eraill y mae eisiau eu cyflwyno.

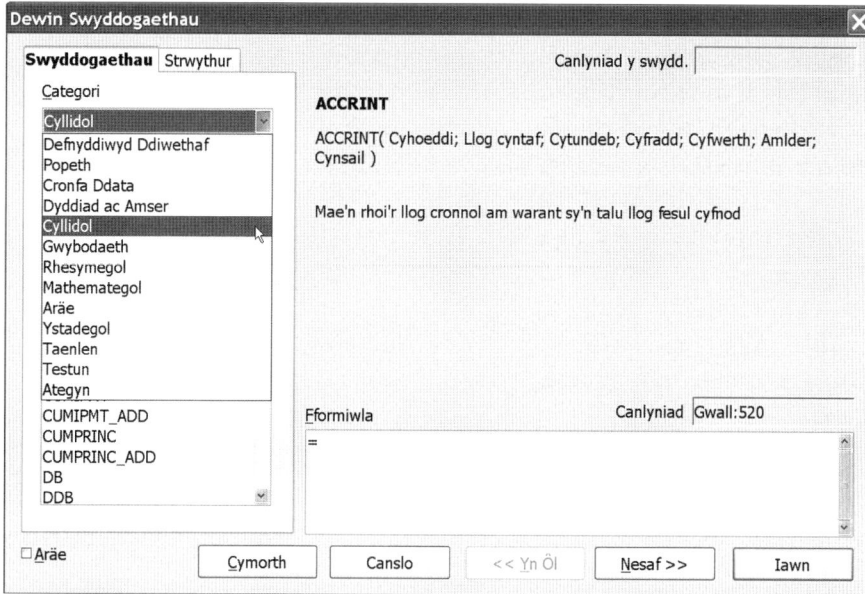

Ffigur C:47

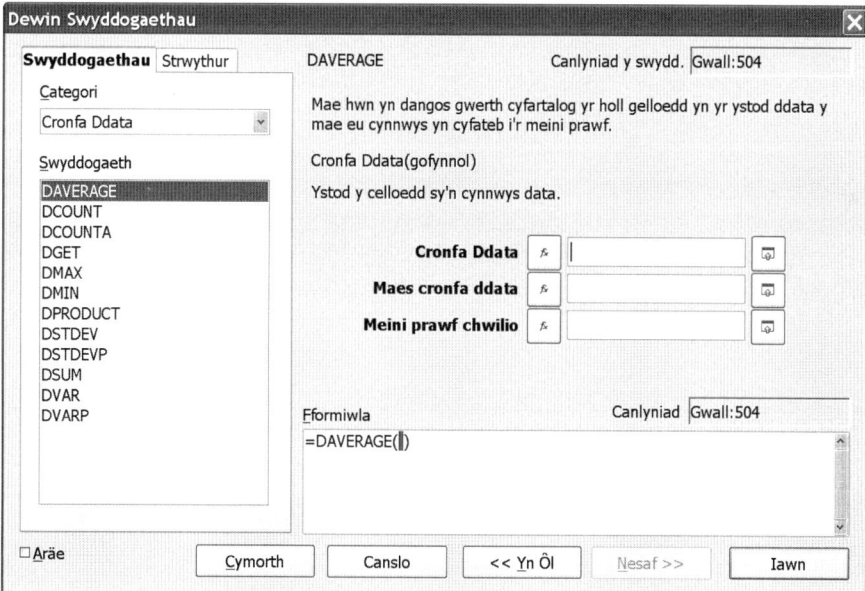

Ffigur C:48

Yr un amlycaf yw'r blwch fformiwlâu. Dwbl-gliciwch ar un o'r swyddogaethau yn y rhestr ac ymddengys paramedrau'r fformiwla sy'n sail i'r swyddogaeth yn y blwch. Uwchben y blwch fformiwlâu y mae'r blwch *Canlyniad*. Yn y blwch hwn y gwelir canlyniadau'r ffwythiannau. Uwchben y blwch canlyniadau, fe welwch ddisgrifiad cryno o'r hyn y bydd y swyddogaeth ddewisol yn ei gyflawni.

Uwchben y disgrifiad, fe welwch enw'r swyddogaeth (sef *Cell* yn Ffigur C:46). Yn y gornel chwith isaf, fe welwch flwch bach ticio a'r gair *Aräe* ar ei bwys. Ticiwch y blwch hwn pan fo eisiau i'r swyddogaeth ddewisol seilio canlyniadau'r ymchwil ar nifer o gelloedd.

Cliciwch ar dab *Strwythur* nesaf. Yn Ffigur C:49 mae'r golofn chwith yn dangos bod dwy swyddogaeth wedi'u dewis yn olynol, sef AMORDEGRC ac EFFECTIVE. (Swyddogaethau yn y categori *Cyllidol* yw'r rhain.) Map syml o'r swyddogaethau gweithredol y mae *Strwythur* yn ei gynnig felly.

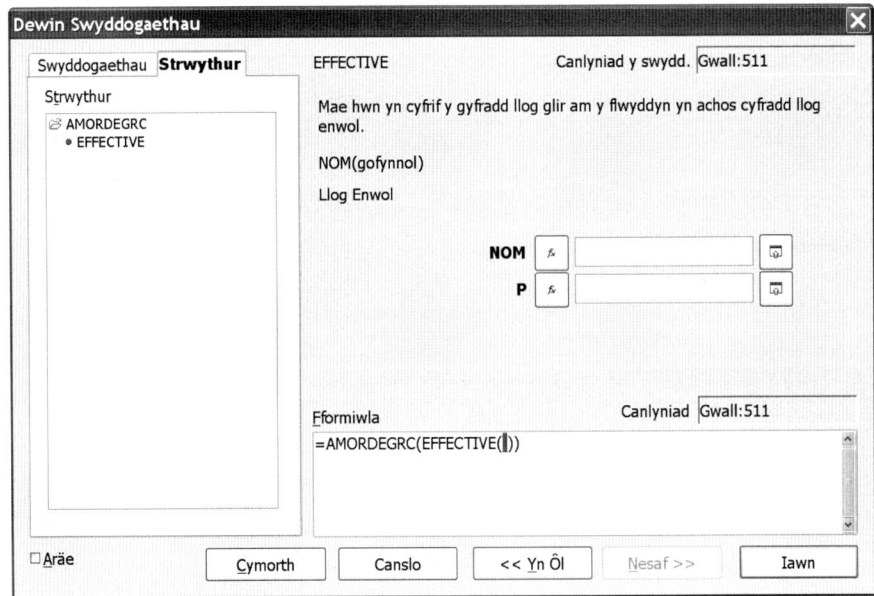

Ffigur C:49

Enghraifft o waith y Dewin swyddogaethau

Cymerwn eich bod yn awyddus i wybod sawl diwrnod sydd rhwng y 03.01.06 a'r 14.04.06, sef diwrnod gwaith cyntaf y flwyddyn, a'r diwrnod pan fyddwch yn cael gwyliau nesaf. Byddwn yn defnyddio'r Dewin swyddogaethau i gyfrif nifer y dyddiau rhwng y ddau ddyddiad penodol hyn.

Crëwch y daenlen a ddangosir yn Ffigur C:50. Bydd A1 yn cynnwys y dyddiad 01 Ionawr 06 a bydd B1 yn cynnwys y dyddiad 04 Ebrill 06. Sawl diwrnod sydd rhyngddynt?

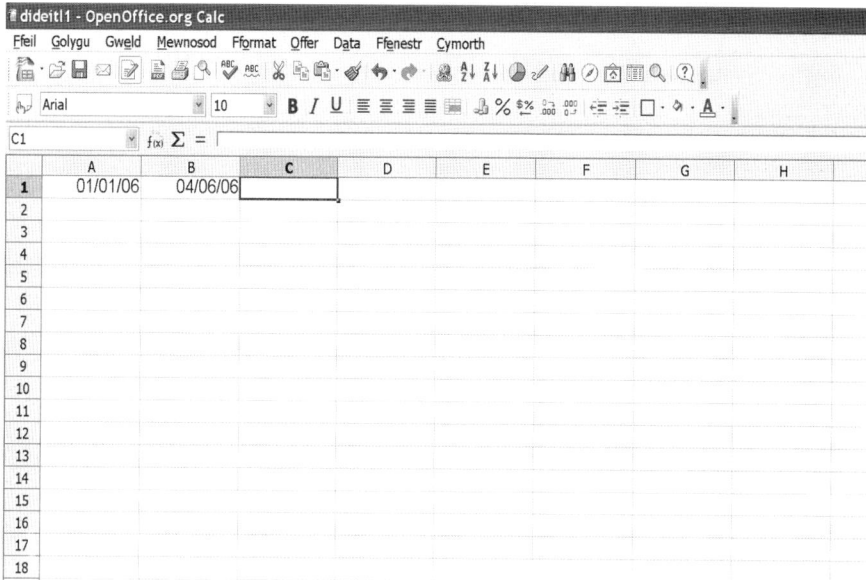

Ffigur C:50

Agorwch y blwch deialog *Dewin Swyddogaethau* (Ffigur C:51).
Dewiswyd y categori *Dyddiad ac Amser*, a dewiswyd y swyddogaeth
DAYS360 gan ddwbl-glicio arni. Teipiwch A1 yn y blwch hirfain
Dyddiad_1, teipiwch B1 yn **Dyddiad_2**, a theipiwch 1 yn y blwch

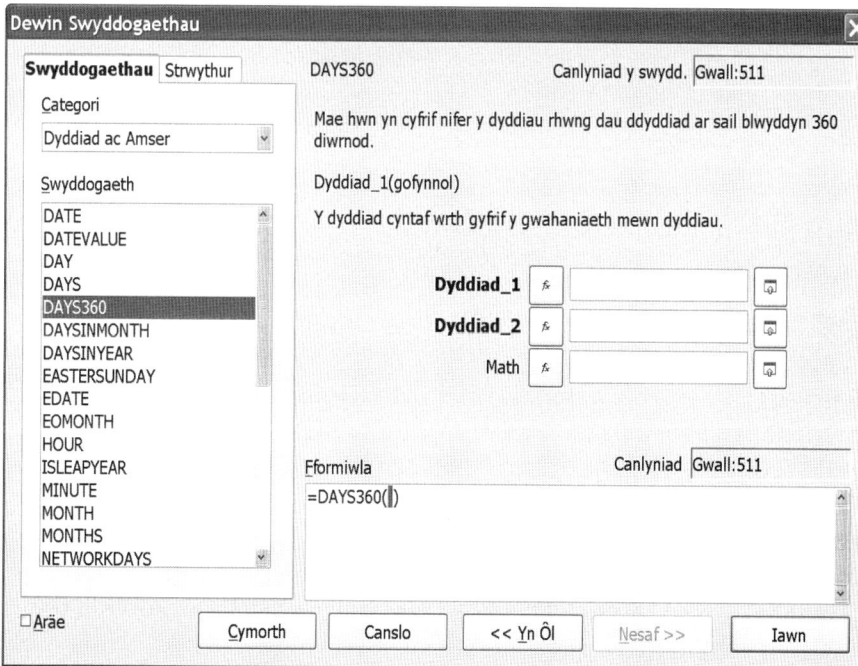

Ffigur C:51
Y blwch deialog *Dewin
Swyddogaethau*

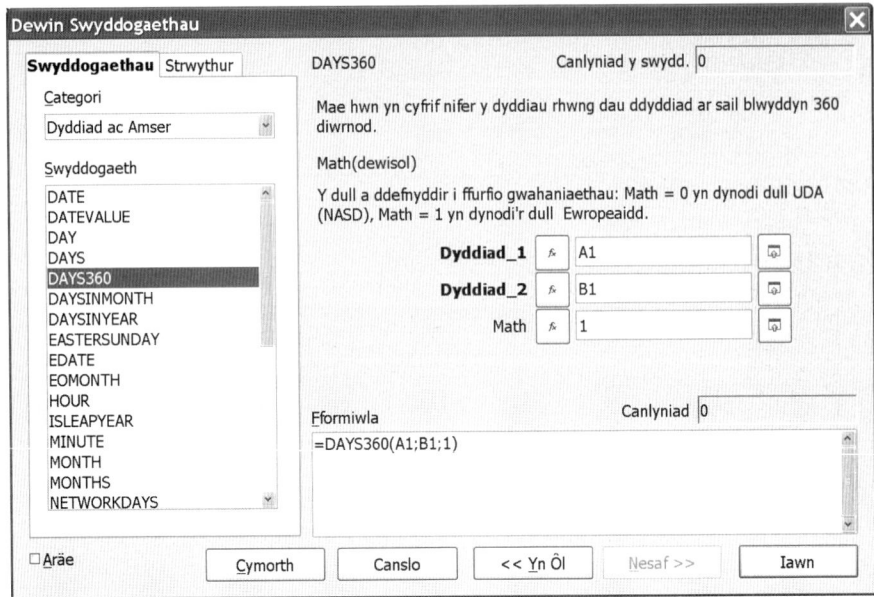

Ffigur C:52

Math. Cliciwch ar *Iawn*. Gwelir hyn oll yn Ffigur C:52. Hysbysir canlyniad yr ymchwil yn y blwch *Canlyniad*: 153. Dangosir y daenlen ar ei newydd wedd yn Ffigur C:53.

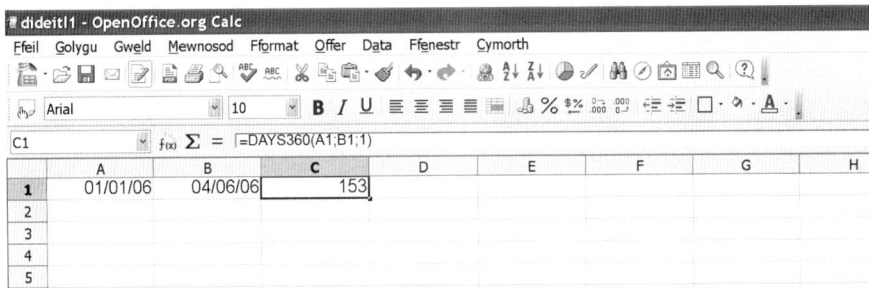

Ffigur C:53

Ystodau

Mae ystod yn grŵp o gelloedd. Defnyddir ystod er mwyn hwyluso cyfeirio at y celloedd pan fydd eu cynnwys yn sail i waith fformiwla neu swyddogaeth. Y defnyddiwr sy'n creu'r ystod.

Creu ystodau

Yn Ffigur C:54, fe welwch tair ystod: A3:A14, C5:C8; E9:F11. Gelwir A3, C5 ac E9 yn gelloedd angor yn y cyswllt hwn. Fel hyn y mae creu ystodau fel y rhai yn y daenlen yn Ffigur C:54:

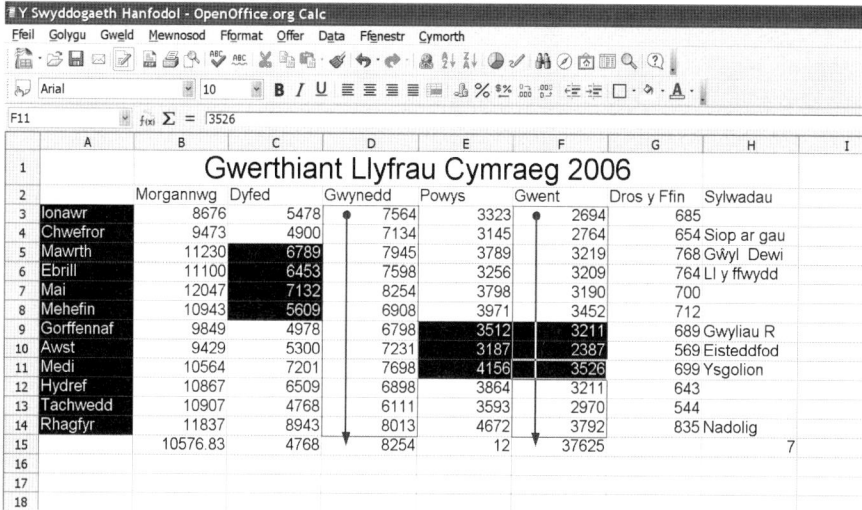

Ffigur C:54
Creu ystodau

1 Cliciwch yn y gell angor.
2 Pwyswch fotwm y llygoden a'i ddal i lawr.
3 Tynnwch y cyrchwr ar hyd y celloedd y mynnir eu hystodi.
4 Codwch eich bys oddi ar y llygoden.

Os byddwch eisiau creu sawl ystod ar y tro:

1 Cliciwch yn y gell angor.
2 Pwyswch fotwm y llygoden a'i ddal i lawr.
3 Tynnwch y cyrchwr ar hyd y celloedd y mynnir eu hystodi.
4 Pwyswch Ctrl.
5 Gwnewch gamau 1–3 unwaith eto.

Sylwer yn Ffigur C:54 inni greu tair ystod wahanol. (Gellid rhoi enw gwahanol i bob un.) Mae'r celloedd oll ym mhob ystod yn gelloedd cyfagos. Noder y gellir creu ystod â chelloedd sydd ar wasgar hefyd. Fel hyn y mae gwneud hynny:

1 Agorwch y daenlen.
2 Cliciwch ar y blwch opsiynau yn y bar statws nes i ADD ymddangos (Ffigur C:55).

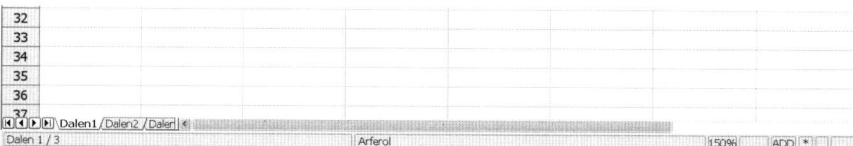

Ffigur C:55

3 Cliciwch ar gell angor a thynnu'r cyrchwr ar draws y celloedd cyfagos y dymunwch eu cynnwys yn yr ystod.
4 Tynnwch eich bys oddi ar y llygoden.
5 Ailadroddwch gam 3 er mwyn cynnwys y celloedd perthnasol eraill yn yr ystod lle bynnag y bônt ar y daenlen.
6 Enwch yr ystod wasgaredig gan ddilyn y cyfarwyddiadau enwi yn yr adran nesaf.

Enwi ystodau

Pan fyddwch newydd ychwanegu data at eich taenlen, bydd ystyr y data'n aros yn eich cof am beth amser. Ond erbyn ailagor taenlen nas defnyddiwyd ers talwm, mae'n ddigon posib y bydd eisiau eglurhad arnoch er mwyn cofio arwyddocâd rhai o'r rhifau. Nid yw hyn yn digwydd mewn taenlenni syml fel y rhai sampl yn gynharach yn y bennod hon. Ond gellir defnyddio taenlen syml i esbonio enwi celloedd.

Cymerwn ein bod yn awyddus i enwi celloedd B5 hyd B7 oherwydd dyma'r unig dri mis y gwerthwyd mwy na 11,000 o lyfrau o'r bron yn un o brif ardaloedd Cymru yn 2006. Ac er mwyn cofnodi'r pegwn arall, cawn enwi celloedd F3 hyd at F5 hefyd, sef y tri mis isaf eu gwerthiant. Fel hyn y mae gwneud hynny:

1 Dewiswch gelloedd B5–B7.
2 Cliciwch ar *Mewnosod* → *Enwau* → *Diffinio*.
3 Pan ymddengys y blwch deialog *Diffinio'r Enwau*, dewiswch enw i'r celloedd: Uchafwerthiant (gweler Ffigur C:56).
4 Cliciwch ar *Ychwanegu*.
5 Dewiswch gelloedd F3–F5.
6 Teipiwch enw i'r grŵp: Isafwerthiant.
7 Cliciwch ar *Ychwanegu*.
8 Pwyswch *Iawn*.

Ymhen rhai misoedd, neu efallai yn ystod 2008, byddwch eisiau gweld ystadegau 2006 eto. Erbyn hynny, bydd eich cof amdanynt wedi pallu. Dyna pryd bydd rhinwedd enwi celloedd yn dod yn amlwg. Agorwch y daenlen felly. Ac agorwch y blwch diffinio celloedd. Cliciwch ar *Uchafwerthiant* yn y blwch. Amgylchir y celloedd priodol â llinell las. Byddwch yn gwybod unwaith eto pa gyfnod y bu'r gwerthiant ar ei anterth yn 2006. Ac fe gewch gymharu un flwyddyn â'r llall i gael gweld a oes patrwm sefydlog i'r gwerthiant neu beidio.

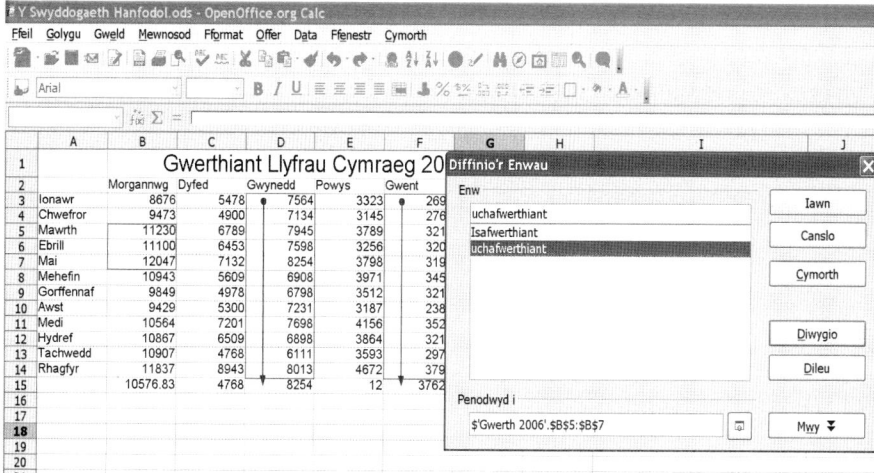

Ffigur C:56
Y blwch deialog
Diffinio'r Enwau

Mae rhagor o wybodaeth am ystodau ar dudalennau cymorth Agored ar y we.

Enghraifft o'r ystodau ar waith mewn swyddogaeth

Yn yr adran **Cyflwyno'r swyddogaethau** ar dudalen 246, buom yn defnyddio taenlen sampl o'r enw *Gwerthiant Llyfrau Cymraeg 2006*. Yn **Enwi ystodau** uchod byddwch yn cofio inni greu dwy ystod yn y daenlen honno, sef *Uchafwerthiant* ac *Isafwerthiant*. Tynnu sylw at y tri mis pan oedd y gwerthiant ar ei anterth yr oedd yr ystod *Uchafwerthiant*, ac amlygu'r tri mis lleiaf eu gwerthiant yr oedd yr ystod *Isafwerthiant*. Gadewch inni gyfuno'r ddwy ystod nesaf i gael gweld cyfartaledd sampl o'r gwerthiant (Ffigur C:57).

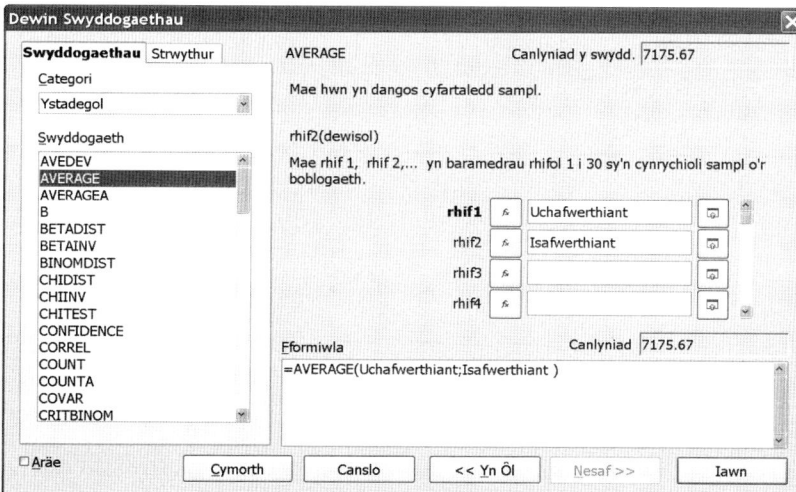

Ffigur C:57
Cyfuno'r ystodau i
gyfrifo cyfartaledd

1   Agorwch y daenlen *Gwerthiant Llyfrau Cymraeg 2006*.
2   Agorwch y *Dewin Swyddogaethau* (llwybr byr: Ctrl → F2).
3   Dewiswch *Ystadegol* oddi tan *Categori*.
4   Dwbl-gliciwch ar AVERAGE yn y gwymplen.
5   Teipiwch *Uchafwerthiant* yn y blwch hirfain **Rhif 1** a theipiwch *Isafwerthiant* yn **Rhif 2**.
6   Dangosir y canlyniad yn y blwch *Canlyniad*: yn ôl y paramedrau y seiliwyd y sampl hon arnynt, 7209 o lyfrau Cymraeg a werthwyd y mis ar gyfartaledd.

Trin a thrafod data amrywiol

Cyfeirio at ddata tu allan i'r ddalen sydd ar agor

Hyd yma, rydym wedi cyfeirio at ddata mewn celloedd sydd ar yr un ddalen â'i gilydd. Ambell waith bydd angen cyfeirio at ddata sydd mewn mannau eraill. Efallai y bydd eisiau mewnforio'r data hynny hefyd i'r ddalen sydd ar agor.

Yn yr adran flaenorol, er enghraifft, cawsom wybod, gan ddefnyddio paramedrau arbennig, mai 7209 oedd cyfartaledd misol y gwerthiant llyfrau Cymraeg yn 2006. Cymerwn ein bod yn awyddus i wybod cyfartaledd y flwyddyn 2005.

Yn Ffigur C:58, fe welwch enwau dwy ddalen ar bwys y bar sgrolio lletraws, sef *Gwerth2006* a *Gwerth2005*. Gwyddom mai *2006* yw'r ddalen agored oherwydd fe'i dangosir â llythrennau bras. Cliciwch ar *Gwerth2005* felly er mwyn agor y ddalen honno (Ffigur C:59). Gwelir *Cyfartaledd Gwerthiant Llyfrau 2005* (A1:B1) 7549 (C1).

Dymunwch fewnforio cynnwys C1 *Gwerth2005* i J15 *Gwerth2006*. Ystyriwch Ffigur C:60. Y gell J15 sy'n fyw. Rhaid teipio '=Gwerth2005C1' yn y bar fformiwlâu. Ymddengys cynnwys y gell honno ar y ddalen *Gwerth2006* yng nghell J15, sef 7549. Gw. Ffigur C:61.

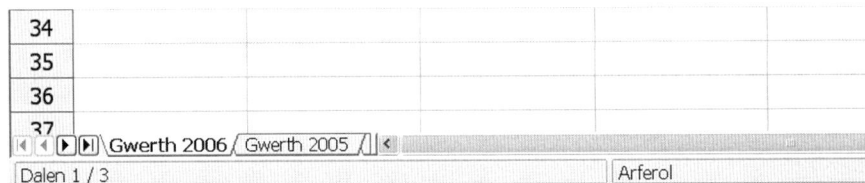

Ffigur C:58

Ffigur C:59

Y Swyddogaeth Hanfodol - OpenOffice.org Calc
Ffeil Golygu Gweld Mewnosod Fformat Offer Data Ffenestr Cymorth

C1 $f_{(x)}$ Σ = 7549

	A	B	C	D	E	F	G
1	Cyfartaledd Gwerthiant Llyfrau 2005		7549				
2							
3							
4							
5							
6							
7							
8							
9							
10							

Ffigur C:60

Y Swyddogaeth Hanfodol - OpenOffice.org Calc
Ffeil Golygu Gweld Mewnosod Fformat Offer Data Ffenestr Cymorth

J15 $f_{(x)}$ Σ =

Gwerthiant Llyfrau Cymraeg 2006

	A	Morgannwg	Dyfed	Gwynedd	Powys	Gwent	Dros y Ffin	Sylwadau	Cyfartaledd uchaf ac isaf werthiant 2006	2005
3	Ionawr	8676	5478	7564	3323	2694	685			
4	Chwefror	9473	4900	7134	3145	2764	654	Siop ar gau		
5	Mawrth	11230	6789	7945	3789	3219	768	Gŵyl Dewi		
6	Ebrill	11100	6453	7598	3256	3209	764	Ll. y ffwydd		
7	Mai	12047	7132	8254	3798	3190	700			
8	Mehefin	10943	5609	6908	3971	3452	712			
9	Gorffennaf	9849	4978	6798	3512	3211	689	Gwyliau R		
10	Awst	9429	5300	7231	3187	2387	569	Eisteddfod		
11	Medi	10564	7201	7698	4156	3526	699	Ysgolion		
12	Hydref	10867	6509	6898	3864	3211	643			
13	Tachwedd	10907	4768	6111	3593	2970	544			
14	Rhagfyr	11837	8943	8013	4672	3792	835	Nadolig		
15		10576.83	4768	8254	12	37625	7		7209	

Ffigur C:61

Y Swyddogaeth Hanfodol - OpenOffice.org Calc
Ffeil Golygu Gweld Mewnosod Fformat Offer Data Ffenestr Cymorth

J15 $f_{(x)}$ Σ = ='Gwerth 2005'.C1

Gwerthiant Llyfrau Cymraeg 2006

	A	Morgannwg	Dyfed	Gwynedd	Powys	Gwent	Dros y Ffin	Sylwadau	Cyfartaledd uchaf ac isaf werthiant 2006	2005
3	Ionawr	8676	5478	7564	3323	2694	685			
4	Chwefror	9473	4900	7134	3145	2764	654	Siop ar gau		
5	Mawrth	11230	6789	7945	3789	3219	768	Gŵyl Dewi		
6	Ebrill	11100	6453	7598	3256	3209	764	Ll. y ffwydd		
7	Mai	12047	7132	8254	3798	3190	700			
8	Mehefin	10943	5609	6908	3971	3452	712			
9	Gorffennaf	9849	4978	6798	3512	3211	689	Gwyliau R		
10	Awst	9429	5300	7231	3187	2387	569	Eisteddfod		
11	Medi	10564	7201	7698	4156	3526	699	Ysgolion		
12	Hydref	10867	6509	6898	3864	3211	643			
13	Tachwedd	10907	4768	6111	3593	2970	544			
14	Rhagfyr	11837	8943	8013	4672	3792	835	Nadolig		
15		10576.83	4768	8254	12	37625	7		7209	7549

Rydych chi'n gwybod erbyn hyn mai gostwng a wnaeth y gwerthiant o 7549 i 7209 rhwng 2005 a 2006! (Dychmygol yw'r ffigurau wrth gwrs.) Defnyddiwch y fformiwla ganlynol i gyfrif faint o ostyngiad fu: =SUM(J15-I15): 340 (Ffigur C:62).

Ffigur C:62

Dyddiad ac amser

Defnyddir taenlenni ym myd busnes er mwyn cyfrif elw a llog, ac er mwyn dadansoddi pob math o ystadegau sy'n dylanwadu ar lwyddiant y busnes. Mae amser yn elfen holl bwysig yn achos llawer o'r pethau hyn: pa mor aml y mae taliadau yn cael eu gwneud? Pryd y gwnaethpwyd y taliadau ddiwethaf? Erbyn pryd y dylid eu gwneud nesaf?

Ffordd effeithiol o fesur amser yw cyfrif sawl diwrnod sydd rhwng dau ddyddiad. Fe welwch hynny ar waith yn y daenlen sampl yn yr adran hon. Gweler Ffigur C:63 gyntaf. Cofnodi costau trydan bob chwarter y mae'r ddalen.

Ffigur C:63

Hoffem wybod sawl diwrnod sydd rhwng 31/01 ac 31/07. Dangosir hyn yn Ffigur C:64. Astudiwch y Ffigur gan nodi'r categori (*Dyddiad ac Amser*), y swyddogaeth (*DAYS*), y fformiwla (=DAYS(B1:D1), y wybodaeth (B1 a D1) yn **Dyddiad_2** a **Dyddiad_1**, a'r canlyniad, sef 181.

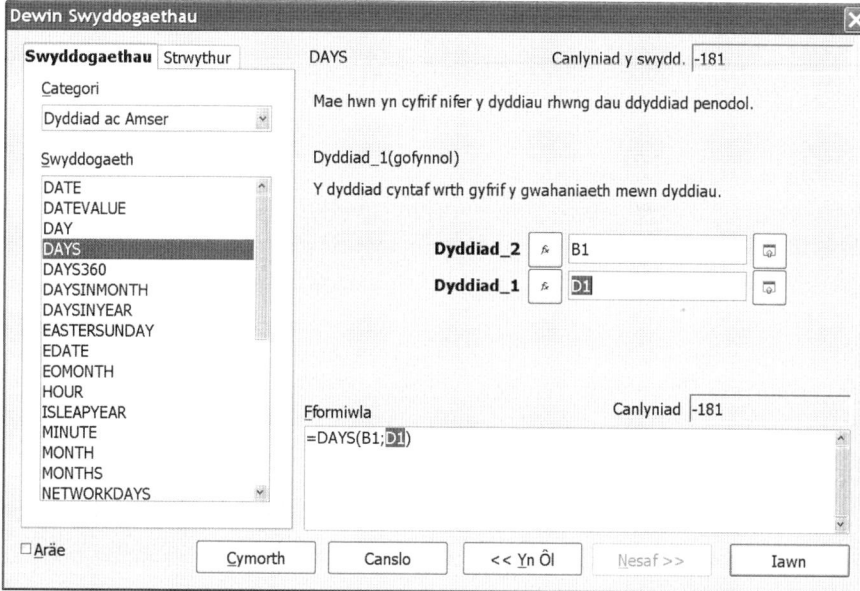

Ffigur C:64

Defnyddir y swyddogaeth '=NOW()' er mwyn gwneud cyfrifiadau yng nghyd-destun y dyddiad presennol. Yn Ffigur C:65, yng nghell D12 fe welwch 29/03/07 (sef y dyddiad honedig y llanwyd y gell). Cynnwys D13 yw 241, sef nifer y dyddiau rhwng D1 a D12. Yn ôl D10,

Ffigur C:65

£1.91 o gostau y dydd sydd gyda'r busnes ar gyfartaledd. Y costau tebygol rhwng D1 a D12 yw D15 felly, sef £461.76.

Dyna ddwy enghraifft o'r hyn y gellir ei gyflawni gyda'r rhaglen lle bo amser yn y cwestiwn. Ymhlith y pethau eraill y gellir eu gwneud, mae rhag-weld dyddiadau a chyfrif nifer yr wythnosau mewn cyfnod penodol. Gellwch arbrofi gyda Calc ar eich cyfrifiadur, a chofiwch fanteisio ar sgriniau cymorth Agored er mwyn ychwanegu at eich gwybodaeth o'r rhaglen.

Enwau a chyfeiriadau

Rydych wedi dysgu sut i enwi ystodau (gweler tudalennau 258-9). Yma, fe ddysgwch sut y gall Calc drin ystod heb ei henwi. Defnyddio enwau pen colofn neu ben rhes y mae Calc i wneud hynny.

Ystyriwch Ffigur C:66. Y gell G18 sy'n fyw, ac mae'n dynodi cyfanswm gwerthiant llyfrau Cymraeg dros y ffin yn 2006, sef 8262. Sut cafodd y cyfanswm hwn ei greu? Edrychwch ar y fformiwla yn y bar fformiwlâu: =SUM('Dros y Ffin'). (Sylwer hefyd ar y dyfynodau tu fewn i'r cromfachau.)

Ffigur C:66

Heb greu ystod, tybio wnaeth y rhaglen mai cyfeirio at gelloedd G3:G14 yr oedd yr enw 'Dros y Ffin'. A gwir hynny. (Cymharwch G3 â G17. Mae colon yn G17. Gwahanol yw cynnwys G3 a G17 felly, ac adnabu'r rhaglen y gwahaniaeth.) Cyfrifo'r cyfanswm ar sail ystod dybiedig a awgrymir gan enw: dyna wnaeth Calc felly.

Fformatio

Fformatio celloedd

Ystyr fformatio yn y cyswllt hwn yw rhoi gwedd arbennig ar eich taenlen. Lliw a siâp a maint y gwahanol elfennau yn y daenlen yw'r fformat at ei gilydd. Tebyg iawn yw offer fformatio Calc i eiddo Writer.

Awtofformatio

Mae awtofformatio'n ffordd syml ac effeithiol o ddewis fformat arbennig i'ch taenlen. Fe gewch ei ddefnyddio i fformatio taenlen gyfan neu ran benodol ohoni. Yn yr enghraifft ganlynol, esbonnir sut i fformatio taenlen gyfan. Yn Ffigur C:67 fe welwch daenlen â'r

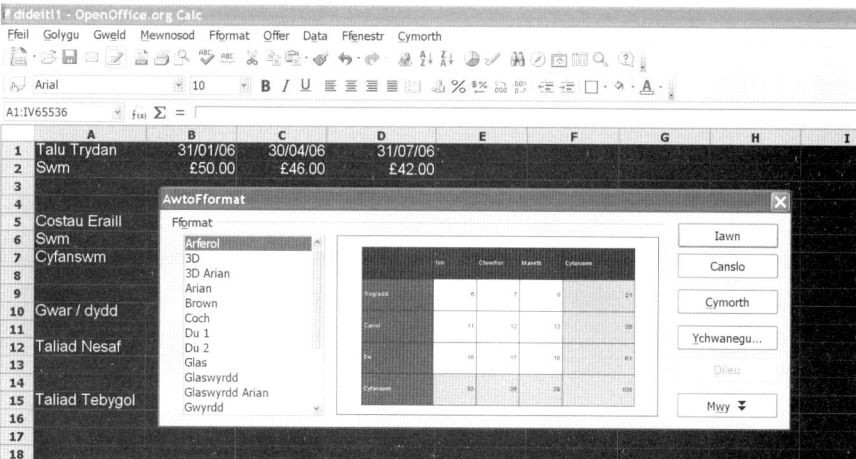

Ffigur C:67
Y blwch deialog
AwtoFformat

cynnwys i gyd wedi'i ddewis. Yn y Ffigur hwn, agorwyd y blwch deialog awtofformatio (*Fformat → AwtoFformat*) a detholwyd y fformat 3D Arian. Clicio ar *Iawn* sydd eisiau i roi'r fformat dewisol ar waith. Dangosir y fformat yn Ffigur C:68.

Ffigur C:68

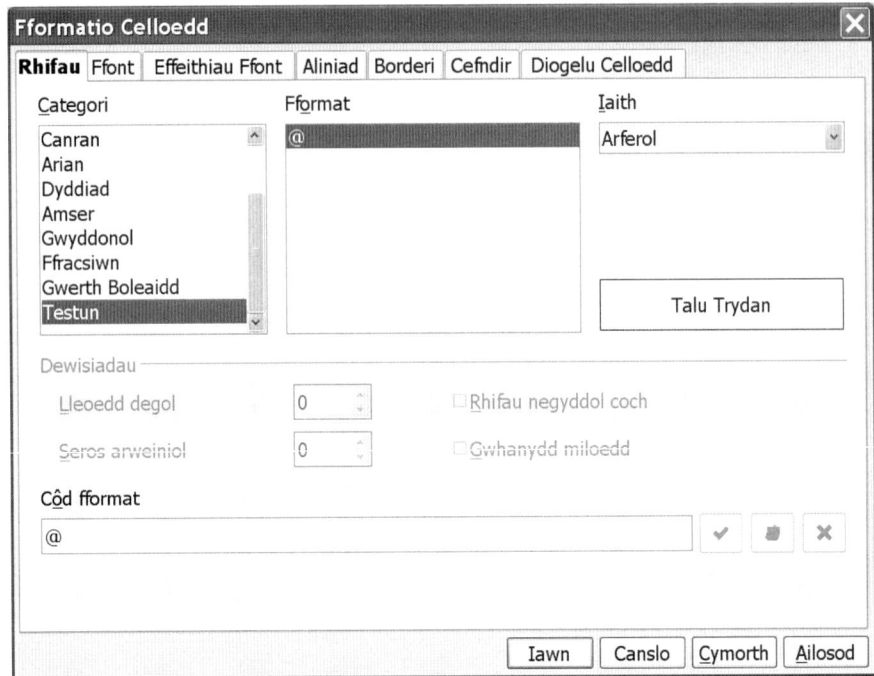

Y blwch fformatio celloedd

Agorwch eich taenlen a chliciwch ar *Fformat → Celloedd*. Ymddengys y blwch *Fformatio Celloedd* (Ffigur C:69). Fe sylwch fod nifer o dabiau ar draws pen uchaf y blwch. Mae'r tabiau hyn yn cynnwys lliaws o opsiynau fformatio y byddwch yn darganfod rhai ohonynt wrth ichi ymgynefino â Calc.

Yn Ffigur C:69, y tab *Rhifau* sy'n fyw. Gan ddewis o blith yr opsiynau yn y fan hon y mae penodi fformat arbennig i'r rhifau, i'r amseroedd ac i'r dyddiadau y byddwch yn eu gosod yn y daenlen.

Newid uchder a lled y rhesi a'r colofnau

Dengys Ffigur C:70 led ac uchder colofn A a rhes 18 wedi'u hailfeintioli. Gan gydio â'r cyrchwr yn y bar ffin y mae gwneud hynny – ni ellir newid lled ac uchder colofn na rhes gan gydio yn un o'r llinellau grid. Pan fyddwch yn ailfeintioli rhes neu golofn, dylech nodi na fydd maint y ffont yn newid ar yr un pryd. Wedi ailfeintioli rhes neu golofn felly, bydd rhaid diwygio fformat cynnwys y celloedd ambell waith hefyd. Noder hefyd fod rhagosod uchder a lled penodol i'r rhesi ac i'r colofnau yn opsiwn yn Calc oddi tan *Fformat → Rhes* neu *Fformat → Colofn* (Ffigur C:71).

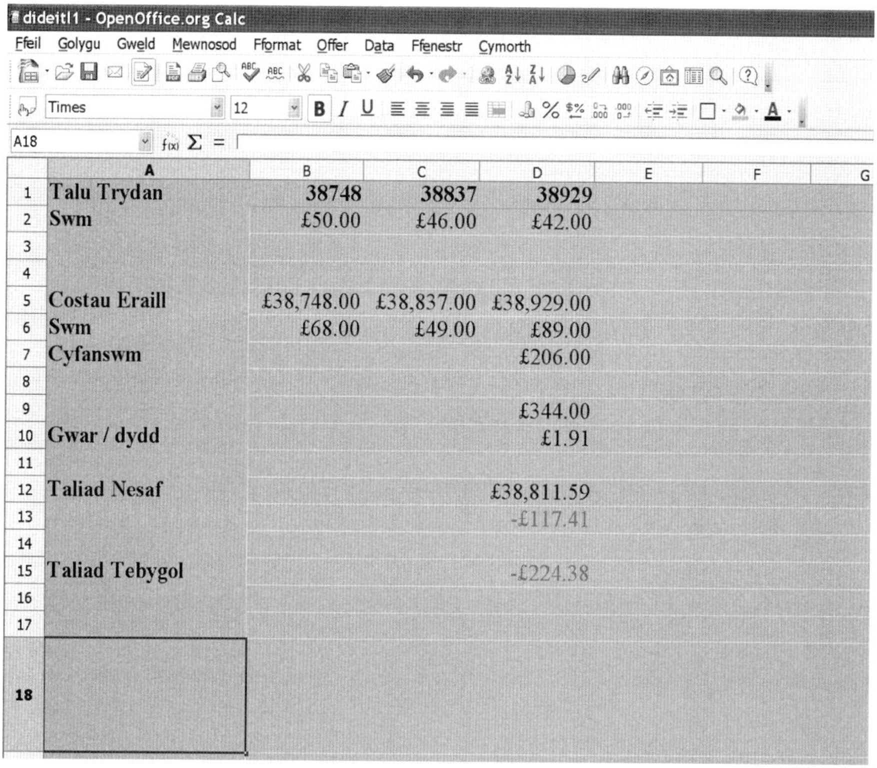

Ffigur C:70

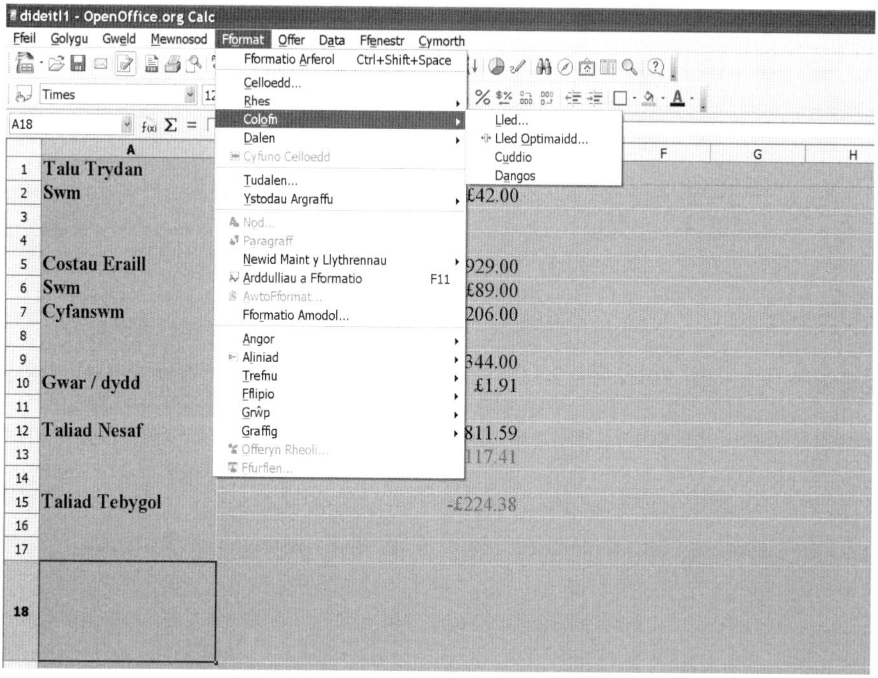

Ffigur C:71
Gosod lled benodol i resi a cholofnau

Fformatio'r dudalen

Y blwch opsiynau

Yn yr adran flaenorol, cyflwynwyd y blwch fformatio celloedd. Mae blwch opsiynau cyffelyb i'r tudalennau. Fe'i dangosir yn Ffigur C:72. Yn y Ffigur hwnnw, y tab *Tudalen* sy'n fyw. Fe sylwch ar y manylion fformatio sy'n hysbys yn y Ffigur. Ceir diwygio pob un o'r rhain yn ôl dymuniad y defnyddiwr. Mae opsiynau a gosodiadau niferus oddi tan y tabiau eraill hefyd. Bydd y sawl sydd â phrofiad o fformatio Writer ac Impress yn gyfarwydd â rhai ohonynt. Ond mae gan Calc opsiynau fformatio nas ceir yn y rhaglenni OpenOffice.org eraill, fel y gwelwn yn yr adran nesaf **Trefn y dalennau**.

Ffigur C:72
Y blwch Tudalen yn Arddull y Dudalen

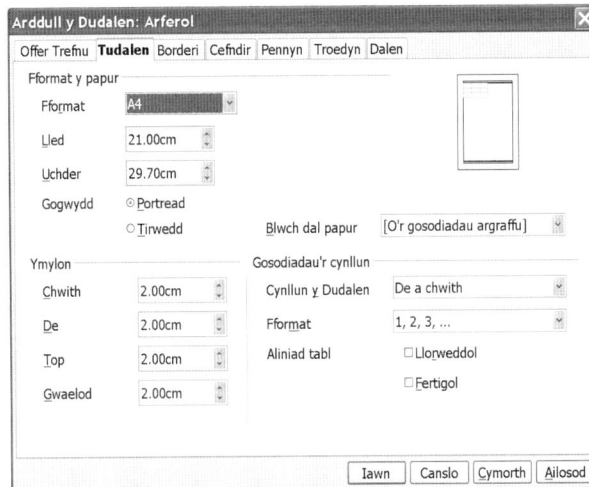

Ffigur C:73
Y blwch Dalen yn Arddull y Dudalen

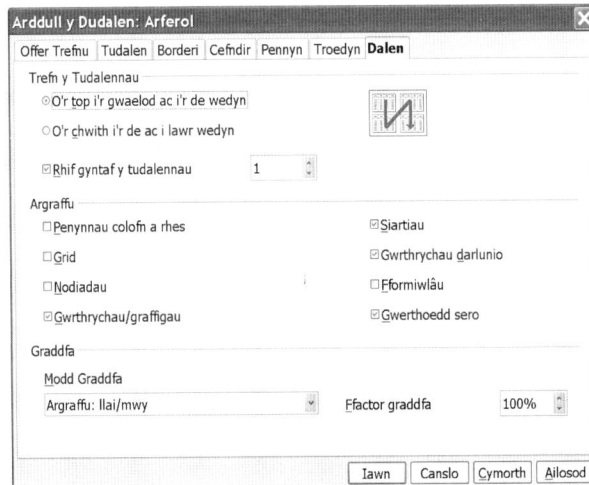

Trefn y dalennau

Anaml y bydd taenlen yn cael ei hargraffu yn ei chrynswth, ond mae eisiau gwybod sut mae gwneud petai angen hynny. Trefn y dalennau sy'n bwysig lle bo argraffu'r daenlen yn y cwestiwn. Ticiwch naill ai *O'r top i'r gwaelod ac i'r de wedyn* neu *O'r chwith i'r de ac i lawr wedyn* (Ffigur C:73). Yn hanner isaf y blwch *Dalen* felly, oddi tan *Argraffu*, fe gewch ddewis yr elfennau y dymunwch eu hargraffu gan gynnwys – neu hepgor – nodiadau, grid a fformiwlâu, er enghraifft.

Arddulliau a thempledi

Os byddwch yn gweithio gyda thaenlenni'n aml, bydd defnyddio arddulliau a thempledi yn hwyluso'r gwaith i chi a bydd yn gymorth ichi wahaniaethu rhwng y gwahanol fathau o daenlenni fydd gennych.

Creu arddull

Yn Ffigur C:74, fe welwch y daenlen sampl a grëwyd gennym yn **Rhai swyddogaethau hanfodol** ar dudalen 247. Y mae'r blwch *Arddulliau a Fformatio* ar agor (F11 neu *Fformat → Arddulliau a Fformatio*). Yr arddull *Arferol* sydd ar waith fel y dengys y goleuo.

Ffigur C:74

Dewiswyd rhes 2, sef enwau tiriogaethau'r gwerthiant. Dymunwn newid arddull yr enwau pen colofn hyn. I wneud hynny, dwbl-gliciwch ar arddull arall yn y blwch. Cymerwn *Canlyniad 2*, er enghraifft. Dwbl-gliciwch arno. Fe welwch y canlyniad yn Ffigur C:75. Mae enwau'r tiriogaethau peth yn frasach, fe'u hitaleiddiwyd, ac y mae llinell oddi tanynt.

Nid yw'r arddulliau gwreiddiol a gynigir gan y rhaglen yn niferus, ond fe gewch chithau ychwanegu at y rhestr gan greu arddulliau newydd. Dangosir yr isflwch *Creu Arddull* yn Ffigur C:76. Er mwyn agor hwnnw, rhaid clicio ar yr ail eicon o'r dde yn y blwch *Arddulliau a Fformatio*.

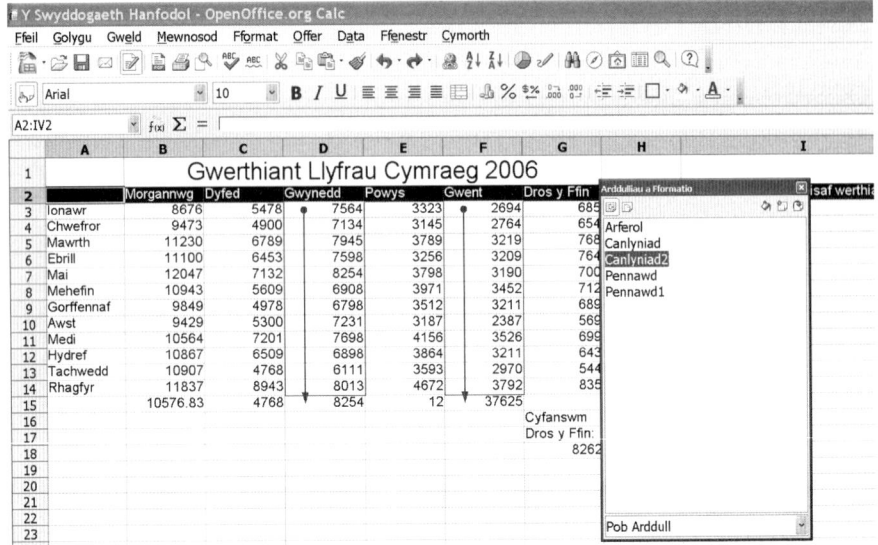

Ffigur C:75

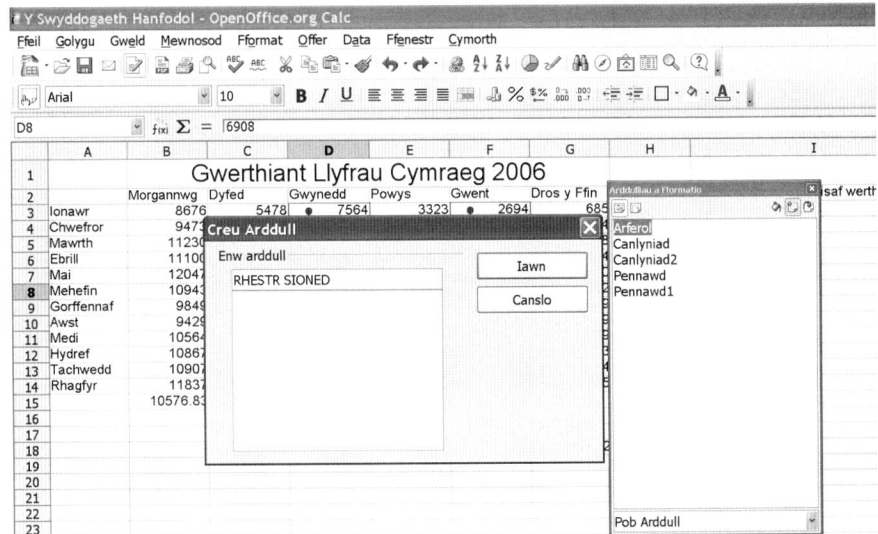

Ffigur C:76

Cyflwyno templedi

Mae templed yn fodel, ac yn achos y taenlenni, mae templed yn daenlen fodel. Maint a lliw'r ffont, uchder a lled y rhesi a'r colofnau, trwch y llinellau grid, fformat y teitlau pen colofn: y pethau hyn at ei gilydd yw elfennau'r templed.

Pan ddefnyddiwch Calc i greu taenlen, bydd yr hyn a elwir yn dempled arferol yn sail i'r daenlen. Ystyr hyn yw bod model parod gyda'r rhaglen ar eich cyfer. Fe gewch ddefnyddio'r templed hwn bob amser. Wrth ichi ymgyfarwyddo â gweithio gyda Calc fodd bynnag, efallai y byddwch eisiau amrywio ffurf eich taenlenni.

Mae creu templedi yn ffordd effeithiol o amrywio gwedd eich taenlenni gan gadw cysondeb ar yr un pryd. Dylid nodi na chynigir gan Calc ond y templed arferol y soniasom amdano uchod: heb greu templedi newydd, ni fydd gennych ddewis.

Cedwir y templedi mewn ffolder yn y blwch *Rheoli Templedi*. I agor y blwch hwn, cliciwch ar *Ffeil* → *Templedi* → *Trefnu*. Ymddengys blwch (Ffigur C:77). Yn ogystal â'r ffolder templedi, fe welwch ffolder *Cefndir Cyflwyniadau* a ffolder *Cyflwyniadau* yn y blwch *Rheoli Templedi*. Perthyn i raglen Impress y mae cynnwys y ddau ffolder hynny. Nesaf y byddwn yn creu templed Calc.

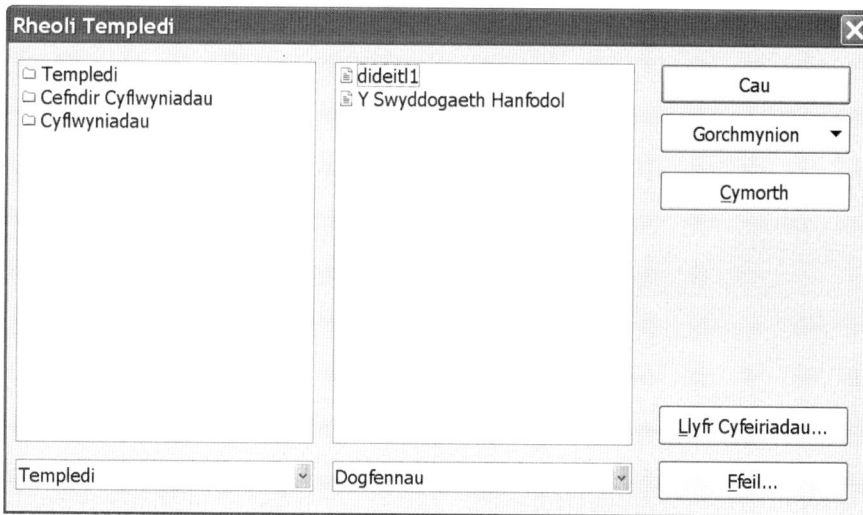

Ffigur C:77
Y blwch deialog *Rheoli Templedi*

Creu templed

Gyntaf i gyd, agorwch y rhaglen gan glicio ar OpenOffice.org Calc. (Cedwir hwn yn y rhestr *Pob Rhaglen* ar fwrdd gwaith eich cyfrifiadur, er enghraifft.) Daw taenlen newydd i'r golwg. Fformatio'r daenlen hon y byddwch yn ei wneud, a chadw'r holl briodweddau: dyna fydd eich templed.

Yn Ffigur C:78, fe welwch y darpar dempled. Amserlen yw hi. Mae enwau'r celloedd yn dangos y math o wybodaeth a gaiff ei chynnwys ynddynt.

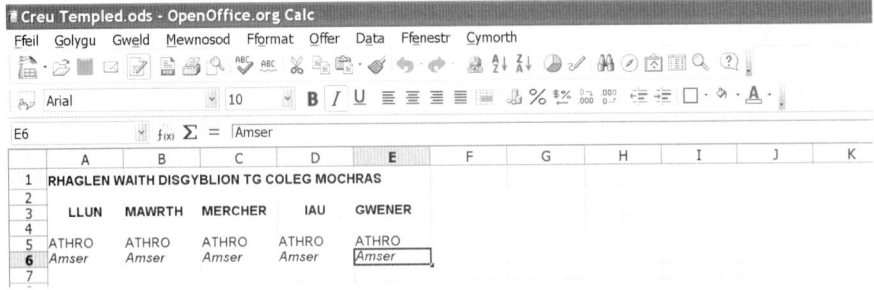

Ffigur C:78

Yn Ffigur C:79, dangosir y cam nesaf, sef cadw'r daenlen yn dempled. Cliciwch ar *Ffeil → Templedi → Cadw*.

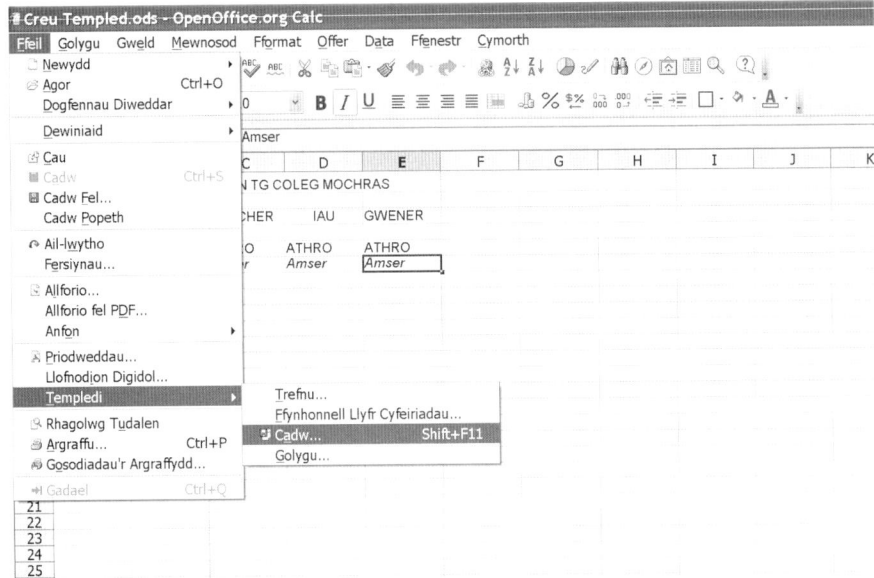

Ffigur C:79
Cadw taenlen yn dempled

Yn Ffigur C:80, fe welwch y blwch deialog *Templedi*. (Mae hwn yn agor pan gliciwch ar *Ffeil → Templedi → Cadw*.) Yn y blwch hirfain *Templed Newydd*, mae'r templed newydd wedi'i enwi: *Rhaglen Gwaith TG*.

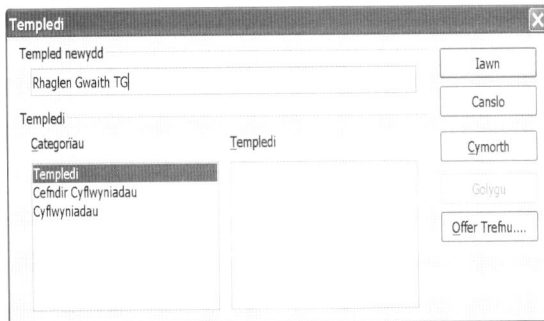

Cliciwch ar *Iawn*. Pan ewch i *Ffeil → Templedi → Trefnu* nesaf ac agor y ffolder *Templedi* yn y blwch deialog *Rheoli Templedi* (Ffigur C:77), fe welwch y templed newydd. Cliciwch arno er mwyn ei ddefnyddio.

Ffigur C:80
Y blwch deialog
Templedi

Manion a phigion

Clymu nodyn wrth gell arbennig

Ni fydd ystyr cynnwys pob cell yn hysbys i bawb bob amser. Er mwyn egluro'r cynnwys, gellir clymu nodyn wrth rai o'r celloedd felly.

Yn Ffigur C:82 er enghraifft, gwelwn y daenlen *Rhaglen Waith Disgyblion TG Coleg Mochras*. Mae nodiadau ynghlwm wrth rai celloedd. Ymhlith y rheiny, mae E6 (*Bore neu brynhawn*).

Y gell E3 sy'n fyw yn Ffigur C:82. Mae nodyn ar fin cael ei chreu i'r gell hon. Dewiswyd *Mewnosod → Nodyn* (Ffigur C:81). Wedi clicio ar *Nodyn*, ymddengys yr hyn a welir yn Ffigur C:82: cafodd y blwch nodyn ei greu ac y mae'r testun wedi'i ychwanegu: *Rhydd bob yn ail wythnos*.

Erbyn hyn, mae nodiadau wedi'u hychwanegu at dair o gelloedd y daenlen yn yr isadran hon (A6, E6, E3). Yng nghhornel dde uchaf pob un, dengys sgwâr bach inni fod nodyn ynghlwm wrth y gell. (Lliw coch sydd ar y sgwâr ar y sgrin, lliw du yn y llyfr hwn.) Er mwyn gweld cynnwys unrhyw nodyn, rhowch y cyrchwr uwchben y gell am ennyd: daw'r blwch nodyn i'r golwg.

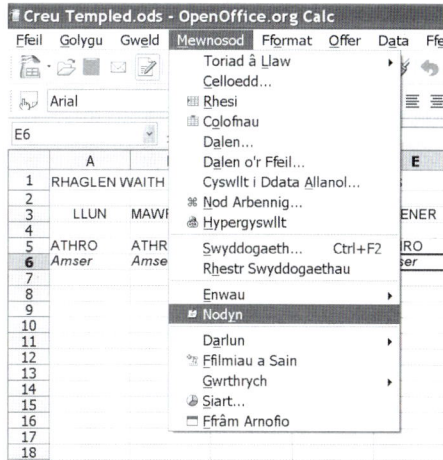

Ffigur C:81

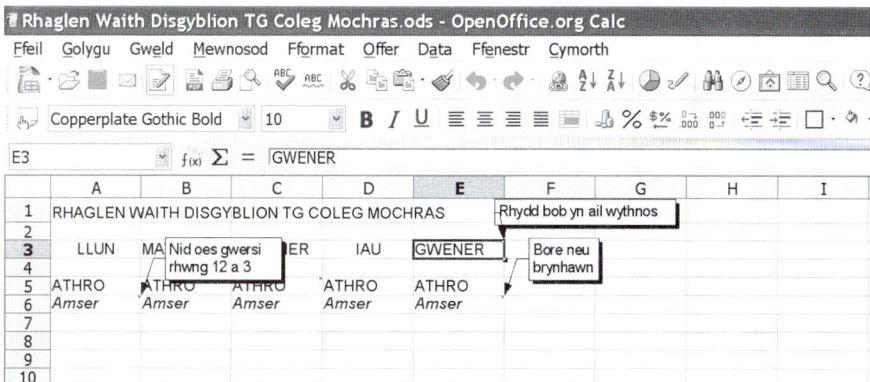

Ffigur C:82

Cloi a diogelu

Mae creu taenlen yn waith mawr, ac mae'r wybodaeth a gedwir yn y taenlenni gennych yn hynod werthfawr. Dyna pam mae diogelu, cloi neu amddiffyn cynnwys y celloedd yn syniad da iawn. Mae dewis ar gael lle bo hyn yn y cwestiwn: fe gewch ddiogelu naill ai dalen neu daenlen gyfan, neu fe gewch ddethol hyn a hyn o gelloedd er mwyn eu cloi. Fel hyn y mae diogelu dalen a chelloedd dethol:

Diogelu dalen
1   Cliciwch ar *Offer* → *Diogelu'r Ddogfen*.
2   Dewiswch naill ai *Dogfen* neu *Dalen* (Ffigur C:83).
3   Ymddengys y blwch *Diogelu'r Ddalen* (Ffigur C:84).
4   Teipiwch gyfrinair i mewn a'i gadarnhau.
5   Pwyswch *Iawn*.

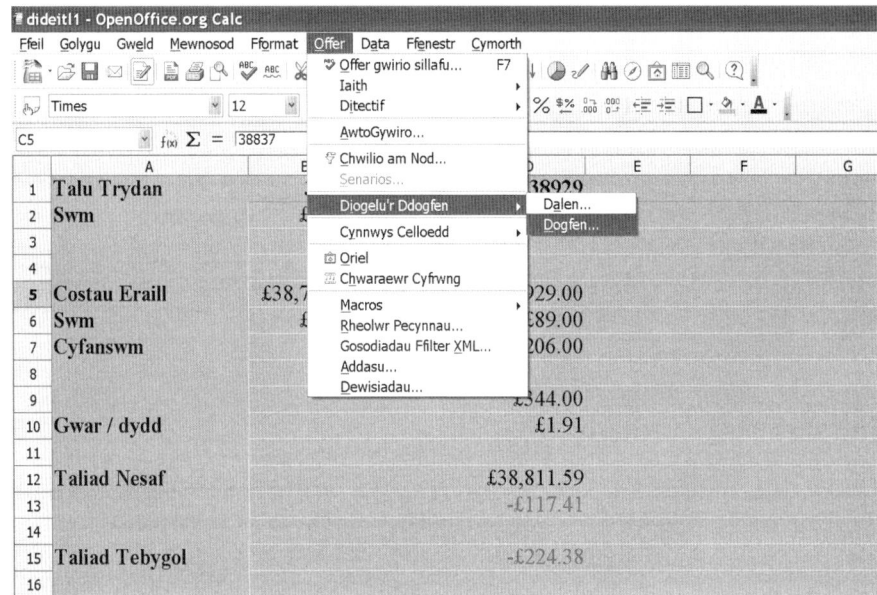

Ffigur C:83

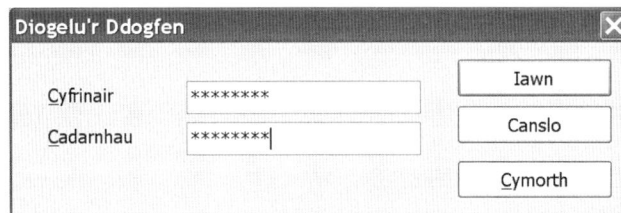

Ffigur C:84
Y blwch deialog
Diogelu'r Ddalen

Ni ellir diwygio cynnwys y ddalen bellach heb ei dad-ddiogelu. Dilynwch gamau 1–5 uchod er mwyn dad-ddiogelu'r ddalen.

Diogelu celloedd dethol

Rhaid diogelu'r ddalen cyn diogelu rhai celloedd. Yn Ffigur C:85, dewiswyd celloedd B5:E5 er mwyn eu cloi. Dilynwch y camau canlynol i gwblhau cloi'r celloedd hynny:

Ffigur C:85

1 Cliciwch ar *Fformat → Celloedd*.

2 Ymddengys y blwch deialog *Fformatio Celloedd* (Ffigur C:86).

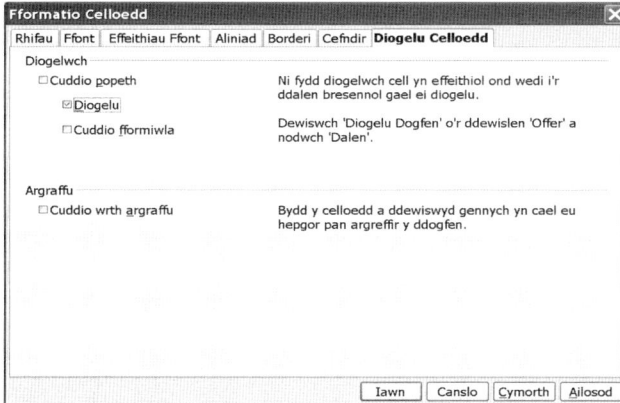

Ffigur C:86
Y blwch deialog
Fformatio Celloedd

3 Cliciwch ar y tab *Diogelu Celloedd*.

4 Dewiswch o blith yr opsiynau diogelu yn y tab hwn: *Cuddio popeth, Cuddio fformiwla* ac yn y blaen.

5 Cliciwch ar *Iawn*.

Er mwyn diwygio cynnwys y celloedd, rhaid dad-ddiogelu'r celloedd.

BASE

Llinos Hallgarth

Cyflwyno Base

Rhaglen cronfa ddata yw Base. Rhinwedd y rhaglen yw ei bod yn fodd cadw llawer iawn o wybodaeth a'i thrafod yn hwylus. Cedwir gwybodaeth yn y gronfa ddata ar ffurf cofnodion unigol sy'n debyg i'w gilydd. Bydd y gronfa ddata yn didoli'r wybodaeth yn ôl y gofyn. Mae modd cyflwyno gwybodaeth ar ffurf adroddiad er mwyn rhoi gwedd broffesiynol iddi, ac mae'n bosibl diweddaru gwybodaeth yn ddiffwdan. Canlyniad hyn yw atebion cywir a chyflym i gwestiynau am y wybodaeth sydd ar gof a chadw yn y gronfa ddata. Rhaglen ifanc yw Base: teg nodi mai ymsefydlu y bydd wrth iddi gael ei diweddaru. Yn y llyfr hwn felly, byddwn yn siarad yn gwmpasog am Base – ac am gronfeydd data yn gyffredinol – gan gofio nad yr un fersiwn fydd gan bawb ymhen amser.

Agor Base
Mae sawl ffordd o agor Base. Dyma bedair ohonynt:

Dewis 1

1   Yn Microsoft Windows, cliciwch ar   **cychwyn**

2   Symudwch y cyrchwr a chliciwch ar   Pob Rhaglen ▷

3   Symudwch y cyrchwr i OpenOffice.org 2.0, a chliciwch ar OpenOffice.org Base (Ffigur B:1).

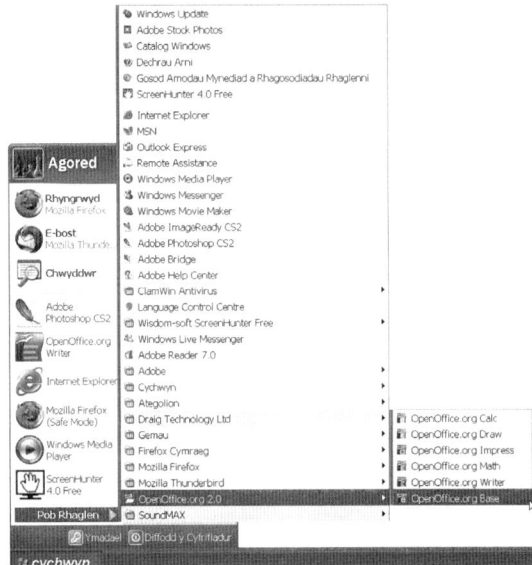

Ffigur B:1
Agor Base yn Microsoft Windows

Dewis 2

Dwbl-gliciwch ar yr eicon llwybr byr i OpenOffice.org Base. (Ni welir hwn oni chrëwyd llwybr byr.)

Dewis 3

1 Cliciwch ar yr eicon nes iddo droi'n las.

2 Pwyswch y botwm Enter ar eich bysellfwrdd.

Dewis 4

Yn olaf, mae'n bosib creu cronfa ddata tu fewn i Writer, Calc neu Impress: cliciwch ar *Ffeil → Newydd → Cronfa Ddata* neu ar y saeth wrth ymyl yr eicon *Newydd* yng nghornel chwith uchaf y bar offer. Ar ôl clicio ar y saeth yn y fan honno, ymddengys cwymplen gyda dewis o raglenni (Ffigur B:2).

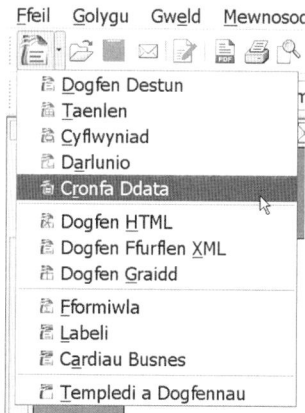

Yn sgil dewis un o'r opsiynau uchod, bydd ffenestr y Dewin yn agor.

Ffigur B:2

Ffeiliau digyswllt a chronfeydd cymhleth

Dau fath o gronfa ddata yr arferir eu defnyddio:

1 Ffeil ddigyswllt

Yn y math hwn o gronfa ddata, ni ellir magu cysylltiad rhwng y data. Gellir ystyried taenlen yn gronfa ddigyswllt, oherwydd mewn taenlen cedwir yr holl wybodaeth yn yr un ganolfan.

2 Cronfa gymhleth (DBMS yn Saesneg)

Rhaglen rymus yw hon all gysylltu ffeiliau data â'i gilydd. Gyda'r gronfa gymhleth, gellir rhannu'r wybodaeth a'i chadw bob yn ddogn mewn gwahanol storfeydd. Er enghraifft, petaech yn cadw gwybodaeth am eich gweithwyr, gallech gadw eu manylion personol a'u manylion proffesiynol mewn tablau ar wahân. Hawdd storio a dosbarthu'r wybodaeth yn ddiogel ac yn effeithiol gan fabwysiadu'r dull hwn felly. Gall cronfeydd cymhleth gyfuno tablau hefyd.

Oherwydd hynny, bydd y sawl sydd â hawl i ddefnyddio un tabl yn cael mynediad i'r wybodaeth ym mhob tabl heb orfod agor pob un tabl ar wahân.

Yn Nhabl 1 a Thabl 2, dangosir y gwahaniaeth rhwng ffeil ddigyswllt a chronfa gymhleth.

Ffeil Ddigyswllt
Rhif Gwaith
Adran
Enw
Cyfenw
Cyfeiriad Cartref
Cyfeiriad Cartref 2
Dinas
Côd Post
Dyddiad Geni
Statws Priodasol
Rhif Yswiriant Gwladol
Cyflog
Dyddiad Dechrau

Tabl 1 Ffeil ddigyswllt

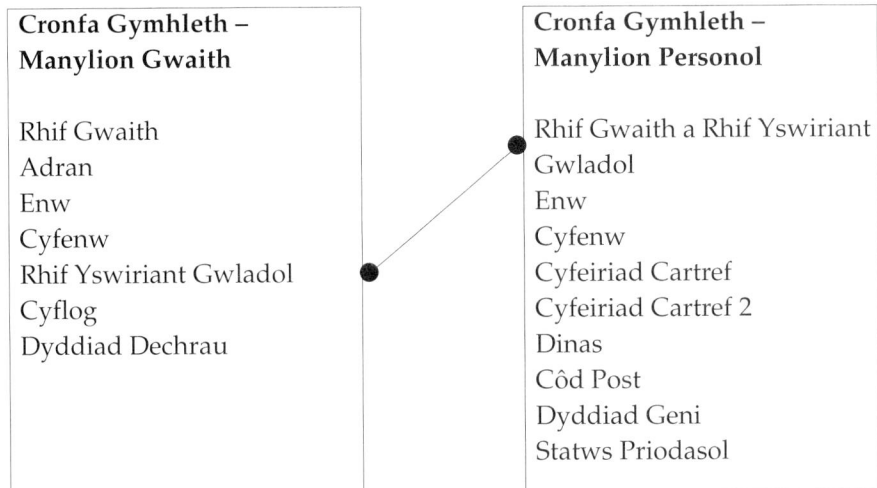

Byddai'r wybodaeth yn Nhabl 1 yn sefyll ar ei phen ei hun o fewn cronfa ddata. Pe bai'r gronfa ddata hon yn un fawr, gallai greu problemau wrth ddidoli'r wybodaeth.

Oherwydd bod Base yn rhaglen hyblyg, gallwn rannu'r wybodaeth sydd yn Nhabl 1 rhwng gwahanol dablau a chysylltu'r tablau â'i gilydd wedyn (Tabl 2). Gan ddefnyddio cyfeirnod arbennig y mae gwneud hynny. Wrth ddidoli'r wybodaeth felly, dim ond y cofnodion neu'r tablau perthnasol y bydd y cyfrifiadur yn eu dadansoddi wrth ateb cwestiynau.

Cronfa Gymhleth – Manylion Gwaith	Cronfa Gymhleth – Manylion Personol
Rhif Gwaith	Rhif Gwaith a Rhif Yswiriant Gwladol
Adran	Enw
Enw	Cyfenw
Cyfenw	Cyfeiriad Cartref
Rhif Yswiriant Gwladol	Cyfeiriad Cartref 2
Cyflog	Dinas
Dyddiad Dechrau	Côd Post
	Dyddiad Geni
	Statws Priodasol

Tabl 2

Gellir defnyddio Base at sawl diben:

1   Defnydd personol
   ● Storio enwau a chyfeiriadau, a nodi penblwyddi arbennig
   ● Cadw gwybodaeth am eich diddordebau
   ● Casglu cerddoriaeth a ffilmiau.

2   Defnydd proffesiynol
   ● Rhestrau post
   ● Archebion cwsmeriaid
   ● Manylion am gyflogau.

Pedwar maen congl

Mae i Base bedwar maen congl: *Tablau*, *Ffurflenni*, *Ymholiadau*, *Adroddiadau*. Cyflawnir y swyddogaethau canlynol gan ddefnyddio'r pedair agwedd hyn: ychwanegu gwybodaeth at y gronfa; dadansoddi gwybodaeth; argraffu; awtomeiddio prosesu data.

Tablau   Mae *Tablau* yn cynnwys meysydd a chofnodion. (Man cynnwys math arbennig o wybodaeth wedi'i chategoreiddio yw maes: cyfenwau staff, er enghraifft. Enghraifft benodol o wybodaeth yw cofnod: Davies.) Cadw gwybodaeth am bwnc arbennig yw swyddogaeth y tablau. Dyna sy'n gynsail i'r cronfeydd data. Caiff y gronfa ei hadeiladu fesul cofnod a fesul tabl (Ffigur B:3).

ID1	Enw	Cyfenw	Cyfeiriad 1	Cyfeiriad 2	Tref	Côd Post	Sir	Aelod
1	Twm Sion	Cati	Porth	Y Ffynnon	Tregaron	SY23 3AL	Ceredigion	☑
2	Gwyddno	Garanhir	Rhif 1	Cantre'r Gwaelod	Bae Ceredigion	SY23 1AL	Ceredigion	☑
3	Pwyll	Pendefig Dyfed	Arberth	Cwm y Glyn	Arberth	SA61 1AA	Sir Benfro	☐
4	Bendigeidfran	ap Llŷr	Y Bwthyn	Aberffraw	Ynys Môn	LL77 7UU	Sir Fôn	☑
5	Branwen	ferch Llŷr	Y Bwthyn	Aberffraw	Ynys Môn	LL77 7UU	Sir Fôn	☑
6	Matholwch	Eire	Tir Na Nog	Tuatha de Dana	Ger Iwerddon	EE11 1EE	Waterford	☐
7	Pryderi	ap Pwyll	Cysgod Arberth	Cwm y Glyn	Arberth	SA61 3BB	Sir Benfro	☑
8	Olwen	ferch Ysbadd	Y Plas	Garreg Las	Mynyddoedd Preseli	SA63 2EF	Sir Benfro	☐
9	Gwenllian	Ddewr	Yr Hen Dderwen	Stryd y Bont	Caerfyrddin	SA21 1AS	Sir Gâr	☐
10	Dafydd	ap Gwilym	Brogynin	Penrhyn-coch	Aberystwyth	SY11 1LD	Ceredigion	☐
*								☐

Ffigur B:3
Tabl

Ffurflenni   Mae *Ffurflenni* yn hwyluso pori drwy'r gronfa gan ychwanegu gwybodaeth a'i diwygio. Drwy gyflwyno'r wybodaeth ar ffurf hawdd ei thrin y mae'r ffurflenni yn gwneud hynny. Tynnu sylw at un cofnod ar y tro y mae ffurflen gan ddefnyddio blychau amlwg iawn sy'n eich tywys i'r man ychwanegu gwybodaeth (Ffigur B:4).

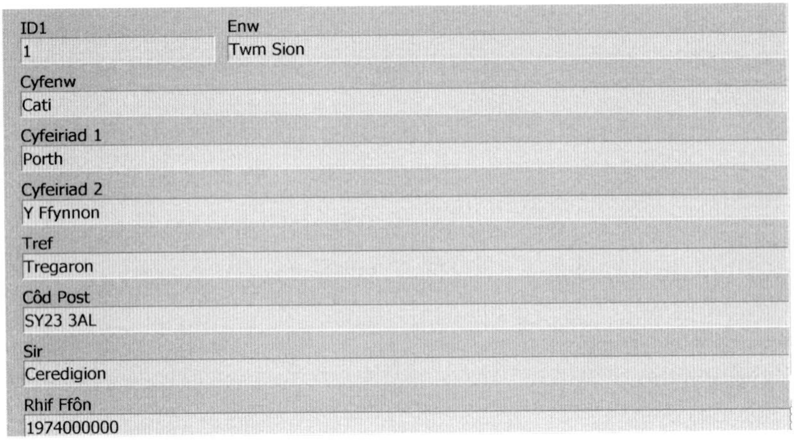

Ffigur B:4
Ffurflen

Mae *Ymholiadau* yn ffordd i ddod o hyd i ffeithiau arbennig mewn cronfa ddata. Gellir cynnwys data penodol yn yr ymholiad er mwyn darganfod y wybodaeth sydd ei hangen. Arddangosir y canlyniadau mewn tabl (Ffigur B:5).

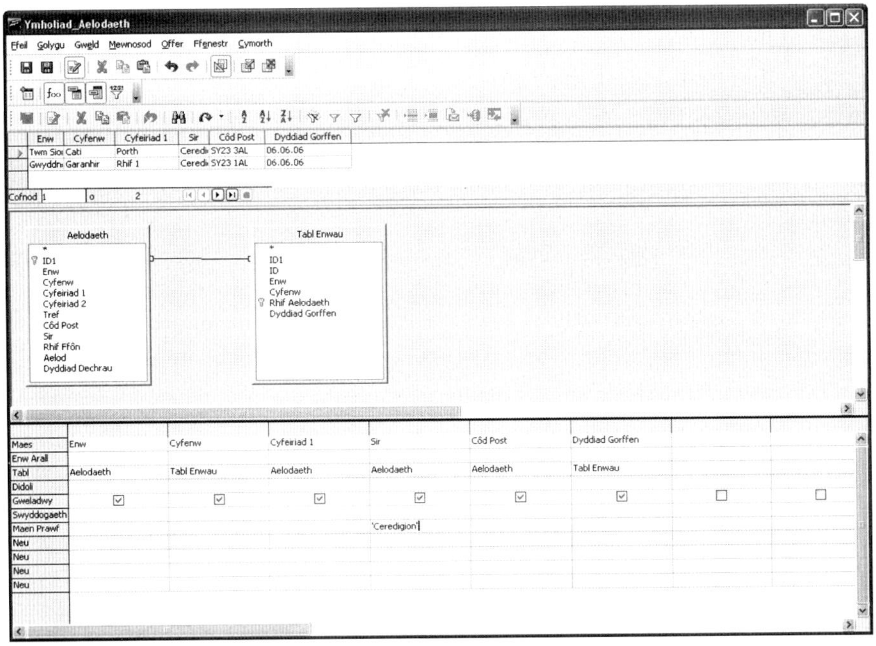

Ffigur B:5
Ymholiad

Mae *Adroddiadau* yn ddogfennau sy'n mynegi data'r gronfa ar ffurf gryno (Ffigur B:6). Gellir gwneud gwaith cyfrifo mewn adroddiad er mwyn hwyluso dadansoddi'r data. Mae'n bosib cysylltu adroddiad â thablau neu ymholiadau.

Title:
Author: Agored
Date: 8/17/06

ID1	Enw	Cyfenw	Cyfeiriad 1	Cyfeiriad 2	Tref	Côd Post
1	Twm Sion	Cati	Porth	Y Ffynnon	Tregaron	SY23 3AL
2	Gwyddno	Garanhir	Rhif 1	Cantre'r Gwaelod	Bae Ceredigion	SY23 1AL
	Pwyll	Pendefig	Arberth	Cwm v	Arberth	SA61

Ffigur B:6
Adroddiad

Cynllunio cronfa ddata

Mae eisiau amser i gynllunio cronfa ddata. Os bydd y gronfa yn un drefnus, bydd yn hawdd ei thrafod a bydd yn talu ar ei chanfed. Dilynwch y camau isod er mwyn cynllunio cronfa:

1 Penderfynu beth yw pwrpas y gronfa ddata
   • Pa fath o wybodaeth y dymunwch ei chadw yn y gronfa?
   • Sut bydd y wybodaeth yn cael ei defnyddio gennych?
   • A fydd pobl eraill yn defnyddio'r gronfa?

2 Penderfynu pa dablau sydd eu hangen, gan gofio
   • Rhannu'r gwybodaeth yn ddarpar dablau.
   • Neilltuo pwnc neu destun i bob tabl.
   • Peidio ag ailadrodd data mewn nifer o dablau: creu gwaith diweddaru y mae hynny.

3 Penderfynu pa feysydd sydd eu hangen, gan gofio
   • Dylai pob maes fod yn perthyn i destun y tabl.
   • Datgymalu'r wybodaeth e.e. enwau cyntaf a chyfenwau.
   • Peidio â chynnwys gormod o feysydd mewn tabl.

4 Dewis allwedd gynradd
   Maes (neu nifer o feysydd) unigryw yw allwedd gynradd. Mae'n adnabod cofnodion mewn tabl.
   • Dylid dewis allwedd gynradd i bob tabl yn y gronfa ddata.
   • Defnyddir yr allwedd gynradd i fagu cyswllt.
   • Mae rhif gweithiwr mewn dogfennaeth staff yn enghraifft o allwedd gynradd.

5 Nodi'r berthynas rhwng y tablau
- Bydd tablau sy'n perthyn i'w gilydd yn fodd ichi gasglu data cyffelyb at ei gilydd.
- Byddwch fel arfer yn creu perthynas rhwng allwedd gynradd mewn un tabl â maes cyfatebol mewn tabl arall.

Dechrau gweithio gyda Base

Cyn agor Base ar eich cyfrifiadur, gwell yw dadlwytho JAVA (Java Runtime Environment). Heb y meddalwedd hwnnw, ni fydd y rhaglen yn gweithio'n foddhaol.

Fe gewch ddadlwytho JAVA oddi ar wefan Sun Microsystems. Dyma'r cyfeiriad:

http://www.java.com/en/download/manual.jsp

Ar ôl cael gafael yn JAVA felly, byddwch ar ben ffordd.

Cronfa ddata newydd

Defnyddio'r Dewin i greu cronfa ddata newydd

Wedi agor y *Dewin Cronfa Ddata*, dilynwch y camau isod er mwyn creu cronfa ddata newydd:

1 Cliciwch ar *Dewis Cronfa Ddata* ar ochr chwith y ffenestr nes iddo gael ei amlygu â lliw glas.
2 Caiff yr opsiynau eu dangos ar ochr dde'r ffenestr. Oddi tan *Beth yr hoffech ei wneud?*, dewiswch *Creu cronfa ddata newydd* gan glicio ar y cylch nes i'r dot ymddangos yn ei ganol.
3 Cliciwch ar *Nesaf*. Peidiwch â chlicio ar *Gorffen* heb fynd drwy'r camau hyn: gallai hynny beri anawsterau yn y pen draw.

Erbyn clicio ar *Nesaf*, fe gewch fynd ymlaen fel a ganlyn:

1 Pan amlygir *Cadw a pharhau*, fe welwch ddewis o opsiynau ar ochr dde'r ffenestr (Ffigur B:7).
2 Holir ichi gyntaf a ddymunwch gofrestru'r gronfa ddata. I gadarnhau hynny, gnewch yn siŵr fod dot yng nghanol y cylch wrth ymyl <u>I</u>awn, *cofrestrer y gronfa ddata imi*.

3   Gofynnir beth yr hoffech ei wneud nesaf. Nodwch yr hoffech *Agor y gronfa ddata er mwyn ei golygu*. Gwnewch yn siŵr fod tic yn y blwch.

4   Cliciwch ar *Gorffen* i gadw'r gronfa ddata.

5   Bydd y blwch *Dewisiadau Cadw* yn agor (Ffigur B:8).

6   Dewiswch fan cadw'r gronfa gan glicio ar y saeth wrth ymyl y blwch *Cadw yn*.

7   Newidiwch enw'r ffeil (neu cadwch yr enw gwreiddiol).

8   Dewiswch ar ba ffurf yr hoffech gadw'r gronfa gan glicio ar y saeth wrth ymyl *'Cadw ar ffurf'*, neu cadwch y dewis gwreiddiol, sef OpenDocument Cronfa Ddata.

9   Cliciwch ar *Cadw*. Cedwir y gronfa a'i hagor er mwyn ichi ychwanegu ati.

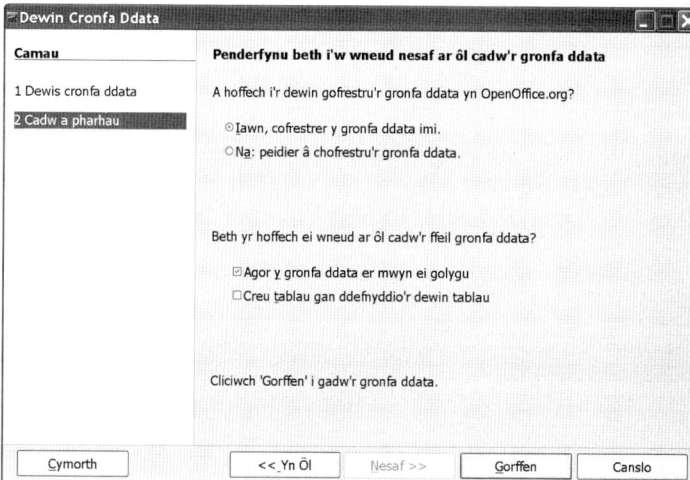

Ffigur B:7
*Y Dewin Cronfa Ddata
– Cadw a pharhau*

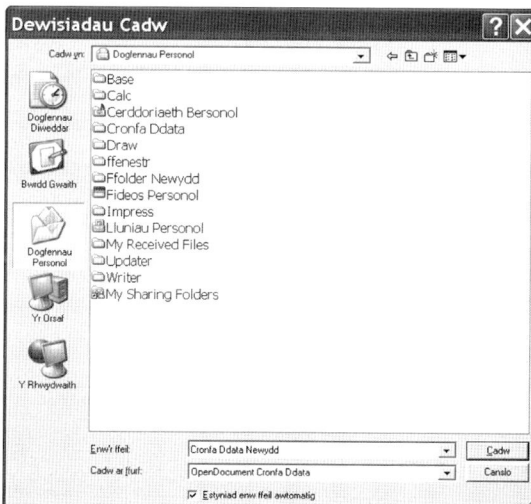

Ffigur B:8
Y blwch deialog
Dewisiadau Cadw

Agor cronfa a grëwyd eisoes

I agor ffeiliau cronfeydd data a grëwyd eisoes, dewiswch *Agor ffeil cronfa ddata a grëwyd eisoes*, sef yr ail opsiwn ar dudalen gyntaf y *Dewin Cronfa Ddata* (Ffigur B:9).

Dwy ffordd sydd i ddod o hyd i'r cronfeydd a gadwyd gennych:

1 Wedi dewis *Agor ffeil cronfa ddata a grëwyd eisoes*, ymddengys y gwymplen *Defnyddiwyd yn ddiweddar*. Cliciwch ar y saeth ar yr ochr dde i ddewis y gronfa yr hoffech ei hagor. Dewiswch yr un briodol a chliciwch ar *Gorffen*.

2 Os nad agorwyd y ffeil gennych ers tro, bydd rhaid chwilio amdani. I wneud hynny, cliciwch ar *Agor* er mwyn pori yng nghof y cyfrifiadur. Ymddengys y blwch *Agor* (Ffigur B:10). Dewiswch y lleoliad perthnasol gan glicio ar y saeth wrth ymyl y blwch *Edrych yn*. Chwiliwch nesaf am y ffeil y dymunwch ei hagor. Cliciwch unwaith ar enw'r ffeil: ymddengys yr enw yn y blwch *Enw'r Ffeil* ar waelod y blwch deialog. Cliciwch ar *Agor* ac fe gewch weld y gronfa ddata. Cliciwch ddwywaith ar enw'r ffeil y dymunwch ei hagor.

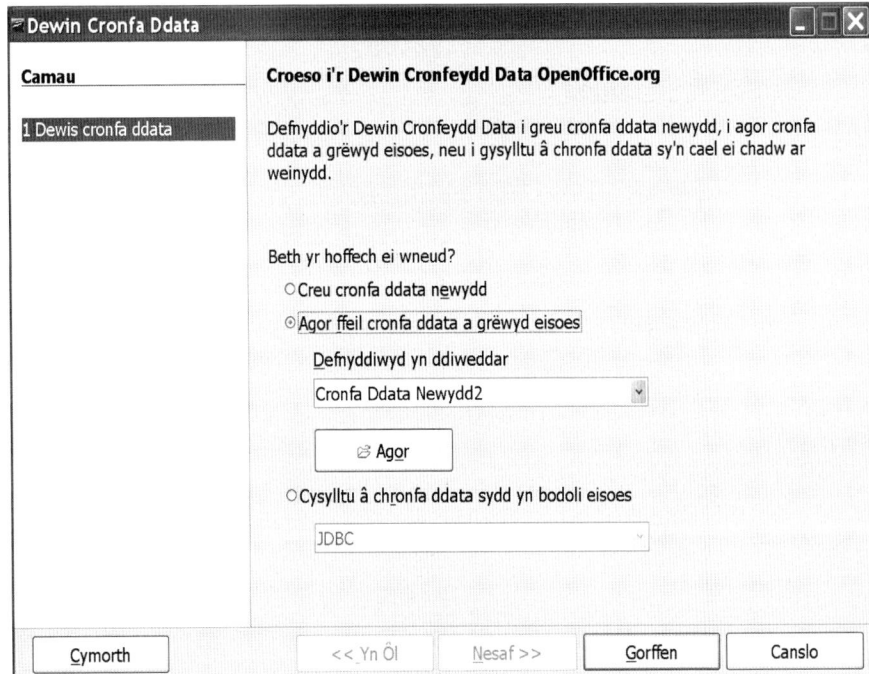

Ffigur B:9
Y Dewin Cronfa Ddata – Dewis cronfa ddata

Ffigur B:10
Y blwch deialog *Agor*

Cysylltu â chronfa ddata a gadwyd mewn rhaglen arall

Gellwch grynhoi data gwasgaredig yn Base. Er mwyn gwneud hynny, dewiswch *Cysylltu â chronfa ddata sy'n bodoli eisoes* ar dudalen gyntaf y Dewin. Bydd cwymplen yn ymddangos. Yn y gwymplen (Ffigur B:11), fe gewch weld pa fath o ddata y gellir ei fewnforio i Base.

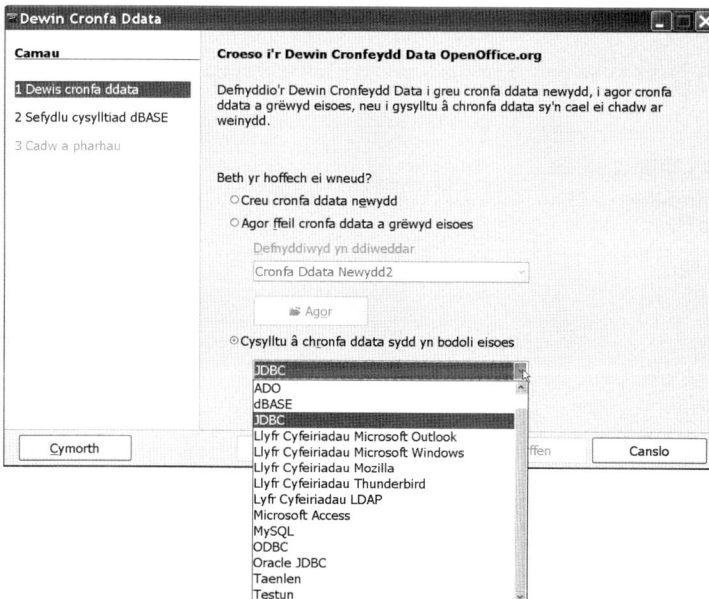

Ffigur B:11
Mewnforio data i Base

Yn Base, fe gewch gasglu data o'r cronfeydd data canlynol:

- ADO
- dBASE
- JDBC
- Llyfr Cyfeiriadau LDAP
- Llyfr Cyfeiriadau Microsoft Access
- Llyfr Cyfeiriadau Microsoft Outlook
- Llyfr Cyfeiriadau Microsoft Windows
- Llyfr Cyfeiriadau Mozilla
- Llyfr Cyfeiriadau Thunderbird
- My SQL
- ODBC
- Oracle JDBC
- Taenlen
- Testun

Os ydych yn gwybod pa ffynhonnell ddata yr hoffech ei defnyddio, gwnewch ei dewis er mwyn i'r Dewin eich tywys.

Mewnforio taenlen

Agorwch Base, a chliciwch *Cysylltu â chronfa ddata sydd yn bodoli eisoes*. Ymddengys dot yng nghanol y cylch. Daw'r gwymplen i'r olwg. Dewiswch yr opsiwn taenlen yn y gwymplen, a chliciwch ar *Nesaf* (Ffigur B:12).

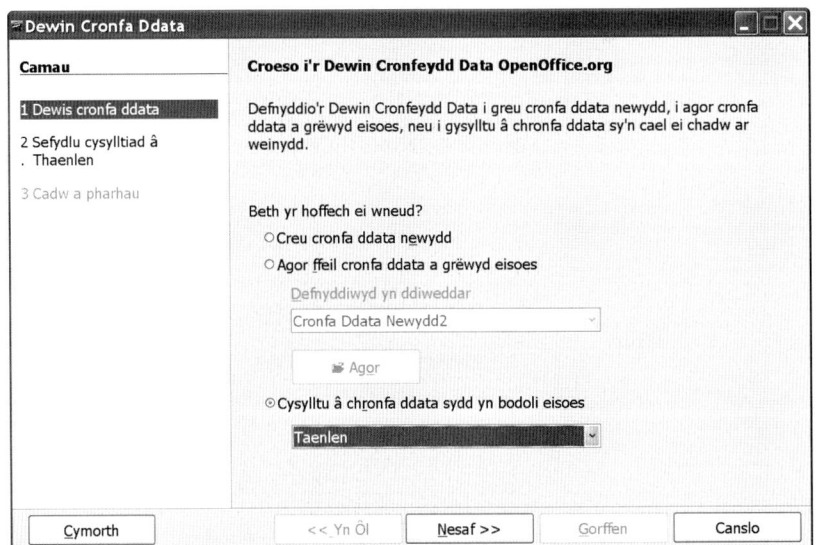

Ffigur B:12
Mewnforio taenlen

Sefydlu cysylltiad â'r taenlenni yw enw'r blwch nesaf. Yn hwn, gofynnir ichi bori drwy eich data. Cliciwch ar *Pori* felly, ac edrychwch ar yr opsiynau a ymddengys. Cliciwch ar y ffeil y dymunwch ei mewnforio: caiff y cyfeiriad ei osod yn y blwch *Enw'r lleoliad a'r ffeil*. Cliciwch ar *Nesaf* (Ffigur B:13).

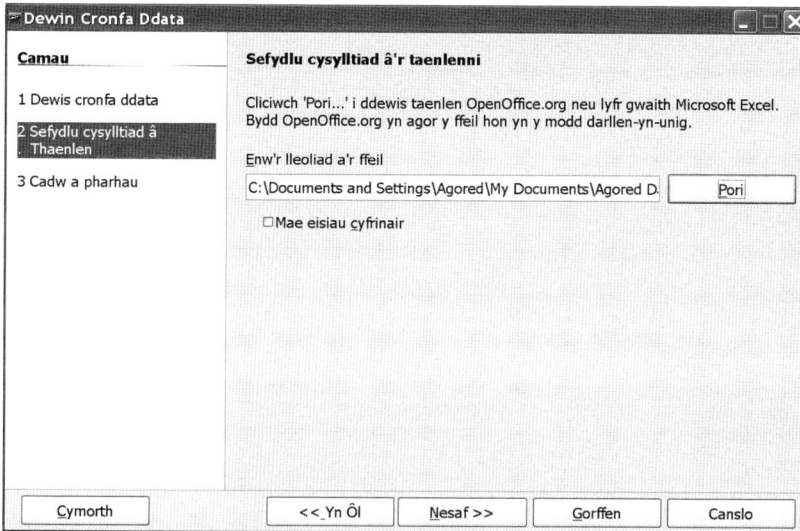

Ffigur B:13
Y Dewin Cronfa Ddata – Sefydlu cysylltiad â thaenlen

Penderfynu beth i'w gwneud nesaf ar ôl cadw'r gronfa ddata yw'r blwch nesaf. (Hon yw'r ffenestr a welwch wedi ichi greu'r gronfa hefyd.) Gwell gadael y gosodiadau arferol fel ag y maent. Cliciwch *Gorffen* wedyn i orffen mewnforio'r data (Ffigur B:14).

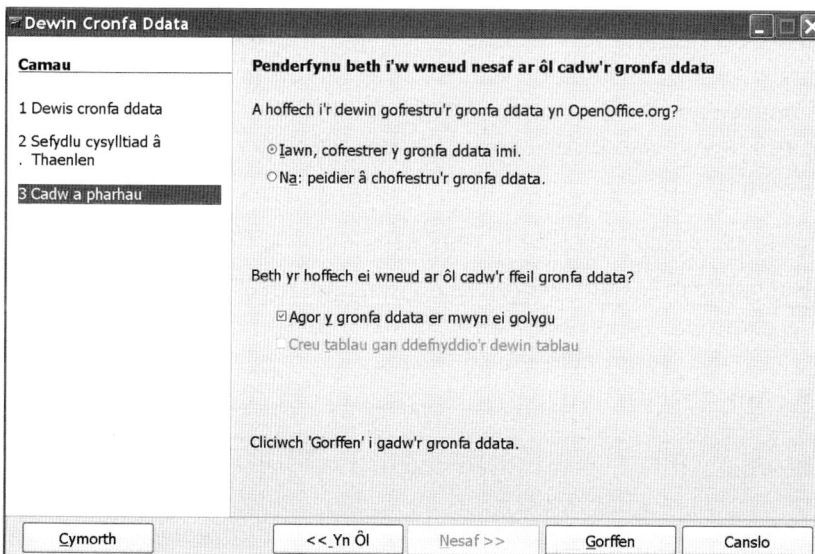

Ffigur B:14

Wedi clicio ar *Gorffen*, ymddengys y blwch *Dewisiadau Cadw* (Ffigur B:15). Enwch eich cronfa a chlicio ar *Cadw*. Yn sgil gwneud hynny, bydd y gronfa yn agor. Dwbl-gliciwch ar enw'r ffeil i'w hagor ac fe welwch y data oll wedi'u mewnforio. Ni fydd fformat pob cofnod yn foddhaol ichi fodd bynnag, ac fe welwch eisiau ail-lunio ambell i beth.

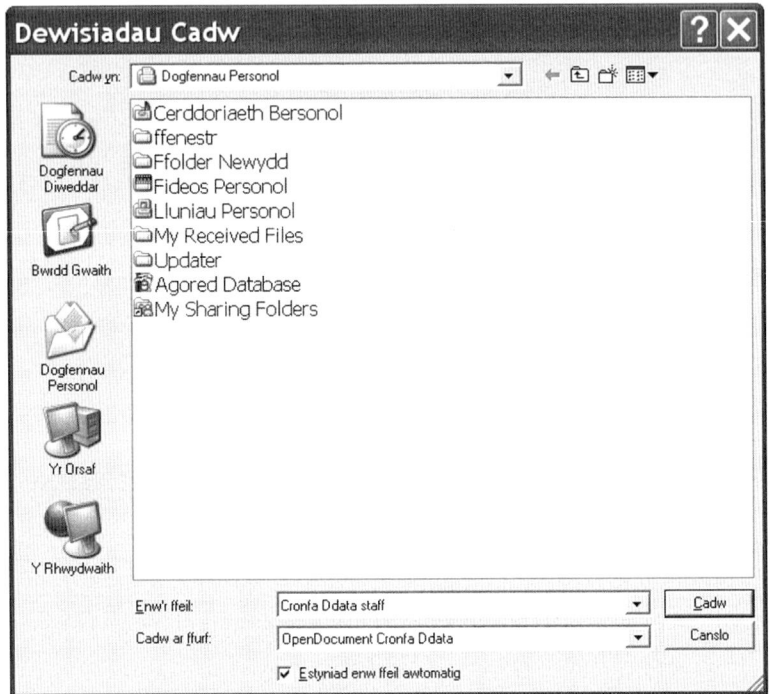

Ffigur B:15
Y blwch deialog
Dewisiadau Cadw

Mewnforio ffeiliau CSV i Base

Defnyddio comma fel nod i wahanu'r meysydd neu'r colofnau mewn tabl neu mewn rhestr y mae'r fformat ffeil CSV yn ei wneud.
Côd ASCII sy'n sail iddo. Dyma ychydig o wybodaeth am y fformat CSV a sut i'w lunio:

- Un llinell yw hyd y cofnod fel arfer.
- Caiff y meysydd/colofnau eu gwahanu oddi wrth ei gilydd â chomma. Dyma enghraifft: *Agored,Ystafell W12a,"Prifysgol Cymru,Aberystwyth",Aberystwyth.*
- Anwybyddir nodau bylchu cyn ac ar ôl y comma sy'n gwahanu'r maes.
- Rhaid diffinio maes â dyfynodau dwbl pan ddefnyddir comma yn rhan o'r data yn y maes. Fe welwch fod comma yn rhan o strwythur y frawddeg: *"Prifysgol Cymru, Aberystwyth".*

- Pan fo dyfynnod dwbl yn rhan o'r maes, rhaid ychwanegu dyfynnod dwbl arall ato: e.e. Agored, "prosiect o fewn Mercator", Ystafell W12a → "Agored, ""prosiect o fewn Mercator""", Ystafell W12a.
- Pan dorrir y llinell, rhaid defnyddio dyfynodau dwbl:

> *Maes 1: Agored*
> *Maes 2: Prosiect,*
> > *lleoleiddio meddalwedd,*
> *Maes 3: 01970621643*

Dyma sut bydd hyn yn edrych yn CSV:

> *Agored, "Prosiect, lleoleiddio meddalwedd", 01970621643,*

Mae amryw o raglenni yn caniatáu ichi gadw data ar ffurf CSV, a thrwy wneud hynny bydd y cyfrifiadur yn gwneud y rhan fwyaf o'r gwaith ar eich rhan. Dylid nodi eto serch hynny y gall problemau godi os defnyddiwch gomma yn eich data, gan mai comma y mae CSV yn ei ddefnyddio i wahanu data. Dyna pam y nodwyd bod angen rhoi'r wybodaeth o fewn dyfynodau. Ffordd arall i ddatrys y broblem hon yw defnyddio hanner colon fel gwahanydd yn hytrach na chomma.

Cyn mewnforio data o raglen arall i Base, bydd rhaid cadw'r ffeil yn fformat CSV. Dilynwch y Dewin wedyn:

1 Agorwch Base a chliciwch ar *Cysylltu â chronfa ddata sydd yn bodoli eisoes.* Ymddengys dot yn y cylch. Dewiswch *Testun* o'r gwymplen. Hwn fydd yn caniatáu ichi fewnforio ffeil CSV. Cliciwch ar *Nesaf* (Ffigur B:16).
2 Bydd y ffenestr nesaf yn caniatáu ichi *Sefydlu cysylltiad â ffeiliau testun* (Ffigur B:17). Rhaid pori nes dod o hyd i'ch ffolder CSV. (Nid yw ffeiliau CSV yn ymddangos wrth eu henwau.) Cliciwch ar *Pori* a bydd y blwch deialog *Dewis Llwybr* yn agor.
3 Yn y blwch *Dewis Llwybr*, dewiswch y ffolder sy'n cynnwys eich ffeiliau CSV (Ffigur B:18). Cliciwch ar *Iawn*, ac fe drosglwyddir y llwybr penodol i'r blwch bach *Llwybr i ffeiliau testun* (Ffigur B:19).
4 Nodwch pa fath o ffeiliau y dymunwch eu hagor gan glicio yn y cylch bach wrth ymyl *Ffeiliau lle mae gwerthoedd yn cael eu gwahanu â chomma (*.csv)* (Ffigur B:20).
5 Diwygio'r fformat rhesi sydd nesaf. Yn y fan hon y mae dewis ar ba ffurf y caiff eich data ei gadw. Gallech weithio fel hyn:

- Y gwahanydd meysydd yn gomma
- Y gwahanydd testun yn ddyfynodau dwbl
- Y gwahanydd degol yn golon
- Y gwahanydd miloedd yn atalnod llawn.

Diwygiwch y dewisiadau hyn yn ôl eich dymuniad, gan gofio na ellir gosod dau fformat yn yr un modd. Mae agor eich ffeil CSV yn Notepad yn gymorth: dengys hwn ichi sut mae'r ddogfen wedi gwahanu'r data (Ffigur B:21).

Ffigur B:16
Mewnforio ffeil CSV

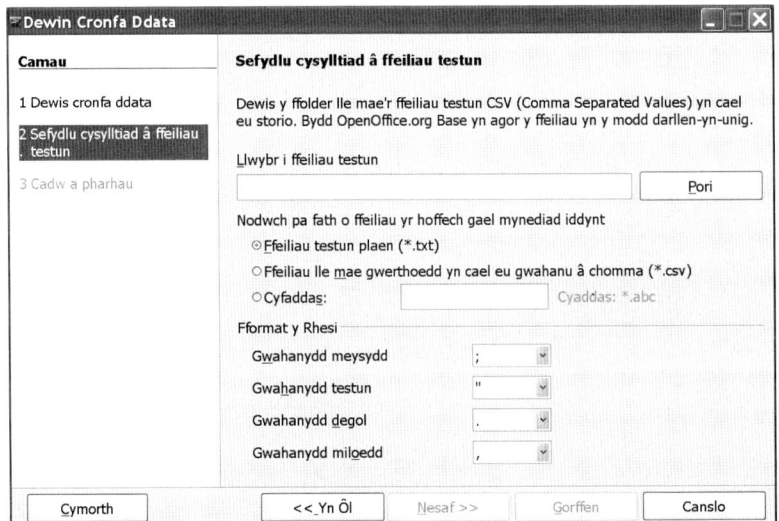

Ffigur B:17
Y Dewin Cronfa Ddata
– Sefydlu cysylltiad â
ffeiliau testun

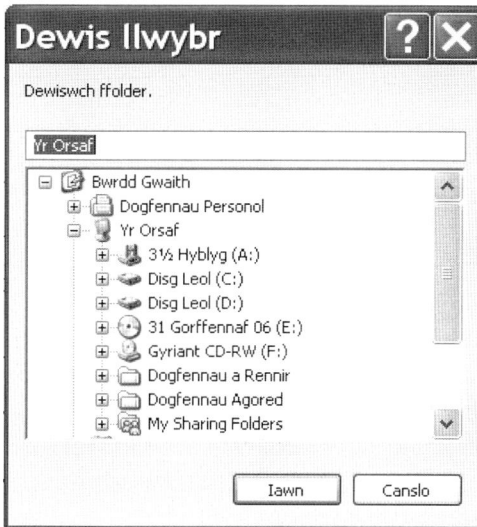

Ffigur B:18
Y blwch deialog *Dewis Llwybr*

Llwybr i ffeiliau testun

C:\Documents and Settings\Agored\My Documents   Pori

Ffigur B:19
Gweld y llwybr i ffeiliau testun

Nodwch pa fath o ffeiliau yr hoffech gael mynediad iddynt

○ Ffeiliau testun plaen (*.txt)

⦿ Ffeiliau lle mae gwerthoedd yn cael eu gwahanu â chomma (*.csv)

○ Cyfaddas: [   ]   Cyaddas: *.abc

Ffigur B:20
Gwahanyddion

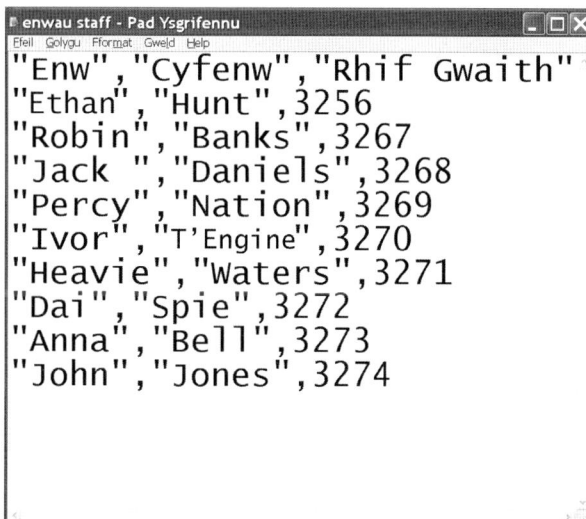

```
"Enw","Cyfenw","Rhif Gwaith"
"Ethan","Hunt",3256
"Robin","Banks",3267
"Jack ","Daniels",3268
"Percy","Nation",3269
"Ivor","T'Engine",3270
"Heavie","Waters",3271
"Dai","Spie",3272
"Anna","Bell",3273
"John","Jones",3274
```

Ffigur B:21
Agor ffeil CSV yn Notepad

Ffigur B:22
Gosod y
gwahanyddion

Ffigur B:22
Gosod y
gwahanyddion

Os dewiswch y gwahanydd meysydd anghywir, mae'n bosib yr ymddengys y data i gyd mewn un llinell. Dylid nodi ei bod yn anodd trin y data yn Base pan fo'r rhesi'n orlawn. Rhaid dewis gwahanydd meysydd addas felly. Cofiwch arbrofi (Ffigur B:22). Wedi gosod y gwahanyddion, cliciwch ar *Nesaf*.

6   Bydd y ffenestr olaf ar agor bellach. Gofynnir ichi sut yr hoffech gadw eich cronfa ddata (Ffigur B:23). Gellwch ddefnyddio'r gosodiadau arferol. Cliciwch ar *Gorffen*.

Ffigur B:23

Ymddengys y blwch dewisiadau cadw. Rhowch enw i'r gronfa ddata, a chliciwch ar *Cadw*. Wedi i'r gronfa ymagor (Ffigur B:24), cliciwch ar *Tablau* ar ochr chwith y sgrin. Fe gewch fewnforio eich data bellach.

(Mae'n bosib y bydd mwy nag un tabl yn eich cronfa. Digwydd hyn weithiau oherwydd na chewch ymofyn ffeiliau CSV unigol. Mewnforio pob ffeil CSV mewn ffolder y mae'r rhaglen yn ei wneud.

Dilëwch yr hyn sy'n amherthnasol. Ar hyn o bryd mae gweithio gyda data sydd wedi'i fewnforio gan ddefnyddio CSV yn peri peth anhawster.)

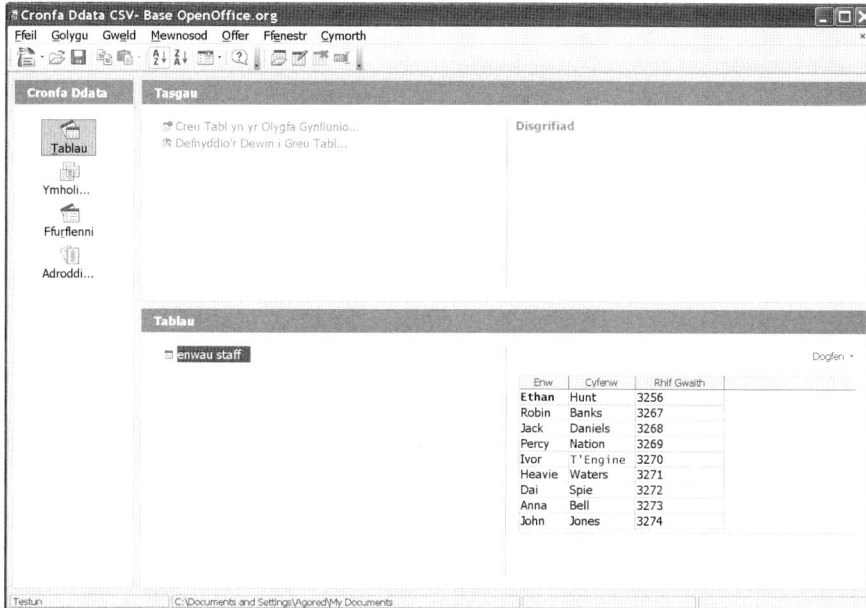

Ffigur B:24

Tablau

Sut mae creu tabl yn Base?

Wedi creu'r gronfa, bydd y brif ffenestr ar agor. Yn y fan honno y mae dewis ar ba ffurf y bydd ymholiadau, ffurflenni ac adroddiadau yn cael eu creu. Am fod y data heb eu cynnwys eto, rhaid creu tabl (Ffigur B:25).

Dwy ffordd sydd i greu tabl: defnyddio'r Dewin neu ddefnyddio'r olygfa gynllunio. Bydd y Dewin yn cynnig hyn a hyn o opsiynau ichi. Os defnyddiwch yr olygfa gynllunio, fe gewch rwydd hynt i weithio fel y mynnwch.

Yng nghhornel uchaf y brif ffenestr, cliciwch ar *Tablau*. Oddi tan *Tasgau* fe welwch dri opsiwn bellach, sef *Creu Tabl yn yr Olygfa Gynllunio*, *Defnyddio'r Dewin i Greu Tabl* a *Creu Golwg . . .* Cliciwch ar bob opsiwn yn ei dro i weld disgrifiad ohono.

Defnyddio'r Dewin i greu tabl

1   Cliciwch ar yr eicon *Tablau* ar ochr chwith y ffenestr (gweler Ffigur B:25).

2   Cliciwch ar *Defnyddio'r Dewin i Greu Tabl . . .* oddi tan *Tasgau* i agor *Dewin Tabl*. Fe welwch *Dewis Meysydd*, sef Cam 1 (Ffigur B:26).

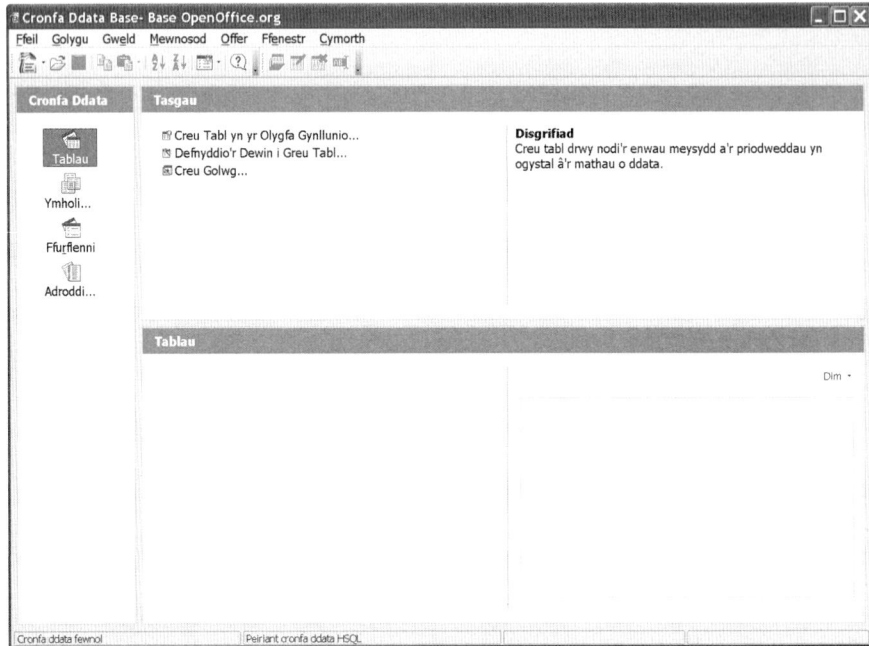

Ffigur B:25

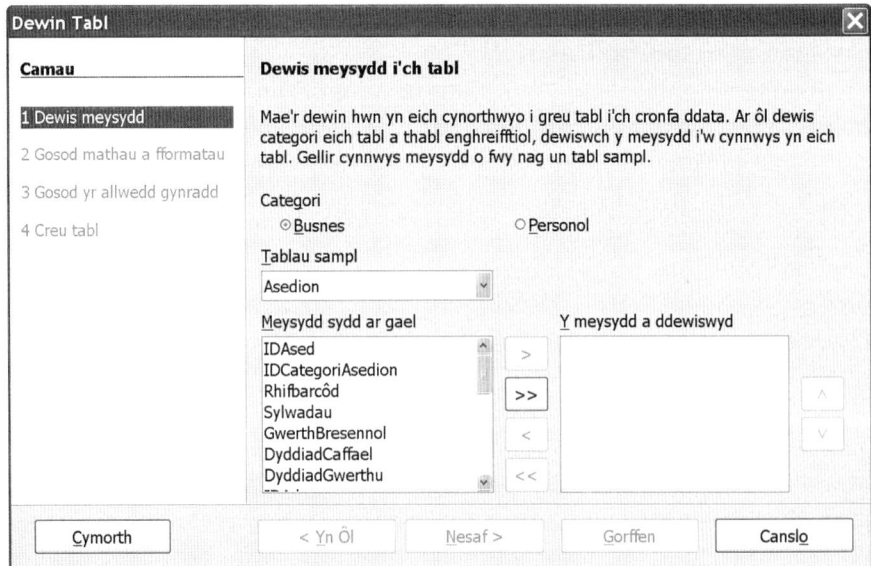

Ffigur B:26

3 Dewiswch eich categori, sef naill ai *Busnes* neu *Personol.* Fe gewch ddewis tabl sampl bellach. Cliciwch ar y saeth i weld rhestr yr opsiynau yn y gwymplen.

4 Wedi dewis tabl sampl, fe gewch drosglwyddo eich dewis i'r meysydd dewisol gan glicio ar y saethau rhwng y blychau. Trosglwyddo'r meysydd fesul un y mae'r saeth unigol, a throsglwyddo pob maes ynghyd y mae'r saeth ddwbl. Dewiswch y meysydd yn ôl y drefn y bydd y gronfa yn eu hadlewyrchu. Os byddwch yn eu cam-drefnu, amlygwch y maes y dymunwch ei symud a chliciwch ar y saethau ar ochr dde'r blwch *Y meysydd a ddewiswyd.* Ni raid cadw at yr un tabl sampl neu gategori. Os nad yw'r maes o'ch dewis o dan y categori/tabl sampl a ddewiswyd yn wreiddiol, dewiswch un arall. Cliciwch *Nesaf* wedyn.

5 Yn y ffenestr nesaf, sef *Gosod mathau o feysydd a fformatau* (Ffigur B:27), fe gewch newid strwythur arferol y data. Mae'r strwythur ddata yn caniatáu ichi ddiffinio rhai o nodweddion y cofnodion gan roi gwerthoedd arbennig i'r meysydd. Lleihau'r camgymeriadau cofnodi data y bydd hyn yn ei dro. Er enghraifft, gan ddewis maes oddi tan *Y meysydd a ddewiswyd*, gellwch ddiwygio math y maes er mwyn derbyn rhifau yn unig. Enghraifft arall fyddai penodi hyd y maes. I sicrhau bod data yn cael eu cofnodi neu eu mewnosod, mae'n bosib gofyn i'r cyfrifiadur fynnu bod data yn cael eu cofnodi drwy ddewis *Iawn* wrth ymyl *Mae eisiau cofnod.* Pan fyddwch yn fodlon ar y fformatio, cliciwch *Nesaf.* Ceir rhagor o wybodaeth am hyn yn **Mathau o ddata** ar dudalen

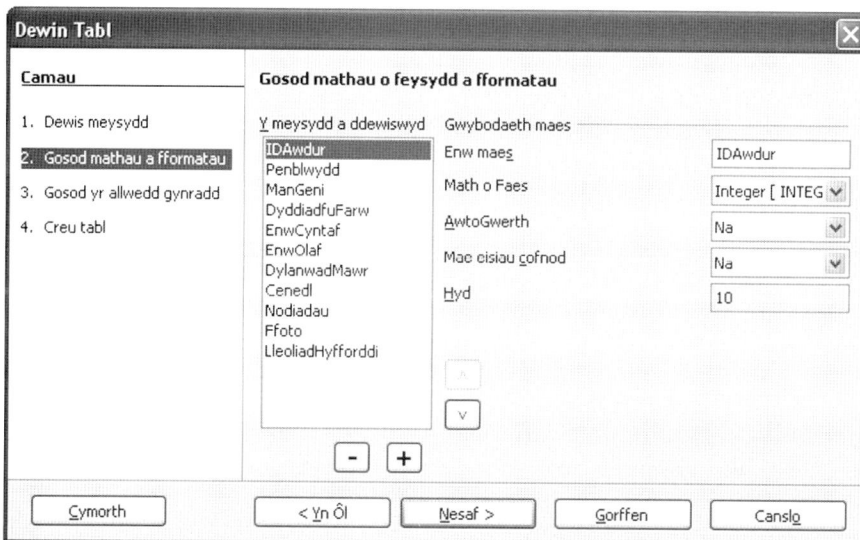

Ffigur B:27

302. Rhaid nodi maint mwyaf posib y cofnodion cyn creu cronfa ddata. Nodwch ddigon o hyd rhag ofn y bydd lle yn brin.

6 Daeth yn amser gosod yr *Allwedd gynradd* bellach (Ffigur B:28). Mae'r allwedd gynradd yn bwysig mewn cronfa gymhleth, oherwydd hon sy'n caniatáu magu cyswllt rhwng y tablau. Cofnod neu eitem unigryw tu fewn i dabl fydd yr allwedd gynradd. Gellwch greu allwedd eich hun neu ofyn i'r Dewin wneud hynny. Cliciwch ar *Nesaf*.

Ffigur B:28

7 Yn y ffenestr nesaf (Ffigur B:29) y mae enwi'r tabl. Gellwch ddefnyddio'r enw arferol y bydd y rhaglen yn ei gynnig neu roi un eich hun. Wedyn, gofynnir ichi *Beth yr hoffech chi wneud nesaf*? Fe gewch ddewis pa wedd fydd i'ch cronfa pan gaiff ei hagor am y tro cyntaf. Dyma'r opsiynau:

Mewnosod data heb aros – agor y gronfa ac iddi wedd tabl y bydd yr opsiwn hwn: gellwch deipio eich testun i mewn ar unwaith.

Diwygio cynllun y tabl – o ddewis yr opsiwn hwn, fe gewch ddiwygio meysydd a grëwyd gennych eisoes gan ddefnyddio'r olygfa gynllunio. Gwell peidio â dewis *Diwygio cynllun y tabl* oni bai bod gennych brofiad o drin cronfeydd data.

Creu ffurflen wedi'i seilio ar y tabl hwn – pan fyddwch wedi

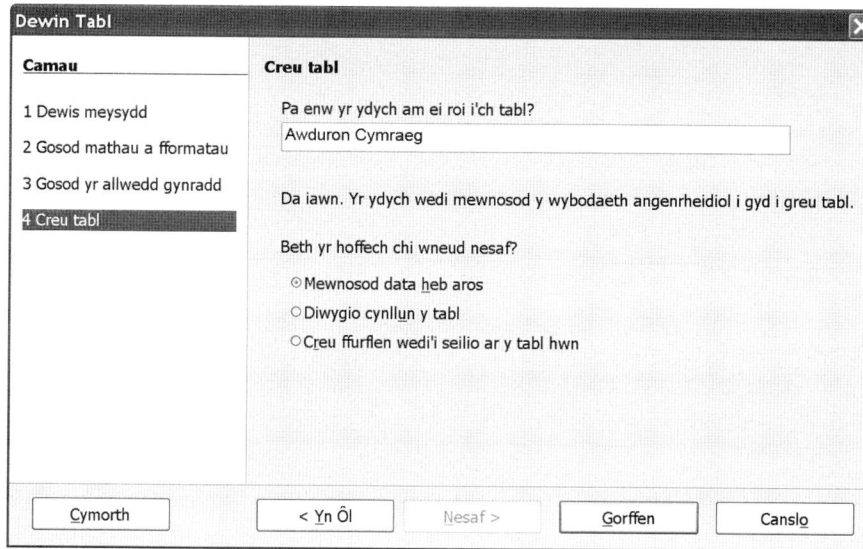

Ffigur B:29

ymgyfarwyddo â Base, bydd yn werth defnyddio hwn
oherwydd bod ffurflenni'n hwyluso mewnbynnu data yn Base.
Bydd yr opsiwn hwn yn eich arwain yn syth at y *Dewin
Ffurflenni*.

Defnyddio'r olygfa gynllunio i greu tabl

Gan ddewis yr opsiwn hwn, fe gewch gynllunio eich tablau eich hun
a'u henwi yn ogystal â phennu'r nodweddion a dewis y mathau o
ddata. Opsiwn hyblyg ydyw felly. Mae creu cronfa ddata eich hun yn
llawer haws na cheisio addasu'r wybodaeth a gynigir ichi o fewn
fframwaith y Dewin. Bydd yn rhoi rhwydd hynt ichi ddefnyddio
acenion a fformatau nad yw'n bosib eu defnyddio gyda'r Dewin.
Dilynwch y camau isod er mwyn ei roi ar waith:

1   Agorwch y gronfa a chlicio ar yr eicon *Tablau* ar ochr chwith y
    sgrin. Cliciwch ar *Creu Tabl yn yr Olygfa Gynllunio* (Ffigur B:30).
2   Tri phennawd sydd bellach: *Enw Maes*, *Math o Faes*, a *Disgrifiad*
    (Ffigur B:31).

● Mae *Enw Maes* yn fodd i adnabod y wybodaeth sy'n cael ei
  chynnwys.
● Mae *Math o Faes* yn penderfynu fformat y wybodaeth y gellir ei
  storio yn y maes (Ffigur B:32). (Oddi tan *Priodweddau Maes* ar
  waelod y dudalen mae diwygio priodweddau'r maes.)

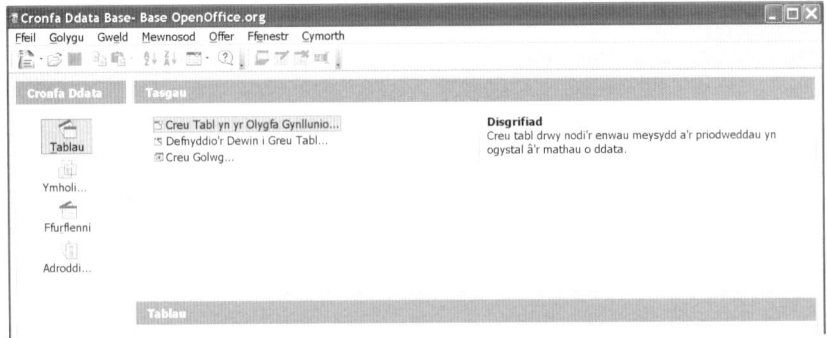

Ffigur B:30

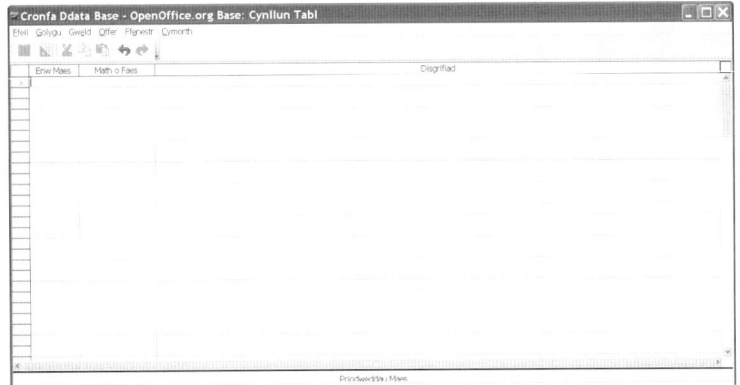

Ffigur B:31

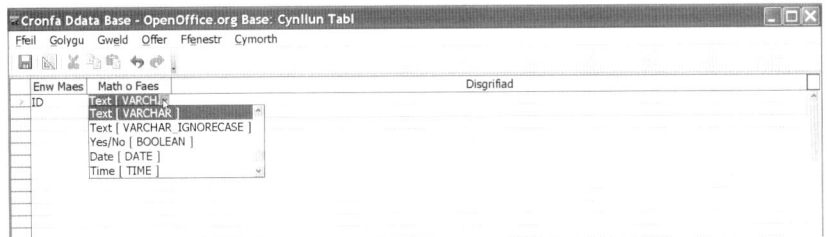

Ffigur B:32

Ffigur B:33

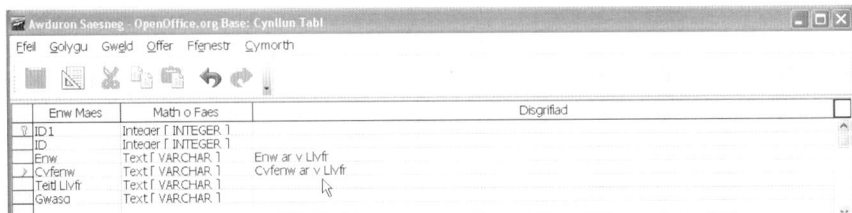

Ffigur B:34

- Cofnod ychwanegol yw *Disgrifiad*. Bydd yn rhoi gwybod yn fras pa fath o wybodaeth y disgwylir ei gynnwys. Yn yr olygfa dabl, ymddengys ar ffurf pigyn bach ar ben y penawdau colofn.

3 Rhowch yr enwau meysydd i mewn drwy glicio yn y maes/meysydd o dan y pennawd *Enw Maes*.

4 Diwygiwch y mathau o feysydd. Pan roddir enw maes i mewn gennych, penodir math iddo'n awtomatig gan y rhaglen. Text [VARCHAR] yw hwnnw. Gan glicio ar y saeth wyneb i waered a sgrolio y mae newid math y maes.

5 Rhoi sylw i'r priodweddau maes sydd eisiau nesaf (Ffigur B:33 a Thabl 3).

6 Bydd y disgrifiad a gynigir gennych yn awr yn gymorth i'r sawl fydd yn creu cofnodion yn y gronfa yn y dyfodol (Ffigur B:34).

7 Wedi ichi greu disgrifiad byr, fe ymddengys ar ffurf pigyn bach ar ben y penawdau colofn yn y gronfa ddata (Ffigur B:35).

8 Cadwch eich gwaith drwy bwyso ar yr eicon *Cadw* ar y bar offer. Ymddengys blwch deialog *Cadw Fel*. Rhowch enw i'r tabl a chliciwch ar *Iawn*.

9 Rhydd Base wybod ichi nesaf nad oes dim allwedd gynradd i'r gronfa. Cliciwch ar *Iawn* am y tro (Ffigur B:36). Esbonnir allweddi cynradd mewn man arall yn y bennod hon: gweler y mynegai.

10 Caewch y ffenestr gynllunio, a dwbl-gliciwch ar y tabl yr ydych newydd ei greu. Gellwch ychwanegu data ato bellach.

Gweithred	Disgrifiad
Mae eisiau cofnod	Rhowch yr opsiwn hwn ar waith os na ellir cynnwys gwerthoedd NWL yn y maes, h.y. lle bo rhaid i'r defnyddiwr ychwanegu'r data.
Hyd	Nodwch hyd mwyaf posib y testun, sef nifer y nodau.
Gwerth arferol	Nodwch werth arferol i'r maes hwn. Defnyddir y gwerth yn achos pob cofnod. Rhaid i fformat y gwerth gyfateb i fformat y gell isod felly.
Fformat sampl	Yn y fan hon y mae nodi fformat allbwn y data.

Tabl 3

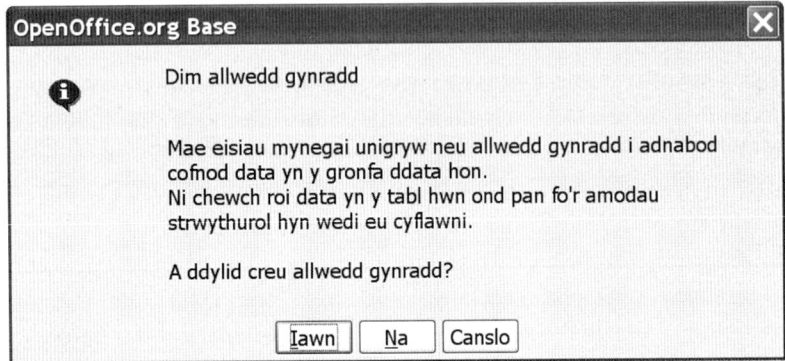

Ffigur B:35

Ffigur B:36

Mathau o ddata

Mae ffurf arbennig i'r data y byddwch yn eu casglu wrth gynllunio'ch cronfa ddata: rhifau, lluniau, dyddiadau ac ati. Er mwyn defnyddio'r gronfa'n effeithiol, ac er mwyn sicrhau y gall eraill ei defnyddio'n hawdd, rhaid trefnu iddi dderbyn a gwrthod data ar ffurfiau penodol: lleihau'r camgymeriadau a hwyluso'r diweddaru fydd canlyniad hynny. Cymerwn, er enghraifft, y dymunwch nodi dyddiad. Mae sawl ffordd i wneud hynny: 12fed Ionawr; 12/01/06, 01/12/06, 12 Ionawr 06. Nid yw'r cyfrifiadur yn gwybod mai dyddiad yw'r cofnodion uchod, oni ddywedir hynny wrtho pan fo'r gronfa'n cael ei chynllunio.

Rhaid defnyddio iaith gyfrifiadurol benodol i ddweud pethau fel hyn wrth y cyfrifiadur. Mae Base yn defnyddio un o ieithoedd SQL (Structured Query Language), sef HSQL. Ieithoedd SQL y mae rhaglenni cronfeydd data eraill yn eu defnyddio hefyd yn fydeang. Serch hynny, caiff yr iaith ei haddasu yn aml iawn i dderbyn cyfarwyddyd a gorchmynion unigryw ei hun.

Mathau data SQL sy'n nodi sut y dylid trin cynnwys y maes yn ogystal â'i gadw a'i arddangos o fewn cronfa ddata.

Yn Nhabl 4, ceir disgrifiad byr o'r mathau data SQL mwyaf cyffredin yn ogystal â'u hystyr. Bydd darllen y tabl yn gymorth ichi ddewis pa statws i roi i bob maes.

(Dylid nodi bod peth amrywiaeth yn y mathau o ddata a ddefnyddir yn ôl y fersiwn o Base sydd gennych. Fe gewch ragor o wybodaeth am hyn yn y sgriniau cymorth.)

Mathau data SQL

Mathau data nodau –
i storio llythrennau,
rhifau a symbolau

Mathau data rhifol

Mathau data didau

Mathau data deuaidd

Mathau data dyddiad
ac amser

Math o faes	Mathau data SQL	Disgrifiad	Ystod/Enghraifft
Text (fix) [CHAR]		Defnyddir hwn i storio darnau mawr o destun (geiriau a rhifau) mewn brawddegau.	Nifer bosib y nodau yn 2,147,483,647
Number [NUMERIC]		Defnyddir hwn i storio data rhifol.	Uchafswm o 45 lle degol. Gellir storio gwerth rhifol fel sero, positif, negyddol, rhifau pwynt sefydlog neu rifau pwynt arnofio.
Decimal [DECIMAL]		Defnyddir hwn i storio rhifau sydd â phwynt degol.	Uchafswm o 45 lle degol. Mae'n benodol i rifau degol yn unig.
Integer [INTEGER]		Defnyddir hwn i storio rhif nad oes ynddo bwynt degol.	Ystod y gwerth: -2,147,483,648 hyd at 2,147,483,647.
Text [VARCHAR]		Defnyddir hwn i storio testun (geiriau a rhifau) mewn brawddegau.	Nifer bosib y nodau yn 50.

Text [VARCHAR_ IGNORECASE]	■	Defnyddir hwn i storio testun (geiriau a rhifau) mewn brawddegau gan anwybyddu'r gwahaniaeth rhwng llythrennau mawr a bach.	Gall dderbyn 0–255 nod. Ni all ddangos ond 150 nod ar y sgrin.	
Yes/No [BOOLEAN]	▦	Storio un gwerth yn unig, e.e. Iawn neu Na, Gwir neu Gau, 0 neu 1.	Dewis rhwng dau werth. Mae'n dangos un ohonynt.	
Date [DATE]	▦	Mae hwn yn cofnodi dyddiad arbennig ar wahanol ffurfiau, e.e. 25 Mai 2006 neu 25/05/06. Ystyr MMM yw 'tair llythyren gyntaf' enw'r mis. Ystyr MMMM yw enw llawn y mis.	DD/MM/YY DD MMMM YYYY DD/MM/YY DD/MM/YYYY D MMM YY D MMM YYYY D. MMMM YYYY NN D MMM YY NN DD/MMM YY NN D MMMM YYYY NNNND MMMM YYYY MM-DD YY-MM-DD YYYY-MM-DD MM/YY DD/MMM MMMM QQ YY WW DD/MM/YY HH:MM DD/MM/YY HH:MM:SS	25/05/06 25 Mai 2006 25/05/06 25/05/2006 25 Mai 06 25 Mai 2006 25. Mai 2006 Gwen 25 Mai 06 Gwen 25/Mai 06 Gwen 25 Mai 2006 Gwener 25 Mai 2006 05-25 06-05-25 2006-05-25 05/25 25/Mai Mai 4ydd chwarter 06 52 25/05/06 12:30 25/05/06 12:30:46
Time [TIME]	▦	Defnyddir hwn i gofnodi amser arbennig ar nifer o ffurfiau, e.e 12:30 neu 12:30 yh.	HH:MM HH:MM:SS HH:MM AM/PM HH:MM:SS AM/PM [HH]:MM:SS MM:SS.00 [HH]:MM:SS.00 DD/MM/YY HH:MM DD/MM/YYYY HH:MM:SS	12:30 12:30:46 12:30 pm 12:30:46 pm 29629:37:46 37:46:70 29629:37:45:70 25/05/06 12:30 25/05/2006 12:30:46

Tabl 4 Y mathau data SQL mwyaf cyffredin

Agor tabl

Erbyn ichi gwblhau eich tablau, byddant yn cael eu cadw yn y gronfa a grëwyd gennych. Pan agorwch y gronfa eilwaith, mae dwy ffordd i gael hyd i'r tablau:

1 Cliciwch ar yr eicon *Tablau* ar ochr chwith y sgrin. Bydd hwn yn dangos nifer y tablau sydd yn eich cronfa.
2 Dwbl-gliciwch ar y tabl y dymunwch ei agor. Bydd y gronfa yn ymddangos ar ffurf dabl.

Nawr, fe gewch olygu'ch tabl a'i ddiweddaru.

Golygu tablau

Yn yr adran hon byddwn yn edrych ar sut i olygu tablau. Nid rhestr drwyadl mo hon ond casgliad o'r offer sy'n angenrheidiol i reoli eich cronfa ddata. Cedwir y newidiadau yn awtomatig wrth ichi olygu'r tabl, e.e. ychwanegu data neu newid lled y colofnau. Serch hynny, os gwnewch newidiadau i gynllun y gronfa ddata yn yr olygfa gynllunio, rhaid cadw'r newidiadau hynny yn y dull arferol.

Newid lled y golofn
Newidir lled y golofn yn Base yn yr un modd ag y gwneir yn Calc. Dyma grynodeb:

1 De-gliciwch ar yr enw maes ar ben y golofn y dymunwch ei newid. Ymddengys cwymplen (Ffigur B:37).
2 Dewiswch *Lled y Golofn* . . . Daw'r blwch *Lled y Golofn* i'r golwg (Ffigur B:38).

Ffigur B:37
Newid lled y golofn

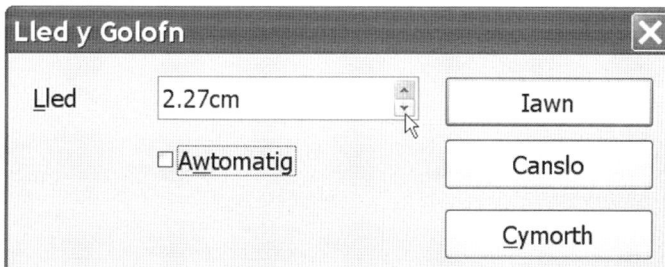

Ffigur B:38
Y blwch deialog *Lled y Golofn*

3 Yn y fan hon y mae gosod lled arbennig i'r golofn. Gellwch naill ai teipio'r rhif perthnasol neu ddefnyddio'r saethau. Wedi gosod y lled, cliciwch ar *Iawn*.

Ailenwi maes

1 Rhowch eich llygoden dros enw'r tabl sydd yn cynnwys yr enw maes y dymunwch ei ddiwygio.

2 De-gliciwch ar y llygoden a daw cwymplen i'r golwg.

3 Dewiswch *Golygu*: bydd y tabl yn agor yn yr olygfa gynllunio (Ffigur B:39).

4 Cliciwch ar yr enw maes y dymunwch ei ailenwi. Amlygwch yr enw, a theipiwch enw newydd (Ffigur B:40). Pwyswch *Enter* i gadarnhau eich newidiadau.

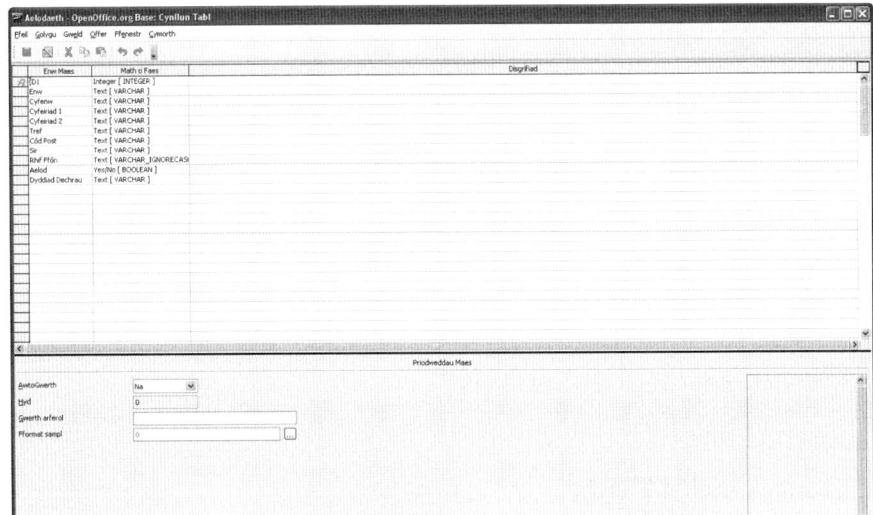

Ffigur B:39
Yr olygfa gynllunio

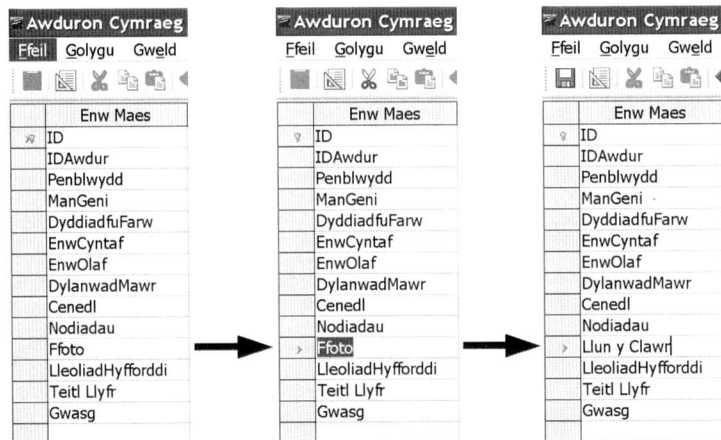

Ffigur B:40

5 Erbyn cyflawni pob newid, caewch y ffenestr.
6 Gofynnir ichi a ddymunwch gadw'r newidiadau. Cliciwch ar *Iawn*.
7 Fe gewch fewnosod rhagor o ddata yn eich cronfa gan ddewis y tabl priodol. Nodwch y dylai'r diwygiadau a wnaethoch yn yr olygfa gynllunio ymddangos yn yr olygfa dabl hefyd.

Dileu maes
Yn yr olygfa gynllunio yn unig y mae'r opsiwn hwn ar gael.

1 Agorwch y tabl yn yr olygfa gynllunio.
2 Amlygwch y rhes sy'n cynnwys yr enw maes yr hoffech ei ddileu (Ffigur B:41).
3 Gosodwch y llygoden ar ben y saeth werdd ar ochr chwith y sgrin. De-gliciwch ar y llygoden ac ymddengys cwymplen. Dewiswch *Dileu* (Ffigur B:42).
4 Caewch y ffenestr gynllunio: fe'ch anogir i gadw newidiadau.
5 Cliciwch ar *Iawn*: cedwir y newidiadau (Ffigur B:43).

Ffigur B:41
Amlygu rhes

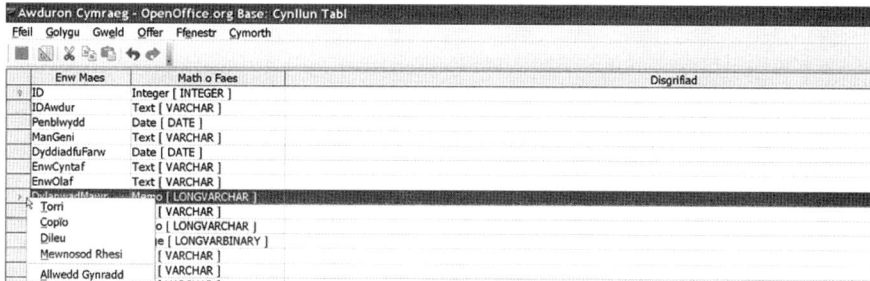

Ffigur B:42
Dileu rhes

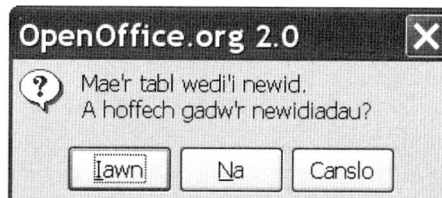

Ffigur B:43
Cadarnhau newidiadau i dabl

Aildrefnu ac ychwanegu meysydd
Nid yw'n bosib aildrefnu meysydd yn Base ar hyn o bryd.
Rhaid sicrhau eich bod yn gosod y meysydd yn y drefn gywir wrth
greu'r tabl felly. Mae modd newid y drefn yn weladwy o fewn
ffurflenni.

Fe gewch ychwanegu rhagor o feysydd yn yr olygfa gynllunio. Ar hyn
o bryd, ychwanegir y maes newydd ar ôl y maes olaf yn y rhestr:
nid oes modd ei ychwanegu yng nghanol meysydd a grëwyd eisoes.

Llywio o fan i fan
Fe gewch ddefnyddio'r bariau sgrolio i lywio o'r naill gofnod neu faes
i'r llall mewn tabl. Pan agorir tabl, y cofnod cyntaf fydd y cofnod
cyfredol. Dangosir hyn â saeth ar ochr chwith y cofnod. Fe gewch
ymlwybro drwy'r data gan ddefnyddio'r botymau canlynol sydd i'w
gweld ar waelod y tabl:

⏮ Y cofnod cyntaf

◀ Y cofnod blaenorol

▶ Y cofnod nesaf

⏭ Y cofnod olaf

▦ Ychwanegu cofnod newydd

Fe gewch lywio o fan i fan hefyd gan ddefnyddio bysellau'r
bysellfwrdd. Y rhai mwyaf defnyddiol yw'r botymau Page Up,
Page Down, y fysell Tab a'r saethau.

Dewis maes a chofnod
Rhaid amlygu data mewn cronfa ddata cyn y cewch eu golygu. Dyma
sut mae gwneud: gosodwch y llygoden yn y sgwâr llwyd sy'n
amgylchynu'r cofnod perthnasol a chliciwch. Dilynwch y sgrinluniau i
ddysgu sut i ddewis cofnod, maes, a thabl cyfan (Ffigur B:44–46).

Dewis celloedd a golygu data
1 Gosodwch y llygoden ar ben y gell sy'n cynnwys y data y
   dymunwch ei ddewis. Cliciwch wedyn (Ffigur B:47).
2 Fe gewch ddiwygio'r data ar ôl dewis yn y gell. Cofiwch glicio
   ddwywaith os mynnwch ychwanegu at y data yn hytrach na newid
   popeth. Bydd trosysgrifo'n digwydd os teipiwch ar ben data sydd

Ffigur B:44
Dewis cofnod

Ffigur B:45
Dewis maes

Ffigur B:46
Dewis tabl cyfan

Ffigur B:47

wedi'u hamlygu'n las. Wedi dwbl-glicio yn y gell, gwelir man mewnosod yn fflachio yn y gell.

3   Pwyswch Enter ar eich bysellfwrdd wedi cwblhau'r newidiadau i symud ymlaen i'r gell nesaf.

Tri symbol pwysig

Gall tri symbol ymddangos ar ochr chwith y cofnodion. Y mae iddynt ystyr arbennig. Dyma'r symbolau a'u hystyr:

▷   Dynodi'r cofnod cyfredol y mae hwn.

✎   Dynodi'r ffaith fod cofnod yn cael ei olygu y mae hwn.

✳   Dynodi mai yn y fan hon y mae mewnosod data i gofnod newydd.

Gan fwrw cipolwg ar y symbolau hyn, gellir gweld beth sy'n cael ei wneud yn y tabl.

Copïo data

Gellir defnyddio dulliau arferol OpenOffice i gopïo data yn Base. Mae modd gwneud fel y canlyn hefyd (Ffigur B:48):

1 Rhowch y cyrchwr ar ben y data y dymunwch eu copïo.
2 Cliciwch y llygoden, a daliwch eich bys arni. Llusgwch y llygoden: bydd y cyrchwr yn troi yn siâp croes fach. Ar ôl cyrraedd y fan y dymunwch osod y data tynnwch eich bys i ffwrdd. Caiff y darn o ddata ei gopïo.

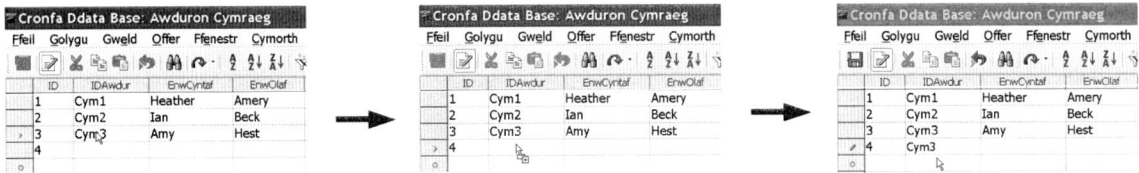

Ffigur B:48
Copïo data

Ychwanegu cofnod

Dyma sut mae ychwanegu cofnod:
1 Cliciwch ar yr eicon *Ychwanegu Cofnod Newydd*.
2 Cliciwch yn y gell wag gyntaf yn y llinell. Teipiwch y wybodaeth. Pwyswch Enter i symud ymlaen i'r gell nesaf. Ailadroddwch y camau hyn hyd nes ichi ychwanegu'r wybodaeth i gyd.

Dileu cofnod

Dyma sut mae dileu cofnod:
1 Cliciwch i ddewis y cofnod y dymunwch ei ddileu.
2 Pwyswch Delete ar eich bysellfwrdd. Efallai y gofynnir ichi gadarnhau eich bod eisiau dileu'r cofnod dewisol. Cliciwch ar *Iawn* i gadarnhau.

Gweld tabl

Mae dwy ffordd ichi weld tabl:

Ar ffurf rhestr: Dangosir pob cofnod yn y tabl (Ffigur B:49). Yn yr olygfa hon, gellwch ychwanegu cofnodion, yn ogystal â'u diweddaru a'u golygu. Dwbl-gliciwch ar dabl er mwyn iddo agor yn yr olygfa restr (Ffigur B:50).

Yr olygfa gynllunio (Ffigur B:51): Mae'n bosib ail-strwythuro'r tabl yn yr olygfa hon. Fe gewch ddiwygio'r gosodiadau hefyd yn ôl y math o ddata y mae'n fwriad gennych ei gynnwys. I weld y tabl yn yr olygfa

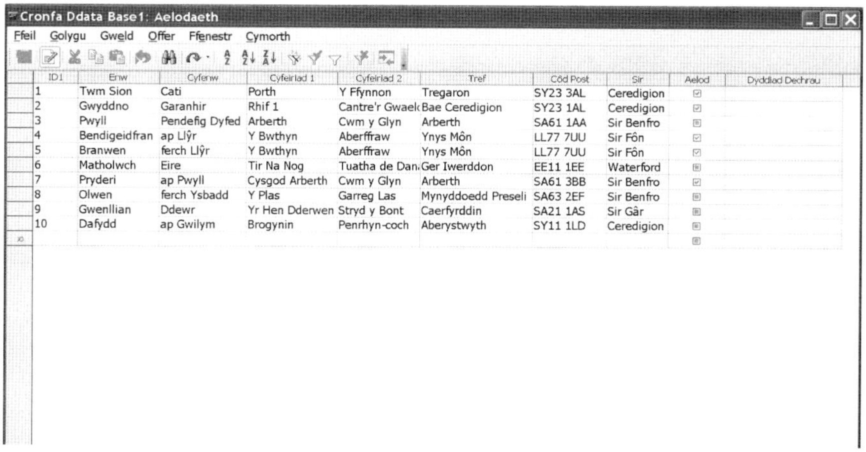

Ffigur B:49
Gweld tabl ar ffurf
rhestr

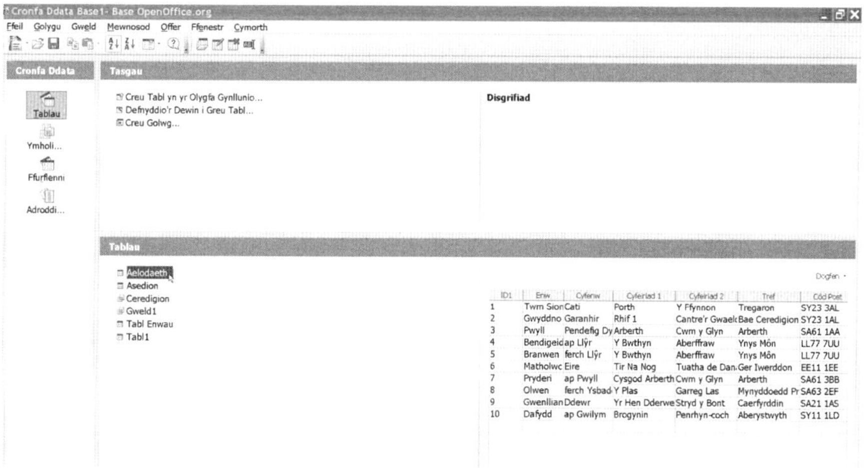

Ffigur B:50
Yr olygfa restr

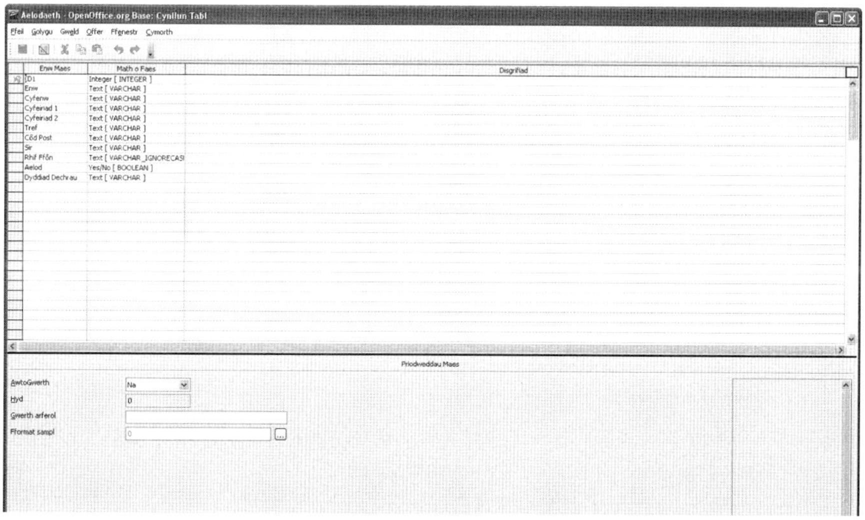

Ffigur B:51
Yr olygfa gynllunio

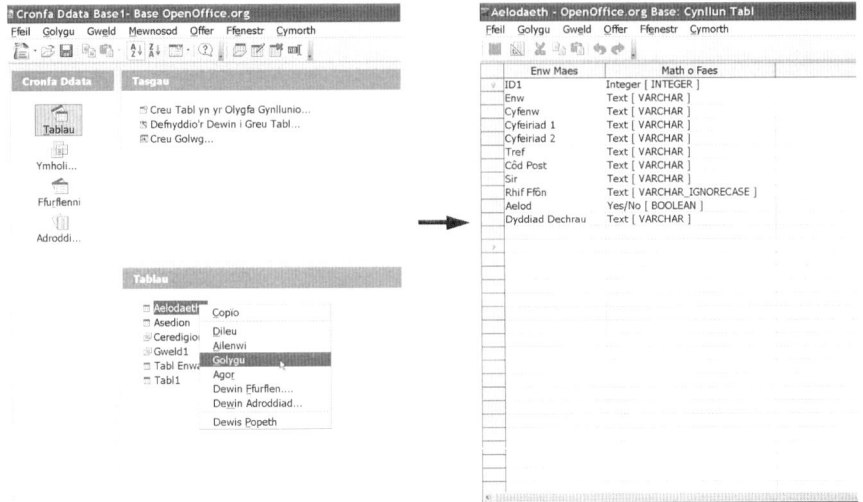

Ffigur B:52

gynllunio, de-gliciwch ar y llygoden uwchben y tabl dewisol a
dewiswch *Golygu* wedyn (Ffigur B:52).

Dangos ac addasu priodweddau maes
Gellwch arddangos priodweddau pob maes yn eich tabl. Rheoli'r data
y byddwch chi ac eraill yn eu cynnwys yn eich cronfa y mae'r
priodweddau maes. Er enghraifft: gall priodwedd ddynodi nifer bosib
y nodau y bydd maes yn ei derbyn.

I gael gweld ac addasu priodweddau maes:

1   Dewiswch yr olygfa gynllunio gan dde-glicio ar yr enw tabl a
    dewis *Golygu*. (Ffigur B:53).
2   Dewiswch y maes yr hoffech weld ei briodweddau. Dynodir hwn â
    saeth yn y man llwyd wrth ymyl yr enw maes (Ffigur B:54).
3   Edrychwch ar waelod y sgrin oddi tan *Priodweddau Maes*. Yn y fan
    hon y gwelwch osodiadau'r maes (Ffigur B:55).
4   Mae'r priodweddau arferol a benodir i'r maes yn dibynnu i raddau
    helaeth ar y math o ddata a ddewiswyd gennych ar gyfer y maes.
    Addaswch y priodweddau arferol i adlewyrchu anghenion y data a
    ddefnyddir gennych.

Ychwanegu disgrifiad maes
1   Yn yr olygfa gynllunio, cliciwch mewn cell o dan *Disgrifiad*.
2   Ychwanegwch eich disgrifiad. Ymddengys y disgrifiad hwn mewn
    blwch melyn pan osodwch y cyrchwr ar ben enw'r maes yn y
    gronfa ddata. Gall y gell ddal tua 250 o nodau.

Newid y math o ddata

Hyd yn oed ar ôl adeiladu tabl, mae'n bosib newid y math o ddata sydd ynddo. Mae'n well gwneud hyn cyn llwytho data, gan y gellir colli data os bwydwyd data i mewn eisoes. Bydd dewis y math cywir o ddata yn atal gwallau wrth lwytho gwybodaeth i mewn yn ddiweddarach.

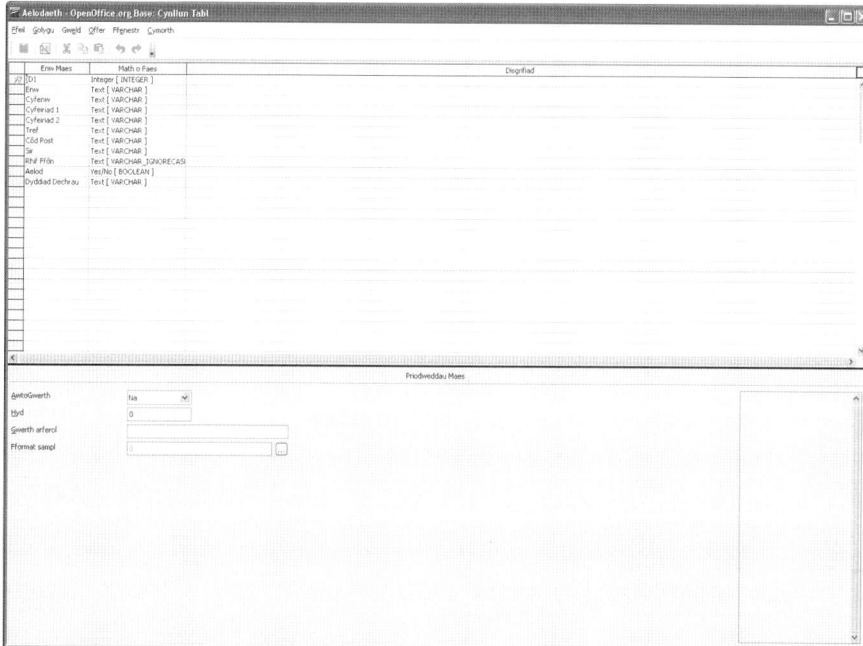

Ffigur B:53

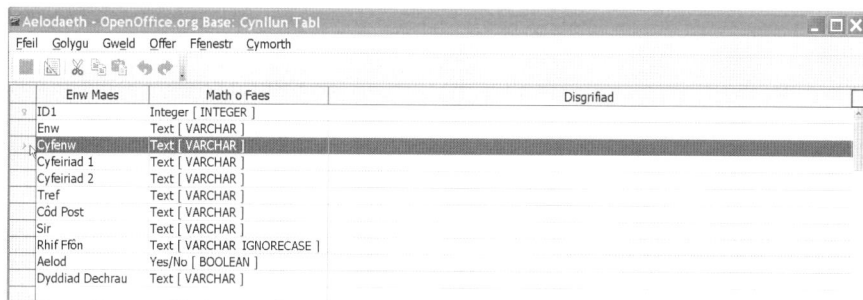

Ffigur B:54
Dewis maes i weld ei briodweddau

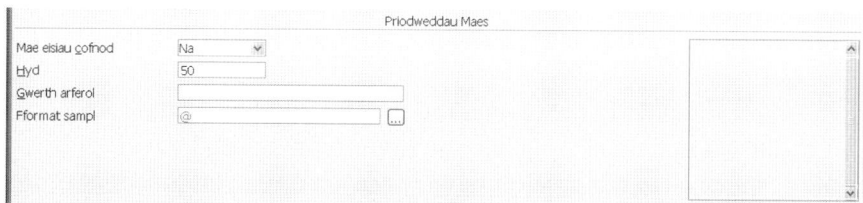

Ffigur
B:55
Priodweddau
Maes

Dyma sut mae newid y math o ddata:

1 Agorwch olygfa gynllunio'r tabl.
2 Cliciwch ar y math o ddata wrth y maes sydd angen ei newid. Ymddengys saeth. Cliciwch ar y saeth i weld cwymplen.
3 Cliciwch ar y math o ddata o'ch dewis.
4 Pwyswch *Cadw* i gadw'r math hwnnw.

Allwedd gynradd

Beth yw allwedd gynradd?
Rhaid penodi allwedd gynradd er mwyn rhoi gwybodaeth i mewn i gronfa ddata. Prif swyddogaeth allwedd gynradd yw enwi maes unigryw y gellir ei ddefnyddio i greu perthynas rhwng tablau o fewn cronfa ddata cymhleth. Pan osodir allwedd gynradd, ymddengys llun allwedd yn y blwch ar ochr chwith yr enw maes (Ffigur B:56). Bydd hyn yn digwydd wrth osod yr allwedd yn awtomatig neu â llaw.

Ffigur B:56
Allwedd gynradd

Enw Maes	Math o Faes	
ID1	Integer [INTEGER]	
ID	Text [VARCHAR]	
Enw	Text [VARCHAR]	Enw ar y Llyfr
Cyfenw	Text [VARCHAR]	Cyfenw ar y Llyfr
Teitl Llyfr	Text [VARCHAR]	
Gwasg	Text [VARCHAR]	

Edrycher ar sgriniau cymorth Base am wybodaeth bellach am allweddi cynradd. Ceir esboniad gynhwysfawr hefyd drwy ymweld â *http://en.wikipedia.org/wiki/Main_Page.*

Tri math o allwedd gynradd
Gellir creu tri math o allwedd gynradd. Â'r Dewin y mae dewis pob un.

1 AwtoWerth
Yn achos hwn, bydd y rhaglen yn priodoli rhif arbennig i bob cofnod. Rhaid dewis yr opsiwn hwn wrth greu'r gronfa.
2 Maes unigol
Caiff un o'r meysydd yn y gronfa fod yn allwedd gynradd. Dylid sicrhau mai maes unigryw yw hwn, sef maes nad yw ei gynnwys yn cael ei ailadrodd mewn maes arall, e.e. rhif aelodaeth.

3 Meysydd lluosog

Gellir defnyddio cyfuniad o feysydd unigryw i ffurfio allwedd gynradd. Dewiswch yr opsiwn cyfatebol yn y Dewin.

Gosod ac ailosod yr allwedd gynradd

1 Agorwch y tabl yn yr olygfa gynllunio. Efallai nad oes allwedd gynradd yn y tabl eto (Ffigur B:57). Creu un fydd nesaf felly.

2 De-gliciwch ar y llygoden yn y man llwyd ar ochr chwith y maes y dymunwch osod yr allwedd gynradd. Dewiswch *Allwedd Gynradd* yn y gwymplen (Ffigur B:58).

Ffigur B:57
Dim allwedd gynradd

3 Fe welwch lun allwedd fach wrth ymyl yr enw maes bellach (Ffigur B:59).

4 Mae'r allwedd wedi'i gosod: cadwch y newidiadau yr ydych newydd eu gwneud.

Weithiau wrth i dabl gael ei greu, gofynnir

Ffigur B:58
Gosod allwedd gynradd

Ffigur B:59
Allwedd gynradd ar waith.

i'r Dewin ddewis allwedd gynradd. Mae'n bosib newid yr allwedd gynradd felly cyn ychwanegu gwybodaeth:

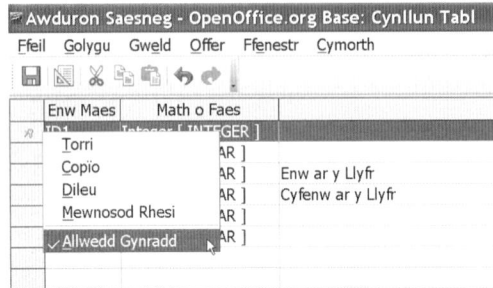

Ffigur B:60

1 Agorwch yr olygfa gynllunio, a de-gliciwch ar lun yr allwedd. Dewiswch yr allwedd gynradd yn y gwymplen (Ffigur B:60). Dad-ddewis yr allwedd gynradd wreiddiol y mae'r weithred hon. Gosodwch allwedd newydd (gw. uchod a Ffigur B:61). Cofiwch, rhaid i'r allwedd fod yn unigryw.

2 Os dymunwch greu cyswllt sawl cangen i greu casgliad unigryw, rhaid cydoleuo'r meysydd hynny. Daliwch y botwm Ctrl i lawr felly, a chan ddefnyddio'r cyrchwr cliciwch ar y meysydd dewisol. Wedi goleuo'r meysydd tynnwch eich bys oddi ar Ctrl, de-gliciwch a dewiswch *Allwedd Gynradd* (Ffigur B:62).

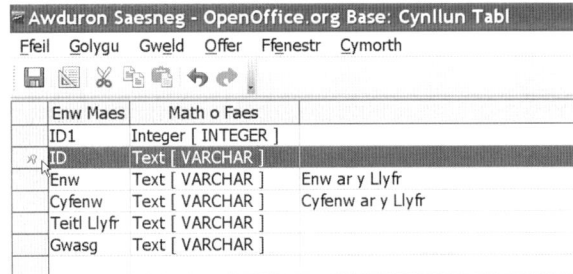

Ffigur B:61

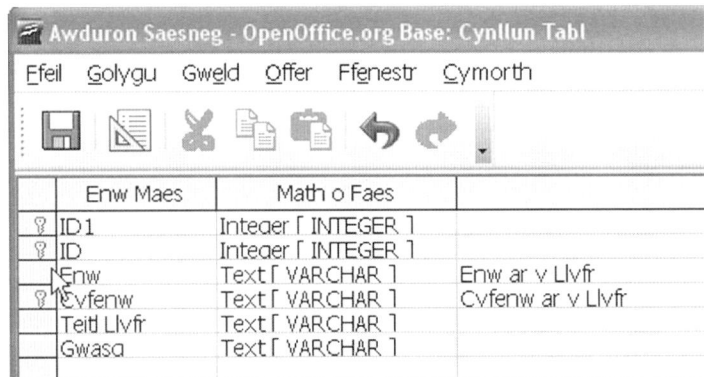

Ffigur B:62

Gair i gall: Gwell peidio â newid yr allwedd gynradd ar ôl dechrau bwydo gwybodaeth i'r gronfa ddata. Mae'n berygl ichi golli data os gwnewch hynny. Gwell ceisio gwneud hyn i gyd cyn dechrau rhoi gwybodaeth i mewn. Cofiwch hefyd fod yn rhaid newid y math o faes i gyd-fynd â maes sydd wedi'i benodi'n allwedd gynradd.

Er enghraifft, mae mewnosod data yn orfodol mewn maes allwedd gynradd. Ni ellir ei adael yn wag.

Perthynas

Creu perthynas rhwng tablau

Mae creu perthynas rhwng y tablau mewn cronfa yn fodd i gysylltu gwybodaeth debyg â'i gilydd. Mae'r berthynas hon rhwng tablau'n hanfodol er mwyn llunio ffurflenni, adroddiadau ac ymholiadau sy'n defnyddio data o fwy nag un tabl. Dyma ddechrau darganfod gwir allu'r gronfa gymhleth felly.

Er mwyn creu perthynas
1   Cliciwch ar *Offer* → *Cysylltiau.*
2   Cliciwch naill ai ar y botwm *Ychwanegu Tablau* ar y bar offer, neu ar *Mewnosod* → *Ychwanegu Tablau.* Daw'r blwch deialog *Ychwanegu Tablau* i'r golwg wedyn (Ffigur B:63).
3   Oddi tan *Tabl Enwau*, goleuwch y tablau y dymunwch eu cydgysylltu. Cliciwch ar *Ychwanegu.* Ymddengys y tablau ar y sgrin wedyn tu ôl i'r blwch *Ychwanegu Tablau* (Ffigur B:64). Cliciwch ar *Cau* wedi hynny: erys y ddau flwch sy'n cynrychioli'r tablau (Ffigur B:65).
4   Llusgwch un o'r blychau i'r neilltu er mwyn hwyluso creu'r cyswllt (Ffigur B:66).

- Cliciwch ar y botwm *Perthynas Newydd* ar y bar offer. Daw'r blwch cydberthynas i'r golwg. Yn y fan honno y bydd rhaid ichi benderfynu pa feysydd fydd yn cael eu cydgysylltu. Cliciwch ar y saethau oddi tan *Aelodaeth* a *Tabl Enwau*: cynigir rhestr y meysydd sydd ar gael yn y ddau dabl. Dewiswch y meysydd priodol a chlicio ar *Iawn*. Llunnir y gydberthynas. Dynodir hwy gan linell rhwng y naill a'r llall (Ffigur B:67).
- Y ffordd arall o lunio neu ffurfio perthynas yw clicio ar yr allwedd gynradd yn un o'r tablau ac yna llusgo'r llygoden draw at y tabl arall, gan ollwng y cyrchwr ar ben yr allwedd gynradd. Caiff y berthynas ei ffurfio pan dynnwch eich bys oddi ar y llygoden. Cadwch hyn yn y dull arferol (Ffigur B:68).

Dyma'r mathau o gyswllt neu gydberthynas y gellwch eu creu yn Base:

Cyswllt un gangen
Cysylltir cofnod mewn un tabl â chofnod mewn tabl arall. Digwydd hyn, er enghraifft, pan fo un rhif arbennig gan gwsmer ar gyfer pob cofnod sy'n ymwneud ag ef/hi.

Cyswllt sawl cangen
Cysylltir cofnod mewn un tabl â chofnod(ion) mewn tabl arall. Hon yw'r berthynas fwyaf cyffredin. Er enghraifft, bydd cofnod arbennig i bob archeb sy'n perthyn i'r un cwsmer.

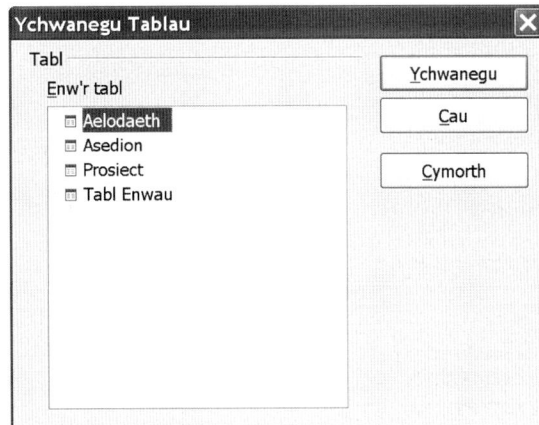

Ffigur B:63

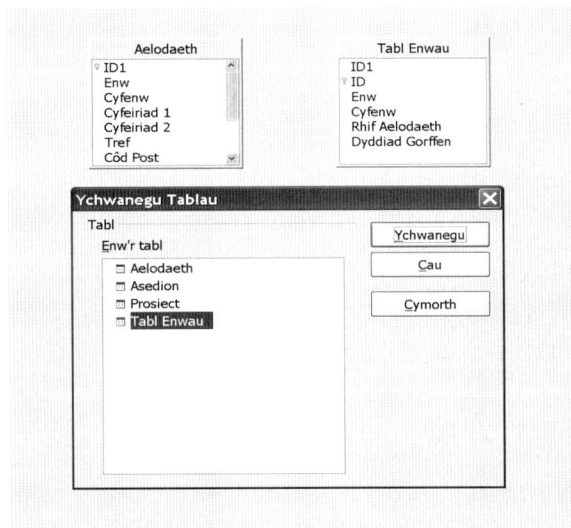

Ffigur B:64

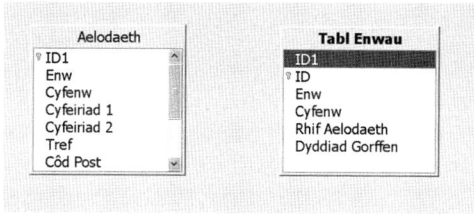

Ffigur B:65

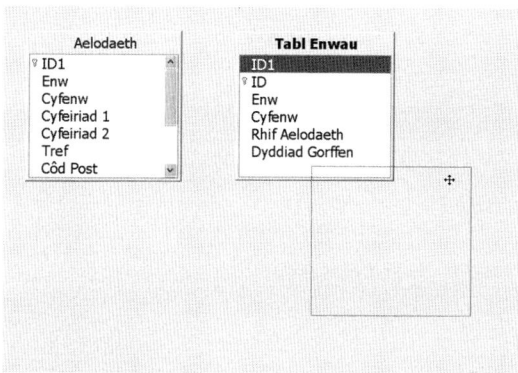

Ffigur B:66

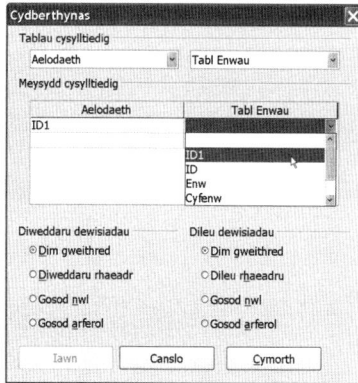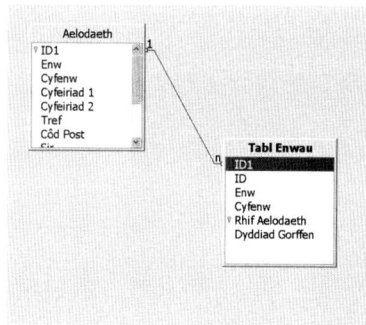

Ffigur B:67

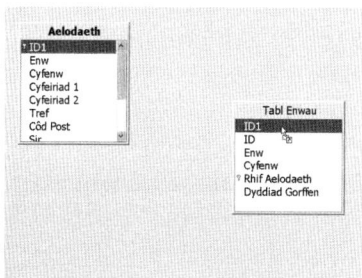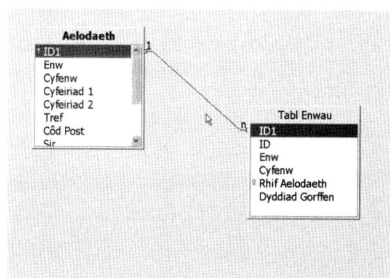

Ffigur B:68

Ffurflenni

Defnyddio'r Dewin i greu ffurflenni

Ffordd arall o fwydo gwybodaeth i gronfa ddata yw defnyddio ffurflen. Seilir y ffurflen ei hun naill ai ar y tabl neu ar ymholiad a grëwyd eisoes. Ffurflen a ddefnyddir gan amlaf, gan ei bod yn haws ei defnyddio na thabl.

1 Cliciwch ar y botwm *Ffurflenni* ar ochr chwith y sgrin. Oddi tan *Tasgau* cliciwch ar *Defnyddio'r Dewin i Greu Ffurflen*. Bydd y Dewin yn agor (Ffigur B:69).

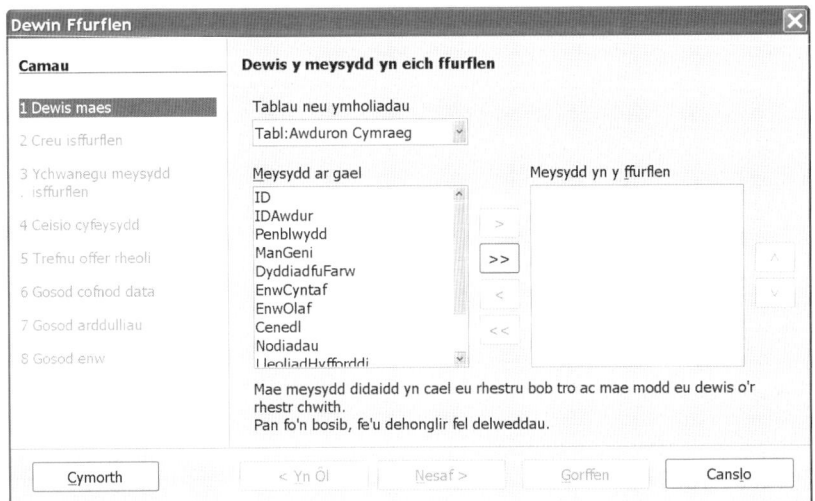

Ffigur B:69
Y Dewin Ffurflen –
Dewis maes

2 Gyntaf oll rhaid dewis maes. Dewiswch y tabl y dymunwch greu ffurflen ar ei gyfer. Cliciwch ar y saeth wrth ymyl y blwch oddi tan *Tablau neu ymholiadau*: ymddengys cwymplen.

3 Dewiswch y meysydd y dymunwch eu cynnwys yn y ffurflen naill ai gan glicio arnynt neu gan eu goleuo cyn defnyddio'r saethau. Trosglwyddo'r meysydd fesul un y bydd y saeth unigol. Eu trosglwyddo oll ar unwaith y bydd y saeth ddwbl. Rhowch drefn ar y meysydd yn ôl eich dymuniad. Adlewyrchir y drefn yn y golofn dabl. Wedi trosglwyddo'r meysydd, cliciwch ar *Nesaf*.

4 *Creu isffurflen* sydd nesaf (Ffigur B:70). Isffurflen yw'r wybodaeth ychwanegol a ddangosir o dabl arall sy'n gysylltiedig yn sgil sefydlu perthynas. Efallai eich bod wedi creu perthynas rhwng dau dabl, ond go brin y byddwch yn dymuno cyfuno'r ddau dabl o fewn un ffurflen. Gwell yw anwybyddu'r dewis am y tro a chlicio ar *Nesaf*.

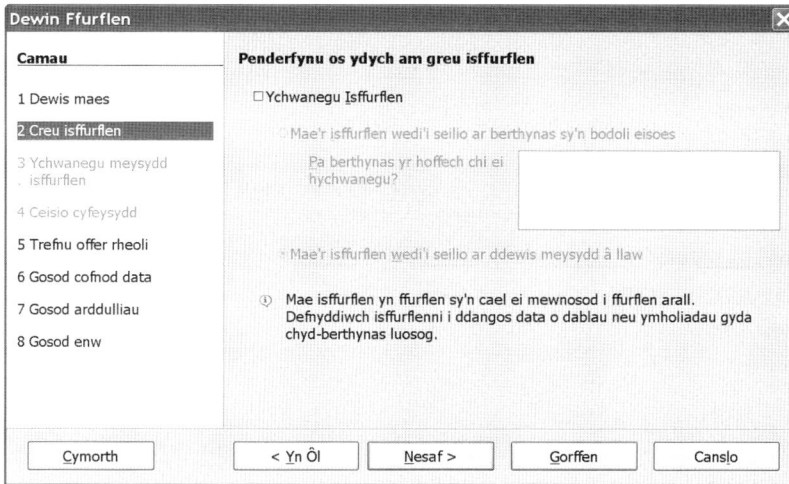

5 *Trefnu offer rheoli* yw'r sgrin nesaf. Fe gewch ddewis cynllun y ffurflen o blith nifer o opsiynau:

    Colofnog – Labeli i'r chwith. Gyda'r opsiwn hwn, fe gewch alinio'r labeli naill ai i ochr chwith neu i ochr dde'r blychau cofnodi. Dewiswch opsiwn gan glicio ar y lleoliad label priodol.

    Colofnog – Labeli ar y top.

    Fel dalen data.

    Mewn bloc – Labeli uwchben.

Wedi gwneud eich dewis, cliciwch ar *Nesaf*.

6 *Gosod cofnod data* sy'n ymddangos nesaf (Ffigur B:71). Cliciwch ar *Nesaf*.

7 Bydd *Gosod arddulliau* yn dod i'r golwg. Dewis arddull sydd at eich dant, a chliciwch ar *Nesaf*.

8 *Gosod Enw* yw'r sgrin olaf (Ffigur B:72). Y mae'r blwch hwn yn gofyn ichi enwi'r ffurflen, a gofyn a fyddwch yn gweithio gyda'r ffurflen neu'n ei diwygio. Er mwyn cael rhoi data i mewn, dewiswch *Gweithio gyda'r ffurflen*, enwch y ffurflen a chlicio ar *Gorffen*.

Bydd y ffurflen yn ymagor. Nawr, gellwch roi data i mewn iddi.

Mae'n werth nodi mai rhaglen ifanc yw Base. Gall arbrofi gormod ar y dewisiadau arferol arwain at anawsterau. Bydd y problemau hyn yn cael eu datrys wrth i'r rhaglen gael ei ddiweddaru.

Dewin Ffurflen

Camau

Dewis y modd cofnodi data

1 Dewis maes

2 Creu isffurflen

3 Ychwanegu meysydd
. isffurflen

4 Ceisio cyfeysydd

5 Trefnu offer rheoli

6 Gosod cofnod data

7 Gosod arddulliau

8 Gosod enw

○ Ffurflen ar gyfer gosod data newydd yn unig.
Ni fydd data cyfredol yn cael ei ddangos

◉ Arddangosir y data i gyd

☐ Peidiwch â chaniatáu diwygio'r data cyfredol

☐ Peidiwch â chaniatáu dileu'r data cyfredol

☐ Peidiwch â chaniatáu ychwanegu data newydd

| Cymorth | | < Yn Ôl | Nesaf > | | Gorffen | Canslo |

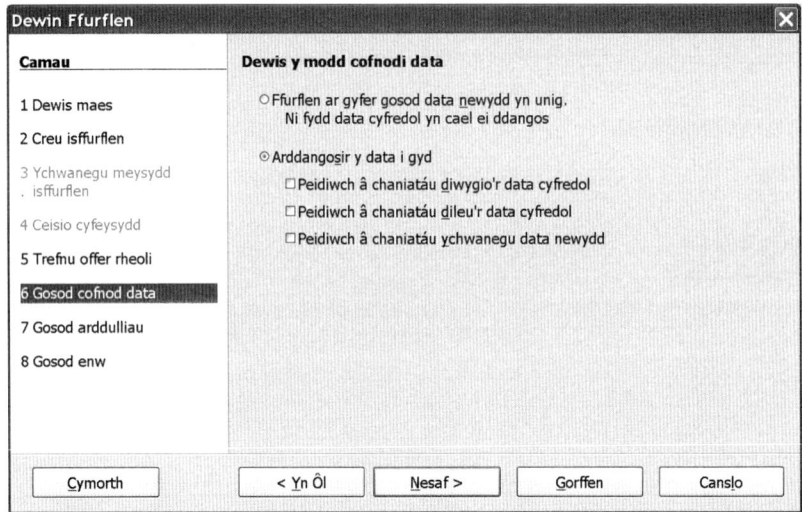

Ffigur B:71
*Y Dewin Ffurflen –
Gosod cofnod data*

Dewin Ffurflen

Camau

Gosod enw eich ffurflen

1 Dewis maes

2 Creu isffurflen

3 Ychwanegu meysydd
. isffurflen

4 Ceisio cyfeysydd

5 Trefnu offer rheoli

6 Gosod cofnod data

7 Gosod arddulliau

8 Gosod enw

Enw'r ffurflen

Awduron Cymraeg

Beth yr hoffech ei wneud ar ôl creu'r ffurflen?

◉ Gweithio gyda'r ffurflen

○ Diwygio'r ffurflen

| Cymorth | | < Yn Ôl | Nesaf > | | Gorffen | Canslo |

Ffigur B:72
*Y Dewin Ffurflen –
Gosod enw*

Mewnosod data gan ddefnyddio ffurflenni

Mae'n hawdd bwydo data i mewn i *Ffurflenni*. Dilynwch y camau isod:

1 Agorwch y ffurflen a chlicio ar y botwm *Cofnod Newydd* ar y bar offer. Fe gewch ddechrau mewnosod eich data.

2 Gellwch symud ymlaen i'r maes nesaf neu gofnod nesaf drwy bwyso'r botwm Tab neu Enter ar y bysellfwrdd.

Fe gewch symud o un maes i'r llall gan ddefnyddio bar offer llywio'r ffurflen. Esbonnir y botymau ar y bar offer llywio'r ffurflen yn Nhabl 5.

Botwm	Enw	Esboniad
	Ffeindio a disodli	Mae hwn yn dod o hyd i werth penodol o fewn tabl neu ffurflen cronfa ddata.
Cofnod 5 o 5	Cofnod absoliwt	Dengys hwn nifer y cofnodion o fewn tabl. Bydd gosod rhif yn y blwch hwn yn eich arwain at y cofnod hwnnw.
	Cofnod cyntaf	Mae hwn yn mynd â chi i'r cofnod cyntaf.
	Cofnod blaenorol	Mae hwn yn mynd â chi i'r cofnod blaenorol.
	Cofnod nesaf	Mae hwn yn mynd â chi i'r cofnod nesaf.
	Cofnod olaf	Mae hwn yn mynd â chi i'r cofnod olaf.
	Cofnod newydd	Mae hwn yn caniatáu ichi greu cofnod newydd.
	Cadw cofnod	Mae hwn yn cadw'ch cofnodion newydd.
	Dadwneud: cofnod data	Mae hwn yn caniatáu ichi ddadwneud cofnod data.
	Adnewyddu	Mae hwn yn adnewyddu'r data a arddangosir. Mae hwn yn bwysig gan nad yw'r data a fewnosodwyd yn cael eu dangos yn awtomatig. Bydd pwyso'r botwm hwn yn sicrhau bod yr holl ddata i'w gweld.
A Z	Didoli	Mae hwn yn nodi meini prawf didoli'r data.

	Didoli tua'r pen uchaf	Didolir y testun yn nhrefn y wyddor o A–Z, a Rhifau o 0–9.
	Didoli am i lawr	Didolir y testun yn nhrefn y wyddor o Z–A, a Rhifau o 9–0.
	AwtoFfilter	Mae hwn yn ffiltro data dewisol yn y ffurflen.
	Gosod ffilter	Mae hwn yn toglo rhwng golygfa wedi'i ffiltro yn y ffurflen neu'r olygfa heb ei ffiltro.
	Ffilteri ar sail ffurflen	Mae hwn yn annog defnyddio'r ffilter gan ddefnyddio maen prawf penodol.
	Tynnu allan y ffilter/didoli	Mae hwn yn canslo gorchymyn ffiltro/didoli ac yn dangos yr holl gofnodion.
	Ffynhonnell ddata fel tabl	Mae hwn yn rhoi'r olygfa dabl ar waith yn y ffurflen.
	Dileu cofnod	Mae hwn yn dileu cofnod.

Tabl 5 Botymau'r bar offer llywio ffurflen

Ar ôl ychwanegu neu olygu'r data, fe gewch gau'r ffurflen. Cedwir yr holl gofnodion newydd neu newidiadau yn awtomatig yn y tabl.

Adroddiadau

Defnyddio'r Dewin i greu adroddiad
Disgrifio creu adroddiadau â'r Dewin y mae'r adran hon. Mae adroddiadau Base yn fodd i arddangos data yn drefnus ac yn ddeniadol. Dilynwch y camau isod.

1 Agorwch gronfa ddata, a chliciwch ar yr eicon *Adroddiadau* ar y chwith.
2 Cliciwch ar *Defnyddio'r Dewin i Greu Adroddiad* oddi tan *Tasgau*.

3 Bydd y *Dewin Adroddiad* yn agor. Dewiswch y tabl neu'r ymholiad yr hoffech seilio adroddiad arno a throsglwyddwch y *Meysydd ar gael* i'r *Meysydd yn yr Adroddiad* (Ffigur B:73). Cliciwch ar *Nesaf*.

4 Labelu'r meysydd (neu beidio) yw'r cam nesaf. Mae labeli'n eich galluogi i ailenwi'r maes dim ond er mwyn ei arddangos yn yr adroddiad (Ffigur B:74). Cliciwch ar *Nesaf* os na welwch eisiau newid dim.

5 Gofyn a fynnwch grwpio y mae'r blwch nesaf (Ffigur B:75). Gwell clicio ar *Nesaf* ac anwybyddu grwpio i greu adroddiad syml.

6 Opsiynau didoli sydd nesaf (Ffigur B:76). Gellir didoli'r wybodaeth yn nhrefn y wyddor neu yn ôl pa griterion bynnag sy'n briodol i'r gwaith. Gellir dewis mwy nag un criterion os bydd angen hynny. Wedi'r didoli, cliciwch ar *Nesaf*.

7 Dewis cynllun i'r adroddiad yw'r cam nesaf (Ffigur B:77). Arbrofwch gyda'r opsiynau nes dod o hyd i'r un sy'n taro deuddeg. Cliciwch ar *Nesaf*. Dyma lle mae enwi adroddiad (Ffigur B:78). Fe gewch gadw'r enw gwreiddiol y mae Base yn ei gynnig, neu fe gewch ddewis enw arall. Cliciwch ar *Gorffen* i gwblhau'r adroddiad. Crëir yr adroddiad a'i agor yn Writer (Ffigur B:79).

Mae'n werth nodi eto mai rhaglen ifanc yw Base. Gall arbrofi gormod ar y dewisiadau arferol arwain at anawsterau. Bydd y problemau hyn yn cael eu datrys wrth i'r rhaglen gael ei diweddaru.

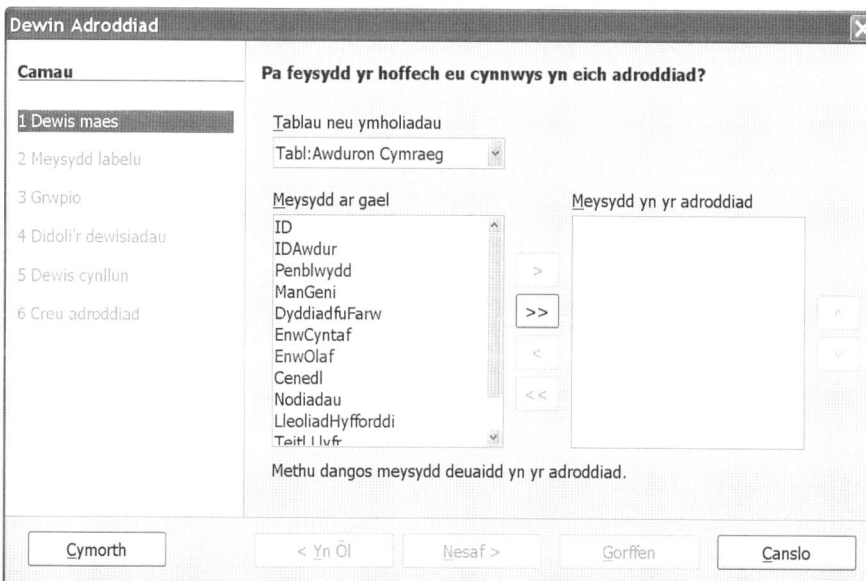

Ffigur B:73
Y Dewin Adroddiad – Dewis maes

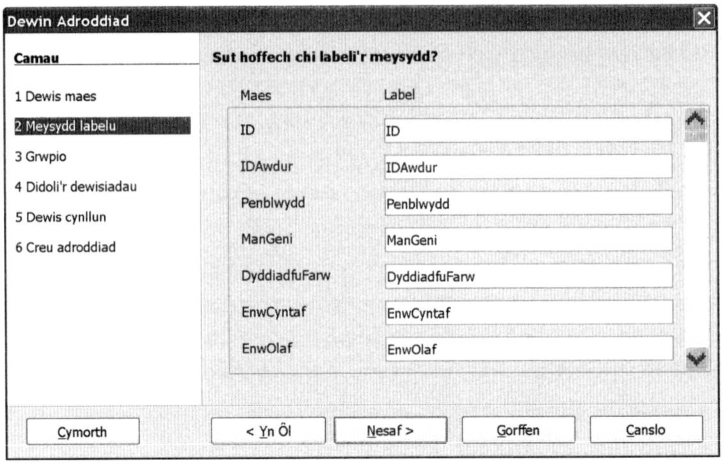

Ffigur B:74
Y Dewin Adroddiad –
Meysydd labelu

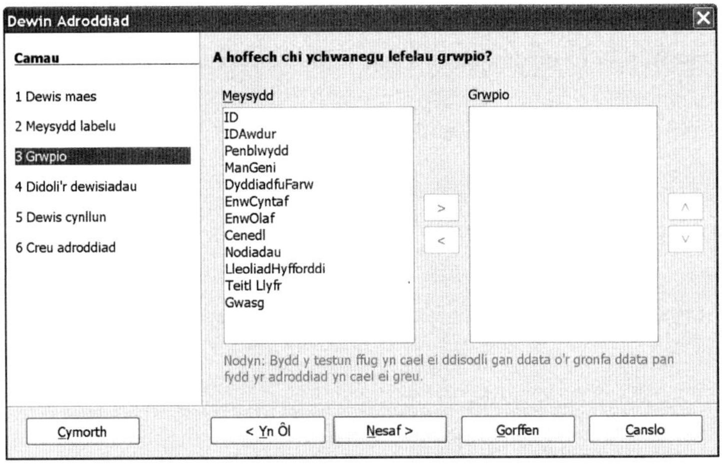

Ffigur B:75
Y Dewin Adroddiad –
Grwpio

Ffigur B:76
Y Dewin Adroddiad –
Didoli'r dewisiadau

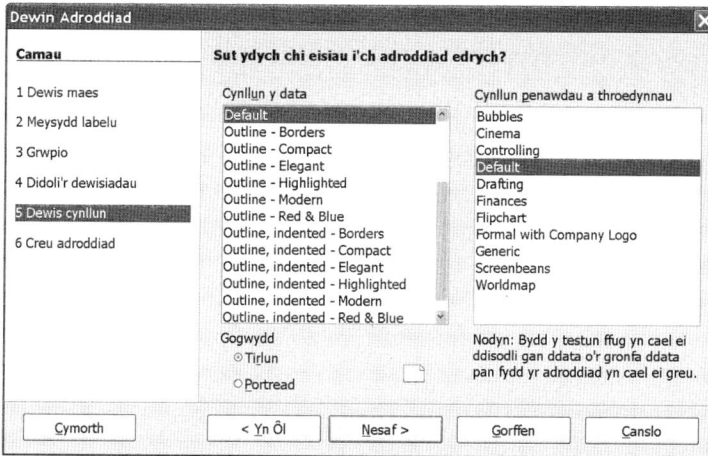

Ffigur B:77
Dewis cynllun
adroddiad

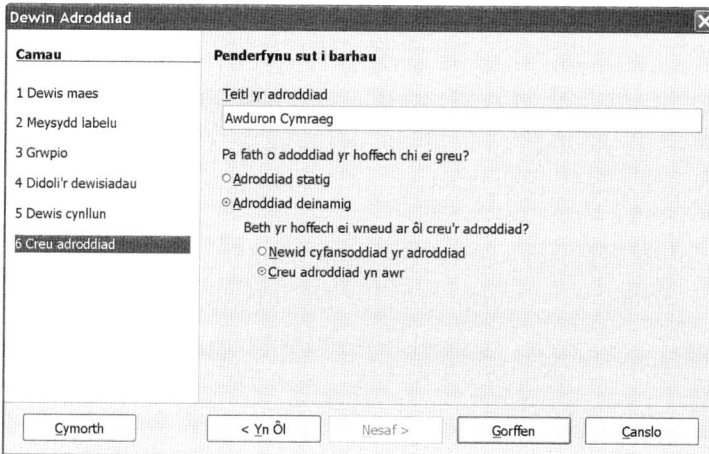

Ffigur B:78
*Y Dewin Adroddiad -
Creu Adroddiad*

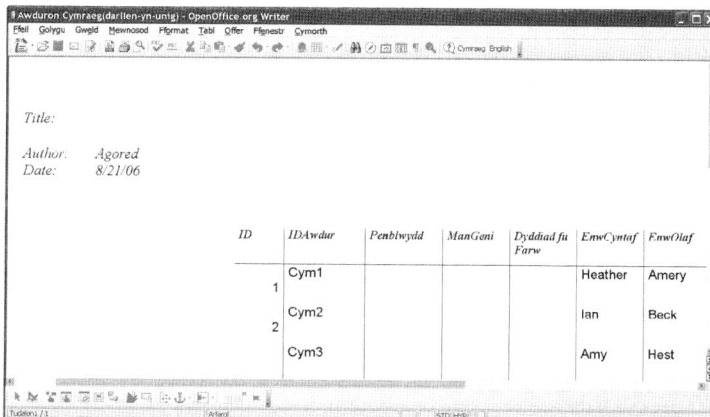

Ffigur B:79
Gweld adroddiad yn
Writer

Golygu adroddiadau

Wedi creu adroddiad, efallai y bydd rhaid ei olygu. Dyma sut mae gwneud hynny:

1 De-gliciwch â'r llygoden ar yr adroddiad: ymddengys cwymplen. Dewiswch *Golygu*.
2 Bydd yr adroddiad yn agor. (Strwythur sampl sydd yn Ffigur B:80. Nid oes ystyr i'r data.)
3 Bydd dau far offer rhydd yn rhan o'r adroddiadau ran amlaf. Bar offer rheoli ffurflen yw un ohonynt a bar offer tabl yw'r llall. Mae Tabl 6 yn esbonio'r botymau ar y bariau offer hyn.
4 Gan ddefnyddio'r botymau hyn y byddwch yn ail-lunio eich adroddiad. (Defnyddir y bar safonol a'r bar fformatio hefyd i wneud gwaith golygu.)
5 Argraffwch y ddogfen yn ôl y dull arferol.

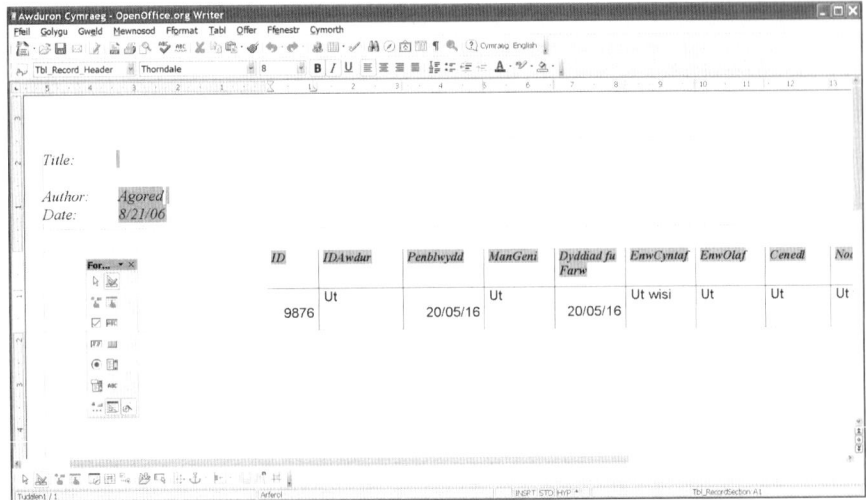

Ffigur B:80
Golygu adroddiad

Botymau	Enw	Swyddogaeth
	Dewis	Mae hwn yn newid y llygoden i'r modd dethol a dewis. Gellir dadysgogi'r modd hwn hefyd.
	Modd cynllunio ymlaen/Diffodd	Mae hwn yn arwydd ai ymlaen neu wedi'i ddiffodd y mae'r modd. Mae'n cyfnewid rhwng y modd cynllunio a'r modd defnyddiwr. Daw ymlaen i olygu'r offer golygu ffurflenni. Fe'i dadysgogir er mwyn defnyddio'r offer ffurflenni.
	Offeryn rheoli	Mae hwn yn agor blwch deialog i olygu priodweddau rheoli arbennig.
	Ffurflen	Agor blwch y mae hwn ichi gael enwi ffynhonnell ddata.
	Blwch gwirio	Creu blwch gwirio y mae hwn.
	Blwch testun	Creu blwch testun y mae hwn.
	Maes wedi'i fformatio	Creu maes wedi'i fformatio y mae hwn.
	Botwm pwyso	Creu botwm gwasgu y mae hwn.
	Botwm opsiynau	Creu botwm opsiynau y mae hwn.
	Blwch rhestr	Mae hwn yn creu blwch rhestrau gan ddefnyddio'r Dewin blychau rhestrau. Fe gewch ddewis gwybodaeth o restr â hwn.
	Blwch cyfun	Mae hwn yn creu blwch cyfun gan ddefnyddio'r Dewin blychau cyfun.
	Maes labeli	Creu man i gynnwys testun y mae hwn.
	Mwy o offer rheoli	Mae hwn yn agor blwch deialog sy'n cynnig rhagor o offer rheoli ichi.
	Cynllun ffurflen	Rhoi'r bar offer cynllunio ffurflenni ar waith y mae hwn.

	Dewiniaid ymlaen/Diffodd	Mae hwn yn dechrau'r Dewin yn awtomatig wrth ychwanegu rheol newydd. Bydd y gosodiad hwn yn berthnasol i'r holl ddogfennau.
	Tabl	Mewnosod tabl mewn dogfen.
	Arddull llinell	Mae hwn yn agor y bar offer arddull borderi. Fe gewch ddiwygio'r arddull llinell yn hwn.
	Lliw y border	Mae hwn yn agor y bar offer lliw borderi er mwyn newid lliw'r border.
	Borderi	Agor y bar offer borderi y mae hwn.
	Lliw'r cefndir	Mae hwn yn agor y blwch lliwiau cefndir.
	Cyfuno celloedd	Cyfuno cynnwys nifer o gelloedd yn un gell.
	Hollti celloedd	Rhannu celloedd yn nifer o gelloedd llorweddol a fertigol yn ôl eich dymuniad.
	Optimeiddio	Mae hwn yn agor bar offer sy'n cynnwys swyddogaethau i optimeiddio rhesi a cholofnau.
	Top	Mae hwn yn alinio cynnwys y gell â min uchaf y gell.
	Canoli (fertigol)	Canolir cynnwys y gell â hwn.
	Gwaelod	Mae hwn yn alinio cynnwys y gell â min isaf y gell.
	Mewnosod rhes	Mae hwn yn mewnosod rhes islaw safle'r cyrchwr.
	Mewnosod colofn	Mae hwn yn mewnosod colofn ar ôl safle'r cyrchwr.

	Dileu rhes	Dileu rhesi penodol y mae hwn.
	Dileu colofn	Dileu colofnau penodol y mae hwn.
	Dewis tabl	Dewis y tabl cyfredol y mae hwn.
	Dewis colofn	Mae hwn yn dewis y golofn lle mae'r cyrchwr.
	Dewis rhes	Mae hwn yn dewis y rhes lle mae'r cyrchwr.
	AwtoFfformat	Mae hwn yn fformatio'r tabl cyfredol yn awtomatig: ffontiau, graddlwydo, borderi.
	Priodweddau tabl	Priodweddau penodol.
	Didoli	Dynodi'r criteria didoli er mwyn arddangos data.
	Swm	Mae hwn yn rhoi'r swyddogaeth Swm ar waith. Rhaid dodi'r cyrchwr yn y gell lle bydd y swm yn ymddangos.

Tabl 6 Botymau'r bariau offer adroddiadau

Golygfa

Creu golygfa syml

Mae golygfa yn fodd ichi weld meysydd dethol mewn tabl.
Er enghraifft, pe bai rhestr o'ch cleientiaid yng Nghymru gyfan
gennych, gellwch weld cleientiaid Powys ar wahân mewn golygfa
arbennig. Ar sail y golygfeydd hynny, gallech greu adroddiadau, a
chyfuno post, yn ogystal ag ateb cwestiynau arferiadol.

Cymerwn eich bod am greu golygfa syml ar sail tabl. Yn hon, cawn
restru enwau pawb yn y sir er mwyn eu gwahodd i seminar.
Casglu data yn un tabl yn unig y bydd y rhaglen.

1   Dewiswch *Creu Golwg* oddi tan *Tasgau* (Ffigur B:81).

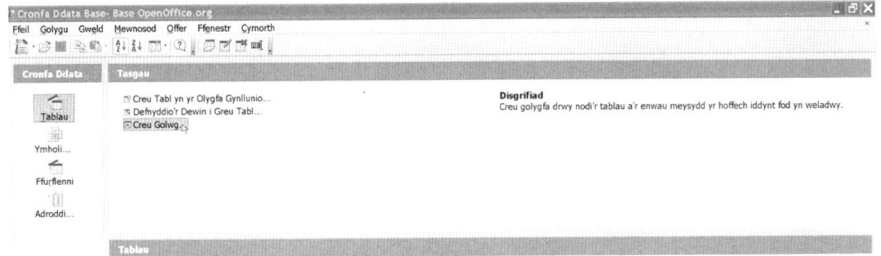

Ffigur B:81
Creu golwg

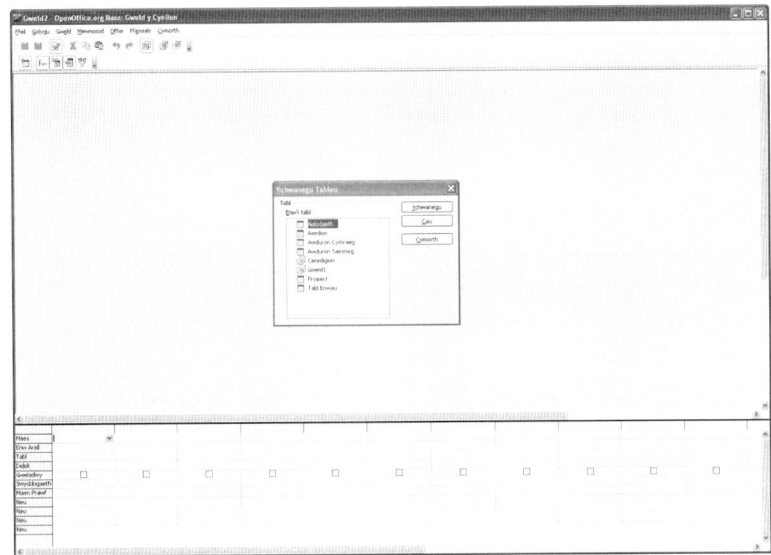

Ffigur B:82
Ffenestr gynllunio

2   Bydd ffenestr gynllunio'n agor (Ffigur B:82). Yn hon, fe welwch nifer fechan o golofnau ynghyd â blwch deialog *Ychwanegu Tablau* sy'n rhestru eich holl dablau.

3   Dewiswch y tabl yr hoffech ei ddefnyddio ar gyfer yr olygfa, a chliciwch ar *Ychwanegu* (Ffigur B:83). Ymddengys ffenestr fechan rydd tu ôl i'r blwch *Ychwanegu Tablau* yn y ffenestr gynllunio golygfa. Cliciwch ar *Cau* i ddychwelyd i'r ffenestr gynllunio golygfa (Ffigur B:84).

4   Dwbl-gliciwch ar y maes dewisol cyntaf yn y ffenestr fechan rydd (Ffigur B:85): caiff hwnnw ei gopïo i'r grid.

5   Gwahodd pawb mewn sir enwedig yr ydym: teipiwch enw'r sir – e.e. Ceredigion yn y blwch *Maen Prawf* (Ffigur B:86).

6   Cadwch yr olygfa. Enwch yr olygfa a chliciwch ar *Iawn* (Ffigur B:87). Caiff eich golygfeydd eu cadw a'u rhestru oddi tan *Tablau*. Erbyn ichi glicio nesaf ar yr olygfa, fe sylwch i'r data gael eu cynnwys (Ffigur B:88).

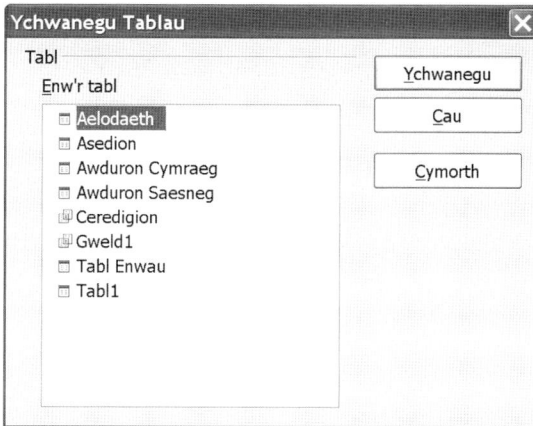

Ffigur B:83
Y blwch deialog
Ychwanegu tablau

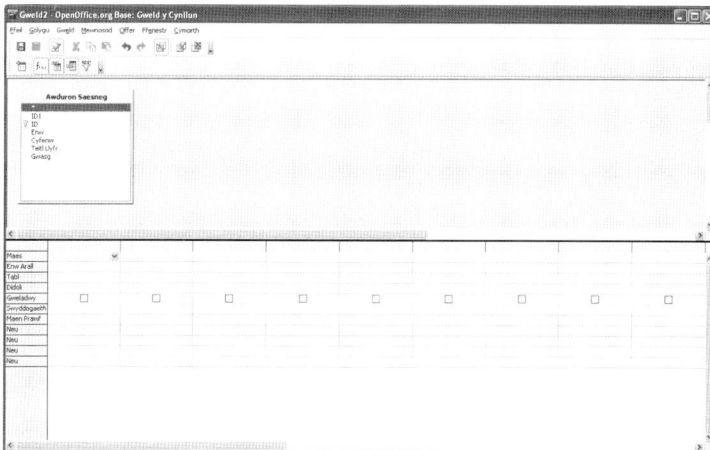

Ffigur B:84

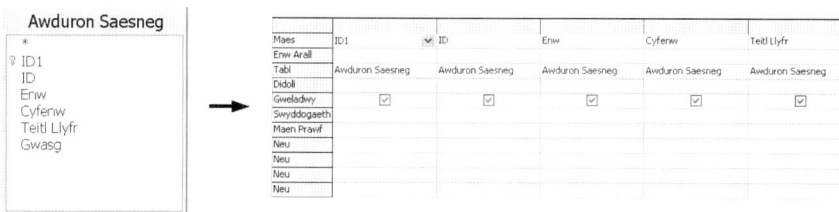

Ffigur B:85

Ffigur B:86

Ffigur B:87

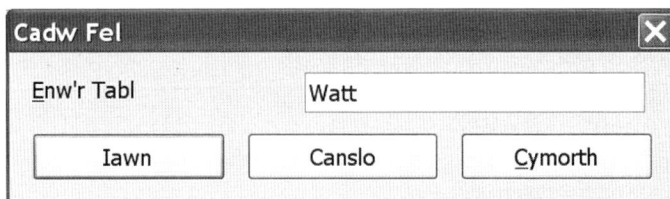

Ffigur B:88

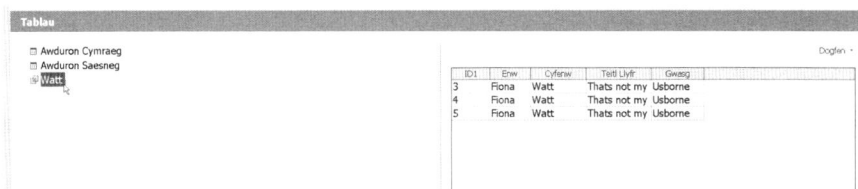

Ymholiadau

Creu ymholiad yn yr olygfa gynllunio

Pwrpas ymholiadau yw gwneud i'r gronfa gasglu data ateb cwestiwn neu ymholiad penodol (gweler Tabl 8 ar dudalen 341 am y bar offer ymholiadau). Mae llunio ymholiadau'n hanfodol i'r ffordd y mae cronfeydd data'n gweithio. Gall ymholiad rannu casgliad o ddata yn ddarnau penodol a hawdd eu trin.

Fel hyn y mae llunio ymholiad sylfaenol:

1 Cliciwch ar y botwm *Ymholiadau* ar ochr chwith y sgrin.
2 Oddi tan *Tasgau* dwbl-gliciwch ar *Creu Ymholiad yn yr Olygfa Gynllunio*: bydd y ffenestr gynllunio ymholiadau'n agor. Tu fewn i'r ffenestr hon, yn y blwch *Ychwanegu Tablau*, fe welwch bob tabl sydd ar gael (Ffigur B:89).
3 Dewiswch y tabl sydd yn cynnwys y wybodaeth y dymunwch ei defnyddio yn eich ymholiad. Cliciwch arno a chlicio ar *Ychwanegu* wedyn.
4 Ychwanegwch gynifer o dablau ag y mynnwch at yr ymholiad: byddant yn ymddangos yn y ffenestr gynllunio ymholiadau. Ar ôl gwneud hynny, caewch y blwch *Ychwanegu Tablau*. Os byddwch yn ychwanegu tabl trwy ddamwain, cliciwch arno i'w ddewis a phwyswch y bysell Delete ar eich bysellfwrdd.
5 I ddewis y meysydd i'r ymholiad dwbl, cliciwch ar eu henwau: fe ymddangosant yn hanner isaf y dudalen (Ffigur B:90).

6 Ffordd arall o ddewis y meysydd i'r ymholiad yw clicio ar y saeth
wrth ymyl *Maes* yn hanner isaf y sgrin: ymddengys cwymplen ichi
wneud eich dewis. Pan fo mwy nag un tabl gennych, fe gewch
ddewis yr un cyntaf gan glicio ar y saeth i lawr wrth ymyl *Tabl*:
dewiswch y maes priodol wedyn (Ffigur B:91).

7 Wedi adeiladu'r ymholiad â'r meysydd dewisol, gellwch ei roi ar
waith neu gynnwys rhagor o amodau. Er enghraifft, mewn
ymholiad syml, mae'n bosib didoli'r ateb a hyd yn oed cuddio rhai
meysydd os bydd angen (Ffigur B:92). Gan ddad-dicio'r blwch y
mae cuddio meysydd (Ffigur B:93).

8 Wedi gwneud yr hyn a amlinellir uchod, byddwch yn barod i
redeg yr ymholiad. Cliciwch ar y botwm *Rhedeg Ymholiad*, a ffwrdd
â chi! Caiff eich ymholiad ei arddangos ar dop y sgrin (Ffigur B:94).
Os gwelwch eisiau symleiddio gwedd yr ymholiad, diffoddwch yr
olygfa gynllunio (Ffigur B:95). Gwnewch hynny drwy glicio ar yr
eicon *Cyfnewid Gweld y Cynllun Ymlaen/Diffodd*.

9 Cadwch yr ymholiad a'i enwi (Ffigur B:96).

10 Ymhlith yr *Ymholiadau* y cedwir yr ymholiad newydd (Ffigur B:97):
fe gewch ei ddefnyddio eto pan fo angen. Er mwyn ei ailagor felly,
dwbl-gliciwch arno er mwyn agor yr olygfa dabl (Ffigur B:98).

Wrth redeg ymholiad, cesglir y wybodaeth fwyaf diweddar bob tro.
Cadw fframwaith yn unig a wnewch wrth gadw ymholiad, ac nid y
wybodaeth y mae'n ei chasglu a'i didoli.

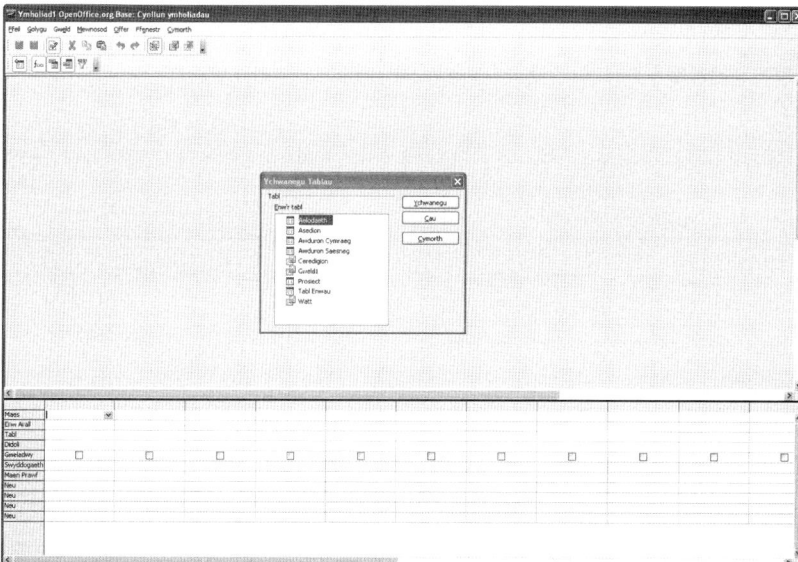

Ffigur B:89

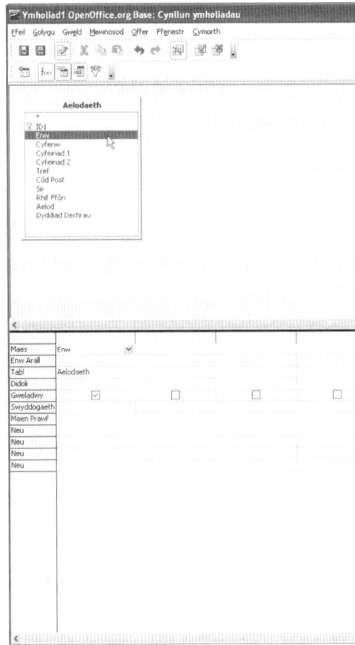

Ffigur B:90

Ffigur B:91

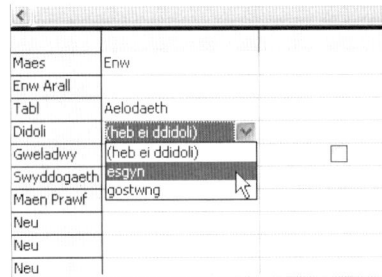

Ffigur B:92

Didoli

Esgyn = A–Y neu 0–9

Gostwng = Y–A neu 9–0

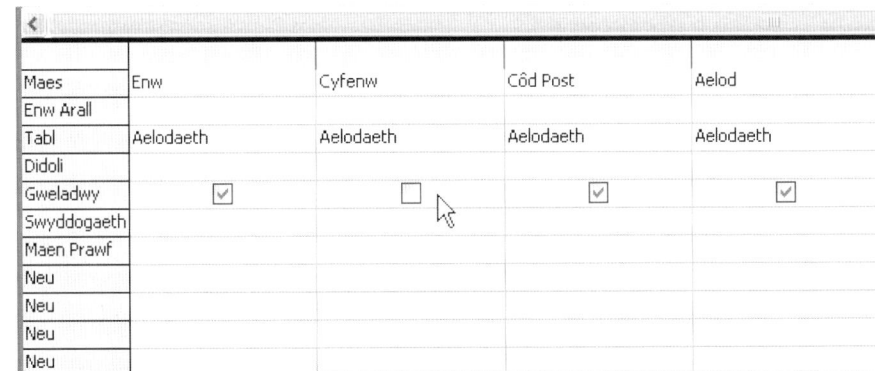

Ffigur B:93

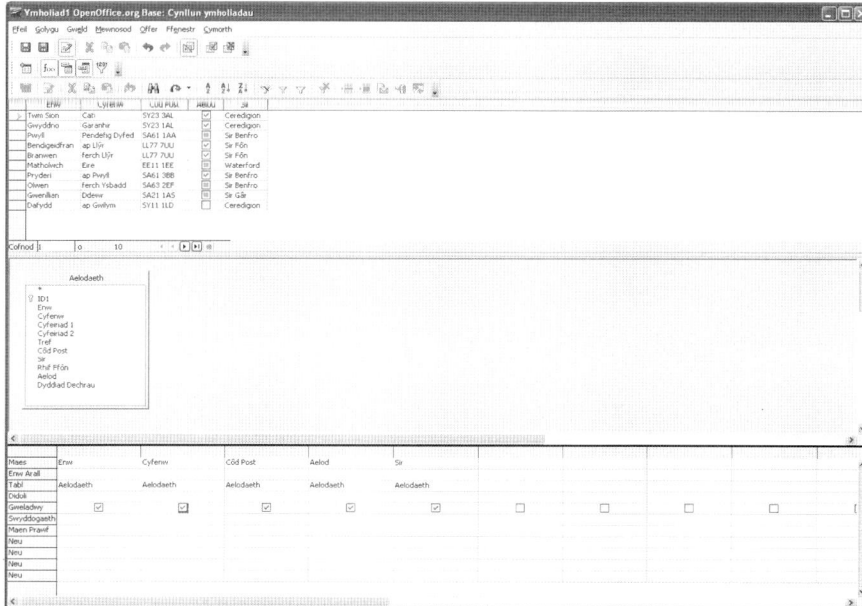

Ffigur B:94

Ffigur B:95

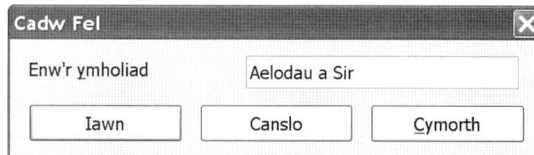

Ffigur B:96

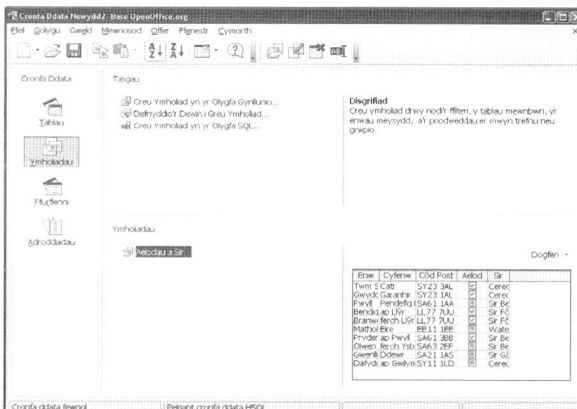

Ffigur B:97

Ffigur B:98

Golygfeydd ymholi

Pan fyddwch yn rhedeg eich ymholiadau, fe sylwch fod gwahanol olygfeydd yn codi. Gwelir hyn yn Ffigur B:99. Pan ddiffoddwch yr olygfa gynllunio, bydd y tabl yn newid i'r hyn a welir yn Ffigur B:100. Gweler Tabl 7 am ddisgrifiad o'r gwahanol olygfeydd.

Golygfa Restrau

Golygfa Gynllunio

Ffigur B:99

Golygfa Restrau

Golygfa SQL

Ffigur B:100

Golygu ymholiadau

Gwaith hawdd yw golygu ymholiadau. Fel hyn y mae gwneud hynny:

1 Dewiswch yr ymholiad y dymunwch ei olygu. De-gliciwch â'r llygoden a bydd cwymplen yn ymddangos. Dewiswch *Golygu* wedyn (Ffigur B:101).

2 Nawr, gellwch olygu'r ymholiad (Ffigur B:102).

Golygfa	Disgrifiad
Golygfa restrau	Arddangosir canlyniadau'r ymholiad yn yr olygfa hon. Gwelir enwau'r meysydd ar ael y tabl. Dylai pob rhes ddangos gwybodaeth sy'n bodloni'r meini prawf a ddewiswyd gennych.
Golygfa gynllunio	Yn yr olygfa hon y mae cynllunio ymholiad a'i olygu os bydd angen.
Golygfa SQL	Yn y fan hon y gwelwch y gorchmynion SQL i'r ymholiad a grëwyd gennych. Mae'n bosib adeiladu ymholiad yn y côd SQL yn uniongyrchol. (Dylid nodi bod gweithio yn y modd hwnnw'n peri problemau annisgwyl weithiau.)

Tabl 7 Golygfeydd Base

3 Er mwyn ailfeintioli'r ffenestr, rhowch y llygoden ar y llinell wahanu nes iddo droi'n saeth ddeupen. Cadwch eich bys ar y llygoden, ac estynnwch ar y ffenestr gan lusgo'r llinell hwnt ac yma yn ôl y gofyn (Ffigur B:103).
4 Os dymunwch ddileu maes, de-gliciwch arno. Ymddengys cwymplen. Cliciwch ar *Dileu* (Ffigur B:104). Fel arall, fe gewch amlygu'r maes a phwyso Delete ar y bysellfwrdd.
5 Wedi golygu'r ymholiad, cliciwch ar y botwm *Cadw*.

Ffigur B:101
Golygu ymholiad

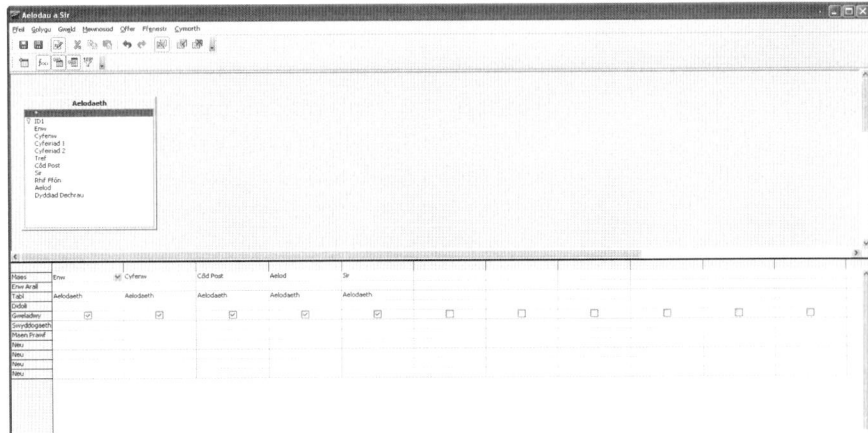

Ffigur B:102

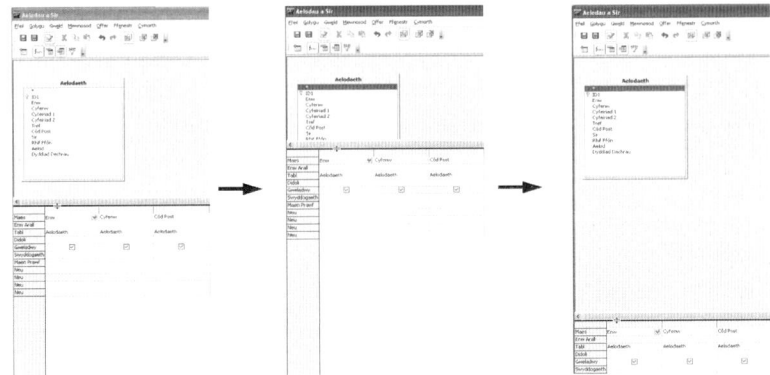

Ffigur B:103
Ailfeintioli darnau o'r
ffenestr

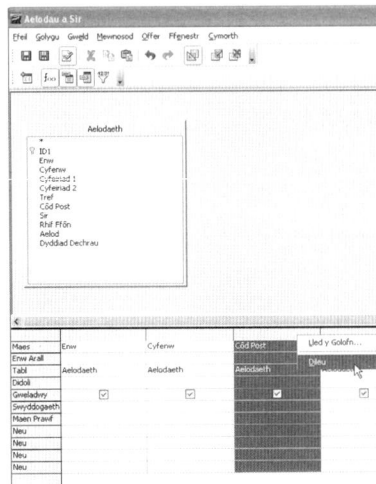

Ffigur B:104
Dileu ymholiad

Bar cynllunio ymholiadau

Wrth ichi gynllunio ymholiad neu ei olygu, bydd bar offer yn dod i'r golwg. Disgrifir rhai o swyddogaethau'r bar offer hwnnw yn Nhabl 8.

Botymau	Enw	Disgrifiad
	Cadw	Cadw'r ymholiad y mae hwn.
	Cadw fel . . .	Cadw'r ymholiad y tro cyntaf.
	Golygu ffeil	Botwm i ddiffodd y swyddogaeth olygu neu'i throi ymlaen.
	Torri	Torri data.
	Copïo	Copïo data.
	Gludo	Gludo data.
	Dadwneud	Dadwneud y weithred flaenorol.
	Ail-wneud	Ail-wneud y weithred flaenorol.
	Cyfnewid gweld y cynllun ymlaen/Diffodd	Arddangos golygfa gynllunio'r ymholiad y mae hwn.
	Rhedeg ymholiad	Rhedeg yr ymholiad a dangos y canlyniad y mae hwn. Ni fydd y gorchymyn hwn yn cadw'r ymholiad.
	Clirio ymholiad	Mae hwn yn clirio'r ymholiad a grëwyd ac yn tynnu pob tabl allan o'r ffenestr gynllunio.
SQL	Rhedeg gorchymyn SQL yn uniongyrchol	Mae hwn yn dangos gorchmynion SQL yr ymholiad, ac yn caniatáu eu newid. Noder: gall gweithio yn y modd hwn beri problemau annisgwyl o bryd i'w gilydd.
	Ychwanegu tabl	Dod â'r blwch *Ychwanegu Tabl* i'r golwg y mae hwn, sef man rhestru pob tabl y gellir ei fewnosod yn y ffenestr gynllunio.
f(x)	Swyddogaethau	Dangos a chuddio y rhes *Swyddogaethau* yn rhan isaf y ffenestr gynllunio ymholiadau.
	Enw'r tabl	Dangos a chuddio y rhes *Tabl*.
	Enw arall	Dangos a chuddio y rhes *Enw Arall* yn rhan isaf y ffenestr gynllunio ymholiadau.
123	Gwerthoedd amlwg	Mae hwn yn ymestyn y datganiadau a grëwyd yn SQL gan ddefnyddio gwerthoedd amlwg. Dim ond unwaith y rhestrir gwerthoedd unfath sy'n digwydd mwy nag unwaith.

Tabl 8 Botymau'r bar offer cynllunio ymholiadau

Defnyddio'r Dewin i greu ymholiad

Dilynwch y camau isod er mwyn creu ymholiad â'r Dewin.

1 Cliciwch ar y symbol *Ymholiadau* ar ochr chwith y sgrin.

2 Dwbl-gliciwch ar *Defnyddio'r Dewin i greu Ymholiad*: bydd y ffenestr *Dewin Ymholiad* yn agor (Ffigur B:105). Tu fewn i'r ffenestr hon, fe welwch bob cam yn y gadwyn creu ymholiad. Y cam cyntaf yw *Dewis maes* a throsglwyddo'r meysydd y dymunwch eu cynnwys yn eich ymholiad. Wedi trosglwyddo'r meysydd, cliciwch ar *Nesaf*.

3 Penderfynwch a oes angen didoli rhai o'r meysydd. Dewiswch y meysydd hynny a nodwch sut yr hoffech iddynt gael eu didoli (Ffigur B:106).

4 Fe welwch y ffenestr *Amodau chwilio* (Ffigur B:107) nesaf. Mae'r dewis hwn yn ddefnyddiol os dymunwch gyfyngu ar y chwilio, e.e. chwilio am bob un sy'n byw o fewn ardal benodol. Nid oes amodau yn yr enghraifft hon (ond gweler yr adran nesaf am ragor o wybodaeth). Cliciwch ar *Nesaf*.

5 Bydd y ffenestr nesaf yn gofyn ai *Ymholiad manwl* neu *Ymholiad crynhoi* sydd eisiau (Ffigur B:108) Wedi gwneud y dewis, cliciwch ar *Nesaf*.

6 Ymwneud â defnyddio enw arall yn unig y mae'r ffenestr wedyn (Ffigur B:109). Yn yr enghraifft hon, anwybyddwn hyn y tro hwn: cliciwch ar *Nesaf*.

7 Dyma'r cam olaf, lle y cewch drosolwg o'r hyn a ddewiswyd gennych â'r Dewin. Enwch yr ymholiad neu gadewch yr enw a gynigir gan y rhaglen, a chliciwch ar *Gorffen* (Ffigur B:110).

8 Bydd yr ymholiad yn agor a'r canlyniad didoli i'w weld (Ffigur B:111).

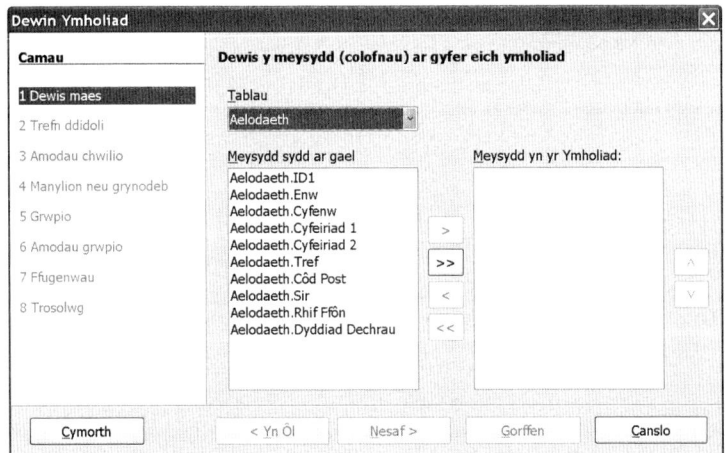

Ffigur B:105
Y Dewin Ymholiad –
Dewis maes

Ffigur B:106
Y Dewin Ymholiad –
Trefn didoli

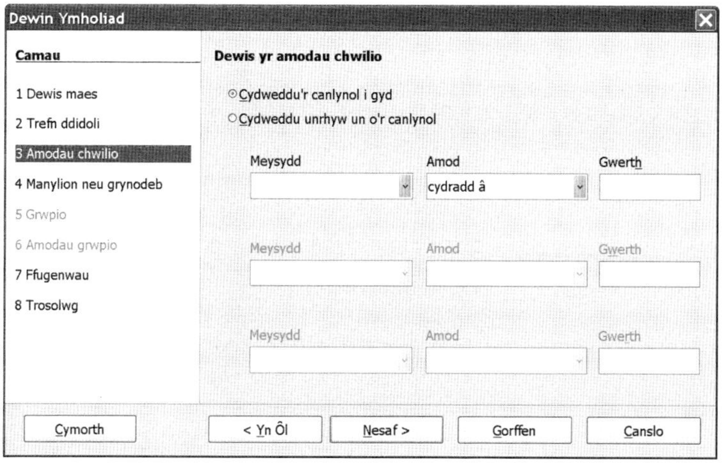

Ffigur B:107
Y Dewin Ymholiad –
Amodau chwilio

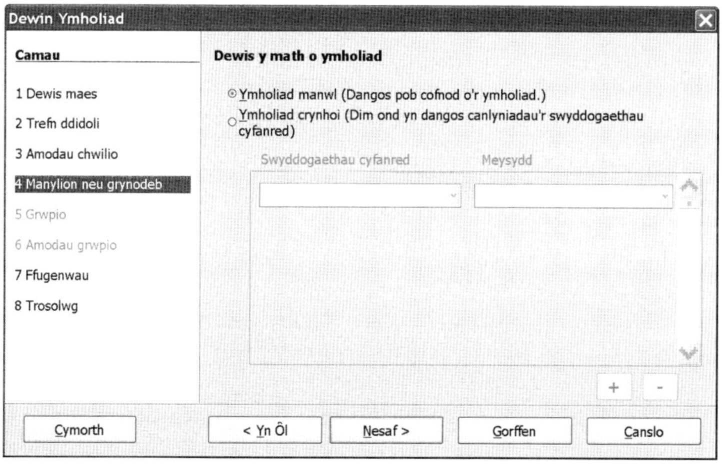

Ffigur B:108
Y Dewin Ymholiad –
Manylion neu
grynodeb

Ffigur B:109
Y Dewin Ymholiad –
Ffugenwau

Ffigur B:110
Y Dewin Ymholiad –
Trosolwg

Ffigur B:111
Enghraifft o ymholiad

Amodau chwilio

Pwrpas yr amodau yn Base yw diffinio'r hyn yr ydych yn chwilio amdano. Fe gewch roi'r amodau ar waith mewn ymholiad a grëir naill ai gan y Dewin neu gan yr olygfa gynllunio. Mae nifer fawr o amodau y gellwch eu defnyddio. Mae Tabl 9–Tabl 14 yn dangos rhai ohonynt.

Mae rhestr gyflawn o'r amodau ar gael yn sgriniau cymorth Base. Dylid nodi bod y rhaglen yn gwahaniaethu rhwng llythrennau bach a llythrennau mawr: rhowch eich data i mewn yn fanwl gywir felly!

Fel hyn y mae rhoi amodau ar waith:

1   Cliciwch ar yr adran *Maen Prawf* yn yr olygfa gynllunio yn yr ymholiad.
2   Yn y maes sy'n cynnwys y data priodol, teipiwch yr amod y dymunwch ei nodi (Ffigur B:112). I redeg y rhaglen cliciwch ar y symbol 🖺 .

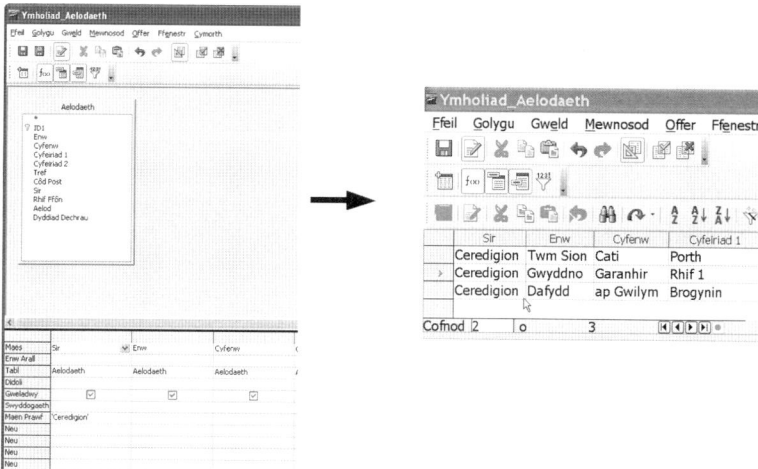

Ffigur B:112
Rhoi amodau chwilio
ar waith

Cydweddu perffaith	
=50	bydd hwn yn dod o hyd i'r rhif 50
=Ceredigion	bydd hwn yn dod o hyd i'r gair Ceredigion
=25/12/06	bydd hwn yn dod o hyd i'r dydd 25^{ain} Rhagfyr

(Ni raid defnyddio'r symbol = pan fyddwch yn chwilio am gydweddu perffaith.)

Tabl 9 Amodau chwilio: Cydweddu perffaith

Llai na/Mwy na

<50	bydd hwn yn dod o hyd i rifau sy'n llai na 50
>50	bydd hwn yn dod o hyd i rifau sy'n fwy na 50

(Gellir defnyddio hwn gyda dyddiadau a thestun hefyd.)

Tabl 10 Amodau chwilio: Llai na/Mwy na

Llai na neu gyfartal â/Mwy na neu gyfartal â

<=100	bydd hwn yn dod o hyd i rifau llai na neu gyfartal â 100
>=100	bydd hwn yn dod o hyd i rifau mwy na neu gyfartal â 100

(Gellir defnyddio hwn gyda dyddiadau a thestun hefyd.)

Tabl 11 Amodau chwilio: Llai na neu gyfartal â/Mwy na neu gyfartal â

Anghyfartal â

<>	bydd hwn yn dod o hyd i rif nad yw'n gyfartal â 100
<>	bydd hwn yn dod o hyd i destun nad yw'n cyfateb i Ceredigion

Tabl 12 Amodau chwilio: Anghyfartal â

Meysydd gwag

IS EMPTY	bydd hwn yn dod o hyd i faes gwag
IS NOT EMPTY	bydd hwn yn dod o hyd i faes nad yw'n wag

(Pan fo maes gwag yn Base yn gyfartal â 0 neu nwl, a phan fo'r maes hwnnw'n faes Booleaidd, bydd rhaid iddo gynnwys sgwâr gwyrdd yn y blwch ▣ . Os ymddengys fel hyn ☐ , ni fydd Base yn ei weld yn faes gwag.)

Tabl 13 Amodau chwilio: Meysydd gwag

Dalfan

Defnyddir * (dalfannau) i ddod o hyd i ddata tebyg:

LIKE Ce*	bydd hwn yn dod o hyd i: Ce fel Ceredigion, Ceir, Cert
LIKE *Er*	bydd hwn yn dod o hyd i: Erbyn, Cerbyd, Cer
LIKE Adfywha?	bydd hwn yn dod o hyd i air dros 7 llythyren yn dechrau ag Adfywha fel Adfywhad, Adfywhau, Adfywhaf

Tabl 14 Amodau chwilio: Dalfan

MATH

Llinos Hallgarth

Cyflwyno Math

Rhaglen golygu fformiwlâu yw Math OpenOffice.org. Ystyr hynny yw ei bod yn cyflwyno fformiwlâu mewn modd hawdd eu darllen. Gosod fformiwlâu ar y daflen y mae Math yn ei wneud felly: ni fydd yn gwneud y gwaith cyfrifo. Rhaid troi at Calc er mwyn gwneud y gwaith hwnnw.

Tu fewn i Writer y defnyddir Math ran amlaf, ond gellir ei fewnosod yn Calc, Draw ac Impress hefyd. Pan grëir Math yn Writer, Calc, Draw neu Impress, caiff ei drin fel gwrthrych tu fewn i'r ddogfen. Ond dylid nodi fod Math yn rhaglen annibynnol y gellir ei hagor ar ei phen ei hun hefyd.

Tair ffordd sydd i gynnwys data yn Math:

1 Teipio'n uniongyrchol yn yr offer golygu hafaliadau.
2 De-glicio â'r llygoden ar yr offer golygu hafaliadau a dewis y symbol o'r ddewislen.
3 Defnyddio'r blwch *Dewis* i ddewis symbol.

Defnyddio Math yn Writer

I ddechrau defnyddio Math yn Writer, agorwch Writer a chliciwch ar *Mewnosod → Gwrthrych → Fformiwla* (Ffigur M:1). Bydd yr offer golygu hafaliadau'n agor ar waelod y sgrin. (Efallai y bydd rhaid ei ddad-ddocio.) Fe welir ffenestr fach hefyd sef y blwch *Dewis*. Os na welwch y blwch *Dewis*, cliciwch ar *Gweld → Dewis*. Oddi mewn i'r ddogfen,

Ffigur M:1
Defnyddio Math yn Writer ac agor y blwch *Dewis*

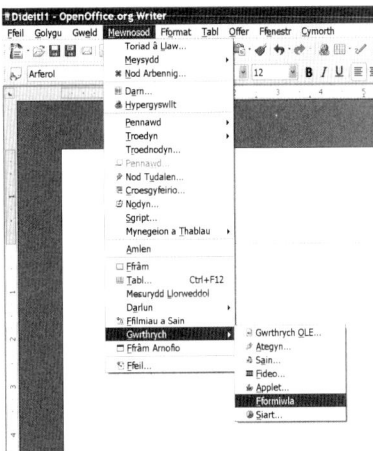

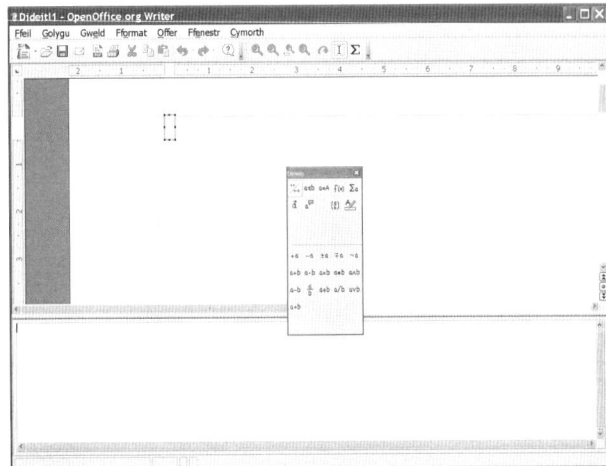

fe welwch flwch bach llwyd ei forderi hefyd. Yn y blwch hwn yr arddangosir y fformiwla:

Defnyddio'r blwch Dewis i fewnosod fformiwla

Defnyddio'r blwch *Dewis* yw'r ffordd hawsaf i fewnosod fformiwla. Rhennir y blwch yn ddwy ran (Ffigur M:2).

1   Categorïau sydd yn y rhan uchaf: mae yma naw categori i'w defnyddio:

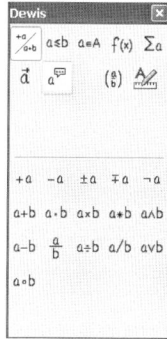

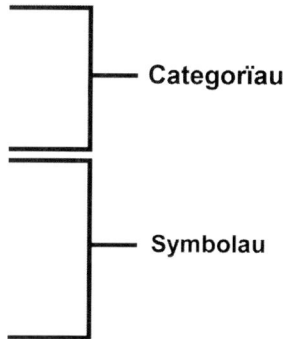

Ffigur M:2
Y blwch *Dewis*

- Gweithredwyr unaidd/deuaidd
- Perthynas
- Gosod y gweithrediadau
- Swyddogaethau
- Gweithredwyr
- Nodweddion
- Bracedi
- Fformatau
- Eraill.

2   Symbolau sydd yn yr hanner isaf – ac yma mae rhestr o'r gwahanol symbolau tu fewn i'r naw categori. O ddewis categori yn yr hanner uchaf, bydd symbolau'r categori hwnnw yn cael eu harddangos yn yr hanner isaf.

Os byddwch yn cau'r blwch *Dewis* yn anfwriadol, fe gewch glicio ar *Gweld* → *Dewis* er mwyn ei adfer.

I fewnosod data, dilynwch y camau hyn:

1   Dewiswch y categori y dymunwch ei ddefnyddio yn hanner uchaf y blwch *Dewis*. Cymerwn y gweithredwyr unaidd/deuaidd yn enghraifft.

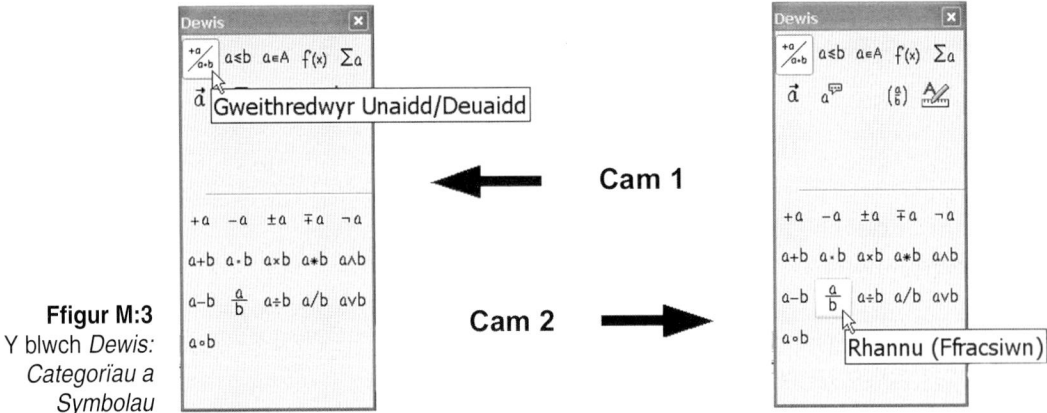

Ffigur M:3
Y blwch *Dewis:*
Categorïau a
Symbolau

Cam 1

Cam 2

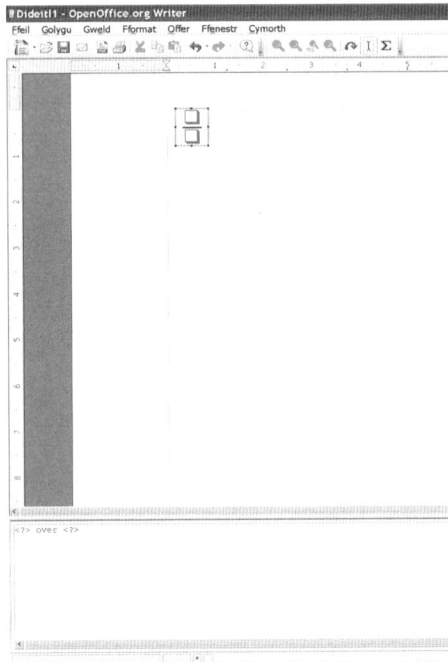

Ffigur M:4

2 Penderfynwch pa symbol yr ydych ei eisiau, er enghraifft creu ffracsiwn (Ffigur M:3).

3 Pan ddewiswch y symbol ffracsiwn yn y blwch *Dewis*, bydd dau beth yn digwydd (Ffigur M:4):

- Bydd y ffenestr orchmynion yn dangos y fformiwla ar ei ffurf *mark-up* (sef yr iaith fformiwlâu): <?> over <?>.
- Caiff yr un ffracsiwn ei ddangos yng nghorff y testun ar y ffurf arferol ond heb y data (gweler cornel chwith y sgrin waith yn Ffigur M:4).

4 Gelwir y symbol <?> yn ddalfan: caiff hwn ei ddisodli wrth ichi fewnosod testun. Er mwyn mewnosod testun, amlygwch y dalfannau un ar y tro a theipiwch drostynt, neu dwbl-gliciwch ar y blychau gwag yng nghorff y testun a theipiwch y testun i mewn.

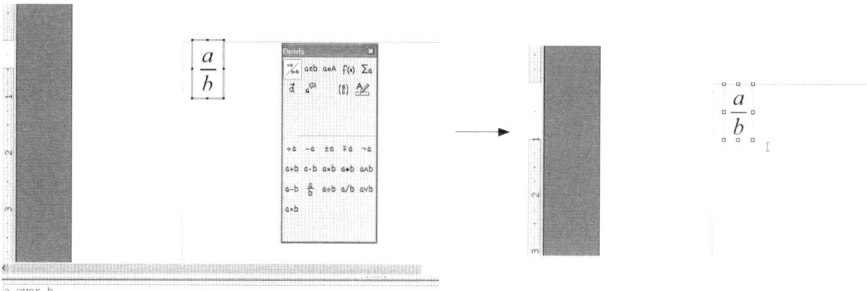

Bydd yr hafaliad yn cael ei ddiweddaru'n awtomatig wrth i ddata gael eu mewnosod: cliciwch ar dudalen Writer er mwyn ei gau. Sylwch ar y blychau gwyrdd o amgylch yr hafaliad. Ystyr y rhain yw ei bod yn bosib golygu'r hafaliad ar y dudalen (Ffigur M:5).

5   Er mwyn dad-ddewis y blychau gwyrdd, cliciwch unrhyw le ar y dudalen. Erbyn hyn, bydd eich hafaliad yn wrthrych tu fewn i Writer (Ffigur M:6).

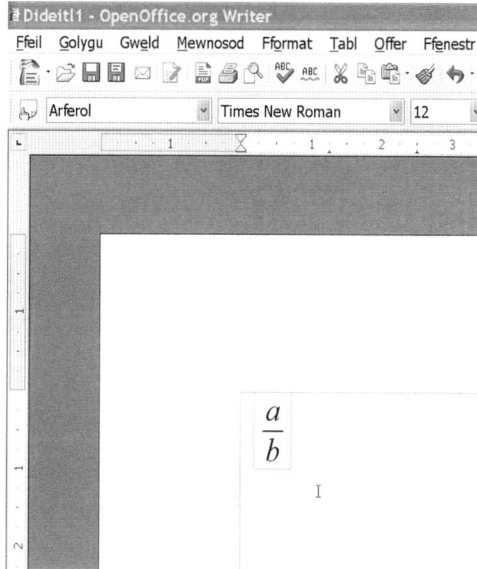

Ffigur M:6

6   I olygu'r hafaliad, gellwch symud y llygoden ar ei draws a dwbl-glicio arno. Ailagor y bydd yr offer golygu yn awr ichi weithio ar yr hafaliad. Wedi gorffen newid yr hafaliad, cliciwch ar y dudalen Writer: bydd yr offer golygu'n cau (Ffigur M:7).

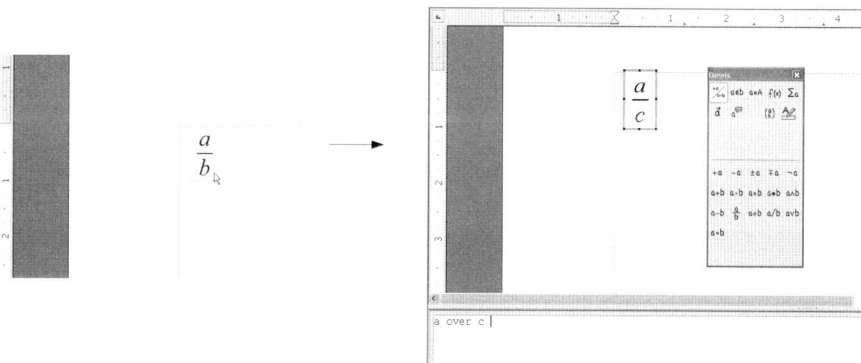

Ffigur M:7

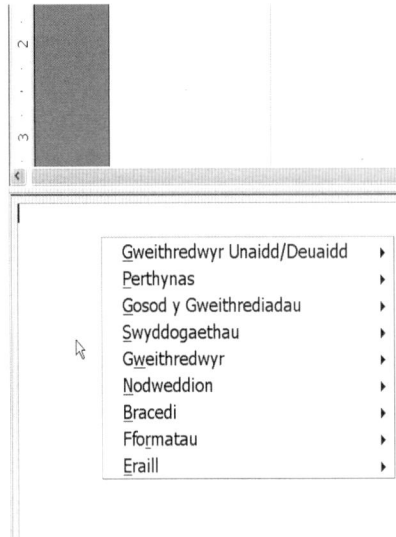

Ffigur M:8
Categorïau'r blwch *Dewis*

Ffigur M:9

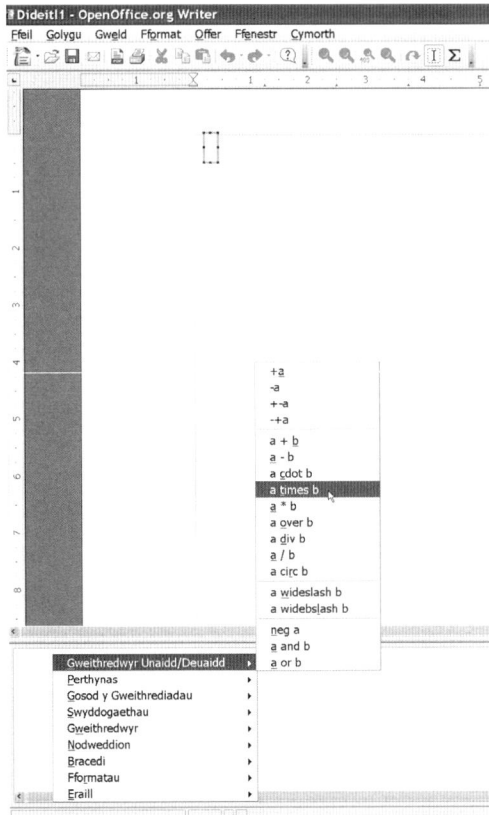

Ffigur M:10

Defnyddio de-glicio

Wedi agor Math, de-gliciwch ar yr offer golygu. Daw cwymplen i'r golwg ac ynddi restr o'r categorïau (Ffigur M:8). Rhowch y llygoden ar ben un o'r categorïau er mwyn ei ddewis: fe ddaw cwymplen arall i'r golwg. Bydd rhestr opsiynau gyflawn yn yr ail gwymplen (Ffigur M:9). Dewiswch un ohonynt yn y modd arferol (Ffigur M:10). Cadarnhewch eich dewis a chliciwch *Iawn*.

Teipio'n uniongyrchol yn y blwch golygu hafaliadau

Ffordd arall o roi testun i mewn yn Math yw ei deipio'n uniongyrchol yn yr offer golygu. Os ydych chi'n gyfarwydd ag iaith *mark-up*, dyma'r ffordd hawsaf o'i mewnosod. Gwelwch yr enghreifftiau yn Nhabl 1. Yn y sgriniau cymorth, fe gewch restr gyflawn o'r ffordd y dylid ysgrifennu'r fformiwlâu yn *mark-up*.

Gorchymyn *mark-up*	Dangos
E = mc^2	$E = mc^2$
KE = 1 over 2 mv^2	$KE = \frac{1}{2}mv^2$
x times y	$x \times y$
%SIGMA = %pi r^2	$\Sigma = \pi\, r^2$
x = {-b plusminus sqrt {b^2-4ac}} over 2a	$x = \dfrac{-b \pm \sqrt{b^2 - 4ac}}{2a}$

Tabl 1 Iaith *mark-up*

Y wyddor Roegaidd

Defnyddir llythrennau Groegaidd yn aml mewn fformiwlâu mathemategol. Nid ydynt ar gael yn y blwch *Dewis* fodd bynnag, nac ymhlith yr opsiynau de-glicio ychwaith. Er mwyn nodi'r llythrennau Groegaidd felly, defnyddir *mark-up*. Dyma'r côd: y symbol % ac wedyn enw'r llythyren yn yr orgraff Saesneg. Teipiwch enw'r llythyren naill ai â llythrennau breision neu â llythrennau bach i greu'r symbol angenrheidiol (α neu A er enghraifft). Gweler Tabl 2.

Llythrennau bach		Priflythrennau	
Gorchymyn/Enw	Nod/Symbol	Gorchymyn/Enw	Nod/Symbol
%alpha	α	%ALPHA	A
%beta	β	%BETA	B
%gamma	γ	%GAMMA	Γ
%delta	δ	%DELTA	Δ
%epsilon	ε	%EPSILON	E
%zeta	ζ	%ZETA	Z
%eta	η	%ETA	H
%theta	θ	%THETA	Θ
%iota	ι	%IOTA	I

Llythrennau bach		Priflythrennau	
Gorchymyn/Enw	Nod/Symbol	Gorchymyn/Enw	Nod/Symbol
%kappa	κ	%KAPPA	K
%lambda	λ	%LAMBDA	Λ
%mu	μ	%MU	M
%nu	ν	%NU	N
%xi	ξ	%XI	Ξ
%omicron	o	%OMICRON	O
%pi	π	%PI	Π
%rho	ρ	%RHO	P
%sigma	σ	%SIGMA	Σ
%tau	τ	%TAU	T
%upsilon	υ	%UPSILON	Y
%phi	φ	%PHI	ϑ
%chi	χ	%CHI	X
%psi	ψ	%PSI	Ψ
%omega	ϖ	%OMEGA	Ω

Tabl 2 Y wyddor Roegaidd

Os anghofiwch enw'r symbol Groegaidd, heb anghofio siâp y
llythyren, fe gewch chwilio amdani fel hyn. Cliciwch ar *Offer* →
Catalog (Ffigur M:11) i agor y blwch *Symbolau* (Ffigur M:12). Cliciwch
ar *Groeg* yn y gwymplen oddi tan *Set Symbolau* a dilynwch y
cyfarwyddiadau isod i fewnosod symbol o'r *Catalog*.

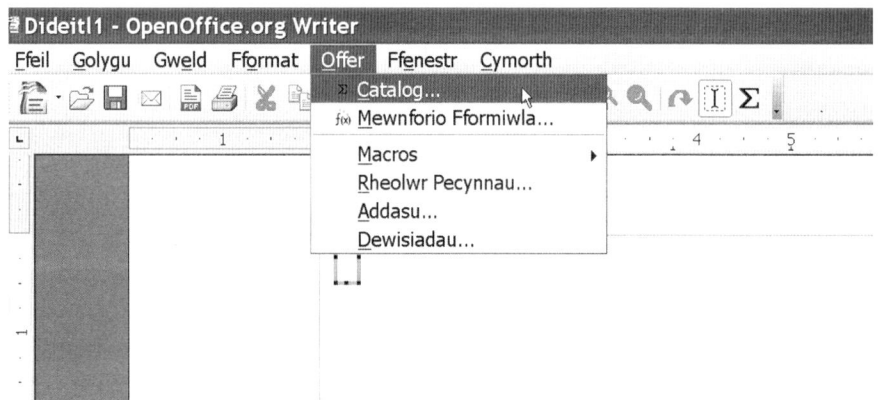

Ffigur M:11 *Offer* →
Catalog

Chwiliwch am y symbol â'r bariau sgrolio a chliciwch arno. Os cofiwch enw'r symbol heb gofio'i siâp, fe welwch y siâp a'i enw ynghyd yn y blwch symbolau (Ffigur M:13). Wedi ichi ddod o hyd i'r symbol, mae dwy ffordd i'w fewnosod: naill ai dwbl-glicio arno neu ei oleuo. Rhaid gwasgu *Mewnosod* ar ôl ei oleuo. Caiff y *mark-up* ei ddangos yn y blwch golygu, a chaiff y symbol ei ddangos yn y ddogfen Writer (Ffigur M:14). Mae nodau arbennig ar gael o fewn y catalog hefyd. I ddefnyddio'r rhain, newidiwch y set symbolau i *Arbennig*.

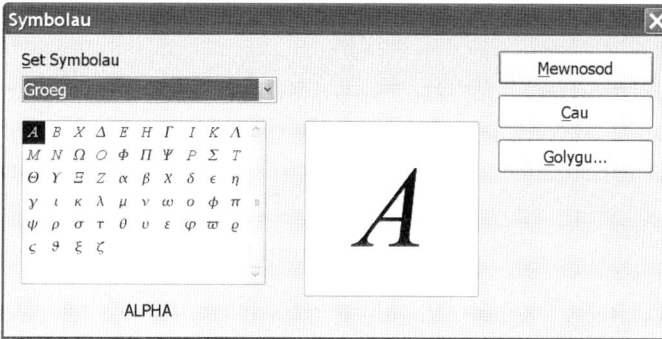

Ffigur M:12
Y blwch *Symbolau*

Ffigur M:13
Y blwch *Symbolau* gydag enw'r llythyren Roegaidd

Ffigur M:14

Cyfaddasu Math

Troi'r offer golygu hafaliadau yn ffenestr rydd

Pan fyddwch yn defnyddio Math oddi mewn i Writer, bydd hanner isaf y dudalen wedi'i chuddio gan y blwch golygu hafaliadau. Er mwyn gweld y dudalen yn ei chyfanrwydd, mae'n bosib newid y blwch hwnnw'n ffenestr rydd.

Gellwch wneud hyn gan roi'r cyrchwr ar ben y ffrâm lwyd o amgylch y blwch golygu (Ffigur M:15). Pwyswch Ctrl ar y bysellfwrdd a'i ddal i lawr. Dwbl-gliciwch wedyn ar y llygoden. Ymddengys y blwch golygu hafaliadau ar ffurf ffenestr ddiangor bellach (Ffigur M:16). I ailangori'r ffenestr ac adfer ei lleoliad gwreiddiol, y cyfan sydd ei angen yw pwyso Ctrl ar y bysellfwrdd a'i ddal i lawr unwaith eto. Dwbl-gliciwch wedyn ar y llygoden.

Ffigur M:15
Newid y blwch golygu hafaliadau yn ffenestr rydd

Newid maint fformiwla

Os byddwch eisiau newid maint fformiwla, dilynwch y camau nesaf.

1   Agorwch y blwch golygu hafaliadau ac ewch i *Fformat → Maint y Ffont* (Ffigur M:17).
2   Pan ddewiswch *Maint y Ffont*, bydd y blwch deialog *Meintiau'r Ffont* yn agor. Rhestrir sawl maint ffont yn y blwch (Ffigur M:18).

Ffigur M:16
Y blwch *Gorchmynion*
ar ffurf ffenestr rydd

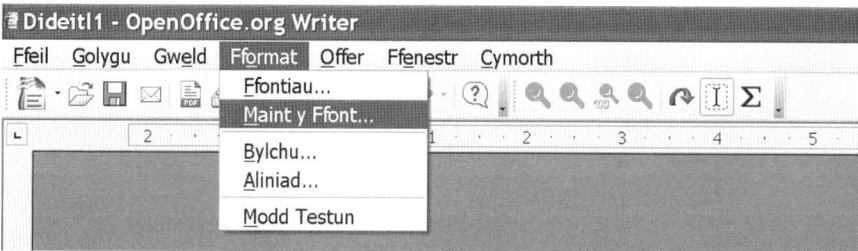

Ffigur M:17
*Fformat → Maint y
Ffont*

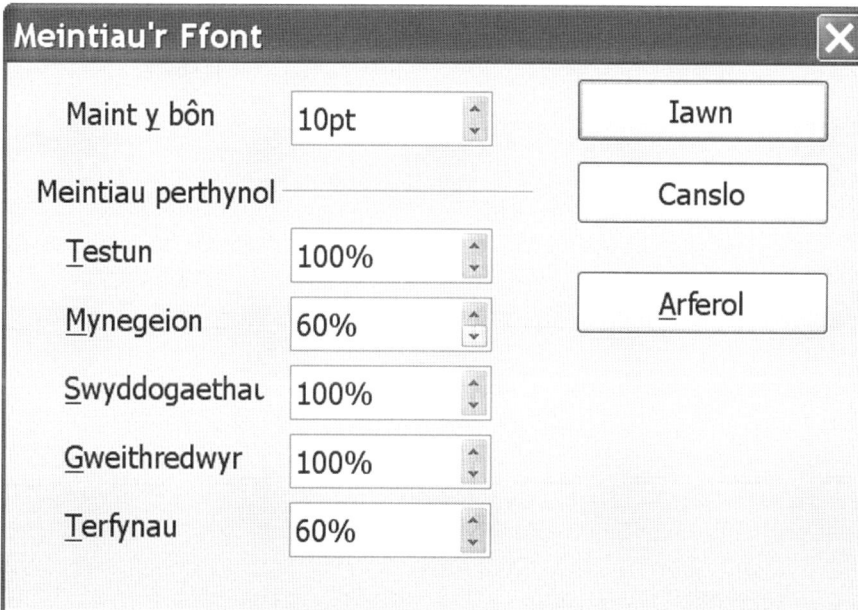

Ffigur M:18
Y blwch deialog
Meintiau'r Ffont

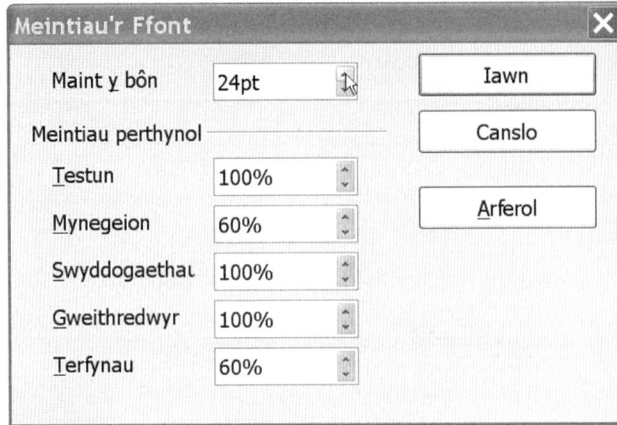

3 Cliciwch ar y saethau yn y blwch hirfain *Maint y bôn* (Ffigur M:19) er mwyn penodi maint y ffont.

4 Cadarnhewch y fformiwla yn y dull arferol.

Ffigur M:19
Newid maint ffont

Newid maint y ddwy gyfran sgrin

Mae'n bosib y byddwch eisiau ailfeintioli'r sgrin i gael mwy o le naill ai i'r ddogfen Writer neu i'r blwch golygu hafaliadau. Hawdd gwneud hynny.

Rhowch eich cyrchwr ar ben yr hollt yn y sgrin nes iddo droi'n saeth ddeupen. Daliwch eich bys ar y llygoden a llusgwch y llinell hollti yn y sgrin i'r man priodol. Codwch eich bys: dyma'r ddwy gyfran sgrin wedi'u hailfeintioli (Ffigur M:20).

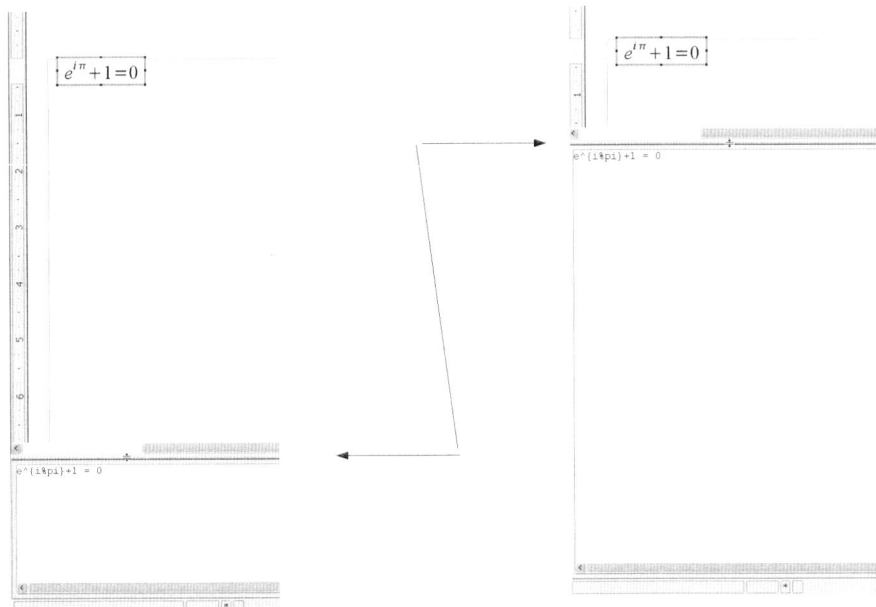

Ffigur M:20
Ailfentioli'r sgrin

Fformatio yn Math

Mae fformatio yn gyfle ichi weithio mewn ffordd sydd at eich dant. Disgrifir isod rai o'r dewisiadau fformatio sydd ar gael yn Math.

Newid arddull ffont

Weithiau ni fydd digon o le gennych i newid maint y ffont. Ond mae newid arddull y ffont yn ffordd arall o wahaniaethu rhwng fformiwlâu. Fel hyn y mae newid arddull ffont:

1   Oddi mewn i Math, cliciwch ar *Fformat* → *Ffontiau* (Ffigur M:21).
2   Dewiswch *Ffontiau*. Bydd y blwch deialog *Ffontiau* yn agor (Ffigur M:22).
3   Cliciwch ar *Diwygio*. Ymddengys cwymplen sy'n rhestru pob rhan o'r fformiwla y gellir priodoli ffont iddi (Ffigur M:23).

Ffigur M:21
Fformat → *Ffontiau*

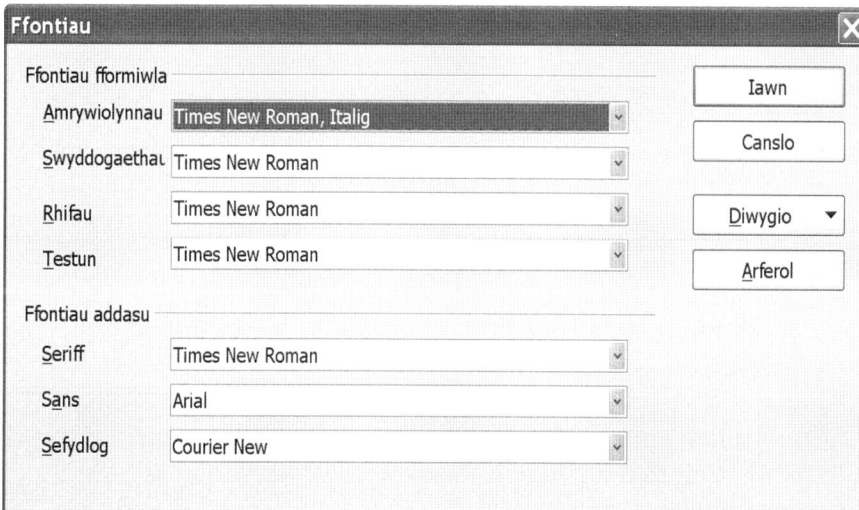

Ffigur M:22
Y blwch deialog
Ffontiau

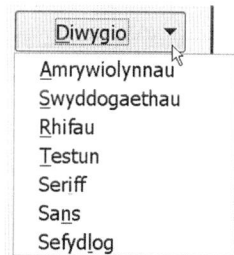

Ffigur M:23
Diwygio

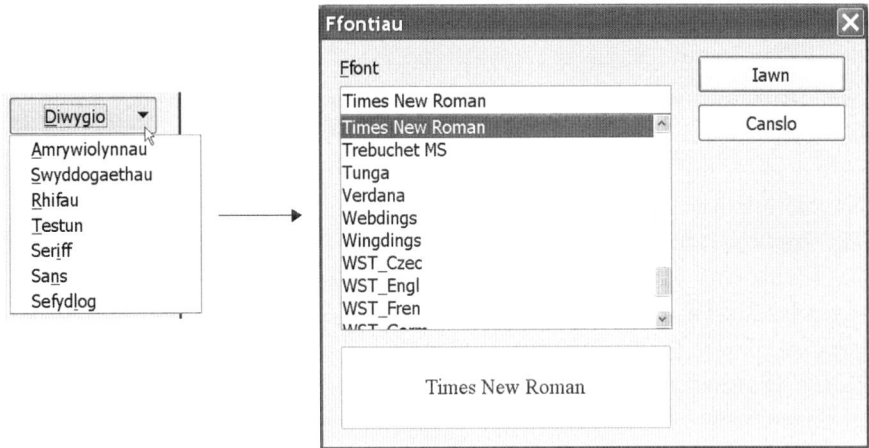

Ffigur M:24
Dewis ffont newydd i
wahanol rannau o'r
fformiwla

4   Cliciwch ar y ffont dewisol: ymddengys blwch arall (Ffigur M:24).
5   Dewiswch ffont penodol gan ddefnyddio'r saethau i sgrolio i fyny
    ac i lawr. Wedi gweld y ffont y dymunwch ei ddethol, cliciwch arno
    nes iddo droi'n las. Edrychwch ar y nodweddion a newidiwch hwy
    yn ôl yr angen. Pwyswch *Iawn*.

Newid y bylchu

Mae nifer o opsiynau bylchu y gellir eu diwygio.

1   Cliciwch ar *Fformat → Bylchu*.
2   Ymddengys y blwch deialog *Bylchu* (Ffigur M:25).

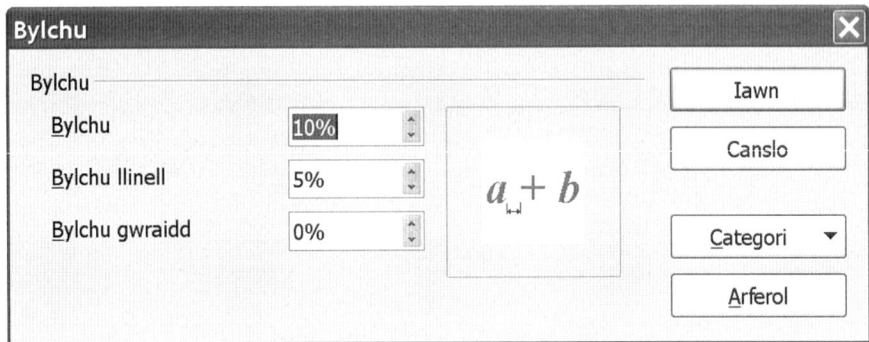

3   Bydd yr opsiynau bylchu'n dibynnu ar y categori a ddewiswyd
    gennych. Cliciwch ar *Iawn* wedi ichi wneud eich newidiadau.
    Cliciwch ar *Arferol* os dymunwch i'r newidiadau fod yn osodiadau
    arferol o hyn ymlaen. Gweler detholiad o luniau esboniadol yn
    Nhabl 3. Ceir rhestr gyflawn ohonynt yn yr atodiad ar ddiwedd y
    bennod hon (tudalennau 364–7).

Bylchu	
Enw'r dewis a ganiateir	**Llun esboniadol**
Bylchu	$a_{\llcorner\lrcorner} + b$
Bylchu llinell	$x = a_{\lrcorner}$ $y = b$
Bylchu gwraidd	$\sqrt{2}$

Tabl 3 Enghreifftiau o effeithiau bylchu

Newid yr alinio

Mae'n bosib y byddwch eisiau newid alinio llorweddol fformiwla.
Dilynwch y camau hyn.

1   Cliciwch ar *Fformat* → *Aliniad* (Ffigur M:26).
2   Daw'r blwch deialog *Aliniad* i'r golwg. Fe welwch ddewis: *Chwith*,
    Canolwyd, *De* (Ffigur M:27).
3   Dewiswch un ohonynt a chliciwch ar *Iawn*. Bydd eich dewis yn cael
    ei gynnwys yn y fformiwla.

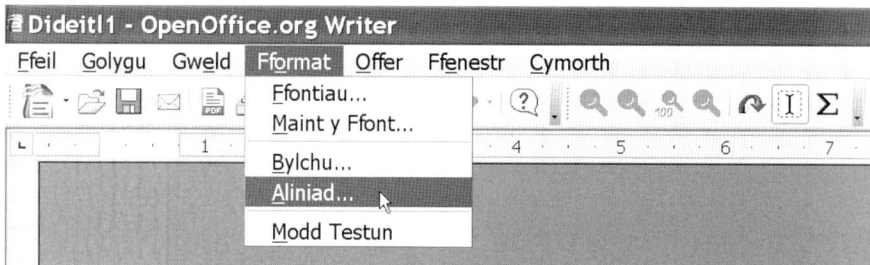

Ffigur M:26
Fformat → *Aliniad*

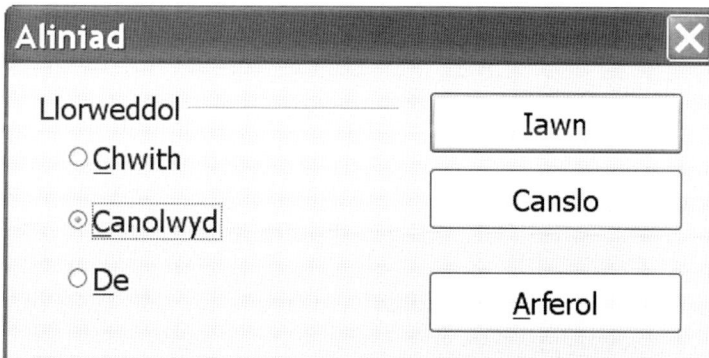

Ffigur M:27
Y blwch deialog *Aliniad*

Gosod fformiwlâu

Llunio ac ysgrifennu hafaliadau cymhleth yn gywir yw'r her fwyaf wrth ddefnyddio Math. Dyma gyfarwyddyd i'ch helpu i wneud hynny'n llwyddiannus.

Bracedi

Mae trefn y cyfrifiadau'n bwysig pan fo hafaliadau yn y cwestiwn. Gosod trefn waith i'r cyfrifiadur y mae'r bracedi, yn gymwys fel y gwnânt ar bapur felly: ar sail y drefn honno y bydd y fformiwla yn ymddangos yn y ddogfen (gweler Tabl 4).

Gorchymyn *mark-up*	Dangos
`2 over x + 1`	$\dfrac{2}{x}+1$
`2 over {x + 1}`	$\dfrac{2}{x+1}$
`x = -b plusminus sqrt b^2-4ac above 2a`	$x=-b\pm\sqrt{b^2}-\dfrac{4ac}{2a}$
`x = {-b plusminus sqrt {b^2-4ac}} above 2a`	$x=\dfrac{-b\pm\sqrt{b^2-4ac}}{2a}$

Tabl 4

Dyma'r gwahanol fathau o fracedi a ddefnyddir yn Math.

( ) Cromfachau
Grwpio rhan o'r hafaliad y mae cromfachau. Fe'u gwelir yn yr hafaliad terfynol.

[ ] Bracedi sgwâr
Defnyddir y rhain yn debyg i'r cromfachau/bracedi.

{ } Bracedi cynnwys
Dwy ffordd sydd i ddefnyddio'r rhain:

1 Grwpio rhan o'r hafaliad at ddibenion y rhaglen ei hun. Ni welir y bracedi cynnwys yn y fformiwla derfynol.

2   Eu defnyddio'n rhan o fformiwla: yn yr achos hwn fe'u gwelir yn yr hafaliad terfynol. Os dymunwch i'r bracedi cynnwys gael eu gweld, rhaid teipio *lbrace* '{' i'r chwith a *rbrace* '}' i'r dde.

Hafaliadau y mae eu hyd yn fwy na hyd y llinell

Weithiau bydd gennych hafaliad y bydd ei hyd yn fwy na hyd y llinell. Yn Math, nid yw'n bosib teipio Enter i ychwanegu llinell mewn achos felly. I greu llinell newydd, rhaid dweud wrth Math am wneud hynny. Mae Tabl 5 yn dangos sut mae llunio'r gorchymyn *mark-up* priodol:

Gosod y gorchymyn	Arddangos
`a = 7 newline` `b = 5`	$a = 7$ $b = 5$

Tabl 5

Rhifo hafaliadau

Mae rhifo yn ffordd dda o glustnodi eich hafaliadau. Fel hyn y mae eu rhifo.

1   Yn Writer, teipiwch y deunod *fn* a pwyswch yr allwedd swyddogaeth F3.
2   Dwbl-gliciwch nesaf ar y fformiwla i'w golygu ac yna ei hychwanegu (Ffigur M:28).

Ffigur M:28

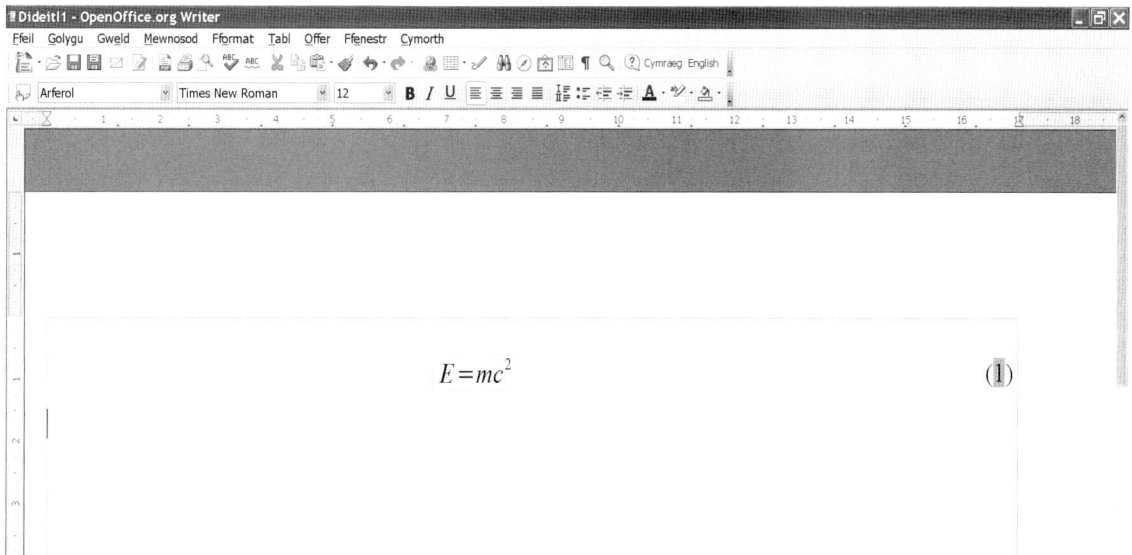

$$E = mc^2 \qquad (1)$$

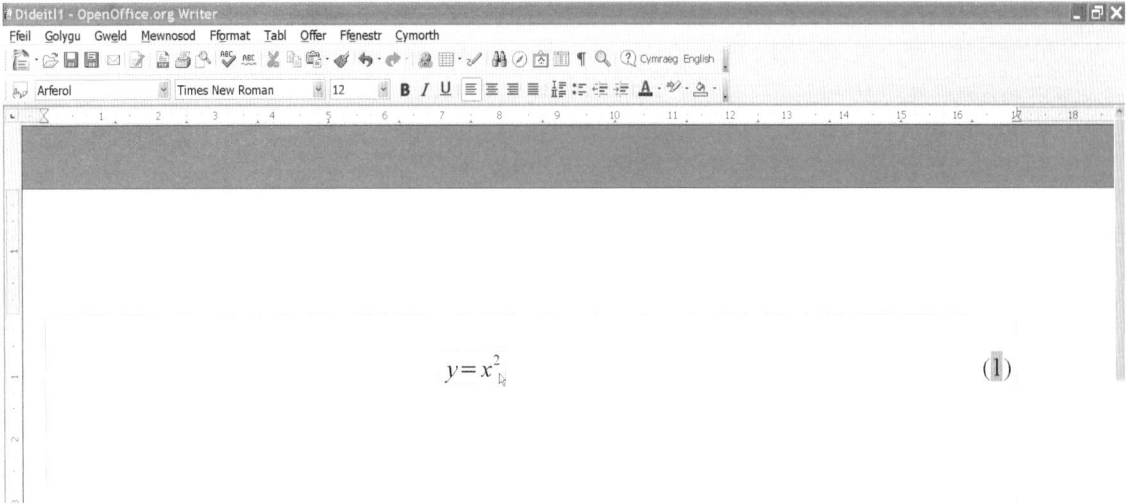

$$y = x^2$$ (1)

Ffigur M:29

3 Wedi cwblhau eich newidiadau, cadarnhewch y fformiwla: fe'i gwelwch ar y dudalen (Ffigur M:29).

Atodiad: Fformatio'r newidiadau bylchu

Bylchu	
Enw'r dewis a ganiateir	**Llun esboniadol**
Bylchu	$a + b$
Bylchu llinell	$x = a$ $y = b$
Bylchu gwraidd	$\sqrt{2}$

Mynegeion	
Enw'r dewis a ganiateir	**Llun esboniadol**
Uwchysgrif	n^2
Isysgrif	n_2

Ffracsiynau	
Enw'r dewis a ganiateir	**Llun esboniadol**
Rhifiadur	$\dfrac{x}{y}$
Cyfenwadur	$\dfrac{x}{y}$

Bariau ffracsiynau	
Enw'r dewis a ganiateir	**Llun esboniadol**
Gorhyd	$\dfrac{x}{y}$
Pwysau	$\dfrac{x}{y}$

Ffiniau	
Enw'r dewis a ganiateir	**Llun esboniadol**
Ffin uchaf	$\displaystyle\sum^{i=N}$
Ffin isaf	$\displaystyle\sum_{i=0}$

| Bracedi ||
Enw'r dewis a ganiateir	Llun esboniadol
Gorbwysau	$\displaystyle\int\genfrac{}{}{0pt}{}{x}{v}$
Bylchu	$\displaystyle\int\genfrac{}{}{0pt}{}{x}{v}$

| Lluosymiau ||
Enw'r dewis a ganiateir	Llun esboniadol
Bylchu llinellau	$\begin{bmatrix} a & c \\ b & d \end{bmatrix}$
Bylchu colofnau	$\begin{bmatrix} a & c \\ b & d \end{bmatrix}$

| Symbolau ||
Enw'r dewis a ganiateir	Llun esboniadol
Uchder cynradd	m'
Bylchu lleiaf posib	$\ddot{m}$

| Gweithredwyr ||
Enw'r dewis a ganiateir	Llun esboniadol
Gorbwysau	∇x
Bylchu	∇x

Borderi	
Enw'r dewis a ganiateir	**Llun esboniadol**
Chwith	$\vdash\!\!\dashv E\!=\!ma^{2}$
De	$E\!=\!ma^{2}\vdash\!\!\dashv$
Top	$E\!=\!ma^{2}$
Gwaelod	$E\!=\!ma^{2}$

HTML

Llinos Hallgarth

Cyflwyno tudalennau gwe

Yn y bennod hon, esbonnir sut y gellwch gadw dogfennau Writer, Calc, Draw ac Impress ar ffurf tudalennau gwe. Yn ogystal â hynny, ceir ymdriniaeth fer am greu a golygu tudalennau gwe gan ddefnyddio HTML Editor. Heb ichi wario fawr na phrynu meddalwedd arbenigol felly, fe gewch greu gwefannau syml a graenus. Cyn dechrau adeiladu'r tudalennau gwe, gwell ymgyfarwyddo â rhai egwyddorion sylfaenol.

Egwyddorion sylfaenol adeiladu tudalennau gwe

Plethwaith yw'r tudalennau y byddwn yn eu darllen wrth inni bori'r we. Fel rheol, cynhyrchir y tudalennau hyn yn y modd all-lein a'u huwchlwytho wedyn drwy FTP (protocol trosglwyddo ffeiliau, sef *File Transfer Protocol*) i'r ISP (*Internet Service Provider*, sef cyfarpar rhyngrwyd).

Cyn dechrau llunio eich tudalennau, rhaid gwneud cynllun o'ch gwefan. Dilynwch yr isod:

- Cofiwch y dudalen cartref. Mae'r dudalen hon yn cyflwyno'r wefan i'r byd ac yn hwyluso'r gwaith darllen.
- Ar y dudalen cartref, cysylltir pob teitl a phwnc â thudalennau eraill yn ôl y categorïau priodol.
- Yn aml iawn, ceir cysylltiadau pellach ag isgategorïau.
- Go debyg i achau'r teulu neu i byramid y mae cynllun y wefan felly.

Dylid cofio hefyd y gall y defnyddiwr gyrraedd y wefan ar unrhyw dudalen. Nid y dudalen cartref fydd y man cychwyn bob amser felly. Oherwydd hynny, cofiwch adeiladu cysylltiadau aml eu cyfeiriad yn hytrach na dolenni unffordd. Rhaid sicrhau y gall y darllenydd ddychwelyd i'r dudalen cartref yn rhwydd.

Yn Ffigur HTML:1, fe welwch enghraifft o'r ffordd y bydd tudalennau gwe yn cael eu strwythuro.

Cynllunio tudalennau gwe

Wedi penderfynu beth fydd strwythur y wefan, daw'n bryd gosod peth o'r cynnwys ar bapur. Yn y drefn ganlynol y mae gwneud hynny:

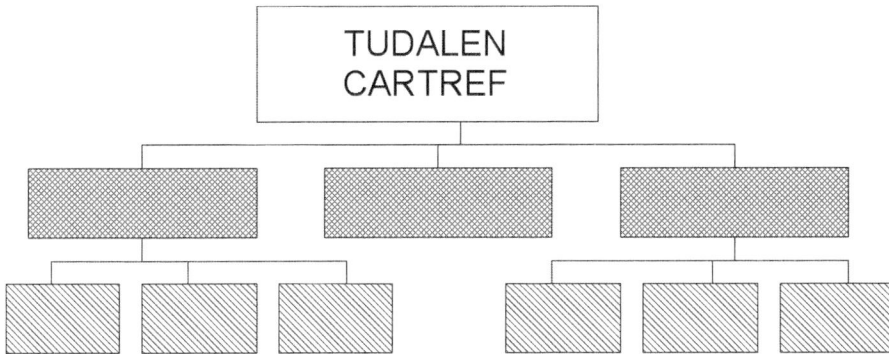

TUDALEN CARTREF

Ffigur HTML:1
Cynllun enghreifftiol i'r wefan

1 Hel gwybodaeth a hel defnydd
Cymharwch gynlluniau gwefannau eraill tebyg eu nod.
Ystyriwch gategoreiddio ac isgategoreiddio'r pynciau er mwyn i'r cynnwys weddu i egwyddorion gwefannau.

2 Pwy fydd y defnyddwyr?
Meddyliwch am gymhwyster ac am allu'r sawl fydd yn debyg o ddarllen eich gwefan. Rhaid ei gwneud yn hawdd i bawb lywio drwy'r wefan pwy bynnag fyddant.

3 Cynllun ar bapur
Defnyddiwch ddalen bapur arbennig i bob tudalen we arfaethedig gan nodi lle bydd y wybodaeth yn cael ei lleoli ar y wefan. Daw trefn i'r amlwg, a gellir trosglwyddo'r drefn honno i'r wefan (gweler Ffigur HTML:1). Cofiwch enwi'r tudalennau a'u rhifo.

4 Yr offer llywio
Ai gan ddefnyddio geiriau allweddol neu fotymau neu ddull arall y bydd darllenwyr yn pori drwy'r wefan?

5 Cynllun deniadol
Bydd graffigau yn talu ar eu canfed. Gwell defnyddio rhai syml.
Cadwch hwy ar ffurf GIF neu JPEG. Gwnewch yn siŵr eu bod yn weddol fach. Os bydd y cydraniad yn rhy uchel, bydd y lluniau yn anodd eu trafod. Erbyn hyn, fe gewch ystyried fformat y wefan: maint ac arddull y ffont, lliw a llun cefndir ac ati. Mae'n bosib cynnwys lluniau symudol ond, cyn gwneud hynny, cofiwch y bydd yn mynd ag amser wrth eu dadlwytho.

6 Cydnabyddiaeth

Cofiwch gydnabod cyfraniadau awduron, a darparwch restr o gyfeiriadau cysylltu drwy e-bost. Nodwch pryd y diweddarwyd y wefan ddiwethaf, a rhowch enwau noddwyr a lletywyr pan fo hynny'n briodol.

Cyflwyno HTML yn gryno

Wedi hel eich defnydd, fe gewch ei drosglwyddo i'r we. HTML (HyperText Markup Language) fydd y fformat. Yr iaith hon sydd yn ei gwneud yn bosib cyflwyno gwybodaeth ar y we. Mae'r fformat hwn ychydig yn wahanol i'r hyn fydd yn cael ei weld ar y we. I weld y côd HTML oddi mewn i'ch gweborwr, cliciwch ar *Gweld → Ffynhonnell Tudalen* (ym Mozilla Firefox).

Deall sylfeini HTML

Yn HTML, gelwir y gorchmynion yn dagiau. Dyma'r tagiau a ddefnyddir: <, >, /. Bydd '<' o flaen y tag, ac '>' fydd ar ôl y tag. I ddiweddu'r tag, dyma'r gorchymyn: '/'. Oddi mewn i'r tagiau hyn y bydd y gorchymyn HTML i'r cyfrifiadur yn cael ei ysgrifennu. Byrfoddau yw rhai o'r gorchmynion. Dyma rai enghreifftiau:

- <title>Agored</title>
- <i>italeiddio</i>
- print bras

Noder nad yw HTML yn gwahaniaethu rhwng llythrennau mawr a rhai bach.

Enghreifftiau o'r côd ar waith

Teitl

Y teitl yw'r peth cyntaf a welir ar bob tudalen: <title>Agored</title>.

Corff y testun

Gwelir isod rai tagiau a ddefnyddir yng nghorff y testun.

Penawdau

Mae chwe dewis yn HTML o ran maint y penawdau:

\<H1>Agored\</H1>

\<H2>Agored\</H2>

\<H3>Agored\</H3>

\<H4>Agored\</H4>

\<H5>Agored\</H5>

\<H6>Agored\</H6>

Paragraffau

Pan fo sawl brawddeg yn y testun, bydd rhaid defnyddio'r
gorchymyn paragraffau, sef:

> \<P>Beth yw Agored? Datblygiad o OpenOffice.org 2.00 i Gymru
> ydyw. \</P>

Ar y dudalen we, bydd yn edrych fel hyn:

Beth yw Agored? Datblygiad o OpenOffice.org 2.00 i Gymru ydyw.

Rhestrau

Tri math o restrau sydd yn HTML:

- Bwledi (trefn rydd)
- Rhifau (trefn benodol)
- Diffiniadau (rhestr o dermau ac iddynt esboniad)

1 Bwledi:
```
<ul>
<li>Writer
<li>Impress
<li>Draw
<li>Calc
<li>Base
<li>Math
<li>HTML
</ul>
```

- Writer
- Impress
- Draw
- Calc
- Base
- Math
- HTML

2 Rhifau
<ol>
<li>Writer
<li>Impress
<li>Draw
<li>Calc ——————→
<li>Base
<li>Math
<li>HTML
</ol>

1. Writer
2. Impress
3. Draw
4. Calc
5. Base
6. Math
7. HTML

3 Diffiniadau
<dl>
<dt>Writer</dt>
<dd>Rhaglen Trin Geiriau</dd>
<dt>Impress</dt>
<dd>Rhaglen Gyflwyno</dd>
<dt>Draw</dt> ——————→
<dd>Rhaglen Ddarlunio</dd>
<dt>Calc</dt>
<dd>Rhaglen Daenlenni</dd>
<dt>Base</dt>
<dd>Rhaglen Cronfa Ddata
</dl>

Writer
    Rhaglen Trin Geiriau
Impress
    Rhaglen Gyflwyno
Draw
    Rhaglen Ddarlunio
Calc
    Rhaglen Daenlenni
Base
    Rhaglen Cronfa Ddata

Toriadau llinell angenrheidiol
Fe gewch dorri llinellau i drefnu testun yn ôl eich chwaeth. Cymerwn y paragraff sampl fu gennym gynnau er enghraifft gan ychwanegu'r gorchymyn torri llinell. Dyma'r paragraff ar ei newydd wedd:

<P>Beth yw Agored?
Datblygiad o OpenOffice.org 2.00 i Gymru ydyw.
Am ragor o wybodaeth anfonwch e-bost at agored@agored.com
</P>
Sef:

Beth yw Agored?
Datblygiad o OpenOffice.org 2.00 i Gymru ydyw.
Am ragor o wybodaeth anfonwch e-bost at agored@agored.com

Ceir rhagor o wybodaeth yn sgriniau cymorth Agored. Mae nifer o wefannau ar gael hefyd fydd yn gymorth ichi ddysgu mwy am iaith

HTML. Os dymunwch ddod yn feistr arni, bydd yn werth ichi brynu llyfr am y pwnc.

Cyn symud at yr adran nesaf, mae'n werth nodi nad oes rhaid i'r defnyddiwr ddysgu popeth a esbonnir uchod. Mae Agored yn gwneud hanfod y gwaith ar eich rhan, dim ond ichi ddweud wrth y rhaglen am drosi'r defnydd o'r naill fformat i'r llall.

Trosi dogfennau Writer yn dudalennau gwe

Y Dewin gwe

Gellir trosi dogfennau Writer yn dudalennau gwe. Defnyddir y dewin tudalennau gwe i wneud hynny. Bydd y Dewin yn trosi dogfennau fesul un neu fesul llond ffolder yn ôl eich dymuniad. Er mwyn arbed amser, mae'n haws eu trosi fesul ffolder. Yr un yw'r cyfarwyddyd i'r ddau.

1   Agorwch ddogfen destun yn Writer, a chliciwch ar *Ffeil →
    Dewiniaid → Tudalen We* (Ffigur HTML:2). Ymddengys y ffenestr
    Dewin Gwe (Ffigur HTML:3). Cliciwch ar *Nesaf* er mwyn
    defnyddio'r gosodiadau arferol. (Dewiswch fformat arall o'r
    gwymplen fel arall.) Bydd y gosodiadau yn newid ar ôl ichi wneud
    y trosiad cyntaf, ac ar ôl pob trosiad canlynol. I adfer y gosodiadau
    arferol, cliciwch ar y saeth.

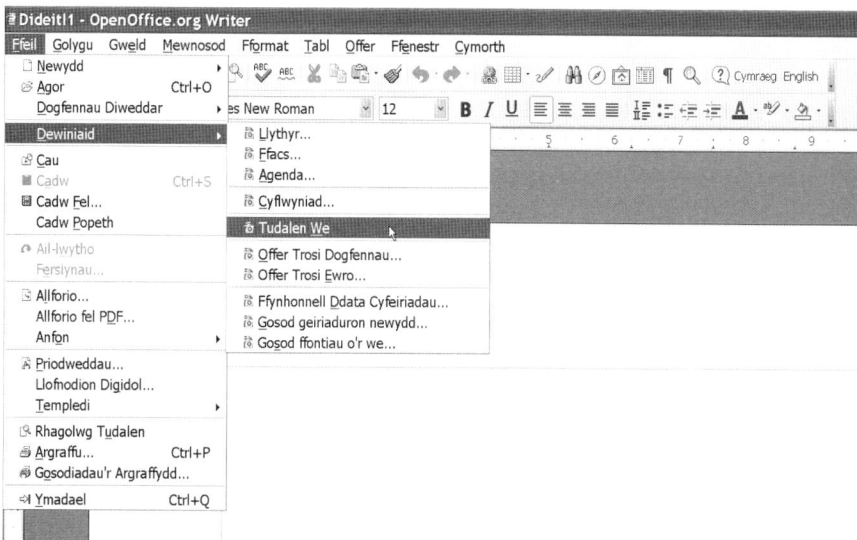

Ffigur HTML:2
*Ffeil → Dewiniaid →
Tudalen We*

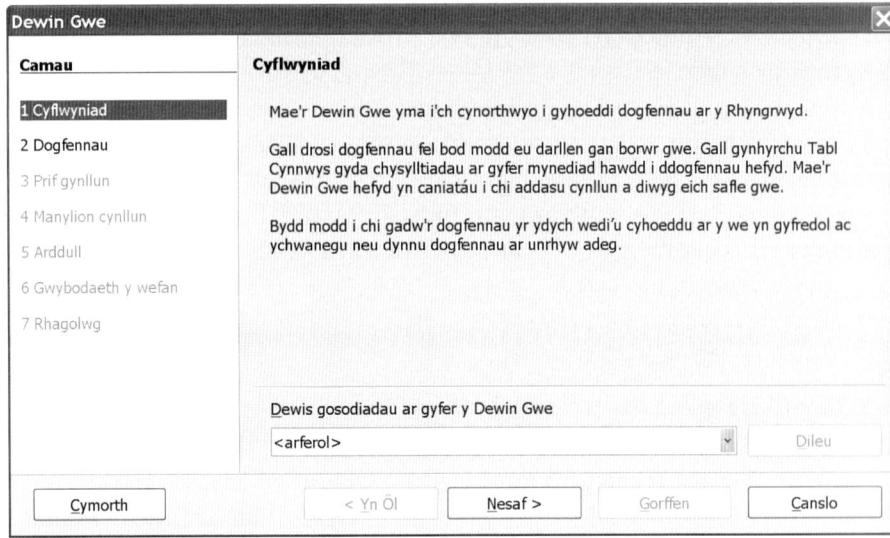

Ffigur HTML:3
Y ffenestr *Dewin Gwe*
– Cyflwyniad

2 Yn y ffenestr nesaf (Ffigur HTML:4) y mae rhaid dewis y dogfennau y dymunwch eu trosi. Cliciwch ar *Ychwanegu* a daw'r blwch *Agor* i'r golwg. Chwiliwch am y ffeil fydd yn cael ei throsi a chliciwch ar *Agor*. Ymddengys enw'r ddogfen yn y blwch *Cynnwys y safle gwe*. Oddi tan *Allforio i fformat ffeil*, cadarnhewch eich bod am drosi'r ffeil i fformat HTML. Llanwch y meysydd eraill yn ôl eich dymuniad, a chliciwch ar *Nesaf*. Yn y blwch *Dewin Gwe*, oddi tan *Allforio i fformat ffeil*, fe gewch ddewis PDF yn lle HTML os bydd eisiau ffeil PDF arnoch.

(**Nodyn** – gellwch ddethol rhai ffeiliau neu rai ffolderi mewn bloc yn hytrach na throsi pob un. I wneud hynny, cliciwch ar yr un cyntaf, daliwch Shift i lawr ar y bysellfwrdd, a chliciwch ar yr un olaf cyn codi bys. Cliciwch *Agor* wedyn. Yn ogystal â dewis bloc, gellwch ddewis hyn a hyn o ffeiliau/ffolderi unigol i greu casgliad. Ar eich bysellfwrdd, daliwch Ctrl i lawr, a chliciwch ar y ffeiliau/ffolderi fesul un.)

3 Yn y ffenestr nesaf (Ffigur HTML:5), fe gewch osod cynllun i gynnwys y dudalen we. Dewiswch gynllun yn ôl eich chwaeth, a chliciwch ar *Nesaf*. (Anwybyddwch y cam hwn os byddwch yn trosi ffeil PDF.)

4 Yn y ffenestr hon (Ffigur HTML:6), fe gewch ddewis y wybodaeth y bydd tabl cynnwys y ddogfen yn ei dangos. Ticiwch y blychau priodol. Cliciwch ar *Nesaf*.

5 Rhoi arddull ar waith yn y dudalen gynnwys y mae'r ffenestr nesaf (Ffigur HTML:7). Yn y dudalen hon yn unig y dangosir yr hyn a ddewisir gennych yn y ffenestr hon. Ni throsglwyddir y fformatio i'r tudalennau HTML trosedig. Cwblhewch eich newidiadau a chliciwch ar *Nesaf*.

6 Yn y cam olaf ond un yn y broses drosi, gofynnir ichi gynnwys gwybodaeth gyffredinol am y wefan (Ffigur HTML:8). Llanwch yr hyn y dymunwch iddo ymddangos yn y ddogfen we derfynol, a chliciwch ar *Nesaf*.

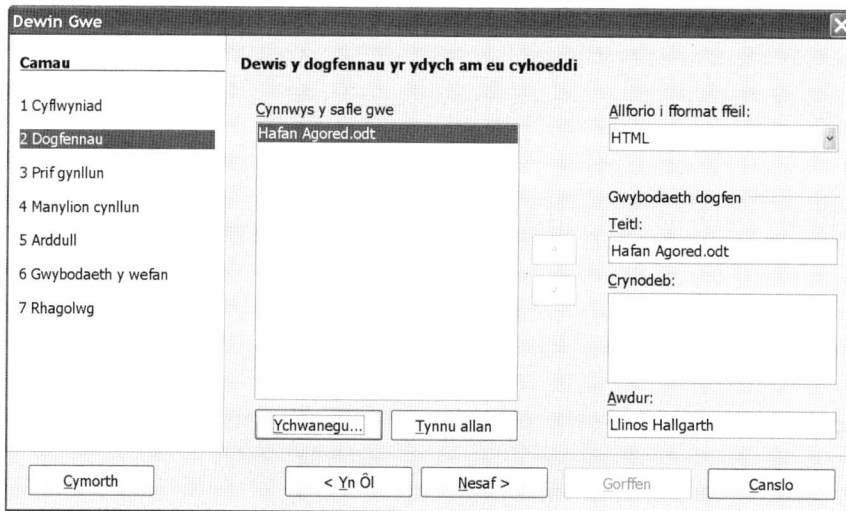

Ffigur HTML:4
Y ffenestr *Dewin Gwe*
– *Dogfennau*

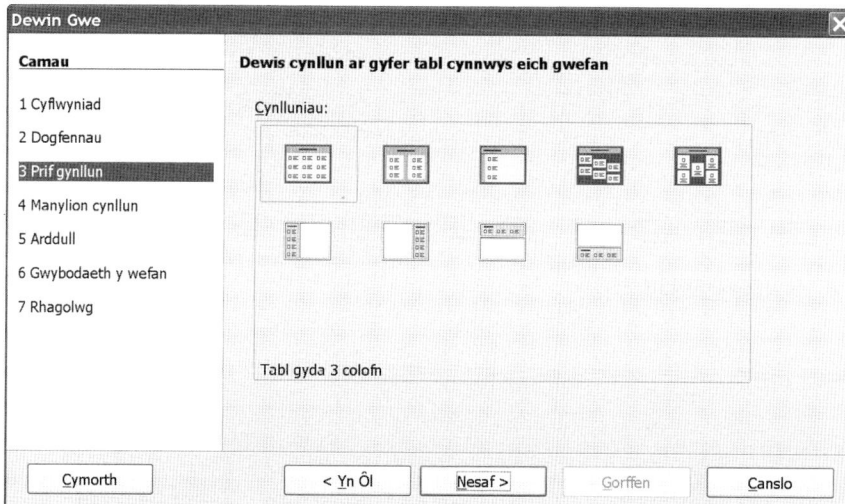

Ffigur HTML:5
Y ffenestr *Dewin Gwe*
– *prif gynllun*

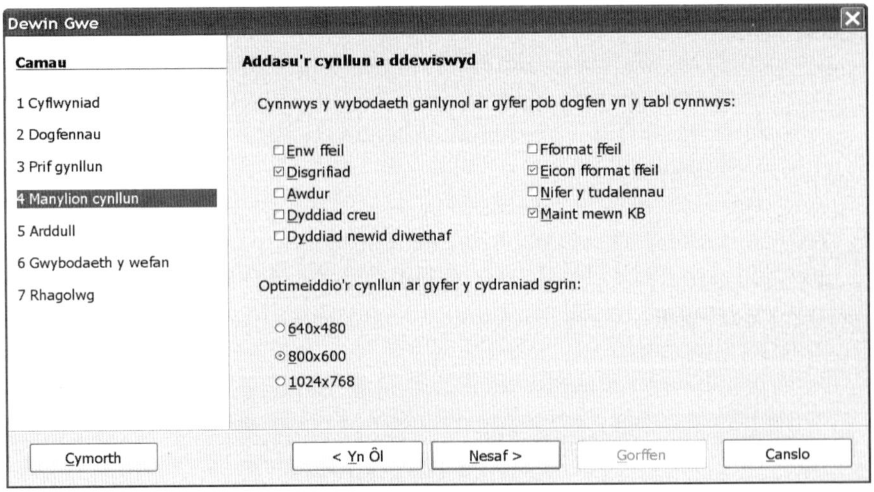

Ffigur HTML:6
Y ffenestr *Dewin Gwe –*
Manylion cynllun

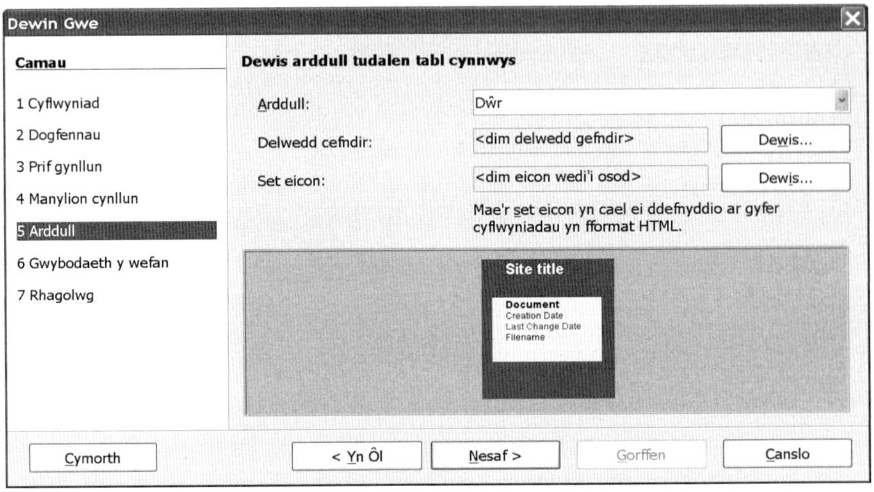

Ffigur HTML:7
Y ffenestr *Dewin Gwe –*
Arddull

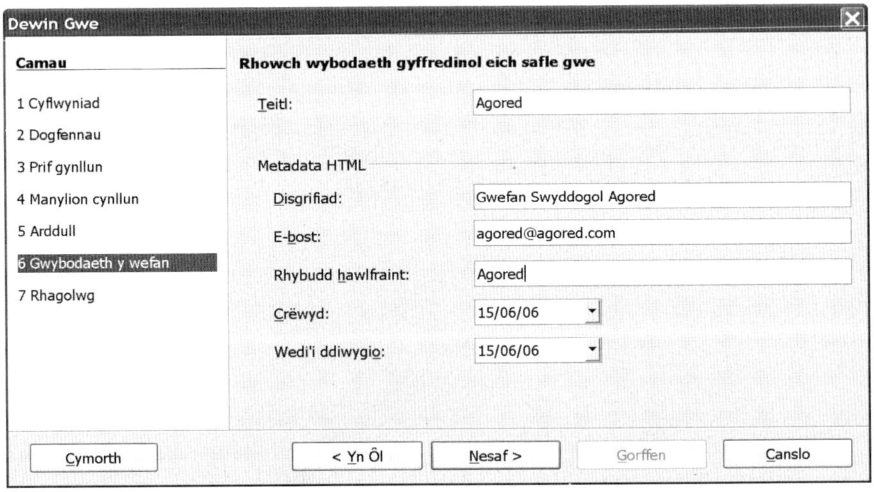

Ffigur HTML:8
Y ffenestr *Dewin Gwe –*
Gwybodaeth y wefan

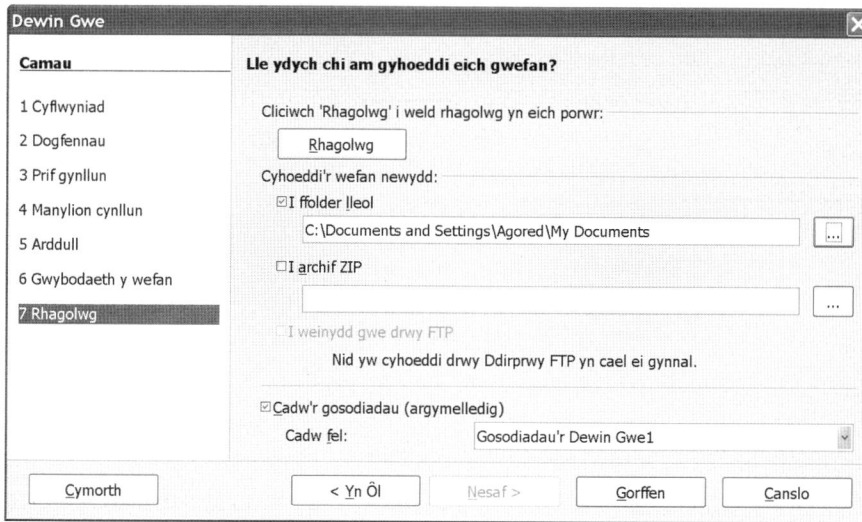

Ffigur HTML:9
Y ffenestr *Dewin Gwe –
Rhagolwg*

7   Yn y cam olaf, gofynnir ichi ble yr hoffech i'ch tudalen gael ei
    gwegyhoeddi (Ffigur HTML:9). Gallech gadw'r dudalen mewn
    ffolder a grëwyd all-lein nes ei bod yn bryd ei huwchlwytho.
    Dewiswch yr opsiwn priodol felly, a chliciwch ar *Gorffen*.

8   Wedi ei phrosesu, cedwir eich tudalen we yn y cyfeiriadur a
    ddewiswyd gennych. Fe welwch yn Ffigur HTML:10 y ffeiliau a
    grëwyd. Amrywiant ychydig bach yn ôl yr union fath o dudalen a
    grëwyd. Ond yn y ffolder *Content* y cedwir pob un o'r prif ffeiliau
    serch hynny.

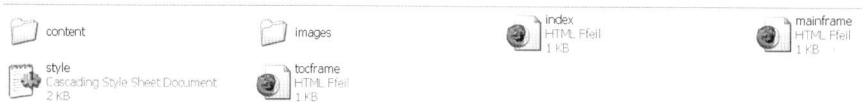

Ffigur HTML:10

Er mwyn gweld eich gwaith, dwbl-gliciwch ar y ffeil *index* (Ffigur
HTML:10). Bydd y dudalen lywio yn agor ynghyd â'r cysylltiau â'r
holl ffeiliau trosedig.

Cliciwch ar yr eicon *HTML Hafan Agored*.odt. Fe welwch y dudalen
gysylltiedig (Ffigur HTML:11).

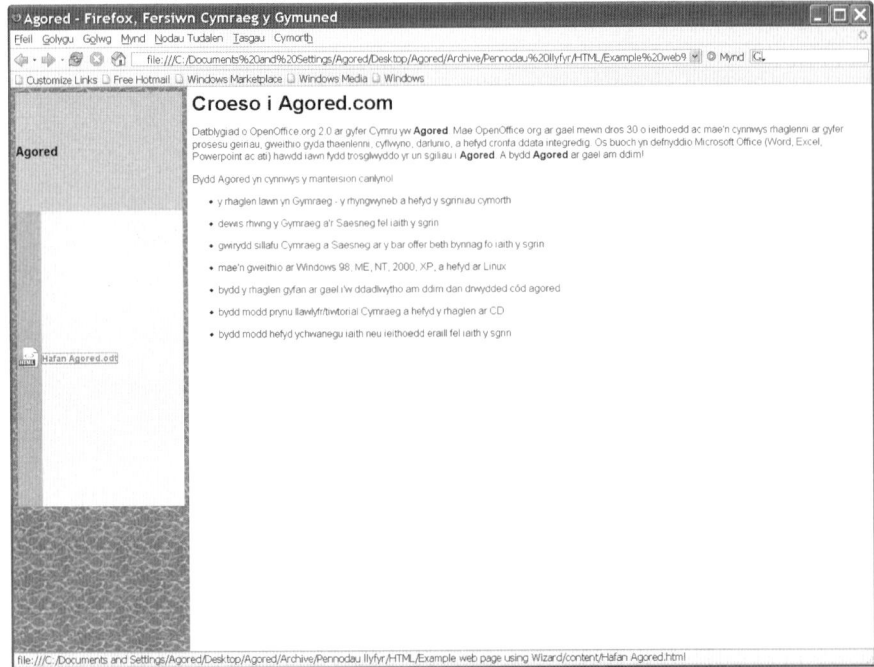

Defnyddio HTML Editor i greu dogfen HTML

Dau fotwm arbennig ar y bar offer

Er mwyn agor HTML Editor, cliciwch ar *Ffeil* → *Newydd* → *Dogfen HTML* (Ffigur HTML:12). Bydd yr offer golygu yn agor.

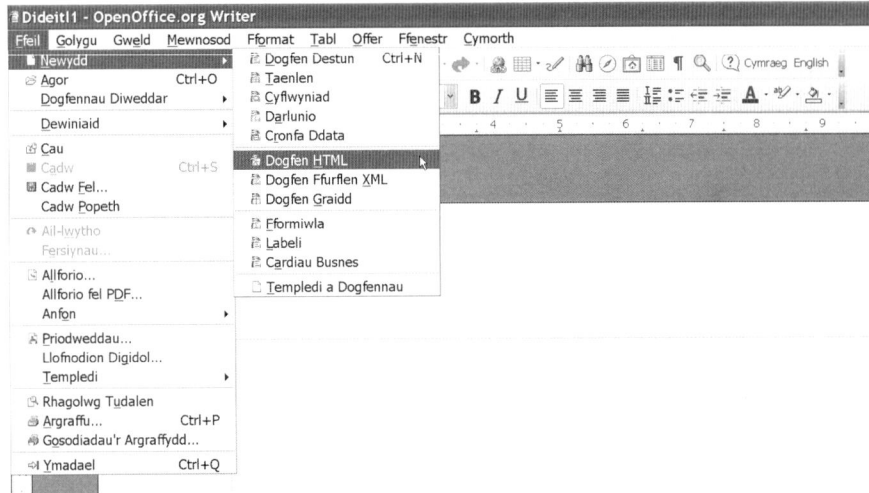

Ffigur HTML:12
Creu dogfen HTML

Tebyg iawn i dudalen Writer yw'r dudalen HTML Editor. Erbyn craffu arni, fodd bynnag, fe welwch fân amrywiadau. Ymhlith y rhai pennaf, mae'r ddau fotwm a ddisgrifir isod. Mae'r botymau hyn yn bwysig iawn ichi greu tudalennau HTML.

Dyma'r botwm *Ffynhonnell HTML*. Bydd y botwm hwn yn dangos y testun ffynhonnell tu fewn i'r ddogfen HTML gyfredol. Rhaid cadw'r ddogfen ar ffurf HTML cyn bo'r opsiwn hwn yn weithredol.

Dyma'r botwm *Hypergyswllt*. Mae'n bosib y byddwch wedi sylwi ar y botwm hwn mewn rhaglenni eraill. Ei swyddogaeth yw agor blwch deialog er mwyn creu hypergysylltiau a'u golygu.

Gan ddefnyddio hypergysylltiau o fewn dogfen electronig, fe gewch greu cyswllt â man arall yn yr un ddogfen, neu mewn dogfen arall.

Creu tudalen we

I ddechrau creu tudalen we, enwch ddogfen HTML a'i chadw. Byddwn yn creu tudalen cartref nesaf:

1 Gyntaf i gyd, dewiswch liw cefndir gan glicio gyntaf ar *Fformat* → *Tudalen* ac wedyn yn y blwch *Arddull Tudalen:HTML* dewiswch y tab *Cefndir* (Ffigur HTML:13). Cadarnhewch y lliw drwy glicio ar *Iawn*. Gellir ychwanegu graffigau'n gefndir hefyd. Yn y blwch *Cefndir* fe welwch saeth ar bwys *Fel*. Yn y fan hon y gellwch ddewis graffigau a phori hwnt ac acw nes dod o hyd i'r ffeil briodol. Atebwch y cwestiynau yn y blwch, a chliciwch ar *Iawn*.

2 Fe gewch hollti'r dudalen gan fewnosod tabl. I wneud hynny, cliciwch ar *Mewnosod Tabl* (Ffigur HTML:14). Dewiswch nifer y rhesi a'r colofnau yn ôl yr angen. Dad-diciwch y blwch wrth ymyl *Border*. (Yn sgil hynny fe welwch linellau'r tabl er na fyddant yn weladwy ar y we.) Yn Ffigur HTML:14 dewiswyd un golofn a phum rhes. Cliciwch ar *Iawn*, a chaiff y tabl ei fewnosod ar y dudalen. Os edrychwch ar y tabl ar eich sgrin, fe sylwch i'r golofn gael ei gosod ar led y dudalen. Gellwch newid lled y golofn gan ei llusgo tua'r chwith.

3 Os dymunwch weld y côd ffynhonnell, cliciwch ar y botwm ffynhonnell HTML neu *Gweld* → *Ffynhonnell HTML* (Ffigur HTML:15). Fe gewch wneud hyn unrhyw bryd.

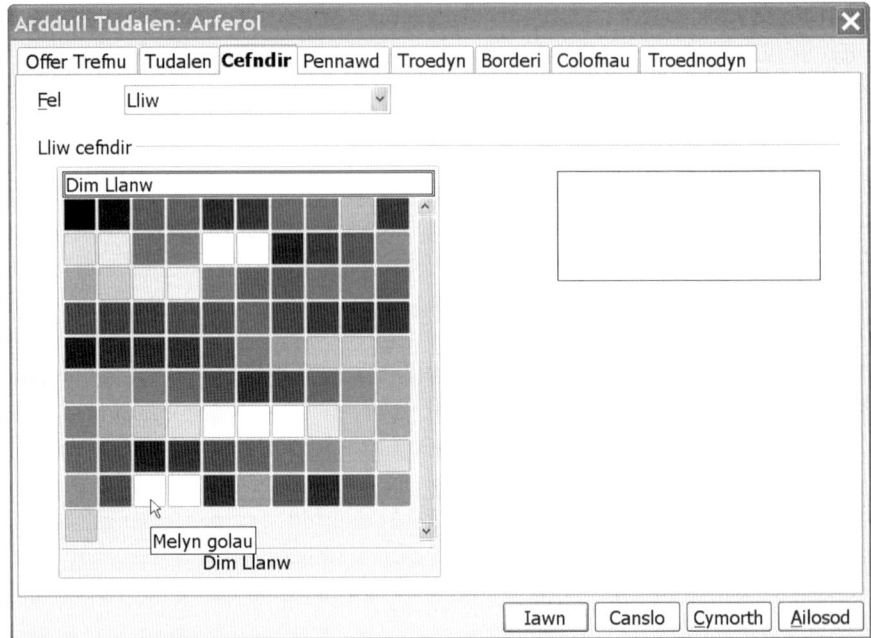

Ffigur HTML:13
Y tab *Cefndir*

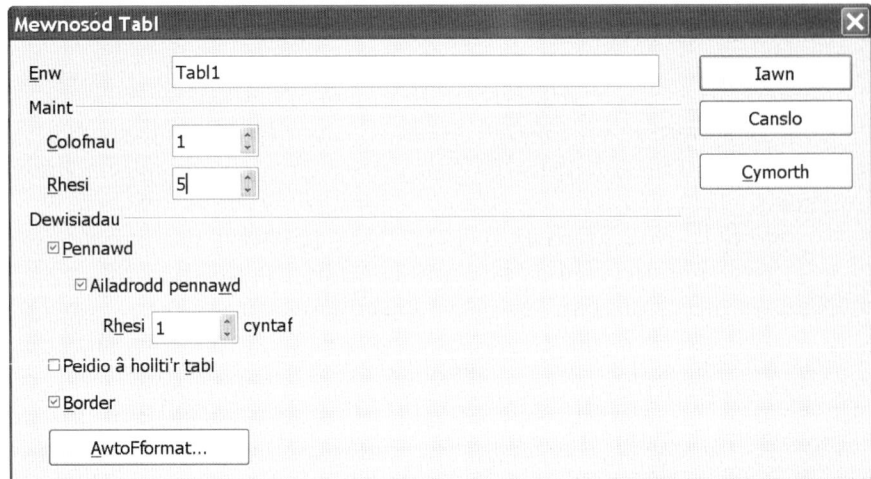

Ffigur HTML:14
Y blwch deialog
Mewnosod Tabl

(**Nodyn** – Mae'n holl bwysig i'r wybodaeth a'r graffigau gael eu cadw yn yr un ffolder â'i gilydd. Mae hyn yn hwyluso adeiladu'r wefan. Yn bwysicach byth, mae'n fodd i'r cyfrifiadur gael hyd i'r wybodaeth yn ddiffwdan er mwyn iddo agor y tudalennau a'u dangos.)

4   Er mwyn ennyn diddordeb yn y dudalen, cawn ychwanegu peth testun ac ychydig o graffigau, ac egluro i'r ymwelwyr ble yn union

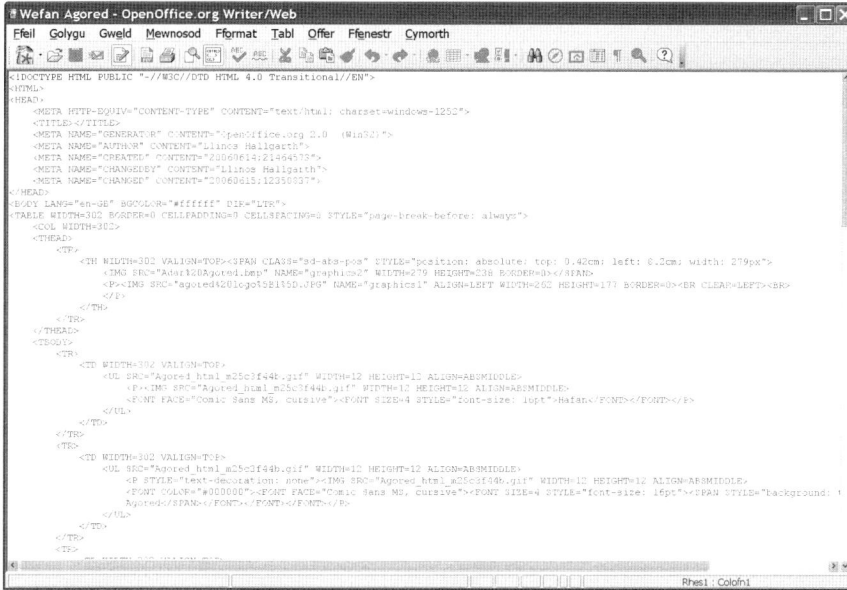

Ffigur HTML:15
Gweld y côd
ffynhonnell

y mae'r wybodaeth ar gadw ar y wefan. Ychwanegwch y testun
gyntaf gan glicio ar y dudalen briodol a dechrau teipio yn y dull
arferol. Cofiwch ei fformatio.

5   Er mwyn ychwanegu graffigau, cliciwch ar y dudalen darged.
Yna, cliciwch ar *Mewnosod* → *O'r ffeil* neu ar y botwm 🖼.
Chwiliwch am y ffeil sy'n cynnwys y graffig, a chliciwch ar *Agor*.
Ymddengys y graffig ar y dudalen
(Ffigur HTML:16).

6   Gwnewch yr un peth i gynnwys llun
(Ffigur HTML:17). Er mwyn symud y
llun, rhaid newid y man angori.
Gan glicio ar y botwm angori a
dewis opsiwn o'r gwymplen y mae
gwneud hynny. Dyma'r botwm
Angori: ⚓ ▾ .

7   Cadwch y dudalen cartref yr ydych
newydd ei chreu. Dyma gynsail da
i'ch gwefan. Fe gewch ei datblygu
fesul tipyn.

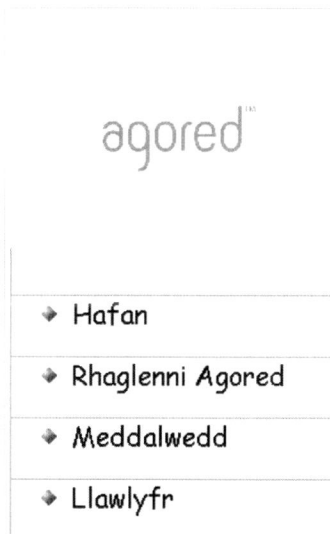

Ffigur HTML:16
Ychwanegu graffig

Ffigur HTML:17
Cynnwys llun

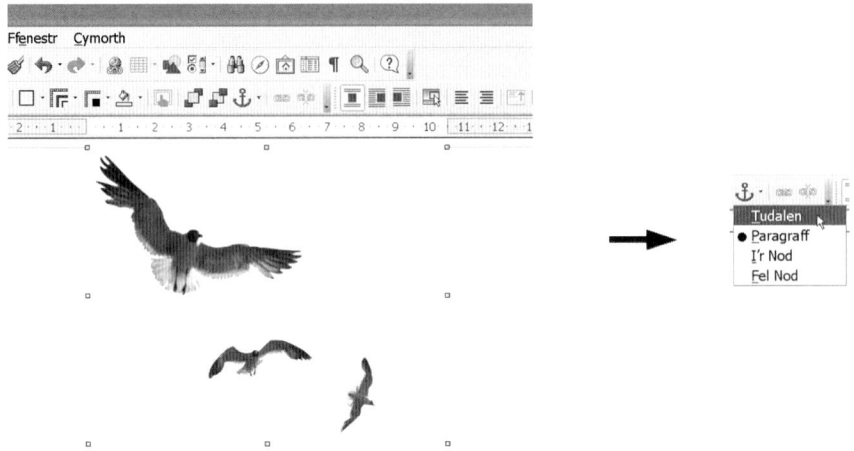

Ffigur HTML:18

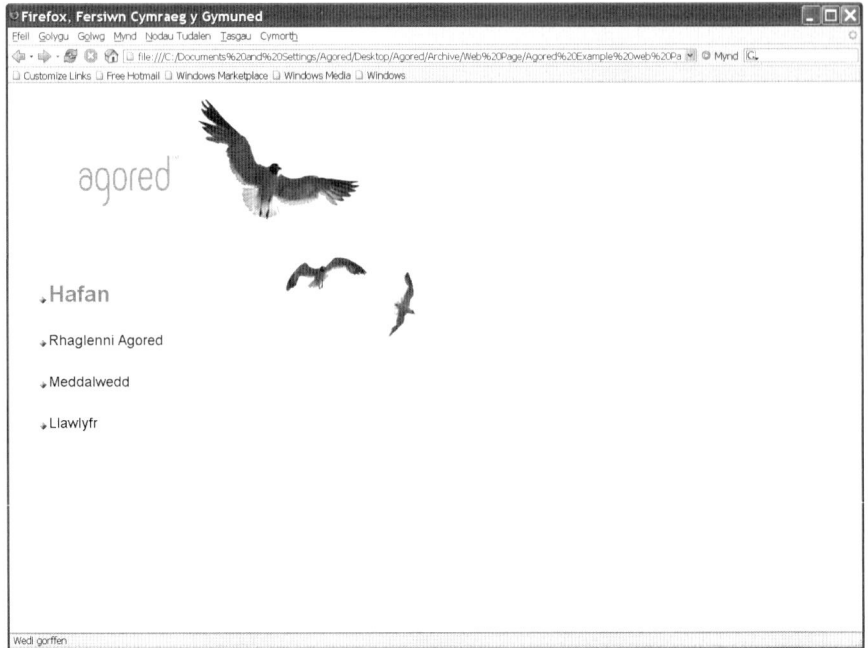

Er mwyn gweld y dudalen cartref newydd sbon, agorwch y ffolder lle y'i cadwyd gennych. Dwbl-gliciwch ar y ffeil HTML.

Agored
HTML Ffeil
1 KB

Bydd y ffeil yn agor tu fewn i'r gweborwr gan ddangos eich gwaith i chi (Ffigur HTML:18).

Creu cysylltiau rhwng y tudalennau

Cawn ychwanegu tudalennau newydd at y wefan ifanc bellach.
Ac wedi ichi adeiladu nifer o dudalennau, bydd eisiau eu cysylltu â'i
gilydd. Gwnewch hynny gan ddefnyddio'r hypergyswllt. I agor y
blwch *Hypergyswllt*, cliciwch ar *Mewnosod → Hypergyswllt* neu ar y
botwm *Hypergyswllt* ar y bar offer.

Bydd y blwch *Hypergyswllt – Rhyngrwyd* (Ffigur HTML:19) yn
ymddangos.

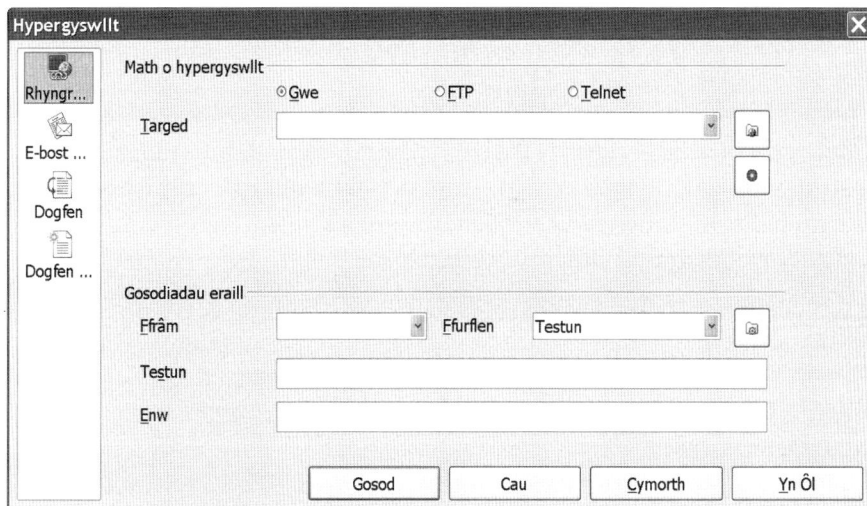

Ffigur HTML:19
Y blwch *Hypergyswllt –
Rhyngrwyd*

Creu hypergysylltiau

Er mwyn creu cysylltiau, dilynwch y cyfarwyddiadau canlynol.

1   Wedi agor y dudalen we tu fewn i HTML Editor, amlygwch y
    testun y dymunwch ei gysylltu â thudalen arall. Cliciwch ar y
    botwm *Hypergyswllt* ar y bar offer, neu ar *Mewnosod → Hypergyswllt*.

2   Gwnewch yn siŵr fod *Dogfen* wedi'i amlygu (Ffigur HTML:20).
    Teipiwch y llwybr sydd yn arwain at fan cadw'r ddogfen. Yn lle
    teipio'r llwybr eich hun, fe gewch glicio ar *Agor Ffeil* er mwyn i'r
    rhaglen ysgrifennu'r llwybr i chi. Dyma enghraifft:

    C:\Documents and Settings\Llinos\Desktop\Penodau
    Llyfr\HTML\Tudalen We Sampl gan ddefnyddio'r
    HTML EDITOR\Llawlyfr.html

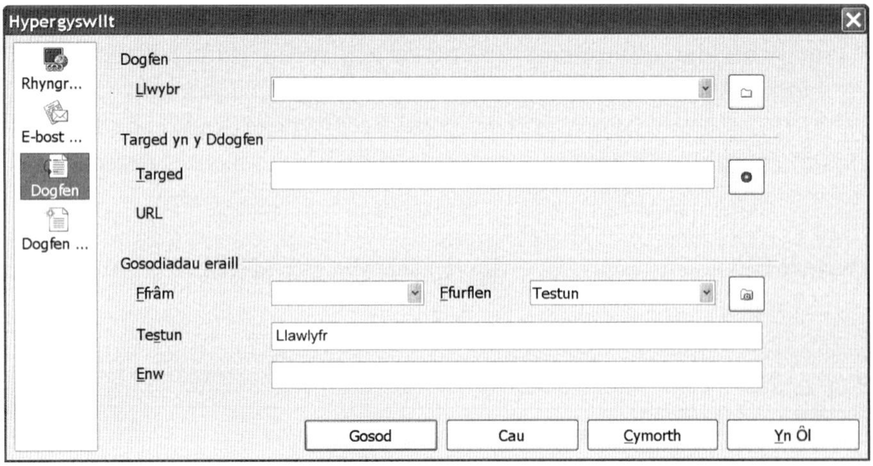

Ffigur HTML:20
Y blwch *Hypergyswllt –*
Dogfen

Cliciwch ar *Gosod* (Ffigur HTML:21). Ymddengys llinell oddi tan y
testun amlwg. Cliciwch ar *Cau*: yn ôl pob tebyg bydd y cyswllt wedi'i
ffurfio bellach. Rhowch eich cyrchwr ar ben y testun newydd ei liw:
ymddengys cyfeiriad llawn y cyswllt.

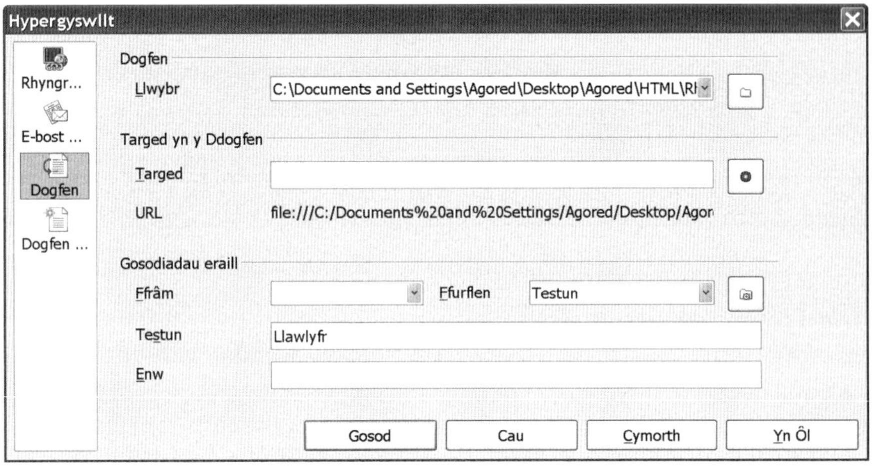

Ffigur HTML:21

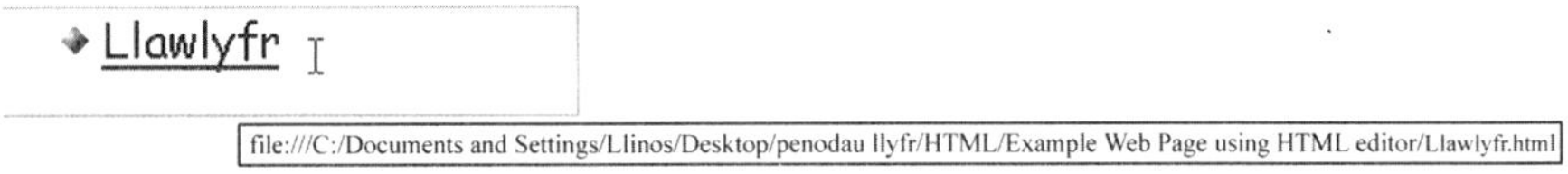

3 Er mwyn gwirio'r cyswllt, caewch yr offer HTML ac agorwch y ffeil
a gadwyd yn y ffolder gan ddwbl-glicio ar y ffolder (Ffigur
HTML:22). Daw eich tudalen flaen i'r golwg. Bydd y cyswllt yn
amlwg oherwydd y llinell drwchus oddi tano. Rhowch y cyrchwr
ar ben y testun cyswllt nes iddo droi yn siâp llaw  . Cliciwch
arno: dylai'r dudalen gyswllt agor (Ffigur HTML:23 a HTML:24).

Ffigur HTML:22

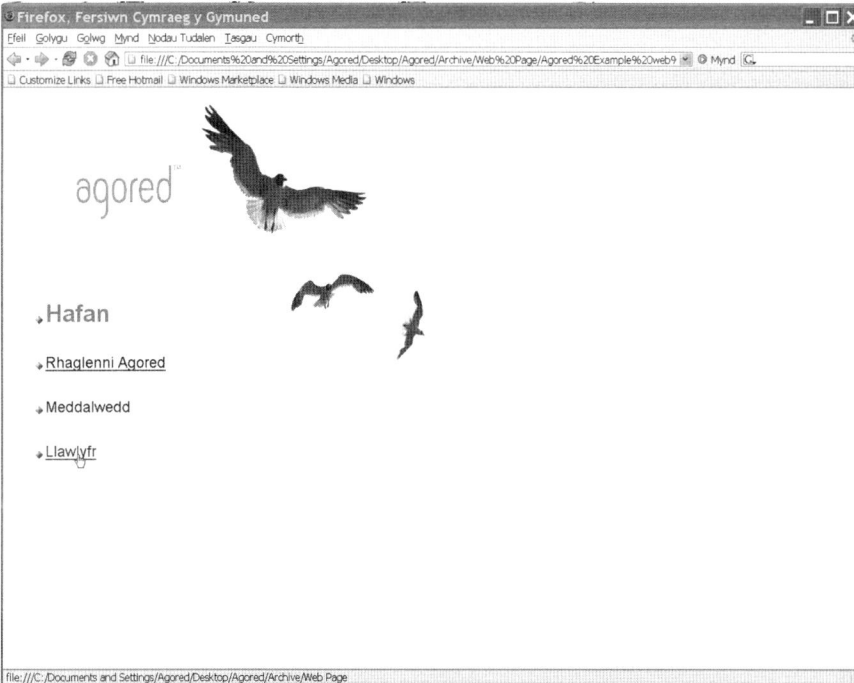

Ffigur HTML: 23

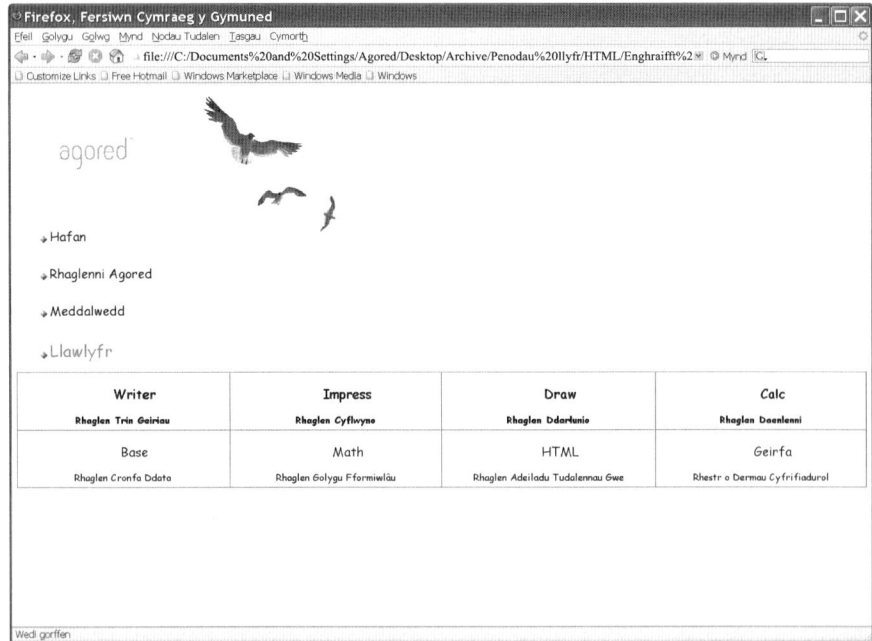

Ffigur HTML:24

Fe gewch wirio'r cyfeiriad os digwydd ichi gamdeipio'r llwybr. Chwilio am y côd ffynhonnell fydd rhaid mewn achos felly. Dyma enghraifft:

<a herf="Rhaglenni%20Agored.html"></a>.

Ar y dudalen fyw, ymddengys y côd hwn fel y canlyn: <u>Rhaglenni Agored</u>.

Mae'n bwysig cofio'r côd hwn oherwydd, yn y ffynhonnell HTML, na ellir gwneud y newidiadau hebddo.

Trosi a chadw dogfennau ar ffurf HTML

Writer, Calc, Impress, Draw, y Dewin

Fe gewch gadw ffeiliau a grëwyd eisoes yn Writer, Calc, Impress a Draw ar ffurf HTML. Esbonnir y broses hon yn y crynodebau isod.

1 Writer

Er mwyn creu dogfen newydd neu drosi hen ddogfen, cliciwch ar *Ffeil → Cadw fel . . .* a dewiswch *Dogfen HTML* oddi tan *Cadw ar ffurf* (Ffigur HTML:25).

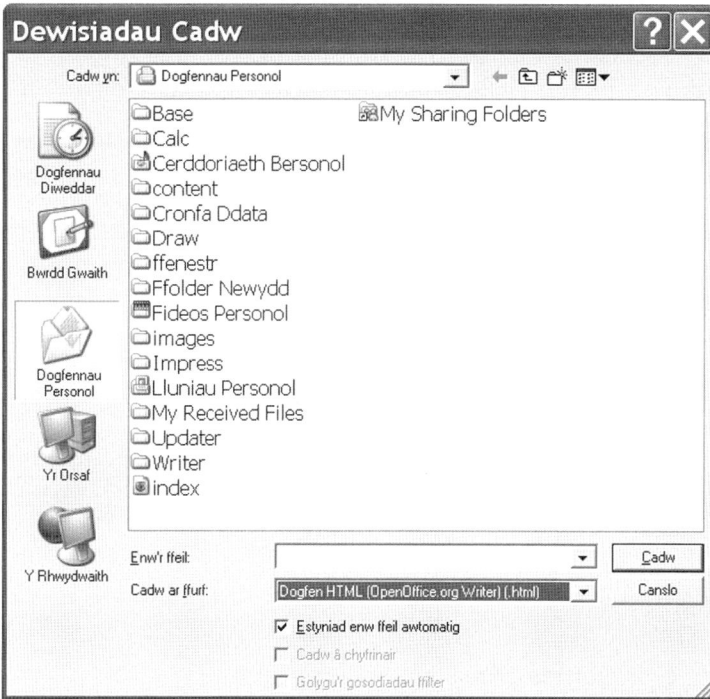

Ffigur HTML:25
Cadw ffeill Writer ar
ffurf HTML

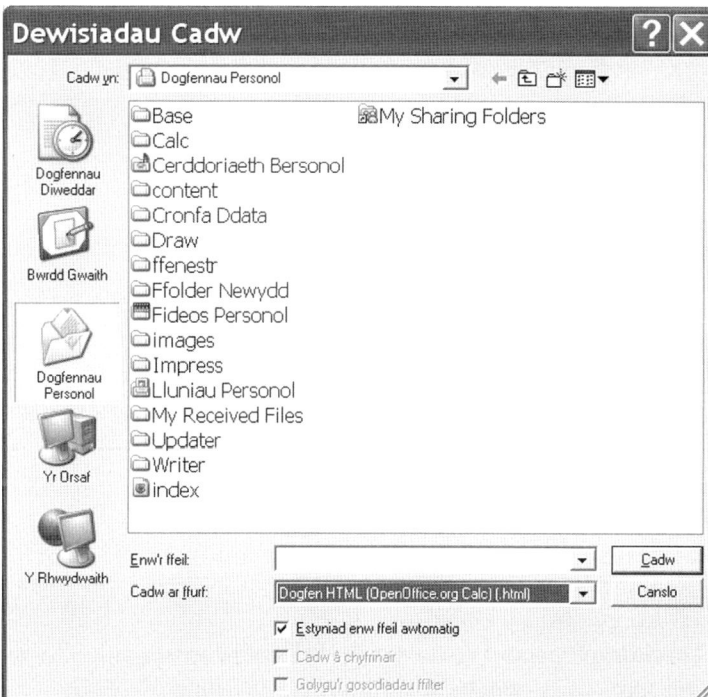

Ffigur HTML:26
Cadw ffeil Calc ar ffurf
HTML

2 Calc

Gweler Writer uchod. Un peth sy'n wahanol wrth gadw a throsi taenlenni: yn y blwch *Cadw ar ffurf*, fe welwch HTML Document (OpenOffice.org Calc) (.html) (Ffigur HTML:26).

3 Impress

Gwelwch **Allforio i Fformat HTML** ym mhennod 3 (tud. 139-44).

4 Draw

Tebyg yw cadw a throsi dogfennau Draw i gadw a throsi dogfennau Impress. Cliciwch ar *Ffeil → Allforio* a dewiswch *Dogfen HTML*. Cyfeirir at Draw yn y fformat ffeil (Ffigur HTML:27).

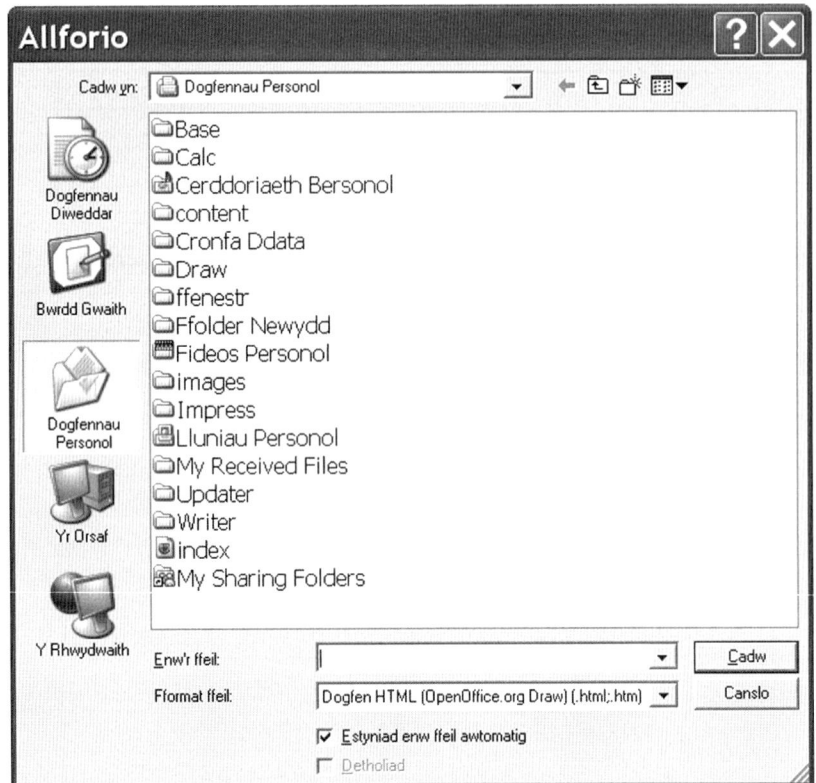

Ffigur HTML:27
Allforio dogfen Draw

5 Y Dewin

Fe gewch ddefnyddio'r Dewin i newid fformat pob un o'r ffeiliau uchod i HTML. Mae'r dull hwn yn arbennig o gyfleus pan fo gennych nifer o ffeiliau gwahanol eu fformat gwreiddiol yr hoffech eu trosi. Gweler **Trosi dogfennau Writer yn dudalennau gwe** (tud. 375) i gael gwybod yn fanwl sut mae trosi tudalennau Writer yn HTML.

ATODIADAU

Atodiad 1

Meddalwedd côd agored a meddalwedd Cymraeg

David Chan

Beth yw côd agored ac ym mha ffordd y mae'n wahanol?
Mae meddalwedd côd agored yn rhoi'r hawl i bawb ei ddefnyddio, ei gopïo a'i addasu, fel y mynnant, a hynny heb gael caniatâd arbennig, a heb dalu ffioedd trwyddedu.

Efallai nad ydych yn sylweddoli pa mor chwyldroadol yw hyn o'i gymharu â'r rhan fwyaf o'r meddalwedd cyffredin sydd ar gael heddiw. Ond fel arfer, ar ôl ichi dalu cannoedd o bunnoedd am brosesydd geiriau a ddaeth 'am ddim' yn rhan o'ch cyfrifiadur, mae'n debyg na chewch wneud dim un o'r canlynol:

- Benthyg y meddalwedd i'ch ffrind neu'ch cydweithiwr
- Gwneud copi wrth gefn o'r disgiau
- Trosglwyddo'r meddalwedd i gyfrifiadur newydd heb dalu amdano eto
- Defnyddio'r cynnyrch ar gyfer eich busnes os ydych wedi prynu fersiwn y cartref
- Defnyddio'r cynnyrch ar eich cyfrifiadur pen-glin, os ydyw wedi'i osod ar eich bwrdd gwaith yn barod.

Ar ben hyn i gyd, mae cynlluniau ar y gweill i greu technoleg o'r enw 'Trusted Computing' fydd yn cyfyngu rhagor ar yr hyn y cewch ei wneud â'ch cyfrifiadur. Er enghraifft, ni fydd modd ichi ddarllen eich dogfennau eich hunan heb ichi adnewyddu'ch tanysgrifiad. Gweler http://tinyurl.com/iro am fwy o wybodaeth.

Pwy sy'n creu meddalwedd côd agored?
Meddalwedd 'perchnogol' neu feddalwedd 'caeedig' yw enw'r meddalwedd sy'n cyfyngu arnoch yn y modd a ddisgrifir uchod.

Yn aml iawn, un cwmni mawr sy'n berchen ar feddalwedd fel hwn, a bydd y cwmni hwnnw'n ceisio rheoli cwsmeriaid cymaint â phosib, er mwyn cau cystadleuwyr allan o'r farchnad a chynyddu'r elw y maent yn ei wneud.

Gwahanol iawn yw meddalwedd côd agored. Nid oes neb yn ei reoli. Fe'i crëir, yn aml iawn, gan sawl cyfrannydd ar y cyd. Ymhlith y cyfranwyr, bydd corfforaethau rhyngwladol, ymchwilwyr academaidd, gweision sifil a gwirfoddolwyr. Caiff pawb, gan gynnwys busnes bach a gwirfoddolwr unigol, addasu'r meddalwedd ar gyfer eu hanghenion eu hunain, neu gallant dalu i rywun arall wneud y gwaith.

Mae meddalwedd caeedig yn debyg i gar nad oes modd ei drwsio na'i wasanaethu heb fynd yn ôl at y gwneuthurwr. Mae meddalwedd agored fel car y caniateir ei wasanaethu mewn unrhyw garej, yn ôl dymuniad y perchennog.

Gan fod y meddalwedd ar gael am ddim, sut mae gwerthwyr meddalwedd côd agored yn ennill eu bywoliaeth?

Yn yr un modd â mewn meysydd eraill: trwy greu enw da, trwy gynnal a chadw technegol, trwy addasu cynhyrchion yn ôl anghenion y defnyddiwr, a thrwy roi gwasanaeth y mae'r cwsmeriaid yn fodlon talu amdano.

Pam mae côd agored yn bwysig i'r iaith Gymraeg?

Mae'r 'rhyddid' i addasu yn arbennig o bwysig i unrhyw grŵp bach sydd ag anghenion arbennig, fel y Cymry er enghraifft. Mae pawb yn cael addasu'r meddalwedd – a'i gyfieithu. Nid oes angen perswadio un cwmni mawr y byddai cyfieithiad yn talu'r ffordd iddynt. Wedi cyfieithu meddalwedd côd agored, mae modd ei gopïo a'i ddosbarthu i bawb yn y gymuned, a hynny heb i neb dalu ceiniog mewn ffioedd trwyddedu.

Mae'r cwmnïau meddalwedd mawr yn dueddol o ganolbwyntio ar y marchnadoedd mawr. Ond â siarad yn gyffredinol, mae prosiectau côd agored yn cynnal ieithoedd bach yn well. Mewn rhai achosion, mae gwneuthurwyr caeedig wedi dilyn arweiniad y prosiectau côd agored, a chynnal ieithoedd lleiafrifol i ryw raddau, er mwyn peidio â cholli eu rhan nhw o'r farchnad.

Meddalwedd sydd ar gael yn Gymraeg

Yn ogystal ag OpenOffice.org, mae sawl rhaglen côd agored ar gael yn Gymraeg. Dyma rai ohonynt:

- Firefox: http://www.gwelywiwr.org/FireFox/default.htm. Porwr gwe amgen i Internet Explorer yw hwn. Mae'n un hawdd ei ddefnyddio, mae'n fwy diogel yn erbyn ymosodwyr, ac mae ganddo lawer o nodweddion unigryw. Mae dros 50 miliwn o gopïau wedi'u dosbarthu ledled y byd yn ystod yr ychydig fisoedd ers ei ryddhau.

- Mozilla Thunderbird: http://www.gwelywiwr.org/Thunderbird/default.htm. Rhaglen e-bost newydd sbon sydd â nodweddion megis diogelu yn erbyn firysau, ffilter sbam effeithiol, ac offer chwilio cyflym.

- Linux. System gweithredu yw hwn sy'n araf ddisodli Microsoft Windows. Mae rhaglenni ar gyfer bron bob tasg yn gweithio ar Linux, boed yn gyfrifon neu yn offer creu DVDs.

- Abiword: http://www.abisource.com. Prosesydd geiriau syml sy'n llai o faint nag OpenOffice.org. Mae hwn yn gweithio ar gyfrifiaduron hŷn.

Dyma rai rhaglenni eraill sydd ar gael yn Gymraeg. Nid côd agored mo'r rhain fodd bynnag:

- Os ydych yn defnyddio Microsoft Windows XP ac Office 2003, mae pecynnau iaith ar gael am ddim ar eu cyfer sy'n trosi darnau helaeth o'r rhyngwyneb i'r Gymraeg: http://www.microsoft.com/uk/windows/cymruwales/default.mspx

- Mae Cysgliad yn gyfres o offer iaith sy'n cynnwys offer gwirio gramadeg a geiriadur. Mae fersiwn demo ar gael am ddim: http://www.bangor.ac.uk/cysgliad/

- Mae To Bach yn hwyluso teipio acenion Cymraeg, ac mae ar gael am ddim: http://www.draig.co.uk/products/tobach/?lang=cy

- Google – y peiriant chwilio poblogaidd. Cliciwch ar Language Tools a cewch ddewis y Gymraeg fel iaith y rhyngwyneb o blith cant o ieithoedd eraill.

Os ydych yn gweithio i sefydliad, efallai bydd diddordeb gennych yn yr offer amlieithog côd agored ar gyfer cyfrifiaduron gweinydd sy'n cynnal y Gymraeg:

- phpBB (fe'i defnyddir gan http://www.maes-e.com). Offeryn bwrdd trafod ar gyfer sgwrsio a negeseuon ar-lein.

- MediaWiki (fe'i defnyddir gan http://cy.wikipedia.org). Meddalwedd golygu ar y cyd yw hwn, ac mae'n ddefnyddiol ar gyfer casglu a dosbarthu gwybodaeth o fewn grŵp.

- SquirrelMail (fe'i defnyddir gan brifysgolion Caerdydd ac Aberystwyth). System gwe-bost hawdd ei defnyddio.

Atodiad 2

Fformat ffeiliau Agored

Yr un fformat ffeiliau a geir yn Agored ag yn OpenOffice.org. Defnyddir y fformat XML (Extensible Markup Language) yn fformat arferol wrth gadw dogfennau a'u hagor. Gweler isod restr o'r estyniadau a roddir i'r dogfennau wrth eu cadw a'u hagor ag Agored.

Ffeil rhaglen	Estyniad
Writer	*.odt
Templedi Writer	*.ott
Dogfen HTML	*.html
Templed dogfen HTML	*.oth
Calc	*.ods
Templedi Calc	*.ots
Impress	*.odp
Templedi Impress	*.otp
Draw	*.odg
Templedi Draw	*.otg
Base	*.odb
Math	*.odf
Prif ddogfennau	*.odm

Atodiad 3

Geirfa

Yn yr Eirfa hon esbonnir llawer o'r termau cyfrifiadurol a ddefnyddir yn y llawlyfr hwn, yn ogystal â rhai termau cyffredin eraill ym maes cyfrifiadura. Nod yr Eirfa yw esbonio geiriau all fod yn anghyfarwydd i'r darllenydd. Nid rhestr gyflawn mohoni. Er mwyn dod o hyd i ystyr geiriau nas cynhwysir yn yr Eirfa hon, gweler yr adran *Technoleg Gwybodaeth* yn y *Gronfa Genedlaethol o Dermau* ar wefan Bwrdd yr Iaith Gymraeg: www.bwrdd-yr-iaith.org.uk. Yn y disgrifiadau isod, italeiddir geiriau y mae iddynt gofnod ar wahân: e.e. *HTML* yw enw'r *rhaglen* (mae cofnod ar *HTML* a *rhaglen*).

Adfer   Codi ffenestr i'w maint llawn wedi iddi gael ei lleihau. (Restore)

Ailfeintioli   Newid maint y dudalen ar y sgrin. (Resize)

Aliniad   Symud y testun yn nes at un o *ymylon* y dudalen neu ei ddwyn ymhellach oddi wrth un o'r ymylon. (Alignment)

Allbwn   Popeth y bydd y cyfrifiadur yn ei gynhyrchu, yn rhifau, yn *nodau*, yn lluniau, ac yn dudalennau wedi'u hargraffu, er enghraifft. (Output)

Allflwch   Y fan lle mae negeseuon yn cael eu storio yn y *rhaglen e-bost* nes iddynt gael eu hanfon allan. (Outbox)

Allforio   Symud data o un *rhaglen* i'r llall gan greu *ffeil* newydd mewn fformat y bydd y rhaglen darged yn ei deall. (Export)

Allgofnodi   Ar ôl *mewngofnodi* ar ddechrau sesiwn waith, rhaid allgofnodi i orffen y sesiwn. Bydd hyn yn atal pobl eraill rhag ymyrryd â'ch gwaith. (Log-out)

Allwedd gynradd   Adnabod meysydd *cronfa ddata* y mae'r côd a elwir yn allwedd gynradd. (Primary key)

Amlinell   Defnyddir y gair hwn yng nghyd-destun fformatio rhestrau a rhifau. Cyfeirio at wedd y ddogfen y mae. (Outline)

Amlapio   Pan fydd llun yn rhan o'ch dogfen, gellir lapio'r testun o amgylch y llun er mwyn iddo ymddangos ochr yn ochr â'r llun ac nid oddi tano. (Wrap)

Arddull   Set benodol o *baramedrau* fformatio. (Style)

ASCII Côd sy'n cynrychioli llythrennau'r wyddor Saesneg ar ffurf rhifau. (American Standard Code for Information Interchange)

Atchweliad Mewn rhai siartiau y defnyddir y term hwn. Mae'n disgrifio tuedd y gellir ei gynrychioli gan linell grom. (Regression)

Ategion *Cydran* y gellir ei hychwanegu at gyfrifiadur neu at ddyfais arall er mwyn cynyddu gallu'r cyfrifiadur. (Add-ins)

Atodiad *Ffeil* a anfonir ynghlwm wrth neges *e-bost*. (Attachment)

AwtoFformat Rhan o'r rhaglen prosesu geiriau sy'n newid fformat y testun yn awtomatig. Byddai AwtoFformat yn newid 1st i 1st yn awtomatig. (AutoFormat)

AwtoGyfrifo Bydd *taenlen* yn awtogyfrifo cyfres o rifau i chi pan briodolir fformiwla gyfrifo i gyfres benodol o *gelloedd*. (AutoCalculate)

AwtoGywiro Yn y *rhaglen* prosesu geiriau, mae hwn yn cywiro nifer o wallau sillafu yn awtomatig. (AutoCorrect)

Bar offer Mae'r bar offer yn gyfres o *eiconau* ar draws top y sgrin. (Toolbar)

Did Mae Bit yn ffurf fer ar Binary digIT sef uned sengl o wybodaeth y mae iddo'r gwerth YMLAEN neu DIFFODD. (Bit)

Bloeddflychau Blychau bach yn y *rhaglen* ddarlunio. Fe'u defnyddir i dynnu sylw at destun byr. (Callouts)

Blwch deialog Ffenestr sy'n cynnwys gwybodaeth ac opsiynau amrywiol am nodwedd benodol yn y *rhaglen*. (Dialogue box)

Blwch troi Maes sy'n galluogi'r defnyddiwr i ddewis gwerth penodol oddi ar ddewislen gan ddefnyddio saeth i fyny neu saeth i lawr. (Spin box)

Bwledi Pwyntiau bychain a ddefnyddir i lunio rhestr. (Bullets)

Bysell Yr hyn sy'n cael ei daro gan y bys er mwyn teipio llythyren. (Key)

Bysellfwrdd Y darn o blastig ar eich desg y gwesgir *bysellau* arno er mwyn teipio. (Keyboard)

Cadw Dweud wrth y cyfrifiadur am gofio pob newid yn y ddogfen yr ydych chi'n gweithio arni. (Save)

Cadwyn Trefn y *paramedrau* y mae'r cyfrifiadur yn ei dilyn er mwyn cyflawni gweithred benodol. (Thread)

Caledwedd Darnau go iawn o beirianwaith y cyfrifiadur yw'r caledwedd (gweler hefyd *meddalwedd*). (Hardware)

Canoli Gosod darn o destun yng nghanol y dudalen. (Centre)

Cell Uned cynnwys gwybodaeth mewn *taenlen*. (Cell)

Cildroi Dadwneud gorchymyn. (Reverse)

Cofnodion Y data a roddir mewn *cell*. (Records)

Colofn   Mewn *taenlen*, *rhes* fertigol o *gelloedd* yw colofn. (Column)

Cronfa ddata   Mae cronfa ddata'n gasgliad helaeth o wybodaeth am bwnc arbennig. Oherwydd strwythur y gronfa, gellir trefnu a *didoli*'r wybodaeth hon yn hwylus er mwyn ei defnyddio. (Database)

Cronfa ddata gymhleth   Math o gronfa ddata lle bydd *tablau* a *ffeiliau* wedi'u cysylltu â'i gilydd. (Relational database)

Cwymplen   Mae cwymplen yn *ddewislen* â rhestr o opsiynau a ymddengys tuag at waelod y sgrin pan gliciwch ar saeth neu *eicon* tebyg. (Drop Down Menu)

Cydamseru   Diweddaru cynnwys cardiau busnes, bylchu troednodiadau, diwygio cynnwys *celloedd* cysylltiedig yn awtomatig, a chadw'r cydbwysedd rhwng yr echelau wrth newid maint grid. (Synchronize)

Cydnawsedd   Mae *rhaglenni* neu systemau sy'n gydnaws â'i gilydd yn rhaglenni ac yn systemau y gellir eu defnyddio gyda'i gilydd. Dywedir bod i'r rhaglenni ac i'r systemau hynny gydnawsedd. (Compatibility)

Cydran   Darn o *galedwedd* sy'n rhan o'r system, neu, lle bo *meddalwedd* yn y cwestiwn, segment o gôd. (Component)

Cydraniad   Gair sy'n disgrifio ansawdd llun yn nhermau picseli. Uchaf i gyd nifer y picseli, gorau i gyd ansawdd y llun. (Resolution)

Cydrannu   Berf sy'n dynodi'r ffordd y mae *rhaglen* yn cael ei hagor er mwyn ei defnyddio. (Configurate)

Cyfeiriad gwe   Mae cyfeiriad gwe yn nodi cyfeiriad dogfen neu weinydd ar y *rhyngrwyd*. (Uniform Resource Locator; URL)

Cyfrinair   Mae'r cyfrinair yn gôd arbennig y mae rhaid ei ddefnyddio er mwyn *mewngofnodi*. (Password)

Cyfuno post   System sy'n eich galluogi i gynhyrchu *llythyron ffurflen*. Cyfunir dwy *ffeil* – un yn rhestr o enwau â chyfeiriadau, a'r llall yn llythyr gyda symbolau arbennig yn lle'r enwau a'r cyfeiriadau. (Mail merge)

Cylchdroi   Troi lluniau neu graffigau ar eu hechel er mwyn newid eu gogwydd. (Rotate)

Cyrchwr   Mae'r cyrchwr yn dynodi ym mha le ar y dudalen y mae gwaith yn cael ei wneud. Mae iddo sawl siâp: saeth benfras, croes, bar fertigol. Symudir y cyrchwr o un man i'r llall â'r *llygoden*. (Cursor)

Cyswllt   Mae cyswllt yn cyfeirio at y gallu i rannu gwybodaeth ac i weld gwybodaeth ranedig. Ar y *rhyngrwyd*, mae cyswllt neu *hypergyswllt* yn arwain at wefan arall. (Link)

Cywasgu Ystyr cywasgu yw newid ffurf nifer o *ffeiliau* mewn *ffolder* er mwyn iddynt fod yn haws eu cadw neu'n haws eu trosglwyddo drwy *e-bost* neu ar ddisg meddal. Mynd â llai o le y mae *ffolder* wedi'i chywasgu. (Zip)

Dadgywasgu Bydd cyflwr gwreiddiol *ffolder* cywasgedig yn cael ei adfer erbyn ei ddadgywasgu. (Unzip)

Dadlwytho Tynnu rhywbeth oddi ar *y we* er mwyn ei gadw ar eich cyfrifiadur eich hun. (Download)

Dalen Mae dalen yn ddarn o bapur a ddefnyddir i argraffu dogfen arni. (Sheet)

DDE Cysylltiad rhwng sawl *rhaglen* sy'n eu galluogi i gyfnewid data tra eu bod yn rhedeg. (Dynamic Data Exchange)

Dewislen Mae dewislen yn rhestr o opsiynau a ymddengys pan gliciwch ar *eicon* neu ar opsiwn arbennig mewn *rhaglen*. (Menu)

Dialluogi Gwneud i *raglen* (neu i ran ohoni) fod yn amharod ei defnyddio nes iddi gael ei *galluogi* eto. (Disable)

Diddymu Peri i orchymyn neu i ran o *raglen* fod yn anweithredol. (Revoke)

Didoli Term a ddefnyddir i ddisgrifio trefnu a gwahanu data. (Sort)

Dileu Tynnu peth o'i chynnwys allan o ddogfen er mwyn cael gwared ag ef. (Delete)

Disodli Mae disodli'n golygu cael gwared â gair neu gymal neu ddarn o destun beth bynnag fo ei hyd a rhoi rhywbeth arall yn ei le. (Replace)

Docio Rhoi ffenestr neu flwch o'r neilltu heb ei chau a'i chlymu wrth y *bar offer* neu wrth ymyl y ddogfen. (Docking)

Dogfen graidd Storfa i ddogfennau a elwir yn isddogfennau. Gallant fod yn wahanol benodau neu ddogfennau y mae mwy nag un person yn gweithio arnynt. (Master document)

E-bost Post electronig, sef cyfnewid negeseuon telegyfathrebu sy'n cael eu storio ar y cyfrifiadur. (E-mail)

Eicon Mae cyfres o eiconau ar y *bar offer* yn dynodi rhai o'r swyddogaethau y mae'r *rhaglen* yn eu cynnig i'r defnyddiwr. Gwybodaeth ar ffurf llun yw pob eicon. (Icon)

Ffeil Cedwir gwybodaeth ar gyfrifiadur ar ffurf ffeiliau. Ceir gwahanol fathau o ffeiliau – ffeiliau data, ffeiliau testun, ffeiliau *rhaglen*, ffeiliau cyfeiriadur. (File)

Ffolder Bydd ffolderi'n cynnwys sawl *ffeil*. Fe'u defnyddir i gadw trefn ar wybodaeth. (Folder)

Ffurfweddu Bydd *rhaglen* yn cael ei ffurfweddu ar ôl iddi gael ei gosod ar y cyfrifiadur. Heb ffurfweddu'r rhaglen ni ellir ei *galluogi*. (Configure)

FTP Protocol trosglwyddo safonol ar gyfer *ffeiliau* ar y *rhyngrwyd*. (File Transfer Protocol)

Galluogi Ystyr galluogi yw gwneud i *raglen* neu i ran o raglen fod yn barod er mwyn ei rhoi ar waith. (Enable)

Goleddf Newid ongl y gwrthrych ar hyd echel arbennig. (Slant)

Gosodiad Pan osodir *rhaglen* ar gyfrifiadur, gelwir y rhaglen osodedig yn osodiad wedyn. (Installation)

Gwe Mae'r we yn enw arall ar y *rhyngrwyd*. Cyfeirio y mae'r gair at y cyber-system byd-eang a ddynodir yn Saesneg gan y talfyriad www. (World-wide Web)

Gweddw ac amddifad Gweddw yw'r llinell olaf mewn paragraff pan ymddengys ar linell gyntaf y dudalen nesaf. Amddifad yw'r llinell gyntaf mewn paragraff pan ymddengys ar linell olaf ar dudalen flaenorol. (Widows and orphans)

Gweinydd Y gweinydd yw'r offer ar system gyfrifiadurol ganolog, allanol sy'n sianelu negeseuon *e-bost* o un man i'r llall. (Server)

Gwrthrych Unrhyw eitem y gellir ei dewis neu ei thrin yn unigol. (Object)

HTML Iaith fformatio yw HTML a ddefnyddir i uwchlwytho *ffeiliau* ar *y we*. (Hypertext Markup Language)

HTTP Cofnodi trosglwyddo dogfennau *gwe* rhwng *gweinyddion* y we a *phorwyr* y mae HTTP. (Hypertext Transfer Protocol)

Hypergyswllt Mae hypergyswllt yn fan byw mewn testun ar-sgrin sy'n cynnwys *cyfeiriad gwe*. Pan fo'r cyfrifiadur yn y modd ar-lein, bydd clicio ar yr hypergyswllt yn peri i'r cyfrifiadur agor y dudalen *we* y mae'r cyfeiriad yn ei nodi. (Hyperlink)

Isddogfennau Dogfennau a gedwir o fewn *dogfen graidd*. (Subdocuments)

Java Iaith raglennu a ddatblygwyd gan Sun Microsystems Inc. Mae'n addas iawn ar gyfer y *rhyngrwyd*. (Java)

Llusgo a gollwng Mae llusgo yn cyfeirio at symud *gwrthrych* ar draws y sgrin. Gollyngir y gwrthrych yn y man priodol. (Drag and Drop)

Llygoden Teclyn bach symudol ar wahân i'r cyfrifiadur yw'r llygoden. Mae ei chwt hir yn ei chysylltu â'r disg caled. Swyddogaeth y llygoden yw rheoli a symud y *cyrchwr* ar y sgrin. Gwneir hyn trwy symud y llygoden yn ôl ac ymlaen ar y *mat llygod*. (Mouse)

Llythyron ffurflen Math o ddogfen safonol a grëir drwy gyfuno dogfen a data unigryw megis enwau a dyddiadau. (Form letter)

Llywiwr Bydd y llywiwr yn eich tywys o un man i'r llall mewn dogfennau cynhwysfawr. (Navigator)

Maes Mae maes yn fan arbennig yn y ddogfen a grëir yn y ddewislen oddi tan *mewnosod* ar y *bar offer* er mwyn cynnwys gwybodaeth ar wahân i'r prif destun. (Field)

Man byw Man arbennig mewn dogfen lle mae *hypergyswllt* fydd yn mynd â chi i wefan dim ond i chi glicio arno. (Hotspot)

Map didau Delwedd graffig sy'n cynnwys rhesi a cholofnau o ddotiau. (Bitmap)

Mat llygod Darn o rwber tenau yw'r mat llygod yr arferir ei roi oddi tan y *llygoden* er mwyn hwyluso symud y llygoden ac arbed traul arni. (Mouse-mat)

Meddalwedd Mae meddalwedd yn dynodi *rhaglenni* cyfrifiadurol y gellir eu trosglwyddo o'r naill gyfrifiadur i'r llall (gweler hefyd *Caledwedd*). (Software)

Mewnflwch Mae'r mewnflwch yn rhan o'r *rhaglen e-bost*. Yn y mewnflwch y mae negeseuon yn cael eu storio wedi iddynt gyrraedd eich cyfeiriad e-bost. (Inbox)

Mewngofnodi Mewngofnodi y mae'r defnyddiwr yn ei wneud cyn dechrau gweithio. Ystyr hynny yn ymarferol yw ei fod yn teipio ei enw a'i *gyfrinair* yn y blychau priodol ar ôl cychwyn y cyfrifiadur. (Log-in)

Mewnoliad Symud darn o destun tua chanol y ddalen. (Indent)

Mewnosod Ychwanegu rhywbeth at eich dogfen, boed hwnnw'n ddarn o destun neu'n llun, er enghraifft. (Insert)

Mewnrwyd Rhwyd rhyng-gyfrifiadurol y mae cwmni'n ei ddefnyddio'n fewnol. (Intranet)

Modd ar-lein Bydd cyfrifiadur yn y modd ar-lein wedi iddo gael ei gysylltu â'r we. (On-line mode)

Modiwl Mae modiwl yn rhan o *raglen feddalwedd*. Mae rhaglen yn cynnwys un neu fwy o fodiwlau annibynnol. Mewn *caledwedd* mae modiwl yn *gydran* annibynnol felly. (Module)

Neidlen Mae neidlen yn rhestr a ymddengys uwchben y *cyrchwr* pan gliciwch ar rai *eiconau* neu opsiynau tua gwaelod y sgrin. (Pop-up Menu)

Nesáu/pellhau Dod â rhan o'ch testun yn nes atoch er mwyn ichi ei weld yn fanwl neu bellhau oddi wrth y testun er mwyn ichi weld mwy ohono. (Zoom)

Nod Llythyren (A), rhif (4) neu symbol (+). (Character)

Nod tudalen Mae nod tudalen yn gyswllt â thudalen we arbennig. Cedwir y nodau tudalen mewn rhestr yn y *porwr*. Hawdd ymweld â'ch hoff dudalennau *gwe* gan ddefnyddio'r nodau tudalen. (Bookmark)

Nodweddion Wrth gyfeirio at nodwedd o fewn prosesu geiriau, rydych yn cyfeirio at nodwedd *nod*, gair neu llinell, megis gair wedi'i danlinellu. (Attributes)

Ôl-nodyn Nodyn byr sy'n cael ei gynnwys ar ddiwedd y testun (gw. hefyd *troednodyn*). (Endnote)

OLAP *Meddalwedd* dadansoddi data mewn *cronfa ddata*. (On-line Analytical Processing)

Paramedrau Yr hyn sy'n diffinio gweithred neu wrthrych (Parameters)

Peiriannau chwilio Gwasanaeth *rhyngrwyd* a ddefnyddir i chwilio am wybodaeth gan ddefnyddio geiriau allweddol. (Search engines)

Pennyn Maes ym mhen y dudalen i gynnwys teitl neu bennawd er enghraifft. (Header)

PNG Math o fformat ffeil ar gyfer delweddau graffig cywasgedig. (Portable Network Graphic)

Porwr Rhaglen feddalwedd a ddefnyddir i chwilio am wybodaeth benodol ar *y we*. (Browser)

Rhaglen Gair poblogaidd yw rhaglen am *feddalwedd* sy'n galluogi'r defnyddiwr i gyflawni gwaith penodol. Yn dechnegol, ystyr rhaglen yw'r gorchmynion neu'r cyfarwyddyd y mae'r cyfrifiadur yn eu dilyn wrth iddo wneud ei waith. (Program)

Rhagolwg Mae rhagolwg yn gyfle i fformatio dogfen cyn ei hargraffu. (Preview)

Rhes Data wedi'u gosod yn llorweddol mewn *tabl* neu *daenlen*. (Row)

Rhwydwaith Nifer o gyfrifiaduron y bydd rhai *ffeiliau* a *ffolderi* arbennig yn cael eu rhannu rhyngddynt a'u defnyddio ar y cyd. (Network)

Rhyngrwyd Mae'r rhyngrwyd yn enw arall am *y we*. (Internet)

SQL Iaith safonol *cronfeydd data*. (Structured Query Language)

Swyddogaeth Mae swyddogaeth yn ddarn penodol o *raglen* sy'n perfformio tasg benodol. (Function)

Tablau Gwybodaeth wedi'i threfnu mewn *rhesi* a *cholofnau*. (Tables)

Taenlen Mae taenlen yn dudalen faith ar ffurf nifer o *golofnau* a *rhesi* y mae'n bwrpas iddi storio nifer fawr o gofnodion byr. (Spreadsheet)

Tagiau Defnyddir tagiau mewn tudalennau *HTML*. Geiriau côd wedi'u hamgáu â chromfachau ydynt. (Tags)

Templed Mae templed yn gynllun i'ch dogfen (Template)

Troednodyn Nodyn byr ar waelod y ddalen yw troednodyn (gw. hefyd *ôl-nodyn*). (Footnote)

Troedyn Mae troedyn yn *faes* cynnwys ar waelod y ddalen. (Footer)

Trosysgrifo   Dileu peth o'r cynnwys gan ysgrifennu drosto (Overwrite)

TWAIN   Rhyngwyneb safonol sy'n perthyn i offer sganio. (TWAIN)

Unicode   Fformat safonol i'r gwahanol nodau ar eich *bysellfwrdd*. (Unicode)

Unioni   Alinio'r testun hyd at yr ymylon de a chwith. (Justify)

XML   Iaith a ddatblygwyd gan Sun Microsystems. (Extensible Markup Language)

Ymyl   Stribiau gwyn o amgylch y dudalen. (Margin)

Ystod   Mewn *taenlen*, ystyr ystod yw un neu fwy o *gelloedd* sy'n cydgyffwrdd. (Range)

Mynegai*

---

* Mae adran ar wahân ar gyfer pob rhaglen, ac yn y cofnodion hynny y cynhwysir y cyfeiriadau manwl at bob rhaglen. Mae'r mynegai hefyd yn cynnwys cofnodion cyffredinol lle nodir yn gryno gyfeiriadau at nodweddion sy'n gyffredin i'r rhaglenni. Nid yw'r mynegai yn cynnwys croesgyfeiriadau at yr Eirfa.